suhrkamp taschenbuch
wissenschaft 1339

Ein Domina-Studio als therapeutische Praxis? Vermag eine Domina ihren Gästen dabei zu helfen, Fragen wie »Wer bin ich wirklich?« zu beantworten und »Erlösung in der Sexualität« zu bieten? Jenseits solchen Zweifels läßt sich mit Foucault jedoch auch anderes beobachten: die Eroberung eines Ortes sexuellen Exzesses durch den disziplinierten, auf Gesundheit und Heilung bedachten Diskurs der Therapie. Die Domina-Therapeutik steht damit am vorläufigen Endpunkt einer Entwicklung, die im Abendland die Frage nach dem »authentischen Selbst« durch Erkundung der »wahren Natur« seiner Sexualität mit Hilfe kontrollierter, helfender Praktiken selbstverständlich gemacht hat. Die »Therapeutisierung sexueller Selbste« erweist sich in der vorliegenden Genealogie als das Ergebnis einer jahrhundertelangen Serie von (christlichen) Selbstbearbeitungstechniken, auf die der wissenschaftlich angeleitete sexualtherapeutische Diskurs selektiv und transformierend zugreift: Auch in vorwissenschaftlichen Techniken (zum Beispiel Askese, Beichte) figuriert das Begehren als Gegenstand der Selbstbearbeitung. Im Zuge der Verwissenschaftlichung des Diskurses wird das Begehren jedoch aus einem Rationalitätsfeld namens Keuschheit/Entsagung in ein Rationalitätsfeld namens Sexualität/high-level-wellness überführt. Die *Genealogie der Unmoral* ist ein klassischer Fall gesellschaftlicher Disziplinierung; das zunehmende Gedrängel selbstthematisierender Praktiken schließt Autonomiechancen für das Subjekt allerdings nicht aus – ein Plädoyer für Foucaults »Subjektivierung im Komparativ«.

Sabine Maasen hat Soziologie, Psychologie und Linguistik an der Universität Bielefeld studiert. Promotion im Fach Soziologie. Derzeit Forschungsreferentin am Arbeitsbereich »Kognition und Handlung«, Max-Planck-Institut für psychologische Forschung, München.

Sabine Maasen
Genealogie der Unmoral

Zur Therapeutisierung
sexueller Selbste

Suhrkamp

Die Deutsche Bibliothek – CIP-Einheitsaufnahme
Maasen, Sabine:
Genealogie der Unmoral : zur Therapeutisierung
sexueller Selbste / Sabine Maasen. –
1. Aufl. – Frankfurt am Main : Suhrkamp, 1998
(Suhrkamp-Taschenbuch Wissenschaft ; 1339)
ISBN 3-518-28939-X

suhrkamp taschenbuch wissenschaft 1339
Erste Auflage 1998
© Suhrkamp Verlag Frankfurt am Main 1998
Suhrkamp Taschenbuch Verlag
Alle Rechte vorbehalten, insbesondere das
des öffentlichen Vortrags, der Übertragung
durch Rundfunk und Fernsehen
sowie der Übersetzung, auch einzelner Teile.
Satz und Druck: Wagner GmbH, Nördlingen
Printed in Germany
Umschlag nach Entwürfen von
Willy Fleckhaus und Rolf Staudt

1 2 3 4 5 6 – 03 02 01 00 99 98

Inhalt

Vorwort 9

Einleitung
Ein sexualtherapeutisches Fraktal 13
Staunen und Lachen: Analysen im Inneren eines
Diskurses 25
Ce n'est pas une histoire de la sexualité – Der ›rote
Faden‹ 33

Teil I
Therapeutisierungen sexueller Selbste

Kapitel 1
Debatten zur Therapeutisierung sexueller Subjekte:
modern und postmodern 49
Therapeutisierung: modern 51
Reformulierungen 75
Therapeutisierung: postmodern 81

Kapitel 2
Genealogie sexueller Subjektivierung 93
Semantik der Liebe. Zur Evolution ihres Basis-
mechanismus 96
Diskurs der Sexualität: Transformationen einer Selbst-
technologie 107

Teil II
Sexualität: Problematisierungen der Keuschheit

Kapitel 3
Virginitas 135

Kapitel 4
Der monastische Kampf um die Keuschheit 155

Perfektibilität und Asymptote – die Koordinaten des
Begehrensdiskurses 173

Kapitel 5
Monastische Askese und medizinische Diätetik:
Zwei Problematisierungen des Sexuellen 177
Die medizinische Problematisierung von Sexualität
und Ehe 186
Calor genitalis oder concupiscentia carnis? 194

Kapitel 6
Das asketische Modell erobert die christliche Ehe 199
Frühchristliche Regulierung der Sünde: die Ehe 207
Concupiscentia nuptiarum 213
   Ecriture de soi 1: Askese und Selbstprüfung 224

TEIL III
SUBJEKTIVIERUNG: POENITATIV-KONFESSORISCHE
KONSTRUKTIONEN DES SELBST

Kapitel 7
Die Dynamisierung des christlichen Sexualitätsdiskurses
durch die Poenitentialien 239
Taxierung sündhafter Vergehen durch die Tarifbuße . . . 241
Die Ausdifferenzierung der Sünden gegen die Keuschheit
in der *pénitence tariffée* 252
Die Geständnisse des Fleisches – Ein Beispiel 257

Kapitel 8
Kanonistik: Individualisierende Kasuistik der ehelichen
Sexualität 264
Das ›Pflichtmodell‹ der Ehe 267
›Spigell des ehelichen Ordens‹: Exkurs zu Typik und
Innovation im 15. Jahrhundert 277
Die christliche Ehe erobert den öffentlichen Raum . . . 279
Maritalis affectio 288

Kapitel 9
Die Geständnisse im Beichtstuhl 291
Die Inszenierung eines schamvollen Geständnisses . . . 297
Die Formeln der Beichte 302
Der Ort der Beichte 305
Sünde und Biographie: Sündenbiographie 310

Kapitel 10
Katechese – Die christliche Konstruktion der Sexualität
erobert den Diskurs der Laien 314
Sittliche Aufklärung: Dialektik und Didaktik 329
   Ecriture de soi II: confessio, consolatio und catharsis . 339

TEIL IV
THERAPEUTIK: VERWISSENSCHAFTLICHUNGEN DES GESTÄNDNISSES

Kapitel 11
Aufklärungen über sittliches und gesundes Verhalten . . 357
Inkrementale Transformationen oder Wasserscheide? . . 358
Sexuelle Aufklärung zur Zeit der Aufklärung 366
Exkurs: Sexualität als Natur/Kultur 371

Kapitel 12
Sexualität und Leben 383
Die klinische Kodifizierung des Bekenntnisses 388
Die Medizinisierung der weiblichen Sexualität 392
H. Kaan und die Anfänge der *Psychopathia sexualis* . . . 401

Kapitel 13
Perversion und Entartung 407
Die Einkörperung von Perversionen 408
Die *Psychopathia sexualis* Krafft-Ebings 412
Die Therapie der anomalen *Vita sexualis* 418
Die ›Geißel Nervosität‹ 424

Kapitel 14
Die Zäsuren der Psychoanalyse 430

Den Willen ausschalten oder einsetzen? 431
Die Technologie zur Aufhebung der Verdrängung 443
Die umfassende Rationalisierung des Libidinösen 451
Therapeutisierung und Tristesse 453
  Ecriture de soi III: Autobiographie –
  Die Therapeutisierung des Alles-Sagens 456

TEIL V
GENEALOGIE DER UNMORAL

Kapitel 15
Wissenssoziologie eines Falls gesellschaftlicher
Disziplinierung 472
Subjektivierung im Komparativ 480
›Faltungen‹: Im Diesseits der Therapeutisierung
sexueller Probleme 488

Literatur 494

Vorwort

Ende 1978, kurz nach dem Erscheinen von *Der Wille zum Wissen*, führt Ducio Trombadori ein Gespräch mit Michel Foucault. Gegenstand dieser Unterredung ist der Begriff der ›Erfahrung‹; Erfahrungen seien es, die Veränderungen erlaubten, »einen Wandel zu uns selbst und zur Welt dort, wo wir bisher keine Probleme sahen« (Foucault 1996, 31). Foucault thematisiert hier die Bedeutung von Erfahrung auch im Hinblick auf das Schreiben von Büchern: in der Regel seien persönliche Erfahrungen mit der Moderne Ausgangspunkt der Analyse gewesen (z. B. die Sexualität und ihre Beziehungen zum Wissen); sie seien jedoch stets im Verlaufe der Arbeit auf eine überraschende Weise transfomiert worden. Zwar müßten auch solche Bücher wahre oder historisch verifizierbare Feststellungen treffen; wesentlicher aber sei, so Foucault, die Erfahrung, die sie zu machen gestatteten (vgl. Foucault 1996, 30).

Die Erfahrung, von der die *Genealogie der Unmoral* ihren Ausgang nimmt, war die eines überwältigenden ›introspektiven Imperativs‹, den insbesondere die Psychologie und die von ihr angeleitete Praxis, die Therapeutik, auf so nachhaltige Weise schüren, daß die stets irritierte Befragung seiner selbst bereits zur alltäglichen Routine aller Mitglieder westlicher Gesellschaften gehört, ja, ihr bereits den Namen »Therapiegesellschaft« eingetragen hat. Eine immer weiter ausufernde Therapieszene nimmt sich mit besonderer Verve der Problematisierung des Sexuellen an. Die sozialwissenschaftlichen Untersuchungen ließen nicht auf sich warten – auffällig an ihren Beobachtungen ist, daß sie dem fraglichen Phänomen weniger Neues hinzufügen, als daß sie selbst zu ihm beitragen: In der Regel wenden sie sich in aufklärerischer Absicht mit gelegentlich beißender Kritik gegen eine bestimmte Form therapeutischer Kontrolle und Normierung, um sich schließlich für eine (andere!) Therapieform auszusprechen; unverzagt stellen sie deren größere Wirksamkeit, gar tiefere Wahrheit fest und bekräftigen so: die Evidenz der Therapeutik.

Sowohl die zunächst unreflektierte Erfahrung mit dem introspektiven Imperativ als auch die eigentümlich darin gefangene sozialwissenschaftliche Diskussion lösten ein Unbehagen aus: Es wurde zum Ausgangspunkt einer Untersuchung, die eine Genealogie dieser unablässigen Verpflichtung schreibt, sich selbst zu thematisieren, und zwar mit Techniken, in deren Mittelpunkt die Analyse des Begehrens steht.

Die Untersuchung fördert verschiedene Gründe für das Unbehagen zutage: allen voran die Einsicht, daß die Techniken zur Bearbeitung seines Begehrens, die im christlichen Abendland entwickelt und von einer *scientia sexualis* aufgenommen wurden, paradox verfaßt sind: Gleich, auf welche Weise und mit welchem Ziel die Problematisierung sich vollzieht, das begehrende Selbst wird stets als ein imperfektes konstituiert. Gerade die Techniken, mit deren Hilfe Weisheit, Reinheit oder heute: high-level-wellness erzielt werden soll, schärfen die Selbstbeobachtung und lenken die Aufmerksamkeit auf noch verborgenere Unreinheiten oder weiter verbesserungsbedürftige sexuelle Performanz. Fortgesetzte Selbstbearbeitungen mit immer subtileren Techniken sind die Folge. Die Vervollkommnung des Selbst, dem doch all diese Bemühung gilt, ist daher stets nur approximativ möglich – eine ständige Sorge um unser begehrendes Selbst ist der Effekt.

Diese Einsicht in eine sich selbst unterhaltende Mechanik der Selbstbearbeitung verdankt sich der Verwendung verschiedener analytischer Instrumentarien und deren Integration in das Foucaultsche Konzept der ›Selbsttechnologie‹. Es lenkt den Blick auf all die Praktiken, Institutionen und Diskurse, durch die wir im Verlauf der abendländischen Geschichte dazu angehalten wurden, über die Problematisierung des Begehrens unser Selbst hervorzubringen. Die Genealogie will die Dispositive sichtbar machen, innerhalb deren die diskontinuierliche Serie sozial, kulturell und historisch spezifischer Praktiken operieren, ihren Sinn und ihre Fraglosigkeit gewinnen: das Dispositiv der Sünde, das die christlichen Kämpfe um die Entsagung vom unkeuschen Selbst reguliert, und das Dispositiv der Sexualität, das die wissenschaftlich angeleiteten Bemühungen um die Perfektionierung des sexuellen Selbst informiert.

Ein weiteres Resultat: stets findet man Techniken, die in ihrer paradoxen Konstruktion doch nicht nur die schiere Wiederholung des Immergleichen prädestinieren, sondern die man – womöglich gerade aufgrund ihrer Technizität – in immer neue Kontexte einzuschmiegen weiß und die erstaunliche Modifikationen, im Übergang zur modernen Wissenschaft sogar regelrechte Transformationen erleben. Wandel ergibt sich jedoch nicht nur auf der Ebene der Makroentwicklung – auch auf der Mikroebene je individueller Verfügung über die kulturell vorfindlichen Praktiken ereignen sich Neuformierungen, Anpassungen oft nur vermeintlich unscheinbaren Ausmaßes, mithin: neue Erfahrungen innerhalb eines immer nur unvollständig determinierten Erfahrungsfeldes. – Aus Unbehagen wird Staunen: Im wildernden Umgang mit wirklichkeitsmächtigen Selbsttechnologien (Hermeneutiken des Begehrens und Geständnispraktiken) äußern sich Möglichkeiten zu dem, was sich als diszipliniert-kreative Subjektivierung beschreiben ließe.

Der diskursanalytische Blick, der dies zu sehen erlaubt, mußte im Laufe der Arbeit an der Dissertation, die diesem Buch zugrunde liegt, immer wieder erobert werden. Dies betrifft nicht nur die Konzeption der Thematik und die Kombination der analytischen Instrumente, sondern auch die Weise, in der ich andere Disziplinen zu einzelnen Fragen zum Gespräch gebeten, oder vielleicht besser: in ihren Arbeiten ›gewildert‹ habe. Diese Serie von Wiedereroberungen der konstruktivistischen Perspektive war nötig, um die Genealogie einer spezifischen Erfahrung, der Verpflichtung zur Problematisierung seines sexuellen Selbst, zu schreiben. Denn diese Erfahrung, die uns heute nur allzu selbstverständlich erscheint, kann nur durch eine umfassende dekonstruierende Anstrengung ihrer Evidenz beraubt und auf die Bedingungen ihrer Existenz befragt werden. Dies wiederum ist eine Bemühung, die seit einigen Jahren in verschiedenen kulturwissenschaftlichen Disziplinen Platz greift. Auch wenn sie dort mit je spezifischen Instrumenten und Zielen und an verschiedenen Einzelthemen bearbeitet wird, schreibt sich diese Arbeit doch in die allgemeine Erfahrung eines Evidenzverlustes ein. Dieser Evidenzverlust betrifft nicht nur generell die Verpflichtung zur Selbstthematisierung selbst, sondern schon die Vorstellung, ihr auf immer die gleiche, erstarrte Weise nachkommen zu müssen. Beginn und Ende der Arbeit thematisieren dazu auch rezente Praktiken, die einem zunehmend erfindungsreicheren Umgang mit therapeutisierenden Angeboten der Sexualität Ausdruck geben, im Dieseits der Selbst-Erfahrungen neue Varianten einführen.

Dieses Buch und die Erfahrungen, die es gestattete, sind das Resultat eines langen Weges über gelegentlich dünnes Eis; doch ich hatte das Glück vielfältiger Unterstützung, für die ich mich nun bedanken möchte: Ich danke Dr. Jürgen Buchmann, mit dessen Hilfe ich mich vor einigen Jahren in den Foucaultschen Perspektivenwechsel einübte. Ich bedanke mich bei den Gutachtern der Dissertation, Prof. Dr. Peter Weingart – die Geschichte dieser mehrjährigen Betreuungserfahrung selbst hätte es verdient, aufgeschrieben zu werden – und herzlich auch bei Prof. Dr. Alois Hahn. Michael Goedderz gebührt mein inniger Dank: Er ist ohne Zweifel ›stiller Teilhaber‹ dieser Arbeit. Mary Kastner, Lilo Jegerlehner und Dr. Gerhard Sprenger wissen sicher, wie wichtig mir ihre Gespräche und Aufmunterungen waren. Mein Dank geht an sie alle; die Ungenannten (aus Bielefeld und aus München) sind in ihm eingeschlossen. Daß ich diese Erfahrung machen konnte, dafür danke ich schließlich aufrichtig meinen Eltern.

München, im Februar 1997

Einleitung

> Man sollte eine Kritik der sexuellen
> Vernunft schreiben oder vielmehr eine
> Genealogie der sexuellen Vernunft,
> wie Nietzsche eine Genealogie der
> Moral entworfen hat. Man könnte
> dann von der Sexualität wie vom Tod
> sagen: »Sie ist etwas, an das wir unser
> Bewußtsein vor nicht allzu langer Zeit
> gewöhnt haben.«
>
> (Baudrillard)

Ein sexualtherapeutisches Fraktal

21.4.1994, 21.45 Uhr, WDR. Die Kamera fängt nach und nach die Umrisse mehr oder weniger maskierter Männer ein. A bekennt, er wolle »wissen, existentiell fühlen, wer bin ich wirklich?« B bringt, etwas mühsam, vor »sehr, sehr viel Einfühlungsvermögen« zu brauchen, und C schließlich sucht »die Beschäftigung mit dem Tod«. Das Thema ist »Erlösung in der Sexualität«.

»... heute breitet sich das Soziale, wie auch die Sexualität, nach überall hin aus – man spricht gleichermaßen von sozialen ›Beziehungen‹ wie von sexuellen ›Beziehungen‹. Dabei handelt es sich nicht mehr um eine transzendente mythische Sozialität, sondern um eine pathetische Sozialität der Annäherung, des Kontakts (wie bei Kontaktlinsen), der Prothese und der Rückversicherung. Hier geht es um eine Gesellschaft *der Trauer*, um eine Gruppe, die unaufhörlich über ihre verlorene Zweckbestimmung herumphantasiert. Die Gruppe ist genauso von der Sexualität besessen wie das Individuum vom Sex – beide sind sexuell von ihrem Verschwinden besessen« (Baudrillard 1985, 67).

Von Zeit zu Zeit werden Interviewausschnitte mit Frauen eingeblendet, die offen in die Kamera sehen und von ihrer Arbeit berichten: Tatjana etwa bietet »Gespräche« und »Behandlungen« an; wie sie betrachtet auch ihre Kollegin Heidemarie diese Behandlungen als »Rituale«, die »Befreiung und sogar weiter noch, Heilung« bewirken können. Tatjana betont dieses Ziel mehrfach und entschieden: »*Wichtig ist für mich, daß derjenige als geheilt entlassen wird*«.

»In einer Welt, in der die Kraft der öffentlichen Szene, die Kraft des Sozialen als Mythos und als Illusion (deren stärkste Intensität in den Utopien zu finden ist) am Schwinden ist, wird das Soziale monströs und fett, es breitet sich in Form von Schwell-, Zell- oder Drüsen-Körpern in kleinen Nischen aus; früher stellte es sich an seinen Helden dar, während es heute an dem gigantischen Unternehmen der therapeutischen Bemutterung seiner Behinderten, Erbgeschädigten, Degenerierten, Debilen und Asozialen ablesbar ist« (Baudrillard 1985, 67).

Ernest Bornemann, der bekannte Sexualwissenschaftler, kommt gelegentlich kommentierend zu Wort. Er hält Frauen wie Tatjana und Heidemarie für »*sehr klug*« *und in der Lage,* »*sehr schnell und drastischer genau dort das Instrument der Therapie anzusetzen, wo selbst der beste Psychoanalytiker fünf Jahre brauchen würde*«.

»Die Obszönität nimmt alle Gesichter der Moderne an. Wir sind es gewohnt, sie hauptsächlich mit der Praktizierung des Sex zu verbinden, aber sie erstreckt sich auf alles, was sichtbar gemacht werden kann – sie wird zur Praktizierung des Sichtbaren selber ... Es handelt sich sozusagen um eine *Exaktifizierung:* man treibt die Dinge ins Reale hinaus und bezeichnet sie dort mit aller Gewalt. Aber vielleicht sind die Dinge nur dann wirklich ›wahr‹, wenn man sie in ein zu grelles Licht stellt und wenn sie mit dem Siegel übertriebener Originaltreue versehen sind. Von heute an ist alles Reale in die pornographische Hyperrealität übergegangen« (Baudrillard 1985, 69 f.).

Endlich erhascht der Zuschauer einen Blick auf die »*therapeutische Behandlung*«: *Wir befinden uns im Studio einer Domina. Es ist abgedunkelt, in rötliches Licht getaucht, an den Wänden hängen Peitschen, Fesseln und die anderen, materiellen* »*Instrumente der Therapie*«. *Sowohl Tatjana als auch Heidemarie treten ihren* »*Gästen*« *in schwarzem Leder-outfit gegenüber und sind streng geschminkt. A, B und C haben eingewilligt, die Behandlung nur wenig verdeckt filmen zu lassen. Wir sehen A bei einem Bestrafungsritual, das vor allem durch mehrfache Fesselungen und Schmerzzufügung seine Wirkung erzeugt. Wir sehen B bei einem Unterwerfungsritual, das verschiedene Methoden des Kontrollverlustes kombiniert. Wir sehen C bei einem Todesritual, das das*

Sterben durch Ersticken simuliert. Der Zuschauer ist diesen Szenen ohne Kommentar ausgesetzt. Er steht – wie der Gast – im Bann des Bedrohlichen der Situation, aber auch des konzentrierten, experimentierenden und stets kontrollierten Vorgehens der Domina. Bei B und C wird der Zuschauer außerdem Zeuge der schließlichen Erlösung: Weinen und Lachkrämpfe der Besucher, Trost und Mitlachen der Domina beenden in diesen Fällen den voyeuristischen Ausflug in die S/M-Szene.

»Wollte man den gegenwärtigen Stand der Dinge benennen, so würde ich sagen, wir befinden uns nach der Orgie. Die Orgie ist der explosive Ausdruck der Moderne, der Augenblick der Befreiung in allen Bereichen. Politische Befreiung, sexuelle Befreiung, Entfesselung der Produktivkräfte, Entfesselung der destruktiven Kräfte, Befreiung der Frau, des Kindes, der unbewußten Triebkräfte, Befreiung der Kunst ... Wir sind alle Wege der Produktion und der virtuellen Überproduktion der Zeichen, Botschaften, Ideologien und Vergnügungen gegangen. Heute ist alles befreit, das Spiel ist gespielt, und wir stehen gemeinsam vor der entscheidenden Frage: WAS TUN NACH DER ORGIE?« (Baudrillard 1992, 9).

– Wir machen weiter! Wir befreien die Sexualität. Wir befreien uns selbst. Wir folgen dem therapeutischen Diskurs. Der allerdings findet sich ›nach der Orgie‹ überall. Längst nicht mehr auf seinen klassischen Ort, die Couch des Psychoanalytikers beschränkt, begegnen uns therapeutische Settings auf Bauernhöfen, in Kirchen, auf Segelschiffen, in Gefängnissen, im Fernsehen – oder auch in Domina-Studios. Hier wird das große Thema der Selbstfindung (»wer bin ich wirklich?«) und seines Gegenbildes, des Selbstverlustes (Kontrollverlust, Sterben), in erotischen Sequenzen inszeniert und als Therapeutikum interpretiert. Erwartete man eine Lasterhöhle des wilden Exzesses, so wird man enttäuscht: Der ordentliche Diskurs sexueller Therapie und Gesundheit hat Einzug gehalten. Für C ist klar: Er ist bei der Domina, »um Kicks zu kriegen, mit denen ich weiterarbeiten kann«, es »kann und darf kein Konsumgut sein«. Auch die Domina warnt vor dem »Suchtcharakter« sadomasochistischer Erotik, vor dem nur sicher ist, wer »bereit <ist> zu reflektieren«. Auf der anderen Seite weiß C aber auch, daß die geläufigen Formen der Therapie unzureichend sind: Er will verstehen, »was da wie funktioniert und am Körper erleben ... Das mit dem Denken, das reicht irgendwie nicht«.

Ebenso weiß Heidemarie, daß nur im Domina-Studio auch diejenigen Aspekte des Sexuellen, die nicht nur in der Gesellschaft, sondern sogar in der Therapie ausgegrenzt werden, ebendiesen Rahmen brauchen: Gewalt oder Inzest können nur hier »gelebt und aufgelöst« werden.

Baudrillard muß sich bestätigt fühlen: »Gegenseitige Ansteckung aller Kategorien, Ersetzung einer Sphäre durch die andere, Vermengung der Gattungen. So ist der Sex nicht mehr im Sex, sondern überall sonst« (Baudrillard 1992, 14). Dinge, Diskurse und Praktiken lösen sich von ihrer Idee, ihrem Ursprung, ihrem Wert. In diesem Prozeß lösen sie sich jedoch nicht auf. Nein, sie »funktionieren weiter in totaler Gleichgültigkeit gegenüber ihrem Gehalt. Und das Paradoxe ist, daß sie um so besser funktionieren« (Baudrillard 1992, 12) und nur so ›wirklich wahr‹ werden.

Folgt man den Einwürfen Baudrillards, so stellt sich in den eben beschriebenen Szenen und Äußerungen das Sexuelle in pornographischer Hyperrealität zur Schau, um dort rituell ein bereits erfülltes Programm in Szene zu setzen: das verlorene oder versprochene Wesen der Sexualität zu befreien. Die Therapeutisierung des Settings beschwört eine Sozialität der helfenden Annäherung, in der das Individuum ›seine‹ Sexualität und damit ›sich‹ findet. Die anscheinend zwanglose Kombination sado-masochistischer Hyperrealisierung des Sexuellen mit seiner Therapeutisierung zeigt, so Baudrillard, daß beides: Sexualität und Sozialität in grenzenloser Simulation inszeniert werden müssen. Sie haben kein Wesen mehr, das noch zu befreien wäre. In der Ära nach ihrer Befreiung gehen sie in die »reine Zirkulation« der Praktiken und Diskurse ein (Baudrillard 1992, 10).

Die Domina-Therapeutik nimmt sich aus Baudrillardscher Perspektive nur als ein weiteres Indiz für die fraktale Zersplitterung moderner Diskurse und Systeme aus. Immer neue Settings und immer minutiösere Praktiken beschwören – dem fraktalen Prinzip der Selbstähnlichkeit folgend – in therapeutisierender Manier das, was als Sexualität gelten soll. Damit beschwören sie einen Diskurs, der bereits untergegangen ist: Es handelt sich nurmehr um eine »Simulation des Sexuellen«, um die »Faszination eines verlorengegangenen Bezugssystems« (Baudrillard 1983, 17). Aus Foucaultscher Perspektive indes handelt es sich durchaus noch um die Produktion realer sexueller Subjekte im Medium eines für wahr befundenen therapeutischen Diskurses, der zunehmend auch andere Erfahrungsbereiche des Sexuellen durchsetzt. Die scheinbar gleichgültige »Zufallsverkettung« (Baudrillard 1983, 70) sado-masochistischer Erotik und einer an Psychoanalyse, Psychologie und Psychosomatik orientierten Sexualtherapeutik liest sich mit Foucault als therapeutische Überwältigung des erotischen Exzesses. Während der wahre, wissenschaftliche Diskurs sexueller Therapeutik sich zunächst über die *Ausgrenzung* von Erotik und Pornographie konstituiert hatte, kann er als mittlerweile etablierte Praxis nun die ehedem ausgegrenzten Bereiche peu à peu *einschließen*. Doch dieser Prozeß der Einschließung ist noch nicht vollendet, zeigt Risse auf, die uns noch erlauben, eine sado-masochistische Therapeutik sonderbar zu finden. Gleichsam an der Grenze zweier Entwürfe des Sexuellen können wir den Prozeß der therapeutischen Eroberung der sado-masochistischen Erotik verfolgen.

Weitaus größeren Raum als den Bildern wird dem Diskurs über das beispielhaft Gesehene eingeräumt. Hierzu ist der Titel der Sendung Progamm: »Sex Bizarr. Domina als Therapeutin«. Beide, Therapeutinnen und Klienten, wollen die erotische Grenzerfahrung als eine moderne Variante der »Arbeit am Menschen« verstanden wissen.

Die Domina sucht vor jeder »Behandlung« zunächst das »Gespräch«. Dort geäußerte »Neigungen« und »Phantasien« zeigen ihr zwar, »in welche Richtung er <der Gast> tendiert«(Tatjana), doch die erfahrene Domina-Therapeutin weiß, daß »die meisten ja nicht unbedingt wissen, was sitzt wirklich dahinter?« (Heidemarie). So dient ihr das Gespräch als diagnostische Grundlage, an das sich die sado-masochistische Praktik als eine reflektierte Prozedur anschließt, die sich der Entzifferung der Phantasie widmet. »Wenn einer sagt, ich möchte sterben, dann weiß ich aber nicht: in welchem Kontext? Ist das im Kontext einer Inquisition ...? Ist es im Kontext einer Liebe, die er nicht leben durfte? Vielleicht seine eigenen Wünsche mit seiner Mutter?« (Heidemarie). »Sich-hineinversetzen« (Tatjana) und »Sich-hineinfühlen« (Heidemarie) sind die ersten Schritte auf dem Weg, beispielsweise ein inzestuöses Phantasma zu entdecken. Sodann muß die Domina bereit sein, die gewünschten Bilder und Szenarien auch bei sich zu sehen (»Diese Dinge haben immer auch etwas mit mir zu tun«), und anschließend in ein kontrolliertes Ritual mit therapeutischer Wirkung zu übersetzen.

Die Ritualisierung der sado-masochistischen Prozedur ist für Heidemarie zentral: Sie trägt dazu bei, zwischen der Wirklichkeit und der inszenierten Situation zu unterscheiden, um »nicht in diese neurotische Vermischung zwischen täglichem Sich-Verhalten und der Realität« zu geraten (Heidemarie). In diesem durch das Ritual bestimmten Raum eröffnet sich ein exterritorialer Bezirk der Selbstthematisierung (Hahn), in dem auch im Alltag unerwünschte Themen »gelebt und gelöst« werden können. »Zum Beispiel Inzest. Dürfen wir nicht. In so einem Ritual darf ich das auflösen. Ich darf es ritualmäßig erleben. Dann brauche ich es in der Wirklichkeit nicht mehr« (Heidemarie).
Ihre Arbeit, die mit physischem und vor allem psychischem Schmerz operiert, verstehen auch die Domina-Therapeutinnen selbst als »Gratwanderungen« hinsichtlich der Wirkungen, die sie erzielen. Zum einen sehen sie eine Gratwanderung zwischen Heilung und Zerstörung: Sie sprechen von Grenzen, die man nicht überschreiten dürfe. Zum anderen sehen sie eine Gratwanderung zwischen Heilung und Sucht: »Ja, das ist die Gefahr, wenn nicht unterschieden wird zwischen Realität und Ritual. Dann kriegt das ganze Suchtcharakter«. (Gast B scheint zu diesem Suchtverhalten zu tendieren: »... obwohl ich eher mit dem Biertrinken aufhören könnte als hiervon loszukommen«.)
Insbesondere die gesellschaftliche Ausgrenzung käuflicher sadomasochistischer Sexualität trägt zur Suchtgefahr bei: Als besondere Dienstleistung wird sie in den subkulturellen Bereich abgedrängt. Heidemarie hingegen hat ein anderes Bild ihrer Arbeit vor Augen. Sie vergleicht es mit dem, »was die Priesterinnen gemacht haben, mit einer wirklich hohen Kultur und einem wirklich hohen Bewußtseinsniveau«. Es handele sich um eine verantwortungsvolle Arbeit, die nicht in erster Linie extreme sexuelle Bedürfnisse befriedige, sondern die die sexuellen Phantasmen zum Ausgangspunkt für die Selbsterkenntnis der Gäste-Klienten nehme (A: »was ist wirklich das, was ich selbst bin als Person«). Für Heidemarie beruht die Legitimität ihres Wunsches nach gesellschaftlicher Wertschätzung ihrer Profession gerade auf der therapeutisch hergestellten Verbindung zwischen »Sexualität und Wahrheit«. Das diagnostische Gespräch und das kontrollierte sado-masochistische Ritual befreien, heilen, stärken das Selbst für seine Beziehung und seinen Alltag (A).
Die Dominas stellen sich explizit gegen die alltägliche Praxis, sich

mit sado-masochistischen Neigungen nicht auseinanderzusetzen. »Das wird abgetan. Das ist pervers« (eine Domina-Schülerin). Diese Haltung findet sich bei Ehefrauen, Freundinnen, aber, schlimmer noch, auch in der Therapie: Zum einen wagen die Klienten nicht, in der Therapie das Gespräch auf Sexualität und Gewalt zu bringen; zum anderen sei diese Thematik auch bei den Analytikern selbst ein Schwachpunkt. Als Folge dieser Situation werden Dominas alternativ zur Therapie aufgesucht: »Es gibt Leute, die sind fünf, sechs, acht Jahre in der Therapie gewesen und ... haben diesen Punkt niemals rausgelassen ... Bei der Domina haben sie's dann gesagt« (Heidemarie). Umgekehrt hat auch Heidemarie »schon mehrere Gäste in die Therapie geschickt«, die ihrer Meinung nach eine längerfristige Behandlung in einer therapeutischen und nicht-subkulturellen Atmosphäre benötigten. Ihr selbst schwebt daher eine arbeitsteilige Koexistenz und gegebenenfalls auch eine Kooperation zwischen Domina und Therapie vor.
Die Domina-Therapeutin, die sich eben erst etabliert, hat darüber hinaus auch schon Pläne, ihrerseits den Alltagsdiskurs zu erobern. Auf die Frage, wie Männer sado-masochistische Praktiken mit ihrer Partnerin ausleben könnten, antwortet Heidemarie: »Ja, da müßte es Schulen vielleicht für Frauen geben, die auch, da darf man den zweiten Schritt nicht vor dem ersten machen, die auch erstmal mit ihren eigenen Ängsten konfrontiert werden müssen«. Die institutionelle Einordnung in den Dienstleistungsbereich der (para-)professionellen Hilfstherapeutik sowie die allmähliche Kodifizierung der Expertise sind zwei der Wege, auf denen es gelingen soll, diesen noch anrüchig und absurd erscheinenden Diskurs zum selbstverständlichen Bestandteil des therapeutischen Dienstleistungssystems zu machen.
Die Gäste B und C haben vor ihrem Besuch im Domina-Studio bereits Erfahrungen mit (Sexual-)Therapien gesammelt. Sie sehen sowohl Ähnlichkeiten als auch Unterschiede zwischen beiden ›Behandlungsformen‹: Auch bei der Domina, so weiß C, »geht es nach wie vor um das Thema ... Erlösung in der Sexualität«. Doch die Methoden der Domina transzendieren das übliche Arsenal der Therapie, das Reden. »... da kann ich nicht ausschließlich drüber reden, sondern da ist ein Weg und ein Versuch von mir, mich auch diesen Situationen auszusetzen oder mich reinzubegeben«. Auch A betrachtet den Besuch bei der Domina als ergänzende Alternative zur Therapie, in der er – offenbar selbst Therapeut – spezifi-

sche Formen des Kontrollverlusts erfahren und anschließend nicht nur in seine Beziehung, seinen Alltag hineintragen, sondern auch in der »therapeutischen Arbeit weiterverwenden kann«.
Die Erlösung in der Sexualität setzen die Gäste-Klienten auf zweierlei Weise in Beziehung zu ihrem Selbst: Zum einen hilft ihnen der Besuch bei der Domina, sich von Bedrängnissen und Bedrückkung zu befreien, die sie auch als psychosomatische Belastung empfinden. Hier geht es darum, die Persönlichkeit in der sadomasochistischen Erfahrung zu entfalten. Zum anderen ist diese Erfahrung »ein Beispiel, um herauszufinden, was ist wirklich das, was ich selbst bin als Person« (A). Hier geht es darum, die Persönlichkeit integriert zu halten. Insbesondere die Erfahrung des Schmerzes gilt gleichsam als Belastungstest und das Fingerspitzengefühl der Domina als Beweis für ihre Vertrauenswürdigkeit. Die prekäre, wenn nicht gar dilemmatische Zumutung an die Domina, ihren Gästen zu Entfaltung und Integration zu verhelfen, werden mühelos einem Setting zugedacht, das eben noch als der Inbegriff des Exzesses und der Überschreitung galt. Doch die Gäste der Domina erwarten beides: Orgie und Ordnung, oder das, was nun auch im modernen Manager-Training als ›physische und psychische Grenzerfahrung‹ geläufig ist. Die Normalisierung des Exzesses durch seine therapeutisierende Umgestaltung eröffnet den Gästen der Domina neue Dimensionen der Selbstfindung in und durch Sexualität.
Doch gelingt die Überwältigung der sado-masochistischen Erfahrung durch den therapeutisierenden Diskurs, den die Beteiligten darüber halten, (noch) nicht ganz bruchlos. Heidemarie greift etwa für das Sich-hineinfühlen in den Gast auf ihre Erfahrung als Theologin zurück; vor allem nennt sie die spirituelle Versenkung ins Gebet. Ein merklicher Riß durchzieht insbesondere die Szene, die A gegen Ende der Behandlung zwischen Lachen und Weinen zeigt, stotternd hervorbringend, er habe ein Licht gesehen. »Welches Licht?« (Heidemarie) »Gott.« (A). Im anschließenden Interview bricht gerade A, der ansonsten den therapeutischen Diskurs so virtuos verwendet, aus diesem Duktus aus. »In dem Moment, wo die Erleichterung kommt« fühle er sich »als Gefäß, als Träger von etwas, das nicht nur persönlich, das überpersönlich ist; größer, oder wie immer man das Gefühl auch nennen mag«. Offenbar findet er keine einzige Bezeichnung für ebendieses emotional Erlebnis: Der therapeutische Diskurs hat entsprechende Wörter, die

etwa die christliche Mystik bereithielt, vollständig getilgt. Nie habe Sexualität, so Foucault,

einen so ›glücklichen Ausdruck‹ gefunden wie in der christlichen Mystik des gefallenen Leibs und der Sünde. Die ganze Mystik und ganze spiritualistische Strömungen beweisen das, wenn sie [die Mystiker, S.M.] die ineinander übergehenden Formen von Begehren, Trunkenheit, Durchdringung, Ekstase und die Sinne schwinden machende Herzensergießung nicht mehr unterscheiden konnten; sie fühlten, daß all diese Bewegungen, ohne Unterlaß und Grenze, sich verfolgten bis hinein in das Herz göttlicher Liebe, deren letztes Ende und umgekehrt auch deren Anfang sie selbst waren (Foucault 1988, 69).

Im endlichen Universum des therapeutischen Diskurses gibt es hierfür kein funktionales Äquivalent. »Überschreitung« kann hier allenfalls als diskursive Überwältigung bislang ausgegrenzter Praktiken gelesen werden. Per definitionem geht es um das Übertreten von Grenzen – die der wissenschaftlich fundierte Therapie-Diskurs allererst konstituiert hat. Was die wahre Natur des Sexuellen sei, und daß wir nach ihr suchen müssen, um uns selbst zu finden, ist seit gut zwei Jahrhunderten eine Angelegenheit wissenschaftlicher Definition. Die Brüche, die vor allem Heidemarie (eine ehemalige Theologin) und A in ihren Äußerungen erkennen lassen, verraten noch etwas von dem Zwang, eine erotische Praxis, die eben noch das Gegenüber des wahren Diskurses über Sexualität war, nunmehr selbst den therapeutischen Spielregeln zu unterwerfen. Soweit dies gelingt, geschieht es vor dem Hintergrund einer diskursiven Entwicklung, die die Frage nach dem Selbst durch Befragung seiner Sexualität mit Hilfe kontrollierter, helfender Praktiken für die Mitglieder westlicher Gesellschaften selbstverständlich gemacht hat. Sie fragen sich: »Wer bin ich wirklich?« und suchen auf immer neuen Wegen »Erlösung in der Sexualität«: ist der Besuch im Domina-Studio die therapeutische Erfahrung, die endlich »Erleichterung und Öffnung« bietet? Können wir so die Sexualität auch von den letzten Resten gesellschaftlicher und individueller Unterdrückung befreien?

Alle diese Zweifel und Fragen lassen zweifeln und fragen, welches kulturelle Phänomen sich hier artikuliert. Die Vermutung lautet: Es handelt sich um die jüngste Variante dessen, was sich die ›therapeutische Konstruktion sexueller Subjekte‹ nennen ließe. Denn trotz aller Abweichung vom orthodoxen (sexual-)therapeutischen Diskurs schließt sich auch die sadomasochistische Praktik der the-

rapeutischen Maxime an, daß – Baudrillard zum Trotz – sexuelle Subjekte methodisch zu befreien seien. Gleichwohl – mit Baudrillard – treibt sie den Diskurs zum äußersten: In der Befreiung der Sexualität durch die Methode therapeutisch kontrollierten Exzesses vergewissert sich das Individuum der ›eigenen‹ Sexualität.
Die Sado/Maso-Therapie tut dies entlang der klassischen (sexual-)-therapeutischen Aufmerksamkeiten. Zum einen lenken therapeutische Techniken, sogar wenn sie im Studio einer Domina praktiziert werden, auch hier den prüfenden Blick auf die sexuellen Tätigkeiten und Genüsse. Die Sorge gilt gleichermaßen der Frage, ob die Sexualität das Subjekt ›ausdrücke‹, als auch dem Zweifel, ob sie es auch wirklich ›bereichere‹. Hier darf nichts ausgespart bleiben: auch Gewalt, Inzest oder Sterben geraten nun in den Blick. Ebenso erfordert umgekehrt eine als unvollkommen oder teilweise unbekannte Subjektivität die Befragung seiner Sexualität: In der Erfahrung des Kontrollverlustes will A gerade den Teil von sich erfahren, der ihm sonst verborgen bleibt.
Aufgabe therapeutisierender Techniken ist es, Sexualität und Subjektivität im konzeptuellen Dual von Normalität und Authentizität zu versöhnen: Wo Normalität herrscht, ist ein gesellschaftlicher Standard von Gesundheit und Akzeptabilität erfüllt; wo Authentizität herrscht, ist eine subjektive Empfindung von Selbstausdruck und Bereicherung der Persönlichkeit erfüllt. Die Domina-Therapeutik bietet Raum, Normalität und Authentizität auch auf Wegen zu erreichen, die derzeit weder gesellschaftlich noch aus der Perspektive des geläufigen therapeutischen Angebots als normal oder authentisch erscheinen mögen. Doch indem sie Sexualität und Subjektivität in therapeutisierenden Praktiken stereotyp aufeinander verweist, kann auch dieser sich derzeit verwissenschaftlichenden Praxis der gewünschte Erfolg beschieden sein. Das wird sich auch daran bemessen, inwieweit es ihr gelingt, das, was als normal und authentisch gilt, um weitere Praktiken zu ergänzen – und damit die Anlässe zur Sorge zu vermehren:
Denn genau in dem Maße, in dem Sexualität und Subjektivität in einem Zusammenhang wechselseitiger Steigerung stehen, sind sie auch füreinander Gegenstand einer Sorge und Barometer für die Berechtigung dieser Sorge. Der Zweifel an der Normalität eines sexuellen Vermögens sucht ebenso wie etwa die Frage nach Authentizität seines sexuellen Selbst nach mehr als der Bestätigung, sich im statistischen Mittel einer Umfrage zum Sexualverhalten

der Bevölkerung wiederzufinden. (Die massenmedial verbreitete Information, derzufolge sich S/M-Praktiken zunehmender Popularität in hetero- wie auch homosexuellen Kreisen erfreuen, mag den ›Standard‹ erneut in die Höhe treiben.) Zwar ist die Verortung im statistischen Raum auch eine Dimension, der offensichtlich viel Beachtung geschenkt wird; dies gilt ebenso für Briefkastenekken in Zeitschriften, Ratgebersendungen in Hörfunk und Fernsehen oder einschlägige (populär-)wissenschaftliche Publikationen. Alle diese ungebrochenen und vielfältigen Aufmerksamkeiten sind indes Indikatoren für die gesellschaftliche Durchdringung einer umfassenden diskursiven Praxis, die sexuelle Subjekte therapeutisierend konstituiert. Der Gegenstand, der hier soziologisches Interesse verdient, ist daher das Gesamt dieser Aufmerksamkeiten, die diskursive Praxis selbst, die ebendiese Aufmerksamkeiten im einzelnen informiert, ja, sie als selbstverständlich erscheinen läßt. Indem ich die einzelnen Bestandteile dieser Praxis zunächst als Zumutungen reformuliere und sodann ihre impliziten Versprechen benenne, melde ich Zweifel an ihrer Selbstverständlichkeit an:

– *therapeutische Zumutung*: Die Sexualität erscheint als ein problematisches Feld, um dessen – für sich selbst und die sexuelle Beziehung – befriedigenden Zustand man sich bemühen muß. Diese Bemühung hat in der gegenwärtigen westlichen Kultur eine bestimmte Form angenommen: Kontinuierliche Selbstbeobachtung und die Bereitschaft, sich gegebenenfalls professioneller Hilfe anzuvertrauen, inaugurieren den auf Gesundheit und Normalität bedachten Blick.

– *sexuelle Zumutung*: Das Subjekt erscheint als ein problematisches Feld, dessen Normalität und Gesundheit auch von dem Wissen darüber abhängt, wie es um seine Sexualität bestellt ist. Geschlechtliche Orientierung, Krankheit, momentane Unlust: In der gegenwärtigen westlichen Kultur sind dies Anzeichen für eine das Subjekt bedrohende Abweichung von Normalität und Gesundheit. Sie als Anzeichen zu erkennen, heißt zu wissen, daß therapeutisierende Maßnahmen angezeigt sind.

– *subjektivierende Zumutung*: Die Therapeutisierung des Sexuellen hingegen erscheint als weitgehend unproblematisch, wenngleich auch bestimmte ihrer Formen im Kreuzfeuer der Kritik stehen. Im Gegenteil gilt Therapeutik in der gegenwärtigen westlichen Kultur als die Form, in der Sexualität und Subjekt miteinander in Einklang zu bringen sind: Therapeutisierend beteiligt sich das Individuum an der Objektivierung dessen, was heute als Sexualität verstanden wird, und subjektiviert sich über das Erkennen und die Anerkennung dieser Sexualität als ›seiner‹. Diese als Zumutungen reformulierten Zweifel an der therapeutisierenden Praxis beruhen auf impliziten Versprechen, die sich folgenden Fragen stellen müssen:

1. Handelt es sich bei der Therapeutisierung um die Methode, die dem Subjekt die wahre Natur seiner Sexualität und die Authentizität seiner selbst wiederbringt?
2. Handelt es sich bei der Sexualität um ein natürliches Phänomen, dessen bislang verstellte oder unzureichend bekannte Wahrheit sich (den Individuen) therapeutisch eröffnet?
3. Handelt es sich bei dem Subjekt um eine Existenz, die ein wahres, therapeutisierend erzeugtes Wissen über seine Sexualität zu seiner Vervollkommnung benötigt?

Diese Fragen sind uneindeutig: Sie lassen sich als hoffnungsvolle Erkundigungen nach der Wirksamkeit einer wissenschaftlich angeleiteten Prozedur verstehen: Ist die Therapeutik in der Lage, die wahre sexuelle Natur der Subjekte hervorzubringen? Tatsächlich aber sind in allen diesen Formulierungen überall dort unsichtbare Anführungszeichen eingelassen, wo die Wörter auf substantielle Entitäten hinzuweisen scheinen: ›Therapeutisierung‹, die ›Natur der Sexualität‹, und die ›Wahrheit des Subjekts‹ sind mit diesen diakritischen Zeichen nicht als Merkmale einer natürlichen Ordnung entschlüsselt, sondern als stets aufeinander verweisende, sich wechselseitig konstituierende Bestandteile einer gesellschaftlich hergestellten Ordnung differenziert. ›Therapeutisierung‹, ›Sexualität‹ und ›Subjekt‹ sind Namen für Effekte; sie sind das Resultat diskursiver Praktiken, die sich in der gegenwärtigen Kultur westlicher Gesellschaften als ›therapeutische Konstruktion sexueller Subjekte‹ zu einer allseits verbindlichen und kaum mehr befragbaren, triadisch strukturierten Ordnung manifestiert haben: gleich, welches Element der Triade ›Therapeutik-Sexualität-Subjekt‹ man auch befragt, wird man immer unversehens auf die beiden anderen Elemente verwiesen.

Neuere Entwicklungen wie die eingangs beschriebene Domina-Therapeutik treiben diesen therapeutisierenden Diskurs allerdings an eine Grenze, die seine Evidenz erschüttert; Risse zwischen beiden Erfahrungsbereichen, der sadomasochistischen Erotik und der klassischen Sexualtherapeutik, treten überdeutlich hervor. Michel Foucaults Reaktion:

Staunen und Lachen:
Analysen im Inneren eines Diskurses

[His] counterattack is thus first of all the weapon of laughter: the laughter of Nietzsche's Overman freed by the death of God. Bodies and pleasures. Not the body and its pleasures, as if there were a natural, phenomenal body which one could liberate from the strategems of the discourse of sexuality. No; bodies and pleasures – plural, hence specific. Their multiplicity and variety must oppose to the monolithic figure of the sexual body (Lemert, Gillian 1982, 89).

Foucault wagt mit diesem Lachen die Zerstörung einer Illusion. Im vorliegenden Fall betrifft dies zunächst die illusorische Vorstellung von der Sexualität als einem natürlichen und immer noch nicht völlig befreiten Gegenstand: Baudrillards Einsprüchen zum Trotz. Glaubt man Tatjana und Heidemarie sowie ihren Gästen, so gibt es durchaus noch Nachtseiten des Sexuellen, die der Erlösung harren. Aber auch schon die unablässige Nachfrage nach ratgebenden Angeboten in Zeitschriften sowie Hörfunk und Fernsehen, via BTX oder Internet spricht für eine weithin geteilte Überzeugung, daß sexuelle Aufklärung in therapeutisierender Manier not tut.

Wozu aber nun richtet auch Foucault seinen Blick auf das, was wir heute unter Sexualität verstehen, wo er doch selbst ein künftiges Unverständnis über die Hartnäckigkeit prognostiziert, »mit der wir so getan haben, als müßten wir die Sexualität ihrer Nacht entreißen – eine Sexualität, die unsere Diskurse, unsere Gewohnheiten, unsere Institutionen, unsere Vorschriften, unsere Wissen am hellichten Tag produziert und immer wieder lautstark hochgespielt haben« (Foucault 1977, 188)? Tatsächlich gesteht er in einem Gespräch mit Hubert Dreyfus und Paul Rabinow, daß er sich »viel mehr für Probleme interessiere, welche die Techniken des Selbst berühren, als für den Sex ... Sex«, konstatiert Foucault, »ist langweilig« (Foucault 1984b, 69). Wenn er sich also einerseits an dieser lärmenden Beschäftigung nicht beteiligen will, andererseits jedoch seine Eingebundenheit in die Diskurse des Sexuellen sieht, gar einkalkuliert[1], dann deshalb, weil eben diese Problematisierungen und Praktiken, die unsere Sexualität betreffen, auf das engste, gar intimste, mit der Herstellung dessen verknüpft sind, was wir für ›unser Selbst‹ halten. Foucault nimmt also mit seinem Lachen durchaus mehr ins Visier: es ist die Illusion des Subjekts, das so unablässig ›seiner‹ ›authentischen‹ ›Sexualität‹ auflauert.

Gerade die Rigidität dieser Verknüpfung zwischen Sexualität und Selbst, die uns so selbstverständlich erscheint, daß wir sie im Alltag nur um den Preis zu bezweifeln wagen, daß man uns für nicht normal erklärt, reizen Foucaults Neugierde. Ordnungen, die festgefügt erscheinen, regen sein Denken an: »Denken heißt ... überschreiten; es heißt, diese Ordnung zu befragen, sich zu wundern, daß sie da ist, sich zu fragen, was sie möglich gemacht hat, es heißt, im Durchstreifen ihrer Landschaften die Spuren der Bewegungen zu suchen, die sie geformt haben und in diesen vermeintlich zur Ruhe gekommenen Geschichten zu entdecken, inwieweit es möglich wäre, anders zu denken‹« (de Certeau 1991, 227 f.). Diese neugierige Haltung den Ordnungen gegenüber habe Foucault, so Michel de Certeau, geradezu in ein »Exerzitium des Staunens« überführt. Die Resultate sind Fundstücke einer spezifischen Erfahrung: die »denkerische Erfahrung eines Evidenzverlustes, der das Mögliche initiiert« – diese Erfahrung »feiert Foucault mit einem Lachen« (de Certeau 1991, 229).

Foucault wagt mit diesem Lachen eine Utopie. Sicher ist dies auch ein (in der Regel implizit bleibender) Traum von der glücklichen Nicht-Ordnung gewisser Dinge, doch wie stets bei Foucault, ist auch dieser Traum ein Effekt. Er ist der Effekt eines *philosophischen Ethos (1)*, eines *nach-aufklärerischen Programms (2)*, einer *konstruktivistischen Methodik (3)* und eines *ironischen Stils (4)*. Ethik, Programm, Methodik und Stil konstituieren den Ort, von dem aus Foucault Sexualität als Gegenstand sozialer Hervorbringung und individueller Eroberung beobachten kann. Von dort aus richtet er seinen Blick auf die minutiösen Praktiken, die ein ›Wissen über‹ das Subjekt und ›seine Sexualität‹ herstellen. Kontinuier-

---

1 »Writing only interests me to the extent that it unites itself to the reality of a combat, functioning as an instrument, a tactic, an illumination. I would like my books to be scalpels, Molotovcocktails, or minefields and have them carbonize after use in the manner of fireworks ... I am a tool merchant, a tactician, an indicator of targets, a cartographer, a draftsman, an armourer« (Ezine 1975, 3).

lich hervorgebracht, verweben sich Problematisierungen, Praktiken und Institutionen zu dem Stoff, der die Wirklichkeit der Dinge konstituiert – zu ihrer Realität, ihres so-und-nicht-andersseins: »... the effectiveness of knowledge is the power to delimit objects by drawing around them lines of nothingness« (Lemert, Gillian 1982, 86).[2]

(1) Das »Exerzitium des Staunens« ist de Certeaus Formulierung für ein *philosophisches Ethos*, das Foucault selbst an anderer Stelle als ›Grenzhaltung‹ bezeichnet. Das analysierende Denken soll sich demnach stets die Grenzen dessen, was zu einer gegebenen Zeit an einem gegebenen Ort gedacht, gesagt, getan werden kann, ausloten – und das Denken soll sich auch selbst dort aufhalten und Möglichkeiten zur Überschreitung dieser Ordnung erkunden (vgl. Foucault 1990, 48). Dazu sucht Foucault zum einen die Texte eines Diskurses auf, die ein neues Wissensfeld abstecken, oder allgemeiner, neue ›Positivitäten‹ auf der Basis einer neuen Beschreibung der Welt konstituieren (vgl. White 1990, 151); zum anderen interessieren ihn die vom eigentlichen Diskurs ausgegrenzten Äußerungen: die Diskurse der Wahnsinnigen, Kriminellen, Kranken, Perversen. Der Diskurs einer Zeit ist nur dann vollständig beschrieben, wenn das Diesseits *und* das (stets vom Diesseits aus markierte) Jenseits der Grenze, die Entstehung des Diskurses »auf beiden Seiten der Schranken« identifiziert ist (Foucault 1974, 45). Der entscheidende Schritt besteht allerdings nicht in einer (etwa ›wissenschaftlich fundierten‹) Parteinahme für die unterdrückte Seite: »Man muß sich auf die andere Seite, die ›richtige Seite‹ stellen – aber um zu versuchen, sich von den Mechanismen freizumachen, die stets zwei Seiten erscheinen lassen, um die falsche Einheit, die illusorische ›Natur‹ jener anderen Seite, deren Partei man ergriffen hat, aufzulösen. Da beginnt die wirkliche Arbeit, die des

---

[2] Während Lemert und Gillian dieses Phänomen aus der Perspektive gesellschaftlichen Operierens fassen, reformuliert Paul Veyne es aus der Perspektive der erforderlichen analytischen Operation. Ihm zufolge ergibt sich aus der Foucaultschen Anfangsintuition, daß »Menschentatsachen« *rar* seien, die intellektuelle Aufgabe, sie rar zu machen und sie auf diese Weise von ihren substantialisierenden Begriffen loszulösen (vgl. Veyne 1992, 33). Dies ist eine der Möglichkeiten, den Evidenzverlust von Phänomenen zu provozieren und damit die Haltung des Staunens in ein ›Exercitium‹, in Methode, zu transformieren.

Historikers der Gegenwart« (Foucault 1976, 192).[3]
(2) Mit diesem Ethos entwirft Foucault ein *nach-aufklärerisches Programm:* die Kritik (vgl. auch Dreyfus, Rabinow 1990, 55 ff.). Er gibt diesem Programm einen neuen Namen: Es ist die »historische Ontologie unserer selbst« (z. B. Foucault 1990, 48), mit dem er sich dem Projekt der Aufklärung neu stellt. Wie Kant lehnt auch Foucault es ab, den Autoritätsverlust offenbarter Religion und Metaphysik durch Theorie zu ersetzen, die es nun übernehmen soll, substantielle universelle Wahrheiten der menschlichen Natur zu entdecken. Anders aber als Kant, der den Verlust einer metaphysischen Gründung menschlichen Handelns durch seine Gründung in der Epistemologie zu therapieren suchte, hält Foucault hier einen Typus von Kritik entgegen, der »nicht länger als Suche nach den formalen Strukturen mit universaler Geltung geübt wird, sondern eher als historische Untersuchung der Ereignisse, die dazu geführt haben, uns als Subjekte dessen, was wir tun, denken und sagen, zu konstituieren und anzuerkennen« (Foucault 1990, 49). Das Versprechen der Aufklärung läßt sich auf dieser Grundlage als Etablierung einer Praxis einlösen, die »Gefahren« der Moderne zu analysieren, möglicherweise konfligierende Interpretationen zu fördern sowie analytisch Handlungsoptionen zu erkunden (vgl. Dreyfus, Rabinow 1990, 68 f.).[4]

[3] Es handelt sich mithin um zwei verschiedene, methodisch verbundene Grenzen des Diskurses: eine ›innere‹ und eine ›äußere‹ Grenze. Jeder Diskurs ist sowohl durch das definiert, was er einschließt, als auch durch das, was er ausschließt oder ausgrenzt (vgl. S. 87 ff.). Indem sie diese ›innere‹ Grenze als diskursive Konstruktion entschlüsselt, eröffnet die diskursanalytische Methode den Blick auf das Diesseits-und-Jenseits, das Gesamt einer diskursiven Formation. Auf diese Weise erlaubt sie auch, sich an den Rand oder: die ›äußere‹ Grenze dieses Diskurses zu bewegen, um von dort aus die Gesamtkonstruktion zu analysieren.
[4] Im Jahre 1979 eröffnete Foucault eine Vorlesung mit den Worten: »In dieser Veranstaltung werden Sie nicht erfahren, was Sie tun sollen oder wogegen Sie kämpfen müssen. Aber Sie werden eine Karte an die Hand bekommen, die Ihnen sagt: wenn Sie in dieser oder jener Richtung angreifen wollen, gibt es hier einen Knotenpunkt von Widerständen und dort einen möglichen Durchgang« (Foucault in Veyne 1990, 83). Nicht mehr, aber auch nicht weniger als dies charakterisiert heute die Funktion des von Foucault so bezeichneten »spezifischen Intellektuellen«, der die Figur des »universellen Intellektuellen«, des Herrn und Sachwalters der Wahrheit, ersetzen muß (vgl. Ewald 1978, 18).

(3) Mit der Methode der Archäologie sucht Foucault ebendiese historischen Ereignisse auf, die uns, mit einem soziohistorisch spezifischen Set von Gegenständen, Äußerungsformen sowie diskursiven und nicht-diskursiven Anreizen, Bedingungen und Verboten versehen, in den Stand versetzen, am Diskurs teilzunehmen. Sodann zeigt er in genealogischer Perspektive die »tatsächliche Entstehung von Diskursen ..., die zugleich zerstreut, diskontinuierlich und geregelt ist« (Foucault 1974, 45). Neben die möglichst vollständige Beschreibung der soziohistorisch spezifischen Diskursformationen tritt der genealogische Aufweis der kontingenten Folge von Ordnungen, die uns zu dem gemacht hat, was wir sind. Die *konstruktivistische Methodik* gefällt sich allerdings nicht in kaleidoskopischer Deskription sich transformierender Ordnungen: Sie birgt auch Möglichkeiten zur praktischen Kritik. Dazu bieten vergangene Ordnungen bedenkenswerte Hinweise, können jedoch unter soziokulturell veränderten Bedingungen der (Post-)Moderne nicht Modell stehen (vgl. Foucault 1990, 76; oder auch von Rahden 1986, 154). Gleichwohl erlauben diese Evidenzen andersartiger Ordnungen die Konfrontation mit der gegenwärtigen Selbstverständlichkeit, Sexualität und Subjektivität therapeutisierend aufeinander zu beziehen. Diese Konfrontation selbst, d. h. die Möglichkeit zu Distanznahme und Vergleich, ist eine erste Wirkung genealogischer Perspektive. Kritik der Subjektivierung, der Selbst-Werdung ist ihr privilegierter Gegenstand. Das Ausloten der Möglichkeiten zu, wenn auch stets nur partiellen und lokalen, Veränderungen ist ihr Ziel (vgl. Foucault 1990, 48 ff.).

(4) Vielleicht mehr als alles andere bürgt für die spezifische Qualität Foucaultscher Genealogien ihr *ironischer Stil*: Hayden White hebt hervor, daß Foucault sich vornehmlich der Katachrese in all ihren Erscheinungsformen bedient: Er hat eine Überfülle der durch diese Trope ermöglichten Figuren entdeckt, wie etwa Paradox, Chiasmus, Antiphrase oder Ironie (vgl. White 1990, 144).[5] In

---

5 Diese rhetorischen Modi sind nicht nur charakteristisch für Foucaults analytischen Stil, darüber hinaus ist die Katachrese die dominierende Trope der modernen Humanwissenschaft (vgl. White 1990, 146). Im 20. Jahrhundert unterliegt etwa der Wahnsinn einem Verdoppelungseffekt (Ironie): Während der Wahnsinnige als Patient das Reich der Normalität umreißt und gleichsam der Welt zurückgegeben wird, wird er ihr in Gestalt des genialischen Dichters weiter entfremdet; auf diese

der traditionellen Rhetorik setzt der Begriff der Katachrese die Unterscheidung zwischen ›eigentlichem‹ und ›uneigentlichem‹ Sprachgebrauch voraus: ›Eigentlicher‹ Sprachgebrauch indiziert nicht die natürliche oder göttliche Ordnung der Dinge und der Wörter, sondern die gesellschaftlich zu bestimmende Kraft des Diskurses, ›Literalität‹ durch die Anwendung einer konsistenten Bezeichnungsregel zu konstituieren (vgl. White 1990, 145). Paradoxierend und ironisierend beargwöhnt Foucault den eigentlichen Diskurs und fragt nach seinen Entstehungs- und Geltungsbedingungen.

Rudi Visker bemerkt eine andere Form des gleichen Ausdrucksmittels: die Anführungszeichen. Foucault verwendet sie insbesondere im Zusammenhang mit der prätendierten Wissenschaftlichkeit der Humanwissenschaften (vgl. Visker 1990, 1991).

Weise wird der Wahnsinn »zugleich als Krankheit und als Abweichung von der Norm definiert und stillschweigend als Standard anerkannt ..., an dem die Norm gemessen werden kann« (White 1990, 150). Diesen Verdoppelungseffekt verkehrt Foucault in ein analytisches Instrument: Er setzt ihn zur Kritik an den sozialen Praktiken ein, die die Humanwissenschaften normativ stützen, ohne allerdings seine eigenen Resultate objektivistisch zu verkennen. Foucaults Diskurs begreift sich zwar als informiert von den Diskursen, die er studiert, jedoch sucht er stets nach neuen Sicht- und Handlungsweisen (vgl. Dreyfus und Rabinow 1990, 62 und 65). Es »sieht aus wie Historie, wie Philosophie, wie Kritik, steht aber <den humanwissenschaftlichen> Diskursen als ironische Antithese gegenüber« (White 1990, 145).

Damit verkehrt Foucault nicht nur das Ziel der Analyse, sondern auch ihren Wahrheitswert. »Foucaults Schreibweise ist vollkommen, da der Text schon in seiner Bewegung das nachzeichnet, wovon er spricht: von jenem gewundenen Weg, auf dem die Macht entsteht ... Eben darin liegt seine verführerische Kraft und nicht etwa in seinem ›Wahrheitswert‹. Zwar sind die Prozeduren der Wahrheit sein Leitmotiv, aber das ist ohne Bedeutung, da sein Diskurs nicht wahrer ist als irgendein anderer« (Baudrillard 1983, 9f.). Was bei Baudrillard zum Verdikt gerät (Anachronismus einer Schreibweise, die ihre Perfektion der Tatsache verdankt, daß die beschriebene *episteme*, wenn nicht vergangen, so doch im Verschwinden begriffen ist; vgl. Baudrillard 1983, 11), kann daher auch als soziohistorisch spezifische Form wirksamer Kritik gelesen werden: Gegen eine objektivierende Produktion gesellschaftlicher Asymmetrien (etwa zwischen Wahnsinnigen und Vernünftigen) setzt Foucault seinerseits einen ironischen Stil, der die Intelligibilität des Funktionierens solcher Diskurse entlarvt.

In beiden Elementen, der rhetorischen Figur wie dem diakritischen Zeichen, äußert sich der Wille, Objekte als Ordnungen zu begreifen, die kontingent sind und deren Evidenz ein Effekt ist. Dieser Effekt resultiert aus den aktuellen diskursiven und nichtdiskursiven Praktiken, die diese Ordnung auf eine Weise zu reproduzieren suchen, daß sie eben nicht als *hergestellte Praxis*, sondern als *eigentliche Natur* erkannt wird. Auf diese Weise überzeugt die gegenwärtige Kultur durch die Selbstverständlichkeit ihrer Praktiken: Wie also ist es möglich, »die Gegenwart zu diagnostizieren« (Foucault in Caruso 1969, 13)? Unter dem Banner Grenzhaltung, Kritik, konstruktivistische Methodik und ironischer Stil bietet Foucault Positionen und Verfahren an, die es uns erlauben, uns gleichsam diagonal zur Ordnung zu stellen, oder an den Rand des Diskurses zu manövrieren, den wir untersuchen wollen, um von dort aus den Prozeß der Herstellung seiner Evidenz zu beobachten.

Aus dieser Warte betrachtet erscheint etwa die eingangs beschriebene Domina-Therapeutik als ein vorzügliches Beispiel für die Produktion therapeutischer Ordnung in noch fremdem Terrain. Sowohl der Diskurs der Dominas als auch der ihrer Gäste zeugt noch von einer eher gewaltsamen Bemächtigung der sadomasochistischen Erotik durch eine verwissenschaftlichte Praktik. Die therapeutischen Maximen von Gesundheit und Normalität sind eben dabei, den Exzeß so weit zu bändigen, daß er dem psychologisch-medizinischen Diskurs einzugliedern ist. Im *status nascendi* dieser Variante der Therapeutisierung des Sexuellen überraschen wir den »winzigen Riß« (Foucault 1974, 10), die »Alteritätszeichen«, die wir als Zitate einer Ordnung lesen, die in Herstellung begriffen ist (vgl. auch de Certeau 1991, 228). Die in diesem Zusammenhang noch unpassend erscheinenden Elemente des therapeutischen Diskurses erschüttern unsere Vertrautheit mit ihm, untergraben seine Evidenz; die nun hervorlugende Un-Ordnung initiiert die Frage: »Wie kommt es, daß wir heute die Domina-Therapeutik nicht so absurd finden, daß sie keine Klienten oder Zuschauer fände – oder nicht zum Gegenstand wissenssoziologischer Analyse würde?« Die diskursanalytische Kritik führt uns dann weiter zu den Fragen: »Wie hat sich Sexualität als ein bestimmter Gegenstand für das Wissen konstituiert?«, »Wie hat sich ein therapeutisierender Typ des Diskurses etabliert?« und »Wie haben sich schließlich ein bestimmter Kommunikationsgegenstand (Sexualität) und eine bestimmte Kommunikationsform (Therapeutik) als eine der derzeit privilegierten Formen der Subjektivierung herauskristallisiert?«

Beides: die *Herstellung* dieser Ordnung und ihre *Darstellung* als natürliche oder eigentliche ist Gegenstand der vorliegenden Studie. Sie beabsichtigt eine Ethnologie des kulturellen Phänomens namens ›Therapeutisierung sexueller Subjekte‹ und vollzieht sich als Kritik: Es ist die kritische Analyse der Herkunft eines Mythos, demzufolge mit Hilfe therapeutisierender Techniken die wahre Natur des Sexuellen und ein authentisches Selbst zu entdecken seien. Es ist darüber hinaus die kritische Analyse der sich transformierenden Erscheinungsweisen dieses Mythos; d. h. zugleich der Praktiken, die er zunächst ausschließt, wie auch derjenigen, die er im Zuge seiner gesellschaftlichen Durchsetzung einzuschließen vermag. Doch so unterschiedlich die historischen Problematisierungen dessen auch sind, was wir heute als Sexualität begreifen, gar als ›unsere Sexualität‹: Sie alle tragen dazu bei, daß wir heute selbstverständlich Sexuelles zum privilegierten Ausgangspunkt von Selbstthematisierungen wählen, die normierende Kraft sexualwissenschaftlichen Wissens zur Kenntnis nehmen und daß therapeutisierende Praktiken auch in ihren semi-, para-, oder unprofessionellen Varianten bestehen können.

Sex Bizarr und Therapie? – Baudrillard lamentiert über die Vermengung aller Kategorien; Foucault staunt über die hegemoniale Kraft des therapeutischen Diskurses. Mit Baudrillard erkennt man das Schema des Fraktalen: die zufällige Ausbreitung des therapeutischen Simulakrums; mit Foucault feiert man es nicht, sondern analysiert das Funktionieren eines machtvollen Diskurses. Man staunt über die Überwältigung des Bizarren durch das Therapeutische, bestimmt die zugrundeliegende Ontologie unser selbst und die ihr vorausliegende Genealogie und ironisiert diese Praxis, indem man sie als ›neue Positivität‹ ernst nimmt.

Die Domina-Therapeutik scheint zunehmend in das Projekt der therapeutischen »›Diskursivierung‹ des Sexes« (Foucault 1977, 31) eingegliedert zu werden. Domina-Therapeutik nimmt sich zwar vor dem Hintergrund ›ordentlicher Sexualtherapie‹ als ein noch eigenartiger, aber sich möglicherweise integrierender Bestandteil der Therapie-Szene aus. Damit steht dieses Beispiel exemplarisch für die allgemeinere Frage, wie sich die Zunahme an Reflexionschancen und Handlungsoptionen, die im Zuge der gesellschaftlichen Durchdringung therapeutisierender Praktiken zu verzeichnen sind, vor dem Hintergrund einer ebenfalls zunehmenden Entdifferenzierung sexueller und subjektivierender Praktiken durch das therapeutische Modell ausnimmt. Die Gefahr einer Engführung von Sexualität und Subjektivierung auf Therapeutik, deren triadische Verquickung Sennet sogar als »gordischen Knoten« (Sennet 1980, 52) bezeichnet, sehen offenbar auch die Protagonistinnen sadomasochistischer Therapeutik selbst: Anders nämlich, als Baudrillard unterstellt, sind die Differenzen zwischen S/M und Therapie noch nicht illusorisch geworden (vgl. Baudrillard 1992, 14). Sowohl Heidemarie als auch A und C bestehen geradezu auf ihnen: Die »andere Atmosphäre«, die schmerzvollen Rituale, die sexuelle Stimulation sind differentielle Charakteristika, die bei der therapeutischen Eroberung dieser Praxis gerade nicht verloren gehen sollen.

Die folgende Studie zeigt daher zunächst die Genealogie einer diskursiven Praxis, in der Sexualität, Subjekt und Therapeutik sich wechselseitig konstituieren; sie fragt gleichwohl in ihrem letzten Kapitel auch danach, ob und wenn ja, wo es im Innern dieses Diskurses Chancen gibt, sich zu dieser Praxis differenzierter zu verhalten. Angelpunkt beider Sorten von Analysen sind therapeutisierende Praktiken als sogenannte »Technologien des Selbst« (Foucault et al. 1993).

Çe n'est pas une histoire de la sexualité – Der ›rote Faden‹

In seinem Aufsatz Çe n'est pas une pipe *(Foucault 1968; überarbeitet 1973) befaßt sich Foucault mit dem Aspekt der Pfeifenbilder Magrittes, der ihn seit seiner Arbeit an* Les mots et les choses *fasziniert: In ihnen zerstört Magritte nicht nur die Illusion, daß das Bild der Pfeife und das Wort, das sie bezeichnet, die reale Pfeife zur Erscheinung bringt; mehr noch: macht er sowohl dem Bild als auch dem Wort sogar ihre repräsentative Funktion streitig. Bild, Wort und Ding befinden sich in einem referenzlosen Raum und sind, zumindest für Foucault, in die fröhliche Anarchie prin-*

zipieller Gleichartigkeit entlassen.[6] *Diese prinzipielle Gleichartigkeit der Zeichen wird indessen, so Foucault, gesellschaftlich verwaltet. Es sind gesellschaftliche Denksysteme und Praktiken, die Bilder, Wörter und Dinge in eine, wenn auch kontingente und vergängliche, so doch verbindliche Ordnung bringen. Diese Verbindlichkeit wird mit akribischen Praktiken kontinuierlich erzeugt und ist selbst die Illusion, die uns glauben macht, wir wüßten, daß dies das Bild einer Pfeife sei – und die auch dann weiterbesteht, wenn wir mit aller Konzentration das philosphische Problem des sujets zu ergründen suchen und mit der Foucaultschen Interpretation sympathisieren.*

Die Pfeifenbilder Magrittes erzeugen beim Betrachten Vexierbilder von dargestellten/hergestellten Dingen. Analog dazu wird auch die folgende Genealogie ein Vexierbild der ›Sexualität‹ erzeugen: Während man gerade noch vermeint, die *so seiende* Sexualität zu erkennen, wird man schon auf die *gesellschaftliche Hergestelltheit* ebendieser Sexualität verwiesen. Dann wieder wird uns versichert, daß die Praktiken und Diskurse, die hier beschrieben werden, *wirklich* das hervorbringen, was wir zu soziohistorisch spezifischen Zeitpunkten als ›Sexualität‹ verstehen, über sie denken, wie wir sie praktizieren, was wir fühlen. In Anerkennung der Tatsache, daß wir im Alltag durchaus ›wissen‹, was Sexualität ist, und was sie für uns ist, bestreitet diese Studie, daß dies ein unproblematisches Wissen sei. Sie bestreitet auch, daß es eine Genealogie gibt, die uns sagen wird, was Sexualität ist oder, was sie für uns

---

6 Dieser Interpretation hätte Magritte selbst entschieden widersprochen. Seine von Heidegger inspirierte Philosophie visiert nicht die Foucaultsche ›absolute Leere‹ an, sondern vielmehr das *Sein* der Dinge, ihre fundamentale Existenz, die er mit dem Begriff des Mysteriums bezeichnet. Oder wie Karlheinz Lüdeking es mitfühlend beschreibt: »Magritte träumt davon, den Abstand, den wir durch unsere semantischen Mittel zwischen uns und der Realität erzeugt haben, in einem spontanen Akt des ›inspirierten‹ und ›unmittelbaren‹ Denkens zu überfliegen« (Lüdeking 1990, 296). In dieser platonistischen Konzeption müssen wir uns nicht mit leeren Zeichen begnügen; sie stellt lediglich die Unzulänglichkeit der Zeichen fest, *Sein* zu bezeichnen. Dem ›Nichts‹, das Foucault hinter allem vermutet, setzt Magritte ein quasi-religiöses Mysterium entgegen. Die konstruktivistische Wissenssoziologie indes kann diesen Schritt nicht tun: sie befaßt sich mit der Analyse der Praktiken, die *Seiendes,* mithin Realität, erzeugen.

ist. Sie kann und will aber zeigen, *daß* und *wie* Sexualität und Selbst für uns ein ›selbstverständliches Problem‹ geworden sind. Dies will sie auf eine Weise tun, die uns nicht in neuen Sicherheiten wiegt, sondern dazu beiträgt, zu der Trias von Sexualität, Selbst und Therapeutik jederzeit eine Distanz einzurichten, d. h. ihre Hergestelltheit und Herstellung beobachten zu können.
Es ist die *Konstitution sexueller Selbste als Problem*, der diese Genealogie mit der These nachgeht, daß ebendie soziohistorisch spezifischen Praktiken, mit denen man diesem Problem begegnet, es allererst erzeugen. Dieses Paradox ist kein Manko, im Gegenteil: Jede ausgebildete Semantik ist paradox strukturiert und invisibilisiert dies durch sequentielle Bearbeitung in der Kommunikation (vgl. dazu Luhmann 1990, inbes. Kap. 2). Das sich selbst herstellende Problem wird etwa in ›das Problem‹ und ›seine Lösung‹ dekomponiert: Daß die Weise der Problemlösung zur Aufrechterhaltung des Problems beiträgt, wird dann im Handlungsvollzug etwa als ›nicht-intendierte Nebenfolge‹ deklariert. Aus diskursanalytischer Perspektive, die den blinden Fleck dieses fiktiven Handlungsvollzugs beobachten kann, entsteht jedoch ein anderes Bild: Die Diskurse des Begehrensmenschen realisieren die permanente Selbstüberbietung der Problemdiskurse durch Praktiken, die zugleich eine Norm des Begehrens konstituieren, das individuelle Scheitern am Begehren diagnostizieren und stets nur unvollkommen therapieren, so daß verfeinerte Methoden und größere Aufmerksamkeit bei der Anwendung nötig werden, die die Norm des Begehrens erhöhen, das individuelle Scheitern wahrscheinlicher machen ...
Der Blick auf helfende/heilende Praktiken zeigt eine heute prominente Weise, das Begehren im Hinblick auf das Wohl des Selbst zu thematisieren, aber auch ebendie Weise, mit sich dabei schärfendem selbstthematisierendem Blick immer neue heilungsbedürftige Zonen des Begehrens auszumachen. Das moderne Paradox etabliert die Norm der therapeutisierenden Perfektionierung seines sexuellen Selbst, dessen mangelnde Perfektion, aber auch Perfektibilität, in dieser Haltung allererst offenbar wird. *Das Vexierbild:* Therapeutisierende Praktiken stellen (wirklich) sexuelle Subjekte her. *Das Ziel:* Die Selbstverständlichkeit dieser Praktiken als Resultat einer viele Jahrhunderte zurückreichenden Folge von Selbstbearbeitungstechniken zu zeigen, auf die der wissenschaftlich angeleitete sexualtherapeutische Diskurs selektiv und modifi-

zierend zugreifen konnte. *Das Programm:* Eine Genealogie solcher Praktiken zu erstellen, die dem Einzelnen praktische Anleitungen zur Selbstthematisierung geben, die die Bearbeitung des Begehrens in den Mittelpunkt stellen und die Vervollkommnung des Selbst von einer gewissenhaften Befolgung dieser Praktiken abhängig machen.

Vor einer solchen Genealogie ist es ratsam, sich in der rezenten sozialwissenschaftlichen Diskussion zum Themenkomplex ›Therapeutisierung‹ sowie nach dem einschlägigen methodischen Instrumentarium umzusehen.

An der sozialwissenschaftlichen Diskussion ist der Topos der Therapeutisierung nicht vorübergegangen: im Gegenteil hat sie sich seiner in zwei Etappen angenommen. Es lassen sich eine ›moderne‹ (Mitte der siebziger bis Mitte der achtziger Jahre) und anschließend eine ›postmoderne‹ Etappe ausmachen *(Kapitel 1).* Gelegentlich beider Etappen thematisiert man Praktiken, die versprechen, das Begehren zu perfektionen und das wahre Selbst zu finden. Der Akzent beider Debatten ist jedoch verschieden. Während in der ersten Phase die Therapeutisierung sexueller Selbste unter dem Aspekt diskutiert wird, ob es sich hierbei tatsächlich um ein Projekt der Befreiung (von unterdrückter Sexualität, vom uneigentlichen Ich) handelt, hält man in der zweiten Etappe der Diskussion das Projekt Befreiung überhaupt für abgeschlossen: Therapeutisierende Praktiken dem sexuellen Selbst gegenüber werden nun als Merkmale einer etablierten technopsychologischen Kultur identifiziert; mit der Entscheidung zur Therapie distinguieren sich Mitglieder der bürgerlichen Mittelschicht. Therapeutisierung ist nurmehr eine Frage des Habitus, nicht der Befreiung.

Beide Diskussionen wirken bis in die Gegenwart hinein und motivieren eine Genealogie therapeutisch hergestellter sexueller Selbste. Sie machen zum einen darauf aufmerksam, daß es sich um ein Phänomen mit normierend-normalisierender Wirkung handelt, zum anderen darauf, daß es sich um ein (womöglich verzichtbares) Element der Selbststilisierung handelt. Die Genealogie wird nach Entstehungsherden dieses normalisierend-stilisierenden Effekts fragen.

Die aktuelle Wissenssoziologie stellt ein reichhaltiges Methodenarsenal bereit: *Kapitel 2* selegiert und kombiniert die einschlägigen analytischen Strategien. Dazu rechnet zum einen das Konzept der Evolution einer Sondersemantik für Intimkommunikationen (Luhmann); zum anderen die von Foucault vorgeschlagenen Analysetechniken einer Archäologie des Wissens, einer Genealogie der Macht und einer kritischen Hermeneutik des Selbst. In der Konzeption dieser Studie konvergieren alle diese analytischen Strategien auf das Konstrukt der ›Selbstthematisierung‹ (Hahn), oder, mit einer etwas anderen Akzentuierung, auf das der ›Selbsttechnologie‹ (Foucault). In beiden Versionen lenkt dieses Konstrukt unsere Aufmerksamkeit auf all die Formen, durch die wir Sexualitäten und Selbste erzeugen und auf intimste, d. h. heute: therapeutisierende, Weise miteinander verketten.

Eine Genealogie des Begehrens, die sich mit der der Praktiken verwebt, läuft dieser gegenüber leicht Gefahr, eine ›Geschichte der Sexualität‹ zu erzählen (wofür die Sitten- und Kulturgeschichte seit Herodot stilbildend geworden ist[7]) – jedoch, der Narrativik, die die moderne Geschichtsschreibung für historische Sinnstiftung entdeckt hat (vgl. z. B. Rüsen 1987), ist kaum zu entrinnen.[8] Mehr noch: Die kommende Untersuchung fühlt sich diesem Prinzip ebenfalls verpflichtet. Läßt sich nun beides, sinnstiftende Narration (›die Heraufkunft sexueller Selbste‹) und die strukturelle Orientierung auf Paradoxe erzeugende und gleichzeitig invisibilisierende Diskurse miteinander vereinbaren?

– Ja. Dazu bedarf es allerdings einer Entscheidung, die man erst treffen kann, nachdem man das in Frage kommende Material gesichtet hat. Dabei stößt man auf das große Feld der christlichen Problematisierungen des Begehrens: das Feld von Sünden gegen

---

7 In diese Kategorie fallen etwa Werke wie Gordon Rattray Taylor, *Sex in History* (1954), Wayland Young, *Eros Denied. Sex in Western History* (1964) oder Reay Tannahill, *Sex in History* (1980). Ein Beispiel für eine Sittengeschichte, die in polemischer Weise die sittliche Mentalität und die Entwicklung des Kapitalismus zu einem ›sexualhistorischen Materialismus‹ verbindet, ist Eduard Fuchs' *Illustrierte Sittengeschichte* in sechs Bänden (1909, wieder abgedruckt: 1984).

8 Narration und Wissenschaftlichkeit schließen sich bei den Befürwortern historiographischen Erzählens beileibe nicht aus: »Wissenschaftsspezifisch wird das historische Erzählen dann, wenn es an methodische Regeln gebunden wird, die es darauf verpflichten, seine Geltungsansprüche systematisch überprüfbar zu machen, zu sichern und zu steigern« (Rüsen 1987, 234).

die Keuschheit, denen sich spätantike Asketepraktiken, mittelalterliche Buß- und Beichtanleitungen, das kanonische Eherecht sowie eine Vielzahl theologischer Erörterungen widmen. In der Neuzeit greifen Sexualpathologie, Sexualwissenschaft und Psychoanalyse (neben Sexualmedizin und -pädagogik) das Projekt auf. Die kommende Analyse wählt nun die Spätantike, das hohe Mittelalter und das Ende des 19. Jahrhunderts als diejenigen Perioden, in denen sich gesellschaftliche Umbrüche auch in einem hermeneutisch orientierten Diskurs des Begehrens geltend machen: Gerade im plakativen Nacheinander der verschiedenartigen Problematisierungsweisen fallen Anschlüsse an je vorhandenes semantisches Inventar auf, aber auch Abbrüche und Wiederaufnahmen.

Diese Narration wird allerdings gebrochen, und zwar durch eine Entscheidung zu Schwerpunktbildungen. Jede der diskursiven Formationen wird schwerpunktmäßig im Hinblick auf *ein* Element der Triade Sexualität-Subjektivierung-Therapeutik analysiert.

– Der spätantike Diskurs vermißt in Lobgesängen und Askese-Praktiken besonders das Begehren des Christen: Teil II fokussiert daher das Element der *Sexualität*, genauer: die Problematisierungen der Keuschheit (s.u.).
– Der mittelalterliche Diskurs entwirft in buß- und beichtzentrierten Praktiken das Subjekt der Sünden gegen das Gebot der Keuschheit: Teil III fokussiert daher das Element der *Subjektivierung* (s.u.), genauer: die poenitativ-konfessorischen Konstruktionen des Selbst.
– Der moderne Diskurs forciert eine Verwissenschaftlichung des Verfahrens, in dem der Patient/Klient seine Sexualität, sein wahres Ich erkennt: Teil IV widmet sich daher vor allem dem Element der *Therapeutik* (s.u.), genauer: den Verwissenschaftlichungen des Geständnisses (Teil IV).

Trotz dieser Schwerpunktbildungen, die das Material der einzelnen Perioden nicht erzwingt, aber durchaus ermöglicht, bleibt in allen Studien der triadische Zusammenhang von Sexualität-Subjektivierung-Therapeutik (vgl. S. 11) erhalten. Diese Schwerpunktbildungen dienen zum einen dazu, je ein Element dieses Zusammenhangs exemplarisch zu vertiefen und zum anderen dazu, den narrativen Duktus durch eine Perspektive zu konterkarieren, die die paradoxe Herstellung besonders eines der drei

Elemente verdeutlicht. *Notabene*: Die Schwerpunktbildungen *sind* arbiträr. Es handelt sich um eine weitere Weise, das (historisch fremde) Material erneut zu verfremden – die Gewalt der diskursanalytischen Aneignung des Materials unter je einer thematischen Perspektive rechtfertigt sich jedoch vor dem Hintergrund der eingangs erläuterten Überlegungen Foucaults zu den Pfeifenbildern Magrittes: Sie korrespondiert dem Ausmaß der bestehenden Ontologie (d. h. einer gesellschaftlich etablierten Ordnung), die Sexualität, Selbst und Therapeutik so miteinander verknüpft, daß sie nicht nur im Alltag, sondern auch im kritischen sozialwissenschaftlichen Diskurs weitgehend unbefragt besteht; das gilt auch für seine postmodernen Varianten *(Kapitel 1)*. – Die folgende Genealogie wird diesen gordischen Knoten (Sennet) nicht durchschlagen können, nimmt sich aber vor, durch die Anlage der Analyse und die Kombination verschiedener analytischer Strategien zumindest ein Vexierbild Magrittescher Prägung zu erzeugen (Lesart Foucault).

Die Analysen stützen sich zum einen auf autoritative und präskriptive Texte, die den Einzelnen dazu anleiten, sich selbst oder den anderen kritisch und systematisch zu befragen mit dem Ziel, die Wahrheit über sich zu entdecken. Alle diese Texte stellen dazu das Begehren in den Mittelpunkt des Zweifels und der reinigenden Praktiken. Primärtexte, aber in erheblichen Umfang auch Sekundäranalysen bilden den Korpus dieser Genealogie. Längere Zitate und zitierende Redeweise werden einen Einblick in die meist unbekannten Diskurswelten geben und sollen helfen, den Analysen zu folgen. Zum anderen stützen sich die folgenden Studien auf zahlreiche Arbeiten der einschlägigen Nachbardisziplinen, die sich mit speziellen Einzelfragen wie den religiösen Bewegungen in der Spätantike, der Heraufkunft des Individuums im Mittelalter oder der Autobiographie in der Moderne befassen. Während das Thema verlangt, daß man es multidisziplinär umstellt, rechnet die Methode zu einer soziologisch orientierten Diskursanalyse *(Kapitel 2)*: Auch die Beiträge aus anderen Disziplinen werden daher ebenso als Diskurse zu diesem Thema behandelt und ihr Beitrag gelegentlich explizit dikursanalytisch diskutiert. Die soziologisch orientierte Diskursanalyse versucht so, multidisziplinäre Perspektiven (hier vor allem: religions-, geschichts- und literaturwissenschaftliche) unter einem bestimmten Aspekt zu einer interdisziplinären Perspektive zu bündeln – dem einer Genealogie der therapeutischen Konstruktion sexueller Selbste[9]:

In der christlichen Spätantike würde eine Genealogie der Sexualität vergeblich nach ›Sexualität‹ suchen. Gleichwohl wird auch hier das Begehren eingehend problematisiert, jedoch unter einem Namen, den wir heute als das Gegenteil der Sexualität wahrnehmen: Der christliche Diskurs problematisiert die Keuschheit. Im einzelnen lobt er die Jungfräulichkeit und definiert dabei all ihre Dimensionen, denen die Jungfrauen folgen müssen, um wahrhaft keusch zu sein *(Kapitel 3)*; er ersinnt minutiöse asketische Praktiken, um sie zu erlangen *(Kapitel 4)*; er verteidigt sie gegen die diskursive Konkurrenz: den medizinischen, an der Stoa geschulten Diskurs, der das Begehren einem *régime* der Diätetik und der Meisterung, nicht der Entsagung und des Gehorsams unterstellt *(Kapitel 5)*; schließlich verankert er die der Nachkommenschaft und dem sozialen Band geschuldeten Zuwiderhandlungen gegen die Enthaltsamkeit als ein Gut, dem man im Rahmen der Ehe nachkommen dürfe *(Kapitel 6)*.

Die Problematisierung der Keuschheit, wie sie das spätantike Christentum vornimmt, ist paradox strukturiert: Ebender Imperativ, auch noch den geheimsten Unkeuschheiten zu widerstehen, zwingt zur beständigen Auseinandersetzung mit ihnen und beschwört so die Gefahr herauf, ihnen noch in der Analyse zu erliegen, und nötigt daher immer weitere Erforschung auf.

Der spätantike Diskurs birgt die wissenssoziologische Überraschung, daß die heutigen Debatten über die befreite Sexualität zwar das Gegenteil diskutieren (perfektere Sexualität), sie aber auch semantische Vorlagen aufgreifen, die das spätantike Christentum bereithält: Vor allem schließen sie an den Gedanken der Perfektibilität des Menschen durch Bearbeitung seines Begehrens an; auch der moderne Diskurs hält das Begehren für ein multidimensionales und immer fragiles Konstrukt und begegnet den Problemen (hier: Anfechtungen/dort: Funktionsstörungen) ebenfalls bevorzugt durch subtile, hermeneutische Techniken.

Erst im christlichen Mittelalter wird dieser Diskurs, der zuvor noch weitgehend auf eine religöse Elite beschränkt ist, zunehmend für alle Gläubigen verbindlich. Das Begehren wird nun zum

9 Um die Übersicht über den Gang der Genealogie im laufenden Text zu erleichtern, wird jeder Teilstudie (Teil II–IV) eine Vignette vorangestellt, die die wesentlichen Aspekte skizziert.

Gegenstand machtvoller Praktiken, in denen es als Sünde oder Vergehen gegen das Gebot der Enthaltsamkeit thematisiert wird. Poenitentialsummen instruieren den Beichtiger, den Gläubigen systematisch nach Ort, Zeit, Partner und Beischlafposition zu befragen und ihm dann eine gerechte Bußauflage zu erteilen *(Kapitel 7)*. Die Kanonisten nehmen besonders die Ehegatten ins Visier: Verstöße gegen die Enthaltsamkeit müssen eingestanden, Verstöße gegen die eheliche Pflicht können eingeklagt werden *(Kapitel 8)*. Die Beichtspiegel schließlich verlangen, neben den Worten und Werken auch den Gedanken mehr Beachtung zu schenken: Der christliche Diskurs verlangt nun ein erschöpfendes Geständnis über das schier unerschöpfliche Gebiet der Intentionen, Motive und Phantasien *(Kapitel 9)*. Außerhalb von Geständnispraktiken wird das Begehren nun Gegenstand symbolischer Verfügung: In der Katechese wird es als Sünde gegen das 6. und das 9. Gebot gelehrt und gelernt. Die Gläubigen beteiligen sich nun gelegentlich auch aktiv an der Produktion eines Wissensgegenstandes, der selbst die Beichte reformiert: Sie findet nicht länger nur im Beichtstuhl statt, sondern erobert auch Ehe und Familie, sog. Beichtgemeinschaften, als weitere soziale Räume *(Kapitel 10)*.

Die mittelalterliche Problematisierung des Selbst ruht auf einem Paradox: Ebender Imperativ, die fleischlichen Anfechtungen zu bekennen, und zwar die, denen man in Worten, Werken und Gedanken begegnete, um so schließlich seiner selbst zu entsagen, stellt ein (sündigendes) Selbst in allen diesen Dimension allererst her, und erzwingt daher immer weitere Bekenntnisse.

Der buß- und beichtorientierte Diskurs des Mittelalters birgt die wissenssoziologische Überraschung, daß die modernen Debatten um die endlich befreite Rede über Sexualität und damit: die Befreiung des Selbst in erheblichem Umfang auf institutionalisierte Praktiken der Selbst-Thematisierung zurückgreifen, die das Christentum vor allem mit der Etablierung der Pflichtbeichte allgemein verbindlich gemacht hat. Darüber hinaus wirft das Ausmaß der Systematisierung der selbstthematisierenden Diskurse (insbesondere im kanonischen Eherecht) ein neues Licht auf den Aspekt ihrer Verwissenschaftlichung: Operationalisierung, Herstellung intersubjektiver Verbindlichkeit und Professionalisierung sind diskursive Strategien, an die die modernen Wissenschaften auch in diesem Feld anschließen, sie zwar (teilweise umfassend) modifizieren, nicht aber erfinden.

Im Laufe des 18. Jahrhunderts findet eine Explosion säkularer, selbstthematisierender Diskurse statt, die sich dem Begehren des Selbst widmen: Sie problematisieren geschlechtliche Verirrungen, Perversionen und Störungen der ›Sexualität‹ zunehmend unter den Aspekten Gesundheit und Sittlichkeit. Die sexuelle Ratgeberliteratur der Aufklärung zeigt den vielfach gebrochenen Übergang von einem Dispositiv der Sünde zu einem Dispositiv der Sexualität *(Kapitel 11)*. Die aufkommenden Wissenschaften vom Leben überziehen nun Individuum und Gesellschaft mit Regulierungen und transformieren dazu die zentrale christliche Technologie des Selbst, das Geständnis, in ein Instrument zur Kontrolle und Produktion geschlechtlicher Verirrungen *(Kapitel 12)*. Entartungstheorien verschränken die sexuellen Pathologien des Individuums mit denen der Gattung. Das (Zwangs-)Arsenal therapeutischer Zugriffe setzt um 1900 die umfassende Pathologisierung des Sexuellen durch *(Kapitel 13)*. Die Psychoanalyse konstatiert eine pathogene psychische Dynamik, die die konfligierenden Anforderungen von Sexualtrieb und Gesellschaft in jedem Individuum erzeuge und nicht völlig therapierbar sei. Die dechiffrierenden Techniken, die das sexuelle Selbst aus seiner Unterdrückung zu befreien suchen, erzeugen eine umfassende Rationalisierung des Libidinösen *(Kapitel 14)*.

Die Problematisierung des sexuellen Selbst durch die Therapeutik erzeugt ein Paradox: Ebender Imperativ, dem abweichenden Begehren systematisch, effektiv und umfassend zu begegnen, erzeugt allererst die Vielfalt der Abweichungen, denen das vorhandene therapeutische Arsenal alsbald nicht mehr gewachsen ist, so daß es therapeutische Alternativen provoziert und damit neue Abweichungen erzeugt.

Der moderne, säkulare Diskurs birgt die wissenssoziologische Überraschung, daß die allmähliche Verwissenschaftlichung der Therapeutik von derjenigen ihres bevorzugten Gegenstands, dem begehrenden Selbst, nicht zu trennen ist. Er kann seine Herkünfte nicht leugnen: So schließt er etwa an den Gedanken der Perfektibilität des Menschen durch Bearbeitung seines sexuellen Begehrens an; auch hält er es für ein multidimensionales und immer fragiles Konstrukt und begegnet den Anfechtungen (heute: Problemen oder Funktionsstörungen) ebenfalls bevorzugt durch subtile, hermeneutische Techniken. Dazu schließt die Therapeutik zum einen an die christliche Technologie der Selbstthematisierung

(Geständnis/heute: diagnostisches Interview) sowie an die Vorstellung an, daß Selbstthematisierung institutionell verankert sein sollte (Pflichtbeichte /heute: therapeutische Praxis); darüber hinaus ›erbt‹ sie den eigenstabilisierenden Mechanismus der Selbstüberbietung. Auch operationalisiert sie ihren Gegenstand *ex negativo*: Das Begehren ist stets das Gegenüber der selbstbearbeitenden Praktiken. Doch hier ereignen sich zwei bedeutende Transformationen: (1) Aus dem *Gegenüber* der Anfechtungen durch die Keuschheit oder der Sünde gegen das Gebot der Enthaltsamkeit schält sich das Gegenüber unsittlicher und ungesunder ›Sexualität‹ heraus. (2) Sind die Praktiken der Selbstbearbeitung zunächst darauf gerichtet, dieses Gegenüber, sei es das Sündige, sei es das Ungesunde/Unsittliche zu entfernen, so werden sie mit der Psychoanalyse die *Grundlage* zur Erkenntnis des wahren sexuellen Selbst – und damit zu einer Praxis, die das begehrende Selbst im Prinzip ein Leben lang im Kampf gegen seinen unlösbaren psychischen Konflikt zwischen Sexualtrieb und Kultur begleitet. – Die genealogischen Studien enden am Beginn des 20. Jahrhunderts, weil fortan alle weiteren Praktiken auf der Selbstverständlichkeit aufbauen, daß Sexualität, Selbst und Therapeutik untrennbare Begriffe sind: Auch die Domina-Therapeutik ruht darauf.

Die kontingenten Schwerpunktbildungen sind, wie bereits erläutert, insbesondere durch die Absicht motiviert, den Eindruck einer kontinuierlichen Narration (und der Illusion ›eigentlichen‹ Sinns) durch Perspektivverschiebungen zwar nicht aufzulösen, doch immer wieder zu unterbrechen. Darüber hinaus sorgt der bereits eingangs geschilderte triadische Zusammenhang von Sexualität-Selbst-Therapeutik zu jedem Zeitpunkt dafür, daß kein Element ohne die anderen Bestand hätte. Wie die vorausgehende Übersicht bereits nahelegt, tritt dieser Zusammenhang allerdings in jeder Diskursformation in anderer Gestalt auf; in grober Vereinfachung ergibt sich folgendes Bild:

Zeitraum	Begehren	Selbst	Therapeutik
Spätantike	Keuschheit	entsagend	Askese (Versuchung)
Mittelalter	Enthaltsamkeit/ eheliche Pflicht	entsagend/ rechtfertigend	Buße/Beichte (Sünde)
Moderne	Sexualität	normalisierend/ stilisierend	(Psycho-)Therapie (Verirrung/Störung)

Begehren und Selbste rekonstituieren sich in sich stets modifizierenden therapeutisierenden Praktiken. ›Begehren‹, ›Selbst‹ und ›Therapeutik‹ gelten dabei als Suchbegriffe, deren diskursiv erzeugte und kontextspezifisch sich wandelnde Bedeutung (s.o.) die Genealogie erweisen will.

Den Schluß der einzelnen Teile bilden jeweils spezifische Formen der Selbst-Schreibung, »écriture de soi« (Foucault). Hier soll, wenn auch in aller Kürze, jeweils eine semantische Vorlage, die der Selbstdar-/herstellung dient, in einer Umbruchphase gezeigt werden. Für die Spätantike sind dies die sog. *hypomnemata* der antiken Philosophen, die die Mönche nicht länger als Medium der aufschließenden Vernunft, sondern als Form der Selbstreinigung in Buße und Gehorsam nutzen. Im Mittelalter ist es die Hagiographie, deren zunächst strikter Code mehr und mehr zugunsten einer narrativen Struktur durchbrochen wird, die das Selbst nicht mehr (nur oder ausschließlich) in der Figur des seiner Entsagenden, sondern des sich Rechtfertigenden, schließlich auch des sich Stilisierenden zeigt. In der Neuzeit ist es die Autobiographie, die sich aus den christlichen Vorlagen (z. B. augustinische Sündenklage und pietistisches Tagebuch) herausschält und die Selbstschreibung im Hinblick auf das Moment modifiziert, seine Vita auch unter dem Aspekt des gestörten Begehrens zu rekonstruieren, bei dem Leser um Verständnis zu werben und schließlich schreibend sein sexuelles Selbst zu therapieren. Zusammengenommen rekonstruieren diese Schlußteile die Entstehungsherde moderner Selbstschreibungen.

Die Genealogie der Therapeutisierung sexueller Selbste läßt sich auch als eine wissenssoziologische Perspektive auf ein klassisches soziologisches Thema lesen: Es handelt sich hier um einen Fall gesellschaftlicher Disziplinierung. *Kapitel 15* reflektiert dies im

Hinblick auf die Arbeiten Elias' zum Prozeß der Zivilisation. Sie geht daneben auch der Frage nach, wie sich eine Analyse, die die Genealogie elaborierter Selbsttechnologien verfolgt, speziell zur These der Verwissenschaftlichung verhält: Die folgende Genealogie wird Verwissenschaftlichung nicht als einen Prozeß zeigen, in dem die Wissenschaft von der Sexualität eine *terra incognita* erobert, sondern als einen Prozeß, in dem sie das Begehren aus einem breit verankerten Rationalitätsfeld namens Keuschheit in ein Rationalitätsfeld namens Sexualität überführt. Diese Überführung geschieht allmählich, nicht ›en bloc‹ und (zumindest bis zum 19. Jahrhundert) bei weitem nicht vollständig, und sie vollzieht sich im Modus der Transformation: eines bereits etablierten Gegenstandes und einer bereits etablierten Technik der Selbstbearbeitung.

Anschließend befaßt sich die Studie kurz mit theoretischen Erörterungen zu der Frage, in welcher Weise sich innerhalb der disziplinierenden Zwangspraktiken Autonomiechancen für das Subjekt ergeben, und schließt mit zwei (weiteren) Beispielen ab, die im Inneren des therapeutisierenden Diskurses durch ›wildernden Umgang‹ mit ihm (de Certeau) originelle Orientierungen erzeugen: eine konstruktivistisch orientierte Therapie und der Kurs ES 105 »Weibliche Sexualität« in der Volkshochschule München lehren erneut das Staunen.

Teil 1
Therapeutisierungen sexueller Selbste

Kapitel 1

Debatten zur Therapeutisierung sexueller Subjekte: modern und postmodern

Daß sich Sexualität, Subjekt und Therapeutik in einem sadomasochistischen Setting verbinden, würde, will man dem zwiespältigen Duktus der Diskussionen um Themen wie »Sexualität und Wahrheit« (Foucault 1977, 1986a, 1986b), »Modernity and Self-Identity« (Giddens 1991) oder zur »Psychiatrisierung der Gesellschaft« (Castel, Castel und Lovell 1982) folgen, zum einen als ein Anzeichen von Krise, zum anderen als ein Silberstreif der Hoffnung gelten.[1] Während die einen die eigentliche Natur der Sexualiät, den authentischen Ausdruck des Selbst, die seriöse Form der Therapie durch diese eigenwillige ›Therapie‹-Form ernsthaft bedroht sähen, begrüßten die anderen, daß es noch weitere, lustbetontere und vor allem: nicht nur abendländischer Rationalität verpflichtete Formen der Selbstfindung gibt.

Beide Fraktionen wären sich indes einig: Was es hier, sei es, zu verhandeln, sei es, zu verhindern gilt, ist nichts weniger als »la condition postmoderne« (Lyotard 1982, dt. 1986). Dies bedeutet eine nicht unbeträchtliche Verschiebung innerhalb einer Diskussion, die mit zwei ›konjunkturellen Spitzen‹ seit nunmehr 20 Jahren geführt wird. Die eher verstreuten Diskussionen, die zwischen Mitte der siebziger[2] und Mitte der achtziger Jahre stattfan-

---

[1] Der Konjunktiv soll anzeigen, daß es keine Diskussion zu genau diesem Thema gibt, sondern im wesentlichen drei Diskussionsstränge, die für dieses Thema einschlägig sind. Diese Positionen werden zu einer fiktiven Debatte gebündelt.

[2] Dabei handelt es sich um den Zeitpunkt, zu dem ›*Therapeutisierung*‹ als zeitdiagnostisch-kritische Kategorie in die soziologische Reflexion Eingang fand, das Konzept der *Sexualität* nach der Befreiungswelle der späten sechziger Jahre einer erneuten Revision unterzogen und die Frage nach den Entfaltungsmöglichkeiten des *Subjekts* eindringlich erörtert wurde. Veröffentlichungen wie Gross, *The Psychological Society* (1978), Holden, *Sex therapy: Making it as a science and an industry* (1974), Kovel, *Kritischer Leitfaden der Psychotherapie* (1977), Wurm, *Psychotherapie als soziale Kontrolle* (1977) stehen beispielhaft für viele

den, ließen sich bereits in dem eigenständigen Topos namens ›Therapeutisierung der Gesellschaft‹ bündeln.[3] Die durch Lyotard angefachte Debatte um die gegenwärtige Verfassung westlicher Industriegesellschaften hat anschließend in ihren Ausläufern erheblich dazu beigetragen, daß dieser zunächst eigenständige Topos zu einem (bloßen) Indikator für eine übergeordnete Frage wurde, nämlich, ob wir uns im Stadium der Postmoderne befinden.[4]

Bevor ich aber auf die Systematisierungsgewinne und -verluste dieser theoretischen Neuordnung für den Diskurs der Therapeutisierung selbst eingehe, möchte ich zunächst einen Überblick über beide Phasen der Diskussion geben: Während zunächst vor dem Hintergrund der Dialektik der Aufklärung die Therapeutik als moderne Form von Kontrolle thematisiert wird und sich *Dialektik aufklärender (Sexual-)Therapie* nennen ließe, schiebt sich anschließend vor dem Hintergrund postmodern dekonstruierter Selbste das Thema *(Sexual-)Therapie als Habitus* in den Vordergrund. Beide Phasen indessen, das soll die kommende Rekonstruktion zeigen, sind weniger als historische Etappen, sondern vielmehr als zwei sozialwissenschaftliche Kontextualisierungen ›eines‹ Phänomens zu verstehen, denn heute lassen sich – insbesondere in der populärwissenschaftlichen Literatur – beide Aus-

---

Titel, die bis heute ihr Publikum finden: Hemminger, Becker, *Wenn Therapien schaden* (1985) oder Hanisch, Hermanns, *Kampf um die Seele* (1990).

3 Für die deutsche Diskussion ist hier die November-Ausgabe des *Kursbuch* aus dem Jahre 1985 einschlägig, das den Titel »Die Therapie-Gesellschaft« trägt: Keiner der Beiträge stellt diesen Titel, der zugleich ein Befund ist, in Frage. Im Gegenteil: Der Mitherausgeber Karl Markus Michel konstatiert in seinem Beitrag, wenn auch polemisch, den »therapeutischen Konsens« (Michel 1985, 138).

4 Natürlich wird diese Frage nicht an dem Thema der Therapeutisierung *entschieden*. Gleichwohl ist bemerkenswert, daß sie als Indikator für diese Frage Eingang in eine brisante Debatte innerhalb der Sozialwissenschaften und damit: erneute Aufmerksamkeit gefunden hat (s. an dieser Stelle nur Featherstone 1990; mehr zu diesem Aspekt auf den Seiten 81 ff. dieses Kapitels). Solchermaßen zu einem stabilen Faktor gesellschaftlicher Selbstbeschreibung avanciert, sollten auch die Gegner der Therapeutisierung auf ein baldiges Ende dieses Diskurses nicht rechnen.

prägungen finden. Die Frage: Auf welches gesellschaftliche Phänomen referiert heute der Begriff der Therapeutisierung? läßt sich daher erst beantworten, wenn die Debatte in ihren beiden Schwerpunkten bekannt ist. Daß es sich dabei um moderne versus postmoderne Varianten der Thematisierung handelt, soviel sei hier schon angedeutet, wird zunächst lediglich als Beschreibungstypus der einschlägigen Autoren übernommen. Am Schluß dieses Kapitels wird die Schieflage einer solchen, vorerst unentscheidbaren Diskussion – Foucaults Vorschlag folgend – durch das Konzept der *Moderne als Haltung* ersetzt.

Therapeutisierung: modern

Schon in der temporalisierenden Begriffsbildung wird deutlich: Das Phänomen der ›Therapeutisierung‹ hat von Beginn an nicht nur eine deskriptive, sondern vor allem auch eine kritische Note. Noch deutlicher kommt dies in den semantischen Korrelaten ›Psycho-Boom‹ oder gar ›psychoindustrieller Komplex‹ zum Ausdruck. Mit diesen Begriffen soll nicht nur die bloße Verbreitung therapeutisierender Praktiken – ein *immer mehr* –, sondern auch die in der Regel für korrekturbedürftig gehaltenen Weisen ihrer gesellschaftlichen Institutionalisierung – ein *zuviel* und ein *nicht so* – kategorial erfaßt werden. Gerd Hellerich etwa spricht in diesem Zusammenhang von der »Verselbständigungsprozedur therapeutischen Wissens« (Hellerich 1985, 143). Was ist darunter zu verstehen?

Mit unterschiedlicher Akzentuierung warnen er und andere Autoren, die sich dieser Kategorie bedienen, vor einer Tendenz, die die Mitglieder westlicher Gesellschaften via Therapeutisierung zunehmend unter die zwar sanfte, gleichwohl regulierende Kontrolle von Experten stellt, wenn diese sich nicht gar selbst therapeutisieren und so in der Form der ›Hilfe zur Selbsthilfe‹ permanente Selbstkontrolle ausüben. Die Omnipräsenz des therapeutischen Blicks gilt deshalb als moderne Erscheinungsweise von Kontrolle, weil sie psychisches Leiden zur Abweichung von einem gesellschaftlichen Standard der Normalität erklärt und im Gewand der Hilfe re-normalisierend Einfluß nimmt; kurz: es geht um »Therapie als gesellschaftliche Kontroll- bzw. Ordnungsmacht« (Hellerich 1985, 15).⁵ Diese Macht produziert ein Subjekt, das Hellerich provokativ als *homo therapeuticus* bezeichnet (Hellerich 1985). Sein 1985 unter diesem Titel erschienenes Buch setzt sich mit den konstitutiven Bedingungen und vielfältigen Formen dieser »3.Natur« des Menschen auseinander (Hellerich 1985, 202) und zeigt (unter anderem am Beispiel moderner Sexualtherapien) die Dienstbarkeit therapeutischer Praktiken für die Herstellung sozialer Ordnung in krisenhaften, spätkapitalistischen Gesellschaften. Die Themen, die er und andere Kritiker der Therapeutisierung immer wieder aufgreifen, sind: therapeutische Generalisierung (1), Expertokratie (2), Psycho-Kult (3). Typischerweise, und das gilt auch für die heutige Diskussion, erhalten diese Themen eine historische Kontextualisierung, die einen ersten Hinweis auf die spezifische Perspektive gibt, aus der heraus diese Kritiken geübt werden und daher auch hier den Einzelkritiken vorausgeschickt wird.

Nahezu immer, wenn das Phänomen der Therapeutisierung Gegenstand soziologischer Betrachtung wird, stellt man sie in den Kontext einer jungen Geschichte. Ihre Anfänge werden in die späten sechziger Jahre datiert und ihre erste Entwicklung in den Kontext der Neuen Sozialen Bewegungen eingeordnet, deren Themen im großen Bereich soziokultureller Identität liegen.⁶ In den ersten Nachkriegsjahren noch konnte allenfalls die Psychoanalyse einen gewissen Stellenwert innerhalb des professionellen Versorgungsbereichs erringen (Lockot 1985, Pongratz 1973). Die

5 1951 spitzt George Devereuz diesen Punkt für die deutsche Psychiatrie und die jüngst vergangene politische Umbruchsituation in der folgenden Bemerkung zu: »Im April 1945 war die Aufgabe des deutschen Psychiaters an dem Tag erfüllt, an dem sein Patient sich zur Nazi-Partei bekannte; im Mai 1945 war sie an dem Tag gelöst, wo der Patient der Christlich-Demokratischen Partei (wenn er in Frankfurt am Main lebte) oder der Kommunistischen Partei (wenn er in Frankfurt an der Oder lebte) beitrat« (George Devereuz 1974, 20).

6 Als charakteristische Momente neuer sozialer Bewegungen nennt Raschke Gesellschafts- und Politikflucht sowie subkulturelle Integration: ebendaraus speise sich die Absorptionskraft des Soziokulturellen (Raschke 1987, 435 f.). Die Therapeutisierung wird besonders von ihren Kritikern vor diesem Hintergrund als Indikator für den Rückzug von den klassischen Formen des Protestes (z. B. Arbeiterkampf) sowie wirtschafts- und staatsbezogenen Themen herangezogen (vgl. Bopp 1985, 70 ff.).

Inflationierung therapeutischer Angebote ereignete sich erst ca. 25 Jahre später. Denn während es Ende der sechziger Jahre noch hieß: Du bist krank, weil die Gesellschaft krank ist, also mußt du die Gesellschaft ändern, kehrte sich Anfang der siebziger Jahre die Botschaft um: Die Gesellschaft ist krank, weil du krank bist, also mußt du dich verändern (so: Michel 1985, 119). Diese Veränderung aber, so versichern ebendiese Therapien, gelingt nicht ohne Hilfe. Unter den Bedingungen moderner westlicher Gesellschaften, in denen familiäre und freundschaftliche Nahbeziehungen entweder fehlen, selbst gestört sind oder aber mit individuellen Problemen nicht belastet werden sollen, sucht man professionellen Beistand (vgl. Beck und Beck-Gernsheim 1990, z. B. 120 ff.). Für das Jahr 1979 zählten Nagel und Seifert allein für die Bundesrepublik 300 verschiedene psychotherapeutische Schulen (Nagel und Seiffert 1979 sowie Krefting 1981).

Aus einem Label wie »Psychotherapiebewegung« sollte indessen nicht geschlossen werden, daß es sich um ein kohärentes, wenngleich arbeitsteilig operierendes, Ensemble einzelner Schulen handelt. Im Gegenteil: Der gegenwärtige Zustand dieser Bewegung wird als extrem fraktioniert beschrieben. Auf der einen Seite identifiziert man die etablierte Profession der Psychoanalytiker und Verhaltenstherapeuten, auf der anderen Seite die sich derzeit professionalisierenden psycho- oder körpertherapeutisch arbeitenden, charismatischen Priester des New Age[7]. Immer wieder findet man auch die Anmerkung, daß die Wurzeln der neuen therapeutischen Formen durchaus weiter zurückreichen, und verweist glei-

---

[7] Hier wird generell unterschieden zwischen dem Bereich der Humanistischen Therapie (z. B. Gestalttherapie, Bioenergetik, Primärtherapie, Rebirthing) und dem Bereich der Esoterik (z. B. Tarot, Bauchtanz, Bachblüten). Wenn im folgenden von anderen als psychoanalytischen oder verhaltenstherapeutischen Ansätzen die Rede ist, sind die Techniken der Humanistischen Therapierichtung gemeint. Jedoch handelt es sich – zumindest bei den neueren Techniken – um eine fließende Grenze – die einleitend vorgestellte Domina-Therapeutik wäre ein solches Beispiel. Außerdem tragen auch die esoterischen und sich selbst von den Therapien distanzierenden Verfahren zur Konstitution eines therapeutischen Diskurses bei: Sie markieren gleichsam eine seiner Genzen. Karl Markus Michel fand die dazu passende Kleinanzeige: »Tarot *statt* Therapie! Bist du therapiemüde oder skeptisch? ... Techniken für Body und Mind« (Michel 1985, 121; Hervorhebung von mir, S.M.).

chermaßen auf die traditionelle Medizin wie auf Magie und die antike Heilkunst (vgl. Goerke 1984). Als Vorläufer der Protagonisten der Therapiebewegung sieht man entsprechend den Medizinmann, den Schamanen, den Magier (vgl. Frank 1981). Andere Darstellungen weisen darüber hinaus auf religiöse Ursprünge therapeutischer Praktiken hin (Ellenberger 1973).

Diese Form der in sozialwissenschaftlichen Beiträgen zur Therapeutisierung üblicherweise kursorisch gehaltenen historischen Kontextualisierung (z. B. Schaeffer 1990, oder die polemische Variante: Michel 1985) unterstützt ein Argument, das zweipolig angelegt ist: In einigen Fällen dient diese Historie dazu, »[t]he bewildering world of psychotherapy« (Frank 1972) in all ihrer schillernden Oberflächlichkeit und mangelnden Seriosität auf eine Geschichte von Praktiken zurückzuführen, die eben anderes als magischen Zauber und Scharlatanerie auch nicht erwarten läßt. Diese argumentative Variante erklärt in der Regel die Psychoanalyse, gelegentlich auch die Verhaltenstherapie zum Standard seriöser, professioneller und effizienter psychotherapeutischer Intervention. In anderen Fällen aber dient die – gleichsam spiegelverkehrte – Historie dazu, auf eine Serie von Praktiken zu verweisen, die mit anderen Mitteln als denen, die sich abendländischer Rationalität verpflichten, zum psychophysischen Wohlergehen der Menschen beigetragen haben. Diese argumentative Variante erklärt vor allem körperorientierte und esoterische Praktiken wenn nicht zum Standard, so doch zum Ideal ›ganzheitlicher‹ therapeutischer Intervention.

Beide Richtungen des Arguments arbeiten mit dem Moment der »historischen Sättigung«: Gleich, ob man einen Verlust an rationalen Lebenshilfetechniken zu beklagen hat oder eine Bereicherung um weitere, nicht (nur) rational begründbare Formen begrüßt – für beide Richtungen gibt es eine Verlust- bzw. eine Fortschritts*geschichte*. Entweder zeigen diese Geschichten den gegenwärtigen Bestand seriöser Therapeutik (Psychoanalyse und Verhaltenstherapie) als das glückliche Resultat einer die soziale Ordnung mitbegründenden Rationalisierung der Lebenswelt: Hier gelten körper-orientierte und esoterische Praktiken als anachronistische Begleiterscheinungen, die ebenso unvermeidlich wie wirkungslos sind. Oder aber diese Geschichten zeigen, wie die gegenwärtige Situation der allumfassenden Zurichtung auf den »männlichen, zweckgerichteten Charakter« (Horkheimer und

Adorno 1960) aus dem Prozeß der Zivilisation hervorging, dessen selbsterzeugte psychische Zivilisationsschäden durch eine gesellschaftliche Reparaturinstanz, Psychoanalyse oder Verhaltenstherapie, kompensiert werden müssen: Im Gegenzug decken Vertreter körper-orientierter und esoterischer Praktiken die vergessene Geschichte historisch realisierter, aber im Prozeß der Zivilisation verschütteter Alternativen der Selbstentfaltung auf, die es wiederzubeleben gälte.

Beide Richtungen des Arguments beruhen auf einer Annahme, die die Vertreter gleich welcher Richtung teilen. Die Annahme lautet: Es gibt eine ›gute‹ Lebensführung (auch, wenn nicht gerade: in sexuellen Dingen), und alle Abweichungen von ihr lassen sich mit Hilfe begründeter Techniken re-justieren. Für diejenigen, die einen mit der Heraufkunft der Therapieszene einhergehenden Verlust an Rationalität beklagen, setzt etwa die psychoanalytische Technik den Standard seriöser Therapie (so etwa Castel 1982, 1987, 1988 sowie Béjin 1986a, b). Alle anderen, von Robert Castel summarisch als »flüchtig« benannten Therapien tragen sich umstandslos in den Almanach der magisch-spektakulären Praktiken ein; für ihre Wiederbelebung spricht aus dieser Perspektive nichts. Für diejenigen allerdings, die eine therapeutische Zurichtung auf den eindimensionalen Menschen beklagen, eröffnet das Ensemble der auf dem freien Psychomarkt angebotenen Therapien neue, oder eben: wiederzubelebende, Möglichkeiten individueller und ganzheitlich orientierter Entfaltung.

Eine eigentümliche Debatte: Jede Fraktion verweist auf eine Geschichte, in der die jeweils andere Fraktion »immer schon« unrecht hatte. Unrecht worin? Offenkundig steht bei keiner Fraktion die Therapeutik schlechthin zur Debatte. Gestritten wird um die gewählte Richtung (Psychoanalyse/Verhaltenstherapie oder die Humanistischen Therapien/Esoterik). Die historischen Kontextualisierungen stellen auch nicht die Genealogie einer gesamten Praktik zur Debatte, sondern beschreiben die Kulturgeschichte einzelner Techniken und der Richtung, der sie zugerechnet werden: Während aus psychoanalytisch/verhaltenstherapeutischer Sicht humanistisch/esoterisch orientierte Techniken allenfalls als noch *unentwickelte Vorformen* wissenschaftlich fundierter Psychotherapie gelten können, handelt es sich aus humanistisch/esoterischer Sicht bei den psychoanalytisch/verhaltenstherapeutisch orientierten Verfahren um bestenfalls einseitig rationale Verfahren, die in einem Prozeß der Verwissenschaftlichung der Lebenswelt ›ganzheitlichere‹ Formen therapeutischer Einflußnahme auf den Menschen *verdrängt* haben. Beide Fraktionen aber halten die Notwendigkeit von Therapie für unbestritten, gar unbestreitbar. Beide bieten historische Kontextualisierungen an, die genau das bestätigen. Gestritten wird um die Frage: »*Welche Therapie?*« (Psychologie Heute 1989, Hervorhebung von mir, S.M.).[8]

Nicht umsonst vermittelt die vorangegangene Skizze das Bild zweier ineinander verbissener Hunde und legt dringend nahe, den Standort der Beobachtung zu wechseln. Wir verabschieden uns daher von der Perspektive der Befürworter oder der Gegner jedweder Richtung und betrachten von nun an *alle* therapeutischen Modelle[9] gleichermaßen als Beiträge zu *einem* Diskurs, dem *therapeutischen Diskurs*. Beide: Die Gegner und Befürworter dessen, was heute zur Therapieszene rechnet, konstituieren diesen Diskurs, *innerhalb dessen* sie auf verschiedenen Seiten stehen. Die Auseinandersetzung selbst produziert im Lärm des pro und con-

---

8 Von den oben genannten Argumentationsrichtungen sind solche Arbeiten zu unterscheiden, die Magie und Psychotherapie als gesellschaftliche Institutionen der Krisenbewältigung auf struktureller und funktionaler Ebener miteinander vergleichen. Rainer Wassner beispielsweise bezeichnet Psychotherapien als ›verweltlichte‹ Fassungen magisch-religiöser Praktiken (Wassner 1984, 238): Zum einen zeigt er strukturelle Gemeinsamkeiten wie hohen Ritualisierungsgrad (Wassner 1984, 97) oder essentiell symbolische Wirkweise auf (Wassner 1984, 93). Zum anderen weist er darauf hin, daß es sich bei der Psychotherapie um ein funktionales Äquivalent zur Magie handelt: Ebenso wie magische Praktiken dabei helfen, individuelle und kollektive Krisensituationen zu meistern (vgl. die ›rites de passage‹, van Gennep 1964), sekundiert in der Moderne, die durch rapiden sozialen Wandel, Statusängste und Partialisierung der Welterfahrung ausgezeichnet ist, Psychotherapie bei der Bewältigung dieser Krisen (Wassner 1984, 162).

Zwar entgehen Arbeiten dieses Typs polemischen Vereinseitigungen der oben beschriebenen Sorte. Den Diskurs der Therapeutisierung unterstützen sie indessen mit einem weiteren Argument: Gesellschaftliche Praktiken zur Krisenbewältigung erhalten hier die Dimension einer *anthropologischen Notwendigkeit*.

9 D.h. berücksichtigt werden gerade auch jene Modelle, denen man diesen Status bestreitet: entscheidend ist, daß sie diesen Status für sich reklamieren.

tra einzelner Therapieformen und ihrer historischen Einordnung ein stummes Etwas von vorgeblich indiskutabler Evidenz: Therapeutik. Aus dem Inneren des für selbstverständlich gehaltenen therapeutischen Diskurses wird über geeignete und ungeeignete Therapieformen entschieden, und – aus diskursanalytischer Perspektive können wir es fortan sehen – aus dem Inneren des therapeutischen Diskurses vollzieht sich auch die sozialwissenschaftliche Kritik. Was am Beispiel der historischen Kontextualisierung skizziert wurde, gilt *mutatis mutandis* auch für die anderen Dimensionen der Kritik. Unser Standort am Rande des therapeutischen Diskurses[10] soll den folgenden Überblick über die einzelnen Punkte sozialwissenschaftlicher Kritik am Phänomen der Therapeutisierung (therapeutische Generalisierung, Expertokratie, Psycho-Kult) mitlaufend korrigieren.[11]

1) Therapeutische Generalisierung

Mit dem Stichwort »therapeutische Generalisierung« (Hellerich 1985, 9) spricht Hellerich einen Prozeß an, der sich zunächst quantitativ als die immer noch andauernde Zunahme therapeutischer Schulen, Verfahren, Einrichtungen sowie des Personals und der Klienten begreifen läßt. Das trifft für alle Organisationsformen zu, die insgesamt die Therapie-Gesellschaft ausmachen: »Teile der Psychiatrie, die Psychoanalyse und psychosomatische Medizin, Außenseitermedizinen wie Naturheilkunde und Homöopathie und natürlich die Psychotherapieszene« (Will 1985, 12). Gerade aber für den letzten Fall zeigt sich das charakteristische Novum des Therapie-Booms, nämlich »die Verwandlung ehemals keinesfalls als therapeutisch verstandener Problemkreise in therapeutische, oder die Überführung sozialer, politischer, ökonomischer, pädagogischer Fragen in psychologische« (Hellerich 1985, 9). Hierbei handelt es sich um einen eher qualitativen Aspekt der Therapeutisierung, der sich auch als ›therapeutische

---

10 Vgl. S. 28. dieser Arbeit, insbes. Anm. 3.
11 Im folgenden werde ich mich hauptsächlich auf die Arbeit Gerd Hellerichs, *Homo therapeuticus* (1985) stützen, da er nahezu alle Topoi der ›modernen‹ Kritik an der Therapeutisierung aufgreift. Die fehlenden Aspekte werden allerdings durch weitere Autoren ergänzt.

Metamorphose‹ bezeichnen läßt. Diese Verwandlungen erstrecken sich allerdings nicht nur auf die oben angeführten Problembereiche[12] sowie die Indienstnahme immer neuer Settings als therapeutische[13], sondern auch und vor allem auf die Multiplikation der Therapeuten (Hellerich 1985, 93).
Wenn Hellerich von der Multiplikation der Therapeuten spricht, so stehen weder die Ausdehnung des öffentlichen Systems der psychosozialen Versorgung noch die sprunghaft ansteigende Zahl der freiberuflich tätigen Psychotherapeuten zur Debatte. Hellerich hat vielmehr folgende Trends im Blick:

a) die therapeutische Durchdringung *therapiefremder Professionen*,

b) die Emergenz *nicht- und paraprofessioneller Hilfstherapeuten*, sowie

c) die Formierung der *Selbsttherapeutik*.

(a) Hier polemisiert Hellerich sowohl gegen den Lehrer als Schul-Therapeuten als auch gegen den Polizisten als Straßen-Therapeuten wie schließlich auch gegen den Sozialarbeiter als Sozial-Therapeuten (vgl. Hellerich 1985, 93 ff.). In allen diesen Bereichen werden zunehmend psychologisch-therapeutische Zusatzqualifikationen erworben und auch erwartet. Dies geschieht zum Beispiel in der Hoffnung, schülerorientierte Erziehung zu gewährleisten oder gewalttätigen Eskalationen vorzubeugen, kurz: Krisen und Konflikte zugleich sanft und effizient zu lösen. Alle diese Beispiele werden von den Betroffenen als therapeutische Rollen- und Kompetenz*erweiterungen* verstanden. Hellerich indessen sieht eine bedeutende *Verengung* des professionellen Blicks:

Die Folge dieser eindimensionalen, auf die jeweiligen am Konflikt beteiligten Individuen begrenzten und als reine Angelegenheit der Individuen verstandenen therapeutischen Vorgehensweise ist die, daß die Minitherapeuten durch alternative Umgangs-, Gesprächs- und Dialogformen und nicht durch sozialpolitische Forderungen auf Störungen in den mikrosozialen Strukturen einzugehen versuchen und durch Motivationsstiftungen neue Partizipationsmöglichkeiten in der sozialen Welt erzeugen wollen (Hellerich 1985, 118).

---

12 – z. B. Thanatos-Therapie, geschlechtsspezifische Therapien, Balint-Gruppen (Therapie der Therapeuten), etc.

13 – z. B. Camps, Bauernhöfe, Segelschiffe (vgl. Hellerich 1985, 9), oder auch Institutionen wie Gefängnisse, Schulen, Kirchen.

Das schulische Erziehungssystem, die Bedingungen von Kriminalität und Gewalt in dieser Gesellschaft, patriarchalische Familienstrukturen: dies wären, folgt man Hellerich, die eigentlichen Themen dieser Professionen; sie hätten jedoch den Nachteil, daß sie sich nicht ›wegtherapeutisieren‹ ließen.

(b) Die Präsenz therapeutischer Agenten erhöht sich des weiteren durch das Heer der Hilfstherapeuten, die vornehmlich im präventiv-therapeutischen Aufgabenbereich innerhalb pädagogisch-resozialisierender Institutionen beschäftigt sind. Heime, Schulen, Jugendstrafanstalten oder auch Familien sind potentielle Brennpunkte therapeutischer Maßnahmen. Sie dringen in die Lebenswelt der Einzelnen ein und haben die Aufgabe, schon frühzeitig deviantes Verhalten zu entdecken. Studenten, Rentner, Hausfrauen und Kirchenmitglieder sind Bevölkerungsgruppen, aus denen sich diese Hilfstherapeuten maßgeblich rekrutieren und die den therapeutischen Blick prismatisch vervielfachen.

Dazu gesellen sich außerdem die Peers, die aufgrund ihres gleichartigen Erfahrungshintergrundes (z. B. Alkoholismus, Homosexualität) für die Durchsetzung therapeutischer Strategien geradezu prädestiniert erscheinen. Beide Gruppen sind darüber hinaus nicht nur ins Netz der psychosozialen Hilfe eingebunden, sondern haben bereits den Status paraprofessioneller Therapeuten erworben: In den USA stehen finanziell geförderte Kurzzeitlehrgänge zur Verfügung, die von Therapeuten supervidiert werden und so eine Verbindung quasi-professioneller Standards mit menschlicher Nähe und Betroffenheit zu erreichen suchen (vgl. Hellerich 1985, 126f.). Therapeutisierende ›Attacken‹ sind nun von überallher zu erwarten.

(c) Der gegenwärtige Befund einer therapeutisierten Gesellschaft rechtfertigt sich schließlich durch die sogenannte Selbsttherapeutisierung der Individuen. Unter dem Titel ›Hilfe zur Selbsthilfe‹ liegt diese Entwicklung zum einen in der Fluchtlinie der zunehmenden Entinstitutionalisierung von Therapeutik, die sich »professionellen Ineffektivitäten« (Jertson 1975) sowie steigenden Kosten entgegenstellt.

Die »selbstbestimmende, freiwillige, planvolle Eigenrehabilitation und -resozialisation« (Hellerich 1985, 134) kennt verschiedene Varianten: Zunächst nennt Hellerich den Klienten als Therapie-Kollegen, wie er sich beispielsweise in Eltern- und Selbsthilfegruppen findet. Deren Teilnehmer sind zugleich Therapierte und Therapeuten; sie tauschen weniger wissenschaftlich-theoretisches als Erfahrungswissen aus (vgl. Borkman 1976). Darüber hinaus ist das Ziel neuerer Therapieformen, den Klienten zum Therapeuten seiner selbst zu befähigen. Verhaltensübungen und Selbstinstruktion sind zwei der Techniken zur gezielten und systematischen Selbstbehandlung, die in jüngster Zeit auch per Kassette oder Video unterstützt werden kann. So instruiert beispielsweise »the sound way« (der Weg des Tones wie der Gesundheit) Homosexuelle durch »in vivo Desentisierung« und »Selbstbehauptungstraining«, ihre Angst vor der Homosexualität zu verlieren (vgl. Latiner 1977). Den Therapeuten im Klienten schließlich stellt Hellerich als Spezialfall der Selbsttherapeutik vor: Er denkt hier nicht nur an Übungen zur gezielten Verhaltensmodifikation, sondern insbesondere an kognitive Therapietechniken, die sich auf die verbalen oder bildlichen Wissensbestände des Klienten konzentrieren und dessen permanente Selbstprotokollierung stärken sollen. Ein therapeutisierendes Denken durchsetzt die Individuen.

In allen Fällen handelt es sich um Indikatoren für die gesellschaftliche Durchdringung mit Therapeutik. Alle diese Beispiele sieht Gerd Hellerich sehr kritisch: Bei der Mini-Therapeutik, der Hilfstherapeutik, der Selbsttherapeutik handelt es sich kurz gefaßt um Therapeutik an der falschen Stelle (Individuum), aus dem falschen Motiv (Kontrolle), mit dem falschen Ziel (Normalisierung).

Zwar verwischt die therapeutische Rationalisierung die Grundlage der Dienstbarkeit gegenüber der gesellschaftlichen Forderung, weil sie bedürfnisorientiert und klientenfreundlich arbeiten will; nichtsdestoweniger sind die Therapeuten Träger des sozialen Mandats der Kontrolle und der Normalisierung. Die therapeutische Anpassungshilfe übt dadurch eine kontrollierende Funktion aus, daß sie durch ihre aufs Individuum bezogenen Tätigkeiten eine Veränderung der gesellschaftlichen Verhältnisse unterbindet (Hellerich 1985, 200)[14]

– und alles dies nicht selten im Gewand von »Lust, Spaß, Freude und Glückseligkeit« (Hellerich 1985, 200). Gleichwohl dürfte man

14 Mit dieser Kritik insinuiert Hellerich, daß es einen richtigen Ansatzpunkt, ein richtiges Motiv und ein richtiges Ziel therapeutischer Intervention gibt (darauf komme ich später zurück); diese Kritik läuft also keinesfalls auf einen Abschied vom Interventionsmodell Therapie hinaus.

sich nicht täuschen lassen: Eine mächtige Profession stützt diese
therapeutische Rationalisierung – in der einschlägigen Diskussion
lautet das Stichwort:

2) Expertokratie

Was Ivan Illich mit diesem Begriff bezeichnet, ist die Etablierung
einer ›entmündigenden Expertenherrschaft‹. Diese Bezeichnung
versteht sich nicht nur als Epochentitel mit Geltung für etwa die
letzten 25 – 30 Jahre, sondern auch als analytisch-strategische Kategorie, mit der Illich gegen diesen Herrschaftsanspruch zu Felde
zieht. Sein schärfster Punkt gegen die sozialintegrative Allianz
von Hilfe und Kontrolle ist ein politischer. In einer Demokratie,
so Illich, sollte zwar alle Macht von den Staatsbürgern selbst ausgehen, jedoch: »Die Kontrolle der Bürger über die drei Gewalten
wurde durch die Entstehung kirchenähnlicher Expertenzünfte
eingeschränkt, geschwächt und manchmal ganz abgeschafft« (Illich 1979, 19).
Das spezifische Charakteristikum akademischer Eliten besteht
ihm zufolge weniger in soziologischen Faktoren wie langer Ausbildung, hohem Einkommen, besonderen Aufgaben und sozialer
Stellung; weitaus kennzeichnender sei ihre spezifische Definitions-Macht, »einen Menschen als Klienten oder Patienten zu
definieren, die Bedürfnisse dieses Menschen zu bestimmen und
ihm ein Rezept auszuhändigen, das seine neue gesellschaftliche
Rolle definiert« (Illich 1979, 15). Dazu füge sich eine weitere
Form der Entmündigung, nämlich »das Recht der Dienstleistenden, auch den Erfolg ihrer Arbeit selbst definieren zu dürfen«
(McKnight 1979, 53). Diese Vollmachten begründen Prestige und
Macht, gar Autonomie in einer modernen Industriegesellschaft,
deren politische Kultur »materielle[n] Besitz durch Wissenskapitel-Zertifikate« ersetzt (Illich 1979, 16).
Auf der Grundlage dieser Vollmachten definiert die moderne Expertokratie jedoch nicht nur ständig Abhilfen gegen die von ihr
ausgewiesenen Abweichungen, sondern sie monopolisiert zugleich ihre selbst lizenzierten Kompetenzen. Das gilt auch für die
Therapie der sexuellen Abweichung, die, so Illich, das gegenwärtige Konzept von Intimität schlechthin verkörpere: »An die Epoche der Experten wird man sich erinnern als jene Zeit, da ...

Intimität ein Training nach Masters und Johnson war« (Illich 1979, 14). Mit Beispielen wie diesen illustriert Illich, wie professionelle Expertise die Gesellschaft durchdringt. Diese Dynamik beschreibt er sogar mit einer militärischen Metapher als einen Zustand ›totaler Mobilisierung‹: »Jedes Jahr entdeckt man neue Randgruppen, die vor irgendeiner Krankheit geschützt, aus irgendeiner bislang unbekannten Unwissenheit befreit werden sollen. Alle diese von sämtlichen Expertenagenturen erfundenen und dekretierten ›Grundbedürfnisse‹ laufen angeblich auf eines hinaus – das Bedürfnis, dem Übel zu wehren« (Illich 1979, 11).

Unter dem Banner dieses ›philanthropischen Kreuzzuges‹ (vgl. Illich 1979, 17) beruht die Durchschlagskraft der profesionellen Definitionen von Gut und Böse auf ihrer öffentlichen Akzeptanz, d. h. »tatsächlich das als Mangel zu empfinden, was der Experte ... als Bedürfnis dekretiert« (Illich 1979, 20). Die Zirkularität der Erzeugung therapeutischer Bedürfnisse sowie der Autorität professioneller Lösungen manifestiert sich in den Institutionen des Dienstleistungsapparates: »Denn seine Institutionen verrichten nicht nur technische Eingriffe an Körper und Seele, sondern sie fungieren auch als machtvolles Ritual, das den Versprechungen ihrer Manager Glaubwürdigkeit verleiht« (Illich 1979, 27).

Die gleichsam eigenstabilisierende Institutionalisierung von Expertentum läßt sich, so Hellerich, mit wünschenswerter Deutlichkeit am Operationsmodus moderner Sexualtherapien zeigen. Sie lehrten nämlich nicht nur den heterosexuellen, orgasmuszentrierten Geschlechtsverkehr, sondern sie versicherten *zugleich*, daß ein solcher Geschlechtsverkehr ›besser‹ sei und ohne sexualtherapeutisches Training das sexuelle Elend in der Bevölkerung noch größer wäre: Diese sich selbst legitimierende Institutionalisierung sexualtherapeutischen Expertentums stelle außer Frage, *daß* Hilfe nötig sei und *welche Form* sie annehmen müsse. Der Pakt zwischen Hilfsbedürftigkeit und normierender Intervention ist geschlossen. Mit zunehmender Verselbständigung therapeutischen Wissens mag der Experte auch das hilfesuchende Individuum selbst sein. Dabei handelt es sich jedoch weniger um eine Schwächung, als vielmehr um eine Stärkung der Expertenzünfte: »Der alte Traum der Experten, jede neue Stufe der eskalierenden Bedürfnisse fest in breiten Volksschichten zu verankern, kommt jetzt unter dem Banner der Selbsthilfe daher« (Illich 1979, 33). Die Expertise der Laien bestehe allerdings nur in seltenen Fällen darin, sich erfolgreich selbst zu therapieren. In der Regel beschränke sie sich darauf zu wissen, wann Selbstklientelisierung angezeigt und welche Therapie die richtige sei.

3) Psycho-Kult

Während Illich und Hellerich das Phänomen der Therapeutisierung der Gesellschaft jeweils mit Blick auf die sie durchsetzenden Professionellen und Para-Professionellen diskutieren, wendet Jörg Bopp die Argumentationsrichtung (vgl. Bopp 1985, 61 ff.). Die Dynamik der Therapeutisierung ergibt sich für ihn aus dem spezifischen Umgang mit Psychotherapie. Er bezeichnet ihn als Psycho-Kult, weil er »durch zwei Merkmale bestimmt ist: eine wachsende messianische Auflading von Therapie und eine zunehmende Beliebtheit von Therapiekarrieren« (Bopp 1985, 64). Diese beiden Merkmale stehen in einem wechselseitigen Bedingungsverhältnis: Die Differenz, die sich aus den meist übersteigerten Verheißungen moderner Psychotherapien (etwa: der Weg zum wahren Selbst) und der zwangsläufig unzureichenden Erfüllung ergibt, führt bei den Klienten zunächst zu Desillusionierungen. Das vorherrschende Harmonie-Ideal therapeutischer Settings sowie die Hoffnung, durch eine andere Therapie zur Wahrheit zu gelangen, verunmöglicht jedoch eine Verabschiedung des therapeutischen Versprechens. Eine diskursive Bewältigung solcher Enttäuschungen in der Therapie, die womöglich die Therapie selbst in Frage stellt, ist jedoch in der Regel nicht vorgesehen. Steht also eine Verständigung über erreichbare Ziele und alternative Bearbeitungstechniken nicht an, so erscheint ein Therapiewechsel als einzig möglicher Ausweg. Er »erhält die Weihe eines Befreiungsaktes, durch den man sich nun vom Trug zur Wahrheit wendet. Da die nächste Krise sich irgendwann einstellt, wird ein erneuter Wechsel notwendig. Die Patienten entwickeln einen unstillbaren Methoden- und Therapeutenhunger. So nimmt die Therapiekarriere ihren Lauf« (Bopp 1985, 66).

An dieser Stelle erinnert Bopp an die bevorzugte Klientel dieser Therapien, die sich zu einem Teil aus der 68er Generation zusammensetzt: Ihre politischen Ziele haben sich »im langen Marsch durch die Institutionen« (Dutschke) überwiegend nicht erfüllt. Der Rückzug ins Private nimmt jedoch nicht nur den Zug der

Resignation an; therapeutische Arbeit am Selbst gilt als, wenn nicht die eigentliche, dann aber zumindest als die erste Adresse von Veränderungsmaßnahmen – eine Ansicht, die Zug um Zug schließlich auch breitere Schichten der Gesellschaft erreicht. Aus der therapeutischen Arbeit selbst bleiben politische Ziele allerdings – wie Bopp meint: systematisch – ausgeschlossen. Er berichtet von gescheiterten Initiativen vieler Therapeuten, politische Themen in die therapeutische Arbeit einzubeziehen (Bopp 1985, 70 ff.): »Da die politische Erfahrung die utopischen Versprechen widerlegen würde, muß sie aus der Psychotherapie herausgehalten werden« (Bopp 1985, 71).

Die eher verschwörungstheoretische Argumentation von Illich und Hellerich, die private Therapeutik zum staatlich geförderten Steuerungsinstrument erhebt, wendet Bopp implizit in den ›Willen zur Illusion‹ auf seiten der Klienten: »Wer schon keine Berufsarbeit bekommt, will sich wenigstens durch imposante Beziehungsarbeit entschädigen ... Der Therapiewechsel verdrängt die bedrückende Erfahrung, auf einem sozialen Parkplatz zu leben« (Bopp 1985, 71 f.). Aus dieser Warte wird zwar die der ›Therapiesucht‹ geschuldete Dynamik des Psycho-Booms plausibel gemacht – wobei ihm gleich ein weiteres Krankheitsbild zugesellt wird (so auch Bopp 1985, 61) –, letztlich werden jedoch nur die Subjekte der Verschwörung ausgetauscht.[15]

Ebenfalls mit der Rezipientenseite des Psycho-Booms befaßt sich Heiner Keupp. Auch er ist der Ansicht, daß der Psycho- und Therapiemarkt sich nicht etabliert hätte und ständig weiter expandierte, »wenn er nicht Bedürfnisse aufgreifen könnte, die er sicherlich zugleich auch formt, jedoch nicht aus dem Nichts schaffen kann« (Keupp 1982, 196). Diese Bedürfnisse lokalisiert Keupp sozialisations- und attributionstheoretisch: Die Sozialisation des Subjekts ist gegenwärtig nicht mehr in der Lage, es mit lebenslang gültigen Sinn- und Orientierungsmustern auszustatten. Damit erhöht sich die Notwendigkeit, dysfunktional gewordene Bewältigungsstrategien korrigieren zu müssen. Dabei wird

---

15 Der polemische Stil, den die meisten Kritiker der Therapeutisierung pflegen, verdient selbst besondere Aufmerksamkeit: Während dieser Stil zunächst suggeriert, daß man die Protagonisten dieses Phänomens eines *nicht einlösbaren* Versprechens anklagt, stellt sich angesichts der vorgebrachten Kritiken und vorgeschlagenen Lösungen heraus, daß man lediglich ein *auf diese Weise* nicht einlösbares Versprechen einklagt.

das Subjekt »erfahrene Widersprüche und Handlungsprobleme um so mehr als sein persönliches Problem deuten, je stärker das ideologische Leitbild individueller Persönlichkeitsentfaltung wirkt, das die bürgerliche Gesellschaft von Anbeginn ausgebildet hat« (Keupp 1982, 196) – die Koinzidenz dieses internalen Attributionsmodus mit dem Umstand, daß der größte Nachfrager auf dem Psychomarkt die bürgerliche Mittelschicht ist, erhärtet seine analytische Skizze.

Alle Autoren konzipieren zur Lösung der gegenwärtigen Attraktivität von Therapie ihr Analyseschema als dialektisches Verhältnis von Angebot und Nachfrage. Die ›angebotsorientierten‹ Ansätze (Illich, Hellerich) favorisieren den Begriff eines oligarchisch institutionalisierten Expertentums bzw. den einer Multiplikation therapeutischer Agenten, die vor dem Hintergrund sozialpolitischer Steuerungsinteressen gleichsam als ›Statthalter des Systems‹ fungieren. Die Kontrollfunktion des Systems ist in der Moderne mit Hilfe verwoben und macht sich darum angenehm.

Die ›nachfrageorientierten‹ Erklärungsansätze (Bopp, Keupp) betonen demgegenüber die Einpassung der Therapeutik in die politisch enttäuschte und/oder dem bürgerlichen Ideal persönlicher Entfaltung nachstrebende Klientel, der sich der eingeschränkte politische Handlungshorizont durch intensive Thematisierung des Privaten angenehm macht.

Neben diesen unterschiedlichen Akzentuierungen sind sich jedoch alle Ansätze in ihrer kritischen Bewertung des gesellschaftlichen Phänomens namens Therapeutisierung einig:
- Sie monieren die individualisierende Tendenz, die Krisen dem Individuum als ›Problemträger‹, sei es seinem psychophysischen oder sozialen Status oder seiner Biographie, zurechne.
- Sie monieren die entpolitisierende Tendenz, die Krisen per ›neutralem‹, da wissenschaftlichem, Verfahren bearbeite und strukturelle Änderungen von Lebensformen unterminiere.
- Sie monieren schließlich die Problementeignung der Betroffenen, die deren (politische) Unmündigkeit verstärke und deren Resignation zum Zwecke der Etablierung der Psychotherapeutenzunft ausnutze.

In der Zusammenschau zeigen sich bereits einige Schwächen dieser sozialwissenschaftlichen Kritiken. Sie befassen sich mit den *Folgen* des gesellschaftlichen Steuerungsmodus Therapie; diese

Folgen werden nun aus der eben noch verurteilten Froschperspektive des Subjekts daraufhin analysiert, ob sie hilfreich seien, oder ob nicht vielmehr dysfunktionale Nebenfolgen dieser Hilfe zu beobachten stünden.

Diese Konzeption gerät darum in die Bredouille, weil sie den gerade noch geschmähten Humanismus (›philanthropischer Kreuzzug‹) mit einem humanistischeren Gegenbild überbieten muß: Auch gegen den zu erwartenden Widerstand der (verblendeten) Klientel, die Individualisierung, Entpolitisierung und Problementeignung als Entlastung empfinden mögen, treten die Therapie-Kritiker als Archäologen auf, die sich anheischig machen, die gesellschaftlich destruierte, ›eigentliche‹, jedoch gegenwärtig »verschüttete Subjektivität ... auszugraben« (Hellerich 1985, 185).

Im Kern beruhen diese Ansätze auf einer doppelten Defizit-Analyse, die zunächst – und dies im Einklang mit den kritisierten therapeutischen Ansätzen – den Individuen bescheinigt, durch die gesellschaftlichen Umstände an verschütteter Subjektivität zu leiden. Darüber hinaus macht sie der Therapeutisierung den Vorwurf – und dies nun im Widerspruch zu den kritisierten therapeutischen Ansätzen –, sich in den Dienst der besseren Anpassung der Individuen an die schlechten gesellschaftlichen Verhältnisse zu stellen, mithin ein bestehendes Defizit durch ein weiteres Defizit kurieren zu wollen. Auf diese Diagnose folgt in der Regel: ein Vorschlag für eine neue, wirklich ›befreiende‹ Therapie.[16]

16 Daß all diese Kritiken mit einer zugleich überdimensionierten wie selbstgerechten (und sie selbst treffenden!) Verve daherkommen, bleibt in der Regel unbemerkt; dies ist ihr ›blinder Fleck‹. Das gilt auch für den Wortführer des folgenden Verdikts: Es geht ihm um die Verarbeitung psychischer Konflikte angesichts »objektiver Bedingungen ..., die jeglichen Alternativentwurf schnell zu Fall bringt und ihrerseits eine schwer durchdringliche objektive Struktur erzeugt, die dem gesellschaftlichen Entfremdungsprozeß durchaus komplementär und speziell der Logik der konkurrenzgeprägten kapitalistischen Verkehrsformen innewohnt. Diese Verarbeitung ist: *die Individualisierung sozialer, normativer und theoretischer Konflikte und deren universeller Therapeutisierung*; mit der Folge einer unterschiedslosen Einebnung im Treibhaus pseudokommunikativer Psychoclinchs, der Entpolitisierung bis zur Selbstaufgabe und der praktischen Resignation angesichts einer aus der psychologisierenden Froschperspektive übermächtig erscheinenden und nicht mehr begreifbaren gesellschaftlichen Gesamt-

Dieser Überbietungsdiskurs ist die Folge einer selbst nicht befragten Ordnung, auf die sich alle, die therapeutischen Anbieter wie deren Kritiker stützen: die Ordnung der Therapeutik. Im Innern dieser Ordnung finden sich immer neue Hüter des eigentlichen Selbst. Der *furor therapeuticus* richtet sich dabei auch auf das Terrain der Sexualität.

Dem Projekt ›Befreiung‹ widmen sich nämlich auch die sexualtherapeutischen Experten: Gegen die depolitisierenden und entmündigenden Effekte der ›therapeutischen Generalisierung‹, der ›Expertokratie‹ und des ›Psycho-Kults‹ verschreiben sie die Trennung seriöser von unseriösen Therapieformen.[17] Alle sexualtherapeutischen Experten sowie auch ihre Kritiker setzen das gleiche Kriterium an: die ›befreite Sexualität‹. Daß dies jedoch ein Kriterium ist, dessen Interpretation wiederum vom Standpunkt innerhalb des sexualtherapeutischen Diskurses abhängt, zeigt auch seine geringfügige, aber signifikante Variation im Titel eines Buches von von Bredow und Noetzel: »Befreite Sexualität?« Das Fragezeichen ist erklärtermaßen ein Programm: Denn »[u]m strikte Normierungen geht es nicht zuletzt in vielen Befreiungsansätzen. Auch die Emanzipation – so scheint es uns – kann auf diesem Gebiet nicht ohne Polizei auskommen. Die gesellschaftliche Wirklichkeit, aber auch die Utopien einer ›befreiten‹ Sexualität verweisen gleichermaßen auf Ordnungen, die freilich nur selten funktionieren« (von Bredow/Noetzel 1990, 9) – und durch neue Ordnungen, hier: neue Sexualtherapien, überboten werden. Auch hier mag prototypisch die Darstellung Gerd Hellerichs für den Typus sozialwissenschaftlicher Kritik stehen, wie sie in der ersten Phase der Debatte um die Therapeutisierung der Gesellschaft spe-

struktur« (von Kardorff 1979, 209 f.). – Dieser »schwer durchdringlichen Struktur« erwehrt sich der Autor mit ebensolcher Rhetorik. Die Therapeutik selbst hält auch er hoch.

17 Diese Differenzierung wird auf dem Felde der Sexualtherapie vorzugsweise entlang der Frontlinie ›psychodynamisch orientierte Langzeittherapie‹ (seriös) vs. ›verhaltens- oder kommunikationstherapeutisch orientierte Kurzzeittherapie‹ (unseriös) thematisiert. Im Innern des therapeutischen Diskurses mag es darauf ankommen, *welche* Frontlinie gewählt wird (s. alternativ dazu etwa Kapitel 1, Anm. 7); Aus einer Perspektive, die diesen Diskurs selbst in Augenschein nimmt, kommt es indessen zunächst darauf an, *daß* dieser Diskurs beständig Frontlinien erzeugt und damit: immer neue Anlässe zu seiner Fortsetzung.

ziell für den Bereich der therapeutischen Vermessung der Sexualität laut wird.

Hellerich zufolge stellen die zunehmende Liberalisierung der Sexualität (Sex-Welle) sowie die Professionalisierungsnischen für Therapeuten den idealen Nährboden für die Entstehung immer neuer Sexualtherapien dar. Sie fügen sich nahtlos in die Erfordernisse »des kapitalistisch orientierten Wirtschaftssystems [ein], das nicht mehr den lustfeindlichen, sondern den genußfreudigen Verbraucher fordert« (Hellerich 1985, 77). Die gesellschaftliche Wertschätzung sexueller Leistungsfähigkeit schließt nun Sexualtherapie als einen weiteren Ausdruck ein. In der Konstruktion sexueller Dysfunktionen und ihrer behaupteten Behandlungsbedürftigkeit suggeriert sie ein Einverständnis darüber, was sexuelle Normalität sei: Diese Normalität wird mit Hilfe sexualtherapeutischer Interventionen operationalisiert; sexuelle Aufklärung ist die privilegierte Strategie; Lustmaximierung das fraglose Ziel.

Die Beurteilungskriterien für normalen Sex haben nach Hellerich, aber auch nach André Béjin (1986a, 1986b), insbesondere die Sexualverhaltensstudien von Kinsey (dt. Kinsey 1954/55) sowie Masters und Johnson (dt. Masters und Johnson 1979) geliefert. Besonders Masters und Johnson haben mit ihrem Stadienschema sexueller Reaktion (Erregung, Plateau, Orgasmus, Resolution) eine physiologische Betrachtungsweise sexueller Lust eingeleitet. In deren Folge konnte sich eine genital und heterosexuell orientierte, orgasmuszentrierte Therapeutik durchsetzen, die sich auf »Funktionsstörungen« konzentriert; Funktionsstörungen werden operational als Abweichungen vom gelingenden heterosexuellen, koitalen und orgasmuszentrierten Sexualverhalten definiert. Die »Appetenzstörung«, die »Frigidität«, der »Vaginismus« bei der Frau oder die »Impotenz«, die »frühzeitige Ejakulation« oder die »Appetenzreduktion« bei dem Mann (vgl. Hellerich 1985, 78) sind Beispiele für Namen therapiebedürftiger und therapiefähiger Befunde, wie sie diese Sexualwissenschaft definiert. Hellerich rät jedoch, diesen scheinbar neutralen, nur-physiologisch orientierten Indikationen zu mißtrauen, transportierten sie doch kulturspezifische Vorstellungen dessen, was ›normale‹ Sexualität sein soll: Er kritisiert insbesondere, daß homosexuelle Neigungen der Geschlechter disqualifiziert und anthropologische Studien ignoriert würden, die beispielsweise zeigten, daß Kulturen mit reichem und variiertem Sexualleben ohne Koitus existieren (vgl. Hellerich 1985, 78 und 89).

Ebenso moniert er die an den heute favorisierten Behandlungsformen sexueller Funktionsstörungen abzulesende Tendenz, Sexualität auf Sexual*technik* zu reduzieren: Diese Tendenz hält er sowohl bei verhaltenstherapeutischen, vorwiegend an den sexuellen Ausführungsorganen ansetzenden Interventionsformen für ausgemacht, als auch bei kommunikationstherapeutischen Formen, d. h. solchen, die die sexuelle Störung als Resultat einer zugrundeliegenden Beziehungsstörung konzipieren. Beide zählen zu den sog. Kurzzeitinterventionen, und gerade dies macht sie verdächtig. Denn diese stehen in dem Ruf, psychodynamisch orientierte Langzeittherapien zu verdrängen, die in der Tradition von Freud und seinen Schülern (insbes. Wilhelm Reich) Sexualstörungen an neurotische Störungen der Person rückbinden und so einen ganzheitlicheren[18] Problemhorizont aufspannen. Demgegenüber verbleibe das verhaltens- und kommunikationstherapeutische Korrektiv auf der Ebene der Symptome: Es reduziere Sexualität auf ein *Lernproblem (1)* oder ein *Kommunikationsproblem (2)* zwischen den Partnern.

(1) Sexualität als das Erlernen von Stimulationstechniken. In dieser von Masters und Johnson prominent gemachten Variante werden die Klienten nach dem verhaltenstheoretischen Programm der ›sukzessiven Approximation‹ (›shaping‹ nach Skinner) dem Ziel eines angstfrei erlebten heterosexuellen, koitalen Orgasmus angenähert. Die einzelnen Komponenten der Therapie sind erstens eine pädagogisch-beratende zur Überwindung sexueller Mythen; zweitens eine permissive, die die verbale und nonverbale Kommunikation über sexuelle Fragen erleichtern soll, und drittens ein Übungsteil im privaten Schlafzimmer, der die therapeutischen Instruktionen einem praktischen Test unterzieht (vgl. dazu Hellerich 1985, 80). Die Grundform dieses sexuellen Shapings gliedert sich in folgende Teilziele:

1. *Extragenitaler Sensate Focus.* Das Paar wird dazu angehalten,

---

18 Im Anschluß an die Argumentation zur historischen Kontextualisierung und strukturellen Analyse der Debatte (S. 52 ff.) kann es nicht mehr überraschen, daß sich beide: psychoanalytische und humanistisch orientierte Interventionsformen das Attribut ›ganzheitlich‹ zusprechen. Es wird zwar nach standortspezifischen Kriterien vergeben (z. B. weil hier: frühkindliche Erfahrungen, dort: nicht-rationale Erlebnisaspekte berücksichtigt werden): in beiden Fällen wird es indessen als ein Gütesiegel gehandelt.

nicht-genitalen körperlichen Kontakt aufzunehmen, dabei aktive und passive Rolle zu wechseln und so ›stimulieren und stimuliert werden‹ zu erproben – unter der vorläufigen Maßgabe allerdings, Geschlechtsverkehr zu vermeiden.
2. *Manuelle Teasing-Technik.* Die Verbesserung der sensorischen Wahrnehmungs- und Erlebnisfähigkeit wird nun auch auf Brust- und Genitalgegend ausgedehnt.
3. *Koitale Teasing-Technik.* Sie belehrt die Sexualpartner über die unterschiedlichen Techniken zur Selbststimulierung und solchen zur Stimulierung des Partners. Die Reglementierung von seiten des Therapeuten wird allmählich aufgehoben und endet ganz, wenn ein Koitus 4mal nacheinander erfolgreich durchgeführt und subjektiv befriedigend erlebt wurde.

Die je besondere Funktionsstörung wird in dem jeweils geeigneten Teilabschnitt behandelt. Für Erektionsstörungen beispielsweise ist insbesondere der zweite wichtig: »Die Frau stimuliert den Penis intensiv bis zur Erektion, hört dann auf und stimuliert ihn erneut. Dieser Therapieabschnitt soll dem Mann die Furcht davor nehmen, die Erektion wieder zu verlieren und sie dann nicht wieder bekommen zu können« (Arentewicz u.a. 1976, 158).

Weder Liebe noch Liebeskünste, sondern sexuelle Funktionsfähigkeit ist das Ziel solcher Therapien. Nur vor diesem Hintergrund erklärt sich für Hellerich die Rehabilitierung zweier bis dato verpönter Techniken: die der Masturbation und die des Surrogat-Partners. War die erste Technik noch bis in die Mitte dieses Jahrhunderts zum Teil massiven Kampagnen ausgesetzt und erfreut sich die zweite auch bis heute nicht ungeteilter Zustimmung, so avancieren doch beide in der verhaltenstherapeutischen Behandlungslogik zu seriösen Instrumentarien der Intervention. Die Bedeutung der Masturbation beruht auf einer simplen lerntheoretischen Gleichung: Selbststimulierung (eine natürliche Stimulation) plus angemessene Phantasie (konditionierter Stimulus) gleich sexuell funktionsfähig. Stabilisiert sich die selbststimulierte Orgasmuserfahrung, so wird diese ihrerseits dazu genutzt, den Weg zu einem gemeinsamen Orgasmus zu ebnen.

Die Bedeutung des Surrogat-Partners beruht auf der gesellschaftlich zu beobachtenden Tendenz, daß zunehmend auch Singles, also nicht in langfristigen Zweierbeziehungen lebende Individuen, Sexualtherapien in Anspruch nehmen. Besonders für alleinle-

bende Männer scheint sich in den USA ein weites Feld weiblicher Hilfstherapeutik aufzuspannen: Hellerich berichtet von Studentinnen, arbeitslosen Frauen, auch Prostituierten, die, vom Sexualtherapeuten instruiert, mit dem Klienten den Stufenplan sexueller Konditionierung ausführen (vgl. Hellerich 1985, 83 sowie Bach, Molter 1979, 118 ff.).
Auch wenn die verhaltenstherapeutischen Interventionsmechanismen sich ständig an Raffinesse überbieten, übersehen sie doch, so Hellerich, die *gesellschaftlichen Bedingungsfaktoren* sexueller Störungen wie Arbeitslosigkeit, Vereinsamung, die besonders die sexuelle Sozialisation des Jugendlichen negativ beeinflussen. Damit ist für ihn dauerhafter Therapieerfolg, zumal im Sinne der sexualtherapeutisch gesetzten Norm (heterosexuelle, koitale Orgasmusfähigkeit) erheblich in Frage gestellt (vgl. Hellerich 1985, 83).
(2) Sexualtherapie als das Erlernen von Kommunikationstechniken. Solche Therapieformen beziehen die der gestörten Sexualität zugrunde liegende Beziehungsproblematik in die Behandlung ein: »Patient ist nicht der Symptomträger, sondern die sexuelle Interaktion der beiden Partner« (Mandel in Hellerich 1985, 84). Das interventionistische Raffinement liegt hier bereits im diagnostischen Bereich. Neben Tests, Fragebögen und/oder umfangreichen Inventories, die die aktuellen Kommunikationsschwierigkeiten der Sexualpartner erheben, tritt gelegentlich die sogenannte »naturalistische Beobachtung« hinzu (Follingstad, Haynes 1981). Dabei handelt es sich um ein umfassendes Programm zur Beurteilung der alltäglichen Interaktionsmuster der Partner, das auch das Lächeln, den Augenkontakt, den positiven körperlichen Kontakt »als systemische Indizien sexueller Interaktionsstörungen« wertet (Hellerich 1985, 85).
Im therapeutischen Verfahren schließen sich umfassende Interaktionsprogramme an, die kommunikationsstörende Faktoren abbauen und in die Kommunikation über Sexuelles einüben. Aus kommunikationstherapeutischer Sicht kann ein sexuelles Symptom beispielsweise als Weigerung gelten, sich vom Partner beherrschen zu lassen. Die Behebung sexueller Dysfunktionen gelingt mithin nur dann dauerhaft, wenn wechselseitig unterdrückungsfreie Verhaltensweisen – auch im nicht-sexuellen Bereich – gelernt werden.
Hellerich begrüßt diese kommunikationstheoretische Grundle-

gung der Sexualtherapie, weil sie Verständnis und die Fähigkeit, sich anderen mitzuteilen, in der Sexualität für ebenso wichtig erachtet wie in den übrigen Lebensbereichen. Doch hält er auch hier seine fundamentale Kritik für angebracht, daß diese Therapieform ebensowenig in der Lage sei, die *gesellschaftliche Verursachung* sexueller Störungen zu erkennen, geschweige denn zu ›therapieren‹. Vielmehr

> wird die Frage der Sexualität zu einer Frage der Systemregeln, d. h. neue Kommunikationsformen führen zu neuen Formen der Sexualität, ganz gleich ob die die Beziehungen der Menschen untereinander bestimmenden gesellschaftlichen Verhältnisse verändert werden – eine Form des Reduktionismus auf ein autonomes Mikrosystem (Hellerich 1985, 86f.).

Die Popularität der Behandlung sexueller Probleme ist seiner Ansicht nach in einer doppelten Volte gegen die Subjekte geschlagen. Zunächst ist die Tendenz einer fraglosen Selbstklientelisierung zu beklagen: »Der Gang zum Therapeuten macht die Sex-Partner zu ›Patienten‹ ..., die selbst ihre Behandlungsbedürftigkeit, ihre körperlichen Defekte, sprich ihre Krankheit, erkannt haben und Heilung suchen« (Hellerich 1985, 79). Im Zuge dieser Popularisierung wird es nun für die Therapeuten immer schwieriger, andere als sexuelle Behandlungspraktiken durchzuführen und – mehr noch – »sexuelle Nachfragen von den zahlreichen anderen, in einem dyadischen Verhältnis existierenden Beziehungsmodi zu differenzieren ..., d. h. sexuelle Dysfunktion dient oft als eine sorgfältig verschleierte Mythe, um fundamentalere Probleme zu verschleiern« (Sederer und Sederer in Hellereich 1985, 87f.). Hellerich sieht darin einen fatalen Zusammenhang von ›freiwilliger‹ Selbstkontrolle und der Verschleierung ›eigentlicher‹ Probleme auf seiten der Klienten, die eine stereotype sexuelle Resozialisierung von seiten des Therapeuten zunehmend begünstigt (vgl. Hellerich 1985, 89).

Ob Sex-Mechanik oder Interaktions-Konditionierung, für Hellerich bleibt mithin die Frage bestehen: »Ist die wirkliche sexuelle Befriedigung jedoch nicht mehr? Ist sie nicht eine einzigartige Erfahrung, die das ganze Selbst erfaßt?« (Hellerich 1985, 84).

Auch am Spezialfall therapeutisierter Sexualität demonstriert Hellerich den blinden Fleck seiner sich kritisch verstehenden soziologischen Argumentation: Es ist die emphatische Verteidigung des autonomen Subjekts, das unter sozialwissenschaftlicher Ägide seinem ›wahren sexuellen Selbst‹ zugeführt werden kann. Der Duktus dieser Argumentation entlarvt auch Sexualtherapeutik zunächst als ›kapitalistische Reparaturinstanz‹ gesellschaftlich dysfunktional gewordener Subjekte, deren Funktionsfähigkeit mit Hilfe stereotyper Resexualisierung wiederhergestellt werde. Diese Kritik richtet sich jedoch nicht gegen Sexualtherapien schlechthin, sondern nur gegen bestimmte ihrer Varianten. Denn schon im nächsten Atemzug entwirft diese Kritik ein sexualtherapeutisches Gegenbild: Gegen die sexualstatistische Vermessung der Individuen, gegen die verhaltenstherapeutische Beschränkung auf das Erlernen bestimmter Sextechniken, gegen die kommunikationstheoretische Ausblendung gesellschaftlicher Konflikte setzt sie ›das ganze Selbst‹. Im Gegensatz zu den hypersexuellen Mystifikationen müsse es »eigentlich das Ziel sein«, intime Beziehungen zu stärken und auszubauen, aber dabei den Erwartungsdruck auf die Liebesbeziehung zu reduzieren, »denn *nur so* können sie glücklicher und zufriedener (weil vom Zwang befreit) werden« (Hellerich 1985, 89 f., Hervorhebungen von mir, S.M.). In einem gleichsam subtraktiven Unternehmen ›befreit‹ diese Analyse vom Zwang der sich emanzipatorisch gebenden Sexualtherapien und weiß auch schon, daß ›nur so‹ die Subjekte glücklicher werden können. Der Kreuzritter wahrer Sexualität und eigentlicher Subjektivität scheut hier offenbar weder die Tatsache seiner eigenen darin zum Ausdruck kommenden Definitionsmacht (Illich) noch irritiert ihn die eigene Verfangenheit in ebendie gesellschaftlichen Zustände, als deren perfider Ausdruck Sexualtherapien ihm erscheinen:

Auch das einst dem Paar überlassene Liebesleben wird in zunehmendem Maße von Therapeuten enttabuisiert und entprivatisiert. Sie gehen mit Hilfe neuer Liebestechniken auf das Begehren des Menschen nach Lustmaximierung ein und therapieren sexuelle Unzulänglichkeiten. In den entfremdeten fortgeschrittenen Industriegesellschaften werden die zu erbringende Sexualleistung und das in der therapeutischen Praxis inthronisierte sexuelle Lustprinzip als Garanten eines, wenn auch nur auf Momente begrenzten Glücksgefühls verstanden, nach welchem mehr und mehr Menschen auf der Suche sind (Hellerich 1985, 192).

Therapie als Weg in die sexuelle Freiheit – so annonciert Sexualtherapie. Hellerich zeigt, daß die Kehrseite der Enttabuisierung, der Befreiung von sexuellen Zwängen, nur neue Zwänge sind:
– Via Sexualtherapie vermittelt sich dem Klienten die gesellschaft-

lich geschätzte ›Potenztyrannei‹, deren obsessiver Charakter keinerlei Fortschritt gegenüber der überspannten viktorianischen Moral des 19. Jahrhunderts darstellt, vielmehr ihr hypersexuelles Gegenstück ist.
- Auch Sexualtherapie bindet sich in das System von Hilfe und Kontrolle ein: Sie dringt bis in die sexuellen Körper vor (Hellerich 1985, 192 f.) und arbeitet mit lusterzeugenden Interventionstechniken an der Resozialisation genußfreudiger Konsumenten und sozial integrierter Persönlichkeiten. So etabliert sich Sexualtherapie als ›intimes Steuerungsmedium‹ wirtschafts- und sozialpolitischer Interessen.
- Sexualtherapie verschleiert schließlich ihren Status als ›Ersatzbehandlung‹ (Kovel): Ersatz sowohl für politisches Handeln als auch für die Entwicklung eines wahrhaft ›autonomen Ich‹. Tatsächlich unterliegen die Klienten den Diagnose- und Behandlungsvorgaben der Therapeuten, die ihrerseits – zumeist gegen ihre altruistischen Intentionen – doch nur Sachwalter wirtschafts- und sozialpolitischer Interessen sind (vgl. Hellerich 1985, 158).

Hellerich erklärt sich indessen unverzagt selbst zum Sachwalter sexuell tyrannisierter Subjekte: Denn wenn er auch das ›sexuell autonome Ich‹ als systematische Illusion gegenwärtiger Sexualtherapien entlarvt, so reklamiert er damit doch ein nicht eingelöstes Versprechen – er unterstellt nämlich seinerseits die Reparaturfähigkeit der gesellschaftlich (z. B. therapeutisch) unterminierten sexuellen Subjekte, die vor allem eines zu beklagen hätten: den Verlust professioneller Normierungsfreiheit.

Sexualität, Subjektivität und Therapeutik sind, so liest es sich in den einschlägigen Studien, selbst therapiebedürftig:
- *Therapeutik* wird vor allem hinsichtlich ihrer gesellschaftlichen Durchdringung als Normalisierungsinstanz kritisiert (Hellerich); man prangert die marktförmige Verwertung von Psychowaren an (vgl. Kursbuch 1985) und moniert das unkontrollierte Auftauchen unseriöser therapeutischer Varianten (Castel).
- *Sexualität* wird vor allem hinsichtlich des Leistungszwangs kritisiert (Hellerich); man prangert die Beschränkung auf den koitalen, heterosexuellen Geschlechtsverkehr an (Béjin) und moniert das Gebot zum Genuß.
- *Subjektivität* wird wegen ihrer unzureichenden Entfaltungsmöglichkeiten kritisiert; man prangert den Rückzug ins Private

an (Bopp) und moniert die Problementeignung durch Experten (Illich).
Die kritischen Studien geben dabei jedoch nicht ihre Expertise preis, nun selbst die angemessenste therapeutische Technik zu bestimmen, mit Hilfe deren die wahre Natur des Sexuellen und ein authentisches Selbst zu entdecken seien. Daß dieser ›Überbietungsdiskurs‹ so unauffällig bleibt, liegt daran, daß etwa Hellerich entlang seiner verschiedenen Kritiken die Ideallinie einer wirklich befreienden Therapie nur suggeriert und an keiner Stelle eine klare und als neue Norm kenntlich werdende Antithese formuliert. Was ein sexuell (und auch sonst) befreites Selbst sein soll, bleibt unbestimmt – systematisch unbestimmt: Hellerich geht nämlich wie selbstverständlich davon aus, daß Sexualität und Therapie untrennbare Begriffe seien. Daher stehen nur bestimmte Therapie*formen*, nicht aber *Therapeutik schlechthin* zur Debatte. Im Innern eines engagierten Diskurses um das sexuell befreite Selbst steht jenes »höchste Glück«, das eine Persönlichkeit auf Erden bedeuten soll (Goethe), nicht zur Debatte und auch nicht die Therapeutik, die es erlangen hilft.[19]

Reformulierungen

30. 5. 1989, RTL. In der Sendereihe »Eine Chance für die Liebe« behandelt Erika Berger heute das Problem der vorzeitigen Ejakulation. Eine Szene aus einem Oswald-Kolle Film der sechziger Jahre veranschaulicht es zunächst. Noch bevor die Zuschauer/innen Gelegenheit haben, sich mit ihren Fragen und Problemen an Erika Berger zu wenden, gibt sie einen Überblick über die möglichen Ursachen der Störung.

Ein schneller Samenerguß wird nur dann zu einem Problem, wenn die Partnerin sich immer sexuell unbefriedigt fühlt, und der Mann dann unter

---

19 Hellerich beruft sich allerdings positiv stets auf psychodynamische Langzeittheorien. Auch für die zweite Phase der Debatte ist charakteristisch, daß sie vornehmlich aus den Reihen derjenigen initiiert und geführt wird, die sich für psychoanalytisch orientierte Langzeittherapien aussprechen (z. B. Castel, s.o.) –, offenbar fürchten sie die Konkurrenz der Kurzzeittherapien, die sich einer größeren ›wissenschaftlichen Legitimität‹ erfreuen (therapeutisch effektiver, größere Nähe zur experimentellen Forschung; vgl. Béjin 1986a, 238).

seiner Unlänglichkeit ... Entschuldigung, Unzulänglichkeit, zu leiden beginnt. Wirklich zu schnell sind die Männer, die bereits vor dem Eindringen in die Vagina einen Samenerguß bekommen oder bei denen alles mit den ersten Stoßbewegungen bereits vorüber ist. Aber: Auch ein solcher Schnellschuß kann normal sein, wenn der Mann zum Beispiel sehr stark unter Leistungsdruck steht, zum Beispiel beim ersten Mal mit einer Partnerin. Wenn er lange keinen Sex gehabt hat, dann steht er unter Erwartungsstreß. Oder wenn er beruflich sehr stark angespannt ist. Es gibt eine ganze Reihe von Gründen, warum ein Mann keine Kontrolle über seinen Körper hat. Die Ursachen können bereits in der Jugend liegen. Wenn er schnell und heimlich onaniert hat, aus Angst vor Entdeckung. Wenn es bei einer Freundin immer sehr schnell gehen mußte und wenn ein Mann an der Reaktion seiner Partnerin zu spür'n bekommt, daß sie mal wieder völlig unbefriedigt auf der Strecke geblieben ist. Wenn ein Mann sich selbst unter Druck setzt, unbedingt recht lange bei einer Frau durchzuhalten. Eine andere Angst, die zur vorzeitigen Ejakulation führt, ist die unbewußte Angst vor zuviel Intimität, um nicht durch Zuneigung und Aufmerksamkeit erstickt zu werden, und die Angst vor einer zu festen Bindung. Ein solcher Mann möchte die Kontrolle über seine Gefühle behalten und nicht von der Partnerin geklammert werden. Sein Unterbewußtsein suggeriert ihm: Sie soll keinen zu großen Spaß mit mir haben. Deshalb erleben viele Männer auch immer wieder, daß sie mit einer wirklich geliebten Frau zusammen sein können, und zwar ewig. Und daß es bei anderen Partnerinnen ganz schnell vorüber ist (Erika Berger in: Kastner, Maasen 1995, 81).

Der Kritiker der Therapeutisierung ›alter Schule‹, als den sich Hellerich salopp bezeichnen ließe, muß sich in mancher Hinsicht bestätigt fühlen. Erika Berger ist die typische Protagonistin der Paraprofessionalisierung: Als Journalistin übt sie neben vielen anderen Kollegen auch eine sexualberatende Funktion in verschiedenen Massenmedien aus. Außerdem bietet sie in ihren einführenden Erläuterungen ihren Zuschauern ohne Festlegung auf irgendeine Methode oder Theorierichtung eine Vielzahl an Erklärungen für die infragestehende Funktionsstörung an – eine wird schon ›die passende‹ sein. Das Ziel aller Erklärungen: Die Wiederherstellung des koitalen Geschlechtsverkehrs mit Orgasmus für Beide. Dies ist ebendie stereotype Resexualisierung, vor der Hellerich und andere gewarnt haben. Auch wenn sie leichtfüßig im RTL-Nachtprogramm daherkommt: Hier verbirgt sich in pseudo-wissenschaftlichem Gewande das ›herrschende Interesse‹ an dem sexuell befriedigten Bürger und genußfreudigen Konsumenten.

Dieser Typus von Kritik verliert gegen Ende der achtziger Jahre zwar nicht ganz an Plausibilität: Er bekommt indessen ein sophistizierteres Pendant, das vor allem gegen die Beliebigkeit therapeutischer Problemstellungen und Interventionsstrategien Klage führt; pointiert wird hier die Unzulässigkeit einer Therapeutisierung des Sexuellen attackiert. Kritiken, die auf dieser Linie liegen, werden vor allem von André Béjin und Robert Castel vorgebracht. Während Béjin mit professionssoziologischer Nuance den Aufstieg der Sexologen und den korrespondierenden Niedergang der Psychoanalytiker bedauert (Béjin 1986a), bettet Castel diese Kritik in das umfassendere Thema der »Psychiatrisierung des Alltags« (Castel, Castel, Lovell 1982) ein. Hier und in späteren Beiträgen moniert er vor allem das Aufkommen sogenannter »flüchtiger Therapien«, die sich durch

die Abwesenheit eines ausgefeilten theoretischen Entwurfs, einer soliden Institutionalisierung und einer nachgewiesenen professionellen Kompetenz <auswiesen. ...> Die Naivität im Umgang mit Begriffen, das dauernde Veralten der Institutionen, der Eklektizismus in der Verwendung von Techniken und die Lässigkeit in der Ausbildung der Vermittler tragen dazu bei, daß das zwielichtige Feld der ›neuen Therapien‹ sich ständig verändert und der Entwicklung der Nachfrage folgt, indem sie sich ihren geringsten Schwankungen anpaßt (Castel 1988, 153 ff.).

Für den Vorwurf des Eklektizismus ist Erika Bergers Einführung in den Problemhorizont ›vorzeitige Ejakulation‹ besonders instruktiv. Als Ursachen nennt sie etwa psychosomatische Aspekte (Streßfaktoren: neue Partnerin, anstrengender Beruf), das Unbewußte (Angst vor zuviel Intimität) ebenso wie lerntheoretisch informierte Gründe (schlechte Erfahrungen in der Jugend); aber auch Liebe findet in diesem Ensemble Platz (»mit einer wirklich geliebten Frau kann man ewig zusammen sein«). Die therapeutischen Ratschläge, die Erika Berger in einer anderen Szene gibt, entstammen verhaltens- (»Druckmethode«) und kommunikationstherapeutischen Ansätzen (»reden Sie mit Ihrer Partnerin über Ihr Problem«). Das Unzulässige einer solchen ›Therapeutik‹ liegt für Castel auf der Hand: theoretisch betrachtet ist sie unfundiert, therapeutisch betrachtet unprofessionell.

Die bereits durch Hellerich und Illich vertrauten Kritiken schimmern auch hier durch, bekommen jedoch nun durch Beiträge wie die Castels eine Färbung, die sowohl das Angebot als auch die Nachfrage nach (Sexual-)Therapie als gewissermaßen barockes Phänomen beschreibt. Konnte man noch den von Hellerich und

Illich verfemten therapeutischen Expertokraten konzedieren, daß sie irgendeinem, wenn auch womöglich selbsterfundenen, Übel wehren wollten, und der Klientel zugestehen, daß sie – einer wissenschaftlich verbrämten Verschwörung aufsitzend – den Bedarf nolens volens in die Höhe trieben, so sieht Castel hier ein bloßluxuriöses Gebaren am Werke. Aus der Frage der Befreiung von Unterdrückung (hier: unterdrückter Sexualität) sei eine pseudo-Befreiung von pseudo-Unterdrückung (hier: pseudo-unterdrückter Sexualität) geworden. Zwei Momente indizieren diese Entwicklung für ihn: die *Banalisierung des Uneingestehbaren (a)* sowie eine gewisse *Demokratisierung (b)* des Zugangs zum Feld der Therapeutik.

(a) Die Psychoanalyse, so Castel, habe das *Uneingestehbare*, nämlich das Phantasma, in dem sich die Ökonomie des Begehrens artikuliert, anerkannt und aufgewertet – mit verschiedenen Techniken widmet sie sich der Aufdeckung dieses Phantasmas: Aus dem religiös motivierten Geständnis einer sexuellen Sünde sei so das Eingeständnis der (und die Einsicht in die) psychostrukturellen Bezugspunkte für das individuelle und soziale Leben geworden. An dieses Modell schließen sich nun die Neuen Therapien an, führen jedoch zugleich eine bedeutsame Transformation ein:

Radikaler noch als die Psychoanalyse, die auf Verbot und Übertretung bezogen bleibt, steht man vor einem im wörtlichen Sinne a-moralischen Kontext. Die Regelung des Verhaltens orientiert sich hier nur noch an psychologischen Kategorien aus dem Bereich von Lust und Unlust. Strenggenommen ist überhaupt nichts mehr Grund, sich zu schämen, und folglich auch nichts mehr uneingestehbar ... (Castel 1987, 179).

In der Tat: Das Gestehen sexueller »Problem*chen*« (E. Berger) hat nichts mehr mit der leidvollen Erinnerungsarbeit zu tun, die die Patienten der Psychoanalyse auf sich nehmen und die Bestandteil des therapeutischen Prozesses ist. Das Gestehen sexueller Problemchen ist in der gegenwärtigen westlichen Kultur zur Routine geworden. Sexuelle Beratung kann sich in einem dreiminütigen Fernsehtelefonat vollziehen, währenddessen Ratgebende und Ratsuchende mit verblüffender Kunstfertigkeit die Aufgaben der Problemdarstellung, -diagnose und der Therapie bewerkstelligen (vgl. Kastner, Maasen 1995). Für Castel indessen nimmt sich dies nicht nur als eine beispiellose Verwässerung psychotherapeutischer Standards (d.h. der Standards der Psychoanalyse) aus –

diesen Kritikpunkt hätten Hellerich und Kollegen sicher unterschrieben –, sondern mehr noch: Die flüchtigen Therapieformen haben überhaupt keinen Existenzgrund. Sie sind nicht verbesserungsfähig, sondern schlicht überflüssig.
(b) Darüber hinaus führt die Innovation und Verbreitung immer neuer Therapieformen zwar zu einer gewissen *Demokratisierung* des Zugangs: Die American Psychiatric Association nennt vor allem einen Zulauf an jungen Leuten aus dem Management oder dem psychohygienischen Sektor sowie Hausfrauen; außerdem fanden Castel u.a. Studenten oder mit dem Berufsleben kaum verbundene junge Leute. Dennoch: Auch hier werden weder ältere Leute noch Niedrigverdienende, ethnische Minderheiten oder die Arbeiterklasse erreicht (vgl. Castel, Castel, Lovell 1982, 308). Wenngleich die Klientel der Neuen Therapien auch quantitativ deutlich diejenige übersteigt, die aus materiellen, sozialen und ideologischen Gründen den Psychoanalytiker aufsucht, so beschränkt sich deren Ausdehnung doch auf die (aufstrebende) Mittelschicht – ein Adressatenkreis, den auch Bopp für die deutschen Verhältnisse (vgl. Bopp 1985, 64) sowie Bourdieu in seiner auf Frankreich bezogenen Studie (Bourdieu 1984, 573 ff., insbes. 582 f.) ausmacht. Für diese Gruppe wird Therapeutik zum Ausweis einer emanzipierten Intellektuellenexistenz und damit zum Element im Spiel sozialer Distinktion. Die Neuen Therapien erweisen sich, so Castel, zunehmend als ›Therapien für Normale‹:

Traditionsgemäß, und in gewisser Weise per definitionem, richtete sich die Therapie an Kranke, an wirkliche oder an mutmaßliche, aber jedenfalls an als solche etikettierte. Die Psychoanalyse verwischte bereits die Grenzen zwischen ›Normalem‹ und ›Pathologischem‹, aber nur für eine sorgfältig ausgewählte Klientel. In der nachpsychoanalytischen Ära wird man nurmehr in großem Umfang von einer ›Therapie für Normale‹ sprechen können (Castel 1982, 286).

Die ›Normalität‹ der neuen Klientel zeigt sich vor allem an dem für sie typischen Problemprofil: In der Regel hat sie »sexuelle Probleme <sic!>, Schwierigkeiten in den interpersonellen Beziehungen, und [ist] mit sich selber unzufrieden« (Kadushin nach Castel, Castrell, Lovell 1982, 285): Die Schwelle des Therapiebedürftigen sinkt, der Anspruch an Gesundheit (»high-level-wellness«; vgl. Hellerich 1985, 24 f.) steigt. Die Konsequenz formuliert Michael Lukas Moeller im Titel eines Aufsatzes: »Immer weniger gelebtes Leben, immer mehr Lebenshilfe« (Moeller 1985, 13 ff.). Gerade Sexualtherapie wird zum Indikator für diese »Psychokybernetik« (Hellerich 1985, 25).

Jeder gesteht alles in jedem ›therapeutischen‹ Setting: So ließe sich der Befund aus den beiden Monita Castels an dem, was er als »generalisierte technopsychologische Kultur« bezeichnet, zusammenfassen. Daß es die Form eines Lamentos annimmt, geschieht hier wohl nicht von ungefähr: Auch Castel attackiert aus dem Inneren des therapeutischen Diskurses die Emergenz nichtpsychoanalytischer, d. h. unseriöser, Praktiken: Für ihn hat sich die Grenze des im eigentlichen Sinne Therapiebedürftigen in unzulässiger Weise verschoben; Anbieter und Nachfrager folgen vor allem dem Chic – wer etwa sexuelle Probleme bekennt und sich beraten läßt, braucht nicht nur nicht den Verlust seiner Normalität zu fürchten, im Gegenteil zeigt er so die Akzeptanz der technopsychologischen Norm, auch in sexuellen Dingen nur das Beste von und für sich zu verlangen. Wenn Hellerich und Illich in dem Aufkommen immer neuer Therapieformen noch das dialektische Überschwappen einem aufklärerischen Gestus zugute hielten, so verkommt Therapeutisierung (im Sinne ›flüchtiger Therapien‹) in Castelscher Optik zu einer bloßen Frage des Habitus – die Emergenz von Sexualtherapien avanciert in dieser Kritik zum paradigmatischen Beispiel für eine solche Entwicklung.

Die Kritiken am Phänomen der Therapeutisierung, die sich mit Blick auf den Spezialfall der Sexualtherapie schlagwortartig als *Dialektik aufklärender Sexualtherapie* (Hellerich, Illich) und *Sexualtherapie als Habitus* (Castel) bezeichnen ließen, nuancieren sich aber nicht nur gegenseitig: das Problem gesellschaftlicher Kontrolle und das Problem gesellschaftlicher Distinktion via (Sexual-)Therapie wird gegen Ende der achtziger Jahre vor dem Hintergrund einer anderen Diskussion gelesen. Dabei geht es um die Frage, ob wir uns im Zustand der Postmoderne befinden und ob Therapeutik dies indiziere. Eines der ersten Themen in diesem Zusammenhang beschäftigt sich mit dem Status des Subjekts (ist es dekonstruiert, gar destruiert?); ein weiteres kreist um die Vermutung, daß Sexualität sich im Plural verliere; schließlich fragt man sich, ob nicht überhaupt das Ende des therapeutischen Normalisierungsprojekts eingeläutet sei, oder, um es mit Blick auf Castel zu formulieren: Indiziert die postpsychoanalytische Ära (vgl. Castel 1982, 286) auf dem Felde der Therapeutisierung die Postmoderne? Wie immer man sich dazu auch stellen wird: In jedem Fall signalisieren diese Themen Reformulierungen, die die bisher genannten Themen nicht ersetzen, jedoch neu kontextualisieren.

Therapeutisierung: postmodern

Die »einschneidende Pluralisierung der Gesellschaft betrifft seit langem und betrifft heute allgemein auch die Individuen. Identität ist immer weniger monolithisch, sondern nur noch plural möglich. Leben unter heutigen Bedingungen ist Leben im Plural, will sagen: Leben im Übergang zwischen unterschiedlichen Lebensformen« (Welsch 1990, 171). Plakativ umschreibt dieses Zitat, was gegenwärtig »Zur Konstruktion des Selbst im Zeitalter der Postmoderne« (so der Titel eines Aufsatzes von Gergen 1990) vertreten wird. Dabei wird das einheitsstiftende Moment des ›Selbst‹ zwar nicht vollends preisgegeben, doch wird dieses Selbst deutlich reduziert auf eine Position in einem sie definierenden Netzwerk sozialer Beziehungen. In dieser Position bleibt ihr eine Funktion, für die Gergen die einschlägige Metapher bemüht: »Das Selbst ist nunmehr nichts als ein *Knotenpunkt* in der Verkettung von Beziehungen« (Gergen 1990, 197, Hervorhebung von mir, S.M.). Diese Metapher läßt bezeichnenderweise offen, ob das Verknoten der eine Person definierenden Beziehungsfäden ein aktiver Vollzug des Individuums ist, gleichsam die letzte Bastion der Sinn- und ihrer Einheitsstiftung, oder ob dies ein eher zufälliger, gar zwangsläufiger Akt der Verflechtung ist. Diese beiden Auslegungen entsprechen dem, was sich als spätmoderne respektive postmoderne Position etikettiert:
Im ersten (spätmodernen) Fall ist noch die Rede von dem, was seit der Aufklärung den Namen ›Person‹ oder ›Selbst‹ trägt, nun allerdings einer neuerlichen Aufklärung bedarf: Das Selbst als ›Substanz‹ wird nun ersetzt durch das Selbst als ›Konstruktion‹ (vgl. Gergen 1990, 192). In dieser Lesart gilt das Subjekt zugleich als sein eigener Konstrukteur und als gefangen in den konstruktiven Ressourcen, die ihm zugänglich sind. Keupp versteht unter diesen Ressourcen mit Rückgriff auf Bourdieu materielle, soziale, kulturelle, aber auch psychische »Kapitalien«, über die das Individuum zur Konstruktion eines für sich und andere erkennbaren Selbst verfügt (vgl. Keupp 1994, 254 f.). Vertreter der spätmodernen Va-

riante des Diskurses halten das Subjekt für eine revisionsbedürftige, für die spätkapitalistische Gesellschaftsordnung aber nicht verzichtbare Größe. Daran ändert auch nichts, daß der postmoderne Mensch eine soziale Konstruktion ist, denn das war er, wie der symbolische Interaktionist seit G.H. Mead und J.H. Cooley weiß, ›schon immer‹. Für Thomas Luckmann ist allenfalls die These haltbar, »daß sich die historische Natur des Anderen, d. h. des typischen relevanten Anderen, die typischen sozialen Beziehungen, in denen relevante Andere existieren und die gesellschaftlichen Strukturen, in denen solche sozialen Beziehungen eingebettet sind, bedeutend verändert haben« (Luckmann 1990, 204). Das Wissen um das Selbst als Resultat einer soziohistorisch spezifischen Konstruktion erschüttert aus der Sicht der Spätmodernen das Selbst weder als theoretisches noch als ›quasi-ontologisches‹[20] Konzept.

Im zweiten (postmodernen) Fall kann von etwas, das den Namen ›Person‹ oder ›Selbst‹ trägt, keine Rede mehr sein: Hier wird, wenn nicht gar die ›Auflösung des Selbst‹, so doch zumindest dessen ›Dezentrierung‹ gefeiert, die zugunsten einer Vielzahl eigenständiger Lebensformen, Denkweisen und Handlungsentwürfe ausschlage (z. B. Welsch 1987). Die Position des Subjekts ist, dieser Variante postmoderner Subjektkritik zufolge, völlig unhaltbar geworden, eine pure Fiktion, die gerade am Ende der Bedingungen seiner Möglichkeit allenfalls kontrafaktisch – trotzig und melodramatisch – auftaucht:

Die Infragestellung des Subjekts hat kaum etwas an dem metaphysischen Postulat seiner Vorrangigkeit geändert: wird es dazu gezwungen, *als Subjekt* seine Schwäche, seine Zerbrechlichkeit, seine Weiblichkeit oder seinen Tod ins Spiel zu bringen, wird es dazu gezwungen, sich als Subjekt aufzugeben (nicht nur als psychologisches Subjekt, sondern auch als Subjekt der Macht und des Wissens), dann findet sich das Subjekt nur vom Melodrama seines eigenen Verschwindens ergriffen – es kann sich selber nicht mehr loslassen und sich von seinen eigenen Grundlagen ausgehend selber überwinden, es kann kein *gentleman's agreement* mit seinem Objekt, mit der Welt abschließen, für deren Beherrschung zu seinen Gunsten es sich so stark gemacht hat. Daraus resultiert nur eine Konfusion, die heute in allen möglichen Lösungsvorschlägen zu seiner Befreiung zum Ausdruck

20 Hierbei handelt es sich um eine analogisierende Begriffsbildung, die sich auf den Terminus der »Quasi-Selbste« bei Featherstone bezieht; eine Erläuterung findet sich auf S. 88 f.

kommt. ... Wir erleben die letzten Zuckungen dieser Subjektivität, und dabei werden immer noch neue Subjektivitäten erfunden (Baudrillard 1985, 139 f.).[21]

Die Spätmodernen und die Postmodernen versuchen den Streit über eine Aufstellung der Kosten zu entscheiden, die das ›Identitätsprojekt‹ verursache:
Die spätmoderne Lesart des postmodernen Selbstentwurfs erkennt zwar dessen Anpassung auf sich pluralisierende Zustände an, doch stellt sie diesem Nutzen die weitaus größeren Kosten gegenüber, die in einer umfassenden Destabilisierung individueller, schließlich aber auch nationaler, religiöser und politischer Identität besteht (vgl. Gergen 1990, 198). Gergen plädiert daher für eine »Ontologie des Bezogenseins«: Die beständigen Anpassungserfordernisse in einer sich diversifizierenden und »sozial sättigenden« Welt bringen ein durch und durch relationales Selbst hervor. Ebendaraus »ergibt sich für uns verstärkt die Möglichkeit einer Selbstreflexion« (Gergen 1990, 195) – diese Vielfältigkeit der Referenzen ist das, was vom »eigentlichen Selbst« (Gergen) »zurückbleibt« oder das, was heute ein eigentliches Selbst konstituiert.[22]

[21] Als eine dieser Zuckungen würde Baudrillard wohl auch die Therapeutik beschreiben (vgl. Einleitung, S. 13 f.).
[22] Mitchell Ash kommentiert Gergens Aufsatz sehr scharfsinnig als ein *modernes* Plädoyer für den *postmodernen* Pluralismus und Perspektivismus. Dafür spricht zunächst, daß Gergen die Postmoderne als eine Geschichtsepoche aufzufassen scheint, die in linearer Folge auf die Epoche der Romantik und die der Moderne folgt (Ash 1990, 200). Darüber hinaus postuliert Gergen – ebenfalls gegen postmoderne Grundauffassung – eine neue Ontologie, deren relationales Grundkonzept (»Ontologie des Bezogenseins«) auch nicht dazu beitragen kann, sie postmodern akzeptabel zu machen (Ash 1990, 202; s.o.). Ash bilanziert sowohl die Linearisierung des historischen Prozesses als auch Ontologisierung des pluralisierten Subjekts als die Auswege, die der moderne Diskurs aus dem vermeintlichen referenzlosen Relativismus der postmodernen Vielstimmigkeit suche. Dieser Einordnung Gergens ist aus epistemischer Perspektive zuzustimmen: Solche Beiträge firmieren in anderen Kommentaren zu der Debatte um die Postmoderne als *spätmoderne* Position – an diese Begrifflichkeit (spät- vs. postmodern) lehne ich mich daher im laufenden Text der Übersichtlichkeit halber an.
Ash weist im übrigen zu Recht darauf hin, daß selbst in radikalen Kreisen der neueren Wissenssoziologie so etwas wie »externe Referen-

Die postmoderne Lesart des Subjekts akzeptiert die Diagnose (Pluralisierung der Referenzen), kontert jedoch ihrerseits mit den Kosten des (wenngleich pluralisierten) Identitätsprojekts. Dazu nimmt sie die *Dialektik der Aufklärung* zum Ausgangspunkt ihrer Kritik: »Furchtbares hat die Menschheit sich antun müssen, bis das Selbst, der identische, zweckgerichtete, männliche Charakter des Menschen geschaffen war« (Horkheimer, Adorno 1969, 33). In moderner Anschauung ist Subjekt, wer sich den Prinzipien rationaler Lebensführung unterwirft. Die Vorstellung eines ›eigentlichen‹, in den verschiedensten Lebenslagen sich durchhaltenden ›Ich‹ ist mit Aufkommen der bürgerlichen, am Marktmodell orientierten Gesellschaft ›natürlich‹ geworden. Norbert Elias hat indessen zeigen können, daß die ›Natürlichkeit‹ eines possessiven Individualismus' das Resultat eines Zivilisationsprozesses ist, der die Verinnerlichung sozialer Kontrollen für alle verbindlich macht (Elias 1980). Zur Dialektik des Prozesses der Zivilisierung gehört es, daß das moderne Individuum die ununterbrochene Kette minutiöser (Selbst-)Disziplinierungen als ›natürlich‹ verkennt.

Doch nicht nur sind die Kosten der Zivilisierung hoch und beruhen zudem auf einer ontologischen Illusion. Die Dialektik der Aufklärung geht den Postmodernen nicht weit genug, da sich dieser Prozeß unterdessen auf die nächsthöhere Ebene bewegt hat: All diese Bemühung um das zweckrational handelnde, berechenbare Subjekt, so die Postmodernen, sei angesichts der gegenwärtigen spätkapitalistischen Risikogesellschaft eine Fehlinvestition gewesen. In einer Zeit beständiger gesellschaftlicher Diversifizierungen sei ein monolithisches Subjektmodell schlicht dysfunktional geworden. Die Vielfalt der Lebensstile, Arbeitsformen, Konsumchancen oder sozialer Kontakte fordere im Gegenteil ein Subjekt, das Pluralitäten und Ambivalenzen ertrage: Es sollte »seine Identität so <ausbilden>, daß sie der aktuellen Pluralität gewachsen, Identität in Übergängen ist« (Welsch 1990, 197). Kurz: Auch die pluralisierte Identität ist immer noch eine (wenn-

> tialität« (Ash 1990, 202) nicht geleugnet wird: Die postmoderne Vielfalt (und auch vielfältiges Bezogensein) kann daher konstatiert werden, »weil sie auf verschiedene Gegenstände hin gerichtet <ist>, an deren Vorhandensein festgehalten wird, auch wenn über sie nur Texte geschrieben und keine ›Wahrheiten‹ gefunden werden können« (Ash 1990, 202).

gleich pluralisierte) Selbstverpflichtung auf die (heute pluralisierten) gesellschaftlichen Erfordernisse. Das provokante Leitmotiv der Liquidierung des Subjekts stilisiert sich demgegenüber als ein Akt postmoderner Absage an *jeden* Identitätszwang.[23]

Soweit der Streit, dessen Ausgang derzeit noch ungewiß ist. Einstweilen plädiert Wolfgang Welsch dafür, das schiefe Spiel akademischer Kritik, das so beständig wie fruchtlos zwischen Subjektkritik und Subjektbejahung pendelt, aufzugeben. Statt dessen solle man sich auf die reale Transformation des Subjekts besinnen und versuchen, Konturen eines möglichen Selbst in der Gesellschaft der Postmoderne zu zeichnen (vgl. Welsch 1991, 350 f.): Damit verschiebt er das Problemniveau vom Bereich der Transzendentalphilosophie zum Bereich pragmatischer Kompetenz. Dieser Problematisierung zufolge sehen sich Selbste heute einer Welt gegenüber, deren Funktionssysteme »radikal antagonistisch« organisiert sind (Bell 1973). Dieser Antagonismus funktionsspezifischer Ziele und Programme macht sich intrasubjektiv in der Form »mehrfacher Anhänglichkeiten und Identitäten« geltend. Die postindustriellen Individuen zeichnen sich, so Bell, durch »cross-cutting identities« aus. Dies begünstigt die

---

[23] Nicht zuletzt erscheint die (post-)moderne Infragestellung des Selbst auch als Resultat der erstaunlichen Binnendifferenzierung der Forschungen in einer Disziplin, die sich dem Studium dieses Selbst gewidmet hat, der Psychologie. Studien zu self-esteem, self-awareness, self-presentation, self-verification, self-schemas, self-concept oder self-handicapping (vgl. Baumeister 1987, 163 f.) erschließen ein Gebiet, das seit seiner Inaugurierung im 16. Jahrhundert noch immer überwiegend den Namen »innere Natur des Selbst« trägt. »The inner nature of selfhood, which is regarded as axiomatic by much modern psychological thought, seems to have become a common conception first in the 16th century« (Baumeister 1987, 165). Die moderne Differenzierung dieser »inneren Natur des Selbst« (– das Wort Selbst weist in einer Ausgabe des Webster Dictionary von 1966 bereits 415 Einträge als Präfix existentieller Zustände oder persönlicher Handlungen auf; vgl. Johnson 1985, 92 –) scheint indessen dazu beizutragen, daß die Vorstellung einer kohärenten inneren Natur in Auflösung begriffen ist. Ja, aus Gergens Formulierung klingt bereits das Entsetzen über die »verheerende ›Dekonstruktion‹ der vermeintlichen Gegenstände wissenschaftlicher Diskurse« (Gergen 1990, 209) heraus: D*ekonstruktion* wird hier offenbar (und fälschlicherweise) mit D*estruktion* gleichgesetzt.

scharfe, einschneidende Pluralität weltanschaulicher Grundeinstellungen: »... den Subjekten ist eine Mehrzahl von Konzeptionen oder Lebensformen gleichermaßen vertraut, in ihrer Legitimität einsichtig und in ihren Gehalten *zustimmungsfähig* ..., so daß sie sich in *derselben* Situation mal so und mal anders – aber jeweils mit *gleich guten Gründen* – verhalten können« (Welsch 1991, 352).

Auf die gesellschaftliche Pluralisierung antwortet die interne Pluralisierung der Subjekte. Erstmals durch Nietzsche zum Programm erhoben, setzt sie eine Existenzform voraus, die, wie Adorno hervorhebt, »dem Heterogenen Gerechtigkeit widerfahren« läßt. Die Stärke bezieht das postmoderne Subjekt aus seiner ›Schwächung‹: Es definiert sich nicht länger über Herrschaftlichkeit, über den »identischen, zweckgerichteten, männlichen Charakter«, sondern über seine »Transversalität« (Welsch 1991, 358). Subjektivität bedeutet hier das Vermögen zu ›Vielheitsbereitschaft und -kompetenz‹. Das bezieht sich sowohl auf die Bewältigung vorgegebener Differenzen, aber auch auf das Vermögen genuiner Differenzbildung und die Orientierung zwischen dem Differenten. Damit wird die Geste souveräner Sinnstiftung zugunsten einer Vielzahl minutiöser, aktueller Synthetisierungen aufgegeben. »Man muß Verbindungen vielmehr auch wieder auftrennen, muß zurückgehen und andere Verknüpfungen anbahnen können. Die unterschiedlichen Perspektiven behalten ihre Gültigkeit, und andere werden sie neu gewinnen. Zu Subjektivität des neuen Typs gehört eine Kultur des blinden Flecks« (Welsch 1991, 361).

Diese Forderungen an die pragmatische Kompetenz postmoderner (lies: pluralen Lebens- und Sinnzusammenhängen ausgesetzter und immer nur lokal synthetisierender) Subjekte figurieren als motivierender Hintergrund für wissenssoziologische Analysen gesellschaftlicher Transformationen: Auch Mike Featherstone lehnt es ab, sich in fruchtlosen Debatten über die Konstitution postmoderner Selbste zu verlieren, und plädiert statt dessen dafür, diese Frage in den Rahmen einer Analyse postmoderner Kultur zu stellen und dort mit wissenssoziologischen Mitteln zu begreifen. Dieser Zugang scheint sich auch für die vorliegende Anlayse zu empfehlen, konzipiert doch Featherstone »den Aufstieg des Postmodernismus als Teil eines langfristigen Prozesses ..., der zu einem Anstieg des Machtpotentials der Spezialisten für symbolische Produktion und Verbreitung geführt hat« (Featherstone 1990, 241).[24]

Featherstone sieht die legitime und notwendige Aufgabe der Soziologie darin, das Aufkommen postmoderner Wissensbestände in der Wissenschaft und ihren Transfer in die Kultur zu befragen. In Bourdieuscher Manier konzipiert er die Thematik als Frage nach dem sozialen Distinktions- und Wettbewerbswert, den der Begriff Postmodernismus denjenigen verleiht, die ihn in der Konkurrenz um den Vertrieb und die Konsumtion symbolischer Güter im Schilde tragen. Das bezieht sich sowohl auf die Anbieter symbolischer Güter und Dienstleistungen im Bereich von Kultur (die »neuen Kulturvermittler« – Bourdieu 1984 – in Marketing, Werbung, Öffentlichkeitsarbeit, Zeitschriftenjournalismus), insbesondere aber im Bereich der medizinisch-sozialen Betreuung (Sozialarbeiter, Eheberater, Sexualtherapeuten, Diätetiker, ...; vgl. Bourdieu 1984, 563), als auch auf die Nachfrager (»neues Kleinbürgertum« – Bourdieu 1984; »Wissensklasse« – Bruce-Briggs 1979; oder »Dienstleistungsklasse« – Cooke 1988). Die in diesem Feld hervorgebrachte Sensibilisierung gegenüber Ästethik, Stil, Lebensstil und emotionaler Selbsterforschung verdichteten sich zu Dispositionen, die für eine postmoderne Wahrnehmung seiner selbst und anderer empfänglich machten:

---

24 Dabei geht es stets um die Frage nach der Verbindung zweier Aspekte: um die Produktion und Verbreitung postmoderner Theorien und um die Produktion und Verbreitung postmoderner Kulturerfahrungen und Praktiken. Featherstone selbst führt den Einwand vor, demzufolge eine solche wissenssoziologische Analyse eine überholte Bindung an die modernistische Metatheorie darstelle. In seiner Entgegnung unterscheidet er zwischen drei Aspekten: einem *Postmodernismus* in Theoriebildung sowie intellektueller und künstlerischer Praktik, einer umfassenden *postmodernen Kultur*, als einem Ensemble von Veränderungen in der Produktion, Konsumtion und Verbreitung von kulturellen Gütern und Praktiken, sowie einem Epochenbegriff namens *Postmoderne* (vgl. Featherstone 1990, 218). In dieser Konzeption nimmt postmoderne Theoriebildung den Status eines Indizes oder Vorboten für postmoderne Kulturbildung an. Entsprechende Tendenzen können »epochale Dimensionen« annehmen und die historische Periode der Postmoderne rechtfertigen (vgl. Featherstone 1990, 218). Auf den Einwand und Featherstones Replik komme ich am Ende dieses Kapitels zurück.

In der neuen Mittelklasse mag es tatsächlich eine zunehmende Zahl von Personen geben, die akzeptieren, daß das ästhetische Leben das ethisch gute Leben ist, daß es keine menschliche Natur und kein wahres Selbst gibt, daß wir eine Ansammlung von Quasi-Selbsten sind ... Der Wunsch ständig zu lernen, nach immer neuen Werten und Vokabularen zu streben, die unaufhörliche Wißbegierde, deren Helden der Künstler und der Intellektuelle sind ... all das schwingt auch in dem Interesse für Stil, in der Stilisierung des Lebens, in dem Slogan ›Keine Regeln, nur auswählen‹ des immer erneuerbaren Lebensstils mit, der innerhalb der neuen Mittelklasse anzutreffen ist und den sie als Kulturvermittler unter einer breiteren Bevölkerung zu verbreiten sucht (Featherstone 1990, 240).

Das Aufkommen und die Akzeptanz ›flüchtiger Therapien‹ indizieren aus dieser Perspektive, daß ebendiese Wahl zu einer Stilfrage wird – das gilt erst recht im Bereich der Sexualität. Denn nach der von Masters und Johnson etablierten Norm des Orgasmus ist keine sexuelle Handlung, die ihm dient, vor einer anderen ausgezeichnet. Wenn überhaupt, sind es Varianten der Masturbation, der prototypischen erfolgreichen sexuellen Handlung: »Alle sexuellen Handlungen, vom Fetischismus bis zur Sodomie, von der Homosexualität bis zur ehelichen Heterosexualität stellen nur die instrumentellen Varianten dieser Autoerotik dar, die Abwandlungen und die höheren, zusammengesetzten Formen des Gleichen, der Masturbation« (Sonntag 1988, 203). Die Kehrseite dieser sexuellen Befreiung ist nun der Zwang, eine befriedigende Form sexuellen Ausdrucks zu finden. Es ist gleichsam eine Frage des Stils, sich dabei therapeutischer Hilfe (welcher?) zu bedienen.

Featherstone beschränkt sich auf den (wichtigen!) Aspekt der zunehmenden Durchdringung der Gesellschaft mit einer Schicht, die aufgrund ihres ökonomischen und sozialen Status einen Habitus lebt, der der Verbreitung eines postmodernen Zeitgeistes förderlich ist. Die Zunahme kulturvermittelnder Professionen, ihre Diversifizierung und ihr Prestige werden zum Indikator für die gesellschaftliche Akzeptanz postmoderner Themen. Praktiken wie die Therapeutik, die vor zehn Jahren in der makrosoziologischen Theoriebildung noch gleichsam ortlos waren, finden sich nun zu Vorboten einer postmodernen Wende der Kultur avanciert. Die gesellschaftliche Durchdringung mit helfenden Berufen wurde in den siebziger Jahren noch als Zeichen zunehmender Expertokratie gewertet (Illich 1979); heute sind sie Indizien der Postmoderne?[25]

25 Man mag dies so sehen, doch muß sich dann vorhalten lassen, selber in

Im vorliegenden Zusammenhang ist es nicht notwendig, sich an dieser Diskussion zu beteiligen, sondern vielmehr deren Relevanz für das Phänomen der Therapeutisierung festzuhalten: Während in der ersten Phase dieses Diskurses ›Therapeutisierung‹ vor allem im Hinblick auf ihre normierend-normalisierende Wirkung beschrieben wurde, zeichnet sich für die gegenwärtige Diskussion ab, daß sie zu einem bestenfalls überflüssigen Stilmittel verkommt. Aus dem Kampf gegen die unterdrückte Sexualität ist eine Frage der stilgerechten Orientierung in der Vielzahl sexueller Ausdrucksmöglichkeiten geworden. Therapeutisierte Sexualität gerät damit in den Einzugsbereich einer neuen gesellschaftlichen Selbstbeschreibung, die jedoch wiederum nach einem Verdacht organisiert ist: War es zuvor der Verdacht, die angeblichen Befreier unterdrückten ihrerseits die zu Befreienden mit neuen Normen, so ist es nun der Verdacht der Belanglosigkeit – mit genau diesem Verdikt nähren sie die These, wonach auch im ›postmodernen‹ Diskurs an einem Problemfeld ›Sexualität‹, an einer seriösen Therapie (Psychoanalyse), sowie an einer angemessenen Weise (dem besseren Stil) festgehalten wird, sich als Subjekt (hier: als ›Quasi-Selbst‹) zu konstituieren – selbst (oder gerade?) das liquidierte Subjekt pflegt seinen Stil, wofür die (sexuelle) Therapeutik einen nicht unbeträchtlichen semantischen Apparat sowie eine etablierte und sich weiter differenzierende institutionelle Praxis zur Verfügung stellt. Denn:
Für Baudrillard mag es sich bei der Therapeutik um eine der letzten Zuckungen handeln, hilflose Hilfsmittel, die allenfalls Simulakren von Subjektivitäten erfinden (vgl. S. 82f.); für Welsch mag Therapeutik ein Mittel zur Erhöhung der pragmatischen Kompetenz (post-)moderner Subjekte sein; für Featherstone ein Medium

> den Sog der Postmoderne geraten zu sein: Was genau rechtfertigt eigentlich, diese und andere Phänomene von vornherein als ›postmodern‹ zu charakterisieren? Featherstone muß sich, mit anderen Worten, darauf verpflichten lassen, sein eigenes Frageschema ernstzunehmen: »Wer verwendet den Begriff des Postmodernismus? In welchen spezifischen Praktiken wird er verwendet? Welche Gruppen widersetzen sich seiner Verwendung? Wo speziell wird der Begriff verwendet? Gibt es besondere Schauplätze des Postmodernismus?« (Featherstone 1990, 231 f.) Erst wenn alle diese Fragen beantwortet sind, stellt sich die Frage, ob diese partikularen Selbstbeschreibungen eine Kultur charakterisieren und einen Epochentitel rechtfertigen.

sozialer Distinktion; man mag den Geltungsbereich seriöser Therapeutik eingrenzen und etwa Sexualität ausnehmen (Castel) oder gegen die therapeutisch initiierte, postmoderne Nivellierung sexueller Ausdrucksmöglichkeiten protestieren (Sonntag). Es zeigt sich: Auch die postmoderne Diskussion[26] verzichtet auf keines der für die Therapeutisierung sexueller Selbste charakteristischen Elemente. Sie rekombiniert Therapeutik, Sexualität und Selbst allerdings unter dem Verdacht der Beliebigkeit als ein entweder völlig verzichtbares gesellschaftliches Phänomen (Baudrillard, Castel) oder aber angesichts sich pluralisierender Verhältnisse als ein offenbar besonders notwendiges (Featherstone, Bourdieu).

Ein *Systematisierungsgewinn* dieser Neu-Kontextualisierung entsteht durch die Refokussierung von Therapie als moderner Form sexueller Repression auf eine moderne Form gesellschaftlicher Distinktion und individueller Orientierung: Vom verschwörungstheoretischen Duktus entlastet geraten nun gesellschaftlich angebotene und sozial-spezifisch genutzte Formen der Selbststilisierung in den Blick. Auch hier bleibt es jedoch möglich, nicht- oder weniger freiheitliche Formen der Selbststilisierung zu entdecken.

Ein *Systematisierungsverlust* dieser Neu-Kontextualisierung entsteht durch das Verdikt der Banalität (eine Variante der ›postmodernen Beliebigkeit‹), das auch die Therapeutik, insbesondere die Sexualtherapeutik, trifft und den Blick auf die spezifischen Formen der Selbstthematisierung verstellt: Statt dessen nimmt sich Therapeutik tendenziell als narzißtische Selbststilisierung in einer unübersichtlich gewordenen Welt aus, die (vorgeblich verzichtbare) Instanzen der Orientierung ausgebildet hat.

Die Frage nach der therapeutischen Konstruktion sexueller Selbste stellt sich auch im vorliegenden Zusammenhang im Rahmen einer Analyse gesellschaftlicher Formen der Selbstthematisierung und Selbststilisierung (und profitiert insofern von der einschlägigen Diskussion), jedoch nicht im Rahmen der Diskussion um die Postmoderne. Das Konzept der Postmoderne wird in dieser Arbeit in keiner der Definitionen, die Featherstone differenziert hat (als Kennzeichen der Theoriebildung, der Kultur, einer Epoche), aufgegriffen, vor allem nicht als Epochentitel:

---

26 Das bezieht auch Beiträge ein, die sich nur als ›postmodern inspiriert‹ verstehen (z. B. Sonntag) oder Autoren für sich reklamieren, die sich selbst nicht als postmodern bezeichnen (z. B. Castel).

Man braucht nur einen Blick auf die strukturellen Kontinuitäten der modernen Gesellschaft zu werfen, auf die Geldabhängigkeit der Wirtschaft, auf die Forschungsintensität der Wissenschaft, auf die nach wie vor unentbehrliche Positivität des Rechts, auf die Ausdifferenzierung von Intimbeziehungen, auf die staatsbezogene Politik, auf die sogenannten Massenmedien, und man sieht, daß von einem Übergang in die postmoderne Gesellschaft nicht die Rede sein kann (Luhmann 1990, 233).

Beendet sei nicht eine, die moderne, Gesellschaftsformation, sondern die Semantik der Aufklärung: Luhmann denkt hier vor allem an die aus diesem Apparat stammende Unterscheidung von affirmativ und kritisch, die besonders in der Frankfurter Schule gepflegt wird. Luhmann zufolge begebe man sich mit dieser Unterscheidung der Möglichkeit anzuerkennen, »daß das, was als Gesellschaft sich realisiert hat, zu *schlimmsten Befürchtungen* Anlaß gibt, *aber nicht abgelehnt werden kann*« (Luhmann 1990, 233). Diese Denkfigur bezieht Luhmann vor allem auf die Folgen der hochgradigen funktionalen Differenzierung der gegenwärtigen westlichen Gesellschaften sowie auf die Evolution der den einzelnen Teilsystemen korrespondierenden Semantiken: Eine solche Folge, das läge in der Fluchtlinie dieser Konzeption, besteht in dem Zwang, daß Individuen in ihren Praktiken, die in der Regel ›quer‹ zu den ausdifferenzierten Funktionssystemen liegen, lokale Synthesen erzeugen müssen: welche? und: wie? Die Analyse der Evolution funktionsspezifischer Semantiken scheint Hinweise darauf zu geben, welche Formen solche Synthesen derzeit annehmen können. Das nächste Kapitel wird sich in einem ersten Abschnitt damit beschäftigen.

Wenn sich diese Arbeit der Moderne verpflichtet, so tut sie dies zwar zum einen im Sinne einer historischen Epoche und der ihr zugeordneten gesellschaftlichen Struktur und semantischen Ausdifferenzierung (Luhmann). Zum anderen und vor allem aber versteht sie sich im Anschluß an Foucault auf die Moderne als eine *Haltung*. Für diese Haltung ist charakteristisch, daß der

hohe Wert der Gegenwart nicht von der verzweifelten Anstrengung zu trennen <ist>, sie sich vorzustellen, sie sich anders vorzustellen als sie ist und sie zu transformieren, nicht durch Zerstörung, sondern durch ein Erfassen dessen, was sie ist. <...Sie> ist eine Übung, in der die höchste Aufmerksamkeit dem Wirklichen gegenüber mit der Praxis einer Freiheit konfrontiert wird, die dieses Wirkliche gleichzeitig respektiert und verletzt (Foucault 1990, 44).

Es kommt hier mithin nicht auf postmoderne Theoriebildung[27], sondern auf eine Methodologie an, mit deren Hilfe sich ein bestimmtes Phänomen der Gegenwart als Kulturbestand beschreiben läßt, das dieser Haltung folgt und die dessen Genealogie nachzuzeichnen versteht: Es geht um das Phänomen der »Selbstthematisierung« (A. Hahn). Mit Hilfe der Kombination zweier wissenssoziologischer Konzepte, der Evolution einer Semantik für intime Kommunikation (Luhmann) sowie der Analyse des Diskurses therapeutisierter Sexualität (Foucault) wird die folgende Studie die Genealogie der sorgfältigen und kritischen Haltung seinem sexuellen Selbst gegenüber, *die Genealogie einer modernen Haltung*, nachzeichnen.

---

[27] Gleichwohl ist auch Foucault das Attribut ›postmodern‹ zugeschrieben worden; er gilt gelegentlich sogar gegen seine Selbsteinordnung als einer der einschlägigen Autoren. Auf einige Aspekte dieser Diskussion wird das nächste Kapitel in der methodischen Erläuterung des Konzepts der Genealogie eingehen. Ein ›Argument‹ für diese Einordnung, dem schlechterdings nicht zu begegnen ist, und das auch eine der Sackgassen dieser Debatte andeutet, liefert David Couzens Hoy: »I think that Foucault was a consistent postmodern in that he would never have called himself a postmodern« (Couzens Hoy 1988, 38).

Kapitel 2

Genealogie sexueller Subjektivierung

Der Knoten aus Wahrhaftigkeit, Sexualität und persönlicher Selbsterkenntnis (vgl. Sennet 1980, 52) scheint sich um so mehr zu verwickeln, je fragwürdiger seine einzelnen Bestandteile werden. Die postmodern ›heterogenisierten‹ Selbste suchen nun offenbar erst recht Zuflucht zu Praktiken, die sie in Erfahrungen sexueller Normalitäten und Authentizitäten einüben. Die Vervielfältigung der Lebens- und Liebesstile entläßt die Individuen nicht aus dem Zusammenhang *Sexualität und Wahrheit* (Foucault 1977), sondern pluralisiert ihn – und erfordert ein Individuum, das diesem Tatbestand gewachsen ist: das Lebens- und Liebesformen wählen und gegebenenfalls auch wechseln kann; das sich Konventionen nicht sklavisch unterwirft, sondern kreativ aneignet; das, mit anderen Worten, seinen Lebens- und Liebesstil ›stilisieren‹ kann. Doch diese Fähigkeit zur Stilisierung erscheint problematisch; ja, reproduziert sich bereits im Phänomen der Therapeutisierung selbst: Bereits die Wahl der passenden Therapierichtung und des geeigneten Therapeuten stellt sich als ein Problem der Stilisierung seines Problems dar (z. B. Psychologie Heute 1987: *Welche Therapie?* oder Robert Langs, 1991, *Der beste Therapeut für mich*).

Diese Entwicklung erstaunt Foucault nicht. Denn die zunehmende Entlastung von zwingenden Verboten, die ›sexuelle Befreiung‹ hat nicht zugleich auch die Frage beantwortet, was ein ›sexuell befreites Subjekt‹ eigentlich sein und wie es sein Leben führen soll.

Lange Zeit haben sich einige gedacht, daß die Strenge der sexuellen Gesetze, wie wir sie kennen, für die sogenannten ›kapitalistischen‹ Gesellschaften unabdingbar ist. Nun hat sich aber die Aufhebung der Gesetze und die Verschiebung der Verbote viel leichter vollzogen, als man geglaubt hatte ...; und das Problem einer Ethik der Form, die man seinem Verhalten und seinem Leben zu geben hat, hat sich von neuem gestellt. Man täuschte sich, wenn man glaubte, daß die ganze Moral in den Verboten liegt und deren Aufhebung für sich schon die Frage der Ethik löst (Foucault 1989, 24).

Diese Beobachtung hat Foucault dazu geführt, von allen Varianten der sogenannten »Repressionshypothese« Abschied zu nehmen. Dieser These zufolge, der sich auch noch die rezenten Kritiker der Therapeutisierung anschließen (s.o.), ist Sexualität immer neuen Formen von Unterdrückung, Tabuisierung und Ausgrenzung ausgesetzt. Heute, im Zeitalter von Fernsehmagazinen wie »Liebe Sünde« (Pro 7) oder »Wa(h)re Liebe« (RTL), die jede Nuance zum Thema Sexualität öffentlich artikulieren: Kann es da noch, und wenn ja, welche Form der ›Unterdrückung‹ geben? Der Kritiker wird immer fündig: Entweder bestätigt schon das Magazin selbst, das in immer neuen Folgen immer neue Zonen des bislang Verschwiegenen thematisiert, die Notwendigkeit zu immer neuen, wenngleich immer subtileren Enttabuisierungen. Oder aber er entlarvt diese Form der ›freien Rede‹ über Sexuelles als standardisiert, normativ, pornographisch – damit erneut der Emanzipation bedürftig. In jedem Falle sieht er auch und sogar hier noch eine Macht am Werke, die hinsichtlich des Sex vielleicht nicht länger ihre »dreifache Verfügung von Untersagung, Nicht-Existenz und Schweigen durchgesetzt hat« (Foucault 1977, 13), aber doch immer noch nicht die volle Wahrheit sagt. In dieser argumentativen Figur stehen (repressive) Macht und (aufklärendes) Wissen einander gegenüber und üben nachhaltigen Reiz auf die Sprecher aus:

Den Mächten widersprechen, die Wahrheit sagen und den Genuß versprechen; Aufklärung, Befreiung und vervielfachte Lüste aneinanderbinden; einen Diskurs halten, in dem die Wißbegierde, der Wille zur Änderung des Gesetzes und der erhoffte Garten der Lüste verschmelzen – ohne Zweifel liegen hier die Gründe für die Beharrlichkeit, mit der wir vom Sex in Begriffen der Unterdrückung sprechen ... (Foucault 1977, 16)

– und womöglich das ›Problem einer Ethik der Form, die man seinem Verhalten und seinem Leben zu geben hat‹ (Foucault) zugunsten der lustvollen Rede über unterdrückte Sexualität verkennen. Gewiß: Unterdrückung, Tabu und Gewalt kommen in sexuellen Praktiken vor oder werden ihnen gegenüber ausgeübt; aus einer Perspektive jedoch, die Sexualität als Gegenstand gesellschaftlicher Diskurse ins Visier nimmt, zeigt sich die spezifische Funktion, die Unterdrückung, Tabu und Gewalt in der allgemeinen Ökonomie der Diskurse über den Sex einnehmen. Sie sind ein privilegierter *Anreiz*, (befreiende) Diskurse über Sexualität zu stimulieren: Sie ›befreien‹ von Verboten, Zensuren, Unwissen. Allerdings, darauf deuten die bisherigen Beispiele bereits hin, scheint dieses Projekt unabschließbar zu sein. Es werden immer neue Weisen produziert, in denen befreiende Diskurse mit der Waffe der (wissenschaftlichen) Wahrheit gegen die Macht unterdrückter oder unaufgeklärter Sexualität zu Felde ziehen. Genau diese Mechanik ist Gegenstand der vorliegenden Genealogie: Sie fragt nach der Abstammung dieses so »grundlegende[n] Zusammenhang[s] zwischen Sexualität, Subjektivität und Wahrheitspflicht« (Foucault 1980, 38).

Die Form der Therapeutisierung ist eine der Weisen, in denen sich Wahrhaftigkeit, Sexualität und persönliche Selbsterkenntnis zu einem »Wahrheitsspiel« ›verknoten‹: Im Zentrum steht die Problematisierung des Begehrens. Der Begriff der »Problematisierung« umschreibt dabei »das Ensemble diskursiver oder nicht-diskursiver Praktiken, das etwas <hier: die sexuelle Aktivität> ins Spiel des Wahren und Falschen eintreten läßt und es als Gegenstand fürs Denken konstituiert (sei es in der Form der moralischen Reflexion, der wissenschaftlichen Erkenntnis, der politischen Analyse usw.)« (Foucault 1989, 18). Hier wird es insbesondere um therapeutisierende Praktiken gehen, die das Begehren in soziohistorisch spezifische, subjekterzeugende Wahrheitsspiele einbinden, um Spiele also, an denen, wie im vorigen Kapitel beschrieben, auch die Kritiker dieser Spiele sich beteiligen. Mit Foucault bezeichne ich solche Spiele als *Technologien des Selbst*.

Therapeutisierung der Sexualität als Selbst*technologie*? Das klingt nach rezeptbuchartiger Reparatur seelenloser Sexualautomaten. Redet dieser Begriff mithin den Kritikern der Therapeutisierung das Wort? Zumindest scheint er auf die schon sprichwörtliche Technizität moderner sexualtherapeutischer Methoden hinzuweisen, die durch William Masters und Virgina E. Johnson (z. B. 1966) bekannt geworden sind. Bücher und Aufsätze mit Titeln wie »Disorders of Sexual Desire and Other New Concepts and Techniques in Sex Therapy« (Kaplan 1979) oder »Self-Administered Masturbation Training in the Treatment of Primary Orgasmic Dysfunction« (McMullen und Rosen 1979) können eine solche Annahme nur bestätigen. In der Tat: Die Foucaultsche Neuschöpfung ›Selbsttechnologie‹ scheint die kritische Deskription fragwürdiger Interventionsformen auf den Begriff zu bringen, dabei anzeigend, daß Therapeutisierung intime Kommunikation *ersetzt* und Subjekte ihrer Individualisierungschancen *beraubt*. Wo bleibt da semantische Führung im schwierigen Geschäft moderner Selbststilisierung?

Semantik der Liebe
Zur Evolution ihres Basismechanismus

Diese Frage stellt auch Niklas Luhmann sich offenbar. Denn auf das gesellschaftliche Deutungsangebot, das die Therapeutik bereitstellt, reagiert auch er, wie die eben vorgestellten Kritiker, ernüchtert – allerdings bemüht er ein differenziertes wissenssoziologisches Theoriegebäude, das seine Kritik formuliert und plausibilisiert. Zunächst die Ernüchterung: Angesichts der in einigen historischen Variationen bekannten reichhaltigen Liebessemantik, die Intimbeziehungen mit immer neuen Codierungen versehen hat, durch die schließlich eine offenere Behandlung der Sexualität ermöglicht wurde – angesichts der Formenvielfalt und Führungskraft dieser Semantik nehme sich die gegenwärtige Therapeutik, so Luhmann, merkwürdig flach aus. Sie »setzt die labile Gesundheit, die heilungsbedürftige Verfassung des Einzelnen an die Stelle der Liebe und entwickelt für Liebe dann nur noch die Vorstellung einer wechselseitigen Dauertherapeutisierung auf der Basis einer unaufrichtigen Verständigung über Aufrichtigkeit«, (Luhmann 1983, 211). Der Grund: Die moderne Gesellschaft hat die Differenz zwischen wenigen persönlichen und vielen unpersönlichen Beziehungen radikalisiert, und dabei die persönlichen Beziehungen mit (wechselseitiger) Identitätsstiftung überfrachtet. »Was man als Liebe sucht, was man in Intimbeziehungen sucht...: *Validierung der Selbstdarstellung*« (Luhmann 1983, 70). Das Problem: Nicht nur klingt der heutige Aufrichtigkeitskult sonderbar schal[1]; er läßt vor allem jene Übersteigerung ins, sei es Ideale, sei es Paradoxe, vermissen, d. h. die Formen, in denen noch die gepflegte Liebessemantik des 17. und des 18. Jahrhunderts die spezifischen Ausdrucksmöglichkeiten intimer Kommunikation als Einheit formulierte (etwa: die Unvernunft der Passion gegen die

---

1 vgl. Luhmann 1987a, 65 und Lionel Trilling 1980 sowie für den doublebind Effekt aufrichtiger Paarkommunikation das Gedicht des Psychoanalytikers Donald Laing »Liebst Du mich?« (Laing 1978, 132-135).

Vernunft gesellschaftlicher Konventionen) und so konkrete Deutungsangebote tradierte. Die Differenzierung persönlich/unpersönlich ist zwar konstitutiv für heutige Intimbeziehungen, jedoch nicht informativ im Hinblick auf Verhaltensanweisungen für die Liebenden (vgl. auch Faubion 1995, 142). In diesem Vakuum geht nun die »Führung der Liebenden ... vom Roman über auf die Psychotherapeuten« (Luhmann 1983, 218), und es scheint eine Orientierung zu obsiegen, von der unklar ist, ob sie den Status eines organisierenden Codes erlangt: die *Problemorientierung*. Sicher ist nur, daß sie zunehmend auch die Sexualität erfaßt. Ihre Therapeutisierung, bevorzugt nach dem männlichen Modell[2], zeigt Luhmann die Preisgabe von Differenzierungsgewinnen, die sich im Evolutionsprozeß schon ergeben hatten, aber offenbar an Deutungskraft für die heutige Gesellschaftsstruktur eingebüßt haben (vgl. Reese-Schäfer 1992, 72).

Luhmann konzeptualisiert das Thema von der Warte der Entfaltung und Evolution eines gesellschaftlich verbindlichen Sinnhorizonts aus, *innerhalb dessen* sexuelle Diskurse ihren soziohistorisch spezifischen Platz finden: In seiner Studie »Liebe als Passion« (1983) sucht er Sexualität in gesellschaftlichen Kommunikationen über Liebe auf. ›Liebe‹: Damit ist die Entstehung eines symbolisch generalisierten Kommunikationsmediums gemeint, »dem die spezifische Aufgabe zugewiesen wird, kommunikative Behandlung von Individualität zu ermöglichen, zu pflegen, zu fördern« (Luhmann 1983, 15). Dieser Ansatz verspricht methodische Hilfestellungen, deren sich eine Genealogie therapeutisierter Sexualität versichern sollte. Drei Hinweise verdienen besonderes Interesse:

Eine erste wissenssoziologische Pointe dieses Ansatzes besteht in der Vorstellung, daß selbst und gerade dort, wo es um unverwechselbar individuelles Gefühlserleben zu gehen scheint, eine gesellschaftliche Selektion solcher Kommunikationen am Werke ist, die ermutigend, wenn nicht gar konstitutiv für diese Gefühle sind:

---

2 »Die Betonung der <sexuellen> Gleichheit hat, paradoxerweise, das Resultat, daß das Sexualgeschehen und die es abbildende Liebessemantik nach der Façon des Mannes interpretiert werden. Sein Sexualerleben und Verhalten hat den Vorzug der prägnanteren Gestalt, des spektakulären Geschehens, des deutlich sichtbaren Anfangs und Endes. Es eignet sich besser als Zugriffspunkt für orgasmuszentrierte Therapien« (Luhmann 1983, 204).

»Man lebt die Liebe nicht als ein Gefühl, sondern als eine Sprache, als Einstellungen, die signalisiert und kommuniziert werden« (Luhmann 1987b, 59). Für funktional hoch differenzierte Gesellschaften heben symbolisch generalisierte Kommunikationsmedien bestimmte (hier: Intim-)Kommunikationen hervor und tragen damit zugleich zur Ausbildung gesellschaftlicher Funktionsbereiche bei: Dazu bedienen sich die Kommunikationsmedien einer je eigenen, realitätsgebundenen Semantik, z. B. Liebe.

Allgemein handelt es sich bei symbolisch generalisierten Kommunikationsmedien um semantische Einrichtungen, die es ermöglichen, an sich unwahrscheinlichen Kommunikationen trotzdem Erfolg zu verschaffen. ›Erfolg verschaffen‹ heißt dabei: die Annahmebereitschaft für Kommunikation so zu erhöhen, daß die Kommunikation gewagt werden kann und nicht von vornherein als hoffnunglos unterlassen wird. Das Überwinden dieser Unwahrscheinlichkeitsschwelle ist vor allem deshalb wichtig, weil es anders nicht zur Bildung sozialer Systeme kommen kann; denn soziale Systeme kommen nur durch Kommunikation zustande (Luhmann 1983, 21).[3]

Die Sondersemantik eines jeden Medienbereichs, so auch die der intimen Kommunikation, ist als Kommunikationscode organisiert, mit dem sowohl ein Themen- und Problematisierungsvorrat vorsortiert ist, der Kommunizierbares (Wünschbares, Mögliches, Verständliches) präformiert, als auch ein Set von Regeln, nach denen darüber kommuniziert werden kann (als Geständnis, als Sehnsucht, als Problem). Auf diese Weise versorgt Semantik alle Gesellschaftsmitglieder mit einem »höherstufig generalisierten, relativ situationsunabhängig verfügbaren Sinn« (Luhmann 1980, 19) und macht die Anschlußfähigkeit von Handlungen sozial erwartbar. Dies gilt sowohl auf der gesamtgesellschaftlichen Ebene (hier spricht Luhmann von Grundsemantik), als auch für einzelne gesellschaftliche Teilsysteme: Hier ist es die bereits erwähnte Sondersemantik, die einen Medienbereich codiert und damit konstituiert. Diskurse therapeutisierter Sexualität finden sich damit durch einen sozial typisierten Code intimer Kommunikation vorstrukturiert.

Doch Semantik läßt sich nicht nur anhand ihrer *Spezifität* syste-

---

3 Walter Reese-Schäfer unterstützt Luhmanns methodischen Ansatz, das Explanandum für unwahrscheinlich zu erklären, in diesem Fall ausdrücklich und zitiert: «Die Ehen werden im Himmel geschlossen, im Auto gehen sie auseinander» (Luhmann nach Reese-Schäfer 1992, 60).

matisieren; Luhman unterscheidet außerdem drei *Stufen* der Verarbeitung von Sinn, ohne den menschliches Erleben und Handeln sich selbst nicht zugänglich ist. In einfachster Form wird »elementares Prozessieren von Sinn« unterstellt, der, will er sich im Rahmen des sozial Erwartbaren und Anschlußfähigen halten, typisiert, d. h. zeitlich, sachlich und/oder sozial generalisiert wird. Auf dieser zweiten Stufe der Verarbeitung finden wir das vor, was Luhman als Semantik bezeichnet. Sie ist zwar allgemein verfügbar, bleibt jedoch *bricolage*: ausschnitthaft, sich überlappend, womöglich teilweise inkompatibel.

Zusätzlich aber entwickelt sich schon sehr früh für ernste, bewahrenswerte Kommunikation eine besondere Variante der Vertextung. Sie übernimmt zugleich auch die Funktion, die Grenzen des sprachlichen Ausdrucks und die Risiken der Formulierung zu kontrollieren. Man könnte in diesem Bereich von «gepflegter» Semantik sprechen, die ihrerseits dann den take off einer besonderen Ideenevolution ermöglicht (Luhmann 1980, 19).

Gepflegte Semantik als »Verarbeitung der Formen der Verarbeitung von aktuellem Sinn« (Luhmann 1980, 20) steht dabei vor einem doppelten Problem: einerseits besondere, elaborierte, andererseits gesellschaftlich plausible Verarbeitung von Sinn zu sein. Gepflegte Semantik löst dieses Doppelproblem durch die Ausdifferenzierung bestimmter Situationen, Rollen und Teilsysteme: Damit erhöht sie zum einen die Wahrscheinlichkeit ihres Vorkommens; andererseits behält sie sich ihre »Rückbeziehbarkeiten in den Alltag des gesellschaftlichen Lebens« vor:

... sie müssen Übergänge und Anschlüsse bereithalten, dürfen die Hochformen der Semantik nicht zu stark hiatisieren, oder sie müssen, wenn das geschieht, entsprechende Sprünge und Negationsverhältnisse institutionalisieren. Über Bedingungen und Formen der Ausdifferenzierung in der Gesellschaft vermitteln sich daher auch Transfer-Bedingungen, Plausibilitätsansprüche, Tempo-Erfordernisse für Lernen und Verständigung usw. in die gepflegte Semantik hinein und ziehen ihrer Absonderung, ihrer Esoterik, ihrer Komplikation Grenzen (Luhmann 1980, 21).[4]

4 Dieser Gedanke läßt sich gut an der Verbreitung des strengen monastischen Diskurses, der sich dem Kampf um die Keuschheit widmet, veranschaulichen (vgl. Kap. 4): In seiner sophistizierten Form bleibt er an den elitären Zirkel, vor allem den des Klosters, gebunden. Will sich das Christentum mit dem Keuschheitsgebot auch bei den gläubigen Laien durchsetzen, muß die Esoterik dieser Praxis deutliche Abstriche

Dies ist der zweite wissenssoziologische Hinweis: Die Entwicklungsdynamik von Diskursen therapeutisierter Sexualität erklärt sich auch durch ihre zunehmende Verankerung in gesellschaftliche Instanzen intimer Kommunikationen, die für ihre Pflege, Verbreitung und Modifikation sorgen.

Die Pflege der Liebessemantik findet für lange Zeit im Roman statt. Ihre Analyse fördert ein komplexes und veränderliches Bild zutage: Die gepflegte Semantik evoluiert. In der Konzeption Luhmanns tut sie dies in Analogie zur Natürlichen Evolution durch Variation, Selektion und Stabilisierung. Jede Rezeption von Kommunikation ist eine interpretierende Produktion von Sinn: So werden, nur unzulänglich gezähmt durch den disziplinierenden Rahmen des Erwarteten (Typisierten, Gepflegten), ständig Variationen erzeugt, die auf Resonanz stoßen können oder auch nicht. In einem Prozeß von Selektionen stabilisieren sich schließlich gewisse Gegenstände und Regeln der Kommunikation: In einem solchen Fall ist eine Semantik entstanden, die zwar nicht gegenüber Modifikationen, wohl aber gegenüber Transformationen in einem höheren Maße resistent ist. Mit der Sinnhaftigkeit des Erlebens und Handelns bleibt jedoch stets ein Verweisungshorizont vorhanden, der dem Anschließen von Handlung an Handlung eine gewisse Flexibilität gewährt. Unter Ausnutzung dieses Spielraums möglicher Sinngebung kann es allmählich zu einer neuen Gewichtung von Momenten dieser Sinngebung kommen – Momente, die bislang am Horizont standen und nun in den Mittelpunkt der Aufmerksamkeit rücken. Auf diese Weise kann Semantik »tiefgreifende Veränderungen in den Sozialstrukturen vorbereiten, begleiten und hinreichend rasch plausibilisieren. Dank dieser Hilfe können strukturelle Transformationen relativ rasch, oft geradezu revolutionsartig

> hinnehmen. Als rigoroser Diskurs findet er weiterhin Anschluß: aber nur innerhalb der Klostermauern. Außerhalb wuchert fortan ein über Gehorsam und Verbot organisierter (und immer komplizierter werdender) Diskurs über die Versöhnbarkeit von Keuschheit und Zeugung von Nachkommenschaft in der Ehe (vgl. insbes. Kap. 6 und 8 dieser Arbeit). In vergleichbarer Weise diffundiert auch der psychoanalytische Diskurs des Sexuellen nicht in seiner ganzen Komplexität in den allgemeinen gesellschaftlichen Diskurs: Intime Kommunikation wird – soweit es dafür schriftliche Zeugnisse gibt – allenfalls durch einige Termini und Konzepte gesteuert (vgl. dazu etwa den Roman *Eine persönliche Erfahrung* von Kenzaburo Oe; Oe 1981).

ablaufen, ohne alle ihre Voraussetzungen auf einmal erzeugen zu müssen« (Luhmann 1983, 9).
Die Thematisierung der Sexualität transformiert sich auch unter dem Einfluß der evoluierenden Liebessemantik. Die Genealogie therapeutisierter Sexualität profitiert insofern – das ist der dritte Hinweis – von einer evolutionstheoretisch basierten Wissenssoziologie, als sie die Systematizität von einem Zwang zur Anschlußfähigkeit (Stabilisierung einer sozial erwartbaren Sorte von Kommunikation) und die Unvermeidlichkeit von Variation (interpretierende Rezeption) *zugleich* zu beobachten erlaubt.
Die großen Linien, denen die Evolution der Liebessemantik folgt, sind mit Hilfe dieser wissenssoziologisch genutzten Kombination einer Theorie symbolisch generalisierter Kommunikationsmedien mit einer Theorie über die Evolution gepflegter Semantik – und die schönen Details beiseite lassend – schnell erzählt:
Im 17. Jahrhundert wird die Semantik der Liebe über den Code amour/plaisir eröffnet: Das Ideal, vorzugsweise die Schönheit der/s Geliebten, differenziert die Intimkommunikation gegenüber der Gesellschaft. In der zweiten Hälfte des 17. Jahrhunderts setzt sich die »Liebe als Passion« durch: Passion wird sowohl passiv als ›erleiden‹ als auch aktiv-positiv als ›starkes Gefühl‹ interpretiert. Die Überlagerung beider Lesarten führte zu vielfältigen Paradoxien wie ›erobernde Selbstunterwerfung‹, ›süßes Martyrium‹ u.dgl. – ein hochentwickeltes Virtuosentum war die Folge. Das Objekt der Liebe fand sich nun in der Imagination. Die Ehe mußte in diesem Konzept allerdings ein Problem bleiben: Weder die Galanterie noch die Freundschaftsidee vermochten die Ehe zu behandeln. Um 1800 geht die Evolution zur romantischen Liebe über, die – wenngleich ironisierend – zunehmend Selbstreflexion einschließt: Zur Begründung der Liebe reicht mehr und mehr die Tatsache, daß man liebt, und dies wird Voraussetzung für die Ehe – ein Konzept, das zunächst nur für die Adelsgesellschaft gilt. Mit deren Erosion sowie der Ersetzung der Schichtendifferenzierung durch moderne Formen funktionaler Differenzierung wird die große Liebe wieder auf Freundschaft zurückgetrimmt, wenn es um dauerhafte Beziehungen gehen soll.
Rückblickend erscheint die Esoterik der passionierten Liebe als eine Semantik des Übergangs. In einer weniger unpersönlichen, stratifizierten Gesellschaftsstruktur lehrte die Literatur allmählich den Aufbau einer eigenen Welt auch gegen die gesellschaftlichen

Konventionen – zunächst außerhalb, dann zunehmend auch innerhalb der Ehe. Das Paradox der Passion wurde zwar in entgegengesetzte Motive aufgelöst: Schönheit/Tugend versus Sinnlichkeit, trägt aber mit beiden Motiven zur Herausdifferenzierung intimer Kommunikationen bei. Die große Umbruchphase um 1800 markiert mit ihrem Individualisierungsschub, den auch die Liebessemantik evoziert, den Aufbruch in die Moderne. Die sozialen Kontrollen und Rückversicherungen treten zurück, eine reichhaltige Gefühlssemantik muß seither zunehmend ohne Außenhalt »aus rein persönlichen Ressourcen heraus ermöglicht werden, und dies zugleich im Sicheinlassen auf den anderen« (Luhmann 1983, 198). Die Problematik der zwischenmenschlichen Interpenetration beginnt sich zu entfalten: Die wechselseitige Beeinflussung und Validierung der Selbstdarstellung muß immer ausschließlicher in der Nahbeziehung selbst ausgehalten werden. »Jede Information, die in diesem Sozialsystem <Intimbeziehung> aufgenommen und verarbeitet werden kann, testet die Kompatibilität der Umwelten (wobei jeder Teilnehmer selbst zur Umwelt des anderen gehört und dadurch mitgetestet wird)« (Luhmann 1983, 222). So reproduzieren sich das Sozialsystem und die Motive für es. Die Primärdifferenzierung persönlich/unpersönlich, zu der die Semantik der Liebe selbst beigetragen hat, erlaubt nun zwar die Konstruktion einer ganz persönlichen Welt, in der alle Motive für Liebe gelten – im Prinzip. Es kommen auch alle Motive vor – tendenziell jedoch als Problem.

Die Kodifizierung einer Intimbeziehung im Hinblick auf ›Problemorientierung‹ läßt sich heute, so Luhmann, allenfalls über ein Programm des Verstehens denken: Die Liebenden konzedieren einander ihre je eigene Welt und erleben sich als einander-vom-anderen-erlebt. Sie verzichten aber darauf, *alles Handeln* als Information für und in eine Totalität namens Liebesbeziehung einzubringen. Naheliegende Vorschläge wie solche, unerfüllbare Anforderungen moderner Liebe durch Monotonisierung (also Minderung des Zustroms an Information) zu therapieren, eben nicht am anderen die volle Bestätigung der eigenen Welt zu gewinnen, sind jedoch selten: Luhmann verweist hier auf Elton Mayo, »Should Marriage be Monotonous?« (Mayo 1925).

Therapeutische Vorschläge wie diese zeigen die Durchsetzung einer Einsicht, wie unwahrscheinlich intime Kommunikationen sind, selbst wenn eine elaborierte Semantik dafür bereitsteht (vgl.

auch Faubion 1995, 147). ›Selbst wenn‹ oder: ›gerade dann, wenn‹? Eine Antwort auf diese Frage erfordert nun den Blick auf Sexualität, der Luhmann die Theoriestelle eines »symbiotischen Mechanismus« zuweist.[5] Die Antwort auf diese Frage wird auch zeigen, weshalb ein Zurückgehen hinter den erreichten Stand der Problemorientierung durch das bewußte Ausnehmen von Themen undenkbar ist.

Die Karriere des symbiotischen Mechanismus Sexualität macht Luhman zufolge eines deutlich, nämlich, »wie sehr die Aufwertung der Sexualität gebunden ist an die Ausdifferenzierung einer Sondersemantik für Liebe und an das Zurücktreten der alteuropäischen Terminologie« (Luhmann 1983, 145). Diese Terminologie nämlich erfordert noch das Denken in den moralischen und anthropologischen Schemata von Egoismus/Altruismus sowie Sinnlichkeit/Vernunft. Erst wenn der Medienbereich volle Reflexivität erlangt hat, kann man in der Sexualität erfahren, »daß man über das eigene Begehren und dessen Erfüllung auch das Begehren des anderen begehrt und damit auch erfährt, daß der andere sich begehrt wünscht« (Luhmann 1983, 33). Die Romanlektüre zeigt Luhmann, daß etwa mit Beginn des 18. Jahrhunderts die kirchliche Regulierung erlaubter und unerlaubter Positionen beim Geschlechtsverkehr zugunsten der Liebe als erlaubendem Prinzip aufgegeben wird. Sexualität wird aus der vorherrschend religiösen und moralpolitischen Thematisierung herausgelöst; der Ausbau personaler und sozialer Reflexivität »ermöglicht eine offenere Behandlung des Phänomens« (Luhmann 1983, 141). Als Anzeichen für diese Beobachtung führt er etwa die Aufwertung des Begriffs der (physischen) Natur oder auch das zunehmende Mitmeinen von Sinnlichkeit beim Begriff Liebe an.

---

[5] »Kein Kommunikationssystem kann ganz davon abstrahieren, daß Menschen leiblich beteiligt sind, und die funktionale Spezialisierung einer Medien-Semantik erfordert eine Mitsymbolisierung dieses Körperbezugs« (Luhmann 1983, 29). Für den Medienbereich Liebe ist Sexualiät Ausdifferenzierungs- und Steigerungsbedingung: Der Bezug auf höchstpersönliche Kommunikation, die sich gegenüber Außenstehenden nicht rechtfertigen muß und in der Reflexivität des wechselseitigen Begehrens Erfüllung findet, markiert den operational geschlossenen Referenzraum dieses Kommunikationsmediums. Mehr noch, körperliche Kommunikation *steigert*, durch Unterlaufen oder Ergänzen der Sprache, diesen Referenzraum sogar.

Nicht nur für den literarischen Diskurs trifft diese Analyse zu, wenngleich er – als elaborierte Semantik – natürlich Überzeichnungen enthält. Allerdings wird in der Studie Luhmanns nur per Implikation deutlich, welche Konsequenz die zunehmend offenere Behandlung der Sexualität für die Intimkommunikation hat: Sexualität wird nicht lediglich ein weiteres Element im Spiel intimer Kommunikation, sondern zugleich auch ein problematisches. Denn die zwischenmenschliche Interpenetration entfaltet sich nun auch über Sexualität; man billigt ihr in steigendem Maße informativen Wert für die Intimkommunikation zu – aber welchen? Ähnlich wie heute, nach der neuerlichen Aufhebung sexueller Tabus, klärte auch diese »Befreiung der Sexualität« (Luhmann 1983, 142) im und durch den Rahmen des Kommunikationsmediums Liebe selbst noch nicht, wie man denn handeln solle (vgl. Foucault 1989, 24) oder in Luhmannscher Diktion: welche Information denn die Kompatibilität der Umwelten der Teilnehmer steigere (vgl. S. 75). Im Gegenteil: Was nämlich seit Beginn des 18. Jahrhunderts hinsichtlich des sexuellen Diskurses zu beobachten ist, läßt sich genauer als ›eine offenere Behandlung des Phänomens *als Problem*‹ bezeichnen. In den Wissenschaften, in der Familie, in der Schule, vor dem Gericht entzünden sich Diskurse, die das ›Problem Sexualität‹ (auch für das Sozialsystem Ehe) thematisieren.[6] Im Luhmannschen Ansatz indessen wird Sexualität nur als Appendix wahrgenommen: Sie ist ein selbst nicht weiter befragbarer leiblicher Vollzug des Kommunikationsmediums, dessen gesellschaftliche Konjunktur sich nach dem Kriterium offener Kommunizierbarkeit unmittelbar aus dem Schicksal intimer Kommunikation ergibt.

Noch im Rahmen der Luhmannschen Konzeption stellt sich also hier zunächst die Frage, ob in einer sich auf Problemorientierung hin differenzierenden Semantik intimer Kommunikation Sexualität nicht *zwangsläufig* selbst auch ein informatives (und daher: problematisiertes) Element des Sozialsystems wird. Umgekehrt, und im Rahmen der Luhmannschen Konzeption nicht beobachtbar,

---

6 Heute findet sich die problemorientierte Thematisierung der Sexualität sogar in der Literatur. Kenzaburo Oe beispielsweise schildert in seinem Roman *Eine persönliche Erfahrung* einen Fall sekundärer Impotenz, auf den die Geliebte des Protagonisten ganz selbstverständlich in therapeutisierender Manier reagiert und schließlich auch ›heilt‹ (vgl. Oe 1981).

läßt sich fragen, ob es nicht die zunehmend problematisierte Sexualität selbst ist, die die Problemorientierung der intimen Kommunikation insgesamt forciert. Vor allem aber fragt sich, ob die theoretische Plazierung der Sexualität als symbiotischer Basismechanismus der Intimkommunikation nicht den Blick auf die Entwicklung eines Diskurses verstellt, der sich auch im Innern anderer Semantiken (religiöser, wissenschaftlicher, politischer) entwickelt hat. Eine die Sexualität erfassende Problemorientierung ist aus einer Perspektive, die die Genealogie des ›Basismechanismus Sexualität‹ *direkt* fokussiert, weit weniger überraschend. Immerhin: Müssen wir nicht zur Kenntnis nehmen, daß sich die Orte (Therapien, Zeitschriften, Kliniken) und Partner (Dominas, Journalisten, Ärzte) für intime Kommunikation (und damit auch: die Gelegenheiten zur Pflege der entsprechenden Semantik!) vervielfältigt haben? Und daß die problematisierende Form dieser Kommunikationen durchaus nicht ohne strukturbildendes Vorbild, so etwa die Geständnisse im Beichtstuhl, ist? Mit anderen Worten: Für das Projekt »therapeutische Konstruktion sexueller Selbste« muß Luhmanns Perspektive um eine Analyse komplementiert werden, die die Genealogie der Problemorientierung *selbst*, hier: *die Genealogie der Sexualität als Problem* in den Blick nimmt. Ebendie Diskurse, die das Sexuelle etwa als Sünde oder als Funktionsstörung behandeln und so zu vielfältigen Selbstthematisierungen anregen, sind womöglich auch diejenigen, die *im Modus problemorientierter Rede über Sexualität* (liebende) Selbste stilisieren.

Luhmann setzt die Unwahrscheinlichkeit höchstpersönlicher Kommunikation voraus und sucht dann die Ausdifferenzierung eines gesellschaftlichen Teilsystems (die Paarbeziehung) und die Evolution einer Semantik (Liebe) auf, die diese Kommunikation dennoch möglich macht: Die Diskurse des Sexuellen lassen sich allerdings in dieser Weise nicht ›bändigen‹, denn sie kommen auch, wenn nicht vor allem, außerhalb des Kommunikationsmediums Liebe und außerhalb des ausdifferenzierten Teilsystems vor. Schaut man direkt auf das Gewimmel der Diskurse des Sexuellen, die sich spätestens im Laufe des 18. Jahrhunderts Bahn brechen, wird man schnell sehen, daß die Vokabulare und Institutionen sexueller Kommunikationen sich prismatisch vervielfältigen und überwiegend einem problematisierenden Modus der Bearbeitung folgen. Genauer: sie produzieren Sexualität als Problem, oder unproblematische Sexualität als ein unwahrscheinliches Ereignis.

Auf die Frage, wie sich die elaborierte, auf Problemorientierung abstellende Semantik moderner Intimkommunikation und ihre (erlebte) Unwahrscheinlichkeit zueinander verhalten, akzentuieren Luhmann und Foucault mithin entgegengesetzte Pole. Während Luhmann das Moment des ›trotzdem erfolgreich über Liebe Kommunizierens‹ betont, besteht Foucault auf der ›diskursiv produzierten Unwahrscheinlichkeit‹ intimer Kommunikation: *Gerade dann, wenn* und *in dem Maße, in dem* eine elaborierte, auf Problemorientierung abstellende Semantik intimer Kommunikation zur Verfügung steht, erhöht sich der Eindruck ihrer Problematik, und das heißt: der Unwahrscheinlichkeit solcher Kommunikationen – und damit die Notwendigkeit, wenn nicht der Zwang, neue (problemlösende) Diskurse zu produzieren.[7] Die von Luhmann *vorausgesetzte* Unwahrscheinlichkeit intimer Kommunikation ist aus Foucaultscher Perspektive ein *Produkt* ebendieser Semantik.

Dieser produktionsorientierten Perspektive schließt sich auch die Genealogie therapeutisierter Sexualität an. Der wissenssoziologische Appell, der von dem Konzept der Evolution von Semantik ausgeht, verhallt jedoch nicht ungehört: Die Produktion von Diskursen therapeutisierter Sexualität findet ihrerseits innnerhalb semantischer Komplexe (wissenschaftlicher, religiöser, intimer) statt, deren Codierung und Evolution diese Diskurse *mit*steuern. Aber auch das Umgekehrte trifft zu: Die Problematisierung seiner selbst als Subjekt einer Sexualität trägt ihrerseits zur Problemorientierung in der allgemeinen Intimkommunikation bei. Folgt man dem Diskurs therapeutisierter Sexualität in allen seinen derzeit existierenden, auch kritischen, Varianten, dann ist die Diagnose eindeutig: Problemorientierung *ist* gegenwärtig der organisierende Code sexueller Kommunikation. Die Therapeutisierung der Sexualität ist in Foucaultscher Optik eine der gegenwärtigen Institutionalisierungen von problemorientierter Intimkommunikation.

---

7 Das Rezept bewußt gewählter Monotonisierung zur Problemreduktion in der Beziehung (Mayo 1925, s.o.) kämpft gegen Windmühlen. Versuchen wir die Gegenprobe: *problematisiere nicht!* Diese Forderung klingt heute absurd – auch wenn wir sie uns manches Mal gern zu eigen machen würden. Die Problemorientierung nimmt sich aus der Warte Foucaults vielmehr als privilegierter Anreiz zu weiteren Diskursen aus.

Diskurs der Sexualität:
Transformationen einer Selbsttechnologie

An diesem Punkt empfiehlt es sich, den Foucaultschen Terminus der Selbsttechnologie erneut zu prüfen und zu sehen, ob neben der eher pejorativen Komponente der Technizität moderner Therapeutisierung oder des blassen Ersatzes für Anweisungen zur Intimkommunikation, die der Liebessemantik vergangener Zeiten an Raffinesse bei weitem unterlegen ist, auch eine positive Akzentuierung denkbar ist. Auf den zweiten Blick macht sich eine solche Akzentuierung in der Tat bemerkbar. Denn auch die Domina-Therapeutik zeigt – wie viele Formen der Therapeutik – charakteristische Momente dessen, was in den Sozialwissenschaften derzeit unter dem Begriff der »Selbstthematisierung« diskutiert wird: Dieser Begriff umschreibt die »Methoden der geregelten Konfrontation mit sich selbst« (Hahn 1987, 7). Die soziokulturell und historisch unterschiedlichen Verfahren der Selbstthematisierung können – das macht sie soziologisch interessant – über die »systematische Verknüpfung sozialer Institutionalisierung von Bekenntnisformen und Techniken der Selbststeuerung« (Hahn 1987, 7) Auskunft geben.

Therapeutische Settings sind solche Institutionalisierungen von Selbstthematisierung: Hahn bezeichnet sie als Biographiegeneratoren (Hahn 1987, 12).[8] Alle diese Formen der Selbstthematisierung lenken den Blick auf je andere Dimensionen des eigenen Lebens und bieten dafür in der Regel einen besonderen sozialen Raum, »existentiell ›extraterritoriale‹ Bezirke« (Hahn 1987, 16). Psychoanalyse und andere langzeitorientierte Therapieformen beispielsweise fordern situationsübergreifenden, jedoch zugleich selektiven Blick auf die eignene Vita; als weitere Beispiele nennt Hahn die religiös motivierte Beichte, die medizinische Anamnese oder das sozialwissenschaftlich veranlaßte biographische Interview. In diesen verschiedenen Bereichen mögen die Selektionskri-

---

8 – der Gast C der Domina Heidemarie etwa verknüpft mühelos seine Schmerzlust durch den simulierten Erstickungstod bei der Domina mit Einsichten über seine Bewältigungsstrategien im Alltag (»Die Tendenz, die Wut, den Haß gegen mich selbst zu richten ... Runterschlucken: Das hab' ich auch gerade als Anspielung gemeint mit den Schluckbeschwerden – jetzt gerade wieder! – Daß ich sehr viel runterschlucke, ja«).

terien wechseln, nach denen Biographie generiert wird, und auch die Thematisierungsebene (was ist wichtig: äußeres Handeln, Gefühle oder Phantasien, usw.?). In jedem Fall aber verlangt der selektive Blick in bezug auf Thema und Thematisierungsebene eine konsistente Darstellung. Störungen der Darstellungskonsistenz werden unterschiedlich konzipiert und behandelt: In der Beichte ist es die ›Sünde‹, die der Gläubige sich durch reuige Beichte sowohl zurechenbar macht als auch von ihr Entlastung findet; in der Psychotherapie ist es das ›psychologische Problem‹ eines Klienten (z. B. eine Neurose), das im Verlauf der Therapie methodisch bearbeitet und bewältigt werden soll. (Die Domina-Praktik, wenn sie denn eine Therapieform werden soll, müßte ihr Problemfeld erst noch genauer benennen – ebenso wie ihre therapeutischen Methoden.)[9]

In diesem Aspekt gesellschaftlich institutionalisierter *Verfahren* trifft sich die Vorstellung Hahns mit derjenigen Foucaults, daß die Problematisierungen der Sexualität an soziokulturell und historisch variierende *Techniken* gebunden sind, in denen sich Individuen subjektivieren. Diese Begrifflichkeit, die zunächst befremdete, gerät nun als Metapher für die tatsächlichen Techniken der Selbstthematisierung in den Blick, d.h. für die Diskurse und Praktiken, in denen die Problematisierungen des Selbst sich vollziehen. Psychoanalyse oder Orgasmustherapie, Beichte oder spirituelle Exerzitien werden aus dieser Perspektive als geordnete Ensembles diskursiver Praktiken sichtbar, durch die wir Sexualitäten und Selbste herstellen und sie auf das intimste aufeinander verweisen lassen.

Während der Terminus der Selbsttechnologie durch seine Einordnung in das soziologisch geläufigere Konzept der Selbstthematisierung an Plausibilität gewonnen hat, kann man nun allerdings doch fragen, wieso ausgerechnet Foucault ihn geprägt hat.

---

9 Darüber hinaus stellt Horst Stenger beispielsweise für die enorme Durchsetzungsfähigkeit der New Age-Bewegung die Überlegung an, daß dies nicht etwa aufgrund wiederentdeckter religiöser Bedürfnisse geschieht, »sondern weil über esoterische Inhalte das Programm der Selbstentdeckung vorangetrieben werden kann« (Stenger 1989, 129). Selbstthematisierung, die bereits als kulturell etabliert gelten kann, wird lediglich um weitere reflexive Kategorien bereichert und in einen neuen systematischen Zusammenhang gebracht.

»Any reading of Foucault's historiography must respect the revisions which Foucault made in his philosophy of history« (Cook 1993, 79). Eine der für viele erstaunlichsten Wendungen in Foucaults Denken war sein »Turn Toward Subjectivity«, den auch Cook zum Ausgangspunkt ihrer Essaysammlung nimmt. Bereits in früheren Arbeiten, so etwa in der »Archäologie des Wissens«, hat Foucault Studien projektiert, die das Subjekt nicht nur als Konstrukt zwingender Macht-/Wissenskomplexe zeigen, sondern auch die soziohistorisch spezifischen Formen thematisieren sollten, in denen das Subjekt sich selbst herstellt (vgl. Foucault 1973, 276).

Doch noch der programmatische Band I der auf sechs Bände konzipierten »Histoire de la Sexualité« befaßt sich ausschließlich mit diskursiven und nicht-diskursiven Praktiken, die Subjekte auf disziplinierende Weise erzeugen. Erst einige Jahre später bringt Foucault in der Einleitung zum zweiten Band die Dimension der Subjektivierung in eine Form, der sich die vorliegende Studie anschließt. Dort spricht er von seinem Projekt als einer »von den Selbstpraktiken ausgehenden Geschichte der ethischen Problematisierungen« (Foucault 1986a, 21). In der Figur des Selbst erkennt Foucault nun eine aus minutiösen Praktiken hervorgebrachte Resultante, die er entlang *dreier* Achsen de- und rekonstruiert: der Achse des Wissens, der Achse der Macht, der Achse der Ethik. »Wie haben wir uns als Subjekte unseres eigenen Wissens konstituiert? Wie haben wir uns als Subjekte konstituiert, die Machtbeziehungen ausüben oder sich ihnen unterwerfen? Wie haben wir uns als moralische Subjekte unserer Handlungen konstituiert?« (Foucault 1990, 52). Mit diesen Fragen analysiert Foucault die historisch und kulturell spezifischen Weisen, in denen Objekte, Handlungsregeln und die Beziehungen zum Selbst problematisiert werden. Sie beziehen sich mithin auf ein Subjekt, allerdings auf eines, das als Resultat aus verschiedenen Positionen erwächst:
– es resultiert aus seinen Positionen in den soziohistorisch spezifischen Diskurspraktiken, in denen sich das «Wissen über» (hier:) Sexualität artikuliert;
– es resultiert aus seinen Positionen in den soziohistorisch spezifischen Machtbeziehungen und ihren Technologien;
– es resultiert aus seinen Positionen in den soziohistorisch spezifischen ethischen Problematisierungen, mit Hilfe deren es auf sich selbst achten lernt.

Alle diese Positionen zeigen das Subjekt in einer Reihe von Verhältnissen: in einem Verhältnis zu den es mitkonstituierenden Diskursen, in einem Verhältnis zu machtkontrollierten und -produzierenden Mikropraktiken und schließlich gar in einem Verhältnis zu sich selbst. In einer zunächst rätselhaft anmutenden Formulierung spricht Foucault hier davon, daß die Praktiken, die das Individuum veranlassen, sich als Begehrenssubjekt zu entziffern, es damit auch veranlassen, »zwischen *sich und sich selber* ein gewisses Verhältnis einzuleiten« (Foucault 1986a, 12, Hervorhebung von mir, S.M.). Diese Bemerkung gibt einen Hinweis darauf, daß das Subjekt sich in all diesen Verhältnissen durchaus nicht auflöst; es konstituiert sich in ihnen und durch sie. Das gegenwärtige Resultat all dieser Relationen ist das moderne Individuum, das die Erfahrung seiner selbst als Subjekt einer Sexualität machen kann. Foucaults Projekt in einer seiner letzten Formulierungen ist »also das einer Geschichte der Sexualität als Erfahrung – wenn man unter Erfahrung die Korrelation versteht, die in einer Kultur zwischen Wissensbereichen, Normativitätstypen und Subjektivitätsformen besteht« (Foucault 1986a, 10).

Alle drei Analyserichtungen sind stets aufeinander bezogen und suchen auf diese Weise, den verschiedenen Verabsolutierungen zu entgehen, die Foucaults frühere Arbeiten nahelegten: sowohl die Verabsolutierung des Diskurses als autopoietischer Erzeugungsebene, die Diskursobjekt und Diskurssubjekt, (elaborierte) Semantik und Kontext aus sich selbst heraus hervorbringen soll, als auch die Verabsolutierung der Macht zum alleinigen Seinsgrund der Wahrheit. Durch die in Foucaults letzten Arbeiten etablierte Perspektive der ethischen Problematisierungen rücken nun »die *Problematisierungen*, in denen sich das Sein als eines gibt, das gedacht werden kann und muß, sowie die *Praktiken*, von denen aus sie sich bilden,« (Foucault 1986a, 19) in den Mittelpunkt seiner Aufmerksamkeit. Dadurch werden die Archäologie des Wissens und die Genealogie der Macht nicht nur um eine weitere Perspektive ergänzt, sie lassen sie zugleich in einem neuen Licht erscheinen (vgl. auch Kögler 1990, 216f.):

– die *Archäologie des Wissens* sucht nach den Strukturen eines kognitiv-symbolischen Habitus, die innerhalb einer Epoche bestimmte Erfahrungen und Erkenntnisse ermöglichen, ohne Praktiken und Prozesse sozialer Macht auszuschließen, die von ihnen ausgehen;

- die *Genealogie der Macht* sucht nach den Praktiken, die den Bedarf und die Relevanz eines bestimten Wissens vom Menschen erzeugen, ohne zugleich die epistemologische Möglichkeit dieses Wissens allein begründen zu wollen;
- die *kritische Hermeneutik des Selbst* schließlich wird die Produktion von Subjektivität nicht schlechthin dem Diskurs oder der Macht zuschreiben, sondern sucht nach Praktiken, von denen ausgehend und über die auch hinausgehend sich die Selbstverhältnisse in der Moderne artikulieren.

»Die Dimensionen der Wahrheit, der Macht und der Subjektivität treten nun als irreduzible Seinsebenen in ein komplexes Verhältnis zueinander, ohne ineinander auflösbar zu sein« (Kögler 1990, 215). Damit werden epistemologische Konstitutionsanalyse, Genealogie von Machttechnologien und Subjektivierungstypen zu entzerrten ontologischen Dimensionen, mit denen sich eine Kultur beschreiben läßt. Foucault situiert sie als drei mögliche Gebiete von Genealogie:

Erstens, eine historische Ontologie unserer selbst in bezug auf die Wahrheit, über die wir uns als Erkenntnissubjekte konstituieren. Zweitens, eine historische Ontologie unserer selbst in bezug auf das Machtfeld, über das wir uns als Subjekte bestimmen, die auf andere einwirken. Drittens eine historische Ontologie in bezug auf die Ethik, über die wir uns als moralisch Handelnde konstituieren (Foucault 1984a, 82).

Innerhalb des Foucaultschen Projekts bildet die folgende Genealogie therapeutisierter Sexualität einen Teilaspekt ab: Therapeutisierung wird hier als ein Ensemble diskontinuierlicher Praktiken verstanden, von denen ausgehend sich die Problematisierungen des Sexuellen bilden. Sie will zeigen, wie regelgeleitetes Wissen Erfahrung und Erkenntnis organisiert, sich durch und in Machtverhältnissen etabliert und damit den sozialen Raum strukturiert, indem es kulturell spezifische Lebensformen und Individualitätstypen hervorbringt und transformiert (vgl. Kögler 1990, 217). In der Fluchtlinie der Foucaultschen Fragestellung: *was sind wir heute?* will auch diese Genealogie sowohl mit den Formen des Wissens und ihren Machtwirkungen als auch mit den Weisen der ethischen Subjektivierung antworten, die sie erlauben: Hier sind es therapeutische Praktiken, die die um das Begehren zentrierten Diskurse, Machtspiele und ethischen Problematisierungen zu »Technologien des Selbst« synthetisieren. Es wird darum gehen, die Genealogie dieser komplexen Technologie zu demonstrieren, mit Hilfe deren die Mitglieder abendländischer Gesellschaften gelernt haben, ihr Begehren zum Gegenstand beständiger Aufmerksamkeit zu machen, sich selbst in ihm zu erkennen und dabei gegebenenfalls der Hilfe von Experten zu versichern.

Eine Genealogie der um Sexualität organisierten Selbsttechnologie dechiffriert sexuelle Ordnungen als soziohistorisch spezifische Ensembles von Praktiken und Diskursen, die der Selbstthematisierung dienen (Selbstbeobachtung, Geständnis, Therapie). Diese sozial verbindlich werdenden Techniken objektivieren Individuen und unterwerfen sie dem, was die Individuen als ihre ›Sexualität‹ erkennen und was sie lehrt, sich als ›sexuelles Subjekt‹ zu verstehen. Die verschiedenen Weisen der Subjektivierung (Unter-werfung) stellen jedoch nichts weniger als die ›Lehren der Geschichte‹ über unsere ›eigentliche Natur‹ dar. Vielmehr erweisen sie sich als historische Ereignisse, die sich mit Foucault als Transformationen der diskursiven Problematisierung unser selbst entziffern lassen. Die Genealogie dieses Diskurses wird zum einen erweisen, daß Sexualität und Subjektivität stets in einer engen diskursiven Verbindung stehen; zum anderen wird sie zeigen, daß die Art dieser Verbindung erheblichen Transformationen unterworfen ist, die immer neue Beziehungen zum Wissen, zur Macht und zum Selbst organisieren: Diese lokalen, aber systematischen Problematisierungen erweisen sich als »vergangene Vernünftigkeiten« (de Certeau). Ihre Fremdheiten verweisen gegenwärtige Problematisierungen in die eben gleiche Kategorie einer transitorischen Vernünftigkeit. Therapeutik, Sexualität und Subjekt werden aus dieser Perspektive gewissermaßen bedeutungs-los: Fernab jeder eigentlicheren Bestimmung (ganzheitlichere Therapie, genügendere Sexualität, authentischeres Selbst) geht es um ihre Analyse als ordnungsstiftende Elemente. Stets aufeinander verwiesen, treiben die mit ihnen verbundenen Praktiken Therapeutisierung, Sexualität und Subjekt als füreinander konstitutive Ingredienzien ebendieser Ordnung hervor.

Die folgende Analyse orientiert sich überwiegend an präskriptiven Texten (z. B. monastischen Regeln, Sündenkatalogen, therapeutischen Ratgebern[10]), die dem Einzelnen Verhaltensregeln

---

10 Um adhoc-Analysen in fachfremden Terrains dieser interdisziplinären

vorschlagen und insofern eine Praktik darstellen, als sie bei der Selbstthematisierung und Selbstbildung des Einzelnen behilflich sind. Für die frühchristliche Perfektionierung der Keuschheit, die mittelalterliche Kasuistik der Sünde und die moderne Thematisierung der Sexualität fixiert die folgende Studie die Technologien, in denen sich ein Selbst über seine Problematisierung als Subjekt einer Sexualität artikuliert. Die frühchristliche Übung der Askese, die mittelalterlichen Praktiken der Beichte und der Seelenführung, die (post-)modernen Verfahren der Therapeutik werden als soziohistorisch spezifische Problematisierungen des Sexuellen analysiert, das hier: zu beherrschen, dort: zu reinigen oder heute: zu perfektionieren ist.

Die Analyse dieser Techniken erfordern

(a) eine *Archäologie der Problematisierungen*, d.h. die Analyse der immanenten Regeln des Diskurses über Sexualität sowie der gesellschaftlichen Prozeduren, die seine Ausübung regeln;
(b) eine *Genealogie der Selbstpraktiken*, d.h. eine Analyse, die sich auf die Mikropraktiken und die durch sie gebildeten Dispositive bezieht.
(c) Im Schnittpunkt beider Analysen erscheint sodann die Frage nach den kulturell spezifischen *Subjektivierungsformen*: «[W]ie, warum und in welcher Form ist die sexuelle Aktivität als moralischer Bereich konstituiert worden?» (Foucault 1986a, 17).

Bislang standen diese drei Achsen der Analyse aus konzeptioneller Sicht zur Debatte; nun sollen sie als einzelne analytische Strategien diskutiert werden, die sich die folgenden Analysen (Teil II – IV) in der Regel kombiniert zunutze machen.[11]

Thematik zu vermeiden, ziehe ich neben einzelnen Primärtexten in erheblichem Umfang die jeweils einschlägige Sekundärliteratur heran.
11 Die zum Teil provokanten Konzeptionen Foucaults haben immer wieder aufflammende Kontroversen ausgelöst: Insbesondere sein Verständnis des Phänomens ›Macht‹, dessen Erscheinungsformen und die Möglichkeiten, es zu analysieren, stehen im Zentrum heftiger Debatten. Da es sich hier aber nicht um eine Foucault-Exegese handelt, macht sich diese Arbeit Foucaults Konzepte ohne ausführliche Referenz auf epistemologische und methodische Einwände kreativ zunutze

(a) Die *archäologische Dimension* des Projekts beschreibt die therapeutische Konstruktion sexueller Subjekte auf der Ebene diskursiver Praktiken als einen Bereich positiven Wissens über Sexualität. Hier kommt es weniger darauf an,

> ob man nun Ja oder Nein zum Sex sagt, ob man Verbote oder Erlaubnisse ausspricht, ob man seine Bedeutung bejaht oder aber seine Wirkungen verleugnet, ob man die Worte, mit denen man ihn bezeichnet, zügelt oder nicht; vielmehr interessiert uns, *daß* man davon spricht, wer davon spricht, interessieren uns die Orte und Gesichtspunkte, von denen aus man spricht, die Institutionen, die zum Sprechen anreizen und das Gesagte speichern und verbreiten, kurz die globale ›diskursive Tatsache‹, die ›Diskursivierung‹ des Sexes (Foucault 1977, 21).

Die Archäologie bezieht sich auf einzelne soziohistorisch spezifische Formen der Problematisierung. Ihr methodischer Kniff beruht auf der »Verknappung«: Der Blick richtet sich auf die reine Oberfläche der Aussagen und die Bedingung ihrer Existenz. Der Diskurs im archäologischen Sinne ist *nicht* die unermeßliche Menge dessen, was zu einer gegebenen Zeit über Sexualität gesagt wird, sondern die Regelmäßigkeit der Aussagen in einem gegebenen Feld von Präsenzen. Die Archäologie beschreibt die gesagten Dinge »genau insoweit sie gesagt worden sind« (Foucault 1973, 159) und identifiziert korrelativ den Diskurs, zu dem sie sich gruppieren (vgl. Foucault 1973, 169).[12] Als Aussagen bezeichnet

> (s.o.) und geht nur dort auf Kritiken und Erläuterungen durch die Sekundärliteratur ein, wo es den Gang der Analyse unmittelbar berührt: Dies wird in den analytischen Studien selbst (Teile II-IV) geschehen. Zu dieser eher parasitären Nutzung seiner Vorschläge hat Foucault im übrigen selbst ermuntert: Iana Sawicki berichtet im Vorspann ihrer Arbeit *Disciplining Foucault, Feminism, Power, and the Body*, daß sie kurz nach Abgabe ihrer Dissertation Gelegenheit hatte, an einem Seminar mit Foucault teilzunehmen. Im Anschluß daran erzählte sie ihm nicht ohne Stolz, daß sie sich gerade mit seiner Kritik am Humanismus befaßt habe. Zugleich peinlich berührt und sehr ernsthaft riet er ihr, »not to spend energy talking about him and, instead, do what he was doing, namely, write genealogies« (Sawicki 1991, 15).
>
> 12 In einer Paraphrase von Karpenstein-Eßbach: »... das Gesagte kommt in seiner Positivität, in seiner Selbstverständlichkeit in den Blick, die nichts mehr, aber auch nichts weniger ist als eine historisch verwirklichte Möglichkeit, mit der eine Zeit sich ihre Ordnung gibt. Diskursanalysen falten sie auseinander« (Karpenstein-Eßbach 1995, 131; in

Foucault diejenigen Instanzen, die *im Verhältnis zu* dem Subjekt, das sie äußert, dem Kontext, in dem sie auftauchen, und dem Objekt, auf das sie referieren, Subjekt, Objekt und Kontext allererst differenzieren. Diese Regelmäßigkeit, mit der Wörter und Dinge (Foucault), das »Sagbare« und das »Sichtbare« (Deleuze) aufeinander bezogen werden, formieren den Diskurs (vgl. Foucault 1973, 154 ff.). Für die frühchristliche Problematisierung der Keuschheit, die mittelalterliche Beichtpraxis und moderne Formen der Therapeutisierung fixiert die folgende Studie die Vokabulare, in denen sich ein Selbst über seine Problematisierung als Subjekt einer Sexualität artikuliert, die zu beherrschen, zu reinigen oder zu perfektionieren ist.

Diese Vokabulare gehorchen indessen keiner nur-formalen Grammatik: In seiner Inauguralvorlesung am Collège de France beschäftigt sich Foucault unter dem Titel »L'ordre du discours« mit den *gesellschaftlichen Prozeduren*, durch die »die Produktion des Diskurses zugleich kontrolliert, selektiert, organisiert und kanalisiert« wird (Foucault 1974a, 7). Indem Foucault sich mit seiner Analyse zunächst auf die den Diskurs eingrenzenden (definierenden) Prozeduren einer Gesellschaft bezieht, arbeitet er diskursanalytisch dem gesellschaftlichen Konstruktionsprozeß entgegen: Ebendie Prinzipien, die als »unbegrenzte Quellen für die Schöpfung von Diskursen« angesehen werden (Foucault 1974a, 25), analysiert er hier in ihren restriktiven und zwingenden Funktionen. Man muß »den Diskurs als eine Gewalt begreifen, die wir den Dingen antun; jedenfalls als eine Praxis, die wir ihnen aufzwingen. In dieser Praxis finden die Ereignisse des Diskurses das Prinzip ihrer Regelhaftigkeit« (Foucault 1974a, 37). Auch auf diesem Niveau wird die Verknappung des Diskurses beobachtet: Die Analyse einer Regelmäßigkeit von Aussagen wird nun um die gesellschaftliche Reglementierung der diskursiven Praxis ergänzt.

Im einzelnen werden diskursanalytisch externe Ausschließungsprozeduren, interne Kontrollmechanismen sowie die Verknappung der sprechenden Subjekte unterschieden. Zu den externen Ausschließungsprozeduren rechnen solche, die Gegenstände tabuisieren, Umstände ritualisieren oder bestimmte Individuen zur Teilnahme am Diskurs berechtigen, andere ausschließen (vgl.

---

diesem Beitrag gibt die Autorin auch einen kursorischen Überblick über andere Formen der Diskursanalyse, vgl. 128 f.).

Foucault 1974a, 7). Zu den internen Kontrollmechanismen gehören der Kommentar, der Autor und die Disziplinen. Diese Mechanismen konzeptualisiert er als Funktionen, die den Diskurs stabilisieren sollen (vgl. Foucault 1974a, 15 ff.). So bannt etwa der Kommentar »den Zufall des Diskurses, indem er ihm gewisse Zugeständnisse macht: er erlaubt zwar, etwas anderes als den Text selbst zu sagen, aber nur unter der Voraussetzung, daß der Text selbst gesagt und in gewisser Weise vollendet werde« (Foucault 1974a, 18). Ebenso bedeutsam ist die Disziplin. Sie »definiert sich durch einen Bereich von Gegenständen, ein Bündel von Methoden, einen Korpus von als wahr angesehenen Sätzen, ein Spiel von Regeln und Definitionen, von Techniken und Instrumenten« (Foucault 1974a, 21). Damit steht ein anonymes System zur Konstruktion neuer Aussagen zur Verfügung, das die Diskursvielfalt durch ein Gebot der beständigen Reaktualisierung disziplinär bestimmter Regeln homogenisiert. Dieses Gebot ist nichts anderes als der Bereich, innerhalb dessen man sich »im Wahren« befindet (Canguilhem), d. h. innerhalb dessen über die Zulässigkeit oder Unzulässigkeit von Aussagen entschieden werden kann.

Zu den Prozeduren schließlich, die die Gruppe der sprechenden Subjekte reglementieren, gehören das Ritual, die Diskursgesellschaften sowie die Doktrin. So definiert das Ritual etwa

die Qualifikation, welche die sprechenden Subjekte besitzen müssen (wobei diese Individuen im Dialog, in der Frage, im Vortrag bestimmte Positionen einnehmen und bestimmte Aussagen formulieren müssen; es definiert die Gesten, die Verhaltensweisen, die Umstände und alle Zeichen, welche den Diskurs begleiten müssen; es fixiert schließlich die vorausgesetzte oder erzwungene Wirksamkeit der Worte, ihre Wirkung auf ihre Adressaten und die Grenzen ihrer zwingenden Kräfte (Foucault 1974a, 27).

Die archäologische Dimension der Analyse der Problematisierungen bezieht sich auf die Formen der Problematisierung der Sexualität: Für die monastischen Asketepraktiken, für die mittelalterliche Beichtstuhlpraxis und die moderne Therapeutik fixiert sie die Vokabulare und die gesellschaftlichen Prozeduren, in denen Individuen dazu angehalten wurden, ›ihre‹ ›Sexualität‹ und damit ›sich selbst‹ zu erkennen.

Die Diskursanalyse stellt dabei auf ein Wissen ab, das weder in der unmittelbaren Erfahrung wurzelt, noch mit ihr einen radikalen

Bruch vollzieht.[13] Vielmehr zielt sie auf ein Niveau, auf dem Wissen als gesellschaftlich hergestelltes, auf Erfahrungsbereiche verteiltes und in eine Hierarchie von Wissensarten kategorisiertes sichtbar wird. (Schon in der Einleitung etwa haben wir umstandslos das Wissen der bizarren Erotik identifiziert, das sich in einigen Belangen das therapeutische Wissen zunutze macht, sich indessen für die Artikulation bestimmter Erfahrungen sprachlos zeigt, für die noch im Mittelalter ein vollständiges Vokabular mystisch-religiösen Wissens bereitstand.) Ebendies gehört zu dem, was Foucault als ›Politik der Wahrheit‹ bezeichnet, ein Topos, der auch für den Gegenstand dieser Studie von Bedeutung ist:
Alle die bisher genannten Prozeduren sorgen für eine ›definierte Praxis‹; alle sind zwar »relativ und beweglich« und erlauben »zu konstruieren, aber nach ganz bestimmten Spielregeln« (Foucault 1974a, 21). Damit ist Wahrheit – streng diskursanalytisch – das, was den Regeln dieser »diskursiven ›Polizei‹ gehorcht« (Foucault 1974a, 25). Sich auf Wahrheit zu berufen, wird selbst zu *dem* Prinzip der Diskursregulierung: In dem *Willen zur Wahrheit* lokalisiert Foucault daher eine Politik, die jede Gesellschaft betreibe, »d. h. sie akzeptiert bestimmte Diskurse, die sie als wahre Diskurse funktionieren läßt« (Foucault 1978, 51). Es handelt sich um die Etablierung eines Kriteriums, das ›wahre‹ Diskurse zugleich ins Spiel bringt, privilegiert und institutionell reguliert: »... es gibt Mechanismen und Instanzen, die eine Unterscheidung von wahren und falschen Aussagen ermöglichen und den Modus festlegen, in dem die einen oder die anderen sanktioniert werden; es gibt bevorzugte Techniken und Verfahren zur Wahrheitsfindung; es gibt einen Status für jene, die darüber zu befinden haben, was wahr ist und was nicht« (Foucault 1978, 51). Dieser Diskurs unterliegt selbst einer Historizität: Es ist »eine Geschichte der Erkenntnisgegenstände, eine Geschichte der Funktionen und der Positionen des erkennenden Subjekts, eine Geschichte der materiellen, technischen, instrumentellen Investitionen der Erkenntnis« (Foucault 1974b, 13). Darüber hinaus stützt sich der ›wahre

13 Was speziell das Verhältnis von Wissenschaft und Erfahrung betrifft: Zwischen den beiden epistemologischen Extrempositionen, die Lakatos als externalistische oder internalistische Linie beschrieben hat (Lakatos 1971, 91 ff.), radikalisiert Foucault die Figur des Wissens: »Das Wissen bestimmt den Raum, in dem sich Wissenschaft und Erfahrung trennen und zueinander situieren« (Foucault 1968, 65).

Diskurs‹ auf institutionell verankerte Praktiken, die seinen gesellschaftlichen Einsatz sichern: Bücher, Verlage, Pädagogik, Beichtstuhl und therapeutische Praktik sind Beispiele für gesellschaftliche Stützpunkte und Verteiler wahrer Diskurse.

Eine Analyse gleich welcher in einer heutigen Gesellschaft zirkulierenden Diskurse kann zeigen, daß nur solche mit dem Gütesiegel der wissenschaftlich erzeugten Wahrheit allgemeine Anerkennung beanspruchen können: In unserer Gesellschaft »ist die Wahrheit ... um die Form des wissenschaftlichen Diskurses und die Institutionen, die ihn produzieren, zentriert« (Foucault 1978, 52). Dieser Diskurstyp hat die Tendenz, »auf die anderen Diskurse Druck und Zwang auszuüben« (Foucault 1974a, 13), hauptsächlich, indem er andere Wissensarten disqualifiziert, sie ›im Namen eines wahren Wissens‹ filtert, hierarchisiert und kategorisiert (vgl. Foucault 1978, 62) und so eine »Schwelle der Wissenschaftlichkeit« errichtet (Foucault 1973, 253). Unterhalb dieser Schwelle verfolgen die sog. ›minderen Wissensarten‹ (Deleuze) und ihre Institutionen verschiedene Strategien: Entweder berufen sie sich geradezu auf ihren anti-wissenschaftlichen, z. B. ›ganzheitlicheren‹ Zugang oder aber sie richten sich auf die Notwendigkeit zur Verwissenschaftlichung ein (die Domina-Therapeutik scheint verschiedene Strategien zugleich zu verfolgen[14]). Im vorliegenden Zusammenhang sind die Debatten um die Wissenschaftlichkeit der Psychologie im 19. Jahrhundert oder aber der Psychoanalyse am Anfang dieses Jahrhunderts besonders instruktiv.[15]

Die Archäologie des Diskurses therapeutisierter Sexualität wird besonders diese Verpflichtung der Subjekte, einen wahren Diskurs über sich zu halten, nachgehen und nach dem gesellschaftlich bereitgestellten Vokabular fragen, in dem sich diese (welche?) Wahrheit artikuliert.

(b) »Der so verstandene Diskurs ist keine ideale und zeitlose Form, der obendrein eine Geschichte hätte« (Foucault 1973, 170). Im Gegenteil ist er Produkt gesellschaftlicher Hervorbringung

---

14 Während die Einleitung vor allem den Aspekt der Verwissenschaftlichung einer bizarren Praxis betont hat, wird der Schluß auf die Domina-Therapeutik mit der Frage zurückkommen, ob wir uns hier einem Beispiel für die Certeausche *Kunst des Handelns* gegenübersehen.

15 Darauf werde ich in Kapitel 14 kurz zurückkommen.

und Gegenstand diskontinuierlicher Transformationen. Die *genealogische Dimension* des Projekts beschreibt die therapeutische Konstruktion sexueller Subjekte auf der Ebene der tatsächlichen »Formierung des Diskurses« und das heißt seine »Kraft, Gegenstandsbereiche zu konstituieren« (Foucault 1974a, 48). Diskursanalyse in genealogischer Perspektive lenkt ihren Blick auf die zugehörigen Mikropraktiken, die die Selektion bestimmter Diskurse vornehmen. Modus operandi: Kampf und Herrschaft. Locus operandi: ein vielfältiges und bewegliches Feld von Kräfteverhältnissen.

Die Metaphorik von Kampf und Kräfteverhältnissen ist hier Programm, denn die Genealogie beruht auf der Vorstellung, daß sich die Variation, Selektion und Stabilisierung von Diskursen von Machtverhältnissen, innerhalb deren sie entstehen, die diese Diskurse aber auch verändern, nicht trennen läßt: Wissen und Macht sind einander immanent. Jedes im Innern eines Diskurses artikulierte Wissen gehorcht seinen Produktionsregeln. Diese Produktionsregeln artikulieren Machtverhältnisse (in der Bestimmung der Form, die diese Äußerung annehmen darf, der Personen, die sprechen dürfen, den Orten, an denen diese Diskurse stattfinden können). Zwar kann alles auch anders sein – dann aber befindet es sich nicht innerhalb des Diskurses oder seiner ebenfalls gesellschaftlich definierten Standardabweichung (gehört die Domina-Praktik noch zum Diskurs therapeutisierter Sexualität?) und darf nicht mit Anschlußfähigkeit seiner Äußerung oder seiner Praktik rechnen.

Zusätzliche Komplexität gewinnt diese Vorstellung durch die Pluralisierung von ›Wissen‹ und ›Macht‹: So wie es eine Vielzahl von Wissen und Wissensformen gibt, spricht Foucault auch nicht von *der* Macht: »... die Macht ist nicht eine Institution, eine Struktur, eine Mächtigkeit einiger Mächtiger. Die Macht ist der Name, den man einer komplexen strategischen Situation in einer Gesellschaft gibt« (Foucault 1977, 114).[16] Damit skizziert Foucault indessen

16 Diese Position behauptet zweierlei: erstens, daß sich lokale, intentionale Machttaktiken zu globalen, nicht mehr aus der Summe der Einzelintentionen plausibilisierbaren Gesamtstrategien verketten; zweitens, daß sich in diesen Gesamtstrategien verschiedene oder gar gegensätzliche Diskurse befinden. Damit macht Foucault deutlich, daß kein wie immer geartetes *top-down* Konzept (wie beispielsweise ›Interesse‹ oder ›herrschender Diskurs‹) die Vielfältigkeit der Positionen,

nicht das Schreckensbild einer bis in die Kapillaren ihrer Mitglieder unterdrückten Gesellschaft: Zwar dringen die Macht-/Wissensbeziehungen in der Tat bis dorthin vor, doch wirken sie hier wie überall unmittelbar produktiv, d. h. erneut: Wissens- und Machtverhältnisse produzierend. Diese Verhältnisse organisieren sich in lokalen Herden des Machtwissens (hier z. B. zwischen Beichtkind und Beichtvater oder zwischen Klient und Therapeut), die jeweils beide Spieler in ihre Regie nehmen und ihnen gewisse diskursive Rechte und Pflichten auferlegen. Unter dem Zeichen des sei es, zu beherrschenden Fleisches oder sei es, der zu perfektionierenden sexuellen Performanz ventilieren diese verschiedenen Diskursformen (Bekenntnis, Diagnose, u.s.w.) Machtverhältnisse und Erkenntnisschemata und privilegieren sie damit gegenüber anderen Formen. Die Genealogie sucht diese gesellschaftlichen Spiele der Privilegierung bestimmter Macht-/Wissenskomplexe auf.

Mit diesem Programm bricht die Genealogie mit zentralen Merkmalen traditioneller Historiographie, die insbesondere für das (im Bereich des sexuellen Verhaltens einschlägige) Genre der Sittengeschichte stilbildend geworden sind: Präsentismus und Essentialismus. Zunächst erteilt sie dem Präsentismus eine Absage, der, sei es als Verlust- oder sei es als Fortschrittsgeschichte, die Vergangenheit jeweils narzißtisch auf die Gegenwart bezieht – und damit überzieht. Das kreidet Foucault sowohl dem Phänomenalismus an, der das Wesentliche und die Wahrheit der Dinge an ihrem Ursprung situiert. »Indem sie die Gegenwart in den Ursprung versetzt, erzeugt die Metaphysik den Glauben an die geheime Arbeit einer Bestimmung, die allmählich zutage tritt. Die Genealogie weist hingegen die verschiedenen Unterwerfungssysteme auf; nicht die vorgreifende Macht eines Sinnes, sondern das Hasardspiel der Überwältigungen« (Foucault 1974b, 92). Präsentismus kreidet sie aber auch dem Strukturalismus an, der verschiedene Epochen »als aufeinanderfolgende Gestalten ein- und derselben Bedeutung« konzipiert (Foucault 1974b, 95). Die Genealogie hingegen »liefert kein Fundament: sie beunruhigt, was man für unbeweglich hielt, sie zerteilt, was man für eins hielt; sie zeigt die Heterogenität dessen, was man für kohärent hielt« (Foucault

   die sexuelle Diskurse synchron einnehmen können, angemessen erklären kann. Dieses Phänomen potenziert sich in der Diachronie: s.o.

1974b, 90). Damit erscheinen die wechselnden diskursiven Formationen nicht länger in der Perspektive einer Finalität und der Kontinuität: In entstehungs- und herkunftsanalytischer Dimension werden sie als diskontinuierlich aufscheinende und desubstantivierte Praktiken behandelt.[17]

In diesem Universum ohne Ursprung und Ziel werden alle essentiellen Identitäten obsolet: Die Genealogie ist »eine Form von Geschichte, die von der Konstitution von Wissen, von Gegenstandsfeldern usw. berichtet, ohne sich auf ein Subjekt beziehen zu müssen, das das Feld der Ereignisse transzendiert« (Foucault 1978, 32). So wird die apriorische Bestimmung historischer Subjekte replaziert durch ihren Status als Wissensgegenstände, die in den sie konstituierenden und sich diskontinuierlich transformierenden Praktiken zu analysieren sind. Damit entzieht sich die Genealogie als Wissenssoziologie jedem Ansinnen, nun ihrerseits zu bestimmen, wer wir ›eigentlich‹ sind: Diesem »Jargon der Eigentlichkeit« (Adorno) setzt Foucault entgegen: »Das tröstliche Spiel der Wiedererkennungen ist zu sprengen. Wissen bedeutet auch im historischen Bereich nicht ›wiederfinden‹, und vor allem nicht ›uns wiederfinden‹« (Foucault 1974b, 97). Statt dessen gilt es »zu entdecken, daß an der Wurzel dessen, was wir erkennen und was wir sind, ... die Äußerlichkeit des Zufälligen« steht (Foucault 1974b, 90).[18]

---

17 Ganz deutlich steht die Genealogie unter dem Eindruck Nietzsches, der der Evolutionstheorie das Konzept der »Abstammung« entlieh (Marti 1988, 71): Die Abstammung weist auf unzählige Herkunftsorte hin. Die Evolution des Leibes, des Verhaltens, der Empfindungen und Lüste werden *diskursiv* zu einer Einheit gebündelt, die heute etwa den Namen »das sexuelle Selbst« trägt (vgl. Foucault 1977, 184). Im Unterschied zu Nietzsche unterscheidet Foucault allerdings die Begriffe Herkunft und Entstehung: Wird mit der Entstehungsanalyse die Finalität in der Geschichte in Frage gestellt, so bricht die Herkunftsanalyse mit der Kontinuität in der Geschichte (vgl. Privitera 1990, 77).

18 Für David Couzens Hoy wechselt Foucault mit dem Schritt von der Archäologie zur Genealogie epistemologisch vom Lager der Modernen zu den Postmodernen: Während der Archäologie noch ein ›transzendentaler Narzißmus‹ vorzuwerfen sei, weil sie eine privilegierte Perspektive auf die zu ihrer Zeit operierenden und sich selbst unbeobachtbar bleibenden Systeme des Wissens, die sog. Archive, behauptet, gibt die Genealogie diese Position zugunsten einer Vielzahl möglicher und komplexer Archive auf, ihrerseits abhängig vom spezifischen und

Die Genealogie der Selbstpraktiken hat ein privilegiertes Feld; sie will »den Ereignissen dort auflauern, wo man sie am wenigsten erwartet und wo sie keine Geschichte zu haben scheinen – in den Gefühlen, der Liebe, dem Gewissen, den Instinkten« (Foucault 1974b, 83; auch: Luhmann 1987, 59). Nicht nur die Gefühle und ihre Psychologie, die Verhaltensweisen und ihre Soziologie, sondern auch die Körper und ihre Biologie trägt die Genealogie in eine Historizität ein, die die diskontinuierlichen Praktiken zeigt, mit denen man »das Materiellste und Lebendigste an ihnen eingesetzt und besetzt hat« (Foucault 1977, 181).[19] Es sind Praktiken und Diskurse (der Askese, des Geständnisses), die die vermeintlich natürlichen Gegenstände produzieren. Indessen:

> Daß die Sexualität zum Beispiel Praktik und ›Diskurs‹ ist, bedeutet nicht, daß es die Sexualorgane nicht gibt oder das, was vor Freud Sexualinstinkt genannt wurde; solche ›prädiskursiven Referenten‹ (*Archäologie des Wissens*, S. 71 f.) sind ... Verankerungspunkte einer Praktik .... Aber sie können nicht als Vorwand für eine rationalistische Interpretation herhalten (Paul Veyne 1992, 54).

auch durch die Wissenssysteme seiner Zeit geprägten Erkenntnisinteresse des Re-Konstrukteurs (vgl. Couzens Hoy 1988, 31 f.). Dieser Beobachtung ist zuzustimmen; ihre Einordnung in die Debatte um postmoderne Theoriebildung jedoch fraglich. Auch auf diesem Feld ist es m.E. zumindest müßig, das Konzept der Genealogie im Hinblick auf eine (noch) nicht entscheidbare epistemologische und kulturellästhetische Debatte zu evaluieren: Hier werden statt dessen Archäologie und Genealogie ebenso wie die Problematisierung des Selbst als Elemente eines wissenssoziologischen Methodenarsenals genutzt, die alle die *kritische Haltung dem explanandum gegenüber* befördern – eine spezifisch moderne Haltung. Daß auch Couzens Hoy Foucaults vorgeblichem Postmodernismus die Ambivalenz attestiert, weder der Vernunft noch der Aufklärung (d. h. Spezifika der Moderne) feindlich gegenüber zu stehen (Couzens Hoy 1988, 20), bestärkt den Eindruck, daß, um es archäologisch auszudrücken, das Archiv dieser Debatte (modern/postmodern) noch nicht auszumachen und einstweilen eine pragmatische Entscheidung für die Foucaultsche Selbsteinordnung (vgl. S. 91 f.) ratsam ist.

19 Privitera sieht in in der Historisierung des Körperlichen »gleichsam die Garantie dafür, daß jede Kopplung von Machtpraktiken zu biologisch, physiologisch oder wie auch immer bedingten Überlebensnotwendigkeiten der Gattung ausgeschlossen bleibt« (Privitera 1990, 90). Diese Einschätzung verkennt die diskursanalytische Perspektive: Die Genealogie sucht die diskursiven Praktiken überall dort auf, wo sie auf das

So sagt etwa die materielle Existenz der Sexualorgane noch nichts über die Widernatürlichkeit oder Perversion sexueller Verhaltensweisen aus, ja, sie müssen per se überhaupt nicht Gegenstand eines Diskurses (und des Denkens) werden. Veynes Kommentar ist jedoch zu präzisieren: Sodomiten und Perverse müssen erst diskursiv objektiviert werden, damit der ›prädiskursive Referent‹ als solcher Gegenstand des Wissens werden und so *retrospektiv* als *Materie für* ›Unkeuschheit‹ oder ›abnorme Sexualität‹ gelten kann (vgl. für das Konzept des Wahnsinns: Veyne 1990, 43). Nur im *diskursiven* Universum können alle diese prä-diskursiven Referenten beobachtet werden.[20]

Sexualität erscheint jedoch nicht nur als ein verwirrendes Konglomerat von Macht- und Wissensbeziehungen. Zwar geht auch die folgende Studie dem Doppelspiel von Subjektivierung und Objektivierung sexueller Selbste bis in die disparaten Wurzeln nach, die dieses Wissen erzeugt haben: z. B. philosophischen Reflexionen, religiösen Institutionen, pädagogischen und medizinischen Praktiken, Ehe- und Familienstrukturen, administrativen Maßnahmen und wissenschaftlichen Diskursen. Die Genealogie zeigt jedoch auch die soziohistorisch spezifische Verkettung dieser Diskurse zu einem *Dispositiv*. Gleichsam gegenläufig zur Genealogie, die die Ereignishaftigkeit und Diskontinuität von Konstitutionsgeschichten betont, fokussiert das Konzept des Dispositivs die soziohistorische Vernetztheit zentraler Themen, Reflexionsmuster und Praktiken: »... das Dispositiv ist selbst das Netz, das zwischen diesen Elementen geknüpft werden kann« (Foucault

---

Sexuelle bezogen werden. Das Körperliche und seine Evolution gerät analytisch dann in den Blick, *wenn es Teil der diskursiven Praktiken wird*.

20 An dieser Stelle scheint die erkenntnistheoretische Fußnote angebracht, daß kein konstruktivistischer Ansatz, auch keiner, der sich mit dem Präfix ›radikal‹ ziert, behauptet, daß Erkenntnis nichts Reales bezeichne (oder selber nicht real sei). Im Gegenteil: Ein erkennendes System (als Teil der Realität) kann nur etwas bezeichnen, wenn es sich mit seinen Operationen gegenüber seiner Umwelt (als dem ihm in diesen Operationen zugänglichen ›übrigen‹ Teil der Realität) differenziert. Andernfalls würde »das System sich laufend in seine Umwelt auflösen und das Erkennen damit unmöglich machen« (Luhmann 1988, 52; dazu auch Ash, Kap. 1, Anm. 22).

1978, 120). In dem Maße, in dem sich die Struktur des Dispositivs ändert, kommt es auch zu Funktionsveränderungen: Der sexuelle Diskurs kann so einmal als Doktrin auftreten, ein anderes Mal ein administratives Programm stützen oder wissenschaftliche Forschungsfelder eröffnen – oder auch verunmöglichen. Denn zwar gehört die »Sexualität ... zu den am vielseitigsten einsetzbaren Elementen: verwendbar für die meisten Manöver, Stützpunkt und Verbindungsstelle für die unterschiedlichsten Strategien« (Foucault 1977, 125); doch das Dispositiv ist immer »auch an eine Begrenzung oder besser gesagt: an Grenzen des Wissens gebunden, die daraus hervorgehen, es gleichwohl aber auch bedingen. Eben das ist das Dispositiv: Strategien von Kräfteverhältnissen, die Typen von Wissen stützen und von diesen gestützt werden« (Foucault 1978, 123).[21]

21 Mit diesem Prinzip der Verstetigung bestimmter diskursiver Praktiken wird die Kritik am Konzept der Entstehung, das Foucault von Nietzsche mit all seinen eruptiven, gewalttätigen und ereignishaften Komponenten übernimmt, auf der makrostrukturellen Ebene gegenstandslos: Smith etwa beanstandet, daß das Konzept der Entstehung die Mechanismen kultureller Tradierung, des Lehrens und Lernens außer acht lasse. Das aber ist eine der Erscheinungsweisen von Dispositiven: Sie *sind* soziohistorisch-spezifisch stabile, lehr- und lernbare Wissensbestände. Für die Untersuchung einzelner Mikropraktiken aber ist Smith' Hinweis zu begrüßen: »Genealogies must focus on the activities of cultural transmission that constitutes *entstehung* – teaching and learning ... In every *entstehung* we must look for the point of transmission to discover praxis; in every disruption we must seek to reestablish cultural communication« (Smith 1991, 52 f.). Diese Schwerpunktverlagerung ist durch das Konzept des englischen Genetikers Richard Dawkins (Dawkins 1989) inspiriert, der kulturelle Einheiten als »Meme« bezeichnet, deren Transmission sich in evolutionstheoretischer Analogie durch Mechanismen der Variation, Selektion und Stabilisierung beschreiben läßt. Die interpretierende Rekonstruktion von Diskursen in Abhängigkeit von empfängerspezifischen Resonanzen betont das Moment der (stets modifizierenden) *Kontinuierung* gesellschaftlicher Wissensbestände und erscheint für den Regelfall nicht-revolutionärer Diskurspraxis angemessen. (Ein rezentes Plädoyer für eine evolutionstheoretisch informierte Wissenssoziologie findet sich in Maasen, Weingart 1995). – Dennoch bleibt anzumerken, daß die sog. »Ereignishaftigkeit« von Diskursen keine empirische Beobachtung, sondern ein methodologischer Imperativ ist, Diskurse ›rar‹ (vgl. Einleitung, Anm. 2) und so der Analyse zugänglich zu machen.

Sexualität als Dispositiv zu befragen erlaubt einen *systematischen* Zugriff auf sie: Die Genealogie sexualtherapeutisierender Konstruktionen des Selbst identifiziert soziohistorisch spezifische Dispositive, die Wissensbereiche und Machtbeziehungen in relativer Stabilität bündeln. Ex post läßt sich erkennen, an welchen Stellen die zeitweise stabilisierten Kräfteverhältnisse aus dem Gleichgewicht gerieten, ›Sollbruchstellen‹ diskursiver Überwältigung wurden und schließlich zu einem anders gewichteten Dispositiv Anlaß geben konnten. Damit offenbart sich eine erstaunliche Nähe zu Luhmann, der aus der Perspektive einer Theorie evolutionärer Semantik behauptet, daß sich in historischer Betrachtung erkennen lasse, »wie ein bestehendes System oder eine durchformulierte Semantik ihre eigene Zukunft (die jedoch als prinzipiell unbestimmt gedacht werden muß) präjudiziert« (Luhmann 1982, 10).[22]

(c) Im Schnittpunkt der Archäologie der Problematisierungen und der Genealogie der Machtpraktiken tauchen nun die *Selbsttechnologien* auf, diesmal als analytische Strategie (z. B. Foucault 1993). In dieser Analysedimension sucht Foucault die Sexualität nicht an den Grenzen des Wissens und der Macht auf, sondern fragt danach, »wie sich für das Subjekt selbst die Erfahrung seiner Sexualität als Begehren konstituiert hat« (Foucault 1984a, 135). Was viele Kommentatoren – teils erleichtert, teils skeptisch – als die Rückkehr des Subjekts in das Foucaultsche Denken gefeiert ha-

---

22 Während Luhmann jedoch an der Sexualität nur im Zusammenhang mit der evolutionären Stabilisierung einer Sondersemantik für Intimkommunikation interessiert ist, stehen hier die Diskurse zum symbiotischen Basismechanismus selbst zur Debatte. Das Vorkommen sexueller Diskurse auch außerhalb des Kommunikationsmediums Liebe schließt jedoch nicht aus, daß es zu soziohistorischen Verstetigungen kommt. Im Gegenteil: Jedes Dispositiv bündelt die für es einschlägigen Diskurse zu einem, wenngleich heterogenen, Zusammenhang, und dies gleichsam ›quer‹ zu den Sondersemantiken der einzelnen gesellschaftlichen Teilbereiche (neben der Wissenschaft kämen hier etwa die Religion, die Politik, die Kunst, das Erziehungssystem in Frage), innerhalb derer sie artikuliert werden. Umgekehrt trägt aber auch die ausschnitthafte Integration in die Sondersemantiken einzelner gesellschaftlicher Teilsysteme zur Stabilisierung sexueller Diskurse bei und begünstigt ihre Bündelung zu einem Dispositiv.

ben, fügt sich allerdings nicht einer emphatischen Resubstantialisierung des Individuums. Vielmehr geht es bei den sogenannten Selbstpraktiken um Techniken, durch die Menschen sich selbst führen lernen, und das heißt: um eine Selbstthematisierung in ethischen Diskursen. Foucault unterscheidet zunächst vier Typen von Technologien:

1. Technologien der Produktion, die es uns ermöglichen, Dinge zu produzieren, zu verändern oder auf sonstige Weise zu manipulieren; 2. Technologien von Zeichensystemen, die es uns gestatten, mit Zeichen, Bedeutungen, Symbolen oder Sinn umzugehen; 3. Technologien der Macht, die das Verhalten von Individuen prägen und sie bestimmten Zwecken oder einer Herrschaft unterwerfen, die das Subjekt zum Objekt machen; 4. Technologien des Selbst, die es dem Einzelnen ermöglichen, aus eigener Kraft oder mit Hilfe anderer eine Reihe von Operationen an seinem Körper oder an seiner Seele, seinem Denken, seinem Verhalten und seiner Existenzweise vorzunehmen, mit dem Ziel, sich so zu verändern, daß er einen gewissen Zustand des Glücks, der Reinheit, der Weisheit, der Vollkommenheit oder der Unsterblichkeit erlangt (Foucault 1993, 26).

Alle diese Praktiken bilden eine »Matrix praktischer Vernunft«, die das Individuum nicht nur mit »Fertigkeiten« ausstattet, sondern vor allem mit bestimmten »Einstellungen« im Verhältnis zu sich. Das gilt für die Wissenschaft und Technik (1.) oder die Sprache (2.) ebenso wie für die Kontrollmentalitäten (3.) und die Formen, in denen das Individuum auf sich selbst einwirkt (4.). Eine Genealogie der Selbsttechnologien von der hellenistischen Antike über das Christentum bis hin zu den erzieherischen, medizinischen und psychologischen Praktiken der Moderne rekonstruiert sie als »Künste der Existenz«, als soziohistorisch spezifische Praktiken, »mit denen die Menschen nicht nur die Regeln ihres Verhaltens festlegen, sondern sich selber zu transformieren, sich in ihrem besonderen Sein zu modifizieren und aus ihrem Leben ein Werk zu machen suchen, das gewisse ästhetische Werte trägt und gewissen Stilkriterien entspricht« (Foucault 1986a, 18). Wissen und Macht sind aus diesen Selbsttechniken nicht verbannt; dennoch fragen sie in erster Linie nach den Formen moralischer Subjektivierung und den dazu bestimmten Praktiken der Problematisierung seiner selbst. So sieht die Sexualethik der Antike etwa nur für einen kleinen Teil der Gesellschaftsmitglieder, nämlich den Teil der männlichen und freien Erwachsenen, vor, sich einer Ästhetik der Existenz zu widmen. Diesen Typ von Ethik charakterisiert Foucault als »reflektierte Kunst einer als Machtspiel wahrgenommenen Freiheit« und berücksichtigt so die Dimensionen der Macht, des Wissens und der Ethik zugleich (Foucault 1986a, 318).

Jenseits der Wiederbelebung eines emphatischen Subjektbegriffs, betont die Dimension der ethischen Problematisierung seiner selbst erneut die Bedeutung der Formen (des Wissens, der Macht und hier: der Ethik), *durch die* sich Subjekte konstituieren. Im Zentrum der Problematisierung des Sexualverhaltens stehen in der folgenden Arbeit u.a. die Lust mit der Ästhetik ihres Gebrauchs, das Begehren und die reinigende Hermeneutik, die Sexualfunktion und ihre therapeutische Perfektionierung. Alle diese Praktiken konfrontiert Foucault mit vier Fragen (vgl. Foucault 1986a, 37 ff.):
- was ist ihre *ethische Substanz*, d.h. welchen Teil seiner selbst soll das Individuum als Hauptstoff seines moralischen Verhaltens konstituieren?
- worin besteht die *Unterwerfungsweise*, d.h. die Form, in der das Individuum sein Verhältnis zur Regel einrichtet und sich für verpflichtet hält, sie ins Werk zu setzen?
- welche Formen der *ethischen Ausarbeitung* gibt es, d.h. der Weisen, sein Verhalten nicht nur einer gegebenen Regel anzupassen, sondern sich selber zum moralischen Subjekt seiner Lebensführung zu machen?
- welches ist die *Teleologie* des Moralsubjekts, d.h. welchen Platz nimmt die Selbstpraktik im Ganzen einer Lebensführung ein?

Die vorliegende Studie spitzt diese Fragen auf die Genealogie der diskursiv hergestellten *Selbst*verpflichtung zu, sich mit ›seinem‹ Begehren und ›seinem‹ Selbst zu befassen, dies immer wieder zu tun, dies mit sich wandelnden Praktiken der Selbstbearbeitung und mit unterschiedlichen Zielen zu tun.

Aus diesem Zusammenhang wird nun deutlich: Der Begriff der Selbsttechnologie ist eine Metapher, die als empirischer Suchbegriff fungiert. Eine Metapher als wissenschaftliche Kategorie? Die neuere konstruktivistisch orientierte Wissens- und Wissenschaftssoziologie erkennt in der Tat an, daß Metaphern, verstanden als Import (zunächst) fremder Konstrukte in einen neuen Diskurs, dort innovierende Effekte haben können. Das gilt sowohl für die wechselseitige Befruchtung verschiedener wissenschaftlicher Disziplinen (z. B. hat die Linguistik das Fachwort ›Interferenz‹ als Metapher aus der Physik entlehnt) als auch für verschiedene gesellschaftliche Diskurse: Wissenschaft macht sich auch beispielsweise Konzepte aus Kunst, Politik, Militär und Technik zunutze (vgl. Dahlbohm 1986, 98). Während einige Metaphern mittlerweile zu festen Bestandteilen des Diskurses geworden sind (›tote‹ Metaphern), kann man andere noch in ihrem Prozeß des Transfers beobachten. Dabei zeigt sich, daß eine Metapher mit dem importierenden Diskurs auf komplexe Weise interagiert[23]: Zum einen gibt es positive Analogien, die die Aufmerksamkeit auf bisher nicht beachtete Dimensionen eines Phänomens lenken und innovative Ideen stimulieren (Therapien als Techniken zur Herstellung des Selbst), zum anderen gibt es negative Analogien, also solche, die mißverständliche oder falsche Assoziationen wecken (technizistische Methoden, die nicht das ›ganze Selbst‹ erfassen) und schließlich völlig neutrale Aspekte (die eben unauffällig bleiben). Der Prozeß der Transformation einer Metapher, also ihre Integration in den importierenden Diskurs, ist ein Prozeß der Selektion positiver Analogien (vgl. Maasen 1995).

Der Begriff der Selbsttechnologie kann noch als eine Metapher gelten: Die Verbindung von Selbst und Technologie klingt noch artifiziell. Das stimmt allerdings nicht ganz, denn inzwischen haben wir uns an ein konstruktivistisches Lexikon gewöhnt, das unsere Terminologie bereits mit einem Netz von Begriffen der ›Fabrikation‹ und ›Produktion‹ von Dingen, Gefühlen und Beziehungen bereichert hat. Mehr noch: Diese Termini sind bereits dabei, sich zu einem Vokabular zu verdichten. Dieses Vokabular lenkt unsere Aufmerksamkeit auf die Praktiken und Diskurse, mit Hilfe deren wir erzeugen, was uns als Objektivation, als ›Natur‹ gegenüberzustehen scheint. Die Metapher Selbsttechnologie – als theoretisches Konstrukt und als analytische Strategie – lenkt unsere Aufmerksamkeit auf all die Formen, Institutionen und Diskurse, durch die wir ›Sexualitäten‹ und ›Selbste‹ erzeugen und auf intime Weise miteinander verketten.[24] Moderne Sexualtherapien,

---

23 Die folgende Unterscheidung zwischen positiven, negativen und neutralen Aspekten der durch eine Metapher angeregten Analogiebildungen geht auf Mary Hesse (1988) zurück.

24 Mit dieser Metapher komplettiert sich ein Vokabular, das zu dem anregt, was Richard Rorty als ›Neubeschreibung‹ bezeichnet (Rorty 1992, 30 f.; s. auch Mary Hesse 1972). Das sozialkonstruktivistische

aber auch spirituelle Exerzitien oder mittelalterliche Geständnispraktiken werden so als Werkzeuge beobachtbar, die für die Konstruktion und Stilisierung unserer sexuellen Selbste unerläßlich sind. Ausgehend von dem aktuellen Problem überbordender Problemorientierung bei der Suche nach der Wahrheit seines sexuellen Selbst fragt die Genealogie nach den Techniken, mit denen wir dieser Suche immer neue Formen gegeben haben, in denen wir immer neue Selbste konstruierten, deren Wahrheit die Konstruktion immer neuer Techniken erzwang ... (vgl. auch Hutton 1993, 163).

Vokabular kann sich allerdings gegen (etwa substantialisierende) Konkurrenten nicht mit Argumenten verteidigen, denn es gibt keine Kriterien, die beiden Sprachspielen gemeinsam wären. In zugleich pragmatischer und holistischer Weise lädt es statt dessen zu einer völlig neuartigen Betrachtung ein. Den Konkurrenten gegenüber, die etwa Behauptungen aufstellen wie »Sexualität ist von Natur aus sündhaft«, versucht sich das sozialkonstruktivistische Sprachspiel durch ein Vokabular zu empfehlen, das Metaphern des gesellschaftlichen Herstellens scheinbar nicht-sozial bedingter Phänomene vorzieht. Ein solches Vokabular versteht sich als poetische Leistung, weil es neuartige Fragen und unkonventionelle Antworten erlaubt; eine Konvergenz der folgenden Studien mit vorher formulierten Kriterien, beispielsweise einer vorab definierten eigentlichen Wahrheit der Sexualität, ist daher undenkbar: Gleichwohl sind analytische Ergebnisse dieser Genealogie als ›mitlaufende Konzeptualisierungen‹ (Foucault) zu verstehen, die ihrerseits hypothesenbildend in weitere Arbeiten einfließen können. Das konstruktivistische Vokabular selbst verbietet es allerdings, sie zu substantialisierenden Erkenntnissen erstarren zu lassen.

Teil II
Sexualität:
Problematisierungen der Keuschheit

Die frühchristliche Konzeption der Sexualität kreist um Problematisierungen der Keuschheit, und dies in zwei Stufen der Rigorosität: zum einen um das Konzept der ›Jungfräulichkeit‹ und zum anderen um das Konzept der ›Enthaltsamkeit‹, die auch das christliche Paar in der Ehe zu praktizieren vermag.

Für religiöse Virtuosen (Jungfrauen, Mönche, Eremiten) beschreibt *virginitas* ein Ideal, um dessen Approximation auf Erden man unablässig ringen muß. Die Frontlinien dieses Kampfes, der stets mit dem Willen zur Keuschheit beginnt, verläuft nicht nur entlang der Verlockung durch äußere Anfechtungen, sondern immer stärker auch durch die Begierde, die im Inneren rumort. Als Gegenmittel gegen beide Typen von Anfechtungen gibt der frühchristliche Diskurs elaborierte Analysen über die einschlägigen Laster sowie deren Ursachen und Wirkungszusammenhänge; darüber hinaus werden rigorose Praktiken denjenigen, die sich berufen fühlen, zur Pflicht gemacht. Dieser Pflicht liegt die zum Versprechen gewendete Behauptung zugrunde, daß der Mensch perfektibel sei. Neben äußeren Maßnahmen wie Einsamkeit und Fasten gilt vor allem eine permanente und subtile Hermeneutik noch der geheimsten unkeuschen Regungen als das Mittel zu Perfektion und Erlangung des Ewigen Heils. Die Paradoxie des selbstanalytischen Diskurses ist: Ebender Imperativ, auch noch den geheimsten Unkeuschheiten zu widerstehen, zwingt zur beständigen Auseinandersetzung mit ihnen und beschwört so die Gefahr herauf, ihnen noch in der Analyse zu erliegen. In diesem Effekt gipfelt ein weiteres Moment des sündenanalytischen Kampfes: Der Keuschheit kann man sich allenfalls asymptotisch nähern. Perfektibilität und Asymptote bestimmen die frühchristliche Technologie des Selbst: Das sich in seinen Unkeuschheiten erkennende Selbst kann ihnen und sich selbst nur um den Preis einer permanenten Selbst-Hermeneutik entsagen. Das Selbst, dem es zu entsagen hat, stellt sich allerdings in den hermeneutischen Prozeduren, die seine Begierden enthüllen sollen, unweigerlich immer wieder her.

Der strenge *asketische Diskurs* steht dem herrschenden *medizinischen Diskurs* des Sexuellen, den die Stoa begrüßt und dem die Gebildeten folgen, diametral entgegen: Die Sorge gilt hier der Meisterung seiner selbst durch Balancierung aller vitalen Kräfte. Im Ensemble aller diätetischen Maßnahmen bildet die Disziplinierung der Lust ein, aber durchaus kein privilegiertes, Mittel zum *régime* seiner selbst. Auch einige Kirchenväter schließen sich zwanglos der Meinung an, daß es sich bei der Lust um ein unkompliziertes physiologisches Moment handele, das im Rahmen der Ehe dem Willen ohne Mühe untergeordnet werden könne und darum sophistizierter Hermeneutik und legitimierender Moraltheologien nicht bedürfe. Gegen diese radikal voluntaristische, nicht-asketische Problematisierung der Sexualität legt Augustinus schriftenreich Protest ein. Seiner Ansicht zufolge muß sich die christliche Ehe ebenfalls durch das asketische Prinzip disziplinieren.

Daher zeigt auch die zweite Variante des (früh-)christlichen Kampfes um die Keuschheit ein asymptotisches Konstruktionsprinzip. Das augustinische Modell der *keuschen Ehe* rückt vom strengen Konzept der Keuschheit zugunsten einer Praxis der Enthaltsamkeit ab; dies allerdings um den Preis, daß die Perfektibilität des Menschen nun auch moraltheologisch nur im Jenseits Erfüllung finden kann: Das irdische Wesen des Menschen ist sündhafter Natur, und noch die enthaltsame, nur auf Nachkommenschaft bedachte, Ehe ist bei aller Wertschätzung dafür selbst ein beredtes Zeugnis. Die Ehe wird von nun an als Differenz zwischen Willen (zur Keuschheit) und Wollust diskutiert. Wenn gläubige Laien auch danach trachten, die (fleischlichen) Begierden unter willentliche Kontrolle zu stellen: Das Begehren selbst vermögen sie im Diesseits nicht zu kontrollieren.

In Akten der Askese und der Selbstprüfung erzeugen spätantike Individuen ihr Selbst: Zu den weniger augenfälligen, darum nicht minder wirksamen Formen des Selbstbezuges rechnet das, was Foucault als ›*écriture de soi*‹ bezeichnet. Die antiken Philosophen führen in sog. *hypomnemata* Sentenzen einzelner Autoritäten zu einer zwar idiosynkratischen, gleichwohl den einen Logos widerspiegelnden spirituellen Bricolage zusammen: In einer vergegenwärtigenden Aneignung dieser Sentenzen bilden sie ihr Selbst. Die Form der Selbstschreibung, zu der wenig später der hl. Antonius seinen Mönchen rät, unterscheidet sich vor allem durch ihr Motiv: statt der aufschließenden Vernunft ist hier das Motiv von Buße und Gehorsam am Werk; nicht die Meisterung, sondern Reinigung die Weise der ethischen Ausarbeitung. Dieser Geist beherrscht von nun an die christliche Diskursivierung des Sexes.

Kapitel 3

Virginitas

Am Anfang des christlichen Diskurses des Begehrens steht die Problematisierung seines Gegenteils: der Keuschheit. In dieser Vokabel – das wird die weitere Analyse zeigen – drängt sich ein immer komplexer werdendes Zusammenspiel von Fleisch und Willen zusammen. Die frühchristliche Konzeption bemüht dabei vorzugsweise die Metaphorik des Kampfes, wonach der Keuschheit erstrebende Wille sich gegen eine Unzahl unkeuscher Regungen behaupten muß. Gegen die List des lasterhaften Fleisches kann indessen der menschliche Wille allein nichts ausrichten, wenn nicht die Gnade Gottes ihm beisteht. ›Gnade und Wille‹ gegen ›Sünde und Tod‹ figurieren hier in einem transzendentalen Drama: Das Thema ist das Selbst, das seiner sündhaften irdischen Natur entsagt; der Schauplatz ist das irdische Schlachtfeld fleischlicher Anfechtungen. Dem Selbst kann mithin nur vollends entsagen, wer vor allem den Begierden des Fleisches entsagt. In der literarischen Form des Lobgesangs oder – eine interessante Ausnahme – der christlichen Adaptation des Symposion werden die Dimensionen, die bei diesem Kampf zu berücksichtigen sind, so akribisch wie eindringlich beschrieben.

Die in den frühen Schriften der Kirchenväter dokumentierte Verankerung des Sexuellen im Rahmen der Leib-Seele Antinomie ist auch gnostisch motiviert: Alle Gnostizismen postulieren die strikte Trennung von Geist (Pneuma) und Materie. Das Unsterbliche, ›Wesenhafte‹ am Menschen ist sein geistiger, pneumatischer Teil; die Geschlechtlichkeit hingegen verkörpert das Materielle, Fleischliche und damit den niederen Teil des Menschen. Jede Vermischung dieser beiden Sphären ist von Übel: Sexualität, »die schmutzige Übung, die von der Erregung kommt, die aus dem Fleischlichen kommt« (Sophia Jesu Christi zit. nach Horn 1966, 28) bedeutet jedoch eine derartige Vermischung – Materie kontaminiert den Geist und steht damit einer körperlosen und unvergänglichen Existenz im Wege. Gnosis, d. h. die Kenntnis dieser kosmischen Zusammenhänge, ermöglicht indessen, das Geschlechtliche zu überwinden und ein ausschließlich pneumatisches, unvergängliches Wesen zu werden (vgl. Horn 1966, 28).[1] Mehr als ein bloßes sittliches Problem, wird Keuschheit damit in den dualistisch gedachten Zusammenhang eines transzendentalen Kampfes zwischen dem guten (Pneuma) und dem bösen Prinzip (Materie) gestellt. Diese Konzeption findet sich in den patristischen Schriften wieder, hier allerdings in frühchristlicher Terminologie als Abwendung von Gott durch vorsätzliche Bosheit und Hinwendung zu Gott durch vernunftgeleitete Tugendhaftigkeit. Die Präsenz des Bösen und Wege der Rückkehr zu Gott diskutieren die Kirchenväter besonders prägnant anhand der Frage nach Ursache und Folge des Sündenfalls.

Daß die Präsenz des Bösen und die Teilnahme des Menschen daran unmittelbar mit dem Sündenfall zusammenhängt, darin stimmen sie überein, und zwar unabhängig davon, ob eine Erbschuld vorausgesetzt wird oder ein »präexistenter Sündenfall«, wie Origenes ihn mit einiger Entfernung vom biblischen Denken angenommen hat.[2] Diese gnostisch inspirierte Einmütigkeit der

---

[1] Andere Gnostizismen hingegen sind einem orgiastischen Prinzip verpflichtet: Der sexuell befriedigte Körper gilt in diesen Fällen als Zeuge einer dauerhaften Freude im Jenseits. Die Notwendigkeit einer ständigen Wiederholung körperlicher Ekstase bekräftigt zwar ebenfalls die grundsätzliche Trennung von Geist und Materie sowie den untergeordneten, da flüchtigen Status des Materiellen, doch fürchten solche Sekten keine ›üble Vermischung‹ der beiden Sphären (vgl. Rousselle 1989, 178 f.). Diskursanalytisch betrachtet haben diese widersprüchlichen Tendenzen des gnostischen Diskurses stimulierende Effekte: Auf die asketische Ausrichtung der Gnosis kann sich der frühchristliche Diskurs der Keuschheit stützen; *gegen* orgiastisch ausgerichtete Sekten kann er deren eigene Erfahrungen ins Feld führen: Auch sexuelle Ekstase ist – wie alle irdischen Güter – eben eine nur flüchtige, stets mangelhafte Erfahrung. Die diskursive Wende der frühen Kirchenschriftsteller besteht in ihrer These, daß diese Differenz zwischen Diesseitigem und Jenseitigem anerkannt und nicht: überbrückt werden müsse. In dieser Differenz findet Sexualität eine frühe Fassung als Mangel an Keuschheit.

[2] Gegen eine Erbschuldtheorie spricht bereits seine ausschließlich allegorische Auslegung der Paradieserzählung, wonach Adam nicht für eine Einzelperson, sondern für den Menschen schlechthin stehe: Die Geschichte seines Sündenfalls weist damit auf die personale Sünde jedes

Kirchenväter zeigt sich besonders daran, daß ihre dualistischen Konzeptionen immer wieder um die Behauptung kreisen, die Erbsünde sei eine sexuelle Überschreitung gewesen, die ihrerseits eine physische Sphäre mit Sexualität und Tod, dem wiederkehrenden Zeugen und Verfallen des Physischen, verursacht habe. Die allen Ausarbeitungen zugrunde liegende Prämisse *Sündenfall = Sexualität* bleibt jedoch in der Regel implizit, was ihrer Wirksamkeit allerdings nicht schadet. Im Gegenteil:

It takes the shape of a sustained intuition about the character of Christian perfection, and, as such, continues to exert an influence upon subsequent thought far beyond the point at which it would have become unacceptable as explicit doctrine (Bugge 1975, 19).

Dieser impliziten Doktrin folgend beantwortet die Sexualität des ersten Menschen die Frage nach seinem Wesen – solche Überlegungen entdecken eine ›ursprüngliche Natur‹ des Menschen und zeigen den Gläubigen zugleich, daß sie sich von diesem Zustand entfernt haben, als Christen jedoch verpflichtet sind, ihn wiederzuerlangen.[3] So betrachtet etwa Origenes die ursprüngliche Natur des Menschen als vollkommen spirituell und damit der Sexualität für unfähig – zumindest nicht in ihrer irdischen Erscheinungsform (vgl. Bugge 1975, 16). Dieser Ansicht pflichtet Gregor von Nyssa bei, allerdings mit der Weiterung, daß Fortpflanzung auch im Paradies stattgefunden haben möge, jedoch in »engelgleicher« Weise aus Gehorsam gegenüber dem göttlichen Willen, daß die Menschheit sich vermehren solle: »... einzig am Herrn hatte er <Adam> seine Freude, und seine ihm beigegebene Helferin benutzte er nur hierfür. Die Heilige Schrift [vgl. Gen 3,24] deutet das ja auch an, daß er sie nicht eher erkannte, als bis er aus dem Paradies vertrieben wurde« (Gregor von Nyssa 1977, 118). Die Ursache der Vertreibung liegt dieser Interpretation zufolge nicht im Akt der Fortpflanzung selbst, sondern in der vorsätzlichen Einwilligung Adams in die Leidenschaft – »was den Vorzug haben sollte, von jeder Leidenschaft frei zu sein, hat dafür ein Leben eingetauscht, das angefüllt ist mit Leidenschaften heftigster Art«

Einzelnen hin und nicht auf ein tragisches Erbe (vgl. Teichtweiler 1958, 96 – 101, hierzu bes. 98).

3 Die folgende Skizze beschränkt sich exemplarisch auf Origenes und Gregor von Nyssa. Eine breitere Analyse findet sich bei Bugge 1975, 12 – 21.

(Gregor von Nyssa 1927, 179). Der Imperativ der Keuschheit wird in dieser Vorstellung durch die Unterordnung des Willens unter die Leidenschaft verletzt oder durch das, was Foucault als eine Verwickelung des Geistes mit dem Fleisch bezeichnet: Diese Verwicklungen wird der monastische Diskurs beträchtlich differenzieren (Foucault 1986c; vgl. auch Kap. 5).

Beides: Das engelgleiche Leben, die reine Spiritualität Adams und Evas, und ihre perfekte ›apatheia‹ sind immer wiederkehrende Themen patristischer Überlegungen. Bei Gregor von Nyssa entfaltet sich die ganze Tautologie dieses Zusammenhangs: Adams perfekte ›apatheia‹ sei eine *Eigenschaft* seines perfekten, engelgleichen Zustands; in diesem Zustand wiederum befand er sich, *weil* er keusch war. Diese Überzeugung kommt auch in seiner Lehre von der doppelten Erschaffung des Menschen zum Ausdruck, der zufolge Gott zunächst ein spirituelles, vernunftgemäßes Wesen nach seinem Ebenbilde schuf. Danach jedoch, weil er voraussah, daß dieses Wesen schlechten Gebrauch von seinem Willen und es daher unmöglich machen würde, sich weiterhin auf engelgleiche Weise zu vermehren, schuf er körperliche und nach Geschlechtern unterschiedene Wesen: Für sie erfand er eine Weise der Vermehrung, die gleich den Tieren durch den Geschlechtstrieb geschieht (vgl. de hominis opificio 189 CD zit. nach Konstantinou 1965, 87 f.). Die Entparadoxierung des Zusammenhangs von engelgleichem Leben und Keuschheit geschieht hier durch eine Narration, die den freien Willen einführt: Indem die Protagonisten in der Frage ›Fortpflanzung oder Leidenschaft?‹ schlechten Gebrauch von ihm machen, brechen sie der Leitdifferenz von Willen und Wollust Bahn. Diese Differenz, mit der die irdischen Sünder fortan zu kämpfen haben, steht ihrerseits unter dem Banne einer Vorstellung, die die ursprüngliche (erste) Erschaffung des Menschen in Gestalt eines engelgleichen Wesens als Ideal fixiert. Die Lehre von der doppelten Erschaffung ändert nicht die Pointe aller Paradieserzählungen, sondern setzt sie nur schärfer ins Profil: die Spanne zwischen der menschengewollten Realität irdischer Sündhaftigkeit (unkeusche Begierden) und dem Ideal der gottgewollten, engelgleichen Natur des Menschen *(apatheia)*.

Sexualität tritt allerdings nicht nur in der Figur des ›Sündenfalls‹ auf, mithin als ihre *Ursache*; darüber hinaus ist sie neben der Sterblichkeit eine der beiden *Folgen* des Sündenfalls. Nach Auffassung Origines' kommt dem Geschlechtsverkehr deshalb die

Bedeutung einer exemplarischen Sünde zu, weil ihm die Ausbreitung des Physischen und damit auch: der Abstieg von einer rein spirituellen, unvergänglichen Existenz geschuldet ist (vgl. Bugge 1975, 18). Oder, wie es Gregor von Nyssa in immer neuen Wendungen ausdrückt: »Denn das körperliche Gebären – und werde keiner unwillig bei diesem Satz – ist für die Menschen nicht so sehr Beginn des Lebens als vielmehr des Todes« (Gregor von Nyssa 1977, 120).[4]

Einmütigkeit herrscht unter beiden *laudatores virginitatis* mithin sowohl über den ursprünglichen Zustand des Menschen als auch über die Natur des Sündenfalls und seine tragischen Folgen für die Gattung: Sexualität und Tod. Die Diagnose dieses Unglücks bleibt jedoch nicht ohne Therapievorschlag: *Entfernung* all dessen, das nicht zur authentischen Natur des Menschen gehört. In einigen Passagen seiner asketischen Schrift »Über die Jungfräulichkeit« (entst. 370 – 378) erläutert Gregor von Nyssa diesen Zusammenhang: Die Ebenbildlichkeit Gottes habe sich der

---

[4] Gegen diese Lesart legt – einige Jahrhunderte später – Mieke Bal semiologisch informierten Protest ein: Ihre Analyse der Schöpfungsgeschichte zeigt Eva nicht in ihrer »belly-oriented stupidity« (Bal 1984, 229 f.), sondern als eine Frau, die eine weise Entscheidung trifft. In Vers 2:17 werde der Wert des (sexuellen) Wissens für das Leben deutlich; in 3:3 der Tod als die andere Seite des Lebens erwähnt; in 3:11 schließlich, daß durch Ungehorsam, oder: Emanzipation von blindem Gehorsam gegenüber Gott ein neuer Zustand erreicht werden kann. »Indeed, sexual knowledge, be it morally colored or not, does ›open your eyes‹ and makes you both die and not die. It makes you live on in the children it allows you to produce ... The wisdom alluded to cannot be but the acceptance of human condition, including death ...« (Bal 1984, 329). – Aus einer Perspektive, die die Schöpfungsgeschichte als eine Narration zum Thema Sexualität und Wissen betrachtet, läßt sich die Lesart ›Erbschuld‹ ohne weiteres in eine Emanzipationsgeschichte überführen. Doch interessanterweise ist es auch in dieser säkularen Interpretation der die Wahl initiierende Wille, der die Differenz auslöst: Hier allerdings dadurch, daß Eva von ihrem Willen ›guten Gebrauch‹ macht und Sexualität nicht als das Gegenüber der Keuschheit, sondern als das Gegenüber der Sterblichkeit figuriert. Es braucht allerdings die Übernahme des Projekts ›Sexualität und Wissen‹ und dessen Transformation durch die Wissenschaft, daß eine solche grundsätzlich andere Lesart eine Denkmöglichkeit wird. Darauf wird der vierte Teil ausführlich eingehen.

Mensch durch freien Willen zerstört, »er selbst ist Erfinder der Bosheit, und nicht hat er diese von Gott vorgegeben gefunden« (Gregor von Nyssa 1977, 115). Die »verwaiste Seele« lebt mit Vorsatz abgewandt von der Tugend (vgl. Gregor von Nyssa 1977, 116), ist durch die Sünde »beschmutzt« – »unter Schmutz muß man hier nach meiner Ansicht die Befleckung durch das Fleisch verstehen« (Gregor von Nyssa 1977, 117). Wie nun kann sich die Seele dem Göttlichen wieder annähern? Dadurch, »daß die Seele selbst, soweit wie möglich, rein wird durch die Unvergänglichkeit. Durch das Gleiche soll sie auch das Gleiche erhalten, wie ein Spiegel für Gottes Reinheit soll sie sich darbieten, so daß entsprechend der Teilnahme an der ursprünglichen Schönheit und deren Sichtbarwerden auch in ihr die Schönheit Gestalt werde« (Gregor von Nyssa 1977, 114). – »*Die Entfernung all dessen, was nicht zum Menschen gehört, ist der Weg zu dem ihr nach der Natur Gemäßen*« (Gregor von Nyssa 1977, 116, Hervorhebung von mir, S.M.); zunächst und vor allem, das ist dem Duktus der Argumentation zu entnehmen, ist dabei von der Befleckung durch das Fleisch abzusehen.

Die sexuelle Überschreitung, sei es die des ersten oder aller irdischen Menschen, ist, getreu dem gnostischen Prinzip »the punishment fits the crime« (vgl. Bugge 1975, 20) mit dem Gegenteil: körperlicher Askese zu beantworten. Nur Keuschheit ermöglicht die Rückkehr zur authentischen Natur des Menschen, indem sie das nicht zu dieser Natur gehörige *entfernt*. Das aber bedeutet auch: Die jetzige Natur des Menschen ist veränderbar – präziser, sie wird als grundsätzlich und notwendigerweise *perfektibel* gedacht.

»Das Gastmahl« oder »Die Jungfräulichkeit« des Methodius von Olympus artikuliert gegen Ende des dritten Jahrhunderts n. Chr. als eines der ersten christlichen Werke vehement diese Idee, daß eine solche Perfektibilität den Weg vollkommener Keuschheit nehmen müsse (vgl. Bugge 1975, 16). Die streng dualistische und allegorisierende Argumentationsweise dieses Dialogs bringt aber zugleich auch unmißverständlich den höchst elitären Charakter eines Lebens in *vollkommener* Reinheit zum Ausdruck. Schon in ihrer Konzeption ist ›Virginitas‹ nicht als Lebenspraxis für alle Christen gedacht, sondern einer begrenzten Gruppe auserwählter Jungfrauen vorbehalten (vgl. etwa Methodius von Olympus 1911,

21 u. 89). Für die Masse der Gläubigen ist Keuschheit ›nur‹ ein Ideal, gleichwohl eine nun nicht mehr hintergehbare Aufforderung, ihre wahre Natur nicht mit der sündhaften irdischen Natur zu verwechseln.[5] Perfektion bedeutet hier: nicht *anthropologische Möglichkeit*, sondern eine *christliche Notwendigkeit* auf dem Weg zum Ewigen Heil.

Diese Botschaft vermittelt »Methodius» brillant, poetic doctrine in all its eschatological vividness <...It> has much that is good, much that is uninspired and derivative« (Musurillo 1958, 36). Gerade deshalb aber ist diese Schrift für eine Analyse des frühchristlichen Diskurses der Sexualität geeignet, weil hier in besonderem Maße nicht die Originalität des Autors, sondern das literarische Echo eines bestimmten diskursiven Regimes zur Geltung kommt. Das Lob der Keuschheit wird gesungen, indem man die ebenso vielfältigen wie versteckten Formen der Unkeuschheit anprangert. Daß insbesondere fleischliche Begierden von Übel sind, daß sie unzählige Gesichter haben und beständige Aufmerksamkeit erfordern, ist die unoriginelle, aber deswegen um so anschlußfähigere Essenz dieses Lobgesangs. Der vielstimmig artikulierte Kampf um die Keuschheit findet in der Gestalt des Symposiums allerdings eine eigentümliche Synthese, die – das wird diese Studie zeigen – bereits im geschichtlichen Moment ihres Entstehens schon Spuren ihrer Überlebtheit zeigt.

Nach dem Gastmahl, zu dem Arete, die Göttin der Tugend, zehn Jungfrauen geladen hat, bittet sie alle, eine Lobrede auf die Keuschheit zu halten. In Anlehnung an das Symposion des Plato preisen zehn Enkomien die verschiedenen Aspekte dieser Tugend. Von deren Inhalt erfahren wir durch Gregorion: Sie hat die Runde mit Wein bedient und wird im Rahmendialog von Eubulion bedrängt, ihr von dem Gastmahl zu erzählen.

[5] Musurillo bemerkt dazu: »Methodius' doctrine on chastity must be seen as a part of his stark apocalyptic message ... Virginity becomes a means of achieving the platonic ascent of the soul, whereby the chaste rise to behold the heavenly realities, of which the doctrines of the church here below are but images« (Musurillo 1958, 37). Diese Überzeugung kombiniert Methodius mit einem starken Voluntarismus und zeigt auf diese Weise akribisches Unverständnis für die ›menschlichen Schwächen‹: Sie sind es, denen er mit seinem rigiden asketischen Diskurs offenkundig nachstellt.

Marzella, die erste Rednerin, bekräftigt zunächst mit Verweis auf die Apokalypse, daß die Tugend der Keuschheit nur wenigen vorbehalten sei: Hier werden 144 000 Jungfrauen prophezeit, die neben einer unsäglichen Menge der übrigen Heiligen stehen werden, »gleichsam eine Herausforderung zum Vergleiche« (Methodius von Olympus 1911, 21). Um zu dieser Schar zu gehören, hat man nach Marzella das gnostische Grundprinzip zu beherzigen, daß erst durch wahre Erkenntnis wahre Keuschheit möglich sei, denn nur mit Hilfe wahrer Erkenntnis »werden alle der Vernunft baren Begehrlichkeiten des Leibes wie mit Säure ausgeschieden durch die Lehre« (Methodius von Olympus 1911, 15). Ja, die Jungfrau muß

> immer nach dem Edlen trachten und unter den Meistern der Weisheit glänzen; sie darf nichts Leichtsinniges noch Weichliches dulden; sie muß die Beste sein und Gedanken hegen würdig der Jungfrauschaft, muß mit dem Worte allzeit wegfegen das Blutwasser der Wollust, damit nicht im Verborgenen leise Fäulnis den Wurm der Zuchtlosigkeit gebäre; denn ›die Unverheiratete sorgt der Dinge des Herrn, wie sie dem Herrn gefalle, damit sie heilig sei an Leib und Geist‹, sagt der selige Paulus (Methodius von Olympus 1911, 16).

Theophila, die zweite Rednerin, räumt jedoch ein, daß bei allem Lob der Jungfräulichkeit das Gut der Ehe auch in der Heiligen Schrift nicht hinfällig werde. »Denn durch Danebenstellung des Besseren und Süßeren hat der Logos das andere nicht mit einem Verbot aufgehoben, sondern das macht er zum Gesetz: Jedem das ihm Eigentümliche und Nützliche zuzuweisen« (Methodius von Olympus 1911, 29). Das Gebot »Wachset und mehret euch« sei ernstzunehmen, jedoch natürlich nicht als Aufforderung zur Zuchtlosigkeit aufzufassen. Während die Unzüchtigen zu verdammen sind, tragen die möglichen Früchte ihrer Unzucht doch keine Schuld – »dem Samen muß Formung und Beseelung zuteil werden« (Methodius von Olympus 1911, 27).

Die nächste Rednerin, Thaleia, pointiert diese Überlegung, indem sie an den Raum voller Gegensätze erinnert, in dem der Mensch sich bewegt: hier das Gerechte, Heilige, schlechthin Schöne; dort das Ungerechte, Böse – das schlechthin Sündhafte. Der Mensch nun steht zwischen all diesen Gegensätzen, zwischen Leben und Tod, Unvergänglichkeit und Vergänglichkeit. »Wendet er sich zur Vergänglichkeit, so wird er vergänglich und sterblich, wendet er sich zur Unvergänglichkeit, so unvergänglich und unsterblich«

(Methodius von Olympus 1911, 36). Nur eine bewußte Entscheidung: ein *Akt des Willens zur Keuschheit*, vermag die Folge der Erbsünde, die Physis und deren Vergänglichkeit, zu überwinden. Welche Formen aber kann ein solcher Wille zur Keuschheit annehmen? Hier beruft sich Thaleia auf Paulus und bringt die sogenannte ›Drei-Stufen-Lehre der Jungfräulichkeit‹ vor: Der vorzügliche Rang kommt jenen zu, die im Stande der Reinheit verbleiben »es sei dem Manne gut, kein Weib zu berühren« (1 Kor 1, 2-6). Doch nicht nur dem Stand der Ledigen, auch dem der Verwitweten rät er, nach dem Tode des Gatten enthaltsam zu leben (1 Kor 7, 8-9). Wem aber eine solche keusche Lebensweise nicht möglich ist, rät er, »damit euch nicht der Satan versuche wegen eurer Unenthaltsamkeit« (1 Kor 7, 5), zum Stand der Ehe als der drittbesten Möglichkeit eines nahezu keuschen Lebens. Denn »auch die, die Frauen haben, seien, als hätten sie keine« (1 Kor 7, 29).

Wenngleich auch diese Drei-Stufen-Lehre der Keuschheit den dualistischen Rigorismus eines entweder keuschen oder ganz und gar sündhaften Lebens zu mildern scheint, ist doch hier die Verbindung dieser Lehre mit der Frage des *rechten Willens* entscheidend: Die Entscheidung für die Ehe offenbart einen immerhin schwächeren Willen. Was als keusches Leben dritter Klasse, die Ehe, oder als keusches Leben zweiter Klasse, die Witwenschaft, angeboten wird, dient auch dazu, den Willen zu einem *vollendet* keuschen Leben stärker ins Profil zu setzen. Zur Leitdifferenz ›Keuschheit – Zuchtlosigkeit‹ kommen gleichsam interne Stützdifferenzen, die ›Beinahe-Keuschheiten versus Zuchtlosigkeit‹, hinzu, die ihrerseits die dualistische Konzeption zwar lebenspraktisch mildern, konzeptionell jedoch ungemein stärken: Der *vollendete* Wille zur Keuschheit spiegelt sich nicht nur *ex negativo* in vollkommener Zuchtlosigkeit, sondern darüber hinaus auch in den weniger keuschen, nur enthaltsamen Lebensformen. An ihnen allen kann und muß dieser Wille zur Keuschheit sich bewähren: ihr Gegenteil sein.

Dies unterstützt auch die vierte Rednerin, Theopatra, die dazu aufruft, »nicht nach<zu>lassen *und nicht* <zu> *lockern* das Band der weisen Zucht« (Methodius von Olympus 1911, 51, Hervorhebung von mir, S.M.), da es allein den Zugang zum Ewigen Heil gewähre.

Thalussa, die fünfte Rednerin, erläutert, was diese Forderung bedeutet: Vollkommene Keuschheit erstreckt sich zum einen auf das gesamte Leben (vgl. Methodius von Olympus 1911, 53), zum anderen erstreckt sie sich auf alle Sinne. »Denn dann erst bin ich offenbar ein Opfer des Herrn, wenn ich darum kämpfe, mein Fleisch nicht nur von der Berührung des Beischlafes, sondern auch vor der Befleckung mit anderer Unzucht bewahre« (Methodius von Olympus 1911, 55). Daß die Rede nicht eitel, die Augen nicht lüstern, die Ohren für Geschwätz taub seien, die Hände nicht wuchern und die Füße nicht auf Abwege gehen (vgl. Methodius von Olympus 1911, 55), muß also die Sorge der wahrhaft Keuschen sein. Worin sich hier insbesondere die Unkeuschheit manifestiert, geht aus Thalussas nächster Warnung hervor, sich nicht zu berauschen – weder am Wein noch an der Lachlust, der Falschheit oder der weichlichen Lust an schönen Dingen: Darin dokumentiere sich einmal mehr ein unzureichender Wille. Es genügt nicht, daß eine Jungfrau sich »hüte vor den eigentlichen Sünden der Schlechtigkeit und mit den uneigentlichen sich beflecke« (Methodius von Olympus 1911, 58). Die Rigorosität der Forderung ist deutlich: »... wirf nicht nur beiseite, was den, der nach Wollust und Genuß lüstern ist, zu Fall bringt, *sondern auch das, was so ähnlich aussieht*!« (Methodius von Olympus 1911, 59, Hervorhebung von mir, S.M.) – eine strikte Agenda: Keuschheit aller Sinne ein Leben lang. Alles kann *sub specie virginitatis* betrachtet werden: Das Moment der Generalisierung keuschheitsbedrohender Faktoren ist eingeführt.

Diese differenzierte Analyse der einzelnen Dimensionen der Keuschheit greift Agathe, die sechste Rednerin, auf. Sie verweist gegenüber Thalussa, die von der Reinheit der fünf Sinne als den fünf Toren der Weisheit gesprochen hatte, auf die fünf Sinne als Tore der Tugend: Gesicht, Geschmack, Geruch, Gefühl und Gehör sind gleichsam die »fünf Spiegel der Wahrnehmung in Keuschheit« (Methodius von Olympus 1911, 64). Verrichten diese Spiegel ihre Dienste gut, so verbleibt die körperlose Seele in ihrem Zustand strahlender Schönheit. Aufmerksamkeit verdient hier insbesondere der Status der Sinne: »Ob wir nämlich recht handeln oder sündigen ...: es wirken die Sinne bestärkend ein auf beides – auf unsere guten und unsere schlechten Seiten« (Methodius von Olympus 1911, 64). Der Wille entscheidet die *Richtung* des Lebens, die Sinne als Tore der Weisheit und der Tugend *verstärken* die gewählte Richtung – noch besitzen nicht *sie* die psychologische Qualität einer verführenden Instanz, die ihnen später zugeschrieben werden wird: Der unrechte Wille ist es, der die Verführung zuläßt.

Angesichts dieses umfassenden Programms verwundert es nicht, daß Prozilla, die siebte Rednerin, von ihm als einem »olympischen Wettkampf um die Keuschheit« (Methodius von Olympus 1911, 70) spricht: Nur diejenigen, die »die wilden Versuchungen der Lust, Furcht und Schmerzen« bestehen, das »Martyrium« ertragen, denen kommt »das bessere Land der Verheißung« zu (Methodius von Olympus 1911, 70). Das gnostische Prinzip des Kampfes zwischen Geist und Materie betont in seiner christlichen Wendung als ›Martyrium‹ erneut die Bedeutung des starken Willens, der sich beständig gegen Versuchungen bewähren muß. Es betont jedoch auch erneut den elitären Status derjenigen, die dieses Martyrium ertragen – »viele Töchter hat die Kirche, aber nur eine ist in ihren Augen die Auserwählte, die Hochgeehrte vor allen: die Ordnung der Jungfrauen« (Methodius von Olympus 1911, 70).

Die achte Rednerin, Thekla, die schließlich von Arete zur Siegerin auserkoren werden wird, wiederholt zunächst noch einmal die wesentlichen Aspekte der vorangegangenen Lobreden, wobei sie sich, wie ihre Vorrednerinnen, auf die Autorität der Heiligen Schrift stützt und diese allegorisch interpretierend in ihre Argumentation einflicht. Zunächst mahnt sie, die jenseitigen Güter zu achten: Die christianisierte Fassung des platonischen Motivs lautet, nur »dort« gebe es Schönheit, Gerechtigkeit, Weisheit, Liebe, Wahrheit und Einsicht, »so wie sie wirklich sind, voll und klar«, während »hier unten« nur deren schwache Gleichnisse anzutreffen seien (Methodius von Olympus 1911, 77). Die auserwählte Schar der Jungfrauen, die »die Wolken des Bösen durch den Geist« vertreiben (Methodius von Olympus 1911, 79) und durch »vollendete Gnosis und Pistis« zum Ebenbild Gottes avancieren, werden in dieses wahre Reich eingehen. Thekla räumt jedoch ebenfalls ein, daß ein solcher Wille zur Keuschheit lebenslangen Kampf bedeute. Sie benutzt das biblische Bild des Drachens mit den sieben Häuptern: Wer sie niederschlägt, wird »Herrin der sieben Kronen der Tugend; die sieben größten Kämpfe der Reinheit hat sie so bestanden« (Methodius von Olympus 1911, 88). Sie erwähnt drei dieser Häupter:
– das Haupt der Unenthaltsamkeit und der Schwelgerei – die Siegreiche beweist hier «Weisheitszucht»;

- das Haupt der Feigheit und der verzweifelten Schwächlichkeit –
  die Siegreiche besteht das «Martyrium»;
- das Haupt des Unglaubens und des Unverstandes – die Ehren,
  die hierauf gesetzt sind, werden zwar nicht benannt, zeigen jedoch die Wirkung, daß »die Kraft des Drachen vielfältig enthörnt« wird (Methodius von Olympus 1911, 88 f.).

Die zehn Hörner des Drachen legt Thekla als die »zehn Gegensätze zum Dekalog« (Methodius von Olympus 1911, 89) aus, die die keusche Jungfrau auszureißen habe, wie es ihre »Art« sei:

Unsere Art ist es, das Höhere dem Erdgeborenen vorzuziehen, es an die erste Stelle zu setzen; denn wir haben einen seiner selbst mächtigen und freien Sinn empfangen, der allen Zwanges ledig ist, und nun können wir selbstherrlich wählen, was uns gefällt – und dienen dem Schicksal nicht und nicht den Zufällen (Methodius von Olympus 1911, 89).

Hier beginnt nun das Herzstück ihrer Argumentation: Am »Aberglauben der Astrologie« diskutiert sie nun die (stoische) Idee des freien Willens und seine Bedeutung für ein tugendhaftes Leben: Die Freiheit und die Pflicht zum Willen zur Keuschheit setzt sie gegen Schicksalergebenheit und Zufall. Ein für die Entscheidung zum züchtigen Leben einschlägiger Abschnitt verdient besonderes Interesse:

Jeder halbwegs Vernünftige wird zugestehen, daß das Göttliche gerecht ist, gut, weise, wahr, wohlwollend, fern aller Verursachung des Bösen, unverworren mit dem Leiden und ähnlichem. Und wenn die Gerechten besser sind als die Ungerechten, und es ist ihnen also die Ungerechtigkeit zum Ekel und <wenn> Gott, weil er gerecht ist, sich an der Gerechtigkeit freut, dann ist ihm zum Hasse die Ungerechtigkeit als Gegensatz und Widersache der Gerechtigkeit. Also ist Gott nicht der Urheber der Ungerechtigkeit. Wenn das Nützliche nach jeder Hinsicht gut ist, die weise Zucht aber für Haus und Leben und Freundschaft nützlich ist, dann ist die weise Zucht etwas Gutes. Und wenn die weise Zucht von Natur aus gut ist, die Zuchtlosigkeit aber der Gegensatz zur weisen Zucht, das Gegenteil des Guten aber das Schlechte ist, dann ist also die Zuchtlosigkeit schlecht. Und wenn die Zuchtlosigkeit etwas Schlechtes ist, aus der Zuchtlosigkeit aber Ehebruch, Diebstahl, Mord und Zorn entspringt, dann ist ein zuchtloses Leben etwas von Natur aus Schlechtes. Das Göttliche aber ist seiner Natur nach unverworren mit dem Schlechten. Also gibt es kein Geburtsschicksal. Wenn die Züchtigen besser sind als die Zuchtlosen und ihnen tatsächlich die Unenthaltsamkeit zum Ekel wird, Gott sich aber der Züchtigkeit freut, weil in ihm auch nicht ein Gedanke an Leidenschaft lebt, dann ist doch auch für Gott die Unenthaltsamkeit etwas Verhaßtes. Daß aber eine Handlung, die aus weiser Zucht hervorgeht, eben als Tugend besser ist als eine Handlung der Unenthaltsamkeit, die eine Sünde ist, das kann man lernen bei Königen, bei Herrschern, bei Feldherrn, bei Frauen, bei Kindern, bei Bürgern, bei Herren, bei Knechten, bei Kindersklaven, bei Lehrern: denn in jeder von diesen wird sich selbst und dem Gemeinwesen zum Nutzen, wenn er lebt in weiser Zucht, und wenn er lebt in Zuchtlosigkeit, sich selbst und dem Gemeinwesen zum Schaden. ... Gott <ist> nicht Ursache des Bösen, noch freut er sich am Bösen, wie der Logos es selbst beweist durch seine wesenhafte Güte. Und wenn es Schlechte gibt: so sind sie schlecht nach dem Verlangen ihrer Sinne und nicht nach ihrem Geburtsschicksal (Methodius von Olympus 1911, 94 f.).

In einer Folge von Syllogismen legt Thekla in dieser Passage die frühchristliche Problematisierung der Sexualität dar, die sich entweder als *Wille zur Keuschheit* oder aber: als *Wille zur Zuchtlosigkeit* konstelliert. Auch ein unkeusches Leben ist Resultat freier Entscheidung und ist nicht dem Schicksal, vor allem aber nicht göttlicher Fügung anzulasten. Keuschheit folgt nicht nur Gottes Willen und eröffnet damit den individuellen Zugang zum Ewigen Heil: Thekla hebt darüber hinaus besonders die kollektiven Folgen des unenthaltsamen Lebens für die irdische Gemeinschaft hervor. Für alle ihre Mitglieder trifft es zu, daß sie durch unkeusches Leben der Gemeinschaft schaden, zumal dadurch, daß Zuchtlosigkeit in der Regel weitere Sünden (Ehebruch, Diebstahl, Zorn, Mord) nach sich zieht.

Daran, daß Thekla mit Hilfe logischer Schlüsse »die sündige Natur der Zuchtlosigkeit« zu beweisen sucht, ist zweierlei bemerkenswert: Zum einen ist es nicht Pistis, der Glaube allein, sondern darüber hinaus Gnosis, wahre Erkenntnis, die den Grundstein zur Entscheidung für ein tugendhaftes Leben legt – ein Grundprinzip, das Methodius gleich der ersten Rednerin in den Mund gelegt hatte. Zum anderen geht es um den Nachweis der sündigen Natur der *Zuchtlosigkeit*, nicht der *Zuchtlosen*. Der Mensch folgt nicht seiner als Schicksal verstandenen ›Natur‹, sondern seinem freien Willen: Die rechte Einsicht wird seinen Willen stärken und ihn zu einem tugendhaften Leben befähigen. Oder: Der Mensch ist nicht von Natur aus zuchtlos, sondern er entscheidet sich für ein zuchtloses Leben. Ebenso ist auch die Keuschheit nicht seine Natur, sondern eine Entscheidung. Diese voluntaristisch begründete Sittlichkeit ist gleichbedeutend mit dem Gedanken der Perfektibilität des Lebens. Hier konstituiert sich ein jenseitiges Ideal als die

›wahre Natur‹ der menschlichen Seele, der der Einzelne durch »weise Zucht« näherkommen kann. Diese Perfektion durch Reinheit aus ›rechter Einsicht‹ kann daher durch ›erzieherische Maßnahmen‹ unterstützt werden: so zum Beispiel durch die zehn Gebote. Dieser Ansicht liegt die Annahme zugrunde, »die Tugend könne gelehrt werden und lasse sich gewinnen aus der Bemühung darum, die Schlechtigkeit hingegen müsse man fliehen, sie entstehe aus einem Mangel an Erziehung« (Methodius von Olympus 1911, 96). Nicht das Schicksal lenkt das sündige Verhalten der Menschen, sondern »die Erziehung und die Gewohnheiten sind an den Verfehlungen schuld, oder die Leidenschaften der Seele und die im Körper wirksamen Begierden« (Methodius von Olympus 1911, 97).

Eine Analyse sündigen Verhaltens liest sich aus der Perspektive dieses Symposiums als Aufeinanderfolge mangelhafter Erkenntnis, die den Willen schwächt und die Sinne unzureichend vor Verführungen schützt: Damit ist die Seele dem Kampf um ein vollkommen keusches Leben nicht gewachsen und findet keinen Zugang zu den jenseitigen Gütern.

Dieser Kampf, darauf weist Thekla als Erste mit aller Deutlichkeit hin, findet stets an zwei Fronten statt: in der Welt *und* im Innern des Körpers und der Seele – schlechte Sitten *und* sündiges Begehren verführen und sind zu bemeistern. Wie es in der Welt gute Bestrebungen (z. B. die der Ordnung der Jungfrauen) und schlechte Bestrebungen (z. B. die der Ehebrecher) gibt, so gibt es auch »in uns zwei Bewegungen: sie sind Begierde des Fleisches oder Begierde der Seele ... die eine heißt Tugend, die andere Laster« (Methodius von Olympus 1911, 98, Hervorhebung von mir, S.M.). – Der Christ übt sich in »weiser Zucht«, d. h. in Tugend aus rechter Erkenntnis, die selbst zur »Begierde« werden kann.[6]

Auch Tysiane, die neunte Rednerin, bemüht sich in ihrer Rede unter anderem um eine Ordnung der Keuschheit: In Verbindung mit der Rede Theklas geht aus ihrem Beitrag hervor, daß sich Zuchtlosigkeit und die übrigen Laster zur Keuschheit und den

---

6 In analoger Weise kennzeichnet Foucault das moderne Bedürfnis nach Therapeutisierung des Sexuellen als »Lust an der Analyse« (Foucault 1977a, 91; s. auch Bopp 1985). Daß das Begehren selbst nicht elimiert wird, sondern gleichsam nur sein Objekt wechselt, durchzieht leitmotivisch die gesamte Genealogie des Phänomens.

übrigen Tugenden genau symmetrisch verhalten. Während die Zuchtlosigkeit an dem einen Pol weitere Laster hervortreibt, findet sich gleichsam als Vervollkommnung vorausgehender Tugenden die Reinheit am gegenüberliegenden Pol (vgl. Methodius von Olympus 1911, 105).

Domina, die zehnte und letzte Rednerin, hebt als einen bislang unerwähnten Aspekt der Keuschheit hervor, daß diese nicht korrumpierbar sei: »Die Macht des Widersachers ahmt immer die Formen der Tugend und der Gerechtigkeit nach, nicht zur Übung in Wahrheit, sondern zur Täuschung und Heuchelei« (Methodius von Olympus 1911, 113). Vollkommene Keuschheit hingegen ist nicht zu heucheln – »von ihr allein konnte der Teufel kein Zerrbild machen« (Methodius von Olympus 1911, 112) – deshalb auch ihre erlösende und heilbringende Wirkung.

Arete beschließt alle Erörterungen mit der Bekräftigung, daß nur *vollkommene* Keuschheit diesen Namen verdiene: » ... alle Glieder muß man vom Verderben unberührt und unbefleckt bewahren, nicht nur die juckenden, dem Beischlaf dienenden, nein, schon diejenigen, die darauf Einfluß haben« (Methodius von Olympus 1911, 117).

Dieser Beitrag bringt eine neuerliche Nuancierung der Keuschheitsproblematik zur Sprache: Wenn auch bereits Thalussa davor gewarnt hatte, sich vor den »eigentlichen« Unenthaltsamkeiten zu hüten, doch mit den »uneigentlichen« sich zu beflecken, und die nachfolgenden Rednerinnen Tugenden und Laster unter verschiedenen Ordnungsgesichtspunkten diskutiert hatten, so ist es erst Arete, die explizit und pointiert die »uneigentlichen« Laster als jene markiert, die die »eigentliche« Unkeuschheit provozierten. Als »gemeine Lüste« bezeichnet sie etwa den Hochmut, der das Herz mit »Aufgeblähtheit und Herrschsucht verlumpt« (Methodius von Olympus 1911, 116); den Reichtum, der kärglichen Gewinn den wahren Kostbarkeiten vorziehen läßt (vgl. Methodius von Olympus 1911, 116); den Egoismus, um dessentwillen die mitfühlende und humane Seite keuscher Freunde beschimpft wird (vgl. Methodius von Olympus 1911, 117) sowie die Heuchelei derer, die »nach außen tun, als kümmere man sich nicht um die weltlichen Sachen, während man doch solche besitzt und damit beschäftigt ist« (Methodius von Olympus 1911, 117).

Alle diese Laster schwächen den Willen, und die Wirkung des Widerstands auch gegenüber kleineren Versuchungen ist nicht zu unterschätzen: Er ist gleichsam eine Vorübung zur Bewältigung des »Eigentlichen« – der fleischlichen Begierde in all ihren Formen.

Die jungfräuliche Ökonomie der Keuschheit bemißt sich an der Abstinenz gegenüber den verschiedensten Erscheinungsweisen der Unkeuschheit: Allen ist gemeinsam, daß sie einen schwachen Willen erkennen lassen. Zu schwach, um den Wert jenseitiger Güter zu erkennen; zu schwach auch, um derentwillen ein tugendhaftes Leben zu führen und allen Versuchungen zu widerstehen.
Keuschheit: Dabei handelt es sich nicht um einen Zustand, sondern um ein Gut, das zu erringen man *stets wieder* bemüht sein muß. Daß die »in Kämpfen gestählte Reinheit« sogar wertvoller sei als mühelose Tugend, diese Idee ventiliert der Epidialog des »Gastmahls« zwischen Gregorion und Eubulion in stoischer Eleganz. Die Gegenbehauptung: wahrhaft keusch seien diejenigen, »die keine Begierden spüren, denn die besitzen auch im Denken und im Fühlen keinen Makel und sind völlig vom Verderben frei; sie haben gar keine Sünde« (Methodius von Olympus 1911, 124). Die Begründung: »... wer durch das Gesicht von außen mit Vorstellungen verlockt wird, und die Begierde wie einen Strom in sein Herz einfließen läßt, der wird trotz allem immer wieder sich beflecken, auch wenn er vermeint, gegen die Lüste zu kämpfen und zu streiten: im Gedankenleben erleidet er Niederlagen« (Methodius von Olympus 1911, 125).[7]
Doch der weitere Diskurs macht wiederum deutlich: Der *Wille zur Keuschheit* ist entscheidend – die mit diesem Willen geführte Auseinandersetzung mit den Begierden kontaminiert die Seele nicht; im Gegenteil: Der Wille erstarkt, und die Seele widersteht immer intensiveren Verlockungen. So wird schließlich positiv beschieden, daß »eine Seele, die Begierden spürt und darüber Herr

---

7 Daß es genüge, sich von äußeren Einflüssen fernzuhalten, um nicht schon durch die Auseinandersetzung mit ihnen Gefahr zu laufen, sich zu beflecken, davon sind bald schon die Eremiten und Mönche nicht mehr überzeugt. Sie werden den Kampf gegen die Begierden in das Innere der Gedanken, Erinnerungen und Phantasien verlegen und ihre Seele durch Entziehen vor äußeren Anfechtungen allein nicht mehr retten können (vgl. Kap. 4). Im Gegenteil: die Einsamkeit ist nicht länger das Gegenteil der Verlockung, sondern einer ihrer reichhaltigsten Nährböden.

wird, besser <ist> als eine, die keine Begierden hat« (Methodius von Olympus 1911, 127).
Diese Stelle ist nicht nur Essenz der christlichen Botschaft; sie bezeichnet vor allem den Adressatenkreis dieses Werks. Denn welche Seelen hätten mehr Gelegenheit, ihren vielfältigen Begierden nachzuspüren, als die der sündhaften irdischen Menschen? Sind nicht sie es, an deren Willen, Glauben und Einsicht appelliert wird? Sind nicht sie es, denen man die Ursachen, begünstigenden Umstände und Dimensionen der Sündhaftigkeit darstellt sowie die individuellen und kollektiven Folgen einer solchen Lebensentscheidung vor Augen führt? Welche Aspekte der Keuschheit die einzelnen Reden der Jungfrauen auch nuancieren, sie alle fordern von den Gläubigen eines: eine positive Entscheidung, das Böse in all seinen Formen zu meiden. »Sei enthaltsam!«, »widerstehe!« lauten die Parolen christlicher Sittlichkeit.
Den Erscheinungsformen, den Graden und dem Ziel der Reinheit gilt die Aufmerksamkeit der Rednerinnen: Zu diesem Zwecke jedoch sind es die zahllosen Formen der *Un*keuschheit, die die religiösen Virtuosinnen im Symposium des Methodius unter verschiedensten Aspekten vermessen – ein Konstruktionsprinzip, das nicht nur für den weiteren christlichen, sondern auch für den wissenschaftlichen Diskurs der Sexualität maßgeblich sein wird; hier jedoch gleichsam mit umgekehrten Vorzeichen. Doch die *Präsentation* der christlichen Lehre wird man schon bald – beginnend mit der abendländischen monastischen Literatur – zu abstrakt finden, zu wenig an den Praktiken der Enthaltsamkeit interessiert.

Ein Moment, das bereits zum Zeitpunkt des Entstehens dieser Schrift mit ihrem Inhalt eigentümlich kontrastiert, ist ihre Form. Die Konzeption der vielfältig dimensionierten (Un-)Keuschheit mit ihrer unlöslichen Verbindung zum Willen findet – darauf berufen sich alle Rednerinnen – unzählige Belege im Alten und Neuen Testament. Wenngleich es sich um zehn unterschiedlich nuancierte Perspektiven auf den Gegenstand handelt: In der Zusammenschau aller Beiträge offenbart sich die eine christliche Wahrheit der *Virginitas*.
Dennoch verwendet Methodius als literarische Form dieser christlichen Botschaft eine Variante des heidnischen Dialogs: Bei seinem »Gastmahl« handelt es sich um das erste erhaltene Werk,

das als christliches Pendant zum Symposion Platons angelegt ist.[8]
In einer formanalytischen Studie belegt M. Hoffmann überzeugend, daß und wie klassische Form und neuer (christlicher) Inhalt kollidieren (Hoffmann 1966, 121 ff.). Dabei fällt vor allem das Fehlen oder die zum Teil veränderte Bedeutung charakteristischer Strukturmerkmale auf:
- Angesichts der platonischen Vorlage stünde ein dramatisch stilisierter Dialog zu erwarten, dessen einzelne Beiträge als Rede und Gegenrede allmählich die Wahrheit (der Liebe bei Platon, der Keuschheit bei Methodius von Olympus) erhellen. Anders als in der Vorlage wird der Leser jedoch, so Hoffmann, nicht von Rede zu Rede auf ein höheres Niveau geführt, vielmehr gleichen sich alle Reden darin, daß sie die allegorische Exegese einer oder mehrerer alt- und neutestamentlicher Stellen zum Gegenstand haben. Nicht argumentative Vervollkommnungen im Verlauf der Reden, sondern exegetisch gewonnene Belege durch die Autorität der Hl. Schrift formieren das christliche Konzept der Keuschheit. »Zwar geht es auch bei Methodius um die höhere Erkenntnis; da dieses Wissen aber identisch ist mit der Jungfräulichkeit <die alle Teilnehmerinnen besitzen, S. M.>, so hat keine der anderen etwas voraus« (Hoffmann 1966, 128). Die Reden unterscheiden sich lediglich durch verschiedene Ansatzpunkte und durch die Wahl anderer Schriftstellen; die Siegesrede der Thekla sticht nur durch Länge und Polemik hervor. Alle Rednerinnen vertreten *durch sich und mit ihren Reden* die Reinheit schlechthin: Sie *offenbaren* sie.
- Einzelne Elemente der Symposion-Form wie dialogische Rahmung, unterbrechende Kurzdialoge und Epilog setzt auch Methodius ein, doch haben sie - anders als bei Platon – keine konstruktive Funktion mehr. So kommt z. B. dem Rahmendialog zwischen Eubulion und Gregorion allenfalls noch die Funktion zu, den Reden fiktiver Gestalten auch Bedeutung für

8 – eine Vorlage, die überdies eine völlig entgegengesetzte Botschaft enthält: »... Plato is more interested in Eros as a means of overcoming death, whereas for Methodius chastity, and virginity in particular, are the appropriate way to keep one's soul and body undefiled, i.e. free from passion and corruption ... virginity has taken Eros' place as the wings by means of which the soul ascends from the realm of corruptibility (van Eijk 1972, 221, 224).

ein realistischeres Milieu zuzusprechen. Der Rahmendialog selber trägt kein Argument fort.

Lediglich am mäeutisch geführten Epidialog, der die in Kämpfen zu stählende Reinheit zum Thema hat, erweist Methodius seine Fähigkeit, einen Inhalt nach der charakteristischen platonischen Form zu gestalten. Hier allerdings gelingt die Übernahme der klassischen Form nur deswegen ohne Bruch, weil der Gegenstand des Dialogs ein allgemeines philosophisch-ethisches und kein spezifisch christliches Problem ist. Im Hauptdialog hingegen suchen die Rednerinnen zum Lobpreis der Jungfräulichkeit vor allem die Autorität der Hl. Schrift: Dieses Bemühen sprengt unweigerlich die philosophisch-literarische Form des dialektisch angelegten Symposiums. Die Versuche des Methodius, eine klassische Form für den neuen Inhalt fruchtbar zu machen, erweisen sich als unzulänglich,

da die der geoffenbarten christlichen Wahrheit gemäße Form die der Vermittlung im katechetischen, exegetischen, homiletischen oder apologetischen Lehrvortrag ist. So sind denn auch die Enkomien des Symposions nichts anderes als Lehrvorträge über die jungfräuliche Keuschheit (Hoffmann 1966, 129).

Die christliche Wahrheit über die Keuschheit verlangt den autoritativen, belehrenden Diskurstyp: »Die Theologie des Methodius fordert die literarische Form der Wahrheits*vermittlung*, nicht der Wahrheits*suche*« (Hoffmann 1966, 130, Hervorhebung von mir, S.M.) – die *Suche* tritt im christlichen Diskurs als Aufspüren der Unwahrheiten zutage. Die abstrakte Dürre des Ideals, das hier endlos wiederholt wird, ist geradezu die Bedingung der Möglichkeit eines unendlichen Kataloges von empirischem Verfehlen – die christliche Wahrheit der Sexualität favorisiert fortan doktrinäre Diskursformen, die diese Verfehlungen zunehmend differenzierter klassifizieren und hierarchisieren: Mönchsregel[9], Bußkatalog, Beichtspiegel, Summe und Katechismus, um nur einige derjenigen zu nennen, die neben der Predigt für die sittliche Instruktion der Gläubigen besondere Bedeutung gewonnen haben. Aus der Warte christlicher Diskurse läßt sich das Gebiet des Sexuellen seit Beginn seiner Problematisierung als die Summe der

---

9 »Later centuries, it is true, were to retain of the *Symposium* only those elements which were more easily conformable to the orthodox stream of Christian monastic ascetism« (Musurillo 1958, 37).

Verfehlungen gegen die Keuschheit charakterisieren. Die schier unerschöpfliche Ansammlung von Verfehlungen wird immer neu systematisiert: Einen wesentlichen Beitrag zur Systematisierung leisten dabei die Praktiken der Askese, die der Entfernung des Unkeuschen dienen sollen.

Kapitel 4

Der monastische Kampf um die Keuschheit

Wenn auch Werke wie das Symposium des Methodius von Olympus die an den fünf Sinnen orientierten Dimensionen der Keuschheit beleuchtet und vielfach belegt haben, so fehlt es doch bis ins vierte Jahrhundert hinein an einer christlichen *Technologie der Keuschheit*. Daß lebenslang mit steter Wachsamkeit alle Laster zu meiden seien, darunter auch solche, die keinen direkten Zusammenhang zur Unkeuschheit erkennen ließen, jedoch möglicherweise dazu verführten: im Lichte des weiteren Diskurses betrachtet ist dies die nur vage operationalisierte Konzeption der Keuschheit im frühen Christentum. Eine erhebliche Systematisierung und zugleich eine beträchtliche Normierung erfährt dieser Diskurs durch die monastische Praxis. Auch ihr Ziel ist die Keuschheit im Zustande perfekter *apatheia*. Doch steht hier weniger das diesseitige Ziel, als vielmehr der Weg zu ihm: die Askese, im Vordergrund der Reflexion. Wille und Körper werden immer rigoroseren und immer systematischeren Techniken der Selbstbearbeitung unterzogen; immer deutlicher und immer subtiler kehren sie Abweichungen gegen das Ideal der Keuschheit hervor.

Was verstehen die Mönche unter Askese? Zum Beispiel Theodor († 368): Er spricht von »der Askese, als der *Enthaltung* gegenüber den die Liebe zu Gott hindernden Dingen der Welt, und als dem *Nicht*vollzug des eigensüchtigen Wollens. Askese ... ist das *Gegenteil* der Begierlichkeit, bedeutet das *Nicht*verhaftetsein an die Welt, das Bekenntnis zu Gott« (nach Ranke-Heinemann 1964, 19, Hervorhebung von mir, S.M.).

Überdeutlich zeigt sich bei der Bestimmung dessen, was Askese sein soll, die Diskursfigur des unbestimmten Gegenteils, des *Nicht das*. Die inverse Beziehung zwischen Askese und Unkeuschheit kommt besonders prägnant bei Cassian zum Ausdruck: »Unser Geist halte für Unzucht jede nur augenblickliche Entfernung von der Betrachtung Christi« (Ranke-Heinemann 1964, 25) – das Gegenteil der die Liebe zu Gott hindernden Dinge bestimmt in einer doppelten Negation das, was aus monastischer Sicht für Keuschheit gehalten werden soll. Askese als die Gegenmaßnahme gegen das Unkeusche ist jedoch mehr als eine extreme Doktrin: mehr als die Doktrin eines idealen Lebens verweist sie auf eine Lebens*praxis*. Daher bedeutet die monastische Verlagerung des Denkens auf die *Praxis der Enthaltsamkeit* auch mehr als eine Akzentverschiebung: Konkrete Selbstbearbeitungstechniken schärfen den Blick für neue, minutiöse Gefährdungen auf dem Weg zur Keuschheit. »<The monks> began to analyse the exercises whereby the soul might be helped to destroy its sins and rise towards God« (Chadwick 1968, 82). Die asketischen Exerzitien schärfen darüber hinaus den Blick für eine interne Systematik dieser Gefährdungen: Laster und deren Überwindung werden klassifiziert und hierarchisiert. Schließlich forcieren die monastischen Praktiken einen steten Selbsterforschungszwang: »Jeden Tag muß der Mönch von früh bis spät bei sich überlegen, worin er den Willen Gottes erfüllte und worin er ihn versäumte« (Ranke-Heinemann 1964, 42 f.). Die Permanenz dieser Selbsterforschung resultiert aus ihrer Unerschöpflichkeit. Proportional zur Bemeisterung der bereits erkannten Sündhaftigkeit nimmt die Erkenntnis des noch zu bewältigenden Rests zu: ja, »in Proportion zu jemandes Stärke und menschlichem Fortschritt wächst die Schwierigkeit des Kampfes« (Cassian nach Ranke-Heinemann 1964, 59).

Zu dem Gedanken der *Perfektibilität* des Menschen, der auf dem Gastmahl des Methodius prononciert vorgetragen worden ist, tritt nun ein zweites Moment in aller Deutlichkeit hinzu: das Moment der *Asymptote*. Daß nicht trotz, sondern wegen der Subtilität der Praktiken, die auch den geringsten Zeichen der Unkeuschheit auf die Spur kommen sollen, der Kampf unendlich, d. h. im Laufe eines irdischen Lebens nicht zu gewinnen ist; die Keuschheit stets allenfalls näherungsweise, nie aber vollkommen erreicht werden kann, davon legen die minutiösen Selbsterforschungspraktiken der Mönche ein beredtes Zeugnis ab. Doch nicht nur sie. Bereits die Ordnung der Laster selbst dokumentiert diesen Befund: Es handelt sich dabei weniger um eine *Klassifikation von Sünden* im späteren, eher statischen Sinne (vgl. Tarifbuße, S. 241 ff.), als vielmehr um eine *Dynamik der Versuchungen*. Weniger Versuchung durch äußere Dinge als durch Gedanken:

A man in the world is disturbed by objects. A man praying in the wilderness is not disturbed by objects because there are few to disturb. He is disturbed by thoughts. Therefore it is the mechanism of temptation which needs inquiry. We need to analyse how thoughts come into the mind, and determine what to do with them when they come. A man in the state of ›apatheia‹ is not only undisturbed by passions. He is also undisturbed by the *memory of passions* (Chadwick 1968, 88 f., Hervorhebung von mir, S.M.).

Der temporalisierende und voluntaristisch nuancierte Begriff der ›Versuchung‹ betont einmal mehr die Bedeutung des beständig angefochtenen Willens, der sich im Kampf gegen die Sünde zu bewähren hat. Das Mönchstum übersetzt dies in die Forderung nach permanenter Erforschung auch der geheimsten sündhaften Regungen – ein per definitionem unabschließbarer Prozeß. Denn noch der Gedanke, der forscht, muß sich der skeptischen Frage stellen, ob er nicht selbst eine Sünde sei oder aber eine hervortreibe.

Wir müssen daher mit aller Wachsamkeit alle Falten unseres Herzens von jeglicher Sünde reinigen. ... Nur dann werden wir verhüten können, daß Das, was wir im Aeusserlichen verabscheuen, innerlich durch einen unvorsichtigen Gedanken erstarke und durch geheime Einwilligung in solche Versuchungen uns beflecke, die, wenn sie zur Kenntnis der Menschen gelangten, uns beschämen würden (Johannes Cassianus 1879a, 141).

Jedoch, die Crux der geheimen Einwilligung ist eben: daß sie dem Menschen verborgen bleiben kann. Diese Gefahr treibt eine Subtilität der Sündenanalytik hervor, die sich auf alle hauptsächlichen Laster erstreckt. Evagrius klassifiziert acht solcher Versuchungen: Gier, Wollust, Habsucht, Melancholie, Ärger, Langeweile, Ruhmsucht und Stolz. Er definiert die Momente wahrscheinlicher Versuchung und rät Maßnahmen, die dagegen zu ergreifen seien, wie das Rezitieren von Psaltern, Schriftstudium oder manuelle Arbeit (vgl. Chadwick 1968, 89). Diese Exerzitien sollen helfen, den Zustand der *apatheia* zu erlangen – sie ist nach wie vor positives Ziel monastischer Bemühungen, doch Gegenstand der Reflexion ist die Bemühung selbst: Die Analyse der Versuchungen und der stete Kampf gegen sie.[1] Ein prominenter Gegner in diesem Kampf ist das Fleisch:

1 Die Argumentationsfigur des *Kampfes gegen die Versuchungen* hat, so Chadwick, auch einen theologischen Grund. Hieronymus attackierte Evagrius' Doktrin der *apatheia* mit dem Vorwurf der Überheblichkeit, da sie impliziere, die menschliche Seele müsse Stein oder Gott selber werden. Diese rigide Auslegung habe Evagrius dazu bewogen, den Prozeß des *Kampfes gegen* die Versuchung stärker zu betonen (vgl. Chadwick 1968, 89).

Diese Auseinandersetzung mit dem Fleisch betraf dabei keineswegs nur die Sphäre der sinnlichen Leidenschaften, des Trieblebens, sondern auch die geistigen, moralischen Leidenschaften, denn die Begierlichkeit ist ›Krankheit der Seele‹ wie des Leibes, und Askese ist ›Zügelung des Leibes wie Beherrschung der bösen Gedanken‹ (Ranke-Heinemann 1988, 40).

– vor allem der »bösen Gedanken«: Dies ist die offenkundig leidvolle Summe der Erfahrungen, die die Asketen seit der Mitte des dritten Jahrhunderts in der syrischen Wüste sammeln. Ihre Lebensbeschreibungen sowie die *Apophtegmata*, Sammlungen von Lehrsprüchen, bekunden die Drangsal der Anachoreten: »Wer in der Wüste bleibt und dort in voller Andacht lebt, ist von drei Anfechtungen befreit: dem Hören, der Geschwätzigkeit und dem Sehen. Sein einziger Kampf gilt der Unzucht [fornicatio]« (Alph., Antonius, 11 nach Rousselle 1989, 196). Das vorzügliche Mittel, diesem Kampf zu begegnen, ist für den Eremiten die Anachorese, sich zurückziehen – offenkundig mit paradoxem Effekt: Je mehr der Eremit die äußeren Reize flieht, desto stärker treten die Versuchungen in seinem Inneren hervor. Die Dramatik dieses Effekts wird entweder von den Mönchen selbst oder von anderen christlichen Verfassern durch Berichte von Maßnahmen bezeugt, die so drastisch wie erfinderisch sind: Eingeschlossen in Gräbern leben die Asketen aus Furcht vor der Versuchung in nahezu vollkommener Isolation; sie schrecken auch vor Kasteiungen und sogar Verstümmelungen nicht zurück. Dennoch kommen Fälle von Unzucht auch nach jahrelanger asketischer Übung immer wieder vor (sie betreffen sowohl Frauen als auch Knaben und Männer, seien es Schüler oder Brüder). Durch solche Erfahrungen genährt werden die Bedingungen der Isolation vervollkommnet, äußere Gelegenheiten zu (sexueller) Begegnung auf ein Minimum reduziert. »Und eben hier taucht der unreduzierbare Gedanke des sexuellen Verlangens auf, das die Erinnerung mit allen Frauen belebte, die das Gedächtnis eines Einsiedlers zusammenbringen konnte« (Rousselle 1989, 204). Rousselle zitiert hier Abt Kyros:

Wenn du keine Gedanken hast, hast du keine Hoffnung; wenn du keine Gedanken hast, wirst du handeln; das heißt, derjenige, der in seinem Geist nicht gegen die Sünde ankämpft und ihr auch nicht widersteht, wird sie körperlich begehen. In der Tat wird derjenige, der handelt, nicht von Gedanken geplagt (Kyros zitiert nach Rousselle 1989, 204).

Was in diesen Schriften als individuell nuancierte, jedoch allgemein wirkende Kraft geschildert wird, ist das Leiden an der Keuschheit oder die Versuchung zur Unkeuschheit. Die individuelle Nuancierung betrifft sowohl die spezifische Art der Anfechtung und unter Umständen auch der Verfehlung: vor allem aber die Verschiedenartigkeit der Mittel, die die Eremiten zum Widerstand gegen die Versuchung eingesetzt haben.[2] Es handelt sich um persönliche Erfahrungen mit der Sünde und ebenso persönliche Experimente mit dem Widerstand gegen sie. Diese Erfahrungen werden durch mündliche Überlieferung Bestandteil eines allgemeinen Wissens um die Unberechenbarkeit der Anfechtung und die Unzahl drakonischer Maßnahmen, ihr zu begegnen (vgl. dazu Rousselle 1989, bes. 194-214).

Dieses Wissen wird zunächst weniger systematisiert als stilisiert: Das Leben des Eremiten wird zum Exemplum. Als Heiliger steht er in der spätantiken, überwiegend nicht-christlichen Welt mit seiner Person für das Christentum schlechthin: »In almost all regions of the Mediterranean, from the third century onward, he was far more than an exemplar of a previously well-organized and culturally coherent Christianity: very often, he quite simply was Christianity« (Brown 1987, 8). Damit benutzt das Christentum eine in der griechisch-römischen Welt durchaus bekannte sozialisatorische Figur: H.-I. Marrou charakterisiert diese Gesellschaft als »Civilization of *Paideia*« (Marrou 1956, 96 ff., 217 ff.).

It invariably tended to opt for the necessary self-delusion that all its major problems could both be articulated and resolved in terms of its one major resource – in this case, by the paradigmatic behavior of elites groomed by a paideia in which the role of ancient exemplars was overwhelming. The tendency to see exemplary persons as classics was reinforced by the intensely personal manner in which the culture of paideia was passed on from generation to generation (Brown 1987, 4).

---

2 In den Apophtegmata erscheinen diese Mittel vor allem in der Form von Ratschlägen oder Maximen. Zwei Beispiele des hl. Antonius: »Abbas Antonios sprach: ›Wer das Eisen bearbeitet, überlegt zuerst, was er schaffen will: eine Sichel, ein Schwert oder ein Beil. So müssen auch wir überlegen, welche Tugend wir in Angriff nehmen wollen, damit wir uns nicht vergebens abmühen.‹« – »Wieder sprach er: ›Gehorsam zusammen mit Enthaltsamkeit unterwerfen wilde Tiere‹« (Pater Bonifatius 1963, 39 f.).

Das Christentum nimmt an dieser Figur allerdings eine wesentliche Transformation vor: Gott selbst kürt diejenigen, die als Exemplum dienen können. Er kürt sie, indem er Christus durch sie sprechen läßt und ihnen die direkte Überzeugungskraft als Christen par excellence verleiht: »›Indeed‹, said the monks to the Patriarch Athanasius, ›when we look at you, it is as if we look upon Christ‹« (Theodore, Catechesis 3.23 zitiert nach Brown 1987, 10).

Das Exemplum bleibt jedoch kein vergängliches Ereignis: Die literarische Gattung der Hagiographie sorgt schon bald dafür, daß die unmittelbar überzeugende Erfahrung in einen sorgfältig stilisierten Diskurs einmündet, der die Präsenz des Exemplums verzichtbar macht. Die Hagiographie des hl. Antonius, die dieser Patriarch Athanasius, Bischof von Alexandrien, einige Jahre nach Antonius' Tod zwischen 357 und 365 verfaßte, entwirft solch ein »Beispiel eines christlichen Lebens, das wie kaum ein anderes zum Ideal, zum Orientierungspunkt der neuen Gläubigen werden sollte« (Gendolla 1991, 45). In einer Gegenüberstellung dessen, was von Antonius direkt überliefert ist, und dessen, wozu die Legende ihn erklärt, destilliert Gendolla exakt den Effekt wechselseitiger Steigerung heraus, in dem der Kampf gegen die Leidenschaften und deren Erzeugung durch diesen Kampf zueinander stehen, und er identifiziert den Ort des Geschehens: »Er [Patriarch Athanasius] machte Antonius zum Modell des erfolgreich seine Leidenschaften bekämpfenden Asketen, indem er diesem Kampf, diesen Leidenschaften, erste ausführliche Bilder verlieh, den Phantasien, die abgewehrt werden sollten, selbst die Nahrung gab« (Gendolla 1991, 51).

Das Schlachtfeld, auf dem der Kampf gegen die Versuchungen des Körpers vor allem ausgetragen wird, ist das der Imagination – ein prinzipiell unerschöpfliches Terrain. Athanasius bevölkert es vornehmlich mit heidnischen Göttergestalten: »... insbesondere Gestalten der Fruchtbarkeit, Zeugungskraft, körperlicher Leidenschaft und Stärke der vorangegangenen Mythologien kehren in der christlichen Version als Dämonen wieder« (Gendolla 1991, 64).[3]

---

3 W. Bousset kommentiert das Verfahren des Athanasius eher als »Läuterung« des asketischen Hangs zu Wunderglauben und Dämonie, hebt jedoch ebenfalls an der Vita hervor, daß sie »zu einem höheren geistigen

Allen voran ist hier die Figur des ›schwarzen Knaben‹ zu nennen; mit ihr greift Athanasius eine Symbolisierung des Teufels auf, die mit dem sogenannten Barnabas-Brief (um 140 n. Chr.), spätestens seit Origenes, dem Christentum geläufig wird[4]: »Ich bin ein Freund der Unzucht; ich habe als meine Aufgabe übernommen die Verlockungen zu ihr und ihre Reizmittel zum Schaden der Jünglinge, und Geist der Unzucht ist mein Name« (Athanasius nach Gendolla 1991, 55). Damit werden zum einen sehr wirksam die Gestalten des Polytheismus zum Bereich der geschlechtlichen Versuchung des Christen synthetisiert; zum anderen greift der ›Schwarze‹ auch die Praxis der Knabenliebe auf:

Das Weib ist nur eine der möglichen Erscheinungen, der schwarze Knabe ist die eigentliche, der ›Geist der Unzucht‹. Die Diskriminierung der Frau wird zwar bestätigt, für eine Biographie, die im heidnischen Römerreich geschrieben wurde, scheint jedoch die Abwehr der homosexuellen Knabenliebe wesentlicher. Und auch für die Rolle des schwarzen Knaben in späteren Mönchserzählungen scheint diese Symbolisierung des Bösen bedeutender als die Imagination weiblicher Gestalten. Real in den Männerklöstern der folgenden Jahrhunderte waren zweifellos eher die Versuchungen durchs eigene Geschlecht (Gendolla 1991, 56).

Die christliche Vita kreist um diese versuchenden Dämonen, die ihre Kräfte in dem Maße intensivieren, in dem der Eremit zu widerstehen in der Lage ist. Die Kette von Konfrontationen bezieht Athanasius durchweg auf Stellen der Hl. Schrift: Sie begleitet das Leben des Eremiten, gibt Hinweise und Bestätigungen durch das göttliche Wort. In dieser Weise bindet Athanasius den menschlichen Körper, die teuflischen Dämonen und die göttliche Stimme aneinander – »aus diesen drei Elementen setzt sich das Szenarium der christlichen Versuchungs- und Erlösungsdramen zusammen«

Ideal des frommen Lebens emporführen wolle« und vor allem bestrebt ist, »ihren Helden als ergebenen Anhänger der Kirche zu schildern, der alle seine Kräfte in deren Dienst zu stellen sich bemüht« (Bousset 1969, 259).

4 »Für Römer, Griechen, Kleinasiaten war der fremdgläubige, dunkelhäutige Ägypter, für die Ägypter selbst waren die Schwarzen am Südrand ihres Landes, die Äthiopier, Symbolisierungen des Teufels. Gegen das Licht, die weiße, unbefleckte Reinheit des Christengottes, wird das Schwarze, Dunkle, die Nacht zum Bereich des Bösen schlechthin, und vieles, was diese Farbe trägt, wird in der Folge zum Träger der Sünde« (Gendolla 1991, 55).

(Gendolla 1991, 66). Die Dämonen sind dabei nichts anderes als das Produkt der Aufspaltung des sich selbst bewußt werdenden Körpers in blinde Materie und reinen Geist, oder: »Es ist die ›Wahrheit‹ der Trennung von Fleisch und Geist, die im ›Trug‹ der Dämonen immer wieder bestätigt werden muß« (Gendolla 1991, 70).

Das Zwischenreich der Dämonie eröffnet mithin eine unendlich ausbaufähige Dimension der Unkeuschheiten: das Gebiet der Imagination, in dem sie als Gestalten der Phantasie operationalisiert werden; das Erkennen des Körpers durch seine Auslöschung findet vor allem hier statt. »Der wesentliche, lustvoll-schreckliche Ursprung, aus dem sich der Monotheismus entwickelt, ist der geschlechtliche Körper, den er als solchen ›erkennt‹ und in immer neuen Anläufen zugleich beschreibt und abzuwehren sucht, ins göttliche Wort auflösen will, ...« (Gendolla 1991, 64).

Für die Bewältigung dieser Aufgabe bietet die Form der Vita jedem Gläubigen ein Beispiel, eine *Lebensform*, die in Gebet und Arbeit die beiden wichtigsten Mittel zur Überwindung des Bösen sieht.[5] Doch hat sie gleichzeitig die Erfahrung des Bösen jedem Gläubigen nicht nur zur Pflicht gemacht; sie bereitet ihn auch darauf vor, daß, wer den Kampf aufnimmt, mit dessen Dynamisierung zu rechnen hat.

Im Laufe des vierten Jahrhunderts wird diese Erfahrung systematisiert und in kohärente Regeln monastischen Lebens übersetzt. Beten, arbeiten, fasten und schweigen gehören zwar auch zum Arsenal monastischer Askese, doch entwickeln sich darüber hinaus Selbsterforschungspraktiken, die die heterogenen Gestalten der Dämonie zu einer zwar ebenfalls unerschöpflichen, doch systematischen Reihe von Versuchungen ordnen. Die Regeln etwa des Pachomius sind ebenso wie die des Johannes Cassianus besonders dort sehr deutlich, wo es um Maßnahmen geht, die den (wie

---

[5] Diese Beispielfunktion gilt auch in kirchenpolitischer Hinsicht: der radikal antisoziale Aspekt des Eremitentums verkehrt sich im Diskurs des Athanasius in sein Gegenteil – er bewirkte die »Reintegration des Eremitentums in die sich ausbildende Amtskirche« (Gendolla 1991, 72). Gendolla schließt sich dabei Dörries an: »Noch in einem tieferen Sinn als nur mit der Unterordnung unter die Amtsträger ist hier das Mönchstum in die Bischofskirche eingegliedert: es wird zu deren Anwalt, einstimmend in ihre Lehre, überzeugend durch sein Leben« (Dörries 1963, 198).

auch immer gearteten, da möglicherweise zur Sexualität führenden) Kontakt der Mönche betreffen.

> Wenn somit durch die Klosterorganisation alle Gelegenheiten für einen tatsächlichen Körperkontakt beseitigt waren, blieb dem Einsiedler nur noch die Konfrontation mit seinem eigenen Körper, ohne direkte Erregung von außen. ... Und wenn man voraussetzt, daß die Brüder mit der ernsten Absicht gekommen waren, ein keusches Leben zu führen, so blieb für diese Männer der Samenerguß während des Schlafes das einzige genitale Vorkommnis von Bedeutung (Rousselle 1989, 211).

Nicht eine vom Keuschheitsgebot unterdrückte Sexualität, sondern ihre um das Phänomen der Pollution zentrierte Problematisierung steht daher im Zentrum monastischer Bemühungen.[6] Cassian (360 – 435), »der große Lehrmeister des abendländischen Mönchstums« vor dem hl. Benedikt und Gründer zweier Klöster in Marseille (um 415), hat sich mit diesem Kampf um die Keuschheit zu Beginn des fünften Jahrhunderts n. Chr. in den Schriften »De Institutis Coenobiorum« sowie in den »Collationes Patrum« auseinandergesetzt. Er sieht es weniger als seine Aufgabe an, »einen Ruhmeskranz der Keuschheit zu flechten[7], <...als> über ihr Wesen und die Art und Weise, wie man sie erlangt und bewahrt, sowie über ihren Zweck nach den Überlieferungen der Väter« (Johannes Cassianus 1879a, 145) Auskunft zu geben. Foucault zeigt anhand ausgewählter Passagen dieser Ausführungen, welche Problematisierung der Sexualität sich an den Selbstbearbeitungstechniken einer asketisch inspirierten Spiritualität der ersten Jahrhunderte ablesen läßt: Bekenntnispflicht und ein Katalog von Lastern, auf die der Mönch in einem unablässigen Kampf die Willenskräfte seines Geistes richten muß, konstituieren Sexualität als heimtückische Präsenz fleischlicher und geistiger Anfechtungen.
Um die aufwendige Prozedur zur Bekämpfung der Unkeuschheit analysieren zu können, empfiehlt sich laut Foucault zunächst ein Blick auf die Stellung der Unzucht innerhalb des Tableaus der acht Hauptsünden. Cassian nimmt darin eine interne Gruppierung

---

[6] Im folgenden referiere ich die Foucaultsche Analyse, die er in seinem Aufsatz »Der Kampf um die Keuschheit« (Foucault 1986c) vorgelegt hat, ergänze sie jedoch um einige Beobachtungen, die durch direkte Zitate aus der deutschen Übersetzung der Schriften Cassians (Johannes Cassianus, 1879a, b) kenntlich werden.
[7] Ein Ziel, dem sich explizit das «Gastmahl» des Methodius verschreibt.

vor, indem er jeweils vier Paare von Hauptsünden zueinanderstellt, die offenbar in einem besonderen Verwandschaftsverhältnis stehen: Völlerei und Unzucht; Habsucht und Zorn; Traurigkeit und Lauheit; schließlich Hochmut und eitle Ruhmsucht. Die Verwandtschaft dieser Sündenpaare gründet in ihrer Ausdrucksform:

> ... einige können ohne körperliche Handlung nicht vollbracht werden, wie Völlerei und Unzucht; andere aber werden ohne jede leibliche That begangen, wie die Ruhmsucht und der Hochmuth; einige erhalten die Ursache ihrer Erregung von aussen, wie Habsucht und Zorn; andere aber entstehen durch innerliche Bewegungen, wie die Verdrossenheit und Traurigkeit (Johannes Cassianus 1879a, 411).

Diesen Ausdrucksformen entsprechen vier charakteristische Angriffspunkte des Lasters: Das innerlich und das äußerlich stimulierte *Erleben* wird ebenso erfaßt wie das innere und das äußere *Tun*. Die Praktiken der Vervollkommnung schreiben sich von nun an in die Koordinaten Erleben/Handeln sowie intern/extern motiviert ein: Die Suche nach dem Laster wird systematisch. Die Ordnung der Vervollkommnung *klassifiziert* die sündenanalytische Aufmerksamkeit.

Darüber hinaus handelt es sich um eine hierarchisch angeordnete Paarung, die mit dem Sündenpaar ›Völlerei/Unzucht‹ beginnt. Das hat zunächst Folgen für die Stellung des ›Geistes der Begehrlichkeit‹ innerhalb der anderen Laster: Zunächst stehen sie durch einen Kausalnexus in Verbindung. Der Hang zur Völlerei entzündet die Unzucht; dieses Paar bringt wiederum Habsucht hervor, die den Zorn hervorruft. Dieser Verkettung der Laster muß sich auch die Reinigung von ihnen fügen: So wird der Mönch »immer, wenn die stärkeren <Laster> überwunden sind, einen schnellen und leichten Sieg über die anderen gewinnen, weil ... der Geist durch die fortschreitenden Triumphe stärker wird« (Johannes Cassianus 1879a, 26). Alle Kausalität findet im Völlerei/Unzucht-Komplex ihren Ursprung – (daher auch die Bedeutung des Fastens als *des* asketischen Mittels schlechthin)[8]: Die Ordnung

---

8 »Sicherlich, auch der Schlafentzug (Inst., II, 13) und die Erschöpfung durch Arbeit (Coll., VI, 1) wird erwähnt. ... Aber der Verzicht auf Nahrungsmittel blieb im Kampf gegen das sexuelle Begehren dennoch das bevorzugte Hilfsmittel: ›Wenn man eine Stadt erobern will, unterbricht man die Wasserzufuhr und die Lebensmittelversorgung. Das gleiche gilt für die Leidenschaften des Fleisches. Wenn ein Mann fastet

der Vervollkommnung *hierarchisiert* die sündenanalytische Aufmerksamkeit.

Doch nicht nur Ausgangspunkt aller übrigen Laster, ist der Geist der Begehrlichkeit auch (scheinbar paradoxes) Ergebnis des Sieges über die vorangegangenen Laster: Dieser Sieg nämlich bringt Hochmut und eitle Ruhmsucht hervor. Diese gehören insofern nicht zur logischen Kette der Hauptsünden, als sie »das Laster des Triumphes über das Laster« (Foucault 1986c, 27) vorstellen. Denn: Unzucht tritt in einer Doppelgestalt auf; einmal als ›Geist der Begehrlichkeit‹, der Hochmut erzeugt; ein anderes Mal als ›Schwäche des Fleisches‹, mit der dieser Hochmut bestraft und der Ausgangspunkt der Kausalkette wieder erreicht wird. Auch der Hochmut hat ein tückisches Doppelgesicht: *Fleischlichen* Hochmuts wird derjenige bezichtigt, der seine vollendete Reinheit zur Schau stellt; *geistigen* Hochmuts dagegen derjenige, der diesen Erfolg sich selbst zuschreibt. Cassian vermerkt dazu:

Wenn sich also jemand schon langer Reinheit des Körpers und des Herzens erfreut und nun glaubt, er könne von dieser Lauterkeit nicht mehr abkommen, da muß er sich notwendig in seinem Innern gewissermaßen rühmen. ... Wenn er nun aber vom Herrn zu seinem Heile verlassen wird und merkt, daß dieser Zustand der Reinheit, in welchem er sich selber vertraute, schwankt – da möge er nur ... seine erkannte Schwäche eingestehen (nach Foucault 1986c, 27).

und hungert, werden die Feinde seiner Seele geschwächt‹ (PJ, IV, 19), sagte Johannes der Zwerg« (Rousselle 1989, 226f.). Rousselle stellt darüber hinaus fest, daß die Verbindung zwischen Ernährung und Sexualität zwar in der ägyptischen Wüste hergestellt, jedoch in den überlieferten Texten in Begriffen der griechischen Physiologie ausgedrückt wurde. Auch Cassian bezieht sich direkt auf die ärztliche Theorie, um die monastische Diätetik darzulegen und zu rechtfertigen: er gruppiert sie hauptsächlich um den Gegensatz von Trockenem und Feuchtem. Bevorzugt wird eine *austrocknende Lebensweise*, »so daß die Ansammlung von alltäglichen Säften, die in ausgetrockneten Gliedern sehr viel träger fließen, diese körperliche Regung, die ihr für unvermeidlich haltet, nicht nur sehr selten, sondern auch schwach macht« (Cassian nach Rousselle 1989, 230). Neben Abstinenz und Wachbleiben empfiehlt sich solche Nahrung, die den Stuhlgang und das Schwitzen erleichtert. – Interessant ist der Vergleich mit der ›feuchten‹ Diät, die Oribanus in Fällen sexueller Impotenz vorschlägt: »Schlaf, reichliche Nahrung, Wein, Brot ohne Kleie (verlangsamte Verdauung), Fleisch sowie aufblähende Gemüse« (vgl. Rousselle 1989, 230).

Gleich zwei gegenläufige Mechanismen arbeiten der Vervollkommnung des Menschen entgegen: Je erfolgreicher seine Anstrengungen, desto schwieriger werden die weiteren Kämpfe und desto größer wird der Stolz auf das Erreichte. Das Gegenteil aber verlangt der monastische Diskurs: Mit dem Fortschritt der Vervollkommnung muß auch die demütige Einsicht in die eigene Sündhaftigkeit wachsen – der Hochmütige hingegen steht wieder am Anfang seines Kampfes. Diese prekäre Dialektik der Laster prädestiniert einen unablässigen Kreislauf der Kämpfe: An deren Beginn steht ebenso unablässig der Kampf gegen die Unzucht.
Schließlich ergibt sich aus dem notwendigen Zusammenhang, daß sich die Unzucht nur besiegen läßt, indem man den Körper befreit – d. h. aus der Verbindung von Askese und Keuschheit –, gegenüber den anderen Hauptsünden ein »ontologisches Privileg« (Foucault 1986c, 27). Während Zorn und Traurigkeit sich durch »die bloße Absicht des Geistes« (Cassian nach Foucault 1986c, 27) bewältigen lassen, muß der Körper physisch und psychisch kasteit werden. »Fasten, Wachen und tätige Zerknirschung« genügen Cassian zufolge daher nicht; sondern überdies steht zu beachten: »Wenn der Teufel unsere Gedanken auf das weibliche Geschlecht gelenkt hat, ... so muß es unsere vorzügliche Sorge sein, diese Gedanken aus dem Sinne zu schlagen« (Cassian nach Foucault 1986c, 27). Das führt zu einem gewichtigen Unterschied zwischen der Unzucht und ihrem Sündenkomplex-Partner Völlerei. Während man auf die Nahrungsaufnahme nicht gänzlich verzichten darf, um nicht »durch unsere Verschuldung unseren Leib zu schwächen und zur Verrichtung der notwendigen geistigen Tätigkeiten untauglich zu machen« (Cassian nach Foucault 1986c, 28), gibt es solche Grenzen im Kampf gegen die Unkeuschheit nicht. »Unter den acht Hauptlastern ist die Unzucht das einzige, das zugleich angeboren, natürlich und körperlichen Ursprungs ist und das vollständig überwunden werden muß, wie es für die Laster der Seele, die Ruhmsucht und den Hochmut, gilt« (Foucault 1986c, 28). Diese drei Besonderheiten charakterisieren die Unzucht, unter deren Titel sich die Sexualität als Dreh- und Angelpunkt asketischer Läuterungsbemühungen erweist.
Cassian bestimmt die Unzucht allerdings nicht nur durch ihr Verhältnis zu den anderen Lastern, sondern auch durch eine innere Spezifizierung. Dazu erinnert Foucault zunächst an die klassische Dreiteilung der Fleischessünden, wie sie in der Didache oder auch

im Barnabasbrief festgehalten sind: »Du sollst nicht huren, du sollst nicht ehebrechen, du sollst nicht Knaben schänden« (Foucault 1986c, 29). Ebenso findet sich in der Regel eine Verbindung dieser Aufzählung mit Geboten, die sich auf das beziehen, was zu verbotenen sexuellen Handlungen führen könnte: »Mein Kind, sei nicht lüstern, denn die Lüsternheit führt zur Unzucht, meide die Zoten und die frechen Blicke, denn all das führt zum Ehebruch« (Basilius von Caesaraea nach Foucault 1986c, 29).

Cassian hingegen trifft eine subtilere Unterscheidung: Erstens gliedert er die Kategorie des Ehebruchs in die der Unzucht im engeren Sinne ein und differenziert sodann

- Unzucht im Sinne von *fornicatio* als der Vermischung der beiden Geschlechter (comixtio sexus utriusque);
- Unzucht im Sinne von *immunditia* als der Unreinheit ohne weibliche Berührung (absque femineo tactu);
- Unzucht im Sinne von *libido* als derjenigen, die nur in Geist und Gemüt, auch ohne Teilnahme des Körpers, begangen wird (sine passione corporis) (vgl. Foucault 1986c, 28 f.).

Im Vergleich zu den mittelalterlichen Sündenkatalogen, die eine strenge Kasuistik nach dem begangenen Akt, dem Sexualpartner, dessen Alter, Geschlecht und den Verwandtschaftsbeziehungen zu ihm einrichtet, kodifiziert Cassian auch solche Sünden der Wollust, »die zuvor lediglich als Begleiterscheinungen wirklicher sexueller Kontakte Beachtung gefunden hatten« (Foucault 1986c, 30): *immunditia* und *libido*. Zwar erinnert Cassian: » Damit wir also alle drei mit gleicher Anstrengung meiden, schreckt uns ihre gleiche Ausschließung vom Reiche Christi« (Johannes Cassianus 1879a, 423), doch die Vorrangstellung der *immunditia* und der *libido* gegenüber der *fornicatio* wird an der ›Therapeutik‹ deutlich, die Cassian den Mönchen als Kampfmittel gegen die Unkeuschheit an die Hand gibt. Seine Maßregeln sind zugleich als negative Deskriptionen dessen zu lesen, was unter Keuschheit zu verstehen sei, und als positive Regeln, sie zu erlangen. Es handelt sich um einen sechsstufigen Katalog, der die einzelnen Anweisungen als das allmähliche Verschwinden der verschiedenen Unreinheiten beschreibt und als »Grade der Schamhaftigkeit« aufzählt (vgl. Foucault 1986c, 30 f.):

- der erste Grad ist erreicht, wenn »der wachende Mönch nicht durch fleischliche Anfechtungen gestürzt« wird (impugnatione carnali non editur);

- der zweite, »wenn sein Geist nicht bei lüsternen Gedanken« (voluptariae cogitationes) verweile;
- der dritte, wenn Wahrnehmungen aus der äußeren Welt, so der »Anblick eines Weibes« die Begehrlichkeit eines Mönches nicht mehr anfechten;
- der vierte, wenn im Wachen die unschuldigste Regung des Fleisches ignoriert werden kann. Da Cassian jedoch stets die Hartnäckigkeit dieser Anfechtungen betont, vermutet Foucault, daß diese Stufe verlange, diese Regungen sollten die Seele nicht affizieren;
- der fünfte Grad ist erreicht, wenn auch der Inhalt einer notwendigen Lesung, die sich mit der Zeugung beschäftigt, dem Mönch als eine schlichte Tatsache des Lebens erscheint, an die er reinen Herzens denken kann;
- der sechste Grad schließlich ist erreicht, wenn es auch im Schlaf zu keiner Begierde mehr kommt, denn selbst sie ist »doch ein Zeichen der noch im Innersten verborgenen Begehrlichkeit« (Cassian nach Foucault 1986c, 31).

Woran also soll man diesen Regeln zufolge arbeiten, wenn Unzucht im engeren Sinne des Geschlechtsaktes *nicht* thematisiert wird? Foucault führt aus, daß in diesen Regeln *eine andere Realität* als die des geschlechtlichen Kontakts zwischen zwei Menschen angesprochen wird. In einem ersten Schritt macht er zwei Pole aus, die diese Regeln aufspannen: zum einen den Pol des Unwillkürlichen mit spontanen seelischen oder leiblichen Regungen, zum anderen den Pol des Willens, der grundsätzlich ablehnen oder einwilligen kann. »Auf der einen Seite als eine Mechanik des Körpers und des Denkens, die sich, die Seele umgebend, mit Unreinheit belädt und bis zur Pollution führen kann; auf der anderen Seite ein Spiel des Denkens mit sich selbst« (Foucault 1986c, 32). Innerhalb dieser Pole siedeln sich *immunditia* und *libido* an: der Kampf des Denkens mit der unachtsamen Seele und dem willfährigen Fleisch ist Gegenstand der Cassianischen Analyse.

Das Ziel der gleichsam als therapeutische Maßnahmen zu lesenden Schritte ist nach Foucault dies: »Die sechs Grade des Aufstiegs zur Keuschheit sind sechs Stufen zu einer Anstrengung, welche die Verwickelung des Geistes aufheben soll« (Foucault 1986c, 32). Das sind im einzelnen die Befreiung von den Verwicklungen des Geistes mit den Regungen des Leibes, mit den Phantasien, mit der Sinnlichkeit, mit der Anschauung, mit der Seele und schließlich mit dem Traum. Diese Verwicklungen, unter denen der willentliche Akt und der ausdrückliche Wille, ihn zu vollziehen, nur die explizitesten Formen darstellen, bezeichnet Cassian mit dem Terminus ›Konkupiszenz‹. Die Aufgabe im Kampf um die Keuschheit sieht Foucault daher im Problematisierungszusammenhang *Dissoziation von Denken und leib-seelischen Anfechtungen*, d. h. Emanzipation und Beherrschung des Willens. Für die erreichte vollkommene Keuschheit gibt es nach Cassian folgendes Indiz:

> Das wird das untrügliche Kennzeichen und der vollständige Beweis dieser Keuschheit sein, wenn uns während der Ruhe und des Schlafes kein Trugbild vor die Seele tritt oder, falls uns dennoch ein solches stört, es wenigstens nicht die Regungen der Wollust zu stören vermag. Wenn auch eine solche Regung keineswegs für eine volle Sünde gilt, so ist es doch das Zeichen eines noch nicht vollkommenen Geistes und eines noch nicht ganz ausgerotteten Fehlers, solange durch derartige Trugbilder die Täuschung thätig ist (Johannes Cassianus 1879a, 141).

Selbst wenn der Mönch in der Lage ist, eine Pollution »auf das unvermeidlichste und seltenste Maß zu beschränken, so daß es einen nur alle zwei Monate anzuwandeln pflegt« (Johannes Cassianus 1879a, 148), was seines Erachtens bereits eine sehr hohe Tugend verrät, ist doch entscheidend, daß der monastische Diskurs diese Tatsache als Indiz konstituiert hat. Ein Indiz, das zum Gegenstand analytischer, diagnostischer sowie asketischer Maßnahmen wird. Entscheidend ist mithin die »wachsame Sorge« (Johannes Cassianus 1879a, 150), mit der wir auch über unsere verborgenen Handlungen und Gedanken bei Tag und Nacht Rechenschaft ablegen müssen: Stets mißtrauisch, müssen die Mönche ihre Pollution daraufhin befragen, ob es sich um »durch die Gesetze der Natur bedingte Ausscheidungen unreiner Stoffe ohne unser Wissen« (Johannes Cassianus 1879a, 148) handelt oder die Pollution dem Reiz der Wollust folgte – oder ob nicht gar die gedankliche Auseinandersetzung mit dieser Frage selbst ihre Phantasie reizt. Die grundsätzliche Skepsis unterstellt und verfolgt auch noch die subtilsten Allianzen von Willen und Wollust.
Die Spuren des Willens zum Wissen führen zu einer *Macht über den Willen*, dessen perfideste Gegenmacht die Unzucht ist. Perfide: weil sie – geheime Komplizin der verborgensten Begierden – den Willen des Subjekts gleichsam ohne dessen Beteiligung reizt. Da jede Willfährigkeit unweigerlich in die Sündenspirale führt,

müssen *alle* Bewegungen des Denkens daraufhin befragt werden, ob sie den Geist der Begehrlichkeit auszulösen vermögen oder gar bereits dessen Resultat sind. Die Begierde mit dem Unwillkürlichen zu kombinieren, induziert eine unendliche Läuterungsbemühung, deren maximaler Erfolg dem Asketen eine Pollution ohne jede Lustempfindung beschert. »Die Pollution ist nur noch ein ›Rest‹, an dem das Subjekt keinerlei Anteil mehr hat« (Foucault 1986c, 35).

Mit dieser Zwischenüberlegung nähert man sich dem zweiten Schritt Foucaults, mit dem er die von den Keuschheitsregeln angesprochene Realität identifiziert. Mehr als eine Praxis des Verzichts im Sinne eines Codex erlaubter und verbotener Handlungen, handelt es sich bei diesen komplexen Selbstbearbeitungstechniken um »eine ganze Technik zur Analyse und Diagnose des Denkens, seiner Ursprünge, Eigenschaften und Gefährdungen, seiner Verführungskraft und all der anderen dunklen Kräfte, die sich unter der Oberfläche verbergen können« (Foucault 1986b, 365). Dieser Realitätsbereich fokussiert nicht eine um Handlungen zentrierte Sexualethik, sondern primär eine Bewegung der *Subjektivierung*: Sie vollzieht sich in zweierlei Weise. Zum einen vollzieht sie sich, so Foucault, via komplexer Beziehungen zum anderen. Es gilt, sowohl die Macht des Widersachers unter der Hülle des eigenen Selbst zu brechen, als auch diesen ständigen Kampf mit der Hilfe des Allmächtigen aufzunehmen, weil die eigene Kraft unvollkommen ist; und schließlich ist das offene Bekenntnis der Schuld vor den anderen Mönchen, das Vertrauen in ihren Rat, mehr noch absoluter Gehorsam den Oberen gegenüber, erforderlich (vgl. Foucault 1986c, 37).

Darüber hinaus vollzieht sich die Subjektivierung über den individualisierenden Blick auf sich selbst. Denn:

Obwohl nun diese acht Sünden das ganze Menschengeschlecht beunruhigen, so greifen sie doch nicht alle auf die gleiche Weise an. Denn in dem Einen behauptet der Geist der Unzucht den ersten Platz, in einem Anderen ist der Zorn voran, im Dritten nimmt die Ruhmsucht die Herrschaft in Anspruch, und bei dem Nächsten hält der Hochmut die Festung besetzt. Während also fest steht, daß Alle von Allen angefochten werden, leiden wir doch im Einzelnen in verschiedener Weise und Reihenfolge (Johannes Cassianus 1879a, 426).

Die allgemeine Erkenntnis der eigenen Sündhaftigkeit, der Wille zur Keuschheit, das Wissen um die Dynamik der Versuchungen, die Hilfsmittel zur Vervollkommnung und ihre Indizien bilden für den einzelnen Sünder aus dieser Perspektive die Elemente, aus denen er seinen individuellen Heilsplan allererst erstellen muß. So grundlegend die Erkenntnis *allgemeiner* menschlicher Sündhaftigkeit ist, bewährt sich die reinigende Potenz monastischer Sündenanalytik doch an ihrer Fähigkeit, die je besondere, *individuelle* Konfiguration der Laster zu diagnostizieren und die asketischen Mittel gezielt einzusetzen. Universelle Perfektibilität und individuelle Perfektionierung fallen auseinander: ihre (individuell spezifische) Differenz entspricht der (individuell spezifischen) Strecke, die der Gläubige zu seiner Vervollkommnung zurücklegen muß. Ebenso stehen sich das universelle Gebot der Keuschheit und die individuelle Praxis der Enthaltsamkeit gegenüber.[9] Wie immer jedoch die Kette der Laster angeordnet ist, deren sich der Mönch in seinem Kampf um seine Vervollkommnung zu entledigen hat: Immer droht zuletzt sein Stolz auf das Erreichte seine Bemühungen zunichte zu machen – daher wird sich der Gläubige seiner Perfektion stets allenfalls asymptotisch nähern.

9 Doch trotz »der so großen Verschiedenheit der Leidenschaften und der Kräfte« (Johannes Cassianus 1879b, 54) scheut Chäremon, dessen Lehren zur Keuschheit die 12. Unterredung wiedergibt, sich nicht, einen Zeitraum von sechs Monaten anzugeben, innerhalb dessen ein wahrhaft strebsamer Mönch unter Einhaltung aller Gebote die vollkommene Keuschheit erreichen könne. Mag dieser Zeitangabe auch der physiologische Effekt radikaler Unterernährung der Mönche zugrunde liegen (Rousselle 1989, 234), so bleibt doch das spirituelle Problem. Handelt es sich bei dieser Voraussage lediglich um die Hervorhebung eines Unterschiedes zwischen analytischer Praxis und mystischer Erfahrung, die unverdient zuteil wird? Chäremon adressiert diese Zeitangabe an alle Mönche: Die Erfahrungen aller Mönche sprechen jedoch gegen sie. Gibt es also eine Interpretation, die das Paradox von asymptotischer Gesamtbewegung und endlicher Bemühung aufzulösen vermag? Der Duktus des monastischen Diskurses legt nahe, daß es sich auch hier um eine paradoxe Operationalisierung handelt. Der Gegenstand dieser Operationalisierung ist die *Zeit*. Die asymptotische Kurve der Perfektionierung wird in eine endliche Anzahl diagnostischer Zäsuren untergliedert: prinzipiell zu jedem Zeitpunkt eines irdischen Lebens muß die Versöhnung zwischen dem Gebot der Vollkommenheit und dem eigenen Grad der Vollkommenheit als Möglichkeit gedacht werden können. Das unendliche Ziel wird gleichsam in der Endlichkeit abgebildet (vgl. hierzu auch Fuchs 1989, 21 ff.). Diese Versöhnung stellt sich als inten-

In den Schriften Cassians handelt es sich zwar nicht um den Ausgangspunkt, jedoch um eine kohärente Form der mönchischen Sexualethik, die ein neues Verhältnis zwischen dem Subjekt und der Wahrheit und dem Gehorsam gegenüber den anderen herausarbeitet, in deren Kern dezidierte Selbstbearbeitungstechniken stehen. Die Situierung des Problemzusammenhangs Sexualität in den Bereich der einsamen Keuschheit, eingelassen in die Frage des angefochtenen Willens, angebunden an den Katalog der Hauptsünden: Hier liegt eine der diskursiven Wurzeln dessen, was wir heute als therapeutisierende Konstruktion sexueller Selbste betrachten.

- Dieser Diskurs zwingt die Sexualität in eine Sphäre *unendlicher Analyse*. Die asketisch orientierte Spiritualität konzipiert Sexualität als ein Phänomen kontinuierlich bedrohter Keuschheit, die zu erlangen oberstes Gebot mönchischen Lebens ist. Der Imperativ, dem Denken und dem Willen gegenüber stets mißtrauisch zu sein, impliziert einen Typ von Reflexion, der das Individuum in sich selbst einsperrt: Seine Subjektivierung gelingt um den Preis unendlichen Zweifels, die negativen Zeichen sabotierter Keuschheit entziffert zu haben. Ebendieser Zweifel allerdings ist die Basis verstärkter Selbstbeobachtung, -analyse und -bearbeitung.

- Dieser Diskurs zwingt die Sexualität in eine Sphäre *differenzierter Diagnose*. Der externe Kausalnexus der acht Hauptsünden taucht die Sexualität in einen Sumpf bedrohlicher Folgesünden; die interne Differenzierung der Unzucht, wie sie die sechs Stufen zur Keuschheit formulieren, geben daher ein differenziertes diagnostisches Instrumentarium an die Hand, dessen Beachtung und Beherrschung den Zeichen der Begierde auf die Spur zu kommen hilft. In den negativ formulierten Anweisungen bestimmt sich die Lesbarkeit der Sexualität.

- Dieser Diskurs zwingt die Sexualität in eine Sphäre *ständiger Bearbeitung*. Die monastische Lebensführung bedeutet eine beständige Arbeit an sich selbst. Sexualität bestimmt sich als das

sive und stets demütige Selbsterforschung dar. Wenn auch ohne Zweifel der überschaubare (und zweifellos beliebig gewählte) Zeitraum von sechs Monaten zunächst motivierende Gründe hat, wird der erfahrene Mönch allmählich erkennen, daß *stets* eine Differenz zwischen christlichem Gebot und individueller Erfüllung besteht: eine Diagnose, die zu weiterem Bemühen von selbst verpflichtet.

Feld kontinuierlicher und nie erschöpfender Praktiken der
Analyse, Diagnose und des Bekennens: Gelingt dem Asketen
das Bezwingen seines willfährigen Zweifels nicht, so ist er gehalten, sich an seine «spirituellen Ärzte» (Foucault 1986c, 39)
zu wenden, damit sie ihn in dieser Arbeit unterstützen. Ihre
Funktion tritt jedoch lediglich ergänzend in Kraft; die Urteils-,
gar Deutungsfähigkeit seines inneren Zustandes ist primär an
das sexuelle Subjekt selbst angeschlossen.

In diesem Sinne läßt sich von einer um die Problematisierung des
Unkeuschen kreisenden, selbstanalytischen und selbstdisziplinierten Lebensführung sprechen, die der Diskurs des asketischen
Mönchstums eingeführt hat.

Mindestens seit dem Ende des vierten Jahrhunderts n. Chr. ist
damit eine Lebensform entstanden, auf die in einigen zentralen
Momenten heutige therapeutische Settings (z. B. Bauernhöfe, Gefängnisse: vgl. Hellerich 1985, 5, aber auch das Exerzitium überarbeiteter Manager im Kloster) zurückgreifen: Ein ganzes kulturell verankertes Arsenal individueller hermeneutischer Praktiken
steht dazu bereit. Jedenfalls sind

> weder die Gesamtvorstellung, die Cassian von der Keuschheit und von der
> ›Unzucht‹ hat, noch die Art, wie er beide analysiert, noch auch die verschiedenen Elemente, die er hervorhebt und zueinander in Beziehung
> setzt (Pollution, Libido, Konkupiszenz) ... verständlich ohne die Selbstbearbeitungstechniken, mit denen er das mönchische Leben und den spirituellen Kampf, der darin herrscht, kennzeichnet (Foucault 1986c, 35 f.).

Perfektibilität und Asymptote – die Koordinaten des sexuellen Diskurses

In der christlichen Forderung nach Vollkommenheit nimmt das
Gebot der Keuschheit einen zentralen Platz ein. Vollkommenheit
muß sich zwar an verschiedenen Teilaufgaben bewähren (im frühen Christentum orientieren sie sich vor allem an den acht Hauptsünden), doch besondere Beachtung wird der Keuschheit zuteil.
Sie ist Gegenstand exegetisch gestützter Lobreden (z. B. das
»Gastmahl« des Methodius) wie auch asketisch inspirierter Praktiken (z. B. in den Schriften des Johannes Cassianus). Zwar dimensioniert auch Methodius die Keuschheit etwa entlang der fünf
Sinne als der fünf Tore der Tugend und organisiert auf diese Weise

in Ansätzen die Schritte auf dem Weg zur Vollkommenheit, doch im Vordergrund seiner Bemühungen steht die Erörterung einer voluntaristisch bestimmten Sittlichkeit: An sie ist der Gedanke der Perfektibilität unmittelbar angeschlossen. Dem ›Willen zur Keuschheit‹ gilt die größte Aufmerksamkeit sowie den Konsequenzen, wenn es daran mangelt und die Gläubigen folglich einen ›Willen zur Unkeuschheit‹ ausdrücken. Die Dimensionen der Keuschheit gelten primär als Indizien des rechten oder des fehlenden Willens zur Keuschheit.

An dieser Stelle nimmt Cassian eine explizite Unterscheidung vor: Das Gebot der Keuschheit und die (individuelle) Praxis der Enthaltsamkeit treten auseinander. Die Tugend der Keuschheit »wird meistens nur Jenen zugeschrieben, die der Gesinnung wie dem Fleische nach jungfräulich sind« oder sich mit »rastloser Mühe und Anstrengung« darum bemühen (Johannes Cassianus 1879a, 137). »Die Vollkommenheit der Keuschheit unterscheidet sich also von der mühevollen Vorstufe der Enthaltsamkeit durch die beständige Ruhe« (Johannes Cassianus 1879b, 47): *apatheia* und Keuschheit koinzidieren. Perfektibilität präzisiert sich nun als individuelle Differenz zwischen Keuschheit und Enthaltsamkeit, wenn nicht gar: Unkeuschheit. Diese Differenz soll mit Hilfe minutiöser Prozeduren, die analytisch und asketisch Geist und Leib des Mönches umstellen, überwunden werden. Die gewünschten Effekte:

- mit zunehmender asketischer Virtuosität erklimmt der Mönch die »ladder towards perfection« (Chadwick 1968, 82);
- mit zunehmender analytischer Virtuosität schärft sich der Blick für die heimtückische Präsenz der Unreinheit.

Damit sind jedoch auch zwei Effekte verbunden, die diesem Ziel zuwiderlaufen:

- die zunehmende Perfektion lockt den Stolz auf das Erreichte und damit den Hochmut hervor, der der Keuschheit diametral entgegensteht;
- eine geheime Einwilligung in die Unkeuschheit droht sogar, dem Gläubigen ganz verborgen zu bleiben und seinen Kampf vergeblich zu machen.

Beide Gefahren führen dazu, daß asketische und analytische Maßnahmen intensiviert werden. Die Subtilität monastischer Praktiken und die Schwierigkeit ihrer Bewältigung wachsen parallel. Perfektibilität und niemals vollständiges Erlangen der Keuschheit sind von nun an gleichbedeutend.

Während die Perfektibilität des Menschen auch in die theologische Terminologie Eingang gefunden hat, hat sich ein Begriff der Asymptote hier nicht etabliert. Nicht ohne Grund. Das, was das Christentum gefordert hat, ist vollkommene Keuschheit in demütiger Einsicht, daß sie ohne göttliche Gnade nicht zu erlangen sei. Menschliche Mühe gilt jedoch als eine Voraussetzung, die der Mensch mitbringen und Gottes Gnade als eine Voraussetzung, deren der Mensch durchaus teilhaftig werden kann: Vollkommene Keuschheit ist bereits auf Erden, wenngleich nur von Wenigen, zu erreichen.

Das, was das Christentum gegen Ende des vierten Jahrhunderts n. Chr. hingegen erfunden hat, ist die grundsätzliche Differenz zwischen dem Gebot der Keuschheit und der Praxis der Enthaltsamkeit: Die gegenläufig wirksamen Mechanismen dieser Praxis prädestinieren seither für die Gläubigen ein Leben in dieser Differenz.

Der weitere Diskurs des Sexuellen, sei er auf das ewige Heil oder – in der Moderne – auf das irdische Wohlbefinden bezogen, schreibt sich von nun an in die Koordinaten Perfektibilität und Asymptote ein: Die wechselnden Formierungen dieses Diskurses bewegen sich bis heute im Spannungsfeld objektiver Konstrukte und individuellen Abstands von ihnen. Als hauptsächliche Mechanismen zur Transformation des Diskurses lassen sich *Operationalisierung* sowie *Universalisierung* identifizieren. Beide Momente wirken sich bereits in den ersten Jahrhunderten n. Chr. aus, wie es im »Gastmahl« des Methodius und in den monastischen Regeln Johannes Cassianus' deutlich wurde, und stehen in einem sich wechselseitig dynamisierenden Verhältnis.

Eine erhebliche Universalisierung wurde bislang nicht erwähnt: Das Ideal der Keuschheit hat sich auf beide Geschlechter ausgedehnt. Während das »Gastmahl« des Methodius vornehmlich ein Plädoyer für die weibliche Virginität darstellt[10], wurde dieses Gebot mehr und mehr auch männlichen Gläubigen ans Herz ge-

---

10 Rousselle stellt fest, daß im Laufe des 4. Jahrhunderts entsprechende Abhandlungen Mode geworden seien: »... die meisten Werke waren ausdrücklich an Frauen gerichtet und befaßten sich mit der Erziehung, durch die die Frauen auf die Jungfräulichkeit vorbereitet wurden, oder sie beschrieben die Fehler, durch die Jungfrauen zu Fall gekommen waren und durch die sie innerhalb oder außerhalb der Ehe zum Geschlechtsverkehr verleitet wurden« (Rousselle 1989, 182).

legt[11]. Doch steht zu beachten, daß dadurch nicht unmittelbar das *Verhältnis* zwischen Frauen und Männern angesprochen ist: Daß die individuelle Vervollkommnung den Weg über die vollkommene Keuschheit nehmen müsse, gilt vielmehr für *jeden einzelnen* Christen. Doch schon bald rückt dieses Verhältnis selbst, die Ehe, ins Zentrum des christlichen Diskurses der Sexualität.

---

11 Damit befaßten sich Rousselle zufolge zwei Arten von Arbeiten. »In ... *Traktaten* wurde beschrieben, wie man über die Jungfräulichkeit von jungen Knaben wachen sollte, um sie keusch dem mönchischen Leben zuzuführen, und in den *Regeln* wurden die Mittel untersucht, die dazu geeignet waren, Jungfräulichkeit und Keuschheit <sic!> in einem asketischen Leben zu bewahren, das Erwachsene freiwillig auf sich nahmen« (Rousselle 1989, 184).

Kapitel 5

Monastische Askese und medizinische Diätetik: Zwei Problematisierungen des Sexuellen

Konkupiszenz und Keuschheit stehen gegen Ende des vierten Jahrhunderts in einem Verhältnis wechselseitiger Steigerung: In dem Maße, in dem der asketische Diskurs auch den subtilsten Anfechtungen auf die Schliche kommt, differenziert sich zugleich die Problematisierung der Keuschheit – Worte, Werke und Gedanken werden immer peinlicheren Prüfungen unterzogen, die ihrerseits immer feinkörniger Abweichungen vom Pfad zur perfekten Apatheia registrieren. Wessen Abweichungen? Während ein strenges Gebot der Keuschheit vor allem die religiösen Virtuosen adressiert, sehen sich die Laien dem Gebot der Enthaltsamkeit gegenüber. Diese abgeschwächte Variante des Keuschheitsgebots ist explizit als ein Zugeständnis an die menschliche Schwäche gedacht – eine Konzeption, der sich die zeitgenössische medizinische Problematisierung nicht anschließen kann. Sie artikuliert ein diätetisches Régime des Begehrens, dem die Gebildeten folgen. Das bleibt nicht ohne Einfluß auf den religiösen Diskurs, der zwei Positionen zum Thema Ehe und Enthaltsamkeit ausbildet: eine eher diätetische *(calor genitalis)* und eine eher asketische *(concupiscentia genitalis)*.

Das Gebot der Perfektion richtet sich idealiter an alle Christen und betrifft mit dem zentralen Konzept der Keuschheit immer mehr Dimensionen ihres Lebens. Tatsächlich aber ergreift dieser christliche Diskurs bis gegen Ende des vierten Jahrhunderts allenfalls eine religiöse Elite: Kirchenväter, Eremiten, Mönche und Jungfrauen sowie einzelne Christen, die sich etwa nach einer Verwitwung zur Enthaltsamkeit entschließen.[1] Es ist gerade diese asketische Aristokratie, die der Problematisierung der Keuschheit ein überaus scharf konturiertes Profil verleiht. Die Schärfe dieses

---

1 Vgl. dazu auch A. Niebergall 1985, 224. R. MacMullen zufolge liegt um 400 n. Chr. die Zahl der Einsiedlermönche in Ägypten bei etwa dreißigtausend gegenüber ca. dreißig Millionen christlicher Laien (MacMullen 1984, 86).

Profils resultiert dabei nicht nur aus der Position wechselseitiger Definition und Differenzierung, die Konkupiszenz und Keuschheit in diesem strengen Diskurs einnehmen. Mehr noch: Die Praktiken der Virtuosen, wie sie in Briefen, Dialogen oder anderen Werken überliefert sind, verwandeln diese Differenz – je subtiler, desto prägnanter – in ein Paradox: Ihre analytische Aufmerksamkeit, die eben noch meint, auch die geheimste Verfehlung zu entdecken, erzwingt Interventionen, die sich doch als unvollkommen erweisen. Zu dieser Erkenntnis muß die an diesen Interventionen selbst geschärfte Aufmerksamkeit unweigerlich gelangen, da sie eine noch verstecktere Falte des Herzens befleckt finden wird, die mithin noch differenziertere Interventionen erzwingt ... Die ›wachsame Sorge‹ treibt so eine Konstellation hervor, in der Keuschheit die menschliche Konkupiszenz stets allenfalls asymptotisch besiegt.

Der Asket erkennt in diesem Kampf um die Keuschheit seine Prüfung: Er kann auf die Koinzidenz von irdischem, mangelbehaftetem Sein und spiritueller, perfekter Existenz im Jenseits hoffen, wenn er diese Prüfung bereits im Diesseits besteht. Virginität und nur noch seltene Pollutionen gelten hierbei als Indizien: Sie spiegeln das transzendente Ereignis bereits auf Erden – und das nur Momenthafte dieser Spiegelung erfordert die lebenslange Bemühung.

Der Paradoxie dieses speziellen Diskurses entspricht die Paradoxie religiöser Semantik überhaupt: Allen Religionssystemen liegt das Schema Immanenz/Transzendenz zugrunde (vgl. Fuchs 1989). Wie alle Codes ist auch dieser asymmetrisch: Der Asket wünscht die Transzendenz und flieht die Immanenz. Wie alle Codes, wird auch dieser, auf sich selbst angewandt – es erscheint paradox: Aller Transzendenzbezug muß sich in der Immanenz realisieren. »Strukturen und Prozesse, die ausgerichtet sind auf das Transzendieren der Immanenz, sind immanente Strukturen und Prozesse, im Falle von transzendenzbezogener Kommunikation verheerend diesseitige Sozialsysteme« (Fuchs 1989, 24). Wenngleich »Apotaxis nicht den Vorgang der Weltflucht vor allem, was immanent geschieht, vor allem, was der Fall ist, bezeichnet, sondern eindeutig den Versuch, die sozial konstituierte Welt zu verlassen mit der Absicht, gleichsam dekontaminierte Zonen der Transzendenzzuwendung zu etablieren« (Fuchs 1989, 30), so erzeugen diese apotaktischen Zonen doch beides: Auf dem Weg zur Transzendenz stoßen sie sich von Immanenz ab und produzieren sie eben damit (vgl. Fuchs 1989, 25). Diese interne Spannung paart sich mit einer externen, in die die apotaktischen Zonen und die übrige sozial konstituierte Welt geraten: Asketen leben unentwegt den Transzendenzbezug gegen feste (immanente) Systemstrukturen. Ebendadurch haben sie die Chance, zu Zentren eines radikalen Diskurses zu werden, die sich schon bald zu »noch lose integrierten, aber schon mit Selbstbeschreibungs- und Identitätskonzeptionen operierenden Sozialsystemen <verdichten>, ablesbar an Kleidung, eigenen Sprachregelungen und Zentrierung auf die evangelischen Räte. Erneut kondensiert ... Welt: Das Unorganisierbare organisiert sich doch« (Fuchs 1989, 31).

Gemeinsames Wirtschaften (*stabilitas loci*) und – evolutionär wohl der erfolgreichste Schritt – klösterlich-asketische Regelwerke tragen endlich zur Formierung stabiler Systeme bei (vgl. Fuchs 1989, 32). Organisationen entstehen, in denen sich ein extremer asketischer Diskurs dauerhaft praktizieren läßt. Der Entropie eines sich selbst stets überbietenden Diskurses bietet ein eigenes Sozialsystem Raum: Chance und Grenze sozialer Entfaltung.

Doch die monastische Organisation ist nicht nur radikal-asketisches Sozialsystem, sondern darüber hinaus auch struktursicherndes Subsystem der Amtskirche (Fuchs 1989, 32). Die einzelnen klösterlichen Regelwerke weisen mit unterschiedlichen Nuancierungen immer auf die Urgemeinde als Modell oder Ursprung der Kirche hin – als radikales Paradigma, dem sich die Amtskirche nicht völlig fügt (schon die kirchliche Hierarchie bricht etwa mit dem basalen urchristlichen Prinzip der Gleichheit Aller). Das Radikale schlechthin wird daher an ein Subsystem delegiert – eine *ecclesiola in ecclesia*: Chance und Grenze sozialer Entfaltung.

Doch darf nicht übersehen werden, daß auch außerhalb dieses Rahmens eine weitere, ebenfalls elitäre Gruppe in den Bann des strengen asketischen Diskurses gerät: Willem Drijvers trägt in seiner Studie »Virginity and Ascetism in Late Roman Western Elites« (Drijvers 1987) Hinweise dafür zusammen, daß sich im Laufe des dritten Jahrhunderts, vor allem aber nach dem konstantinischen Toleranzedikt (313 n. Chr.), eine wachsende Zahl von Frauen aus römischen Senatorenfamilien nicht nur zum Christentum bekannten, sondern mehr noch: ein Leben in freiwilliger Askese wählten. Prosopographische Studien sowie etwa die Notiz Gregors des Großen, in Rom gäbe es allein 3000 Jungfrauen (nach Drijvers 1987, 251) sind dafür ebenso indikativ wie ein Blick in das Römische Recht des vierten Jahrhunderts. Hier nähert sich Drijvers mit einer Zwischenüberlegung. Bereits im zweiten Jahrhundert bemerkt Celsus, daß das Christentum einen schädlichen Einfluß auf das soziale und speziell das Familienleben habe, da es sich ausdrücklich von der normalen und akzeptierten Lebensweise distanziere:

For the Romans, especially for the senatorial class, the familia was the basis and foundation of the res publica. A familia should have concordia, which in turn was reflected in the concordia of the state. One way to reach concord and harmony within the family was to perform the traditional cults and celebrations. When one or more family members became converted to Christianity and disregarded these religious practices, the stability of the familia, and thereby the whole res publica could be seriously affected (Drijvers 1987, 252).

Doch sozial störend wirkt sich nicht nur die Christianisierung der religiösen Sitten und Gebräuche aus; mindestens ebenso beunruhigend sind die ökonomischen Folgen, die sich aus einem asketischen Lebenswandel begüterter und (in der Regel) weiblicher Aristokratinnen ergeben können. Denn die *stabilitas* des Staates ruht nicht zuletzt auf einem balancierten Zusammenhang von Reichtum, Landbesitz, höheren Ämtern, vorteilhaften Heiraten und politischem Einfluß: Das Verfügen von Frauen über sich und ihren Reichtum vermag diesen Zusammenhang erheblich zu beeinträchtigen. Indem sie sich weigern zu heiraten, für Nachkommen zu sorgen oder sich wiederzuverheiraten, greifen sie nicht nur in die familiäre Ordnung (die Macht des *pater familias*) erheblich ein; darüber hinaus fügen sie der Familie großen Schaden zu, wenn sie ihr Vermögen nicht der leiblichen Verwandtschaft, sondern der Kirche oder den Armen vererben; damit gefährden sie das balancierte System der Allianzen.[2]

[2] Die bevorzugte Adressierung dieses Diskurses an Frauen hat, so legt es Drijvers nahe, auf seiten der Autoren vornehmlich misogyne Gründe, auf seiten der Adressatinnen vornehmlich religiös-emanzipative Gründe. Die Autoren solcher werbenden Texte, etwa Hieronymus, führen zwar auch soziale Gründe an (er verweist etwa auf die Plagen der Ehe, Gefahren von Schwangerschaft und Geburt); vor allem aber sehen sie die Frauen in der Nachfolge Evas, die die Erbsünde provozierte. Getreu ihrer Maxime, alles Unkeusche zu entfernen, praktizieren die

Genau dazu fordert Hieronymus in seinen Briefen (auch Ambrosius oder Johannes Chrysostomos in ihren Schriften) auf. Gestützt auf biblische Zitate, preist er die Jungfräulichkeit als *reale* Alternative für *reale* Frauen: Sie sollen sich von Familie und Reichtum trennen und die Ehe verweigern. Statt dessen sehen sie sich vor neuen Imperativen:
- Die Kirche sei deine *familia* (vgl. Drijvers 1987, 257). Hieronymus zitiert Matthäus:

Wer ist meine Mutter? Wer sind meine Brüder? Und reckte die Hand aus über seine Brüder und sprach: Siehe da, das ist meine Mutter und meine Brüder! Denn wer den Willen tut meines Vater im Himmel, der ist mein Bruder und meine Schwester und meine Mutter (Matth 12.48-50).

- Verschenke deinen Reichtum an die Kirche und die Armen: Hieronymus rät der Witwe Furia:

Wem sollst du deinen großen Reichtum hinterlassen? Christo der nicht sterben kann. Wer wird dein Erbe sein? Er, der auch dein Herr ist. Deinen Vater wird es dauern, aber Christus wird es erfreuen; deine Familie wird sich grämen, aber die Engel werden frohlocken. Möge dein Vater nach seinem Willen mit dem seinem verfahren. Nicht ihm bist du geboren, sondern dem, der dich wiedergeboren und zum Preise deines eigenen Blutes dich erworben hat (Hieronymus nach Goody 1989, 106).

Asketen auch hier die ›Eliminierung‹ der Frau, sei es passiv durch Flucht vor ihrer Nähe, sei es aktiv, durch deren De-Sexualisierung. Die Frauen hingegen werden vermutlich vor allem durch soziale Aspekte angesprochen: »... an ascetic life not only gave women the opportunity of liberating themselves from the marital bond and from the dangers of childbearing, but it also provided them with the opportunity of studying the Bible, of learning Greek and Hebrew, and, most importantly, of attaining to a certain degree the same social status (within the context and the boundaries of the church) and spiritual value as religious men« (Drijvers 1987, 266). Zu den Restriktionen, die ihnen durch die Institution Kirche auferlegt werden: »Women were not allowed to teach, preach or to perform any of the other public religious functions« (Drijvers 1987, 268). Beide Momente tragen wiederum zu einer gewissen Generalisierung des asketischen Diskurses bei: Dort, wo der monastische Diskurs der Entfernung alles Unkeuschen und der institutionelle Rahmen einer sozialen und intellektuellen Gleichstellung der Frauen sich treffen (Kirche, Klöster), dehnt sich der asketische Diskurs auf die Gruppe der überwiegend sozial höher stehenden und gebildeten Frauen aus.

- Christus soll dein wahrer Gatte sein! Die spirituelle Hochzeit der Jungfrauen mit Christus beschreibt Hieronymus in einer Metaphorik, die eine erotische Imagination herbeiführt:

> When sleep falls on you, He will come behind the wall and will put his hand through the hole in the door [to open it] and will touch your belly. And you will awake and rise up and cry: ›I'm sick with love‹ (Hieronymus nach Drijvers 1987, 264 f.).

In Texten, die vermögende Frauen der römischen Oberschicht auffordern, ihr Leben der Jungfräulichkeit zu weihen, zeigt der Diskurs der Keuschheit ein anderes Gesicht: Statt sophistizierter Ethik und analytischer Subtilitäten schmiegt er sich hier an die sozialen und ökonomischen Erfahrungen der Adressatinnen an. Den tragenden Elementen Ehe, Familie und wirtschaftlicher Status wird je ein spirituelles Pendant als christliche Alternative zur Seite gestellt: in diesem Fall mit sozialen und ökonomischen Folgen, deren deutlicher Reflex ein Gesetz ist, das Konstantin II im Jahre 354 erläßt und das 364 sowie 420 n. Chr. erneuert wird. Dieses Gesetz stellt es unter Strafe, geweihte Jungfrauen und Witwen zu vergewaltigen. Außerdem bestimmt es, daß Vergewaltigung nicht länger ein zwingender Heiratsgrund sei, selbst wenn die geschädigte Frau darin einwillige. Drijvers folgert:

> Because laws in the Roman Empire were reactions by the emperor to existing situations and were promulgated as ad hoc decisions, we might conclude that women who had taken the vow of virginity or wished to maintain their widowhood provoked a violent reaction and that men tried to force women into marriage by rape (Drijvers 1987, 258).

Zwar ist der soziale und ökonomische Effekt des asketischen Diskurses auf die römische Aristokratie kaum abzuschätzen (Drijvers stimmt mit Brown darin überein, daß deren Existenz zumindest nie ernsthaft bedroht war), doch entscheidend ist dies: Im Laufe des vierten Jahrhunderts nach Christus strahlt er bereits auf den weltlichen Diskurs in einer Weise ab, daß er dort im kodifizierten Recht Berücksichtigung findet. Die einzelnen gesetzgeberischen Maßnahmen (etwa zur Vererbung von Besitz an die Kirche; vgl. Goody 1989, 105 ff.) federn zum einen die möglichen sozioökonomisch dysfunktionalen Folgen des asketischen Diskurses für den Staat ab; zum anderen unterstützen sie – nolens volens – dessen soziale Signifikanz.

Das Ende des vierten Jahrhunderts ist jedoch nicht nur der Zeitpunkt, zu dem sich ein extremer asketischer Diskurs der Keuschheit in einem streng organisierten Subsystem etabliert und damit nicht-diskursive Unterstützung erfährt; es ist auch nicht nur der Zeitpunkt, zu dem eine asketische Orientierung in der römischen Oberschicht, und dort vorwiegend bei den weiblichen Mitgliedern, durch den weltlichen Diskurs des Römischen Rechts weitere diskursive und institutionelle Unterstützung erfährt; es ist auch der Zeitpunkt, zu dem eine andere Ordnung des Sexuellen die Aufmerksamkeit der Kirchenväter auf sich zieht: die Ehe. Gleichsam im Windschatten des strengen asketischen Diskurses über die Jungfräulichkeit hatte die Ehe bis dahin vor allem dazu gedient, die Außerordentlichkeit eines keuschen Lebens deutlicher hervorzuheben: Nach Jungfräulichkeit und Witwenschaft galt sie stets als die nur drittbeste Möglichkeit eines tugendhaften und damit gottgefälligen Lebenswandels (vgl. Kap. 3). Während der Stand der Virginität durch den der Ehe an Auserwähltheit noch gewinnt, zeigt umgekehrt der Stand der Ehe im Licht der Virginität gerade sein niedrigstes Merkmal: seinen größeren Mangel an Keuschheit. Der paulinische Rat, eine Ehe einzugehen, falls man nicht völlig enthaltsam leben könne, ist explizit als *Zugeständnis an die menschliche Schwäche* formuliert:

... auf daß euch nicht der Satan versuche, weil ihr euch nicht enthalten könnt. Solches aber sage ich *als Erlaubnis und nicht als Gebot*. Ich wollte wohl lieber, alle Menschen wären, wie ich bin; doch ein jeglicher hat seine Gabe von Gott, einer so, der andere so. Den Ledigen und Witwen sage ich: Es ist ihnen gut, wenn sie auch bleiben wie ich. Wenn sie sich aber nicht können enthalten, so laß sie freien; es ist besser freien, als von Begierde verzehrt werden (1 Kor 7, 5 – 9, Hervorhebung von mir, S.M.) –

ein pragmatisches Zugeständnis, das nicht ohne Ordnung (die der Ehe) bleibt, jedoch im Rahmen einer Problematisierung, die sich um die Differenz von Konkupiszenz und Keuschheit gruppiert, nie paradigmatischen Rang gewinnt. Im Gegenteil: In diesem Diskurs kann sie nur das schwächste Beispiel sein. In der Ordnung der Keuschheit ist die Ehe allenfalls eine Unterordnung – ein Zugeständnis an eine Schwäche des Willens, die dem Sündenfall geschuldet ist und daher als gottgewollte Strafe und Milde zugleich hingenommen werden müsse.[3]

3 Diese Überzeugung teilt auch, so E. Pagels, die »große Mehrheit der

Gleichwohl stößt diese Ansicht, daß der Ehelosigkeit ein höherer Wert zukomme, durchaus auch auf Gegenmeinungen; sie wird sogar von christlichen Virtuosen selbst bezweifelt: Jovian, christlicher Asket, hält diese Überzeugung gar für ein »neuartiges Dogma gegen die Natur« (vgl. Pagels 1991, 195) und differenziert zwischen pragmatischen und moraltheologischen Argumenten für ein asketisches Leben. Er selbst verschreibt sich einem pragmatisch motivierten Zölibat; moraltheologische Gründe bestreitet er. Eine genaue Exegese der Schriften, besonders die des Paulus, gebe solche Gründe nicht her. Auf dem Feld der Schriftexegese findet Jovinian allerdings in Hieronymus einen belesenen und rhetorisch geschickten Widersacher, der mit einer verunklarenden Genesisauslegung die klassische Lehre bestätigt, derzufolge Adam und Eva *nach* der Vertreibung aus dem Paradies in die Ehe gegeben wurden (vgl. Pagels 1991, 199). Die jovianische These und die Heftigkeit, mit der sie bekämpft wird, bleibt für den christlichen Diskurs des Sexuellen nicht ohne Folgen: Virginität, die an sozialer Signifikanz gewinnt, bleibt in ihrer moraltheologischen Höherwertigkeit nicht unbestritten und wird daher zunehmend zur Disposition gestellt.

Gegen die Auffassung, daß absolute Keuschheit der einzige Weg zum Ewigen Heil sei, melden um 390 n. Chr. auch andere Argumente Protest an: Pelagius ist ein erster prominenter Wortführer; einer seiner Schüler, Julian von Ecclanum, einer seiner konsequentesten. Sie bestreiten, daß sexuelles Begehren von Übel sei. Für Pelagius zeigt sich die Richtigkeit dieser Behauptung schon daran, daß das sexuelle Begehren ohne große Hindernisse zu überwinden sei:

For Pelagius, Adam's sin had brought about no irrevocable weakening of the will. No insuperable, inherited frailty stood between modern Christians and the capacity first bestowed on Adam and Eve to follow God's commands to the full. Pelagius and his followers refused to believe that religious men and women were at the mercy of forces beyond the will's control (Brown 1990, 411).

Christen«: Sie »entschied sich zwar in der Praxis für die Ehe, blieb dabei aber im Grundsätzlichen der Auffassung treu, daß der asketischen Lebensform ein höherer Rang in der Wertordnung zukomme« (Pagels 1991, 203). Für Männer und Frauen bleibt das Ideal der Entsagung stets mit der Prämie der Freiheit verbunden: Freiheit *von* sozialen Bindungen und körperlichen Leidenschaften sowie Freiheit *für* ein spirituell orientiertes Leben (vgl. Pagels 1991, 204).

Julian geht sogar noch weiter. Er verteidigt sexuelles Begehren »not as some outstandingly good thing, but as a drive in our bodies made by God« (Julian zit. nach Brown 1990, 412). Dieser Trieb möge zwar, so Julian, gelegentlich der Kontrolle bedürfen, doch Zeichen für den gefallenen Zustand des Menschen sei er mit Sicherheit nicht.

Die Provokation dieser These äußert sich in einem heftigen Disput, in dessen Verlauf die Pelagianer als Häretiker verdammt werden und Aurelius Augustinus – als prominenter Gegner in dieser Auseinandersetzung – beginnt, einige seiner zentralen moraltheologischen Anliegen zu systematisieren. E. Pagels kann zeigen, daß dieser Disput bis heute fortwirkt (vgl. Pagels 1991, 290 f.); doch was auch immer seither behauptet wird: Im gleichen Zuge rückt mit dieser Kontroverse die Frage des sexuellen Begehrens in der Ehe und damit die Ehe selbst *als christliches Thema sui generis* in den Vordergrund. Bei näherem Hinsehen handelt es sich dabei um eine zweifache Verschiebung: Zum einen wird das eheliche Begehren ein *genuin christliches* Thema, das dem bis dahin vorherrschenden medizinischen Modell Konkurrenz macht. Zum anderen wird das eheliche Begehren ein christliches Thema *sui generis*, das der privilegierten Behandlung der Keuschheit Konkurrenz macht.

Die Ehe ist damit gleichsam in das Fadenkreuz zweier Diskurse geraten: Will der asketische Diskurs angesichts eingeübter medizinisch-stoisch inspirierter Praktiken in dieser Institution ein neues Terrain enthaltsamer Lebensführung erobern, muß er sich zu den Kernstücken des medizinischen Diskurses verhalten, d. h. zu den von ihm inaugurierten »physiologischen Fakten« der Sexualität (Lust, Erektion, Orgasmus, Impotenz); mehr noch: zu den ›flankierenden‹ Behauptungen der Stoa, daß das so konturierte eheliche Begehren willentlich regierbar und sozial regulierbar sei. *Coniugalis pudicitia* versus *concupiscentia nuptiarum* lautet die auf die Ehe umgemünzte asketisch orientierte Leitdifferenz, mit der das medizinische Modell der Ehe beobachtet wird.

Die medizinische Problematisierung von Sexualität und Ehe

Galen, Soranus sowie ihre lateinischen und griechischen Nachfolger artikulieren einen physiologisch-diätetischen Diskurs, auf den bis gegen Ende des vierten Jahrhunderts auch Kleriker und religiöse Laien ihre ehelichen Praktiken stützen.[4] Dieser Diskurs betont in seinen unterschiedlichen Lehrmeinungen stets eine Form der ethischen Bemühung, die Foucault als »Sorge um sich« charakterisiert. Auffällig sei

> der Nachdruck, mit dem gefordert wird, man möge auf sich selber aufpassen, <sei> die Art und Weise, das Ausmaß, die Dauer, die Exaktheit der geforderten Wachsamkeit, die Unruhe gegenüber allen Wirren des Körpers und der Seele, die es durch strenge Zucht zu vermeiden gilt, <sei> das Gebot, sich selber zu respektieren, nicht nur in seinem Stand, sondern in seinem verständigen Sein, indem man den Entzug von Lüsten oder deren Einschränkung auf Ehe oder Fortpflanzung hinnimmt (Foucault 1986b, 57).

Regulativ ist diese Form des Selbstbezugs, durch die man sich als Subjekt seiner Handlungen konstituiert, mithin nicht nur für eine Stilisierung der individuellen, sondern zugleich auch der ehelichen und gesellschaftlichen Existenz. Im Unterschied zur asketischen Lebensführung geht es nicht um die permanente Hermeneutik seiner selbst: Die Maximen diätetischer Lebensführung

---

[4] Neben den medizinischen Problematisierungen können sich die Laien jedoch offenbar auch auf das stützen, was wir heute als Sexualratgeber kennen. Daß diese Werke in zweifelhaftem Ruf standen, läßt sich auch an der griechischen Bezeichnung für ihre Autoren ablesen: *anaiskhuntographoi*, wörtlich: Schreiber schamloser Dinge. Leider ist nahezu keines dieser Werke überliefert; »a vanished literature, known only secondarily and from scraps« (Parker 1992, 93). In den siebziger Jahren dieses Jahrhunderts sind einige Papyri gefunden worden, die man Philaenis zuschreibt (4. Jahrhundert n. Chr.). Der Herausgeber der Fragmente charakterisiert sie als »»systematic exposition of ars amatoria ... summary and matter of fact« (Lobel nach King 1994, 32). Daß die christlichen Kritiker sich entrüsteten, liegt angesichts von Abschnitten, wie ›On advances‹, ›On kisses‹ und erst recht ›On positions‹ auf der Hand (King 1994, 32). Hinweise wie diese sind dazu angetan, daran zu erinnern, daß die Schauplätze des spätantiken Begehrensdiskurses bereits vielfältig sind.

lauten *Meisterung* und *Selbstkontrolle*. Ebenso wie das Ideal absoluter Keuschheit des monastischen Diskurses ist auch der medizinische Diskurs in seiner ganzen Strenge einer intellektuellen Oberschicht vorbehalten, wenngleich auch er – wie später das asketische Ideal – eine für alle zumindest orientierende Funktion als einer idealen irdischen Lebensweise einnimmt.

Im Zentrum des medizinischen Diskurses des Sexuellen steht die *aphrodísia*.[5] Galen sieht in seinem Modell drei Ebenen der Problematisierung für sie vor: Er ordnet sie in eine Kosmologie, in den Körper, in mögliche Pathologien ein. Kosmologisch siedelt sich die Existenz der *aphrodísia* in einer Sphäre des Mangels an Endlichkeit an. Der *lógos*, der die natürliche Ordnung errichtete, beabsichtigte zwar unsterbliche Wesen, doch scheiterte er an der vergänglichen Materie, aus der er das Werk schuf. Um dennoch den Bestand der Gattung zu sichern, ersann er etwas Listenreiches (*sophisma*): Er stattete die Lebewesen mit einer anatomischen Anlage (Geschlechtsorgane), einem Vermögen zur Lust sowie dem Begehren der Seele aus, sich dieser Organe zu bedienen. Das eigentliche ›Sophisma‹ dieser Einrichtung besteht nun in einer derartigen Verbindung von anatomischer Anlage mit der Lust und dem »Stachel« des Begehrens, »daß unter der Wirkung dieses Sporns selbst diejenigen Lebewesen, die nicht einzusehen vermögen, was das Ziel der Natur in ihrer Weisheit ist – weil sie jung sind, weil sie unverständig sind *(áphrona)*, weil sie ohne Vernunft sind *(áloga)* –, es dann doch verwirklichen« (Foucault 1986b, 142).

Die *aphrodísia* treten allerdings nicht nur in einer Kosmologie der Fortpflanzung auf; sie befinden sich darüber hinaus in eine konstante und komplexe Wechselbeziehung mit dem Körper eingelassen. Galen nimmt, so Foucault, eine ›Physiologisierung‹ des Begehrens und der Lust vor: »Begehren und Lust sind direkt die *Wirkungen* anatomischer Anlagen und physischer Prozesse« (Foucault 1986b, 143, Hervorhebung von mir, S.M.), um den Endzweck, die Generationenfolge, zu befördern. Zwar ist auch Galen – wie die Asketen – interessiert an den genauen *Orten* der

[5] Die folgende Darstellung basiert vor allem auf der Foucaultschen Rekonstruktion des spätantiken medizinischen Diskurses der Sexualität, wie er sie im dritten Band von »Sexualität und Wahrheit: Die Sorge um sich« (Foucault 1986b, insbes. Kap. IV und V) dargelegt hat. Auf die Rezeption dieser Studien (kritisch z.B. Thornton 1991; positiv z.B. Richlin 1991) gehe ich hier nicht ein.

Lust, doch es sind anatomische und physiologische Orte des *Körpers*, an denen er sie aufsucht. So findet er etwa die ›Parastaten‹, Drüsenkörper, die feinen Saft ausscheiden, um die vom Geschlechtsakt betroffenen Teile geschmeidiger zu machen: Diese organische Einrichtung schürt die Lust und leistet so dem reproduktiven Erfolg Vorschub. Die physiologischen Wirkungen der Lust untersucht Galen im Hinblick auf ihre Verfahren, die Balancierung aller vitalen Kräfte zu bewerkstelligen. So konzipiert Galen das Sperma als Resultat kochenden Blutes und der Anwesenheit des *pneûma*[6]: »Wenn der Geschlechtsakt geschieht und er Sperma und Pneuma fortnimmt, wirkt er auf die große Mechanik des Körpers, in der alle Elemente ›wie in einem Chore‹ vereinigt sind« (Foucault 1986b, 145).

Die Wirkungen des Geschlechtsaktes stehen jedoch nicht nur im Dienst einer Balancierung der vitalen Kräfte; sie haben immer auch den Charakter einer Verausgabung – im Falle von Zügellosigkeit werden schließlich »alle Teile des Tieres ... ihres Lebensatems beraubt« (Galen nach Foucault 1986b, 145). Ebenso ist der Vollzug des Geschlechtsakts nicht ohne Gefahren, da er konvulsiv verläuft und nicht nur eine Analogie zur Epilepsie für Galen nahelegt, sondern umgekehrt vermag eine Epilepsie ihrerseits einen Krampf in den Geschlechtsorganen auszulösen. Galen notiert: »Tatsächlich wird bei den schweren Epilepsien, wenn der ganze Körper und mit ihm die Geschlechtsteile von einem heftigen Krampf befallen sind, Sperma ausgestoßen« (Galen nach Foucault 1986b, 147). Damit ordnen sich die *aphrodísia* schließlich auch in eine Pathologie der spasmischen Ausscheidungen ein.

Eine komplizierte Physiologie, kosmologisch begründet und von Pathologien gefährdet, wird nun Gegenstand vor allem diätetischer Maßnahmen, die jedoch in der Regel das Terrain der *Selbst*sorge nicht verlassen. Athenaios bemerkt ausdrücklich:

Es ist für einen jeden nützlich, wenn nicht gar notwendig, neben den anderen Wissenschaften auch die Medizin zu studieren und die Vorschriften dieser Kunst zu vernehmen, damit wir zu Zeiten uns selbst beraten können, welche Dinge für die Gesundheit nützlich sind; denn es gibt kaum einen Augenblick bei Tag oder Nacht, da wir nicht der Medizin bedürfen. Ob wir spazierengehen oder ob wir sitzen, ob wir uns salben

---

6 Das Pneuma wird nach Galen im Gehirn gebildet: Es läßt die Geschlechtsorgane anschwellen und flüchtet im Sperma bei der Ejakulation.

oder ein Bad nehmen, ob wir essen, ob wir trinken, ob wir schlafen oder wachen, mit einem Wort: was immer wir tun – das ganze Leben lang und bei allen damit verbundenen Beschäftigungen – brauchen wir Ratschläge für eine Lebensführung, die nützlich und ohne Ungemach ist. Es ist aber lästig und unmöglich, sich ständig wegen aller Einzelheiten an den Arzt zu wenden (Athenaios nach Foucault 1986b, 135).

›Wachsame Sorge‹ eines jeden für sich selbst, informiert durch die ärztliche Kunst, deren Diskurs die Gebildeten verfolgen und in eine Selbstpraktik integrieren – deutliche Parallelen zur Wirkweise des asketischen Diskurses. Bedeutsam sind allerdings zwei Unterschiede: Beständig und kompetent gilt es nicht, die Differenz zwischen Konkupiszenz und Keuschheit auszuloten, sondern vielmehr die zwischen der vitalen Kraft und der Verausgabung einer materiellen Substanz, die den Tod der Gattung überwindet. »Das ist das Paradox der sexuellen Lüste: das hohe Amt, mit der die Natur sie betraut hat, der Wert der Substanz, die sie zu übertragen und also zu verlieren haben – gerade das verschwägert sie dem Übel« (Foucault 1986b, 149). Ziel der Intervention ist daher nicht das Entfernen jeglicher keuschheitsbedrohenden Anfechtungen, sondern das *Gleichgewicht der Kräfte*. »Wie Galen sagt, müßte man, um die sexuellen Lüste zu genießen, sich in einem gleichsam exakt mittleren Zustand befinden, am Nullpunkt aller möglichen organischen Variationen: ›sich hüten vorm Zuviel und vorm Zuwenig‹« (Foucault 1986b, 154).[7]

[7] An dieser Stelle wird auch deutlich, warum die Sexualratgeber sich nicht nur bei den christlichen Kritikern keiner besonderen Beliebtheit erfreuen. »The posession of sex manuals is linked by their critics to gluttony, drunkenness and buying sex, as evidence of the absence of a primary virtue of the ancient world, *moderation*. It thus appears that pagans and Christians alike felt that there was something *excessive* about a book on the subject« (King 1994, 31, Hervorhebungen von mir, S.M.).
Die Präambel des Philaenis zugeschriebenen Textes (vgl. Kap. 5, Anm. 4) gibt allerdings einen interessanten Hinweis. Sie gibt an, er beruhe auf persönlichen Erfahrungen und sei als objektiver und wissenschaftlicher Ratgeber gedacht. Wenn auch rekonstruiert werden müßte, wie sich ›persönliche Erfahrung‹ und ›wissenschaftliche Objektivität‹ in diesem Wissensfeld situieren, so ist doch bemerkenswert, daß der *Anspruch auf Wissenschaftlichkeit* von Anfang an erhoben wird, und nicht etwa eine Neuerung ist, die erst das 19. Jahrhundert eingeführt habe, wie Jeffrey Weeks meint (vgl. dazu auch King 1994, 32).

Angelpunkt der Intervention ist daher auch nicht eine immer subtiler werdende Hermeneutik des Begehrens, sondern ein diätetisches Regime des Geschlechtsaktes, das die Balance zwischen vitaler Kraft und Verausgabung des Samens zu halten vermag. Die Ärzte des ersten und zweiten Jahrhunderts n. Chr. haben dazu, so Foucault, eine Pathologie entwickelt, die sich gegenüber früheren Vorstellungen durch höhere Komplexität und Systematizität auszeichnet. Das Tableau ihrer Vorsichtsimperative formiert eine umsichtige Selbstpraktik, die sich um vier Themen gruppiert:

- *Mögliche Pathologien:* Zunächst siedeln sich die möglichen Pathologien um die beiden Pole der unwillkürlichen Gewalt der Anspannung (Satyriasis) sowie der unbegrenzten und erschöpfenden Verausgabung (Gonorrhöe) an – beide Geschlechter sind diesen Gefahren ausgesetzt.
- *Störvariablen:* Sodann ist auf die vielseitige Störanfälligkeit der Geschlechtsakte achtzugeben: das Temperament der Individuen, das Klima, der Zeitpunkt, die Nahrung können das Gleichgewicht der Kräfte negativ beeinflussen. Umgekehrt können ebenso von den sexuellen Lüsten Störungen ausgehen: Verdauungsstörungen, allgemeine Schwäche des Gesichts und Gedächtnisverlust, Seitenstechen, gar Bluthusten oder andere schädliche Wirkungen werden vermeldet.
- *Heilung:* Ein sorgsamer Umgang mit der geschlechtlichen Aktivität wird allerdings feststellen, daß sie zuweilen auch heilsam wirkt – abhängig vom Allgemeinzustand und Temperament des Individuums. So schwächt etwa der Koitus vollends diejenigen, »die nur geringe Kräfte haben, läßt aber unbeschadet, die bei Kräften sind oder am Schleime leiden« (Galen nach Foucault 1986b, 157). In Einzelfragen gehen die medizinischen Beurteilungen über die Qualität der Wirkungen auseinander: Heilung als mögliche Folge des Geschlechtsakts schließt jedoch niemand aus.
- *Enthaltung:* »Am wichtigsten ist freilich die Tendenz, der geschlechtlichen Enthaltung positive Wirkungen beizulegen« (Foucault 1986b, 159). Doch selbst hier ist die Konstitution der Individuen, ihr Temperament, ihre frühere sexuelle Gewohnheit in Rechnung zu stellen: plötzliche Enthaltung kann beispielsweise zu Faulheit und Niedergeschlagenheit führen. Für Soranus gibt es keine natürliche Rechtfertigung des Geschlechtsverkehrs wegen gesundheitlicher Gründe; allein die

Arterhaltung macht diese Praktik notwendig. Doch »wird weder die geschlechtliche Enthaltung als ein Muß betrachtet noch der Geschlechtsakt als ein Übel hingestellt« (Foucault 1986b, 161).

Alle Vorsichtsimperative sind, so Foucault, »zweiwertig« angelegt (Foucault 1986b, 148): Extreme Anspannung oder Verausgabung beim Koitus, seine Störanfälligkeit oder seine störende Wirkung, seine pathogenen oder heilenden Effekte, sein Vollzug oder Enthaltung – das Regime der *aphrodísia* muß alle diese Spannungsfelder berücksichtigen. Dazu stellt der medizinische *lógos* Verfahren bereit, die dem Individuum in jedem Augenblick die richtige Lebensführung vorschlagen. Foucault fällt auf, daß diese Anleitungen eher »konzessiv« als »normativ« gehalten sind (vgl. Foucault 1986b, 163). Mit dem Charakter einer »Diät« leiten sie zum kontrollierten Umgang mit den Geschlechtsbeziehungen an, indem sie den »rechten Augenblick«, das »rechte Maß«, die »rechten Umstände«, den »rechten Gesundheitszustand« der beteiligten Personen zur Beachtung empfehlen.

Dabei handelt es sich um Zonen der Aufmerksamkeit, die den Körper und um solche, die die Seele betreffen. Diätetische Praktiken, die den Körper meistern sollen, kreisen vor allem um vier Aspekte: den richtigen Augenblick zur Zeugung, das Alter des Subjekts, die Wahl des Zeitpunkts (am Tag oder in der Jahreszeit), das individuelle Temperament. Die Funktion der Seele in diesem Diätplan ist hingegen eine Doppelte: Sie muß dem Körper eine physiologisch indizierte, nüchterne Diät zuweisen, und, soll dies gelingen, sich selbst einer umfassenden Arbeit unterziehen. Denn »... man muß streben, seine Triebe *(hormaí)* zu dämpfen und dafür zu sorgen, daß unsere Begehren *(prothymíai)* nicht über unsere Kräfte gehen« (Athenaios nach Foucault 1986b, 176). Foucault kommentiert: »Es geht also bei dieser Diät nicht darum, einen Kampf der Seele gegen den Körper anzufachen, auch nicht darum, Mittel zu erstellen, durch die sie sich gegen ihn verteidigen könnte; vielmehr soll sich die Seele selbst berichtigen, um den Körper nach einem Gesetz lenken zu können, welches sein eigenes Gesetz ist« (Foucault 1986b, 176). Die diätetischen Empfehlungen, die sich auf die Seele richten, kreisen um drei Themen:
– die Bewegung des Begehrens, die möglichst streng den Bedürfnissen des Körpers, d. h. der Physik seiner Ausscheidungen unterzuordnen ist;

- der Kampf gegen die inneren und äußeren Bilder *(phantasíai)*, um ein mit den Bedürfnissen des Körpers unverbundenes Begehren zu vermeiden;
- Ausschaltung der Lust als angestrebtes Ziel: »Das einzige Ziel, das die Vernunft sich setzen soll, ist dasjenige, das der Zustand des Körpers entsprechend seinen Reinigungsbedürfnissen anweist« (Foucault 1986b, 183).

Körper und Seele stehen im Dienst individueller und permanenter Selbstsorge: Das Regime der Lüste nimmt in diesem physiologisch-diätetischen Modell einen zwar wichtigen, doch nicht übergeordneten Platz im Ensemble der Selbstpraktiken ein. Noch geht die Diätetik der Nahrung weit über die Strenge der sexuellen Vorschriften hinaus. Auch geht es dieser Medizin nicht darum, die pathologischen Formen sexueller Verhaltensweisen abzugrenzen: »Der Geschlechtsakt *ist* nicht ein Übel; er *zeigt* einen permanenten Herd möglicher Übel *an*« (Foucault 1986b, 187; Hervorhebungen von mir, S.M.). Schließlich verlangt zwar auch diese Medizin eine Wahrheits-Rede vom Subjekt; »aber diese Rede soll nicht dem Subjekt die Wahrheit über es selbst sagen; sie soll es lehren, die Geschlechtsakte so zu beschreiben, wie es deren eigener Natur am meisten, am genauesten entspricht« (Foucault 1986b, 187). In den physiologisch-diätetischen Diskursen der Spätantike formiert sich die ›Natur‹ der Sexualität als Balance individuell zu kontrollierender Kräfte, die den Geschlechtsakt entweder stören oder aber seine Wirkungen begünstigen können. Dabei ist der sorgfältige Umgang mit der Lust keine bloß individuelle Aufgabe: Bei diesen Praktiken geht es auch um eine Weise der Selbstverwirklichung, die in der Gemeinsamkeit der Ehegefährten stattfindet.

Die medizinischen Anleitungen zum richtigen, da selbstdisziplinierten Leben siedeln sich im Innern einer von der Stoa inspirierten Moral an: Die »Coniugalia Praecepta« Plutarchs, die Abhandlung über die Ehe von Hierokles und weitere Texte, die sich bis ins zweite nachchristliche Jahrhundert hineinziehen, formulieren – wenngleich zurückhaltend – zumindest einige allgemeine Prinzipien hinsichtlich des rechten Gebrauchs der Lüste. »Ein monopolistisches Prinzip: keine sexuellen Beziehungen außerhalb der Ehe. Eine Forderung nach ›Enthedonisierung‹: die sexuellen Vereinigungen der Gatten sollen nicht einer Ökonomie der Lust gehorchen. Eine Ausrichtung auf die Zeugung: ihr Zweck soll die Geburt von Nachwuchs sein« (Foucault 1986b, 237).

Bei Musonios Rufus findet sich dieses Ensemble allgemeiner Prinzipien in einer knappen Definition dessen, was als *aphrodísia díkaia*, rechtmäßige Lüste, anzusehen sei: Es sind »diejenigen Lüste, die die Partner gemeinsam in der Ehe und zwecks der Geburt von Kindern erlangen *(tà en gámo kaì epì genései paídon syntelúmena)*« (Musonius nach Foucault 1986b, 219 f.). Musonius führt aus, daß, wer außerhalb des ehelichen Bandes sexuelle Beziehungen eingehe, zwar kein Recht verletze, doch man beschmutze sich. Auch verurteilt er die Abtreibung, da sie sowohl gegen den Nutzen des Individuums und der Bevölkerung der Städte als auch gegen die universale Ordnung der Götter verstößt.

Foucault warnt an dieser Stelle ausdrücklich davor, solchen Ratschlägen die christliche Vorstellung zu unterstellen, derzufolge die sexuelle Lust ein Übel sei und die Ehe ein Mittel, ihre schädliche Kraft in einem strengen Rahmen zu bändigen. Vielmehr folge diese Auffassung einem Gebot der Vernunft, das die ›Natur‹ des Geschlechtsverkehrs und die ›Natur‹ der Ehe zur Deckung bringe:

Geschlechtsakt, Eheband, Nachwuchs, Familie, Stadt und darüber hinaus gar menschliche Gemeinschaft – das ergibt eine Reihe, deren Glieder verbunden sind und in der die Menschenexistenz ihre rationale Form findet. Die Lüste daraus abzuziehen, um sie aus dem Gattenbund zu lösen und ihnen andere Ziele anzuweisen, heißt allerdings einen Anschlag auf die Essenz des Menschseins zu führen. Die Beschmutzung liegt nicht im Geschlechtsakt an sich, sondern im ›Laster‹, welches ihn von der Ehe trennt, in der er seine natürliche Form und sein natürliches Ziel hat. In dieser Perspektive bildet die Ehe für das Menschenwesen den einzigen legitimen Rahmen der sexuellen Vereinigung und des Gebrauchs der *aphrodísia* (Foucault 1986b, 222).

Die physiologische Maxime, die vitalen (physischen und seelischen) Kräfte zu balancieren, gilt daher auch für die Beziehung der Gatten, wenn sie nach der stoischen Kunst der Ehe leben wollen. Ungewöhnlich detailliert und ungewöhnlich verpflichtend findet sich ein solches Beziehungsmodell bei Musonius Rufus. Er argumentiert nicht nur für ein eheliches Monopol der *aphrodísia*, sondern verlangt auch eine weitgehende »Konjugalisierung« der Gatten (Foucault). Er konzipiert »das eheliche Band als System, das die Verpflichtung im Genuß der Lüste ins genaue Gleichmaß bringt« (Foucault 1986b, 225) – ein Gleichmaß im Bereich der sexuellen Lüste, wohlgemerkt mit dem Ziel, die *allgemeine moralische Überlegenheit* des Mannes zu sichern. Muso-

nius expliziert dies an dem Problem, daß man dem Gatten zwar konzediere, mit seiner Sklavin sexuelle Beziehungen zu unterhalten, während seiner Frau solche Beziehungen mit dem Sklaven selbstverständlich untersagt seien. Der Gatte jedoch, will er der moralisch Überlegene sein, muß sich dieses »Recht« versagen, da er andernfalls zugeben müsse, daß seine Frau größere Selbstbeherrschung aufweise als er. Das Gebot einer symmetrischen Sexualethik entfaltet sich mithin im Rahmen einer asymmetrischen Geschlechterbeziehung. – Das liest sich allerdings auch umgekehrt: Gerade das Problem, die moralische Überlegenheit für den Mann zu erhalten, schafft einem sexuellen Diskurs Raum, in dem die Maxime des Gleichmaßes auch Konstituens der Beziehung wird, die die stoischen Philosophen als einzig legitimen (vernünftigen) Ort des Begehrens empfehlen: die Ehe.
Diese Maxime des Gleichmaßes ist es auch, die die Ehe von anderen sexuellen Beziehungen unterscheidet, weshalb ihr sorgfältigere und ständige Beachtung zuteil werden sollte: Hinweise dieser Art werden jedoch mit Zurückhaltung ausgesprochen. Das Gebot ehelicher Sittsamkeit findet entweder als traditionelle Mahnung seinen Ausdruck, seine Frau nicht Dinge zu lehren, aus denen sie falschen Nutzen ziehen könnte; als Grundsatz, seine Gattin nicht zu glühend zu lieben, sonst handle man ehebrecherisch; oder als Ratschlag, einen Mittelweg zwischen übermäßiger Zucht und einem zu losen Lebenswandel zu finden (vgl. Foucault 1986b, 230).

Calor genitalis oder concupiscentia carnis?

Die asketische Problematisierung der Keuschheit und die stoisch inspirierte physiologisch-diätetische Problematisierung der ehelichen Sexualität stehen – das zeigt bereits diese Skizze – durchaus nicht völlig diametral zueinander: Während der asketische Diskurs jegliches Begehren als Entfernung vom Ideal vollkommener Keuschheit konzipiert (wozu auch die maßvoll ausgeübte Sexualität in der Ehe gehört), rubriziert der stoisch-physiologische Diskurs das Dual vollkommener Enthaltung oder Zuchtlosigkeit unter einer anderen Leitdifferenz: der des maßvollen oder maßlosen Gebrauchs der Lüste. Unter dieser Leitdifferenz figuriert absolute Keuschheit als eine mögliche Maßlosigkeit, die dem favorisierten »mittleren Zustand« in physischer und seelischer Hinsicht, aber auch in Hinsicht auf die Beziehung der Gatten zueinander nicht förderlich ist; im Gegenteil: Der stets maßvolle »Genuß der *aphrodísia* hilft, ein Band zu knüpfen und es weiter zu festigen. Daraus ergibt sich eine Aufwertung der sexuellen Lüste (solange sie in den Rahmen der Ehe eingebettet bleiben), verbunden mit dem Rat, sie zuchtvoll auszuüben, auf daß sie tatsächlich jene positive Rolle innerhalb des Ehebundes spielen« (Foucault 1986b, 233). Auch Enthaltung wird durchaus geschätzt, wenn sie vernünftig, und das heißt: das Gleichgewicht aller vitalen Kräfte achtend, eingesetzt wird.

Beide Diskurse stellen die Arbeit an sich ins Zentrum ihrer Bemühungen: Doch die spätantike ›Sorge um sich‹ privilegiert weder die Sorge um die Lüste, noch ist das Verfahren, sich durch Mäßigung zu bemeistern, tendenziell zum Scheitern verurteilt und gewinnt – wie die Hermeneutik der Asketen – aus *diesem* Grund eine den Diskurs stets aufs neue antreibende Kraft. Das, was den physiologischen Diskurs antreibt, ist die Gefahr des Ungleichgewichts: Die präferierte Balance der vitalen Kräfte ist das Ergebnis eines *ständigen Balancierens*. Dabei richtet sich die Aufmerksamkeit nicht nur auf den Körper und die Seele und die Bedingungen, wie man den Zugang zur Wahrheit über sich selber erlangen kann; die stoisch-physiologische Problematisierung der sexuellen Lüste knüpft an die Frage ihres rechten Gebrauchs auch eine legitime soziale Beziehung: Die Ehe ist deswegen ein legitimer Ort, weil sie die Gatten symmetrisch aufeinander verpflichtet und diese Verpflichtung nicht nur das soziale Band zwischen ihnen festigt, sondern das sexuelle Band zwischen ihnen zum *Element* im Spiel individueller und gemeinsamer Meisterung stilisiert. Von daher versteht sich der eher untergeordnete Rang im Ensemble diätischer Maßnahmen; von daher jedoch auch die umfassende Problematisierung der Sorge um seine sexuelle Mäßigung. *Als* Element steht sie in beständiger Wechselwirkung mit den übrigen Elementen des Ensembles. Die Frage des rechten Augenblicks des Geschlechtsakts zeigt es exemplarisch: Rufus von Ephesos heißt es etwa nicht gut, die *aphrodísia* vor der Mahlzeit zu genießen, wenn man hungrig ist, weil sie dann nicht ermüdend wirken, sondern selbst an Kraft einbüßen. Gleichwohl rät er auch von üppigen Mählern, unmäßigem Trinken sowie vom Zeitpunkt der Verdauung ab, da dies dem Koitus ebenfalls schade (vgl. Foucault 1986b, 172). Umgekehrt können die rechte Ernährung, maßvolle Bewegung oder nicht zu schwere Arbeit ihn günstig beeinflussen – die Berücksichtigung all dieser Faktoren empfiehlt den Rahmen einer geregelten Institution, wie sie Ehe und Familie darstellen.

Dies ist auch der Rahmen, der sich bis zu Beginn des fünften Jahrhunderts der Mehrheit der Christen, denen ein Leben in rigoroser Askese fremd ist, ganz selbstverständlich empfiehlt:

> ... sexuality was an uncomplicated physiological drive, readily harnessed to the institution of marriage. Girls were given very little time to experience postpubertal sexuality outside the married state. Young men had come to be discreetly disciplined in the same direction. When not treated solely as an issue of personal health and hygiene, in exclusively physiological terms, related only indirectly to intercourse, sexuality, as intercourse could be assumed to begin with marriage, and to be worthy of interest only in terms of reproduction within marriage (Brown 1983b, 56).

Im Rahmen dieses medizinisch fundierten Modells, das sich mit der Tatsache sexueller Reproduktion in der Ehe befaßt, findet die Lust als physiologisches Faktum Berücksichtigung: Sie ist dasjenige Moment, durch das sich männlicher und weiblicher Samen harmonisch vereinigen *(confextrix commixtrixque seminum)* – in Verbindung mit einer diffusen Hitze *(calor genitalis)* wird eine Zeugung erst möglich. Es ist dieser bis dahin unbefragte Hintergrund des wahren (medizinischen) Diskurses der Sexualität, vor dem Julian eine christliche Theologie des sexuellen Begehrens formuliert. Am Schnittpunkt einer unmittelbaren Verbindung des Willens mit dem Begehren (Pelagius) und einer konventionellen Physiologie (Galen, Soranus, ...) knüpft der julianische Diskurs umstandslos an und kristallisiert eine voluntaristische und nichtasketische Problematisierung der Sexualität heraus: »The Christian couple were free to ›trigger‹ the sexual mechanism, and to set it aside without great difficulty, despite its solemn onset and admittedly uncontrollable conclusion. Sex was therefore what free choices made it. Good choices made it for marriage and children« (Brown 1990, 413).

Gepaart mit der Überzeugung, daß die menschliche Leidenschaft ohnehin mit fortschreitendem Alter verebbe, kulminiert die durch Julian vorgetragene Auffassung in einem Diskursmodell, das für den Fall einer Entscheidung gegen ein jungfräuliches Leben zwei Phasen einer christlichen Ehe vorsieht: Sexuelles Begehren »might be abandoned in a permanent, virginal state; but it was far more usual that it would be set aside, once used in marriage to produce

children, in the post-marital celibacy of the middle-aged, by priests, bishops and even by influential Christian layfolk« (Brown 1983b, 55).
Damit folgt Julian ganz selbstverständlich den Konturen des antiken Gesellschaftsmodells, das der Sexualität einen genau umrissenen Platz zuweist: *Politiké paidopoiïa,* ›procreation for the good of the city‹ (vgl. Brown 1983b, 64). Brown fügt hinzu: »It was not that non-reproductive, extra-familial sex was not known to occur: such disorderly uses simply added nothing of interest to a paradigm of sexuality presented as reproduction within marriage« (Brown 1983b, 64).
Calor genitalis (Julian) versus *concupiscentia carnis* (Augustinus): Eingelassen in die Ordnung des Willens und die Ordnung des Sozialen geht von der medizinischen Problematisierung des Sexuellen keine Bedrohung für den Christen aus. Im Gegenteil, »... the social benefits of Christian marriage explained and justified the <physiological> facts of sex. Sexuality was a necessary and utterly unproblematic foundation of organised society« (Brown 1983b, 63) – alle anderen Erscheinungsformen der Sexualität gelten als bloßer *excessus.* Augustinus hingegen verwirft Beides: daß Sexualität willentlich regierbar und daß sie sozial regulierbar sei. Aus seiner Perspektive erscheint Sexualität als ein permanenter, unwillkürlicher, asozialer Trieb, den gesellschaftliche Institutionen kaum zu bändigen vermögen; er beschwört vielmehr die *concupiscentia carnis,* »a dislocated sexuality, common to all human beings in all situations, boundless, indiscriminate and for that reason only to be cabined and confined at the cost of perpetual moral vigilance within the rough and ready limits of a civic order, into which it could never entirely be absorbed« (Brown 1983b, 65).
Calor genitalis (Julian) versus *concupiscentia carnis* (Augustinus): Im Angesicht eines strengen monastischen Diskurses der Keuschheit wird eben die Lust zum kritischen Moment: Ein asketisches Ideal der Keuschheit und ein medizinisches Modell günstiger Zeugungsbedingungen lassen sich gerade in diesem Punkt nicht anverwandeln – allenfalls um den Preis einer noch stärkeren Differenzierung zwischen einem asketischen Diskurs religiöser Virtuosen und dem sexuellen Diskurs christlicher Laien. Den umgekehrten Weg beschreitet Augustinus: Askese und Ehe sollen nicht länger zwei Ordnungen des Sexuellen sein. Die Problematisierung der ehelichen Enthaltsamkeit (*coniugalis pudicitia*) ist es,

die beide Verschiebungen des asketischen Diskurses forciert (vgl. Kap. 6): Gegen Ende des vierten Jahrhunderts ist eheliche Sexualität auch ein *christliches Thema,* und zwar ein christliches Thema *sui generis.*

In einer diskursiven Figur, die sich im Anschluß an die Rezeption George Spencer Browns durch Niklas Luhmann als re-entry bezeichnen ließe, wird die Differenz von Keuschheit und Konkupiszenz auf der Seite der Keuschheit wiedereingeführt und mündet in dem christlichen Konzept der ›keuschen Ehe‹. Dies geschieht um den Preis dessen, daß die Ehe niemals wirklich keusch und damit selbst ein Zeichen menschlicher Schwäche, ja, der sündigen Natur des Menschen ist. Cassians System ist noch durch ein sichtbares Ziel (der auf Erden erreichbaren Vervollkommnung der mönchischen Seele) und die zur Erreichung dieses Ziels erforderlichen Techniken gekennzeichnet. Zwar hängt das Heil auch hier von der göttlichen Gnade ab; doch der einzelne Asket bleibt ursächlicher Faktor seiner Vervollkommnung (vgl. Paden 1993, 90 f.) – eine Überzeugung, der auch Julian noch bruchlos folgt und die er auf alle Christen bezieht. Mit Augustinus allerdings verschiebt sich das Gravitationsfeld zugunsten der Sündhaftigkeit und Gnadenbedürftigkeit des Menschen. In dessen sündige Natur, sinnfällig am Begehren auch in der Ehe, vermag das asketische Modell allenfalls regulierend einzugreifen.

Kapitel 6

Das asketische Modell erobert die christliche Ehe

Augustinus bricht nicht mit zentralen Konstituentien des asketischen Diskurses. Auch er hebt immer wieder hervor, daß sich die Enthaltsamkeit nicht auf die zur Zeugung dienenden Glieder beschränkt, sondern daß es – wichtiger noch – vor allem auf die Enthaltsamkeit des Herzens ankomme (vgl. Augustinus 1949a[1], 6). Von Fleisch und Geist gehen Begierlichkeiten aus, gegen die der Christ ›tapfer kämpfen‹ muß: Auch das Motiv des lebenslangen Kampfes gegen beständige Versuchungen klingt im asketischen Diskurs Augustinus' an. Doch genau an den nun anschließenden Überlegungen setzt er eine entschiedene Differenzierung an. In einer frühen moraltheologischen Schrift »De Continentia« (395) warnt er geradezu:

Allein muß man zweierlei wohl auseinanderhalten: tapfer kämpfen, wo man dem Andrängen des Todes Widerstand leistet [vgl. I Kor 15, 55], und gar keinen Widersacher haben, was dann der Fall sein wird, wenn der Tod als letzter Feind abgetan wird [vgl. I Kor 15, 26]. ... Jetzt kann man zwar das Gute tun, dadurch daß man in die böse Begierlichkeit nicht einwilligt; vollkommen vollbracht aber wird das Gute erst, wenn der bösen Begierlichkeit selbst ein Ende gemacht wird (Augustinus 1949a, 7).

Augustinus trennt dezidiert die auf Erden zu praktizierende Enthaltsamkeit von vollkommener Keuschheit, die den enthaltsamen Christen erst im Jenseits erwartet. Im Vergleich zu den Ausführungen Cassians wird das Ausmaß dieser konzeptionellen Änderung erst vollends deutlich: Während Cassian noch überzeugt war, daß ernsthaftes Bemühen um ein enthaltsames Leben bereits auf Erden mit dem Versiegen der Begierden, mit Keuschheit, belohnt werden könne, erteilt Augustinus einer solchen Vorstellung eine klare Absage. Keine Einwilligung in das Böse, ein gewisses Zähmen, vielleicht auch punktuelles Besiegen der Begierde: ja;

---

[1] Kurzzitate mit dem Autor »Augustinus« beziehen sich auf deutsche Übersetzungen der moraltheologischen Werke ›Aurelius Augustinus‹, die im Auftrage der Deutschen Provinz der Augustiner-Eremiten herausgegeben worden sind.

doch ein Ende der bösen Begierlichkeit *selbst* sei kein Ziel, das auf Erden erreicht werden könne.

Enthaltsamkeit, die im strengen asketischen Diskurs doch immerhin die denkbare Chance hatte, in vollkommene Keuschheit umzuschlagen und zumindest eine momenthafte Koinzidenz von Diesseitigem und Jenseitigem herbeizuführen, nimmt im augustinischen Diskurs offenkundig eine andere Position ein: eine ausschließlich diesseitige Position. Wie im asketischen Diskurs kommt der Enthaltsamkeit die Aufgabe zu, die wahre Natur des Menschen wiederherzustellen, um ihr den Zugang zum Ewigen Heil zu ermöglichen. Im Unterschied zum asketischen Diskurs entfaltet die Enthaltsamkeit augustinischer Prägung zu diesem Zweck jedoch andere Mittel und erzielt andere Wirkungen. Das augustinische Konzept transformiert dabei nicht nur grundsätzlich die Vorstellung dessen, was die ursprüngliche menschliche Natur des Begehrens sei; auch die Reichweite der selbstbearbeitenden Bemühung verändert sich dramatisch: Zur gleichen Zeit schränkt Augustinus sie zeitlich ein (auf das Diesseits) und dehnt sie sozial aus (auf alle Christen). Anders, als der strenge asketische Diskurs, ist er nicht auf eine religiöse Elite begrenzt, sondern artikuliert eine auch für religiöse Laien praktizierbare Ethik. Er adressiert vor allem die Ehe.

Wesentliches Vehikel dieser Transformation ist die neue Problematisierung des Fleisches. Augustinus wendet sich entschieden gegen die manichäische Anschauung[2], wonach der Mensch aus

2 Der Manichäismus formte die diffusen gnostischen Strömungen zu einer Art Kirche, die Mission trieb und sich rasch ausbreitete. Kern des Manichäismus ist die Vorstellung von zwei Weltprinzipien, einem Reich des Lichts und einem Reich der Finsternis. Beide Reiche haben einen Gott, die miteinander im Kampf liegen. Bei diesem Kampf wurde der Urmensch von der Finsternis verschlungen; der Gott des Lichts schickte einen Retter, einen Geliebten des Lichts, zu dessen Erlösung. Er sammelt die zerstreuten Lichtfunken zur Einheit und führt sie aus der sichtbaren Welt ins Reich des Lichts. Die Konkupiszenz ist ein Zeichen für das Reich der Finsternis. Das Leben des Manichäers, das darauf abzielt, der Vermischung des Lichts mit der Finsternis ein Ende zu bereiten, tut dies vornehmlich durch Enthaltsamkeit, aber auch durch Verzicht auf Fleisch und Wein. Neben diesen ›Vollkommenen‹, die die höchste Stufe der Vollkommenheit erreicht haben, gibt es auch die Vorstufe der ›Hörenden‹, die Kinder zeugen, Fleisch essen und Wein trinken dürfen, deren Seele jedoch noch durch viele Wiederverkörpe-

einem geistigen, d. h. guten, und einem fleischlichen, d. h. bösen Wesensteil bestehe: »Nein, diese beiden Wesensteile sind beide gut; der Geist ist etwas Gutes und das Fleisch ist etwas Gutes. Und der Mensch, der aus diesen beiden Teilen besteht, von denen der eine herrscht, der andere dient, ist ganz sicher etwas Gutes, freilich ein veränderliches Gutes« (Augustinus 1949a, 22).
Was sich hier auf den ersten Blick als Fortführung einer asketisch inspirierten Semantik liest, derzufolge der Mensch grundsätzlich perfektibel sei, muß schon angesichts des letzten Nebensatzes verdächtig werden. Was heißt, das Fleisch sei »ein veränderliches Gutes«? Wenige Seiten später wird klar, daß die Abkehr vom Manchäismus durch eine Problematisierung replaciert wird, die nun auf einem vollends *sündhaften Wesen* das Menschen basiert. Dazu stellt Augustinus zunächt fest, wem die Wesenhaftigkeit der Sünde zuzuschreiben ist: Sie ist nicht etwa Gottes Schöpfung zuzuschreiben; sie ist vielmehr Folge der durch Adam und Eva verschuldeten Erbsünde.

Nach beiden Seiten, nach der Seele und nach dem Leibe, ist der Mensch von dem guten Gott als gutes Wesen geschaffen; aber er selbst hat dann das Böse geschaffen, und dadurch ist er Böse geworden. Von der Schuld dieses Bösen ist er auch schon durch den Nachlaß der Sünde frei geworden; damit er aber nicht leicht nehme, was er getan, kämpft er noch mit seiner Schwäche durch die Enthaltsamkeit (Augustinus 1949a, 26).

Die menschliche Anfechtbarkeit ist damit sowohl Erinnerung an und Strafe für die Erbsünde als auch Erinnerung an die grundsätzliche Perfektibilität des Menschen; bereits durch diese Aufgaben der Erinnerung und der Strafe kommt dem ›schwachen Fleisch‹ eine andere Funktion zu: Anders als im asketischen Diskurs verschiebt sich das Gravitationsfeld hinsichtlich der ›Therapierbarkeit‹ der Schwäche. Der Asket kann sich (wenn er noch die letzte Sünde, die des Hochmuts, überwindet) vervollkommnen, wenn er einer rigorosen hermeneutischen Praxis folgt; der Christ in augustinischer Perspektive bedarf der beständigen Erinnerung an die Ursünde: Das ist ein Eingeständnis in die auf Erden nicht zu realisierende *apatheia*.
Der Ort der Intervention ist – wie auch im asketischen Diskurs – das Fleisch und die Seele, wenn sie »*in fleischlicher Begierlichkeit*

rungen hindurchgehen muß. In diesem Status befand sich auch Augustinus selbst vor seinem Übertritt zum Christentum.

dem Geiste widerstrebt« (Augustinus 1949a, 24). Doch die Art der Intervention ist eine andere: Im asketischen Diskurs war das Böse (der lüsterne Gedanke, das obszöne Wort, zuweilen auch die ehebrecherische Tat) zu entfernen. Augustinus hingegen behauptet, daß »das Böse keine Substanz ist, sondern wie eine Wunde am Leibe« (Augustinus 1949a, 27 f.): Praktiken der Enthaltsamkeit wirken nicht durch *Amputation* eines substantiell gedachten Bösen, sondern durch *Heilung* des als verwundete, geschwächte menschliche Natur gedachten Bösen. Das Böse zu vernichten bedeutet daher nicht auch: das Fleisch zu vernichten. Es ist niedrig, es ist vergänglich, es ist aber auch Bestandteil der guten Schöpfung. Gegen den manichäisch und gegen den asketisch inspirierten Rigorismus beschwört Augustinus einen quasi-medizinischen Umgang mit dem Fleisch: Nicht die (spirituelle) Vernichtung des Fleisches ist die Aufgabe des Christen, sondern im Gegenteil – Heilung. Heilung von den Begierlichkeiten. »Gegen diese Gebrechen erfleht man die heilende Hilfe von dem, der alle derartigen Krankheiten zu heilen vermag, nicht dadurch, daß er eine fremde Natur von uns wegschafft, sondern dadurch, daß er unsere Natur in uns neu schafft« (Augustinus 1949a, 23). Im Ergebnis der Heilung »bleibt das Fleisch Fleisch, aber es ist kein geschwächtes oder schwaches mehr« (Augustinus 1949a, 25). Die manichäische Lehre von den zwei Prinzipien des Lichts und der Finsternis wird so durch ein Gegenüber zweier ›Naturen‹ ersetzt: Die sündhafte irdische Natur kann durch Heilung zu ihrer von Gott gewollten Form zurückgeführt werden. Das Modell der ›Rückführung zur eigentlichen Natur‹ findet hier eine erste deutliche Formulierung.

Die augustinische Konzeption der Enthaltsamkeit ordnet sie in den Prozeß der Heilung der schwachen menschlichen Natur ein. Die Schwäche der menschlichen Natur liegt in ihrer Anfechtbarkeit – ebendarin liegt jedoch auch ihre mögliche Stärke: Sie kann lernen, diesen Anfechtungen zu widerstehen, Enthaltsamkeit zu üben, das schwache Fleisch zu stärken:

Jetzt aber, so lange ›das Fleisch wider den Geist begehrt und der Geist wider das Fleisch‹ *(Gal 5,17),* genügt es für uns, in die bösen Regungen nicht einzuwilligen, die wir in uns wahrnehmen. Wenn diese Einwilligung erfolgt, dann kommt aus dem Munde des Herzens heraus, was den Menschen unrein macht. Wenn es dagegen durch die Enthaltsamkeit nicht zur

Einwilligung kommt, dann kann das Übel der fleischlichen Begierlichkeit, gegen das die geistliche Begierlichkeit ankämpft, nicht schaden (Augustinus 1949a, 6f.).

Den Kampf gegen das schwache Fleisch, das macht Augustinus erneut unmißverständlich klar, kann der Mensch auf Erden jedoch nicht gewinnen. Er kann weder die Begierden selbst ›abtöten‹, wie es noch die Eremiten unternahmen, noch aus der letzten Falte des Herzen verbannen, wie es der monastische Diskurs idealiter anstrebt: Da es dem Christen nicht möglich ist, sich der Begierde selbst zu entledigen, so kann und muß er sie doch zu seiner Heilung »in Schranken halten« (Augustinus 1949a, 35). Wie? »Es gibt demnach in uns böse Gelüste; wenn wir jedoch in diese nicht einwilligen, leben wir nicht böse. Es gibt in uns die böse Begierlichkeit; wenn wir ihr jedoch nicht gehorchen, vollbringen wir das Böse nicht; ...« (Augustinus 1949a, 25).

Rechter Wille und Gehorsam: So lauten die Waffen, die Augustinus dem Christen im Kampf gegen die bösen Gelüste an die Hand gibt. Im Kampf gegen das schwache Fleisch stilisiert auch Augustinus die Enthaltsamkeit zu dem privilegierten Heilmittel, eine Stellung, die sie bereits im diätetischen Diskurs einzunehmen begann (vgl. S. 190ff.). Doch ist sie im christlichen Diskurs nicht mit dem Konzept der Meisterung seiner selbst verknüpft. Zwar ist Enthaltung auch eine Frage des rechten Willens, aber vor allem des Gehorsams: Doch der Gehorsam muß wissen, wem er zu widerstehen habe, der Wille bedarf der Kraft und der Ausdauer. Wie erkennt der Gläubige die bösen Begierden und woher kommt die Kraft zum Widerstand?

Augustinus führt an dieser Stelle eine Differenzierung ein: die Differenzierung zwischen Gesetz und Gnade. Es ist zugleich eine Differenzierung zwischen dem Wissen um die Sünde und der Macht der Sünde. Denn wie erkennt der Gläubige die bösen Begierden? Durch das Gesetz Gottes – » ›durch das Gesetz kommt ja die Erkenntnis der Sünde‹ [Röm 3,20], und die ›Begierde‹, so heißt es, ›kannte ich nicht, wenn das Gesetz nicht sagte: Du sollst nicht begehren‹ [Röm 7,7]« (Augustinus 1949a, 8). Doch denjenigen, die ausschließlich auf das Gesetz und ihre eigene Kraft vertrauen, wird es nicht gelingen, das Gesetz zu achten. Im Gegenteil: Bei diesen, so Augustinus, »steigerte das Verbot noch die Begierlichkeit und machte sie unüberwindlich, so daß die Übertretung hinzukam, die es ohne das Gesetz nicht gegeben hat, wenn es auch

die Sünde gegeben hat; ›wo es nämlich kein Gesetz gibt, da gibt es auch keine Übertretung‹ [Röm 4,15]« (Augustinus 1949a, 8).
Das Gesetz ist mithin nicht auf die Sünde selbst, sondern auf die *Erkenntnis der Sünde* bezogen. Das Gesetz Gottes gebietet das Gute; die Gnade hingegen ist es, »die durch den Heiligen Geist verleiht, was das Gesetz gebietet« (Augustinus 1949a, 8). Wie das Gesetz auf das Wissen um die Sünde, so ist die Gnade auf die Macht der Sünde bezogen – ein Kräfteparallelogramm, das schließlich die Begierlichkeit bezwingt: »Damit wir also mit unserem Geist die Werke des Fleisches ertöten, lassen wir uns von Gottes Geist leiten, der die Enthaltsamkeit verleiht, damit wir mit ihrer Hilfe zügeln, zähmen und besiegen die Begierlichkeit« (Augustinus 1949a, 15).
Enthaltsamkeit erscheint in dieser Konzeption als Resultante aus Gesetzestreue und göttlicher Gnade. Von beiden Termen ist es offenbar derjenige der Gnade, dem der Primat zukommt.
– Erkenntnis der Sünde muß immer die Erkenntnis einschließen, daß sie ohne Gnade nicht erkannt werden kann;
– ja, daß die Sünde selbst auch ein Akt der Gnade ist[3];
– schließlich, daß ohne Gnade gegen die Sünde nichts ausgerichtet werden kann.
Der Primat der Gnade läßt sich insbesondere an der Frage des *Gehorsams* veranschaulichen. Erkenntnis der Sünde und die Kraft, ihrer Macht zu widerstehen, bringen allererst diejenige Tugend zur Entfaltung, die Augustinus zufolge am höchsten zu bewerten ist: den Gehorsam (vgl. Augustinus 1949b, 38). Der Gehorsam ist »die Mutter aller Tugenden« (Augustinus 1949b, 39); gleichwohl reicht er allein nicht aus, um den Versuchungen standzuhalten:
Noch Hieronymus glaubt als Mönch ›alter Schule‹, daß der Körper diätetischen Mitteln gegenüber zugänglich sei und schließlich die Konkupiszenz nachlasse. Augustinus findet hingegen immer wieder Beispiele dafür, daß die sexuelle Begierde unabhängig von Alter und asketischer Bemühung ihre verführerische Kraft behält: »For when I had this work in hand, it was announced to us that an old man of eighty-three, who had lived with his wife in continence

---

3 »Gott ließ zu, daß wir sündigen, um uns *ad oculos* zu demonstrieren, daß wir ›das Geschöpf [sind], dem freiwillige Knechtschaft zum Besten gereicht‹« (Pagels 1991, 246).

for twenty-five years, had just now purchased a lyre girl for his pleasures« (Augustinus nach Brown 1990, 419).

Gehorsam gegenüber den christlichen Geboten allein genügt mithin auch dann nicht, wenn er lange und gewissenhaft geübt wird. Der Kampf um die Enthaltsamkeit ist eine spirituelle Auseinandersetzung mit der menschlichen Natur; gegen die lebenslangen Verlockungen des Fleisches kann daher auch nur eine Macht befreien, die stärker ist als die Natur: Gnade (vgl. Foucault 1986c, 35). Das diätetische Regime siedelte sich im Innern einer voluntaristischen Ethik an; der augustinische Diskurs setzt diese Ethik zum Teil außer Kraft: Während der Beitrag des Gläubigen, der Gehorsam, offenbar durchaus noch der Kontrolle durch den Willen untersteht, kann der göttliche Beitrag zu diesem Kampf, die Gnade, stets nur erhofft werden. Doch auch der starke Wille, der den Gläubigen umsichtig gegenüber allen Versuchungen sein läßt, kann jederzeit geschwächt werden, wenn Gnade fehlt. Dies ist die entscheidende moraltheologische Transformation, der Punkt, in dem Asketik und Diätetik sich nicht bruchlos zusammenführen lassen. Augustinus nimmt statt dessen die diätetische Problematisierung selbst ins Regime: *Jedes* Element, die physiologischen Fakten des Geschlechtsakts ebenso wie die willentliche Kontrolle des Begehrens, muß sich als Teil dieses spirituellen Kampfes um die Enthaltsamkeit begreifen, dem nur mit Hilfe göttlicher Gnade völliger Erfolg beschieden sein kann.

Doch der Wert des Gehorsams bestimmt sich nicht nur negativ als unzulänglicher Beitrag des Menschen auf dem Weg zum Ewigen Heil; als »*Mutter der Tugenden*« schätzt Augustinus ihn im Ensemble der übrigen Tugenden höher ein als die Enthaltsamkeit (vgl. Augustinus 1949b, 38) – eine entscheidende Turbulenz in der Hierarchie der Tugenden. Denn nun stehen alle christlichen Lebensformen, auch die enthaltsamen, außerdem vor der sittlichen und heilsrelevanten Frage, ob sie es vor allem an Gehorsam nicht fehlen lassen: Die Jungfräulichkeit etwa »kann nach diesen Erwägungen ohne Gehorsam sein, da die Frau nach Empfang des Rates, jungfräulich zu leben, die Gebote verachten kann, selbst wenn sie sich bewahrt. Wir kennen viele solcher gottgeweihten Jungfrauen, die schwatzhaft, neugierig, trunksüchtig, streitsüchtig, geizig und überheblich sind. Alle diese Haltungen richten sich gegen die Gebote und wirken wie bei Eva selbst wegen der Sünde des Ungehorsams tödlich« (Augustinus 1949b, 39). Wer jedoch die eigene Kraft überschätzt und es an Gehorsam fehlen läßt, macht sich des Hochmuts schuldig: Während es sich hier bei Cassian noch lediglich um eine (wenn auch tückische Form der) Sünde handelte, die sich – zumindest approximativ – bewältigen läßt, wird sie bei Augustinus, und später auch den Calvinisten, mit der menschlichen Natur gleichgesetzt (vgl. Paden 1993, 81): Diese allerdings findet, wie gesehen, mit Hilfe menschlicher Bemühungen allein nicht zu ihrer ›eigentlichen‹ (gottgewollten) Natur. Das hatte schon der asketischen Diskurs nicht behauptet; bei Augustinus verschiebt sich allerdings das Gewicht des ›therapeutischen Konzepts‹ deutlich zugunsten der Gnadenbedürftigkeit. In puritanischer Überspitzung wird sich diese Diskursformation einige Jahrhunderte später in apodiktischen Formulierungen finden, wie etwa Owen Watkins sie ersinnt: »... das einzige, was der Mensch zu seinem Heil beiträgt, ist die Sünde, von der er erlöst wird« (Watkins in Paden 1993, 83).

Im Vergleich zum Diskurs der Jungfrauen des Methodius von Olympus ist mithin eine tiefgreifende Veränderung zu beobachten. Während dort die einzelnen Lobpreisungen der Virginität dazu tendierten, alle übrigen Versuchungen in – wenngleich diffuse – Relation zur Hauptsünde, der Unkeuschheit, zu setzen, differenziert Augustinus hier entschieden: Er löst zunächst den Bereich der Vergehen gegen die Enthaltsamkeit aus den zuvor mit ihr in Ursache oder Wirkung zusammenhängenden Untugenden heraus; der Kampf gegen das Begehren wird nun direkt behandelt. Anschließend konfrontiert Augustinus sogar die Enthaltsamkeit selbst mit der Frage nach dem Grad ihres Gehorsams. Wird mithin das Ausmaß des Gehorsams zum entscheidenden Gradmesser des sittlichen Werts eines Gläubigen, so kann dies etwa dazu führen, »daß nicht nur die gehorsame Ehefrau der ungehorsamen Jungfrau, sondern auch die gehorsame Ehefrau der weniger gehorsamen Jungfrau vorzuziehen ist« (Augustinus 1949b, 40).
Angesichts der privilegierten Stellung des Gehorsams mag es zunächst verwunderlich erscheinen, daß die Enthaltsamkeit, indem sie in der Hierarchie der Tugenden auf den zweiten Rang rückt, doch an Souveränität gewinnt: Doch einerseits bleibt ihre Vorrangstellung gegenüber dem Stand der Witwenschaft und dem der Ehe erhalten; Augustinus betont nachdrücklich, daß Enthaltsamkeit als sittliches Gut über dem der Ehe stehe (vgl. Augustinus

1949b, 12). Allerdings ergibt sich andererseits der sittliche Wert eines Menschen aus der Summe seiner guten und schlechten Eigenschaften sowie der Stärke, mit der diese Eigenschaften bei ihm vertreten sind. Aus dieser Perspektive geht die (Stärke der) Enthaltsamkeit lediglich als eine ausdifferenzierte Eigenschaft neben anderen Tugenden in das Kalkül christlicher Sittlichkeit ein. Beides: Ihre Vorrangstellung als sittliches *Gut* und ihre Gleichstellung als sittliche *Eigenschaft* neben anderen führt zu einer erheblichen Generalisierung des Diskurses der Enthaltsamkeit. Seine soziale Geltung dehnt sich nun auf alle Christen aus: Zu der Ordnung vollkommener Keuschheit, der lediglich eine Elite strenger Asketen nahezukommen vermag und die für das Gros der Christen ein *Ideal* bleiben muß, gesellt sich nun außerdem die Ordnung der Ehe, in der jeder Christ, wenn er es gehorsam tut, (eine Form von) Enthaltsamkeit zu praktizieren vermag. Wenngleich das Streben nach vollkommener Keuschheit fraglos vorzuziehen ist, gilt doch nun auch die Ehe als ein Ort, an dem die Enthaltsamkeit einen legitimen Platz einnehmen kann. Keuschheit, die bislang eine individuelle Erfahrung war, wird damit ein – in ehelichen Grenzen – soziales Ereignis: Die Ehe ist ein »*erlaubtes Verhältnis*« (Augustinus 1949b, 19).

Frühchristliche Regulierung der Sünde: die Ehe

Für die Legitimität des ehelichen Verhältnisses führt Augustinus zwei Gründe an: Zunächst beruft er sich auf die Heilige Schrift und zitiert gerade den Apostel, der in den Lobpreisungen der Jungfrauen zum Beleg für die niedrige Stellung der Ehe herangezogen wurde[4]: Paulus. Augustinus, der wie Paulus an dem höheren Wert der Enthaltsamkeit nicht zweifelt, kommt es jedoch auf eine andere Differenz an: Er unterscheidet zwischen der Ehe als einem erlaubten Verhältnis gegenüber anderen, verbotenen Verhältnissen, die durch Ehebruch oder Hurerei hergestellt werden. Auch hier kann Augustinus Paulus folgen: »›Jeder mag nach seinem Willen handeln. Er sündigt nicht, wenn er heiratet (I Kor 7, 36).‹ Und: ›Wenn man ein Weib nimmt, liegt keine Sünde vor.

---

4 (mit Ausnahme der zweiten Rednerin, Theophila)

Auch eine Jungfrau versündigt sich nicht im Falle ihrer Verehelichung‹ (I Kor 7,28)« (nach Augustinus 1949b, 16). Augustinus kommentiert: »Nach solcher Überlegung ist es nun gewiß nicht recht, an der Sündelosigkeit der Ehe noch zu zweifeln« (Augustinus 1949b, 16).

Doch die Ehe ist nicht nur durch die Heilige Schrift gerechtfertigt, sondern sie ist auch in der sozialen Natur des Menschen begründet und festigt seine Kraft zur Freundschaft: »Mann und Frau wirken ... naturgemäß das erste Band der menschlichen Gesellschaft. ... Die beiden gehen sich nämlich nicht von der Seite und wandeln gemeinsam in der Schau ihres gleichen Wegzieles« (Augustinus 1949b, 1). Darüber hinaus setzt sich die soziale Verbindung zwischen Mann und Frau in der Regel durch die Verbindung mit ihren Kindern fort: »Sie stellen die einzige, ehrbare Frucht dar, nicht bloß der Verbindung einer männlichen und weiblichen Person, sondern der *ehelichen* Einigung« (Augustinus 1949b, 1).

Die Ehe realisiert also sowohl das hohe Gut der Freundschaft als auch die Ordnung keuscher Zeugung. Sie ist damit nicht nur ein *erlaubtes* Verhältnis; sie ist außerdem ein *heiliges* (und den Ehegatten heilbringendes) Sakrament. *Fides, proles, sacramentum* – diese drei Güter der Ehe markieren ihre Differenz zu anderen, verbotenen Verhältnissen. Oder umgekehrt: dasjenige Verhältnis ist weder gerechtfertigt noch geheiligt, das weder lebenslängliche Treue noch Erzeugung von Nachkommen oder aber auch nur eines dieser beiden Güter zum Ziel hat. Das ist auch als Verdikt zu verstehen. Adressat dieses Verdikts ist das Konkubinat. Dabei handelt es sich um eine Beziehungsform, die im Römischen Reich durchaus als legitim galt: Die augustinische Konzeption der Ehe gerät damit in Opposition zur weltlichen Ordnung sozialer Verhältnisse. Was Augustinus dem Konkubinat entgegensetzt, ist ebendies: die *christliche Ordnung der Ehe*. Denn selbst im günstigsten Falle, in dem beide Partner einander treu sind, sich Kinder erhoffen und ihre Begierde zügeln, ist ein verheiratetes, christliches Paar jenem vorzuziehen: Es »ist an ihrer Ehe eben dies das Gute, daß sie verheiratet sind« (Augustinus 1949b, 8).

Die Ehe wird jedoch nicht nur nach außen gegen unrechtmäßige Verhältnisse differenziert; auch im Inneren der Ehe entfaltet sich eine Ordnung, die sich an dem Ausmaß des Begehrens bemißt und es in Stufen der Sündhaftigkeit gliedert:

Der eheliche Akt, der der Zeugung dient, ist schuldlos; wird er zur Sättigung der Begierde vollzogen, allerdings nur mit der Ehefrau, so birgt er in sich wegen der Treue zum ehelichen Lager eine verzeihliche Schuld. Ehebruch oder Hurerei indessen bringen eine tödliche Verschuldung mit sich. Aus diesem Grunde ist die Enthaltsamkeit von jeglichem Geschlechtsverkehr gewiß höher zu bewerten als selbst der eheliche, der Zeugung dienende Liebesakt (Augustinus 1949b, 9).

Im Kern des ehelichen Verhältnisses steht mithin die keusche Zeugung: Sie schlägt »jene Begierlichkeit in die rechte Fessel« (Augustinus 1949b, 8), wenn sie außerdem Tage der Enthaltsamkeit berücksichtigt und sich widernatürlicher Praktiken enthält (vgl. Augustinus 1949b, 17) – sie ist daher ohne Sünde. Daneben registriert Augustinus zwei Arten von Zuwiderhandlungen gegen diese Ordnung. Im verzeihlicheren Falle ist es lediglich eine Überschreitung im Inneren der Ehe: Die eheliche Pflicht wird über das Maß des zur Zeugung Notwendigen hinaus gefordert. Daß es sich hierbei um eine läßliche Sünde handelt, liegt an der Ordnung der Ehe selbst: »So große Geltungskraft besitzt die Anordnung des Schöpfers und die Ordnung der Schöpfung, daß in erlaubten Handlungen das Überschreiten des Maßes erträglicher ist als in verbotenen (Augustinus 1949b, 17). – Begründung: «Aus gleichem Grunde muß man auch im Bereich des Erlaubten eine Unmäßigkeit des Gatten ertragen, daß er in seiner Leidenschaft nicht in verbotene Handlungen sich stürzt» (Augustinus 1949b, 17).

Alles, was im Rahmen der Ehe geschieht, ist eben durch diese Ordnung geschützt. Das hingegen, was diesen Rahmen durchbricht oder aber dazu verleitet, ist schwere Sünde. Überschreitungen dieser Art gehören zu einer zweiten Art von Zuwiderhandlungen: Ehebruch, Hurerei und Blutschande rechnen zu dieser Kategorie. Wenngleich alle Verfehlungen dieses Typs schwere Sünden darstellen, gibt es auch hier interne Abstufungen der »Scheußlichkeit«. »Eine fremde Ehe nämlich zu verletzen, ist ärger als einer Dirne anzuhangen. Schließlich wird dann auch der Ehebruch als Gut gewertet, da ja die Blutschande schlimmer ist. Der geschlechtliche Verkehr mit der Mutter ist scheußlicher als jener mit der Gattin eines anderen« (Augustinus 1949b, 12). Welchem Kriterium folgt diese Differenzierung der Scheußlichkeiten? Hurerei, Ehebruch, und Blutschande bringen, so scheint es, in zunehmendem Ausmaß die Logik der Güter durcheinander. Augustinus unterscheidet Güter, die um ihrer selbst willen erstrebenswert sind (z. B. Weisheit, Freundschaft), von solchen, die zweckgebunden sind (z. B. Gelehrsamkeit, Ehe, geschlechtliche Begegnung). Beide Gruppen sind durch eine eindeutige Relation miteinander verbunden: Jedes Gut zweiter Ordnung ist einem Gut erster Ordnung zugeordnet. Wie etwa die Gelehrsamkeit dazu dient, Weisheit zu erlangen, sind in analoger Weise Ehe und eheliche Sexualität in dem Gut der Freundschaft begründet (vgl. Augustinus 1949b, 13 f.). Jedes Gut zweiter Ordnung bleibt jedoch nur solange ein ›Gut‹, wie es *zweckgebunden* praktiziert wird. Die geschlechtliche Vereinigung kann auf dreierlei Weise ihrem letzten Zweck, der Freundschaft zwischen Mann und Frau und der Liebe zu den Kindern, zuwiderlaufen:

– die Ordnung der Ehe wird überhaupt ignoriert (Hurerei);
– die Ordnung der Ehe wird durchbrochen (Ehebruch);
– die Ordnung der Ehe wird ad absurdum geführt (Blutschande): das Band der Freundschaft manifestiert sich *entweder* durch die Ehe *oder* durch die Elternschaft.

Diese drei Arten der Zuwiderhandlung gegen die Ordnung der Ehe sind ebensosehr drei Weisen der *Zweckentfremdung* zweckgebundener Güter. Ihre interne Hierarchisierung bestimmt sich an dem Ausmaß, mit dem die »beschämende Begierde« (Augustinus) den sie zügelnden Rahmen ehelicher Ordnung brüskiert: Daher findet die Hurerei verhältnismäßige Nachsicht, da sie ausdrücklich außerhalb dieses Rahmens auftritt.

Der augustinische Diskurs der Ehe problematisiert sie zum einen als »erlaubtes Verhältnis«, das drei zentrale christliche Güter *fides, proles, sacramentum* zu einer Ordnung vereinigt, innerhalb deren alle Gläubigen Enthaltsamkeit zu praktizieren vermögen; zum anderen wird diese Ordnung gegenüber den externen Überschreitungen ausgelotet, zu denen Augustinus auch legitime Verhältnisse der weltlichen Ordnung (Konkubinate) rechnet. Er behauptet kein Gegenüber von Ehe und Enthaltsamkeit; vielmehr konzipiert er Ehe als eine weitere christliche Variante der Enthaltsamkeit.

Bei denen aber, die sich auf Grund ihrer Übereinkunft entschlossen haben, sich des Gebrauchs der fleischlichen Begierlichkeit auf immer zu enthalten, wäre es verfehlt anzunehmen, daß das eheliche Band zwischen ihnen zerbrochen wird; es wird vielmehr noch fester sein, je mehr sie diese

Verabredungen untereinander geschlossen haben, die mit größerer Liebe und Eintracht zu wahren sind, nicht in leidenschaftlicher körperlicher Vereinigung, sondern in freiwilliger Zuneigung des Herzens <*voluptariis corporum nexibus – voluntariis affectibus animorum*> (Augustinus 1977, 87).

Paradigmatisch für ein solches Verhältnis, das E. A. Clark als »companionate marriage« bezeichnet (Clark 1986, 139), stehen Maria und Josef. Daß »the affection of mind« (Augustinus nach Clark 1986, 152) das letztlich ehebegründende Moment sei, belegt Augustinus gegenüber dem Manichäer Faustus so:

... because Joseph acted in the role of Jesus' father, he can be named Mary's ›husband‹, and this despite their failure ever to have intercourse. They can be called ›husband and wife‹ because ›intercourse of the mind is more intimate than that of the body.‹ Fleshly intercourse is *not* the chief element in marriage, he asserts; a couple can be husband and wife without it (Clark 1986, 151).

Kinder hingegen, so erörtert er im »Gut der Ehe«, seien zwar eine legitime Frucht einer ehelichen Beziehung, begründeten sie jedoch nicht. Die Beziehung Maria und Josefs steht als Modell einer nicht nur enthaltsamen, sondern keuschen Ehe. In diesem Modell findet auch die Lust einen Platz – im Herzen: »In Book I of *De nuptiis*, Augustine emphasizes the spiritual dimension <of the marriage, S.M> so fully that he even asserts that lust has its empire in the heart, not in the body; the sexual members are but the ›weapons‹ lust employs. Thus even lust is not in essence a bodily phenomenon« (Clark 1986, 154).

Erneut läßt sich zeigen: Die Spiritualisierung des Diskurses durch Augustinus streitet die medizinisch-stoische Problematisierung des Sexuellen nicht schlichtweg ab; sie nimmt sie vielmehr selbst ins Régime. *Jedes* Element, auch die Physiologie des Geschlechtsaktes, muß sich als Teil dieses spirituellen Kampfes um die Enthaltsamkeit begreifen, dem nur mit Hilfe göttlicher Gnade völliger Erfolg beschieden sein kann. Zum anderen verfolgt Augustinus, besonders in seiner Auseinandersetzung mit Julian von Ecclanum, die Problematisierung der Ehe als Verhältnis, das die beschämende Begierlichkeit zur Ordnung keuscher Zeugung mäßigt. Aus dieser Perspektive wird die Ordnung gegenüber dem Verhältnis von Willen und Wollust ausgelotet. Er behauptet kein Gegenüber von Ehe und Lust; vielmehr konzipiert er die Ehe als eine christliche Chance, die Schwäche des Fleisches zu heilen, d. h. zu mäßigen und allenfalls für ›ehrbare Zwecke‹ (vgl. Augustinus 1977, 128) einzusetzen.

In der Schlußbemerkung ihrer Studie gibt E.A. Clark ihrem Bedauern darüber Ausdruck, daß Augustinus das Konzept der ›companionate marriage‹ nicht weiter verfolgt habe: »... while Augustine's insistence that Joseph and Mary enjoyed a genuine marriage led him to posit volitional factors as prime in the definition of marriage, the demands of controversy with extreme ascetics, Manicheans, and Pelagians pulled him in a different direction to stress the physiscal aspects. Who knows whether the volitional factors would not have emerged as central if Augustine had not formulated this theories in the midst of controversy?« (Clark 1986, 162) Diese Einschätzung verkennt den Beitrag, den all diese ›Häresien‹ zur Formulierung eines solchen Diskurses ehelicher Enthaltsamkeit geleistet haben: Sie liefern gleichsam die diskursiven Elemente, die Augustinus neu verbindet und unter neue Leitdifferenzen stellt. Die Kontroversen haben ihn nicht behindert, vielmehr zur Bearbeitung seiner Problematisierung der Ehe angeregt. Augustinus hat weniger den Freundschaftsaspekt zugunsten der Physiologie des Geschlechtsaktes vernachlässigt, als vielmehr die innere Paradoxie dieser Problematisierung in eine weitere Differenz zu übersetzen und zu lösen (invisibilisieren[5]) gesucht: Die christliche Ehe soll einerseits das Gegenteil unkeuschen Lebenswandels sein; andererseits realisiert sie nur im idealen Falle den keuschen Lebenswandel. So ist sie in gewisser Weise das Gegenteil von beidem: das Gegenteil der Unkeuschheit und das Gegenteil der Keuschheit. Die ›enthaltsame Ehe‹ ist das Ergebnis einer Bemühung, ein rigoroses Konzept der Keuschheit und ein ebenso rigoroses Konzept der Konkupiszenz auf eine Weise miteinander zu verbinden, daß die Verbreitung dieses Dis-

---

5 Die Invisibilisierungsstrategie: eine Moraltheologie des »Komparativen« (vgl. Niebergall 1985, 224). An jedem Punkt des Diskurses gibt es ein *bonum* und ein *melius*. Die Ehe ist gut; Witwenschaft und Virginität sind jedoch besser. Dito: Reproduktive Sexualität in der Ehe ist gut; eheliche Enthaltsamkeit hingegen besser. Bei dem Konzept ehelicher Freundschaft handelt es sich daher weniger um eine *verhinderte* Alternative, als vielmehr um die *bessere* Alternative in einem komparativ angelegten Diskurs des Sexuellen – wenn sie auch gelegentlich implizit bleibt.

kurses nicht nur in elitären Zirkeln, sondern auch unter den gläubigen Laien gelingt. Mit dem Resultat der ehelichen Enthaltsamkeit hält Augustinus Anschluß an alle bisherigen diskursiven Beiträge – auch solche nicht-christlicher Provenienz –, trägt sie jedoch durch eine umfassende Spiritualisierung in eine neuartige Problematisierung ein. Für die immer nur asymptotisch zu erreichende Perfektion stehen nun einerseits Maria und Josef, andererseits Adam und Eva Modell.

Concupiscentia nuptiarum

Daß das frühchristliche Modell der Ehe nun sowohl dem Ideal (und der Praxis) der Enthaltsamkeit als auch den physiologischen Fakten des Begehrens Rechnung tragen soll, bringt dieses Modell allerdings in konzeptionelle Schwierigkeiten – eine Problematik, die Augustinus in zwei verschiedenen Debatten gleichsam sequentiell aus je unterschiedlicher Perspektive bearbeitet, jedoch nicht zu synthetisieren vermag (vgl. dazu Niebergall 1985, 208):
– für die Manichäer ist Sexualität das eindeutige Zeichen eines *malum*, für das Gott keine Verantwortung trägt und dem nur mit völliger Enthaltung zu begegnen sei. Ihnen gegenüber betont Augustinus die *bonitas naturae*, wozu auch die Libido gehöre, jedoch wohlgemerkt ihrem paradiesischen Sinne nach.
– Die Pelagianer hingegen erkennen zwar auch die schädlichen Folgen der *concupiscentia* an, besonders auf sexuellem Gebiet, befürworten jedoch im Rahmen des medizinischen Modells und des antiken Gesellschaftsbildes den ehelichen Gebrauch der Sexualität. Hier betont Augustinus die Schuldtheorie, derzufolge die nachparadiesische Sexualität Folge des ursprünglichen Ungehorsams gegenüber Gott sei, in dessen Folge wiederum sich das Fleisch gegenüber dem Menschen ungehorsam zeige: Die Ehe sei ein *bonum*, die Konkupiszenz ein *malum*.

Aus beiden Perspektiven ergibt sich für das Begehren ein negativer Befund: Wie ist mithin die Synthese von Konkupiszenz und Ehe möglich? Die Überlegung, die Augustinus hierzu anstellt und mit der er das »asketische Paradigma« (P. Brown) durchbricht, hinterläßt ihre Spuren auch in einer neuen Vorstellung von Adam und Eva und gibt Auskunft über das, was Brown das »soziale Paradigma« der Sünde (vgl. Brown 1983a) nennt. Bis zum fünften

Jahrhundert hielt sich die Lesart, das erste Menschenpaar sei engelgleich und damit präsexuell gewesen und habe erst nach dem Sündenfall eine materielle, d. h. sterbliche und sexuelle Existenzweise annehmen müssen: Das asketische Paradigma interessiert lediglich die ontologische Tatsache menschlicher Sexualität und behauptet, daß sie, ebenso wie die soziale Tatsache irdischer Gesellschaft, nicht zur ursprünglichen Natur des Menschen gehöre, vielmehr Folge seiner Vertreibung aus dem Paradies sei: »How this happened, in its fateful ongoing steps, mattered far less than the sad clarity that such a view gave to perceptions of the present state of human society. For society itself was a ›come-down‹; it was a nadir of man's loss of the angelic majesty« (Brown 1983a, 5).

Augustinus, der diese Ansicht zunächst noch teilt, rückt doch mit seinen Standesschriften zur Ehe und Jungfräulichkeit von ihr ab; seit etwa 412 n. Chr. (vgl. dazu Clark 1986, 142 ff.) beunruhigt ihn weniger, *daß* sich Sexualität als ontologisches und soziales Phänomen äußert, sondern weit eher, *wie* sie sich als Erfahrung äußert. Nun zeigt seine Lesart der Genesis Adam und Eva als Kreaturen aus Fleisch und Blut, die, wäre der Sündenfall nicht eingetreten, ihre Ehe durchaus vollzogen und Kinder gezeugt hätten: mit Lust und Orgasmus. Denn ohne die ›summa voluptas‹, darin ist er sich mit Julian von Ecclanum und der antiken Überzeugung einig, kann die Konzeption nicht erfolgreich sein. Julian kämpft offenbar gegen Windmühlen, wenn er – Augustinus' schärfster Gegner in seinen letzten zwölf Jahren – von ihm behauptet, er schreibe die Erfahrung der *summa voluptas* als Folge des Sündenfalls dämonischem Einfluß zu (dicunt ... motum genitalium et commixtionem coniugem a diabolo fuisse repertam; Julian nach Brown 1983b, 59). Begehren, geschlechtlicher Verkehr, Orgasmus – all dies, so Augustinus, hätten auch Adam und Eva erfahren, jedoch mit einem wesentlichen Unterschied:

[T]he flesh would never have been in tension with the spirit; but rather in a wondrous pitch of peace, it would never have run beyond the bidding of the will, so that it might never be present except when it was needed, would never force itself upon the mind with impermissible delights, would have no element in it worthy of condemnation ... Rather, when its use was called for, it would have followed the will of the person with all the ease of a single-hearted act of obedience (Brown 1983a, 7).

Augustinus stellt sich dabei vor, daß Adam zu diesem Zwecke

Nachkommen durch Zeugungsglieder kreiert hätte, »die vom Willen bewegt, nicht durch die Lust erregt worden wären« (Augustinus 1952, 379) – auf ebendie Weise, auf die der Wille auch unseren Mund, unser Gesicht, bei manchen Menschen auch die Ohren bewegt (vgl. Augustinus 1952, 379 f.).[6]

Adam und Eva interessieren daher in zweierlei Hinsicht: als Agenten des Sündenfalls wie als Agenten der Paradiesehe. Aus der ersten Hinsicht gewinnt Augustinus vor allem den Aspekt der Schuld (Erbsünde: Ungehorsam); aus der zweiten ein Vorbild für deren Bewältigung (auf Zeugung beschränkte Sexualität in der Ehe).[7] Als Scharnier zwischen der Erbschuldtheorie und der paradigmatischen Beziehung zwischen Mann und Frau setzt Augustinus das Verhältnis von *voluntas* und *libido* ein: »... im Paradies verfügt der Mensch in vollem Umfang über seinen Willen, so daß er auch die libido beherrscht. Erst nach dem Fall kehrt sich das Verhältnis um: von nun an herrscht die libido über den Willen« (Niebergall 1985, 200).

Daß die Institution der irdischen Ehe zwar das Begehren zur Ord-

---

[6] Die »Soziologie der Paradiesvorstellungen« (Hahn 1976) beruht auf der Annahme, daß Paradiesvorstellungen gesellschaftlich bedingt sind und sich zugleich der Nähe und dem Kontrast zur jeweiligen empirischen Lebenssituation verdanken (vgl. Hahn 1976, 11). Die These der gesellschaftlichen Bedingtheit von Paradiesvorstellungen kann allerdings in einer Hinsicht differenziert und in einer zweiten Hinsicht ergänzt werden. *Erstens* kann man differenzieren, wer oder was auf die Ausgestaltung der Vorstellungen von Paradiesvorstellungen Einfluß nimmt: Zu den empirischen Verhältnissen, die z. B. die Vorstellungen des Paradiesehe beeinflussen, rechnet nicht nur beispielsweise die tatsächlich praktizierte Sexualität innerhalb christlicher Ehen, sondern auch: die gepflegte Semantik kirchlicher Autoritäten. *Zweitens*: Mit der (modifizierenden) Ausgestaltung von Paradiesvorstellungen (hier: zur Paradiesehe) formen die christlichen Beiträge ihrerseits den weltlichen Diskurs, eben die Empirie der ›keuschen Ehe‹. Für die Genealogie therapeutisierender Diskurse des Sexuellen ist besonders dieser zweite Aspekt, d. h. die *wirklichkeitsformende* Funktion von Paradiesvorstellungen, von Bedeutung. Diese Kraft beziehen sie vor allem aus ihrer Unfalsifizierbarkeit, durch die Paradiese (bzw. die jeweiligen Vorstellungen davon) »enttäuschungsfest institutionalisiert« werden (Hahn 1976, 37).

[7] In gewissem Sinne und salopp formuliert spielen in der christlichen Ordnung der Ehe Adam und Eva (Modell: enthaltsame Ehe) das Buffo-

nung keuscher Zeugung mäßigt, dies jedoch allenfalls asymptotisch gelingt, da jedes Begehren zugleich ein Aufbegehren des Fleisches gegen den Willen bedeutet: Diese innere Paradoxie des Konstrukts bringt Augustinus in einem Brief an Bischof Atticus (vermutlich 420 oder 421 n. Chr.) auf den Begriff der *concupiscentia nuptiarum*.

The *concupiscentia nuptiarum*, blessed to this day by God, condensed a sense of the continued urge of men, as social beings, to cohere in an organized society, based, in the first instance, on the joining of husband and wife for the begetting of children: it was a *concupiscentia vinculi socialis*. Since the Fall, however, sexuality, as a privileged symptom of the *concupiscentia carnis* common to all human beings, condensed a contrary sense of a profoundly asocial element in the human person. Even within the institution of marriage, each individual had to reckon with an ineradicable and indiscriminate drive, contrary to order, which society might restrain through marriage, but could never hope to tame entirely. As Augustine wrote succinctly to Atticus: ›Marriage did not create it; rather marriage found it already made‹ (Brown 1983b, 53).

Damit trägt sich die gesamte Problematik von Konkupiszenz und Keuschheit in die Ordnung der Ehe ein und wird hier als Differenz von Willen und Wollust diskutiert. Die asketische Differenz äußert sich in der Erfahrung des religiösen Virtuosen als *Verwicklung*: vor allem als Verwicklung des Willens mit dem Begehren. Die Differenz zwischen Willen und Wollust äußert sich in der Erfahrung des gläubigen Laien hingegen als *Disjunktion*: das Begehren gehorcht nicht mehr dem Willen. Verwicklung und Disjunktion markieren dabei zwei unterschiedliche Akzentuierungen des Kontrollverlusts über das Begehren: Während der Asket durch eine gründliche Analyse seinen Willen von den Verwicklungen mit dem Begehren befreien und sich sodann vom Begehren selbst befreien kann, trachtet der gläubige Laie – ebenfalls asymptotisch – allenfalls danach, das Begehren unter seine willentliche Kontrolle zu stellen, wenn er schon nicht, Augustinus folgend, das Begehren selbst besiegen kann.[8]

    Paar gegenüber Maria und Josef (Modell: wahrhaft keusche Ehe); die ›komparative Moraltheologie‹ bildet sich gleichsam auch in den biblischen Paaren und ihrer Modellfunktion ab.
8 Anders als Hieronymus und Ambrosius glaubt Augustinus nicht, daß Fasten die Lust besiegen können, mehr noch: »Augustine felt that it was prideful to think that one could conquer lust through one's own efforts

Mit diesem konzeptionellen Unterschied hängt ein weiterer zusammen. In beiden Problematisierungen findet sich die Idee der *poena reciproca*. Anders jedoch als im asketischen Paradigma, demzufolge die Erbschuld der sexuellen Übertretung geschuldet ist, die mit Sexualität (und Sterblichkeit) bestraft wird, liegt für Augustinus die Ursünde im Ungehorsam gegenüber Gott, der mit weiteren Gehorsamsverweigerungen geahndet wird: Das Begehren gehorcht nicht dem Willen –

The disjunctions associated with sexuality give the clue to the deepest nature of the first, paradigmatic sin of Adam and Eve, and hence of all humanity. The body is a miniature stage, in which the hiatus between will and feeling, reenacts, symbolically, the huge, free sin of Adam and Eve – the wilfull creation of an analogous hiatus between their wills and the will of God (Brown 1983a, 10).

Die Disjunktion zwischen Willen und Wollust lenkt den christlichen Blick indessen nicht nur auf diejenigen Fälle, in denen sich die Lust wider Willen regt, sondern gerade auch auf solche, in denen die Lust sich nicht einstellen will und die bislang vor allem bei der weltlichen Medizin Beachtung fanden:

... so wie sich zuweilen eine ungestüme Regung einstellt, ohne daß nach ihr verlangt wird, ebenso läßt sie einen gierig Begehrenden im Stich, und mag im Geiste auch die Begierde brennen, bleibt sie im Leibe kalt und versagt so wunderlicherweise nicht nur, wo es gilt, dem Zeugungswillen zu dienen, sondern versagt sich auch der lüsternen Begehrlichkeit; und während sie sich dem zügelnden Geist meist als ganze widersetzt, zerteilt sie sich zuweilen auch im Zwiespalt mit sich selbst, setzt zuerst den Geist in Bewegung und läßt auf einmal nach, wenn es gilt, den Leib in Erregung zu bringen (Augustinus 1953, 367).

of fasting. He insisted that ›conversion of the heart‹ and humility were necessary« (Salisbury 1986, 286). Demut wird zum Inbegriff gehorsamer Unterordnung des Begehrens unter den Willen und der Unterordnung des Willens unter die Gnade Gottes. Jayce E. Salisbury geht allerdings soweit zu behaupten, daß das augustinische Modell die Unterscheidung zwischen tugendhafter und sündhafter Sexualität erlaube (vgl. Salisbury 1986, 287): Dies gilt allerdings nur insofern, als die Sexualität vor dem Sündenfall tugendhaft, da allein vom Willen regiert war. Nach dem Sündenfall, und das heißt: nach der Einwilligung in die Leidenschaft, kann dies, wie sieht auch Salisbury, nur noch ein Ideal sein. Im Diesseits aber markiert die augustinische Dichotomie nurmehr die äußeren Pole, innerhalb deren Sexualität als eine mehr oder weniger ungehorsame, stolze und leidenschaftliche Tat identifiziert wird.

Impotenz, die bislang Gegenstand physiologischer Erörterungen oder aber dem Verdacht ausgesetzt war, Resultat einer Hexerei zu sein, und mit ressortspezifischen Maßnahmen behandelt wurde, fügt sich nun ebenfalls in den augustinischen Diskurs der Disjunktion von Willen und Wollust ein: »Sexuality was effectively taken from its physiological context and made to mirror an abiding, unhealed fissure in the soul« (Brown 1988, 418).

Das Konzept der Disjunktion von Wille und Wollust eröffnet dem christlichen Diskurs des Sexuellen mithin eine neue Sphäre des Mangels: Mangel an Kontrolle über das Begehren. Damit konstituiert der christliche Diskurs zugleich ein neues Forum für den Kampf gegen die Anfechtungen: Vor die überwiegend spirituelle Arena schiebt sich die des ungehorsamen Körpers – das *Fleisch*.[9] Damit verschiebt der christliche Diskurs außerdem seine intervenierenden Praktiken: Vor die individuelle Analyse des sündigen Begehrens tritt die kirchliche Kontrolle des sündigen Fleisches. Vor das asketische Paradigma der Sünde tritt damit das, was Brown das »soziale Paradigma der Sünde« nennt:

Sin can no longer be unthinkingly presented as a downward slip ... from the ›higher‹ goods of the soul to the ›lower‹ goods of the physical world. What is highest now is the surrender of the private will, in love, so as to be available to others, and, with others, to God; and what is lowest is the closing-in of the will, to exclude others, and, with others, God Himself (Brown 1983a, 10f.).

Eine solche Theologie der Sünde entwirft mehr als ein neues Bild des individuellen Kampfes um Enthaltsamkeit; es ist zugleich ein politischer Entwurf für die neue Konstellation zwischen Kirche, Staat und den Gläubigen, die mit dem Ende des vierten Jahrhunderts n. Chr. entstanden ist. Seit dem Mailänder Toleranzedikt (313 n. Chr.) sind Christen nicht länger eine verfolgte Sekte, sondern anderen Religionsgemeinschaften zumindest gleichgestellt; 391 n. Chr. wird das Christentum offizielle Staatsreligion: Aus der Gemeinschaft der Verfemten wird die mächtige Organisation der Kirche. Die Christianisierung der Gesellschaft, vor allem der

---

9 Auch hier ist es der Ungehorsam, der die Demarkationslinie zieht: »... Augustine was exceptionally careful to point out, in frequent, patient expositions of the letters of Paul, that *the flesh* was not simply the body: it was all that led the self to prefer its own will to that of God« (Brown 1988, 418).

weltlichen Macht, bedarf ebenso wie die Verweltlichung der Kirche, etwa der politische Einfluß hoher Kleriker, eines radikal neuen Sinnstiftungsschemas. Augustinus antwortet auf dieses Bedürfnis, so liest es sich bei E. Pagels, indem er seine Auffassung von der Erbsünde und der Knechtschaft des Willens generalisiert: Ihre Geltungskraft dehnt sich auf die gesamte Gesellschaft aus. Seine These: »... daß die gesamte Menschheit, ihr in Christo erlöster Teil nicht ausgenommen, absolut nicht imstande ist, sich selbst zu leiten« (Pagels 1991, 219). Die Konkupiszenz und deren mangelnde Beherrschbarkeit durch den Willen steht nicht nur paradigmatisch für den individuellen Mangel an Autonomie; sie begründet auch die gesellschaftliche Notwendigkeit weltlicher und geistlicher Führung. Wenn Augustinus im Alter fragt, wo der Mensch sei, der sich anmaße, seine Keuschheit und Unschuld der eigenen Kraft zuzuschreiben, so versteht er diese Erfahrung Pagels zufolge ebenso als Menschheitserfahrung, auch der adamitischen: »... ›die Lust des Sklaven, [der ich war,] (war es,) im ... Treiben des Verbotenen mir Freiheit, eine verkrüppelte Freiheit vorzuspielen‹ – exakt dies hat nach Augustinus auch Adam im Paradies getan und damit die Lawine von Sündenschuld und Sühne losgetreten, die über ihn und seinen Samen hereingebrochen ist« (Pagels 1991, 221).

Nicht in der Autonomie, sondern im Gehorsam hätte Adam sein Heil suchen sollen. ›Freiwillige Knechtschaft‹ (*libera servius*)[10] lautet die Maxime, die Augustinus dem Christen ansinnt. Sowohl die Diagnose als auch die Therapie überträgt Augustinus sodann auf die gesellschaftliche Ordnung:

So ist nach jener Friedensordnung, wonach ein Teil der Menschheit dem anderen untergeben ist, wie für die Dienenden Demut ein Vorteil, so für die Herrschenden Hochmut ein Nachteil. Niemand aber ist von Natur aus, so wie Gott ursprünglich den Menschen erschaffen hat, Sklave des Menschen oder einer Sünde. Vielmehr trägt die Sklaverei den Charakter einer Strafe und ist ein ordnender Ausfluß des Gesetzes, das die natürliche Ordnung zu wahren befiehlt und zu stören verbietet (Pagels 1991, 236).

Weder im ›menschlichen Staat‹ noch im ›Gottesstaat‹ sind die Menschen frei vom inneren Widerstreit gegensätzlicher Willens-

---

10 Viele Jahrhunderte später wird die Liebessemantik der Romantik sich wieder auf dieses Motiv besinnen – allerdings in einem vollständig säkularisierten Kontext.

strebungen und insofern eines obrigkeitlichen Regiments bedürftig: Für Augustinus ist »jedwedes Regime nur ein Überbau auf der Basis der permanenten inneren Rebellion, die durch die Sünde in jedem einzelnen, gleichviel ob Christ oder Heide, in Gang gebracht wurde« (Pagels 1991, 240). Daß hier für den Christen die Bürgerpflichten hinter seinen Verpflichtungen gegenüber Gott rangieren, ist dabei weniger entscheidend als dies: daß er zum Objekt vielfältiger Reg(ul)ierungen wird. Die Interpretation des Sündenfalls als Ungehorsam, der sich als sexuelle Übertretung äußert, jedoch nicht hierin begründet ist, stellt *alle* sittlichen Aspekte christlichen Lebens außerdem vor die heilsrelevante Frage, ob es vor allem an Gehorsam gegenüber Gott, der Kirche, dem Kaiser, der Gesellschaft, dem Gatten, dem Willen nicht mangelt. Da sich der adamitische Ungehorsam als sexuelle Übertretung äußerte, wird ihr allerdings eine besondere Aufmerksamkeit zuteil: Pagels fällt vor allem die sprachliche Verarbeitung der Ursünde im augustinischen Bericht auf.

Um das uranfängliche Sichregen der Erbsünde in Adam wiederzugeben, verwendet Augustinus Kategorien aus der Sprache der Politik – und insbesondere aus einer politischen Sprache, in der Politik und Sexualität bereits eine innige Verbindung eingegangen sind. Das Erlebnis der Leidenschaftlichkeit wird in politischer Metaphorik wiedergegeben als ›Aufruhr‹ gegen die Herrschaft der Vernunft. ... Bei Adam wie bei Eva fügten sich Leib und Seele ursprünglich der Autorität des vernünftigen Willens: ›Wiewohl ihnen ein Leib nach Art der Tiere gegeben war, empfanden sie keine Unbotmäßigkeit, die sich gegen sie erregt hätte. ... Jedem von ihnen war der Leib als ein Diener gegeben ... und der Leib war Gott ... ohne Widerstreben in schicklicher Knechtschaft untertan.‹ ... Adams Pochen auf Autonomie kam der Auflehnung gegen die göttliche Leitung gleich, meint Augustinus, und mit anerkennender Bewunderung vermerkt er, wie sinnreich und genau die Vergeltung dem Vergehen entspricht. Denn: ›Wurde nicht in der Strafe für jene Sünde nur der Ungehorsam vergolten mit Ungehorsam? Ist doch des Menschen ganzes Elend nur seiner selbst Ungehorsam wider sich selbst‹ (Pagels 1991, 228).[11]

---

11 Ähnlich erörtert es auch Foucault: «Der erigierte Sex ist das Bild des gegenüber Gott erhobenen Menschen. Die Überheblichkeit des Sex ist die Strafe und die Folge der Überheblichkeit des Menschen. Sein unkontrollierter Sex ist genau das, was er selber gegenüber Gott gewesen ist – ein Rebell» (Foucault 1980, 42 f.).

Von der augustinischen Theologie der Sünde bis zu seiner Politischen Theologie zieht sich ein Diskurs des Mangels an Autonomie – in Hinsicht auf das Fleisch, auf den Willen und auf das gesellschaftliche Leben. Die Konsequenz: Der Christ bedarf der Regulierung. Von der Regulierung der Konkupiszenz (*concupiscentia nuptiarum*) zur Regierung durch kirchliche und weltliche Mächte äußert sie sich als eine Reihe autoritativer Eingriffe gegen eine Kette von Disjunktionen (Ungehorsamkeiten). Es ist der behauptete Mangel an Autonomie und Kontrolle sowie das Gebot zu freiwilliger Knechtschaft, mit dem sich der augustinische Diskurs des Sexuellen und die politischen Institutionen weltlicher und kirchlicher Macht legitimieren und wechselseitig unterstützen.[12]

Angesichts einer strengen Forderung nach Keuschheit hat der monastische Diskurs die Subtilitäten des Begehrens hervorgebracht; angesichts einer strengen Forderung nach (diesseitigem) Gehorsam gegenüber Gott, dem Anderen, sowie des Fleisches gegenüber dem Willen eröffnen sich neue Dimensionen für den christlichen Diskurs der Sexualität: Sie wird in ihren individuellen *und sozialen* Dimensionen diskutiert und dort – ein vertrautes, wenngleich transformiertes Motiv – als Überschreitung diskutiert. Ein Zuviel des Begehrens auch hier: (in der Regel) mehr als der Wille mäßigen kann, mehr als dem christlichen Paar ziemt, mehr als in einer sozialen Ordnung absorbiert werden kann (vgl. auch Brown 1983b, 65).

Das Christentum transformiert auf diese Weise das stoisch-physiologische Modell der Sexualität in mehrfacher Hinsicht: Das konzessive Modell des rechten Gebrauchs der Lüste, dem es auf die Balancierung aller vitalen Kräfte ankommt, wird replaciert

---

12 Ein interessantes Pendant findet diese Überlegung in der Analyse Bonners, der feststellt, daß im augustinischen Denken *libido carnalis* und *libido dominandi* aufs engste miteinander verknüpft sind: »Both are a consequence of the Fall and, because of our seminal identity with Adam ... we are all subject to them. The Fall was a failure in obedience on the part of the created being, which was utterly dependent upon its Creator for all its powers. Disobedience, therefore, drew upon itself ... a loss of control, shown both in the failure of fallen man to control his body and to resist sexual passion and, at the same time, by a subjection to the lust to dominate others« (Bonner 1962, 312). Die Frucht der *libido carnalis* Adams und Evas war Kain, der Brudermörder: erstes Modell der *libido dominandi* und der *Civitas Terrena*.

durch ein normatives Modell der reinigenden Hermeneutik der Begehren, dem es auf Entsagung gegenüber dem Fleisch ankommt. Mit dem Typ der ethischen Vervollkommnung ändert sich auch die ethische Substanz: Die sexuelle Aktivität ist ein Übel. Der Ehe kommt mithin eine andere Aufgabe zu: Sie ist nicht länger der legitime Rahmen, innerhalb dessen sich der rechte Gebrauch der Lüste entfaltet; sie ist eher der legitime Rahmen zur Verwaltung des Übels, zur Disziplinierung der Überschreitungen.

Im Zentrum christlicher Bemühungen steht der Kampf gegen die *libido*, hier verstanden als das Prinzip der autonomen Bewegung der Sexualorgane.

Das Problem der Libido, ihrer Stärke, ihres Ursprungs und ihrer Wirkung wird solchermaßen zum Hauptproblem des Willens. Es handelt sich nicht um eine äußere Behinderung des Willens, sondern um einen Teil, eine innere Komponente des Willens. Libido ist nicht das Erscheinen irgendwelcher Wünsche, sondern das Resultat des Willens, wenn er über die ihm von Gott ursprünglich gesetzten Grenzen hinausgeht. ... Der geistige Kampf besteht ... darin, daß wir unsere Augen beständig nach unten oder nach innen richten, um unter den Bewegungen der Seele diejenigen zu entziffern, die von der Libido kommen. Die Aufgabe ist unendlich, da Libido und Wille nie substantiell voneinander getrennt werden können. Und die Aufgabe ist nicht nur eine Frage der Meisterung, sondern auch der Frage von Wahrheit und Illusion. Sie erfordert eine permanente Hermeneutik eines selber. In dieser Perspektive impliziert die Sexualethik strenge Wahrheitspflichten. Man muß nicht nur die Regeln eines moralischen Sexualverhaltens lernen, man muß sich beständig als Libidowesen genau prüfen (Foucault 1980, 43 f.).

Wie? Mit etwa dem 6. Jahrhundert verbreiten sich in der christlichen Welt allmählich Praktiken, die die strenge monastische Prozedur der *exagoreusis* in Diskursformen überführen, die allen Christen individuell verbindlich gemacht werden können und in denen ihnen allen ein Diskursobjekt namens »Sünde wider das 6. Gebot« zum Gegenstand gemacht wird. Auch in diesen Diskursformen wird die Ehe noch eine Zeitlang eine bedeutende Rolle spielen, doch die Akzentuierung des Gegenstandes zuungunsten der Verhältnisse, in denen er zum Tragen kommt, ist unaufhaltsam.

Bevor sich die Studie diesen Diskursformen zuwendet, wird sich ein abschließendes Kapitel dieses Teils einigen frühen Formen der schreibenden Herstellung seines (begehrenden) Selbst widmen. Das, was heute als authentisierender Imperativ (z. B. durch das Führen eines Tagebuchs) nur zu selbstverständlich und bereits selbst wieder Gegenstand von Ironisierungen oder anderer ›Faltungen‹ ist (vgl. S. 488), hat eine eigene Genealogie: Zum Abschluß der Teile II bis IV wird sie – allerdings nur in Momentaufnahmen – gezeigt. Man erkennt immer akribische, doch stets andere ›Selbste‹ herstellende Schreib-Weisen. In allen Selbstschreibungen (z. B. dem spirituellen Notizheft, der Hagiographie, der Autobiographie) spielt das Begehren ein wichtige Rolle: Es wandelt sich etwa parallel zum allgemeinen Begehrensdiskurs; das gleiche gilt für das Motiv, sein Begehren schreibend zu äußern (Buße, Beichte, Therapie). Die *écritures de soi* machen jedoch wie im Brennglas die Konsequenzen für das daraus entstehende ›Ich‹ deutlich.

Ecriture de soi I

Askese und Selbstprüfung

Die beiden großen Meditationen des zweiten und vierten Jahrhunderts, die *Selbstbetrachtungen* des Marc Aurel und die *Bekenntnisse* Augustins, markieren in aller Deutlichkeit die gewaltige Differenz zwischen der stoischen und der patristisch-christlichen Sorge um sich. Während die Selbstbetrachtungen Marc Aurels Schwächen und Mängel aussprechen, um sie dadurch zu meistern, bekennt Augustinus Schwächen und Mängel, um seine Gnadenbedürftigkeit anzuzeigen. »Everywhere he <Marc Aurel> looks, he sees shortcoming, pettiness and a failure to express the world spirit in action. His meditations are aimed to purge himself of every least unworthiness. St. Augustine sounds a different note. He talks frankly of his boyish sins and manly passions; he humbly admits his metaphysical bewilderment and his recurring fear of meaninglessness. Feeling himself adrift at sea, he does not fear to avow his need for faith, hope, and love« (Nelson 1965, 61).

Die Selbstbetrachtungen des Marc Aurel präsentieren sich als denkerische Akte, in denen er sich das Wissen über richtige Handlungen aneignet, ein sittliches Bewußtsein ausbildet und zu einem Habitus stilisiert (vgl. Hadot 1969, 103 ff.): Das so erworbene Wissen wird ein integraler und verläßlicher *Bestandteil* seines sittlichen Selbst. Augustinus indes sagt die Wahrheit seines sündigen Selbst aus, um seiner selbst zu entsagen. Der hermeneutische Akt des Bekennens soll das Selbst zunächst reinigen, um es schließlich in der unmittelbaren Kontemplation Gottes *aufzulösen* (vgl. Foucault 1993, 57 f.).

Diese beiden Sorten von Selbstschreibungen sind das, was sich mit Foucault als diskursive Monumente bezeichnen ließe. Das stoische Exercitium und das christliche Bekenntnis stellen – scheinbar durch keine semantische Evolution miteinander verbunden – einzigartige Weisen der Ethopoiese dar. Während diese Perspektive die gewaltigen Transformationen Selbst-erzeugender Praktiken betont, gibt es jedoch auch Hinweise für Prozesse der selektiven, und das heißt: sukzessiv transformierenden Aneignung der philosophischen Exerzitien durch das frühe Christentum.

Als Untugenden, als Verwickelungen des Geistes, als Ungehorsamkeiten – in welchen Gestalten sie auch erscheint: Die Konkupiszenz ist nicht nur Gegenstand abstrakter moraltheologischer Diskurse; das Christentum hat schon früh damit begonnen, den Gläubigen Techniken an die Hand zu geben, um ihr so sorgfältig wie möglich auf die Spur zu kommen. Kontemplationen, Selbsterforschung und Bekenntnisse sind von Beginn an als konkrete Übungen konzipiert. Auch die Mönchsregeln sehen explizit derartige Übungen vor: Die »sechs Stufen zur Keuschheit«, die Cassian in der zwölften Unterredung beschreibt, sind ein Beispiel für eine solche Anleitung zur gründlichen Selbsterforschung (vgl. S. 167 f.). Eben durch den Einsatz solcher Techniken mündet der Kampf um die Keuschheit in einer permanenten und immer akribischeren Hermeneutik seiner selbst.

Solche Übungen sowie die mit ihr verbundene spirituelle Haltung sind – das führen die Arbeiten P. Hadots vor – keine Erfindung des Christentums, sondern bereits fester Bestandteil der antiken Philosophie. Oder präziser: Die antike Philosophie versteht sich gewissermaßen selbst als eine spirituelle Übung:

»Les Stoïciens, par exemple, le déclarent explicitement: pour eux, la philosophie est un ›exercise‹. A leur yeux, la philosophie ne consiste pas dans l'enseignement d'une théorie abstraite, encore moins dans une exégèse de textes, mais dans un art de vivre, dans une attitude concrète, dans un style de vie déterminé, qui engage toute l'existence. L'acte philosophique ne se situe pas seulement dans l'ordre de la connaissance, mais dans l'ordre du ›soi‹ et de l'être: c'est un progrès qui nous fait plus être, qui nous rend meilleurs« (Hadot 1981, 15 f.).

Ins Zentrum ihrer Bemühungen stellen alle philosophischen Schulen die Leidenschaften. »[L]a principal cause de souffrance, de désordre, d'inconscience, pour l'homme, ce sont les passions: désirs désordonnés, craintes exagérées« (Hadot 1981, 16) und empfehlen anschließend sich selbst als Therapeutikum: »Chaque école a sa méthode thérapeutique propre, mais toutes lient cette thérapeutique à une transformation profonde de la manière de voir et d'être de l'individu. Les exercices spirituels auront précisément pour objet la réalisation de cette transformation« (Hadot 1981, 16 f.).

Der Weg, auf dem diese Transformation sich vollzieht, lautet *prosoché:* dieser Begriff bezeichnet die aufmerksame Sorge um sich, die Wachsamkeit in jedem Augenblick. Das Ziel dieser Transformation ist ein doppeltes: Sie strebt in gleichem Zuge die moralische Vervollkommnung des Selbst und dessen Selbsteinordnung in die universelle Vernunft, den göttlichen Logos, an.

> Cette conscience de soi est tout d'abord une conscience morale, elle cherche à réaliser à chaque instant à n'admettre aucun autre motif d'action que la volonté de faire le bien. Mais cette conscience de soi n'est pas seulement une conscience morale, elle est aussi une conscience cosmique: l'homme ›attentif‹ vit sans cesse en présence de Dieu dans le ›souvenir de Dieu‹, consentant joyeusement à la volonté de la Raison universelle et voyant toutes choses avec le regard même de Dieu (Hadot 1981, 63).

Die Praxis der *exercitia spiritualia*, wie sie die antiken Philosophien pflegen und empfehlen, findet mit vielen ihrer Elemente Eingang ins Mönchstum (vgl. Hadot 1981, 65 ff.): Die permanente Wachsamkeit gegenüber den Gedanken und Absichten findet sich etwa als monastische Forderung wieder, über jede Falte seines Herzens zu wachen; die philosophisch inspirierte Meditation und Memorierung der ›fundamentalen Dogmen‹ (Lebensregeln, *kanôn*) replaciert die monastische Tradition durch die ›Gebote‹ oder die ›Sprüche der Väter‹ als leitende Regeln christlichen Lebens. Nicht zuletzt sei im Rahmen der exercitia spiritualia bereits die Übung des *examen conscientiae* vorausgesetzt: Wenn etwa die hl. Dorothea verlangt »en plus de notre examen quotidien, nous devons nous examiner chaque année, chaque mois, chaque semaine, et nous demander: ›Où en suis-je maintenant avec cette passion qui m'accablait la semaine dernière?‹«, findet Hadot diese Forderungen in die der Pythagoräer, der Epikuräer, der Stoiker (insbesondere Senecas und Epiktets) und anderer philosophischer Schulen eingelassen (vgl. Hadot 1969, 66 ff.).

Unter allen Techniken, mit denen die antiken Philosophien die *prosoché* befördern wollten, kommt der Schrift eine besonders prominente Rolle zu. Foucault bemerkt: »Comme élément de l'entraînement de soi, l'écriture a, pour utiliser une expression qu'on trouve chez Plutarque, une fonction *éthopoiétique*: elle est une opérateur de la transformation de la vérité en *ethos*« (Foucault 1983, 6), und er fügt die Aufforderung Epiktets an seine Schüler als Beispiel hinzu:

> Garde ces pensées nuit et jour à la disposition (prochéïron); mets-les par écrit, fais-en la lecture; qu'elles soient l'objet de tes conversations avec toi-même, avec un autre... s'il t'arrive quelqu'un de ces événements qu'on appelle indésirables, tu trouveras aussitôt un soulagement dans cette pensée que ce n'est pas inattendu (Epiktet nach Foucault 1983, 5 f.).

Die individuellen Fixierungen hilfreicher Sentenzen nehmen die literarische Gestalt der *hypomnemata* an. Hadot bezeichnet sie salopp als »spirituelle Notizhefte« (Hadot 1991b, 223):

> On y consignait des citations, des fragments d'ouvrages, des exemples et des actions dont on avait été témoin ou dont on avait lu le récit, des réflexions ou des raisonnements qu'on avait entendus ou qui étaient venus à l'esprit. Ils constituaient une mémoire matérielle des choses lues, entendues, ou pensées; ils les offraient ainsi comme un trésor accumulé à la relecture et à la méditation ultérieure (Foucault 1983, 7).

Daß es sich bei diesen spirituellen Notizheften um mehr als bloße Gedächtnisstützen handelt, ersieht Foucault aus den Hinweisen zu ihrer Handhabung: Sie veranlassen ihn zu der These, es ginge in diesen Sammlungen um »écriture de soi« (Foucault 1983, 3 ff.) – sie seien ein Mittel der Selbstkonstitution durch Selbstschreibung. Diese Funktion erfüllen sie durch Gebrauchsanweisungen (vgl. Foucault 1983, 9 ff.), die insgesamt den ethopoietischen Diskurs zu limitieren suchen:

- Die geforderte Verbindung von Schreiben und Lektüre gewährleistet einen endlichen Diskurs. Ein Zuviel an Schreiben erschöpft, ein Zuviel an Lektüre zerstreut; die *hypomnemata* begrenzen daher den Diskurs auf bereits Gesagtes und fordern dazu auf, eben hierin die richtig gebildete Formulierung der Ratio, den Ausdruck der Vernunft auch für die Gegenwart zu erkennen.
- Eine reglementierte Praxis des Disparaten determiniert die subjektive Wahl. »Die Schrift als von sich selbst und für sich selbst getätigte persönliche Übung ist eine Kunst der disparaten Wahrheit oder genauer eine reflektierte Manier, die traditionelle Autorität des bereits Gesagten mit der Einzigartigkeit der darin sich affirmierenden Wahrheit und der Besonderheit der Umstände, die deren Gebrauch bestimmen, zu kombinieren« (Foucault nach Hadot 1991b, 224).
- Die den Logos aktualisierende Aneignung nimmt die Form einer ›spirituellen bricolage‹ an. Es handelt sich um ein Wechselspiel von gewählter Lektüre und verarbeitendem Schreiben, mit dem man sich nicht etwa einen fremden Gedanken zu eigen macht, »sondern man gebraucht Formulierungen, die man als richtig gebildet ansieht, um das zu aktualisieren und lebendig zu machen, was bereits im Innern der Vernunft dessen, der schreibt, gegenwärtig ist« (Hadot 1991b, 224).

In das Zentrum einer Kultur, die durch Traditionalität, die Wertschätzung des Ehrwürdigen und der Autorität, gekennzeichnet ist, plaziert sich mit den *hypomnemata* eine »pratique citationelle« (Foucault 1983, 9), die im Wiederaufgreifen des Schon-gesagten den Ausdruck der universellen Vernunft aufschließt. Gerade durch das *disparate* Wiederaufgreifen des Schon-gesagten trägt diese Übung dazu bei, über eine bloße verinnerlichende Memorierung hinauszugehen: In auch zerstreuten Sentenzen den Ausdruck des einen Logos zu sehen, an dem der Schreibende/Lesende erkennend teilhat, macht auch die zunächst idiosynkratische Sammlung zu einem Korpus spiritueller Einheit und konstituiert so das Selbst.

Eine ebensolche Übung scheint etwa zwei Jahrhunderte später auch der hl. Antonius zu empfehlen: Seinem Biographen Athanasius zufolge soll der Mönch seinen Schülern geraten haben, die Handlungen und Regungen ihrer Seele schriftlich aufzuzeichnen. Sie sollten sich vorstellen, sie müßten auch ihre geheimsten Regungen anderen bekanntmachen, »so daß die Schrift folglich den Platz des Auges des anderen innehat« (Antonius nach Hadot 1991b, 223).

Folgendes soll noch ein Schutzmittel sein, um Sicherheit vor der Sünde zu erlangen: Ein jeder von uns soll die Handlungen und Regungen der Seele bemerken und aufzeichnen, als ob wir sie einander mitteilen wollten; und seid überzeugt, daß wir wenn wir überhaupt uns scheuen, erkannt zu werden, aufhören zu sündigen oder etwas Schlechtes nur zu denken. Denn wer will, wenn er sündigt, gesehen werden? Oder wer lügt nicht lieber, wenn er gesündigt hat, da er verborgen bleiben will? Wie wir, wenn wir einander sähen, nicht Unzucht treiben würden, so werden wir uns auch, wenn wir unsere Gedanken aufzeichnen, als ob wir sie einander mitteilen sollten, uns eher hüten vor schmutzigen Gesinnungen, da wir uns scheuen, erkannt zu werden. Die Aufzeichnung soll an die Stelle der Mitasketen treten, damit wir nicht einmal an Schlimmes denken, da wir beim Schreiben erröten, als ob wir gesehen würden. Wenn wir uns so bilden, können wir den Leib unterwerfen und dem Herrn wohlgefallen, die Listen des Feindes aber vereiteln (Athanasius 1917, 66f.).

Die Aufzeichnung nimmt, das fällt Foucault zunächst auf, für den Anachoreten gerade diejenigen Positionen ein, die der monastischen Gemeinschaft für den einzelnen Mönch zukommt: Die Schrift ist ein Gegenüber der intimsten Regungen, ein Regulativ der Gedanken, ein Probierstein, an dem sich die Wahrheit der

Seele erweist (vgl. Foucault 1983, 4). Was diese frühchristlichen Aufzeichnungen mit den *hypomnemata* verbindet, ist Hadot zufolge ihr Universalisierungsvermögen:

> Die Schrift, sagt Antonius, hat den Platz des Auges des anderen inne. Derjenige, der schreibt, hat das Empfinden, irgendwie angeblickt zu werden, er ist nicht mehr allein, sondern Teil der menschlichen Gesellschaft, die schweigend anwesend ist. Indem man seine persönlichen Gedanken schriftlich formuliert, wird man einbegriffen ins Räderwerk der Vernunft, der Logik und der Universalität (Hadot 1991b, 225).

›Selbstschreibung‹ ist damit eine Form der Konstitution des Selbst, die an Selbstüberschreitung und Universalisierung gebunden ist (vgl. Hadot 1991b, 226). Genau darin, vermutet Hadot, verortet auch der Mönch Antonius den therapeutischen Wert der Schrift. Bei dieser Einschätzung ist allerdings eine Nuancierung angebracht, auf die auch Foucault zum Abschluß seiner Studie mit einer Bemerkung aufmerksam macht: Im Falle der *hypomnemata*

> il s'agissait de se constituer soi-même comme sujet d'action rationelle par l'appropriation, l'unification et la subjectivation, d'un ›déja-dit‹ fragmentaire et choisi; dans le cas de notation monastique des expériences spirituelles, il s'agira de débusquer de l'intérieur de l'âme les mouvements les plus cachés de manière à pouvoir s'en affranchir (Foucault 1983, 23).

Zumindest ist einzuräumen, daß das frühe Christentum das Modell der spirituellen Notizhefte doch einer nicht unbeträchtlichen inhaltlichen Revision unterzogen hat: Es geht weniger um das *Schon-gesagte* als um die schreibende Verhinderung des *Nicht-sagbaren*. (Gegenüber der später reüssierenden Gattung des intimen Tagebuchs gibt es mithin ebenfalls eine deutliche Differenz: Dies ist gerade durch das schriftliche Geständnis des Nicht-sagbaren charakterisiert.)

Die persönlichen Aufzeichnungen der Anachoreten sind allerdings nur unzureichend dadurch charakterisiert, daß sie gewissermaßen eine Mittelstellung zwischen den *hypomnemata* und der späteren Geständnisliteratur einnehmen. Was sie vor allem vom antik-philosophischen Modell unterscheidet, ist »l'ésprit général«, in dem diese und andere spirituellen Exerzitien praktiziert werden: im Geiste der Kardinaltugenden von Buße und Gehorsam (vgl. Hadot 1981, 73). »Plus on s'approche de Dieu, dit Dorothée de Gaza, plus on se voit pécheur« (hl. Dorothea nach Hadot 1981, 73) – mit dieser Haltung fügen sich die *exercitia spi-*

ritualia, unter ihnen die Aufzeichnung der Seelenregungen, in die christliche Technologie reinigender Hermeneutik ein. Die christlichen Aufzeichnungen empfehlen sich indessen als schreibende Verhinderung ›schmutziger Gesinnungen‹. Jedoch: die »wachsame Sorge« des Asketen forciert unweigerlich auch solche Analysen, die ihn denken lassen, was er nicht denken darf. Zum intimen Geständnis, so scheint es, ist es nur ein kleiner Schritt.

John Behr (1993) legt gegen eine solche Analyse Einspruch ein: Seiner Meinung nach ist die Problematisierung der Sexualität durch das frühe Christentum unzureichend dadurch beschrieben, daß man es, ohne die frühchristliche Erfahrung der Offenbarung miteinzubeziehen, als eine neue Technologie des Selbst identifiziert. Vielmehr gälte es, ihre Thematisierung der Keuschheit *sub specie* der eschatologischen Dimension christlicher Existenz zu denken: »The distinctiveness of their experience of sexuality is thus to be investigated in terms of the relationship between their new ecclesial identity, with its personal immortality, and their natural, mortal constitution, with its necessity for procreation« (Behr 1993, 18). Die eschatologische Dimension erzeugt ein charakteristisches Paradox, das Behr selbst nennt: Sie relationiert das gesamte irdische Leben im Hinblick auf die jenseitige Erlösung, ohne jedoch die Fortsetzung irdischer Geschichtlichkeit in Frage zu stellen. Behr nennt auch das Moment der Entparadoxierung dieses Zusammenhangs: Jeder Augenblick des diesseitigen Lebens wird zum Moment christlicher Bewährung und so mit eschatologischer Signifikanz ›aufgeladen‹. Behr weigert sich indes, die asketischen Praktiken als Technologien des Selbst zu betrachten, weil sie selbst eschatologische Ereignisse seien: »The problematization of sexual activity, in this perspective, does not form part of a technology of the self ... but rather forms part of the framework within which man responds to God« (Behr 1993, 19).

Damit indes setzt er diese Technologien mit solchen Praktiken gleich, die ein diesseitiges, positives oder eigentliches Selbst im Sinne des heutigen (therapeutischen) Ideals formieren. Für die Stoa etwa ist in der Tat charakteristisch, daß Selbstprüfung, Selbstbeurteilung und Selbstdisziplin den Weg zur Selbsterkenntnis weisen; die existentielle Wahrheit wird durch Besinnung auf Regeln erlangt, die ein Selbst im Einklang mit den universalen Regeln des Logos konstituieren, Regeln, die über dieses Selbst hinausweisen, es aber nicht auflösen. In der frühchristlichen Praxis der Askese, aber auch des Bekenntnisses und der öffentlichen Buße gewinnt der Sünder im Gegenteil auf symbolische, rituelle, theatralische und/oder analytische Weise »Wahrheit über das Selbst durch einen gewaltsamen Bruch und durch *Auflösung*« (Foucault et al. 1993, 56; meine Hervorhebung, S.M.). In beiden Hauptformen der Selbstenthüllung, die man im frühen Christentum praktiziert, der *exomologesis* und der *exagoreusis*[13], werden Wahrheitsverpflichtungen inszeniert. Sie beziehen zwar ihre besondere ethische Qualität aus ihrer eschatologischen Signifikanz; diese ist aber ist einem ›Selbst‹ auferlegt, auch wenn es schließlich auf sich zu verzichten hat, will es der Erlösung teilhaftig werden. Sicher ist Behr darin zuzustimmen, daß die frühchristliche Konzeption des Selbst, wie sie etwa bei Cassian deutlich wird, ›vorsubjektiv‹ ist, »sie wird noch ganz von dem transpersonalen, kosmischen Gegensatz zwischen Gott und Welt beherrscht« (Paden 1993, 83). Gleichwohl: *Diesem* Selbst werden hermeneutische Techniken an die Hand gegeben, die zunächst seine (zum Teil öffentliche) Selbstenthüllung befördern, um es schließlich in die Lage zu versetzen, seiner selbst zu entsagen. Die eschatologische Motivation heißt: »The flesh has to be kept unspoiled in view of the future ressurrection« (vgl. auch van Eijk 1972, 235). Es gilt also, einem (wenn auch: vorsubjektiven) Selbst zu entsagen; dem Subjekt von Lastern, die es in selbst-analytischen Übungen seinem Willen zur Tugend, zur Disjunktion von Geist und Konkupiszenz, zur enthaltsamen Lebensführung zu unterwerfen hat: So lernt es – zumindest approximativ –, auf sein sündiges Selbst zu verzichten.

Es ist die eschatologische Dimension, die die christliche Problematisierung der Sexualität gegenüber den hellenistischen und römischen Diskursen transformiert: Auf diese Weise intensiviert sie allerdings nicht die Themen der Enthaltung, führt nicht zur strikteren Normierung. Nein, die eschatologische Dimension verändert die *ethische Substanz* der Problematisierung: Sie geht »von

13 *Exomologesis* bezieht sich auf die Praktik der öffentlichen Buße, die sich am Modell des Martyriums orientiert; *exagoreusis* bezieht sich auf die monastische Praktik der analytischen Verbalisierung von Gedanken im absoluten Gehorsam gegenüber einem anderen: Diese Praktik orientiert sich an dem Modell der Kasteiung. »Ob durch das Martyrium oder Gehorsam gegenüber einem Meister, die Enthüllung des Selbst ist der Verzicht auf das Selbst« (Foucault 1993, 61 f.).

der Endlichkeit, dem Sündenfall und dem Übel <aus>; sie fordert Gehorsam gegen ein allgemeines Gesetz, welches gleichzeitig Wille eines persönlichen Gottes ist; einen Typ von Arbeit an sich selbst, zu dem Seelenentzifferung und reinigende Hermeneutik der Begehren gehören; eine Weise ethischer Vervollkommnung, die nach Selbstentsagung strebt« (Foucault 1986, 306f.). Kurz: Diese Moral definiert eine *andere* Modalität des Selbstbezugs.
Mehr noch: Die christliche Aufmerksamkeit auf die Reinheit des Körpers erklärt sich auch aus dem Distinktionsgewinn gegenüber den umgebenden jüdischen und heidnischen Diskursen: Der reine, unkontaminierte Körper des Christen symbolisiert die reine, heilige Kirche und konstituiert das Christentum als ›dritte Rasse‹ neben Juden und Heiden in der griechisch-römischen Gesellschaft (vgl. Price 1990, 269 f.). Die eschatologische Motivation wird mithin sekundiert durch eine säkulare Ideologie, die in einer sophistizierten Hermeneutik des unreinen Selbst ihren intensivsten Ausdruck findet. Dabei zeigen sowohl der monastische Diskurs der Keuschheit als auch der christliche Diskurs der Ehe in Form und Inhalt der Auseinandersetzungen starke Affinitäten zu stoischen Entwürfen, differieren jedoch erheblich hinsichtlich ihrer ethischen Substanz und Zielsetzung: Entsagung, ›Ent-Selbstung‹ lautet das Programm, das *nolens volens* den Weg über die Analyse des Selbst nimmt.
Daß die christliche Fassung der Selbsttechnologie ein paradoxes Programm auf transzendentalem Niveau verfolgt, besagt mithin nicht, daß es sich nicht um Techniken zur Enthüllung eines Selbst handelte. Ebendie Paradoxie von Selbstkonstitution durch Selbstentsagung ist der Motor für die Ausbildung einer »remarkable diversity of <Christian> approaches to the problematization of sexual activity« (Behr 1993, 18), die Behr nur konstatieren, nicht aber erklären kann. Die Pointe dieser Problematisierungen liegt für eine um die Metapher der Selbsttechnologie bereicherte Diskursanalyse auf der Hand: Es ist die Beobachtung, daß die Gläubigen mit Hilfe der christlichen Technologien zur Analyse des Unkeuschen ihr, wenngleich sündhaftes, Selbst erst entdecken, oder besser: in diesen Praktiken allererst konstituieren.
Was der christliche Diskurs der Keuschheit im Hinblick auf die Konstitution des Selbst abgelegt hat, ist die Frage des Lebensstils, die für den stoischen Diskurs noch zentral ist. Anders als im Christentum, dessen ethische Maximen auf Entfernung, Enthaltung,

Entsagung beruhen, ruht die stoische Problematisierung auf der Kunst, sein Leben und sich selbst als Werk zu stilisieren.

›Stil‹ bedeutet hier nicht ›Vornehmheit‹, sondern das Wort ist im Sinne der Griechen zu verstehen, für die der Künstler in erster Linie ein Handwerker und das Kunstwerk ein Werk ist. Die griechische Moral ist endgültig tot, ... aber ein Detail dieser Moral, nämlich die Idee von der Arbeit des Ichs an sich selbst, ... das Ich, das sich selbst zum Gegenstand einer zu leistenden Arbeit nimmt, könnte einer Moral zur Stütze werden, die sowohl in der Tradition als auch in der Vernunft keinen Beistand mehr findet; als Künstler des eigenen Ichs könnte er sich einer Autonomie erfreuen, die die Moderne nicht mehr missen kann« (Veyne 1986, 939).

Diese Stilisierung des Selbst hat Foucault auch als Ästhetik des Selbst bezeichnet – eine Bezeichnung, die Pierre Hadot zufolge für das heutige Verständnis zu irreführenden Konnotationen führt. Die ethische Aktivität der Griechen suche nämlich nicht in erster Linie das Schöne (*kalon, kallos*) auf, sondern das Gute (*agathon*). Anstatt von einer »Kultur des eigenen Ichs« (*culture de soi*) sollte man eher von einer Transformation des Ichs sprechen, das den Zustand der Weisheit anstrebt. Durch Seelenfrieden (*ataraxia*), die innere Freiheit (*autarkeia*) und (außer bei den Skeptikern) das kosmische Bewußtsein gelingt die Befreiung von Ängsten. Auch hier also, so Hadot, gehe es darum, die individuelle und leidenschaftsbedingte Subjektivität abzustreifen und sich zur Objektivität der universalen Perspektive zu öffnen. »Es handelt sich nicht um die Konstruktion des Ichs im Sinne eines Kunstwerks, sondern im Gegenteil um ein über sich selbst Hinauswachsen, oder zumindest doch um eine Übung, mit Hilfe deren es sich in der Totalität ansiedelt und als Teil derselben fühlt« (Hadot 1991ba, 180). Die Vorstellung von Philosophie als ›Übung in der Weisheit‹ sei ein Topos, den Foucault seltsamerweise nicht bemerkt habe.

Foucault hat tatsächlich von einer Ästhetik des Selbst nie in diesem ihm unterstellten Sinne gesprochen, sich im Gegenteil verschiedentlich gegen den ›kalifornischen Kult des Selbst‹ verwahrt. Demgegenüber soll dieser Begriff die einzelnen, historisch realisierten Selbsttechniken hinsichtlich des Ausmaßes an Freiheit vergleichen, mit den jeweils vorgefundenen Formen der Selbstherstellung kreativ umzugehen. In dem ›griechischen Modell‹ sieht Foucault in der Tat eine Chance, sich selbst zu stilisieren, und billigt ihm – wenngleich es historisch nur für eine kleine Elite der freien, männlichen Erwachsenen galt – größere Freiheitsgrade zu als den christlichen Modellen. Doch sollen auch diese im nächsten Teil, der sich vor allem mit dem Aspekt der Subjektivierung aus dem triadischen Problemzusammenhang Sexualität-Therapie-Selbst beschäftigen wird, daraufhin beobachtet werden, welche Chancen der Selbstformierung sie einräumen. Diese ›Chancen‹ sind allerdings in einem nicht-emphatischen Sinne als die in den Technologien gewissermaßen eingebauten Möglichkeiten eines autonomeren (Komparativ!) Selbstbezugs zu verstehen, nicht als krypto-normative Setzung eines eigentlichen Selbst.[14]

---

14 Auf ein solches Konzept der *Subjektivierung im Komparativ* wird das abschließende Kapitel 15 zurückkommen.

Teil III
Subjektivierung:
Poenitativ-konfessorische Konstruktionen des Selbst

Im Laufe des Mittelalters macht die christliche Kirche den Kampf um die Keuschheit, den bislang vor allem die religiösen Virtuosen ausfochten, nun zunehmend für alle Christen verbindlich. Die dazu entwickelten Praktiken kreisen um das *pönitative Modell* der Privatbuße und der Kanonistik sowie um das *konfessorische Modell* der Pflichtbeichte und den von Reformation und Gegenreformation inaugurierten biographisierenden Varianten. Während die Praxis der Privatbuße – ausgehend vom augustinischen Konzept der keuschen Ehe – vor allem die Sexualität des christlichen Paars adressiert, widmet sich die Praxis der geheimen Beichte besonders denjenigen Sünden, die die sich nun etablierende Norm der ehelich-reproduktiven Sexualität verletzen. Im Zuge systematischer Analysen der Vergehen gegen die Keuschheit differenziert sich nicht nur das Reich der Sünden gegen das 6. Gebot: Mehr und mehr rücken die Sünder selbst, vor allem in der Figur des Ehegatten, in den Mittelpunkt christlicher Problematisierungen.

Vom 6. bis zum 13. Jahrhundert forciert das Instrument der *Privatbuße* das geheime und wiederholbare Bekenntnis sündiger Taten, die der Priester mit einer geeigneten und angemessenen Bußauflage zu bestrafen hat. Dazu bedarf es einer systematischen Evaluation der Vergehen und der Eigenschaften der Sünder: sog. Poenitentialien leiten dabei den Priester an. Die Vergehen gegen die Keuschheit werden im gleichen Zuge ausdifferenziert und systematisiert. Die Dimensionen verbotener Orte, Zeiten, Beischlafpositionen und Personen bilden ein umfängliches, jedoch endliches *tableau* des Sündhaften.

Mit Beginn des 9. Jahrhunderts trägt die *kirchliche Rechtsprechung* zu einer weiteren Systematisierung des christlichen Diskurses bei. Der Imperativ der Keuschheit und das Zugeständnis, daß Sexualität im Rahmen einer legitimen Beziehung (Ehe) zu einem legitimen Zweck (Fortpflanzung) erlaubt sei, führt nun zu einem sog. «Pflichtmodell ehelicher Sexualität»: Jeder Gatte muß dem anderen gewähren, was dieser jedoch nicht verlangen darf. Stand zuvor vor allem die Ehe als Grundbedingung für legitimen Geschlechtsverkehr im Mittelpunkt christlicher Debatten, so rückt nun das sexuelle Vermögen als eine Grundbedingung für eine gültige Ehe(-schließung) dorthin. Die Ehepartner sehen sich dem einklagbaren Tatbestand sexueller Pflichterfüllung gegenüber: Sexualität im Sinne sexueller Reife und Potenz trägt nun zur Begründung der christlichen Ehe bei.

Mit Einführung der *Pflichtbeichte* zu Beginn des 13. Jahrhunderts modifiziert die Kirche ihre Intervention in die christliche Lebensführung vor allem in zwei Hinsichten: Erstens rückt das christliche Paar in den Hintergrund des Diskurses – bildet nunmehr seine implizite Norm. Demgegenüber schieben sich nun alle Abweichungen (und alle Abweichenden) von dieser Norm in den Vordergrund der Aufmerksamkeit. Dies gelingt der Kirche mit einer Praxis, die nun von jedem Gläubigen – mindestens einmal im Jahr – ein erschöpfendes Geständnis seiner Sünden verlangt:

Dazu muß der Gläubige nicht nur sündige Werke, sondern auch sündige Worte und Gedanken gestehen. Mit dem konfessorischen Modell des christlichen Diskurses eröffnet sich ein nicht nur umfängliches, sondern prinzipiell unerschöpfliches Gebiet des Sündhaften, auch im Bereich des 6. Gebots. Die Literatur, die dem Beichtvater hier unterweisend zur Seite steht, legt von seinem Dilemma, ein vollständiges Geständnis hervorzulocken, ohne indessen das Beichtkind zur Sünde zu animieren oder aber sich selbst am Geständnis (unkeuscher Worte, Werke und Gedanken) zu laben, beredtes Zeugnis ab.

Der *katechische Diskurs* entfaltet die Problematisierung des Sexuellen in zwei weitere Richtungen: zum einen etabliert er einen Korpus des Glaubenswissens, über den die Gläubigen nun in abstrakter Form verfügen können und müssen, denn erst dann werden sie zu Beichte und Abendmahl zugelassen. Zum anderen wird die stets punktuelle Beichte in der protestantischen Transformation zu einer Seelenleitung: Die Sünder gegen die Unkeuschheit bekommen nun eine Biographie.

Die *Hagiographie* wird stilbildend für die Selbstschreibung mittelalterlicher Selbste: Kaum merklich nehmen einzelne Autoren an dem hagiographischen Code subtile Veränderungen vor, die das Moment der schreibenden Entsagung zugunsten der schreibenden Rechtfertigung und Stilisierung eines christlichen Selbst zurücktreten lassen.

Kapitel 7

Die Dynamisierung des christlichen Sexualitätsdiskurses durch die Poenitentialien

Mit dem monastischen Kampf um die Keuschheit und der frühchristlichen Regulierung der Ehe stehen zwei Elemente unverknüpft nebeneinander: die Praxis subtiler Selbstbearbeitung und die große moraltheologische Problematisierung des einzigen erlaubten sexuellen, doch möglichst keuschen, Verhältnisses. Beide Elemente dringen darüber hinaus in ihrer elaborierten Fassung vor allem an das Ohr der religiösen Virtuosen; die gläubigen Laien sind dagegen auf die stets ausschnitthafte Unterweisung durch die Predigt verwiesen. Beides: die Teilung des Wissens über den Kampf um die Keuschheit (in eine Praxis minutiöser Selbstanalyse und einen Diskurs über die Konkupiszenz innerhalb und außerhalb der Ehe) sowie die asymmetrische Verteilung dieses Wissens auf die Gläubigen (Kleriker, Laien) verschiebt sich mit Beginn des sechsten Jahrhunderts. In einer individualisierenden Praxis geheimer Buße diffundiert und differenziert sich das frühmittelalterliche Konzept christlicher Sexualität: Prinzipiell alle Gläubigen partizipieren seither über ein geheimes, pönitatives Verfahren an dem sich durch dieses Verfahren elaborierenden Diskurs.

Auslöser dieser Verschiebung ist die Praxis der keltischen Buße, die in der iroschottischen Mönchskirche gepflegt und von irischen Mönchen, die aus missionarischen oder asketischen Gründen pilgerten, auf dem Kontinent verbreitet wurde. Gegenüber der altkirchlichen Bußpraxis, deren Verfahren in allen ihren Bestandteilen – Bußerteilung, Bußleistung, Rekonziliation – öffentlich und einmalig[1] war, fand die keltische Bußpraxis durch Wiederholbarkeit, allgemeine Zugänglichkeit und vor allem: den geheimen Vorgang, Anklang:

1 Die Einmaligkeit der Buße wird aus der Warte kirchlicher Steuerungsinteressen zunehmend dysfunktional, denn die Gläubigen schieben Beichte und Buße immer weiter hinaus, um die Öffentlichkeit des beschämenden Bekenntnisses, die strengen Strafen und die erniedrigenden Bußen des altkirchlichen Verfahrens zu umgehen: »Kirchenbuße wird zur Krankenbuße und verliert die eigentlich lebensformende Kraft« (Bommer 1962, 62; vgl. auch Vogel 1983, 1131). Die Diskretion und

Alle Christen, Laien und Kleriker konnten, so oft sie gesündigt hatten, zu einem Priester kommen, um ihre Sünden zu bekennen, oder auch, wenn sie sich im Gewissen dazu verpflichtet fühlten, sich von ihm nach ihrem Lebenswandel befragen zu lassen. Die Feststellung der Sünden geschah mit Hilfe von Bußbüchern, in denen detaillierte Bußtaxen für die einzelnen, nicht systematisch klassifizierten Sünden angegeben waren. Nach Erbringung der Buße, evtl. einem Bußfasten, wurde der Pönitent absolviert. Das ganze Verfahren war geheim (Vorgrimmler 1978, 94).

›Bußbücher‹ oder Poenitentialien treten in der Situation der häufiger werdenden Privatbuße dem Bischof oder Priester unterweisend zur Seite. Sie enthalten Kataloge der Verfehlungen, die in der christlichen Moralvorstellung des frühen Mittelalters als sündhaft gelten, und geben das zur Sühne notwendige Bußmaß an – eine Bußform, die mit A. Boudinhon als »pénitence tariffée« bekannt geworden ist (Boudinhon 1897, 497). Diese Bußkataloge sind von erheblicher Bedeutung für die frühmittelalterliche Regulierung des Sexuellen in der christlichen Kultur. Das haben offenbar auch die kirchlichen Autoritäten so gesehen: In einem langen Streit um das geheime Bußverfahren und das es mitkonstituierende Genre der Bußbücher haben sie über Chancen und Risiken der kirchlich-pastoralen Steuerung sündiger Seelen debattiert. Dabei hat sich – gleichsam *nolens volens* – nicht nur diese innovative Praxis durchgesetzt, sondern die Problematisierung sowohl der Sünden im allgemeinen als auch der Sünden gegen die Keuschheit im besonderen, dynamisiert, d. h. gleichzeitig verbreitet und differenziert. Einer Analyse, die der frühmittelalterlichen Fabrikation des Sexuellen in der Privatbuße nachgeht, geht daher eine kurze Erörterung der Bußbücher voraus: Die allmähliche Überwältigung des altkirchlichen Verfahrens und die zwiespältige Aufnahme durch die kirchlichen Autoritäten soll über die neue Konfiguration des Macht-Wissens Auskunft geben, das sich in dem geheimen und bußzentrierten Diskurs des Sexuellen Audruck verschafft.

> Wiederholbarkeit des Verfahrens werden zwar moraltheologisch als ›lax‹ verfemt; beides kommt jedoch den Steuerungsinteressen der Kirche entgegen: Unter diesen Bedingungen sind die Gläubigen nämlich weitaus eher bereit, sich einem strengen und verbindlichen Diskurs zu unterwerfen, der ihnen die religiöse und sittliche Leitung ihres Lebens zumutet. Aus einer einmaligen Praxis zur Vorbereitung auf den Tod schält sich nun ein lebensbegleitender Diskurs heraus.

Taxierung sündhafter Vergehen durch die Tarifbuße

Charakteristisch für die Gattung der Bußbücher ist, daß es sich hier um »Gebrauchstexte« handelt (Kottje 1982, 514 und 1986, 70); »aus der kirchlichen Praxis entstanden waren sie für die kirchliche Praxis bestimmt« (Kottje 1986, 64). Rechtlich gesehen handelt es sich bei den Poenitentialien um Privatarbeiten, die ohne kirchliche Autorität meist anonym[2] verfaßt wurden und keine verbindliche Norm für das Bußverfahren darstellten, wie dies anders etwa für Konzilsbestimmungen gilt.

Die Etablierung der Bußbücher im kurzen Zeitraum der vorkarolingischen Epoche reflektieren auch Verlautbarungen der Kirche: can. 11 der 3. Synode von Toledo (589) weist die durch dieses Bußverfahren eingeführte mehrmalige Privatbuße noch schroff zurück, doch schon ein Beschluß der Synode der Metropolitanbereiche von Lyon, Vienne, Rouen und Bourges-sur-Chalon von 647-653 dokumentiert, daß sich die Kirche einem solchen Bedarf nicht ernstlich mehr entgegenstellen konnte. Hier

wird ausdrücklich als übereinstimmende Meinung aller Bischöfe festgehalten, daß den Bußwilligen nach dem Bekenntnis der Sünden die Bußleistung auferlegt werden soll. Die Formulierung läßt darauf schließen, daß die Bischöfe das von den Iren praktizierte für die Kirche in Gallien noch recht neue Bußverfahren vor Augen hatten und seine Übernahme empfahlen. Die Übernahme der neuen Bußpraxis dürfte aber die Übernahme der irischen Bußbücher eingeschlossen haben (Kottje 1982, 518).[3]

2 Als Verfasser eines Bußbuchs gilt in der Regel eine bekannte und verehrte Autorität, der sie teils zu Recht, teils zu Unrecht zugeschrieben wird, wie z. B. die Poenitentiale Vinniani, Cummeani, Egberti. Andere Bußbücher werden nach dem Ort ihrer Herkunft und/oder Aufbewahrung benannt, z. B. Parisiense, Sangallense, Merseburgense. Schließlich gibt es noch die Gruppe der sog. Paenitentialia tripartita, die unter Angabe der Quellen Bußsatzungen aus den Werken Cummeans, Columbans und Theodors kompilieren, z. B. Capitula iudicorum, Excarpus Cummeani, Paenitentiale Remense.

3 Bis ins zehnte Jahrhundert hinein sind irische Bußbücher zunächst vor allem als Übersetzungen, später vor allem als Vorbild kontinentaler Fassungen rezipiert worden. Beide Varianten haben »dazu beigetragen, daß um 800 Kenntnis und Benutzung eines Bußbuchs erwartet werden konnte« (Kottje 1982, 521). Für ihren Gebrauchswert spricht außerdem, daß die Frage nach der Kenntnis eines Bußbuchs seit karolingischer Zeit zu den wenigen Fragen vor der Priesterweihe gehörte (vgl.

Die neue Praxis der Privatbuße bricht jedoch nicht in allen Belangen mit dem altkirchlichen Verfahren der öffentlichen Buße: Das keltische legt wie das altkirchliche Verfahren seinen Schwerpunkt auf die Bußleistung, die *satisfactio*. Bußordines, die im Zusammenhang mit Bußbüchern überliefert worden sind, regeln das Verfahren der *penitentia privata* im einzelnen. Trotz aller Unterschiede[4] weisen sie den Beichtpriester übereinstimmend an, daß das Verfahren mit der Befragung des Sünders zu beginnen habe, der mit seinen Antworten seine Verfehlungen bekennt. Einige Ordines stellen Fragen zum Glauben – *de fide* – voraus. Im Anschluß an Gebete erfolgt die Bußauflage; erst nach deren Erfüllung wird der Sünder rekonziliiert. Die Rekonziliation ist in einigen Ordines für den Gründonnerstag vorgesehen; andere geben keinen genauen Termin an.

Die keltische Bußpraxis stimmt mit der altkirchlichen auch darin überein, daß die Bußen in der Regel streng bemessen waren: Die Standardvorschrift sieht neben Fasten bei Wasser und Brot bestimmte Gebete, Almosen, hartes Lager, Nachtwachen, eheliche Enthaltsamkeit, Verzicht auf Waffentragen, Verbannung oder zumindest eine lange *peregrinatio* vor.

Dieser Tendenz zu harten Bußstrafen begegnet man auf zweierlei Weise: durch die Berücksichtigung der Tatumstände und den Impuls, den der Sünder bei der Tat und bei der Reue zeigt (1), sowie durch das Kommutations- und Redemptionssystem (2). Beide Weisen dienen jedoch nicht nur dazu, die Sühne erträglicher zu

---

Kottje 1981b, 39) sowie die Beobachtung, daß wertvolle Handschriften zum Teil abgeschabt und mit einer Bußsammlung überschrieben wurden (z. B. Palimpsest eines Lektionars in Würzburg; Kottje 1986, 71). Schließlich gibt es zumindest seit der zweiten Hälfte des achten Jahrhunderts auch volkssprachliche Bußbücher (Kottje belegt dies für altirische Sammlungen; 1982, 514).

4 Die Anzahl der Bußordnungen sind, Kottje zufolge, etwa so vielfältig wie das Ensemble der Bußbücher. Er führt dies weniger auf Gedankenlosigkeit oder mangelnde Bildung des Schreibers oder Kompilators zurück, als auf die Stärke lokaler und regionaler Einflüsse (vgl. Kottje 1987, 389). Dies ist diskursanalytisch betrachtet keine Überraschung; im Gegenteil handelt es sich hier um ein weiteres Argument für den Durchsetzungsmodus einer neuen Praxis: Ihre Verbreitung gelingt, indem die Bußbücher und -ordines das Ritual der privaten Buße in die örtlichen Gepflogenheiten einpassen und so deren Akzeptabilität erhöhen.

gestalten; im gleichen Zuge führen sie auch zu einer zunehmenden Differenzierung in der Problematisierung der Sünde und – in Ansätzen – in der Problematisierung des Sünders.

(1) Payer weist darauf hin, daß die »meisten« Poenitentialien über die in der Regel nur wenige Seiten umfassenden Bußsammlungen hinaus diskursive Vor- und Nachworte enthalten »which provide advice and instruction for the priest both as to his role as confessor and as to the interpretation of penances« (Payer 1984b, 342). Die Interpretation der bußwürdigen Tat verlangt vor allem eine Reflektion auf den Sünder. Das irische Poenitential Cummeans (vor 662) etwa weist ausdrücklich auf einzelne Umstände hin, die bei der Festsetzung des Bußmaßes zu berücksichtigen sind: Wie lange war der Sünder im Zustand der Sünde?, hat er daraus gelernt?, wie leidenschaftlich/diszipliniert ist er?; der Beichtiger solle auf die Intensität des Weinens achten, zum Zeichen dafür, daß der Sünder wirklich bereue, und auf die Stärke des Impulses, die den Beichtenden zur Sünde trieb. All dies habe er als mildernde respektive erschwerende Umstände gegebenenfalls in Rechnung zu stellen (vgl. Payer 1984b, 343).[5] Als Resultat dieser Erwägungen ergibt sich das der *satisfactio* genügende Bußmaß.

(2) Neben diesem Argument Payers, demzufolge bereits die Bußbücher des sechsten bis elften Jahrhunderts die Gewichtung der Sünde nach den Umständen ihres Auftretens und den Eigenschaften des Sünders empfehlen, halten andere Autoren einen anderen Typ von Maßnahmen für charakteristischer: das Kommutations- und Redemptionssystem. Bei der Kommutation handelt es sich um die Umwandlung einer schweren Bußstrafe in eine leichtere oder einer längeren in eine kürzere, sofern sie vom Beichtvater als äquivalent angesehen wird. Bei der Redemption handelt es sich um ein Verfahren, bei dem sich der Büßer durch Geld oder andere Leistungen von der Bußstrafe freikaufen kann.[6] Seit dem 8. Jahr-

---

5 Andere Autoren fordern etwa auch die Würdigung des Standes (Kleriker/Laie, Freier/Knecht), der wirtschaftlichen Verhältnisse, des Alters, der Gesundheit, etc. (vgl. Frantzen 1983, 1118).

6 »Im keltischen und irischen Kommutationssystem war vor allem vorgesehen, daß langes Fasten ersetzt werden konnte durch kurzes, aber verschärftes Fasten, z. B. durch völlige Nahrungslosigkeit, oder durch zusätzliche Nachtwachen, Totenwachen, Geißelhiebe; es konnte ferner ersetzt werden durch Gebet (z. B. 3 Tage Fasten durch 150 Psalmen), Gebet ununterbrochen stehend und mit ausgestreckten Armen, Knie-

hundert gibt es darüber hinaus die Möglichkeit, die Buße durch einen Stellvertreter ableisten zu lassen. Abgesehen von dem Umstand, daß die beiden letzten Möglichkeiten reichen Christen »unübersehbare Bußvorteile« (Vorgrimmler) boten, ist auch hier das Resultat der in Anspruch genommenen Maßnahme ein der *satisfactio* genügendes (äquivalentes) Bußmaß.

Beide Gegenmaßnahmen gegen zu harte Bußstrafen (Reflexion auf den Sünder, Kommutations- und Redemptionssystem) haben je eine typische Kommentierung erfahren. Die mit den Bußbüchern einsetzende Reflexion auf den Sünder rubriziert bei Payer unter dem Titel »The Humanism of the Penitentials« (vgl. Payer 1984b); die Taxierung der Sünden im Modus der »Tarifbuße« (Boudinhon) wird als »Äußerlichkeit« des Verfahrens verurteilt (Vorgrimmler 1978):

Payer bewertet die beginnende Reflexion auf den Sünder und die Umstände der Sünde durchweg positiv als eine – aus heutiger, psychotherapeutisch informierter Perspektive – ›ganzheitlichere‹ Sicht auf den Problemzusammenhang. Was Payer hier im Lichte der Marter, die noch das altkirchliche Verfahren vorsieht, als »humanistisch« erkennt, nimmt sich indessen aus diskursanalytischer Perspektive als *Tendenz zur Nuancierung* eines poenitativen Reglements der Sünden aus. *Angemessene* und *äquivalente* Bußmaße

> beugungen usw. Im angelsächsischen und kontinentalen Kommutationssystem konnte das Bußfasten ebenfalls durch Psalmengebet, mit und ohne Kniebeugungen, Hiebe, Backenstreiche ersetzt oder durch Geld oder Meßstiftungen abgegolten werden (z. B. 100 Goldsolidi = 120 Messen, 1 solidus = 1 Messe ...)« (Vorgrimmler 1978, 96 f.). Man könnte an dieser Stelle einwenden, daß es sich hierbei doch wohl eher um eine Differenzierung der Sühneleistungen, denn um eine Differenzierung der Sünden handele – doch eine Differenzierung der Taxen ohne (nuancierende) Problematisierung des zu Taxierenden ist kaum möglich und läßt sich vor allem aber aus dem Umstand schließen, daß zeitweise regional gleichzeitig verschiedene Bußbücher mit unterschiedlichen Taxierungen in Gebrauch waren: Hier mußte sich der Beichtiger zumindest für eine dem jeweiligen Bußbuch zugeschriebene Autorität und deren Bußsytem entscheiden (vgl. Kottje 1983, 1121). Bei dieser Entscheidung mögen »Traditionen, Interessen einzelner Persönlichkeiten, Beziehungen oder Zufall eine im einzelnen nicht erkennbare Rolle gespielt haben« (Kottje 1987, 388) – in jedem Fall aber erzwingt die bloße Vielfalt der Taxierungen eine Entscheidung und damit eine Reflexion auf das zu Taxierende, die Sünde und den Sünder.

zu finden bedeutet immer auch, die Sünden nach ihren Umständen und den Eigenschaften des Sünders im Hinblick auf vergleichbare Bußmaße zu taxieren, gegebenenfalls zu differenzieren. »Humanismus« und »Differenzierung« sind zwei Seiten des gleichen Prozesses und ein sich selbst verstärkender Mechanismus, mit dem sich die Bußbücher zunehmend unentbehrlich machen. Zwar steht noch immer die *satisfactio* im Mittelpunkt des Bußgeschehens, doch das Aufkommen der Privatbuße und die diese Praxis konstituierenden Bußbücher diversifizieren die Weisen, auf denen *satisfactio* möglich ist. Neben den Aspekt der Differenzierung bußwürdiger Vergehen tritt zugleich das Moment der Diffusion dieser Praxis hinzu:

Neben der Taxierung der einzelnen Sünden hat insbesondere das Kommutations- und Redemptionssystem zu der Kritik an der »Äußerlichkeit« des Tarifbußsystems beigetragen (z. B. Vorgrimmler 1978, 97). Auch eine solche Kritik ist aus diskursanalytischer Perspektive nur insofern von Belang, als sie vor dem Hintergrund einer Differenzierung argumentiert, die erst das hochmittelalterliche Beichtwesen einführen wird: Dann erst wird der (verinnerlichten) Erforschung des Gewissens die auf Genugtuung orientierte (äußerliche) Bußstrafe gegenüberstehen. Eine Analyse jedoch, die zunächst einer innovativen Praxis in der Zeit ihres Auftretens folgt, sieht in der Sammlung der Sünden und ihrer Bußtaxen die allmähliche Differenzierung und autoritative Bewertung moraltheologisch relevanter Materien. Sie sieht eine Praxis, auf die nun prinzipiell alle Gläubigen verpflichtet werden: Alle Gläubigen werden mit der geheimen Buße einer bekennenden und bußfertigen Praxis anempfohlen; alle Gläubigen sehen sich einer differenzierter werdenden Menge heilsrelevanter Fragen gegenüber (so auch Kottje 1982, 512 f.), mit denen sie sich als praktizierende Christen zu befassen haben.

Trotz der grundsätzlichen Gemeinsamkeit des altkirchlichen und keltischen Verfahrens in der Konzentration auf die (äußerliche) Buße einer (äußerlichen) Sünde, bleibt das keltische Bußverfahren nicht ohne kirchliche Kritik. Insbesondere die Uneinheitlichkeit der Sammlungen, die Unterschiedlichkeit der Bußbestimmungen sowie die Unklarheit der Verfasserschaft stehen im Zentrum der Auseinandersetzung. So werfen kirchliche Autoritäten den Bußbüchern immer wieder vor, was diese doch zu vermeiden suchen: Obwohl sie dem Beichtiger klare Leitlinien zur Festsetzung des

Bußmaßes geben und die Beichtenden vor willkürlichen Bußstrafen schützen wollen (vgl. Frantzen 1983, 1119), sind dennoch nicht nur Art und Anzahl der berücksichtigten Sünden recht verschieden (z. B. durch regionale Färbung, Fehler bei Abschriften); auch die Bußmaße variieren beträchtlich (vgl. z. B. Kottje 1982, 513; Vorgrimmler 1978, 95; Vogel 1983, 1132): »Wirklich theologische Reflexionen über die Schwere einer Sünde sind aus den Bußbüchern nicht ersichtlich; die Schwere ist jeweils nur an den Taxen ablesbar (und diese differieren von Paenitentiale zu Paenitentiale ungemein stark)« (Vorgrimmler 1978, 96). – Die Gegner formulieren es während der karolingischen Reform auf der Synode zu Châlon-sur-Saône (813) sehr pointiert: In diesen Büchern seien Irrtümer gewiß, ungewiß seien ihre Verfasser (»quorum sunt certi errores, incerti auctores«; nach Kottje 1986, 65).[7]

Mit Beginn des 9. Jahrhunderts diversifiziert sich der pönitativseelsorgerische Diskurs daher um ein weiteres: Durch sog. *capitula episcoporum*[8] und verschiedene Konzilien versucht die Kirche auf unterschiedliche Weise, dem Problem der Poenitentialien zu begegnen.

---

7 Daß die Bußbücher auch dort, wo es sich um sexuelle Themen handelt, verläßliche Quellen mittelalterlichen Lebens sind, wird gelegentlich bestritten: »We may be sure that many of these cases are the webs spun in the casuistry of the monkish brain. They form an abstract compendium of suppositious crimes and unnatural sins, thought up in the cloister by the tortuous intellect of the clerical scribe« (Chadwick 1961, 149). Dagegen spricht sich neben Oakley (1940) und Kottje (z. B. 1986) auch Payer für die Verläßlichkeit dieser Quellen aus: »The persistence of certain regulations, selective borrowings, modifications made to previous canons, and new additions all indicate that the penitentials were living documents used for the practical ends which they frequently claim for themselves. Both the recommendation and the condemnations encountered in the ninth century suggest that these manuals were being used. If they were used, then it is reasonable to believe that their contents reflect what was in fact being done« (Payer 1984a, 12; dito: Dinzelbacher 1994) – eine Ansicht, der ich hier folge.

8 Die *capitula episcoporum* scheinen sich einer Initiative Karls d. Gr. zu verdanken, der in seiner *Admonitio generalis* 789 die Bischöfe aufforderte, sich um die rechte Ordnung des Glaubens in ihren Sprengeln zu kümmern. Diese Aufforderung von weltlicher Seite wird allerdings verschwiegen und in der Regel durch eigene Monita ersetzt – einige Kirchenobere nehmen dazu explizit auf die Poenitentialien Bezug: Ra-

Mit den Kapitularien oder Diözesan-Statuten geben Bischöfe und Erzbischöfe den Priestern ihrer Diözese verbindliche Richtlinien zur Verwaltung der Bußjurisdiktion. Wie bei den Bußbüchern handelt es sich auch bei den Kapitularien um aus der Praxis für die Praxis erlassene Bestimmungen (vgl. Brommer 1985, 21); im Unterschied zu den Bußbüchern überliefern sie jedoch nicht ausschließlich Bußfragen, sondern beschäftigen sich vor allem mit Stellung und Standespflichten der Priester, mit der Kirche und den Diözesansynoden, mit dem rechten Glauben und der Ordnung des Kirchenjahres, mit Liturgie, Fasten, aber auch mit dem Wirtschaftssystem (Zehnt, Zins und Wucher, etc.). Ehefragen sowie die Ordnung von Beichte und Bußwesen werden – wenn überhaupt – *neben* diesen anderen Fragen behandelt, die den kirchlichen Alltag in einer Diözese betreffen (vgl. Brommer 1985, 62 f.). Die Problematisierung der (sexuellen) Sünden ordnet sich so in den größeren Rahmen von »Kirchenzucht und Verwaltung« ein.

Innerhalb dieses Rahmens findet das Bußbuch jedoch durchaus gelegentlich seine Anerkennung: Eine Reihe dieser Kapitularien weist explizit darauf hin, daß der Priester ein Pönitential besitzen und mit dessen Handhabung vertraut sein soll (vgl. Payer 1984a, 56). Das Bußbuch wird damit in den Rahmen einer autoritativen kirchlichen Verlautbarung eingefügt: Auf diese Weise wird seine seelsorgerische Unverzichtbarkeit anerkannt und zugleich dessen Tendenz, Abweichungen zu produzieren, eingedämmt. Diese Anerkennung bleibt jedoch überwiegend versteckt und zeigt sich im

---

dulf von Bourges kritisiert, daß die Bußbücher nur Verwirrung gestiftet hätten, »so daß er sich entschlossen habe, in Übereinstimmung mit den katholischen Schriften seinen Priestern aufzuzeigen, wie sie sich verhalten und als Hirten die ihnen anvertraute Herde führen sollen« (Brommer 1985, 20). – Die Verbreitung der Kapitularien erstreckt sich über einen Zeitraum von anderthalb Jahrhunderten (ca. 800 – 950) mit deutlichem Schwerpunkt in der karolingischen Epoche. Insbesondere die Rechtsbestimmungen sind in der Reformzeit des 11. Jahrhunderts für Kirchenrechtssammlungen mit reformerischem Impetus wieder aufgegriffen worden (für die Kapitularien Theodulfs s. Brommer 1975, 159). Die Bußbestimmungen allerdings sind kaum rezipiert worden, was Brommer auf die in der Regel zu harten Strafandrohungen zurückführt, die sich in der Kirchenpraxis nicht durchsetzen ließen (vgl. Brommer 1985, 17; 1974, 159).

unauffälligsten Fall als Unterlassen offener Kritik an Bußbüchern oder aber – etwas offener – als indirektes Zitat. Ein Beispiel dafür ist das Zweite Diözesan-Statut des Theodulf von Orléans.

... although Theodulf of Orleans (d 821 AD) does not cite earlier penitentials, his Second Diocesan Statute includes a penitential-like section <and although> it lacks the detail of some of the previous penitentials, Theodulfs Second Diocesan Statute avoids the confusion and inconsistencies sometimes found in those manuals (Payer 1984a, 56).

Kapitularien zeichnen sich jedoch nicht nur durch Systematisierung der bußwürdigen Materien und Vereinheitlichung der Bußtarife aus, indem sie »ganz konkrete, detaillierte und auf eine bestimmte Situation zugeschnittene Anweisungen vermitteln« (Brommer 1985, 63); sie legen darüber hinaus mehr Wert als die Pönitentiale auf die Instruktion des Priesters in die Verwaltung seines Bußamts. Diese Instruktionen schließen die Mahnung ein, daß der Priester in allen Dingen, die er predigt, selbst ein Vorbild zu sein habe. Das gilt insbesondere für den Bereich der Sexualität:

Priests are to be admonished and instructed that first of all they be far removed from every form of carnal fornication. Then they may preach in words to the people subject to them and show by example that they should abstain from every form of fornication and irrational lust and pollution, such as with animals, and prepare themselves for God, pure in body and mind (Theodulf nach Payer 1984a, 57).

Neben diesem Versuch der Kirche, die Bußbücher in eine autorisierte Alternative einzugliedern und damit die Gegenstände und das Verfahren der *poenitentia privata* zumindest implizit zu billigen sowie weiter zu systematisieren, gibt es jedoch auch eine entschiedene Gegenbewegung zu den Bußbüchern. Mehrere Konzilien und Synoden sprechen keine Empfehlung zugunsten des Gebrauchs von Pönitentialien mehr aus; zwei Synoden verdammen sie sogar (Châlon 813; Paris 829).[9] Sie bestimmen, daß

9 Einen bislang nicht genannten Grund für dieses Verbot nennt Peter Dinzelbacher: Auch hinsichtlich des sexuellen Verhaltens konnten die Beschreibungen der Bußbücher ausgesprochen detailliert sein: »... wer noch nicht wußte, wie er masturbieren sollte, konnte dies z. B. im Corrector Burchardi 110 f. (frühes 11. Jahrhundert) als genaue Anweisung lesen. Deshalb verbot Papst Nikolaus 1. 866 die Lektüre dieser Texte durch Laien« (Dinzelbacher 1994, 53) – Angesichts des geringen Grades an Lesekundigkeit unter Laien zu diesem Zeitpunkt werden allerdings

die Buße gemäß den überlieferten Kanones, der Heiligen Schrift oder aber kirchlicher Bräuche zu verwalten ist: Diese Quellen sind es, die gegenüber den »small codices they call penitentials« die »kanonische Autorität« darstellen.

Many priests, partly from carelessness, partly from ignorance, impose on those confessing their guilt a mode of penance at variance with what the canon laws determine, using certain codices which they call penitentials written against canonical authority, and for this reason they do not cure the wounds of sin but rather foster them through flattery. For this reason, it has seemed right to us all that each bishop seek out with diligence these same erroneous codices in his diocese and throw those they find into fire lest unskilled priests deceive men further through them (Synode zu Paris, canon 32 nach Payer 1984a, 58).

Sowohl die Integration der Pönitentiale in den autoritativen Diskurs als auch ihr expliziter Ausschluß als Teil der karolingischen Reform im 9. Jahrhundert sind Maßnahmen, den kanonischen Bußbestimmungen (Konzilskanones und Papstdekretalen) in der Bußdisziplin erneut Geltung zu verschaffen sowie die Öffentlichkeit des Verfahrens zumindest für öffentliche Vergehen wieder durchzusetzen. Doch mit diesem Versuch, der Willkürlichkeit der *paenitentia privata* entgegenzuwirken, erreichen die kirchlichen Autoritäten das Gegenteil: Zum einen finden die älteren Kompilationen bis zur Mitte des 12. Jahrhunderts weitere Verbreitung, mehr noch, sind die meisten Bußsammlungen erst nach dem karolingischen Beschluß entstanden (z. B. Poenitentiale Hubertense, Poenitentiale Pseudo-Theodor); zum anderen werden nun Sammlungen verfaßt, in denen die kanonischen Bestimmungen die der alten Bußbücher nicht ersetzen, sondern *ergänzen* (z. B. Poenitentiale des Halitgar, Poenitentiale des Raban Maurus I gerichtet an Otgar von Mainz und Poenitentiale II gerichtet an Heribald von Auxerre). Diese Poenitentialien tendieren mehr und mehr dahin, ein integriertes Gesamtwerk aus den *sententiae Patrum*, den *canones* und den *decretales* zu bilden[10]; sie treiben gleichsam die

weder diese Befürchtung noch die veranlaßte Gegenmaßnahme Auskunft über die Wirkung solcher Beschreibungen bei den gläubigen Laien geben; es ist eher anzunehmen, daß sich diese Ermahnung an diejenigen richtete, die sie lesen konnten: die Kleriker.

10 Repräsentativ hierfür lautet es im Poenitential des Egbert: »The holy apostles, then the holy Fathers and saint Punifius [Paphnutius?], then the canons of the holy Fathers, then various others such as Jerome,

homogenisierende »Verkirchlichung« des bußzentrierten (Sexual-)Diskurses voran.

Mit diesem Restaurationsversuch hat die Kirche das Ensemble der Bußbücher mithin nicht auf einen von ihr autorisierten Typus reduziert, sondern um genau diesen Typus bereichert. Die Tendenz ist deutlich: Aus dem Dickicht offiziöser Literatur gerät der vom Bußbuch initiierte Diskurs allmählich in den normativen Sog kirchlich-autoritativer Verlautbarungen. Das erstaunliche Bußbücherangebot, das im Laufe des 9. Jahrhunderts im Geist der Reform kompiliert wurde, ist daher vor allem aus dieser Dynamik zu erklären: Seelsorgerlich-anwendungsorientierte Gebrauchstexte und kirchenpolitische Definitions- und Steuerungsinteressen treiben als sich wechselseitig stimulierende Effekte das Wuchern eines kasuistisch-pönitativen Diskurses hervor.

Auch dem Buß*verfahren* hat die karolingische Reform eine weitere Differenzierung eingetragen, die sog. »dichotomie carolignienne« (Vogel), d. h. ein Nebeneinander von öffentlicher und privater Buße. Schwaibold vermutet hinter diesem erneuten Bemühen um Öffentlichkeit die gleichen Motive, die

> den Strafvollzug bis weit in die Neuzeit hinein dominiert haben. Was Michel Foucault über das ›cérémonial du châtiment public‹ gesagt hat, kann auch für das Ritual öffentlicher Buße gelten: ›Au coupable de porter en plein jour sa condemnation at la vérité du crime qu'il a commis. Son corps ... doit être comme le support public d'une procédure qui était restée jusque-là dans l'ombre; en lui, sur lui, l'acte de justice doit devenir lisible pour tous.‹ Die öffentliche Buße dürfte auf Herstellung eines Konsenses darüber, was ›normgerecht‹ sei, gezielt haben, die private auf eine stärkere Internalisierung (Schwaibold 1988, 110).[11]

> Augustine, Gregory, and Theodore make up this arrangement of sayings« (Poenitential des Egbert nach Payer 1984a, 64). Formal beschritten die Autoren der neuen Poenitentialien unterschiedliche Wege, die Payers Auflistung prägnant zusammenstellt: »They could borrow from previous penitential materials (with or without attribution); they could omit matters not supported by recognized authorities; they could falsely attribute traditional penitential material to more authoritative sources; they could create their own penitential prescriptions; or they could attempt to authorize specific traditional penitentials by singling them out for special mention. Most of the authors and canonical collectors of the next few hundred years availed themselves of one or more of these options« (Payer 1984a, 64).

11 »Im Unterschied zu den Ordines in größeren Liturgiebüchern – Sakra-

Die karolingische Reform trägt also nicht nur zur weiteren Differenzierung heilsrelevanter Materien bei, sondern erweitert überdies das Repertoire ihrer normativen Verankerung: Das Öffentliche und das Private werden Dimensionen der Schuld und zugleich auch Foren des Bekennens und Büßens. Es ist allerdings vor allem das *forum internum*, in dem das Sexuelle eine privilegierte Materie kirchlich-seelsorgerischer Behandlung wird, hier enorme Differenzierung erfährt und dem Sünder eingepflanzt wird als etwas, dessen er um des Ewigen Heils willen zu entsagen hat.

Die Identifizierung und Sanktionierung von Sünden wird ein individuell und kollektiv bedeutsames Regulativ menschlichen Verhaltens: Die ordnungswirksame Kraft der Sünde, die als Grenzbegriff immer mehr Verhaltensweisen danach unterscheidet, ob sie die Zugangschancen zum Ewigen Heil erhöhen oder bedrohen[12], wird mit der autoritativen Rahmung durch die Kirche, die die Zugangschancen zum Heil verwaltet, weiter gesteigert.

In den sich beständig ausdifferenzierenden Sündenkatalogen verschränken sich Macht und Wissen auf neue Weise: Aus der subtilen Hermeneutik der Asketen ist die differenzierte Bestrafung nicht-gottgefälliger Verhaltensweisen geworden; die Bußmaße ordnen Sexualität als ein Feld von mehr oder minder schweren Vergehen gegen die Keuschheit; Erkenntnis der Sünde und ihre Sanktion fallen zusammen. Ein machtvolles Ritual des

---

mentaren und Pontifikalien –, die eindeutig das Verfahren der paenitentia publica regeln sollen, begegnet in den Bußordines, die im Zusammenhang mit Bußbüchern überliefert sind, nirgends ein Hinweis auf eine öffentliche Bußerteilung und Ermahnung durch den Bischof ... oder anderes, was von einem öffentlichen Büßer verlangt wurde. Es dürfte daher auch nicht länger zweifelhaft sein, daß die mit Bußbüchern verbundenen Ordines für die geheim vollzogene poenitentia privata, nicht für die poentitentia publica bestimmt waren und uns deren Ordnung bezeugen. Es gab infolgedessen seit dem Aufkommen der Bußbücher und – in ihrem Gefolge – der Privatbuße ein Nebeneinander der beiden kirchlichen Bußformen, der öffentlichen und der privaten« (Kottje 1987, 392).

12 Für eine kursorische Analyse, die die Konzepte Tabu, Sünde und Risiko im Hinblick auf die heutige Risiko-Debatte als » ... gesellschaftliche Wahrnehmung von Gefährdungen« vergleicht, s. Peter M. Wiedemann 1993.

Bekennens-Bereuens-Büßens konstituiert Sexualität als regelbedürftige Materie *par excellence*, wie es die Vielfalt der bußwürdigen Einzelvergehen und die Schwere der Bestrafungen anzeigt:

Die Ausdifferenzierung der Sünde
gegen die Keuschheit in der *pénitence tariffée*

Die Bußbücher thematisieren ausschließlich Verstöße gegen kirchlich-christliche Normen. C. Vogels Untersuchungen zufolge sind es zwei Arten von Sünden, die in den Bußbüchern einen überragenden Platz einnehmen und die schwersten Strafen nach sich ziehen: sexuelles Fehlverhalten und Diebstahl von Kirchengut. Es folgen (mit geringer werdenden Strafen) Mord und physische Gewalttaten, Götzendienst und Aberglauben, Meineid sowie Verstöße gegen Speise- und Hygienevorschriften (vgl. Vorgrimmler 1978, 96). Payer kommt in seiner Untersuchung »Sex and the Penitentials« (1984a) zu dem Ergebnis, daß »in many of the penitentials the canons dealing with sexual subjects comprise over 20 per cent of the total number of the canons« (Payer 1984a, 52), gelegentlich sogar weit mehr.[13]

Worum handelt es sich bei den »sexual subjects«, die in den Bußbüchern offenbar einen nicht unerheblichen Raum einnehmen? Dazu gehören alle solche Sünden, die gegen das fundamentale

---

13 »In a representative sampling of penitentials up to the eleventh century, the following percentages emerge. The total number of canons represents the figure after counting as individual canons those which the editors grouped together under one number, such as was done in the *capitula iudicorum* (nach Payer 1984a, 52 f.; Darstellung geändert, S.M.).

Penitentials	Total number of canons	Sexually related canons	
		total	%
Penitential of Vinnian	57	21	37
Penitential of Egbert	113	51	45
Burgundian Penitential	41	11	27
Capitula Iudicorum	301	76	25
Merseburg Penitential	168	41	24
Monte Cassino Penitential	124	34	27
Arundel Penitential	97	39	40

Prinzip verstoßen, daß Geschlechtsverkehr nur zwischen miteinander verheirateten Personen und auch dann nur zum Zwecke der Fortpflanzung stattfinden darf. In diesem Prinzip ist unschwer die Fortführung einer moraltheologischen Tradition zu erkennen, wie sie die christliche Spätantike formuliert hat. Jedoch: Um welche Verstöße es sich handelt und wie schwer diese zu beurteilen seien, darin werden die Poenitentialien allerdings deutlicher als ihre moraltheologischen Vorgängerdiskurse.

What were the sexual concerns of the early medieval church? What was its perception of the gravity of specific forms of proscribed sexual behaviour? How was such behaviour penalized? Were there restraints and controls placed even on permissible sexual activity within marriage? Isolated answers to some of these questions can certainly be found in the works of early ecclesiastical writers and in the official pronouncements of popes and councils. However, these sources fail to treat the full range of sexual behaviour, addressing themselves largely to questions of principle and to the elaboration of answers to basic institutional problems. The most ample answers to questions concerning actual behaviour are, rather, to be found in the penitentials (Payer 1984a, 4 f.).

Die bußzentrierte Fabrikation christlicher Sexualität ahndet zwar auch Verfehlungen im Inneren der Ehe, konzentriert sich jedoch vor allem auf außerhalb der Ehe gesuchte Formen der Lustbefriedigung.[14] Diese Verfehlungen gliedert Schwaibold in die Kategorien Homosexualität (a), heterosexueller ›coitus retro‹ oder ›in terga‹ (b), Selbstbefriedigung (c) sowie Unzucht mit Tieren (d).
(a) Homosexuelle Verfehlungen werden mit Begriffen belegt, die entweder den biblischen Begriff ›Sodomie‹ oder entsprechende Umschreibungen verwenden, z. B. »faciens ... fornicationem sodomitam« (Gildas 1 nach Schwaibold 1988, 118) oder »qui peccat cum masculo coitu femineo« (Laurentianum 38 nach Schwaibold 1988, 118). Daneben finden sich mehr oder weniger deutliche Präzisierungen wie diese: »Si cum masculo inter coxas, ut quidam facer solent, fornicationem fecisti, ita dico, ut tuum virile membrum intra coxas alterius mitteres, et sic agitando semen effunderes« (Burchard 108 nach Schwaibold 1988, 118). Seltener findet

---

14 Bevor Art und Umfang der behandelten Sünden sowie deren Strafmaße exemplarisch an einem Bußbuch erläutert werden, gebe ich auf der Grundlage neuerer Sekundärliteratur einen Überblick über das Spektrum einschlägiger Verfehlungen, ihrer Bußtaxen und der Entwicklung der Strafe über Zeit.

lesbischer Geschlechtsverkehr Erwähnung, »si mulier cum alier muliere fornicaverit« (Valicellanum 1, 25 nach Schwaibold 1988, 119). Die Bußmaße orientieren sich an Alter, Stand, genauer Beischlafposition, sowie den Fragen, ob der Sünder verheiratet ist und sich wiederholt in dieser Weise versündigt hat. Vorsichtig verallgemeinernd faßt Schwaibold zusammen:

Liegt der Strafrahmen in den Bußbüchern des 6.-8. Jahrhunderts mehrheitlich bei 4-7 Jahren für Sodomie, steigt er ab dem 9. Jahrhundert auf 10-15 Jahre; Verkehr ›inter femora‹ wird mit 1-3 Jahren Buße belegt ... Lesbische Beziehungen werden mit einer gewissen Konstanz mit 3-7 Jahren dauernder Buße belegt (Schwaibold 1988, 119).

(b) »Die Bußbücher unterscheiden durchweg eindeutig zwischen den beiden möglichen ›vasa‹, in welche die männliche ›virga‹ eindringen kann« (Schwaibold 1988, 119f.). Die Strafe für Analverkehr (›in terga‹) ist dabei wegen seiner Nähe zur Homosexualität in der Regel höher als der Verkehr ›in retro‹: Sie steigt von einer anfänglich drei- schließlich auf eine 15jährige Buße. Die relativ geringe Strafe von etwa gleichbleibend 40 Tagen für den Verkehr ›in retro‹ läßt sich damit erklären, daß diese Position das Zeugen von Nachkommen nicht verhindert, jedoch des Menschen nicht würdig sei.

(c) Mit Ausnahme Burchards sind Beschreibungen von Praktiken der Selbstbefriedigung in der Regel kurz, »se ipsum sua sponte polluere« (Pseudo-Egbert, IV, 15 nach Schwaibold 1988, 121). Sie betreffen zumeist beide Geschlechter. Gelegentlich wird die Verwendung von Hilfsmitteln berücksichtigt und erfragt, ob es »alleine verwandt wird oder ob die Befriedigung mit einer anderen Frau, aber ohne Zuhilfenahme eines Objektes gesucht wird: Die Strafandrohung verringert sich von 3 auf 1 Jahr bzw. dreimal 40 Tage Buße (vgl. Burchard 143 f. nach Schwaibold 1988, 121). Masturbative Praktiken bei Klerikern werden relativ milder beurteilt, da ihnen die Ehe als sanktionierte Form der Lustbefriedigung nicht zusteht (vgl. auch Flandrin 1983, 239); die weibliche Selbstbefriedigung wird regelmäßig höher bestraft als die des Mannes (mit drei Jahren gegenüber dreimal 40, hundert Tagen oder einem Jahr Buße).

(d) Bestialität, die in den Bußbüchern fast ebenso häufig behandelt wird wie Sodomie, wird nicht nur mit Gattungsnamen erfaßt (z. B. »Qui cum pecoribus mixti fuerint« Arundel, 38 nach

Schwaibold 1988, 122), sondern auch gelegentlich nach der Tierart spezifiziert, »cum equa, cum vacca vel cum asinus« (Burchard, 113 nach Schwaibold 1988, 122). Die Strafandrohungen reichen von sieben bis 25 Jahren und verschärfen sich, wenn es sich um einen Kleriker oder um einen Verheirateten handelt: »...si uxorum non habuisti, quod adimplere tuam libidinem potuisses« (Burchard, 113 nach Schwaibold 1988, 122).

Alle diese Verfehlungen ergeben sich als Resultat systematischer Einschränkungen; Schwaibold gruppiert sie folgendermaßen:
- *ratione personae* beziehen sich auf Alter, Stand und Geschlecht des Sünders;
- *ratione temporis* weisen religiös oder hygienisch motivierte Sperrzeiten aus;
- *ratione modi* erstrecken sich auf Beischlafpositionen sowie Selbstbefriedigung mit oder ohne Instrument;
- *ratione loci* schließlich untersagen sexuelle Handlungen etwa in Kirchengebäuden.

Ort, Zeit, Partner, Weisen: Entlang dieser Dimensionen schält sich ein christlicher Diskurs des Sexuellen heraus. Das Verbot betrifft äußere Taten, nicht jedoch die Rede über sie. Im Gegenteil: Die Rede artikuliert sich (noch) unverhüllt in deutlichen Beschreibungen und nackten Fragen. Der institutionelle Anreiz, über den Sex zu sprechen, die Macht, ihn zum Sprechen zu bringen, operiert mit dem Steuerungsmodus der Angst:

Die Reaktion der mittelalterlichen Normalen bestand dagegen nicht in einem verbalen Verdrängen der Sexualität; vielmehr in einer geradezu pornographisch deutlichen Beschreibung aller denkbaren Verhaltensweisen – allerdings nur mit der Folge, sie über eine intensivierte ›Seelsorge der Angst‹, wie sich Jean Delumeau ausdrückt, in das Sündhafte, das Verbotene und zur Verdammnis Führende abzudrängen (Schwaibold 1988, 125).

Die bußzentrierte Pastoral ahndet Verfehlungen fast aller Art; damit steht sie anscheinend in Konkurrenz zur weltlichen Gerichtsbarkeit. Tatsächlich aber zeigen beide Gerichtsbarkeiten ein erhebliches Ausmaß an Kooperation (1) und Arbeitsteilung (2).
(1) Thomas P. Oakley weist darauf hin, daß zum einen die Autoren der Poenitentialien stets darauf insistierten, daß der weltlichen Macht zu gehorchen sei, andernfalls ziehe man weitere Bußstrafen auf sich; umgekehrt spricht die weltliche Macht Verbrechen als Sünden an: »The secular law of that time constantly reiterated that

crimes were sins, and that secular penal law had a religious, as well as a punitive purpose« (Oakley 1932, 518). Auf diese Weise unterstützt das weltliche Recht den kirchlichen ›Sünden-Diskurs‹, indem es mit seinen Machtmitteln zur Einhaltung der kirchlichen Disziplin beiträgt. Bei Vergehen, die sowohl das kirchliche als auch das weltliche Recht ahndeten (z. B. Diebstahl), addierten sich sogar beide Strafzumessungen (vgl. Oakley 1932, 523).

(2) Darüber hinaus scheint speziell der Bereich sexueller Vergehen weitgehend der kirchlichen Gerichtsbarkeit überlassen worden zu sein; dies gilt insbesondere für den angelsächsischen Raum (vgl. Oakley 1932, 524). Dieser Umstand erhöht die Bedeutung kirchlicher Anweisungen, die nicht nur konkurrenzlos, sondern vielmehr mit Unterstützung durch das weltliche Recht die Regulierung des Sexuellen betreibt.

Das Spektrum und der Umfang der kirchlich behandelten Verfehlungen nimmt im Laufe der Zeit zu; gleiches trifft für die meisten Bußstrafen zu – Schwaibold läßt dies auf einen erfolgreichen Prozeß sittlicher Sozialisation der Christen schließen. Daß die Kirche diesen Prozeß sorgfältig kontrollierte, illustriert er mit folgender Beobachtung:

Die alten Bußbücher des 5. und 6. Jahrhunderts sind ... relativ milde; die ältesten Bußbücher befassen sich mit Beischlafpositionen gar nicht, Bestialität und Masturbation kaum und selbst zur Homosexualität schweigen einige. Nicht anders im 12. Jahrhundert das isländische Bußbuch des Bischofs Torlac Thorhallson, dessen neun- oder zehnjährige Buße für Homosexualität und Bestialität deutlich unter dem Durchschnitt der zeitgenössischen kontinentalen Vorschriften liegt, die längst 15- und 20jährige Bußen androhen. In einem neu missionierten Gebiet muß zunächst überhaupt um die Akzeptanz einer (offenbar nicht sozialadäquaten) Normalität geworben werden (Schwaibold 1988, 127).

Die Sünden gegen die Keuschheit konstituieren das ausgelebte Begehren als ein Ensemble ernster Vergehen: Wie die gleich folgende Sammlung von Bußkanones zeigt, ist sexuelle Enthaltsamkeit jedoch nicht nur ein *Ideal*, dem das christliche Paar nachstreben soll; sexuelle Enthaltsamkeit wird auch als *Strafe* verhängt: Dieser merkwürdige Doppelstatus sexueller Enthaltsamkeit als Ideal und Strafe verweist darauf, daß die Kirche – anders als der elitäre monastische Diskurs – Zuwiderhandlungen gegen kodifizierte Orte, Zeiten, Partner und Weisen der Sexualbeziehung ahndet: Die Unzahl möglicher Verfehlungen läßt jedoch, wenn auch fast unmerklichen, Raum für eine legitime Beziehung und eine legitime Weise des Geschlechtsverkehrs. Der Ort des grundsätzlichen Verdachts gegenüber dem Begehren hat gewechselt: Während der monastische Diskurs von der Annahme gespeist wird, daß sich das Begehren selbst nicht besiegen lasse, scheinen sich die Autoren mittelalterlicher Poenitentialien darauf zu verständigen, daß letztlich das Begehren auch innerhalb der Ehe nicht völlig gezügelt werden könne. Hier speist daher vor allem das Problem des überbordenden ehelichen Begehrens die Kasuistik des Unkeuschen.

Die Geständnisse des Fleisches – Ein Beispiel

Die bußzentrierte Fabrikation christlicher Sexualität läßt sich anhand der letzten Zusammenstellung von Bußkanons illustrieren, die zu Beginn des 17. Jahrhunderts von Kardinal Karl Borromäus für die Mailändische Kirche verfaßt worden ist. Diese Kompilation eignet sich trotz ihres jungen Datums gerade deswegen, weil sie sich – dem autoritativen, auf Homogenität, nicht Originalität, angelegten kirchlichen Diskurs folgend – aus Exzerpten verbreiteter Poenitentialien der vorangegangenen Jahrhunderte zusammensetzt und damit deren Ordnung bezeugt (»... dieselbe ist grösstentheils aus Burchard, dem Corrector, der Collectio Anselmi, den Kompilationen des Astesanus und Bonaventura, außerdem aber auch aus den Pönitentialien des Beda, Egbert, Pseudo-Beda und Kummean exzerpirt«; Wasserschleben 1851, 98). Dieses Poenitential steht allerdings damit zugleich in einer Tradition, die zu dem Zeitpunkt seines Erscheinens weit überholt ist. Obwohl es in einer ›Epistula conventus generalis cleri Gallicani ad illustrissimos Galliae episcopos‹ im Jahre 1655 sämtlichen französischen Bischöfen zur Beachtung und Einführung empfohlen wurde, »ist auch dieser Versuch einer Wiederbelebung der älteren Bußkanones erfolglos gewesen und das Werk des berühmten Kardinals schließt die lange Reihe der abendländischen Bußordnungen« (Wasserschleben 1851, 98).
Was bei Wasserschleben unkommentiert bleibt, sind die Ursachen für den Untergang dieser literarischen Gattung und damit einer Praxis, vergängliche Diskurse über (sexuelle) Verfehlungen zu

führen. Es handelt sich zum einen um den Zeitpunkt, zu dem im Inneren der christlichen Selbstprüfung eine Transformation zugunsten der Beichte stattgefunden hat: Mit Beginn des 13. Jahrhunderts steht nicht länger die Buße, sondern das *Geständnis* im Mittelpunkt dieses Praxis. Zum anderen handelt es sich um jenen Zeitpunkt, für den Foucault die Heraufkunft neuer Formen des Diskurses ausmacht, die die Sexualität unter ein vielfältiges, permanentes und systematisches Diskursregime stellen. Ein um die Buße zentriertes Ritual ist gegen Ende des 17. Jahrhunderts bereits ein Relikt.

Im vierten Teil der Akten der Kirche zu Mailand unterweist Karl Borromäus im sogenannten Poenitentiale Mediolanense Beichtpriester in die rechte Handhabung des Bußsakraments. Er folgt dabei der Ordnung des Dekalogs und der sieben Todsünden; daran schließen sich Kommentare zu Völlerei und Trunksucht (*de gula et ebrietate*), zu verschiedenen Vergehen im liturgischen Bereich sowie Erläuterungen an, die die Ausführungsbestimmungen der Buße, insbesondere des Fastens, betreffen.

In einer kurzen Einleitung erläutert Karl Borromäus mit Berufung auf die Bestimmungen der Kirchenväter die Funktion von Bußordnungen. Sie seien Normen (*norma*), mit Hilfe deren es dem Beichtiger ermöglicht werden solle, die Schwere der begangenen Verfehlung zu beurteilen und eine ›wahrhafte Buße‹ aufzuerlegen. Dabei sei eine wahrhafte Buße das Resultat aus Frömmigkeit und Einsicht (*prudentia et pietas*) sowie der Anwendung kodifizierter Regeln (*iustitia metienda*). Die Kodifizierungen berücksichtigen verschiedene Dimensionen des Vergehens: welchem Gebot die Sünde zuzuordnen sei, die Größe der Schuld, Zustand und Status des Sünders sowie dessen Alter werden ebenso in Betracht gezogen wie die Umstände des Vergehens und schließlich, ob der Sünder *intimus cordis contriti dolor*, d.h. reuige Zerknirschung, zeige.

Die die Verfehlungen gegen die Sexualität bezeichnenden Stellen finden sich zum einen im Dekalog; in Abweichung von der üblichen Zählweise handelt es sich hier um das siebte Gebot »Du sollst nicht ehebrechen!« und das zehnte Gebot »Du sollst nicht begehren Deines Nächsten Weib!«[15] Eine weitere Erwähnung findet sich im Abschnitt über die sieben Todsünden, auch Grund-

---

15 Gewöhnlich handelt es sich um das sechste bzw. neunte Gebot.

sünden (*principalia*) genannt, als vierte Todsünde *luxuria*, womit im lateinischen sowohl ›Verschwendung‹ generell als auch im sexuellen Sinne ›Wollust‹ gemeint ist.

»Du sollst nicht ehebrechen!«

Dreißig meist selbst noch untergliederte Anweisungen befassen sich hier mit einer Reihe von sexuellen Verfehlungen. Alle treffen eine klare Unterscheidung zwischen Erlaubtem und Verbotenem: Es handelt sich stets um Abweichungen vom ehelichen und nichtgenitalen Geschlechtsverkehr. In allen Fällen steht die Sexualität als *Träger von Beziehungen* vor dem Bußgericht.
– *Unzucht.* Eine Frau, die diese Schuld auf sich geladen hat, wird nach einer zehnjährigen Bußfrist wieder in die Gemeinde aufgenommen. Ein Mann hingegen, der Ehebruch mit einer Frau wider deren Willen betreibt, soll nach einer vierzigtägigen Fastenfrist bei Wasser und Brot sieben weitere Jahre Buße tun, eines davon bei Wasser und Brot. Gestattet schließlich ein Mann den Ehebruch eines anderen mit seiner Frau, so muß er sein ganzes Leben lang Buße tun (vgl. Wasserschleben 1851, 720).
– *Außereheliches Verhältnis.* Ein einmaliges Vorkommnis dieser Art zwischen einem ledigen Mann und einer ledigen Frau zieht eine dreijährige Buße nach sich, die sich bei Wiederholung erhöht (vgl. Wasserschleben 1851, 720). Haben junge Leute vorehelichen Geschlechtsverkehr, haben sie ein Jahr der Buße zu gewärtigen, die sich für den Mann verdoppelt, falls er die junge Frau nicht heiratet (vgl. Wasserschleben 1851, 721).
– *Beziehungen mit einer Person gegen die Gesetze des Standes.* Diese Kanons umfassen sexuelle Beziehungen eines Ehemannes zu seiner Magd (ein Jahr Buße); Beziehungen, die eine Witwe zuläßt (ein Jahr Buße, einjähriges Einhalten der Fastentage); schließlich sexuelle Beziehungen des geistlichen Standes, die besonders bestraft werden (zehn Jahre Buße; vgl. Wasserschleben 1851, 722).
Gegen das Gesetz vergehen sich insbesondere inzestuöse Praktiken: Sie werden Borromäus zufolge mit Bußstrafen zwischen sieben und 15 Jahren geahndet, und sofern es sich um Priester oder Nonnen handelt, verlieren sie über ihre lebenslange Buße hinaus ihren geistlichen Rang (vgl. Wasserschleben 1851, 722).

Bei weltlichen Sündern staffelt sich die Bußhöhe nicht: Der Mann, der, gleich ob mit seiner Schwester, Schwiegermutter, Schwiegertochter oder Tante, Inzest betreibt, darf ein Jahr lang keine Kirche mehr betreten, außer zu Festtagen nur von Brot und Wasser leben; er darf weder Waffen tragen noch Küsse bekommen; im zweiten Jahr darf er entweder Fleisch essen, dann aber keinen Wein trinken oder umgekehrt, und bis zu seinem Tod schließlich bleibt er gehalten, an gesetzlichen Feiertagen zu fasten (vgl. Wasserschleben 1851, 721f.).

- *Legitimität oder Illegitimität des Vereinigungsaktes.* Diese Gruppe wird bei Karl Borromäus zuletzt behandelt und umfaßt Sodomie, die ›widernatürlichen‹ Praktiken, Homosexualität, heimlich-sündhaftes Begehren. Sodomie und die ›widernatürlichen‹ Praktiken sind den härtesten Bußen unterworfen. Die Staffelung der Strafen orientiert sich am Stand der Personen. Für Sodomie sind es danach zehn Jahre und mehr; bei widernatürlichen Praktiken differenziert der Kanon explizit: ein Sklave hat zwei Jahre Buße, ein verheirateter freier Mann zehn Jahre, ein Unverheirateter hingegen sieben Jahre zu gewärtigen; ein Mönch soll 15 Jahre kein Fleisch essen; ein Kleriker verliert seinen Rang (vgl. Wasserschleben 1851, 722f.).

Homosexuelle Praktiken werden bei Frauen mit zwei Jahren Buße belegt, das gleiche gilt für Masturbation. Männer haben hier lediglich zehn Tage des Fastens pro Masturbation abzuhalten; Knaben allerdings 40 Tage und, wenn sie älter als 15 Jahre sind, 100 Tage.

Gleichsam eine Mischform homosexueller und masturbativer Praktiken stellen die ›unanständigen Kontakte‹ dar: Dazu gehört sowohl der Junge, der von einem Älteren überwältigt wurde und sich dabei befleckte (100 Fastentage) als auch die Umarmung oder ein Kuß einer Frau und Liebkosungen (vgl. Wasserschleben 1851, 723).

Schließlich ist das Begehren in der Phantasie angeführt, das – ohne geschlechtliche oder standesmäßige Differenzierung – zehn Fastentage nach sich zieht. Der Anblick oder das Gespräch über ›schmutzige Gegenstände‹ erhält eine zwanzig Tage währende Buße (vgl. Wasserschleben 1851, 723).

- In eine Restkategorie fallen schließlich all jene, die zu sexuellen Vergehen anstiften: Kuppler sollen zwei Jahre lang an gesetzlichen Feiertagen Buße tragen (vgl. Wasserschleben 1851, 723).

»Du sollst nicht begehren Deines Nächsten Weib!«

Unter dieser Rubrik stellt Karl Borromäus drei Anweisungen zusammen, die sich auf den Ehebruch und die Pollution beziehen:
- *Ehebruch.* Im Unterschied zu den Anweisungen im siebten Gebot werden hier stärker die Verfehlungen der Geistlichen berücksichtigt: «Wenn jemand begehrt, Hurerei zu treiben, so soll er, wenn Bischof, sieben Jahre büßen, wenn Diakon oder Mönch drei, davon eins bei Wasser und Brot, wenn Kleriker oder Laie, acht» (vgl. Wasserschleben 1851, 724).
- *Pollution.* Wenn ein Laie im Schlaf durch unreine Begierde befleckt wird, soll er aufstehen und sieben Bußpsalmen singen. Geschieht die Pollution bei einem Kleriker und einem Laien aufgrund unreiner Gedanken (mala cogita), sollen sie sieben Tage büßen (vgl. Wasserschleben 1851, 725).

Die Anweisungen beider Gebote zeigen keinen inhaltlichen Unterschied: Beide behandeln die Unzucht als eine Sünde, die sich als Komplex verbotener Beziehungen (der Geschlechter, der Verwandtschaft, der Stände und der Altersstufen) oder Verkehrsweisen (Masturbation, Liebkosung, Homosexualität und die Sünden ›wider die Natur‹) erweist.

Die eigentümliche Doppelbehandlung bekommt einen Sinn, zieht man die ungewöhnliche Auflistung der Gebote nochmals in Betracht: Die mosaische Gebotsliste unterscheidet das Gebot »Du sollst nicht ehebrechen!« und das Gebot »Du sollst nicht begehren Deines Nächsten Haus. Du sollst nicht begehren Deines Nächsten Weib, Knecht, Magd, Rind, Esel und noch alles, was Dein Nächster hat« (Mose, 2, 20). In dieser Gegenüberstellung zeigt sich, daß das letzte Gebot nicht wie das vorhergehende in erster Linie ein geschlechtliches Vergehen thematisiert, sondern ein Vergehen am Besitz des anderen, so auch an dessen Frau. Die von Borromäus angeführte Gebotsliste greift aus dem letzten Gebot nur ein Moment heraus: »Du sollst nicht begehren Deines Nächsten Weib!« Auf diese Weise verschwindet die Nuancierung von geschlechtlichem und besitzrechtlichem Vergehen. In der Kodifizierung des Poenitentials tritt das juridische Moment hinter das Gebiet der *Sexualität als Thema sui generis* zurück.

Worauf sich die kirchliche (ebenso wie die zivilrechtliche; vgl. Foucault 1977, 52) Ordnung richtet, ist selbst wesentlich juridischer Natur; der Gegenstand ihrer Kodifizierung wird neu vermessen: Aus einer Reihe von Geboten kristallisiert sich die Sexualität als eigenständiges Thema heraus. Die Bußen gegen sexuelle Verfehlungen verhindern womöglich Wiederholungen bei den Gläubigen; entscheidend aber ist, daß sie die Formierung der Sexualität nicht verhindern, sondern vielmehr für sie konstitutiv sind. Dabei werden die Verkehrsweisen nur weiter durch die beteiligten Personen bestimmt. Es handelt sich daher um einen der allgemeinen Bedeutung nach (Sodomie, Verführung, etc.) unterschiedenen Komplex von Gesetzeswidrigkeiten.

Merkwürdig unvermittelt schließt Karl Borromäus an den Dekalog eine Auflistung der sieben Kapitalsünden an: Hochmut, Habsucht, Wollust, Neid, Zorn, Völlerei und Apathie. Außer der Anweisung, daß für solche Vergehen jeweils siebenjährige Bußen aufzuerlegen seien, findet sich keine weitere Erläuterung, etwa dahingehend, in welchem Fall die Bußkanons des Dekalogs oder die der Todsünden Anwendung finden sollen. Die Untersuchungen Charlotte Zimmermanns (1934) legen allerdings nahe, daß die Todsünden eine – wenn auch hier noch recht implizite – Form der psychologischen Fundierung des Sündigens darstellen (vgl. Kap. 9 dieser Arbeit). Die Wollust erscheint danach als eine Charakterschwäche, die andere sexuelle Laster nach sich zieht. Damit findet sich das in der monastischen Asketik postulierte Kausalitätsprinzip in transformierter Fassung wieder. Transformiert hat es sich insofern, als die unterstellte Kette von Folgelastern zum einen nicht expliziert wird, zum anderen aber so konzipiert ist, daß sie das Individuum eher psychologisch entlastet: Das rudimentäre Konzept der ›Charakterschwäche‹ wird hier nicht, wie im asketischen Entwurf, durch den systematischen Appell an den zu bemeisternden Willen konterkariert. Doch in Anbetracht dessen, daß diese Auflistung im *Poenitentiale Mediolanense* nicht näher erläutert wird, kann hier nur vermutet werden, daß die dekalogische Bußordnung in der nach Hauptsünden folgenden Ordnung bereits eine psychologisch orientierte Konkurrenz bekommen hat. Eine solche Problematisierung kann jedoch innerhalb eines Konzepts, das die Sexualität vornehmlich zu einem Komplex sündiger Worte und Werke, also äußerer Taten, formiert, nicht ausgearbeitet werden.

Diese zunehmende Deutlichkeit hat ihren Grund: Die Bußbücher erfordern, ja evozieren eine intensive Beschäftigung mit der Sünde. Es ist vor allem der Beichtiger, dem die Erkenntnis der

Sünde obliegt und die Aufgabe, den Sünder durch eine angemessene Bußauflage auf die Schwere der Tat aufmerksam zu machen und zu strafen. Die Formierung eines Sündenregisters im Sinne einer Differenzierung sündhafter Werke ist Resultat pastoraler Ermittlungen und Gerichtsbarkeit. Diese überwiegend *pönitative Problematisierung* des Sexuellen wird nun parallelisiert durch eine kanonische Thematisierung der Sexualität als Vergehen. Neben die Gattung der Poenitentialsummen tritt nun die Kanonessammlung, die vor allem im Hinblick auf die Ehe die Fülle einzelner Bestimmungen in ein systematisches Rechtsmodell einfügt, in die Norm der ›ehelichen Pflicht‹.

Kapitel 8

Kanonistik: Individualisierende Kasuistik der ehelichen Sexualität

Christliche Ethik und Seelsorge auf dem Gebiet des Sexuellen finden seit dem 12. Jahrhundert systematischen diskursiven Beistand: Um 1140 löst sich mit Gratian, dem »Vater des kanonischen Rechts« (vgl. auch Makowski 1977, 100), allmählich eine kirchliche Jurisprudenz von der Theologie. Die unkeuschen Gatten werden nun mit einem juridischen Diskurs konfrontiert, der sie mit Pflichten überzieht, und dies auch in sexuellen Dingen. Im Modell der ehelichen Pflicht erhält Sexualität jedoch wiederum einen ambivalenten Status: Daß man dem Gatten geben müsse, aber nichts von ihm verlangen dürfe, führt erneut zu einer, wenn auch systematischen, Fülle rechtlicher Regulierungen. Der juridische Diskurs der Kirche trägt dazu bei, die Sünder selbst, nämlich die gegen die Pflicht verstoßenden Gatten, in den Mittelpunkt der Thematisierung zu rücken. Die Gatten werden zu Sexualvertragspartnern.[1]

---

1 Ein eingehenderes Studium mittelalterlicher Gerichtsakten könnte deutlich machen, daß es sich auch bei dem säkularen Ritual der Auseinandersetzung vor dem Gerichtshof durchaus um eine Technologie des Selbst handelt. In dieser Weise lassen sich die Ausführungen M.M. Sheehans, *The formation and stability of marriage in fourteenth-century England: evidence of an Ely register* (1971), lesen. Die Jurisdiktion findet, so Flandrin, jedoch bereits auf einer vorgeschalteten Stufe statt: »Wahrscheinlich mußte in mancher Ehe der Mann damit rechnen, daß seine Frau sich ihm verweigerte und, falls das Zerwürfnis andauerte, daß der Beichtvater als Schiedsrichter angerufen wurde – ein Schiedsrichter, dessen Spruch er sich schließlich unterwerfen mußte, wenn er nicht Gefahr laufen wollte, daß er der Absolution und der Kommunion verlustig ging« (Flandrin 1984, 159).
In der Figur des Beichtvaters verbinden sich der poenitative und der konfessorische Diskurs des Sexuellen. Dies gilt vor allem dann, wenn sich ab dem 13. Jahrhundert der Schwerpunkt des christlichen Rituals der Beichte von der Buße zum Bekenntnis verlagert. Dann dienen die kanonistisch operationalisierten Vergehen gegen die Enthaltsamkeit als

Das Spezifikum in den Beiträgen der Kanoniker liegt, so notiert es auch J. A. Brundage, nicht in einer neuartigen Thematisierung der Sexualität: »But if the canonists were not voicing wholly original ideas when they enunciated their disapproval of sexual pleasure, they managed to make these ideas in some ways more operationally effective than had the Fathers of the Church« (Brundage 1980, 366). Wie schon zu Zeiten der bußzentrierten Pastoral vor dem 12. Jahrhundert gilt auch jetzt die bereits beschriebene Kooperation und Arbeitsteilung zwischen kirchlichem und weltlichem Recht: »Da das Kirchenrecht als nähere Bestimmung des moralisch verpflichtenden *ius divinum et naturale* erschien, war ein Verstoß dagegen tatbestandsmäßige Sünde. Daneben war auch die Verletzung gültiger materieller Normen der weltlichen Rechtsordnung zu ahnden« (Trusen 1973, 496).

Doch die immer wieder beklagte Inkonsistenz der Poenitentialien scheint ein Interesse an einem konzisen Korpus kirchlicher Rechtsbestimmungen begünstigt zu haben; mit Payer nimmt sich diese Entwicklung geradezu als ein Trend zur Verwissenschaftlichung der kirchlichen Behandlung bußwürdiger Materien aus: Im 12. Jahrhundert sieht er »the development of a science of canon law <which> inevitably led to the abandonment of the penitential literature as an unsuitable source of legislation« (Payer 1984a, 87).[2]

Nun wird innnerhalb des christlichen Diskurses des Sexuellen

etablierte und systematisierte Normen des abweichenden Begehrens: An ihnen wird sich der Beichtvater mit seinen bekenntnisanreizenden Fragen orientieren. Für eine Genealogie therapeutisierter Selbste ist der kanonistische Diskurs daher ein wichtiger Zeuge der Ausdifferenzierung buß- und beichtrelevanter Materien, an die heilungsbezogene Problematisierungen des Begehrens anschließen werden.

2 Auch Oscar D. Watkins begreift die Herausbildung dieser kirchenrechtlichen Quellen als das Bedürfnis, die Unmenge einzelner Regulierungen zu systematisieren: »A conscientious prelate who sought guidance in dealing with nearly any common problem – such as, for example, marital incest, adultery, rape, prostitution, property rights of concubines, or grounds for divorce – needed a large library. He had to resign himself (or more likely his clerks) to hours of tedious searching in order to unearth the relevant conciliar enactments, papal decrees, or patristic dicta. Information retrieval, to call it by its twentieth-century name, posed major and often insoluble problems for pastors, Church administrators, and ecclesiastical courts« (Watkins 1961, 481).

eine seelsorgerlich-moralische Thematisierung der Sexualität als *Sünde* parallelisiert durch eine kanonische Thematisierung der Sexualität als *Verbrechen/Vergehen*. Beide Formen be- und verurteilen Zuwiderhandlungen gegen das Gebot der Keuschheit, beide rücken den Sünder in den Mittelpunkt der seelsorgerlichen Bemühung oder aber der kirchlichen Jurisprudenz: Die seelsorgerliche Problematisierung dieser Zuwiderhandlungen, die mit der Institutionalisierung der Pflichtbeichte im Jahre 1215 einsetzt, knüpft an das monastische Konzept der durch den Abt angeleiteten Hermeneutik seiner selbst an: Die literarische Erbfolge der Poenitentialien übernehmen sog. *summae confessorum* (vgl. das folgende Kapitel); die rechtsförmige Problematisierung dieser Zuwiderhandlungen knüpft an die paulinische und augustinische Thematisierung der legitimen Partner für geschlechtlichen Verkehr an: Kanones-Sammlungen der Dekretisten und Dekretalisten sind hier die einschlägigen Quellen.[3] Das reuige Geständnis und seine Evozierung durch den Priester auf der einen Seite sowie die juridisch einklagbaren Pflichten der Ehepartner auf der anderen Seite sind die beiden großen Problematisierungen, in denen sich das Christentum des Mittelalters an der Formierung des, wenngleich

---

3 James A. Brundage, der sich in zahlreichen Schriften mit den Kanonischen Rechtsbestimmungen beschäftigt hat, hält sie für eine außerordentlich zuverlässige Quelle mittelalterlicher Sexualforschung: »In dealing with medieval canonistic theories of sexuality, as embodied both in the law itself and in the commentaries of the lawyers, we are in fact dealing with a complex interactive situation. The canonists' theories about sexual behavior responded to, and, in turn, helped to structure and reinforce non-legal thought, attitudes, and actions regarding sexuality. Legal enactments stimulated efforts by the lawyers to explain and to rationalize the system; at the same time they tried to relate new law both to existing law and to their own perceptions and experience of human behavior. Both the decisions of law-makers and the explanations of lawyers, in turn, influenced the behavior of individuals by discouraging some types of behavior and encouraging others. And behavioral deviations from the legal norms simultaneously stimulated new law-making and new efforts by academic lawyers to accomodate experience to the legal system« (Brundage 1980, 384 f.). – Diesem ›interaktiven Modell‹ von verhaltenswirksamen Vorschriften, wie sie Rechtssatzungen, aber auch Bußbücher, Poenitentialen oder Beichtbücher darstellen, und immer wieder modifizierte Problematisierungen provozierendem Verhalten folgt auch diese Genealogie.

sündigen, Selbst beteiligt hat. Bevor sich jedoch das nächste Kapitel der Beichte als einer subtilen und immer verbindlicher werdenden Technologie zur Herstellung sexueller Selbste zuwendet, soll zunächst die juridische Problematisierung der Ehe zeigen, wie das Paradox des keuschen, jedoch auf Nachkommenschaft bedachten Verhältnisses durch immer umfänglicher werdende kanonische Bestimmungen umstellt und für die Regulierung der gläubigen Christen schließlich dysfunktional wird.

Das ›Pflichtmodell‹ der Ehe

Die Ausdifferenzierung des Sexuellen innerhalb des christlichen Diskurses vollzieht sich in zwei Etappen: Während es erst den sog. Dekretalisten ab dem 13. Jahrhundert gelingt, eine deutlichere Trennung der Materien zu vollziehen, behandeln ihre Vorgänger, die Dekretisten, Sexualität noch als Sünde und als Verbrechen zugleich: Dabei aber handelt es sich nicht um zwei verschiedene kategoriale Raster, sondern es sind – Augustinus' Distinktion folgend – Titel für unterschiedlich schwerwiegende Verstöße gegen die moralische Ordnung. Es sind Todsünden, die man als Verbrechen bezeichnet.

Besonders die Schriften der Dekretisten, also der Kanonisten der ersten Phase von etwa 1140 – 1235, sind als kirchenrechtliche *und* als seelsorgerliche Werke (auf der Grundlage moraltheologischer und dogmatischer Prinzipien) zu lesen. Beide Komponenten leisten spezifische Beiträge zum Diskurs der Sexualität: Die juridische Komponente bewirkt einen *inneren Zusammenhang* der die Sexualität betreffenden Aspekte – sie trägt zur Gestaltung eines *Eherechts* bei. Dieser Name steht fortan für ein Set justitiabler Sexualverhältnisse zwischen legitimen Partnern; er steht aber auch für ein erweitertes Forum, vor dem der Diskurs der Sexualität verhandelt wird: der (kirchliche) *Gerichtshof*.[4]

Zur seelsorgerlichen Komponente der dekretistischen Schriften gehört »die Hinwendung zur Innenwelt der Person; sie äußert

---

4 Neben dem *forum internum*, das die geheime Buße sowie ab 1215 die Beichtpraxis für die Thematisierung des Sexuellen bereithält, hat dieser Diskurs in seiner juridischen Variante damit nach wie vor auch einen Platz in der christlichen Öffentlichkeit.

sich in Begriffen wie *conscientia* und *fides*, sie zielt gegen das *peccatum* und erstrebt die *salus animarum*« (Nörr 1973, 365). ›Die Hinwendung zur Innenwelt der Person‹ zeigt sich als Suche nach dem entscheidenden *Schuldmoment,* die sich seit Abälard in der theologischen Literatur herauskristallisiert. In der frühen Kanonistik fragt man dabei nach den *circumstantiae:* den äußeren Indizien für eine innere Schuld. Damit verläßt das kanonische Recht allerdings noch keineswegs die Grenzen des von der Sexualität-als-Sünde abgesteckten Diskurses, der ausschließlich äußere Taten in Betracht zieht: Gratian beruft sich hier explizit auf das Römische Recht, demzufolge »no one should be penalized for his thought« (Brundage 1980, 369).[5]

Die öffentlich-rechtlich verhandelbare Ordnung des sexuellen Diskurses konzentriert sich auf legitime sexuelle Verhaltensweisen zwischen legitimen Partnern: Das Paradox einer keuschen, gleichwohl reproduktiven Verbindung bearbeiten die Kanonisten mit einem sog. »debt-model« ehelichen Geschlechtsverkehrs (Makowski, Brundage). Es sieht vor, daß »both husband and wife had a duty to perform sexually at the request of their mate« (Makowski 1977, 99). Dieses Verlangen aber birgt eine Ambivalenz in sich: Verrät nicht schon die explizite Äußerung Begierde, mithin ein über das Einfordern einer Pflicht hinausgehendes Verlangen? Auch Makowski analysiert diese Konzeption ehelicher Sexualität als eine ambivalente Doktrin, die aus der Spannung zwischen dem inneren Wert der Ehe und dem tiefen Mißtrauen gegenüber der Sexualität resultiere. Sie laufe darauf hinaus, der Einforderung einer Pflicht zuvorzukommen, um den Anderen nicht in eine sündhafte Situation zu bingen.

Damit verlagert sich das durch Augustinus entfaltete Paradox der keuschen Ehe nun auf die Ebene einer kirchenrechtlich sanktionierten, paradoxen Verhaltensanweisung: dem Anderen zu geben, was dieser jedoch nicht wirklich verlangen darf. Diskursanalytisch interessant ist jedoch gerade diese folgenreiche Etablierung der Ehe als einer (kirchen-)rechtlichen Ordnung, die sich als soziale Institution zweier gleichberechtigter Partner etabliert, und der Sexualität als einer Pflicht: Sie ist nun das, was sich zwischen legitimen Partnern als prinzipiell einklagbarer Rechtskatalog zu

---

5 Gerade diese Grenze wird die um das Geständnis zentrierte Beichtpraxis durchbrechen.

beachtender Zeiten, erlaubter und verbotener Stellungen sowie geheiligter, umstrittener oder sündhafter Zwecke formiert. Eine detaillierte Reglementierung des Unerlaubten ist die Folge: Sie ist nicht nur kompliziert und treibt erstaunliche Blüten; sie ist darüber hinaus tendenziell unabschließbar.

Der Spannungsbogen, den die frühen Kanonisten mit der Konstruktion eines Pflichtmodells ehelicher Sexualität erzeugen, läßt sich bereits an der Wahl derer erkennen, die sie zu Paten dieser Formel auserkoren haben: Paulus und Augustinus. Das Paulinische Diktum »der Mann leiste der Frau die schuldige Pflicht, desgleichen die Frau dem Manne« (I Kor.7, 3) und die Position Augustinus, derzufolge nur diejenige Sexualität sündlos sei, die sich auf die Ehegüter hin vollziehe (Nachkommenschaft, Pflichterweis), verknüpft Gratian auf eigenwillige Weise. Er unterscheidet zwischen dem die Pflicht einfordernden und dem ihr nachkommenden Gatten: Während es läßlich sündhaft sei, den ehelichen Verkehr zu begehren, gilt der darin einwilligende Partner als sündenfrei, denn es ist an ihm, den anderen vor größerem Unrecht, etwa Ehebruch, zu schützen (vgl. Makowski 1977, 101).

Flandrin macht an dieser Stelle auf eine gewisse Nuancierung aufmerksam: Einerseits bestehen Kanoniker und Theologen auf dem Prinzip der Gleichheit im Zusammenhang mit der ehelichen Pflicht (wenngleich auch *nur* hier; beiden steht nach Paulus das Verfügungsrecht über den Körper des anderen zu). Doch andererseits widerspricht diese Norm so sehr allen übrigen Sitten, daß sie sie selbst kaum für durchführbar halten. Zum Ausgleich für die ›natürliche‹ Schwäche und Schüchternheit ihres Geschlechts statten sie die Frau daher mit dem Privileg aus,

nur dann ›ihrer Pflicht nachzukommen‹, wenn der Ehemann dies ausdrücklich und unter Berufung auf sein Recht verlangte; der Mann dagegen war gehalten, seine Schuldigkeit zu tun, sobald er seiner Frau an Miene und Gebaren anmerkte, daß sie die geschlechtliche Vereinigung wünschte, ohne jedoch zu wagen, ihr Recht einzufordern oder auch nur den Wunsch laut und klar auszusprechen (Flandrin 1986, 151).

Daher verwundert nicht die in kirchlichen Texten häufig zu findende zusätzliche Pflicht für den Mann, dem Verlangen der Frau zuvorzukommen (Ariès 1986, 172).[6] Es verwunderte allerdings

---

6 Das Zuvorkommen selbst allerdings ist ein problematischer Akt – ist es nicht eigentlich die eigene Leidenschaft, die das Zuvorkommen moti-

ebenfalls nicht, wenn in dieser Enklave der Gleichberechtigung zwischen den Ehegatten angesichts eines männlich dominierten Sittenkodex die Passivität und Schüchternheit der Frau eher fortgeschrieben als ausgesetzt worden wäre.[7]

Die ersten Dekretisten übernehmen dieses Pflichtmodell, betonen jedoch stärker als Gratian die Bedingung wechselseitigen Konsenses: Das gilt nicht nur für das ›Begleichen der Schuld‹,

> even such pious purposes as entering the religious life, vowing continence, or going on crusade required the consent of the marriage partner, since otherwise one spouse might unilaterally abrogate the other's right to sexual relations on demand (Brundage 1980, 381).

Worüber hier Einmütigkeit besteht, scheint sich auf Sexualität als eine eheliche Institution zu beziehen, die nur konsensuell vollzogen werden darf. In diese Institution wird nun jedoch ein eigentümliches *Gefälle der Sündhaftigkeit* eingebaut: Getreu dem Prinzip ›geben ist seliger denn nehmen‹ scheidet sich eine pflichterfüllende Sexualität von der Begierde und dem sinnlichen Vergnügen, das die Pflichterfüllung nach sich zieht. Begierde und Sinnlichkeit sind es auch, um die als Fragen nach dem Grad der Schuld und der Sündhaftigkeit die Diskussionen der Dekretisten kreisen. Worüber bis zum Beginn des 13. Jahrhunderts Uneinigkeit herrscht, ist, ob man hier rigoros oder lax urteilen müsse.

Zu den Rigoristen gehört etwa Papst Gregor d. Gr.: Für ihn ist es nicht der Akt selbst, auch nicht die Konkupiszenz, sondern allein das sinnliche Vergnügen, das jeden Geschlechtsverkehr zumindest läßlich sündhaft macht. Rolandus Bandinelli aus der Bologneser Schule (vor 1148) sowie Stephanus de Tournai (1150) oder die Summa Parisiensis (1160) der französischen Schule, schließen sich

> viert? Solche Fragen werden sich zumindest mit einem durch die Beichtpraxis etablierten hermeneutischen Diskurs zwingend stellen.
>
> 7 Diese Einschätzung scheinen auch Jacquart und Thomasset zu haben: »In the Middle Ages, there were in fact two systems of representation of sexuality. Outside marriage, certain forms of behavior apart from sodomy were tolerated or practically ignored. On the other hand, as soon as man and woman came together as a couple, the person of the woman was alienated and subjected to waiting for the male semen. It is clearly easy, in the majority of cases, to draw a parallel between her dependency, her absence of any erotic existence and her situation within society« (Jacquart, Thomasset 1988, 154).

enger an Gratian an; sie entscheiden: »... even union for the satisfaction of lust is not fornication, but licit due to the good of marriage« (R.B. *Summa*: C32q2c3 in Thaner 1874, 164 zit. nach Makowski 1977, 102). Rufinus, ebenfalls Mitglied der Bologneser Schule, dessen Summe als bedeutendstes Werk der frühen Dekretistik gilt (verfaßt zwischen 1157 -1159), formuliert einen Dreischritt möglicher Sündhaftigkeit:
- bloße Pflichterfüllung ist ohne Sünde (*causa reddendi debitum*)
- einseitige Unkeuschheit ist läßlich sündhaft (*causa incontinentiae sive vitandae fornicationis*)
- beiderseitig der Lust gehorchendes Verhalten ist eine Todsünde, die auch durch kein Ehegut mehr gemildert wird (*causa exsaturandae libidinis*).[8]

Um 1190 artikuliert sich mit Huguccio *die* Position des Rigorismus: Fleischliche Vereinigung könne niemals ohne Sünde sein. Koitus, Konkupiszenz und sinnliches Vergnügen bilden einen unhintergehbaren Konnex:

So analysiert er genau den Unterschied zwischen der Hingabe um der Unenthaltsamkeit willen, die in sich, nicht nur durch die dabei empfundene Lust, läßliche Sünde sei, und der Hingabe zur Erfüllung der Lust, die schwere Sünde sei: im ersten Fall geht die erwachte Lust voraus und der Mensch sucht die eheliche Hingabe, um nicht schwerer zu sündigen; im zweiten Fall ist der Wille erst die Ursache für die Lust, indem er sie durch Gedanken, Berührungen oder sonstige Stimulantien hervorruft, weshalb nach Huguccio in diesem Falle eine schwere Sünde vorliegt (Weigand, 1967, 471).

Diese Position bringt ihn insofern mit der Orthodoxie in Konflikt, als er auch dem pflichterfüllenden Partner sündhaftes Tun unterstellt – es sei denn, er befleißige sich des fortan immer wieder propagierten *amplexus reservatus* oder auch des *coitus reservatus*: Dabei gilt es, lediglich seinen Körper zum ehelichen Geschlechtsverkehr zur Verfügung zu stellen, ohne jedoch selbst Lust zu suchen oder gar, sie zu erleben. Dem Mann – an den sich dieses Ansinnen vor allem richtet – sei dies dann gelungen, wenn er weder während noch nach dem Geschlechtsverkehr ejakuliere.

Die *Glossa Ordinaria* des Johannes Teutonicus (um 1216) hingegen vertritt wieder eine moderate Position, die – wenngleich

---

8 Vgl. dazu Makowski 1977, 102 sowie Ziegler 1956, 210.

immer wieder auch rigoristische Auffassungen vorgetragen werden – die Dominante des mittelalterlichen Diskurses ehelicher Sexualität bildet: Beischlaf um der Erzeugung von Nachkommenschaft oder der Pflichterfüllung wegen sei nie sündhaft; die Ehegüter milderten auch den Verkehr zur Vermeidung der Unenthaltsamkeit oder um der Lust willen. Dieses Verkehrsmotiv »might be a mortal sin, but it was punished as a venial one, thanks to the mitigating effects of the good of marriage« (Makowski 1977, 104). Widernatürliche Praktiken indessen gelten bei allen als schwere Sünde (Weigand 1967, 474).

Der dekretistische Diskurs sucht Sexualität am Schnittpunkt von Pflicht und Begehren auf: Er macht Momente der unwillkürlichen oder willkürlich herbeigeführten Lust und des sinnlichen Vergnügens aus, soweit sie an äußerem Verhalten ablesbar sind. Dieses Verhalten wird gleichsam in Einheiten unterstellter Lust und sinnlichen Genusses gemessen: So liest sich Sexualität als eine Hierarchie der Sündhaftigkeiten ab. Kanonistische Probleme der Art, ob es sündhafter sei, mit einem schönen jungen Mädchen oder mit einer häßlichen alten Frau Unzucht zu treiben, haben vor diesem Hintergrund geradezu paradigmatischen Stellenwert. Denn wie immer auch ihre Antwort lautete, »their rationale remained the same: namely, that whatever experience was the more enjoyable was also the more reprehensible« (Brundage 1980, 368).

Weithin geteilt wird die Augustinus' folgende Hierarchisierung sexueller Vergehen: Beginnend mit Unzucht folgen Ehebruch, Inzest und widernatürliche Praktiken, die nochmals unterschieden werden. Sie wiegen schwerer, wenn sie mit der Ehefrau, weniger schwer, wenn sie mit einer Prostituierten vollzogen werden. Vergewaltigung, die Augustinus nicht behandelt, werten die Dekretisten als Erschwerung des Basis-Vergehens, nicht als selbständiges Vergehen wie die weltliche Gerichtsbarkeit (vgl. Brundage 1980, 372).

Minutiöse Binnendifferenzierungen sexueller Vergehen liegen in der Linie eines Diskurses, der äußere Handlungen zwischen legitimen Partnern in Betracht zieht: Die Privilegierung der Ehegatten eröffnet ein kasuistisch zu bewertendes Feld illegitimer Partner – auch sie werden nach dem Grad ihrer Unrechtmäßigkeit hierarchisiert. Daß, wie Papst Alexander III (1159 – 1181) den Bischof von Poitiers anwies, Inzest mit der Schwiegermutter strenger als einfacher Ehebruch, jedoch weniger ernst als Inzest mit der eigenen Mutter zu beurteilen sei (vgl. Brundage 1980, 383), entspricht diesem Duktus kanonistischer Argumentationen.

Mit Beginn des 13. Jahrhunderts nehmen die Dekretalisten eine bedeutsame Umakzentuierung dieser Diskurselemente vor: Im Zuge einer weitreichenden Entflechtung von moralischen und juridischen Aspekten stehen nicht länger die Sünden gegen die Enthaltsamkeit im Fokus kanonistischer Debatten, sondern der geschlechtliche Vollzug bzw. die Vollziehbarkeit der Ehe. Das bleibt nicht ohne Folgen für die Thematisierung der Sexualität: Stand zuvor noch die Ehe als eine Grundbedingung für legitimen Geschlechtsverkehr im Mittelpunkt der Diskussion, so rückt nun – umgekehrt – das sexuelle Vermögen als eine Grundbedingung für eine gültige Ehe(schließung) dorthin. Perioden der Enthaltsamkeit, legitime Zwecke und tolerable Formen sexueller Betätigung bleiben dabei weitestgehend unangetastet; doch verstehen sie sich nun vollends als einklagbare Bestandteile der Institution Ehe – es handelt sich um »Operationalisierungen« des moraltheologischen Diskurses im Sinne Brundages (s. S. 266). Die Dekretalisten problematisieren in diesem Rahmen zum einen Bedingungen für Gültigkeit von Eheschließungen (1) und für den Bestand der Ehen (2) selbst.

(1) Sexuelle Reife sowie körperliche Unversehrtheit gelten nun als unabdingbar: Die künftigen Gatten müssen daher das Pubertätsalter überschritten haben und dürfen nicht impotent respektive frigide sein. Nur unter diesen Voraussetzungen sind die Erzeugung von Nachkommen sowie die Erfüllung ehelicher Pflicht gewährleistet und zugleich einklagbare Zustände geschaffen. Einklagbar sind sie jedoch nicht in Fällen, in denen ein Gatte mit Wissen um die sexuelle Unreife, Impotenz oder Frigidität[9] seiner selbst oder des anderen die Ehe eingeht. So sind vorpubertär geschlossene Ehen nicht zu annulieren, *nachdem* Geschlechtsverkehr stattgefunden hat: Sexuelle Handlungen begründen die Unauflöslichkeit einer kirchlich sanktionierten sozialen Institution – vollzogener oder vollziehbarer Geschlechtsverkehr wird zum *definiens* der Ehe.

9 Beide Begriffe, *frigiditas* und *impotentia coeundi* werden von den Kanonisten für beide Geschlechter benutzt (vgl. Brundage 1982c, 135).

Besonders aber an Bestimmungen zu Eheschließungen trotz des Wissens um das sexuelle Unvermögen eines Partners läßt sich beobachten, in welcher Weise sich das juridische Element vor das moraltheologische schiebt. Mit einigem katalogisierenden Aufwand werden zunächst die möglichen Gründe der Impotenz bzw. Frigidität gesammelt: Natürliche Ursachen, Kastration infolge eines Unfalls, aber auch mentale Ursachen sowie die Ausübung magischer Praktiken (*maleficium*) gehören dazu. Darüber hinaus findet Berücksichtigung, ob die sexuelle Unfähigkeit dauerhafter oder vorübergehender Art ist: Im ersten Fall ist die Annullierung dieser Ehe ohne Verzug möglich, im anderen Fall bestimmen die Kanoniker eine Prozedur, die eine dreijährige Wartezeit mit gelegentlicher Kohabitation sowie anschließend eine physische Inspektion vorsieht (vgl. Makowski 1977, 106). Während der sexuell potente Partner sich nach Annullierung der Ehe wiederverheiraten darf, ist seinem impotenten oder frigiden Partner dies für immer verwehrt. – Doch ganz analog zur vorpubertär geschlossenen Ehe lautet die Regelung: Kommt sie mit Wissen und Einverständnis des Partners zustande, so gilt auch diese Ehe als unauflöslich, wenngleich beide Ehezwecke niemals zu erfüllen sind. Was die Gültigkeit solcher Ehen anbelangt, so bricht hier der vertragsrechtliche Konsens der Partner die moraltheologisch bestimmten Zwecke der Ehe.

Das Prinzip des ›Ehekonses‹, d. h. der beiderseitigen Zustimmung zur Eheschließung und zum Vollzug der Ehe, setzt Sexualität in ein neues Licht. Nicht nur ist die Ehe Bedingung legitimer Sexualität, umgekehrt ist nun auch Sexualität ein bedingendes Element der Ehe: Sie ist ein Konstitutivum, worüber sich die Gatten in Kategorien physischen Vermögens und rechtlicher Pflichten Rechenschaft ablegen müssen und bei unbefriedigendem Befund den Bestand der Ehe anfechten können. Daß es sich um ›kann‹-Bestimmungen handelt, liegt nun mindestens zu gleichen Teilen im sakramentalen und im sozialen Charakter der Ehe begründet. Denn sie ist nicht nur eine gottgewollte Institution dreier Güter (*fides, proles, sacramentum*), sondern auch eine soziale Einrichtung zwischen zwei gleichberechtigten Vertragspartnern, die den Bestand der Ehe selbstbestimmt entscheiden können. Dieser Aspekt läßt sich mit der Beobachtung Noonans illustrieren, derzufolge im dekretalistischen Katalog möglicher Ehehinderungsgründe Sterilität und hohes Alter *nicht* vorgesehen sind: »Both impotence and sterility made generation impossible but only impotence made marriage impossible« (Noonan 1965, 292) – d. h. die Ehe gilt nun als sexuell basierte ›vertragsrechtlich‹ geregelte Institution.

(2) Ebenso wie auf seiten der Eheschließung läßt sich eine ›Verrechtlichung‹ des Diskurses legitimer Sexualität auf seiten der Pflichten während der Ehe beobachten: Die Dekretalisten thematisieren auch hier Reziprozität bei allen die Sexualität betreffenden Fragen. Paradigmatischen Status gewinnt hier das Thema des Keuschheitsgelübdes, d. h. des willkürlichen Entzugs vor ehelichen Pflichten. Auch hier muß der davon betroffene Gatte zustimmen; tut er dies, so hat er damit allerdings implizit ebenfalls ein Keuschheitsgelübde ausgesprochen (Makowski 1977, 110). Ebenso muß – bei wechselseitigem Konsens – der eine Partner dem anderen folgen, wenn dieser ins Kloster eintritt – es sei denn, er steht wegen hohen Alters oder Impotenz respektive Frigidität außer Verdacht, sexuelle Sünden zu begehen.

Keine Sexualität außerhalb der Ehe; innerhalb der Ehe Sexualität nur im Rahmen der vorgeschriebenen Formen, aber auch die Entscheidung gegen Sexualität nur bei Konsens. Eine bemerkenswerte Distinktion: Der stets *ex negativo* operierende Diskurs meldet sich nun pünktlich auch dort, wo eben noch Enthaltsamkeit als das unthematisierte Ideal irdischer Paarbeziehung galt und als das unerreichbare Gegenüber aller sündenanalytischen Aufmerksamkeit. Nun aber bestimmt das aus der juridischen Konsensnorm erwachsene Pflichtmodell ehelicher Sexualität auch Enthaltsamkeit *ex negativo*, nämlich als *Verweigerung* sexueller Pflicht. Mit der Etablierung dieses juridischen Modells verweisen Enthaltsamkeit und Sexualität – *notabene:* nur innerhalb der Ehe – unablässig ›negativ opponierend‹ aufeinander: Verweigerte Pflichterfüllung hier, mehr oder minder schwere Verstöße gegen legitime Verkehrsweisen dort, bilden *scylla* und *charybdis* christlicher Eheführung im Mittelalter.

Darüber hinaus bestimmt sich eheliche Sexualität auch im dekretalistischen Diskurs über die Kreuztabellierung gewählter Praktiken und Partner; Ort und Zeit sind in Fortführung der kirchlichen Tradition ebenfalls ihre Parameter. Doch auch vor Reglementierungen dieser Art schiebt sich nun bevorrechtigt das ›debt-model‹ ehelicher Sexualität. »… the overriding sentiment was in such cases as well, the duty to render the debt, even if unjustly demanded, was still binding« (Makowski 1977, 109).

Diesem Prinzip folgen die Kanonisten auch in ihren strafrechtlichen Bestimmungen: So können eheliche Rechte, etwa nach einem Unzuchtsdelikt, dem betreffenden Partner entzogen werden; dies gilt auch für den Gatten, der sich ohne Einwilligung des anderen für das Klosterleben entscheidet. Für diese und ähnliche Fälle wird bestimmt, daß der schuldige Teil zwar (zeitweise) das Recht verliert, den Geschlechtsverkehr zu fordern, er ihn jedoch als Pflicht *und als Strafe*[10] seinem Partner leisten müsse. Auch hier rückt das ›debt-model‹ ehelicher Sexualität in den Vordergrund: Die Dekretisten »strove to formulate suitable penalties for delinquent spouses without infringing on the conjugal rights of the innocent party« (Makowski 1977, 109).

Anzumerken ist jedoch, daß die Homogenisierung der bußwürdigen Materien, auch im Bereich der Verfehlungen gegen die Keuschheit, nicht in dem geforderten Ausmaß eingetreten ist: Symptomatisch dafür steht die mittelalterliche Diskussion über die Moralität verschiedener koitaler Positionen. Interessanterweise argumentieren die Autoren schon hier mit dem äußerst flexiblen Kriterium der ›Natürlichkeit‹ bestimmter Positionen im Vergleich zu anderen; die unnatürlichen sind die sündhaften, jedoch nicht immer. So wird etwa die Missionarsstellung in manchen Kanonessammlungen begrüßt, in anderen als unnatürlich verurteilt. Einmütig verurteilt man dagegen den analen und oralen Sexualverkehr in der irrigen Annahme, daß solches im Tierreich nicht zu finden und daher unnatürlich, ergo sündhaft, sei. Die gleichen Autoritäten bannen sodann den *coitus a tergo*, eben *weil* er im Tierreich praktiziert werde (vgl. Brundage 1984, 88).[11]

10 Aus der bußzentrierten Fabrikation der Keuschheit war bislang nur das Gegenteil, sexuelle Enthaltsamkeit, als Strafe für eine sexuelle Überschreitung vorgesehen. Auch dies spricht für eine zunehmende Ambivalenz in der Thematisierung des Keuschen/Unkeuschen. Doch dieses selektive Zulassen bestimmter Partner, Praktiken, Orte und Zeiten sollte nicht (einseitig) als Humanisierung der kirchlichen Forderungen verstanden werden: Aus diskursanalytischer Perspektive handelt es sich stets um neue Einfallstore für reglementierende Interventionen in das Sexuelle das heißt: um stets neue Anreize zu modifizierenden Problematisierungen.

11 Brundage bemerkt dazu: »The confusion in the use of the term ›natural‹ probably reflects in part the transition from the early medieval habit of using ›nature‹ as a philosophical concept, a development that

Ungeachtet oder vielmehr angesichts solcher Unklarheiten, die diskursanalytisch stets als Anreiz für weitere Debatten von Bedeutung sind, trägt die juridische Thematisierung der Ehe als Rahmen legitimen Geschlechtsverkehrs zur Ausdifferenzierung der Sexualität als eines selbständigen und auch von den Eheleuten selbst zu regulierenden Bestandteils bei: Sie übernehmen hier mit dem Recht und der Pflicht zum wechselseitigen Konsens auch eine wechselseitige Kontroll- oder Zügelungsfunktion. Ob sie nun ja oder nein zur ehelichen Sexualität sagen, sie muß – nach wie vor *das* Feld der Sündhaftigkeit, das auch innerhalb der Ehe nur wenige Ausnahmen kennt – berücksichtigt werden:
- als Hinderungsgrund für das Eingehen der Ehe oder ihren Bestand;
- als Recht, aber auch als Pflicht, Nachkommen zu zeugen und den anderen vor größerer Sündhaftigkeit zu schützen;
- schließlich als entzogenes Recht und bloße Pflicht zur Buße auch für Übertretungen sexueller Art.

Die Eheleute verwalten ein prekäres, immer instabiles Konstrukt. Dies tragen sie nicht nur im Fall evidenter Abweichung vor den kirchlichen Gerichtshof. Darüber hinaus wird auch der Beichtvater – so taktvoll er kann – die Eheleute entlang dieser Dimensionen über die weniger eminenten Abweichungen von den kodifizierten Gelegenheiten und Zwecken ehelicher Sexualität befragen.

›Spigell des ehelichen Ordens‹: Exkurs zu Typik und Innovation im 15. Jahrhundert

Der Prediger und Dominikanermönch Marcus von Weida (ca. 1450-1515) stellt 1487 aus verschiedenen Predigten einen »Spigell des ehelichen Ordens« zusammen: Diese Schrift, die beschreibt, was Hunderte von Ehetraktaten dieser Zeit als verbindlichen Kanon verbreiten, zeigt doch durch ein eigenes Arrangement von

seems to have begun with the work of William of Conches (1080-1145)« (Brundage 1984, 88) – und in der sexuellen Aufklärung zur Zeit der Aufklärung einen ersten Höhepunkt erlebt (vgl. Teil IV dieser Arbeit). Das Unnatürliche und das Unmoralische werden jedenfalls bereits im Mittelalter im Konzept der (sexuellen) Sünde, wenngleich *en detail* uneindeutig, aufeinander verwiesen und zu einem Argument in diesem Diskurs stilisiert.

Zitaten, Thesen und Normen Umgewichtungen und Umbewertungen des christlichen Ehediskurses hinsichtlich dessen, was nun als die implizite Norm zu gelten habe. Auf 342 Quartseiten problematisiert er die christliche Ehe in fünf großen Themen[12]:
1. Theologisch und historisch motivierte Definition der Ehe;
2. Funktionsbestimmung der Ehe in theologischer, sozialer und moralischer Hinsicht;
3. Entwurf einer Alltagsethik des Ehelebens, die Umgangsformen, den Haushalt sowie die Sexualität betrifft;
4. Grenzen und Aufhebung der Ehe;
5. Anweisungen zur Kindererziehung.

Bachorski stellt erstens fest, daß immerhin ein Fünftel des Textes den Fragen ehelicher Sexualität gewidmet sind.

Dabei geht es um die Unterscheidung berechtigter sexueller Handlungen (aus Gerechtigkeit dem Gatten gegenüber, um Kinder zu zeugen, um den anderen und sich selbst vor Unzucht zu bewahren) von sündhaften. Neun Fälle des todsündhaften Geschlechtsverkehrs benennt Marcus (aus Wollust; im Denken an einen anderen Partner; auf widernatürliche Weise, als oral und anal; mit lustvoller Stimulierung; ohne Zeugungsabsicht oder -möglichkeit; während der Menstruation; während der Schwangerschaft; unter Bruch eines Keuschheitsgelübdes; mit einem Ehebrecher; immer aber schließt er feinsinnige Darlegungen an, wann statt der Todsünde vielleicht nur eine läßliche oder vielleicht gar keine begangen worden ist, und ebenso geht er mit den Fällen um, in denen es sich beim Beischlaf um eine läßliche Sünde handeln könnte (Bachorski 1991, 517).

Bachorski stellt zweitens fest, daß die Thematisierung des Sexuellen dazu tendiert, die Bereiche der Umgangsformen, des Haushalts sowie der Kindererziehung zu dominieren, »weil die Ehe überhaupt als Institution zur Vermeidung bzw. Reglementierung der *Wollust* definiert wird« (Bachorski 1991, 518). In beiden Momenten (ausführliche und differenzierte Regulierung des Sexuellen; Dominanz über andere Bereiche ehelicher Praxis) stimmt auch dieser *spigell* mit der hergebrachten christlichen Literatur überein. Gleichwohl nimmt er mindestens drei entscheidende Umgewichtungen vor:

1. *Primat der Ehe*. Im Unterschied zu der katholischen Tradition, aber auch im Unterschied zur lutherischen Lehre beruft sich Mar-

12 Im folgenden referiere und pointiere ich einige Ausführungen H.-J. Bachorskis aus seinem Aufsatz *Diskursfeld Ehe. Schreibweisen und thematische Setzungen* (1991).

cus an keiner Stelle auf die klassische Hierarchisierung der christlichen Lebensformen (Jungfräulichkeit, Witwenschaft, Ehe). Bei Marcus figuriert die Ehe an der ersten Stelle.

2. *Kasuistik der Ausnahmen.* Zu allen Verboten, die Marcus zum Bereich ehelicher Sexualität im ersten Satz ausspricht, fügt er bereits im zweiten Satz Ausnahmeregelungen hinzu (z. B. gesundheitliche Gründe, eheliche Harmonie). – Indessen mahnt er: *Vasten* und *bethen* seien natürliche bessere Wege der Vermeidung von Seitensprüngen als *diesse lustige weise*.

3. *Gebot des Schweigens.* In dem zu diesem Zeitpunkt ausdifferenzierten und allen Gläubigen präsenten Diskurs des Sexuellen arbeitet Marcus Zonen des Schweigens und der Scham ein. »Bestimmte Sexualpraktiken will er gar nicht erst nennen, und die Scham, von der er spricht, wird durch derartige Signale des Verschweigens zugleich als Haltung eingeübt. Ihre ganze Widersprüchlichkeit offenbart sich in der Konzession, zumindest die läßlichen Sünden nicht beichten zu müssen, sondern sie in Reue und Weihwasser abwaschen zu dürfen« (Bachorski 1991, 524).

An allen drei Umgewichtungen wird deutlich, daß die christliche Konzeption ehelichen Begehrens im 15. Jahrhundert ein etabliertes Faktum ist, das minutiöse Regulierungen in Praktiken des Bekennens und Büßens immer unnötiger macht. Diese Etablierung zeigt sich auch daran, daß christliche Konzepte von Ehe (*stabilitas*, Ehekonsens, *maritalis affectio*) und Eheschließung allmählich den gesamten gesellschaftlichen Raum erobern.

Die christliche Ehe erobert den öffentlichen Raum

Die kanonische Problematisierung des Ortes legitimer Sexualität trägt zur Ausgestaltung eines kirchlichen Modells der Ehe bei. Es überrascht zunächst die Entdeckung, daß sich die Kirche der Ehe erst spät annimmt: Beinahe während des gesamten Mittelalters läßt sich auch hier die Vorstellung finden, daß die Eheschließung eine weltliche Angelegenheit sei – der subtilen und eingehenden Erörterung des einflußreichen Augustinus etwa ungeachtet. Folgt man Ariès, so hat sich erst zwischen dem 9. und dem 12. Jahrhundert das Modell der abendländischen christlichen Ehe entwickelt, wie wir sie mit leichten Modifikationen noch heute in säkularisierten, rechtlich fixierten Formen kennen – zum Ende dieses

Entwicklungsabschnitts hat sich die Ehe als ein wirksames Regelsystem des Begehrens herauskristallisiert: Gegen das Konzept des Adels, das in einem privaten Akt die sexuelle Verbindung in den Dienst von jederzeit aufkündbaren Familienallianzen stellt, setzt die Kirche einen öffentlichen und sakramentalen Akt, in dem auch die Einwilligung der künftigen Gatten eine Rolle spielt. Hinkmar, Erzbischof von Reims, verdeutlicht im 9. Jahrhundert die neue Vorstellung der christlichen Ehe:

Das Band der rechtmäßigen Ehe besteht (*est vera*), wenn diese zwischen freien und gleichen (und folglich in ihrer Entscheidung freien) Menschen geschlossen wird und wenn sie in öffentlicher Hochzeit (*publicis nuptiis*) durch eine ehrbare Mischung der Geschlechter (*honestata sexuum commixtione*) einen Mann mit einer freien und einer gehörigen Mitgift versehenen Frau verbindet (Hinkmar nach Ariès 1986, 182).

Ariès empfiehlt hier das Beiwort *honestata* zur Beachtung, denn dieses bezeichne den nun entscheidenden Unterschied zwischen der *sexuum commixtio* in der Ehe und deren als *luxuriosa* benanntem Gegenstück außerhalb der Ehe. Diese neue Vorstellung versteht sich allerdings eher als Ratschlag; noch akzeptiert die Kirche die Eheschließung als weltlichen Rechtsakt, dessen kirchliche Einsegnung lediglich als wünschenswerter und ehrender Brauch befürwortet wird. Erst im Laufe des 11. und 12. Jahrhunderts besteht sie unter Einsatz von Sanktionen auf der Einhaltung bestimmter Bedingungen: Das erste Vehikel des Eingriffs ist der Inzest. Eine Verbindung gilt bis zum siebten Grade der Verwandtschaft (nach der germanisch-kanonischen Zählweise) bzw. dem drei- oder vierzehnten Grade (nach der römischen Methode)[13] als inzestuös – ist sie bereits eingegangen und vollzogen worden, muß sie, ungeachtet ihrer Dauer und eventueller Kinder, gelöst werden. Da die Kirche noch keinen Einfluß auf die Eheschließung selbst hat, kann sie hier allerdings nur *post factum* eingreifen. Auf dem vierten Laterankonzil im Jahre 1215 mildert sie das Inzestverbot; im Gegenzug setzt sie sich für einen anderen und sich als sehr viel wirkungsvoller erweisenden Interventionsmodus ein: Nun schenkt sie der *stabilitas* der Ehe die größere Aufmerksamkeit.

Das Prinzip der unauflöslichen Ehe, für die auch Öffentlichkeit der Eheschließung und teilweise auch des Ehelebens charakteri-

---

13 Vgl. dazu ausführlicher: J. Goody 1989, Die Entwicklung von Ehe und Familie in Europa, S. 149 – 162.

stisch ist, setzt sich allerdings bei den einzelnen gesellschaftlichen Gruppen mit unterschiedlicher Geschwindigkeit durch: Ariès führt dies auf unterschiedliche Heiratsstrategien zurück. Dem Ansinnen, das politische Instrument der günstigen Heirat aus der Hand zu geben, setzen Adel und Teile des Bürgertums zunächst Widerstand entgegen. Sie wollen nicht auf die Möglichkeit verzichten, den Realitätsgehalt einer Ehe, d. h. deren Rechtsgültigkeit selbst zu bemessen – als Maßstab dient ihnen der mit dieser Ehe verbundene Einsatz. Ist der Einsatz (Mitgift, Allianzen) unbedeutend, so kann es keine besondere Zeremonie, keine Öffentlichkeit und damit auch keine wirkliche Ehe geben. Das manipulierbare Ausmaß an Öffentlichkeit und deren Spur im kollektiven Gedächtnis bestimmt die rechtliche Qualität der Verbindung – eine schwache Spur verweist auf eine Liaison; eine kräftige auf eine rechtsgültige Ehe, wobei auch hier Verstoßungen jederzeit möglich sind. Wenn die vollständige Durchsetzung der *stabilitas* als Norm der Ehe auch noch einige Jahrhunderte in Anspruch nimmt, so wird es jedoch immer seltener, daß weltliche Herrscher diese Norm in Frage stellen: Heinrich VIII. gehört bereits zu den prominenten Ausnahmen.[14]

Bei der ländlichen Bevölkerung hingegen nimmt Ariès angesichts des Mangels an Quellen, die auf solche Auseinandersetzungen deuten, derartige Bedenken gegen die stabile, selbstgewählte Ehebindung nicht wahr. Seine Hypothese lautet,

---

14 Die Verkirchlichung der Heirat interpretiert Noonan auch als eine neue Freiheit zumindest für adlige und bürgerliche Individuen, nämlich die Freiheit und »the power to choose« (Noonan 1973, 419 ff.). Die konsensuelle Entscheidung zur Heirat, und zwar außerhalb des durch familiäre Blutsbande und Interessen bestimmten Personenkreises, vergrößert, so schon Gratian, das Band der Liebe auch zu Nicht-Familienmitgliedern und realisiert so ein weiteres Stück des augustinischen Gottesstaates. »Marriage became a seedbed for the heavenly city by being freed from the domination of the city and subjected to regulation by the Church« (Noonan 1973, 429). Gratian geht sogar noch weiter: »... the family, the tribe, the clan were subordinated to the individual. If one wanted to marry enough one could choose one's own mate and the Church would vindicate one's choice« (Noonan 1973, 430). Dieser Eingriff in die soziale Ordnung der Allianzen macht die kirchliche Regulierung der Heiraten zu einem wichtigen Moment der Individualisierung der Menschen im Mittelalter.

daß die unauflösliche Ehe eine spontane Schöpfung der ländlichen Gemeinden war, für die sich diese Gemeinschaften ohne äußeren Druck entschieden, die jedoch mit dem kirchlichen Modell übereinstimmte und durch diese – möglicherweise zufällige – Übereinstimmung gestärkt wurde (Ariès 1986, 188).

Ariès plausibilisiert diese Hypothese mit der Überlegung, daß hier sozio-ökonomische Bedingungen des Lebens eine Tendenz zu stabilen Beziehungen begünstigen und durch einen solchen kollektiven Willen artikulierende Bräuche tradiert werden. Im Unterschied zu den Heiratsstrategien des Adels und der städtischen Bevölkerung, die von kurz- und mittelfristigen politischen und ökonomischen Interessen getragen sind, dürfen auf dem Land Allianzen und Investitionen nicht zu früh eingegangen und nicht zu oft revidiert werden: »Die *stabilitas* der Ehe erscheint als Voraussetzung für die *stabilitas* der Gemeinschaft« (Ariès 1986, 187).

Die gesellschaftsstrukturellen Voraussetzungen für die Formierung und Ausbreitung des *stabilitas*-Modells ehelicher Beziehungen und für den damit einhergehenden Anspruch der Kirche auf alleinige Autorität in diesen Belangen, stellen sich – die Diskursdynamik grob vereinfachend – geradezu arbeitsteilig dar: Während die widerständigen Schichten (Adel, städtisches Bürgertum) den kirchlichen Diskurs dazu anstacheln, sich deutlicher zu formulieren, ja überhaupt zu konstituieren, stößt er bei der ländlichen Bevölkerung auf strukturverwandte Heiratsbräuche und -strategien, die eine raschere Ausbreitung des Diskurses begünstigen. Ariès notiert:

Jedenfalls ist es bemerkenswert, daß die Kirche so viel Zeit brauchte, nicht nur, um ihr Modell einem rebellischen Adel aufzuprägen, sondern um ihre Lehre überhaupt erst zu entwickeln, sie deutlich zu formulieren und um zu einer klaren und einfachen Definition dessen zu gelangen, was sie unter Ehe verstand (Ariès 1986, 181).

Mit dieser Einschätzung verkennt Ariès allerdings die Dynamik, die allen Diskursen eignet: Ihre Formulierung und ihre Durchsetzung sind keine voneinander unabhängigen Prozesse, vielmehr können wirkmächtige Diskurse »nur kraft einer Vielzahl von Widerstandspunkten existieren, die in den Machtbeziehungen die Rolle von Gegnern, Stützpunkten, Einfallstoren spielen« (Foucault 1977, 117). So kristallisieren sich in Reaktion auf die ablehnende Haltung des Adels und des städtischen Bürgertums verschiedene Momente des Diskurses heraus, die insgesamt die alleinige Autorität der Kirche auf dem Feld der Ehe sichern sollen: Neben das Moment der *stabilitas* ist hier etwa der Konsens der künftigen Gatten, die Öffentlichkeit und die Sakramentalität der Ehe zu nennen. *Gegen* den Monopolanspruch des Adels, der auf der Auflösbarkeit der Ehe, der familialen Autorität und dem Heiratszwang, der Privatheit und schließlich auf dem rein weltlichen Charakter einer Ehe besteht, etabliert die Kirche in allen Punkten neue Gültigkeitsbedingungen für legitime Partnerbeziehungen, die rechtsförmig (kanonisch) und damit einklagbar organisiert sind.

So betrachtet die Kirche seit Beginn des 12. Jahrhunderts die Ehe zumindest inoffiziell als ein Sakrament, das sich die Eheleute durch Partnerkonsens spenden und dem der vollzogene Geschlechtsverkehr die Rechtsgültigkeit garantiert. Die abschließende kanonische Regelung, die für die römische Kirche im Tridentinum bekräftigt wird, hält

die Ehe <...für> ein wirkliches, rechtsgültiges Sakrament; sie kommt zustande durch den Ehekonsens, ist aber, solange sie noch nicht vollzogen ist, durch die kirchliche Jurisdiktion auflösbar, *nach geschehenem Vollzug in der geschlechtlichen Vereinigung jedoch unauflösbar* (Brink 1982, 335; Hervorhebung von mir, S.M.).

Zwar gilt der Ungehorsam gegenüber den Eltern noch immer als schwere Sünde (viertes Gebot), und heimliche Eheschließungen finden keine Billigung; dennoch mißt die Kirche auch solchen Verbindungen Rechtsgültigkeit zu (vgl. Goody 1989, 167):[15]

15 Grundsätzlich ist Goodys Hinweis ernstzunehmen, daß die kirchlichen Vorschriften vermutlich auf allen gesellschaftlichen Ebenen Anlaß zu Spannungen gaben; Hinweise darauf sind allerdings spärlich und stammen zudem aus unterschiedlichen Orten, Zeiten und Quellen. Selbst wenn man konzedieren muß, daß jede dieser Ungehorsamkeiten gegenüber kirchlichen Anweisungen »keine Abweichungen waren, sondern eine anerkannte Alternative zu denjenigen Formen sozialen Handelns, die die Kirche zu erzwingen suchte« (Goody 1989, 202), so reihen sich die kirchlichen Gebote immerhin in das Tableau unterschiedlicher Verhaltenserwartungen ein und erzwingen – bei Zuwiderhandlung gegen sie – doch einen gewissen Widerstand, ohne den die nicht-kirchliche Alternative nicht ergriffen und durchgesetzt werden kann.

Weitaus folgenreicher für die Ökonomie der Ehe in der Gesellschaft des Mittelalters ist aber ihre Verlagerung aus dem privaten in den öffentlichen Raum: Ebenfalls mit Beginn des 12. Jahrhunderts entstehen die kirchlichen Heiratsrituale. Der Akt der Eheschließung zieht zunächst aus dem Haus vor das Kirchenportal. Dort beschränkt sich die Rolle des Geistlichen nicht länger auf eine Segnung des Brautbetts und der Brautleute; vielmehr obliegt ihm nun die *donatio puellae* (Übergabe der Braut) und die Verbindung des Brautpaars, *dextrarium iunctio*, ehedem Aufgabe des Brautvaters.[16] Den zweiten Teil der Zeremonie bildet die Prüfung des Ehekonsenses: Die Vergewisserung, ob diese Heirat freiwillig geschlossen werde sowie die Frage nach eventuellen Ehehindernissen finden zwar als letzte Eingang in das kirchliche Ritual, schieben sich jedoch zugunsten der *donatio puellae*, die gänzlich verschwindet, in den Vordergrund. Die Verlagerung des gesamten Rituals in den Innenraum der Kirche bildet die letzte Etappe in diesem die Transformation des kirchlichen Ehediskurses artikulierenden zeremoniellen Wandel: Seit dem 17. Jahrhundert hat es dort seinen (heutzutage bereits nicht mehr) festen Ort. Ariès fügt dieser knappen Skizze des Heiratsrituals allerdings die Bemerkung hinzu, daß hier durchaus nicht eine vollständige Klerikalisierung der Heirat stattgefunden habe; tatsächlich habe sie »den vertrauten häuslich Ritualen lediglich eine weitere Zeremonie« hinzugefügt (Ariès 1986, 194).

Damit schiebt Ariès allerdings eine wichtige Funktion dieser öffentlichen, zeremoniellen Eheschließung beiseite: Die weite Verbreitung des Konkubinats zwingt die Kirche dazu, sich sehr klar um eine Definition dessen zu bemühen, was eine ›legitime Verbindung‹ zwischen zwei Partnern eigentlich ausmacht. Trotz einiger Varianten schält sich mit Gratian (ab 1140) der freiwillige und öffentlich bekundete Entschluß als ein entscheidendes Kriterium heraus. Umstritten bleibt hingegen die Rolle des Geschlechtsverkehrs: Ist er ein bedingendes oder lediglich ratifizierendes Ele-

16 Ariès weist an dieser Stelle darauf hin, daß diese zentrale Geste zwischen dem 14. und 16. Jahrhundert einen signifikanten Bedeutungswandel erfährt: Aus der *traditio puellae* wird die *wechselseitige Bindung* der Brautleute. Auf andere Erscheinungen zunehmender Individualisierung, die sich in der vorreformatorischen Epoche herausbilden, werden insbesondere das nächste Kapitel und die *écriture de soi* II eingehen.

ment der Ehe? Gegen Sexualvermögen und Geschlechtsverkehr als bedingendes Element der Ehe spricht auch das Problem, die Verbindung von Maria und Josef als idealen, da keuschen Modellfall der Ehe figurieren zu lassen. Huguccio besteht sogar darauf, daß die Verbindung zweier Körper weder Ehe sei noch sie dazu mache. Damian und Gratian verständigen sich demgegenüber darauf, daß »marriage came into existence through the exchange of consent between the parties; it was then ratified by intercourse« (Brundage 1982b, 124). Hier scheint sich das monastische Problem des Kampfes zwischen Willen und Wollust, und dessen Lösung: die Unterordnung der Wollust unter den Willen, auf der Ebene des Paares zu wiederholen. Die Modifikation äußert sich nun in der Unterscheidung zwischen dem Recht auf Sexualität in der Ehe und der Entscheidung, von diesem Recht Gebrauch zu machen (s. auch Brundage 1982c, 140).

Doch die enorme Rolle, die dem Konsens zwischen den Ehepartnern zukommt, gibt den Kanonisten das weitere Problem auf, wie eine legitme Ehe von einer sog. ›heimlichen Ehe‹ zu unterscheiden ist. Analysen der Akten zweier englischer Gerichtshöfe aus dem 14. Jahrhundert zeigen, daß fast 90% aller die Ehe betreffenden Streitfälle diesem Typus zuzurechnen sind. Die kanonistische Doktrin lautet nun, daß ein Eheversprechen jeden Geschlechtsverkehr zwischen nicht-verheirateten Partnern unter diesen zukünftigen Konsens stellt: Bereits zur Mitte des 13. Jahrhunderts führt diese Regelung dazu, daß man juristisch bei öffentlich eingestandener Sexualverbindung davon ausgeht, daß die Partner eine Ehe führen – eine *presumtio iuris et de iure* (vgl. Brundage 1982b, 125).

Daß die Pflicht zum ehelichen Konsens sich an zwei gleich*berechtigte*, nicht aber zwei gleich*artige* Geschlechtscharaktere richte – davon sind die Dekretalisten überzeugt. Medizinische und biologische, moralische sowie ökonomische, d.h. auf den Heiratsmarkt bezogene Faktoren fließen in diese Überzeugung ein.[17]

17 Ich referiere im folgenden die Bemerkungen J.A.Brundages 1980, 375 – 379, zu diesem Thema. Es versteht sich geradezu von selbst, daß auch die Angaben über weibliche Sexualität und Geschlechtscharakter durchweg von männlichen Medizinern kommen. Wenn sich im Laufe des 12. und 13. Jahrhunderts die Medizin zur Profession entwickelt, wird Frauen von vornherein der Zugang zur universitären Ausbil-

Anders als der Mann, so die Argumentation, sei die Frau auf häufigen Geschlechtsverkehr bereits biologisch angewiesen, da andernfalls der Uterus austrockne und verschiedene Komplikationen nach sich zu ziehen vermöge. Ihre frühe geschlechtliche Reife, dauernde sexuelle Bereitschaft gepaart mit einem weichherzigen Charakter trügen zur leicht stimulierbaren Sinnlichkeit bei: Daher böte auch die Jungfräulichkeit keine Gewähr für ein keusch geführtes Leben – die Abwesenheit von vorehelichem Koitus genügt nicht länger; Begierde, Lust, Sinnlichkeit erheischen nun Aufmerksamkeit. Daher schätzt man es hoch, wenn Frauen sich bescheiden zeigen und angesichts des Ausmaßes, in dem sie mit Sinnlichkeit durchsetzt sind, rechnet man ihnen diese Bescheidenheit und Keuschheit auch höher an: Analog der kanonistischen Argumentation bei der Hierarchisierung sexueller Sünden heißt es auch hier ›je größer die Verführung, desto moralisch einwandfreier das Widerstehen‹.

Über den männlichen Geschlechtscharakter äußern sich die Kanonisten weniger ausführlich: Daß die sexuellen Impulse stark und die durch sie verursachten Delikte ab dem 14. Lebensjahr rechtlich zu verfolgen seien (vgl. Brundage 1980, 379), gehört zu den eher seltenen Auslassungen.

Mit ihren Überzeugungen stimmen die Kanonisten mit dem medizinischen Diskurs im wesentlichen überein, wenngleich dies gelegentlich auch nur um den Preis mangelnder Präzision in den

> dung und Karriere sowie zur Medizin als Beruf versagt. Obwohl Frauen über ›bedside knowledge‹ gynäkologische Sachverhalte verfügen, ist die medizinische Literatur auch hier weitgehend von Ärzten verfaßt. John F. Benton stellt sogar fest, daß die im Mittelalter verbreitetsten Schriften zur Frauenheilkunde, die Trotula, einer Frau, zugeschrieben werden, wohl doch Kompilationen männlicher Autoren sind. Daß sie dennoch einer Frau zugeschrieben wurden, hält Benton für ein Anzeichen akuten Unwissens und Legitimationsbedarfs männlicher Ärzte. »Since male physicians did not make intimate examinations of female patients and were normally not present at childbirth, their need and desire for information must have been acute ...the treatises attributed to ›Trotila‹ ... appeared to be written ›from the woman's point of view‹« (Benton 1985, 51) – es ist also nicht verwunderlich, daß Kanoniker und Theologen auch durch diese einflußreichen Werke in ihrem Bild der weiblichen Sexualität und in den Schlußfolgerungen auf den weiblichen ›Geschlechtscharakter‹ bestätigt wurden.

medizinisch-therapeutischen Angaben geschieht. Im Falle der Selbstbefriedigung bei Männern etwa stellen die Ärzte des Mittelalters immer wieder fest, daß der nicht-ausgestoßene Samen das Herz affiziere, auf diese Weise nicht nur zu Angst und Depression führe, sondern in der Folge auch weitere Funktionen des Körpers beeinträchtige. Gleichwohl bemerken Danielle Jacquart und Claude Thomasset »... that while doctors insisted on the dangers of an excessive retention of semen, they did not explicitly recommend that men have recourse to masturbation« (Jacquart, Thomasset 1988, 149). Anders als noch im medizinischen Diskurs der Antike, der auf die Balancierung aller vitalen Kräfte gerichtet ist und einen, wenngleich maßvollen, Gebrauch dieser Technik empfehlen kann, ist dies nun für christliche Ärzte oder aber solche, die sich der Unterstützung christlicher Autoritäten versichern wollen, außerhalb des Sagbaren.

Zwar ist den Ärzten daran gelegen, durch den Hinweis auf physiologische *constraints* deutlicher zu machen, was man vom Körper verlangen könne und was nicht, und so die harte Linie der Sünde gegen die Enthaltsamkeit aufzuweichen. Doch damit machen sie zugleich sehr unmißverständlich klar, was – jenseits dieser physiologischen *constraints* liegend – nun völlig in der Verantwortung des sündigenden Subjekts zu suchen sei. Das zeigt sich für D. Jacquart und C. Thomasset auch daran, daß die Doktoren des Mittelalters alle sexuellen Praktiken, die von religiösen und moralischen Normen abweichen, weitgehend aussparen. Insbesondere bei Ausführungen zur Homosexualität und Bestialität legen sie sich weitaus größere Zurückhaltung auf als noch die Verfasser der frühen Bußbücher.[18] »In this caution we can see first

---

18 Ganz anders verhält es sich hier bei astrologischen Werken arabischen Ursprungs, die in zahlreichen lateinischen Übersetzungen zwischen dem 12. und dem 15. Jahrhundert im Westen Verbreitung fanden (vgl. dazu Lemay 1982, 187 ff.): Sie betten die Sexualfunktion in Fragen der Ehe, Gesundheit und des Lebenslaufs ein und widmen sich ohne sichtliche Auslassungen auch solchen Praktiken, die die Kirche verdammt. Homosexualität und Vergewaltigung werden ebenso nüchtern behandelt wie Methoden, eine Frau zu erregen, oder die Zeichen, ihre Defloration zu erkennen – ethische Problematisierungen kommen in diesen Texten nicht vor. Medizinische und astrologische Autoren (beide Wissenschaften sind zu diesem Zeitpunkt formal in der medizinischen Fakultät integriert) diskutieren, so Lemay, Sexualität als ein

and foremost the expression of a certain self-censorship, but we may also suppose that, since scholars gave no explanation for such behaviour, it was because they laid the entire responsibility at the door of the subject« (Jacquart, Thomasset 1988, 155).

Auf diese Weise wird das Subjekt gleichsam von zwei Seiten umstellt. Innerhalb der christlichen Ordnung rücken die Rechte und Pflichten der Ehegatten ins Zentrum der Aufmerksamkeit; außerhalb der christlichen Ordnung (und jenseits einer medizinischtherapeutisch bestimmten Ökonomie des Sexuellen) ist es im Reich des Sündhaften immer weniger die drastisch formulierte *Sünde*, die im Zentrum der Aufmerksamkeit steht. Zuwiderhandlungen gegen das Gebot der Keuschheit werden statt dessen zunehmend entlang der Figur des *Sünders* selbst problematisiert.

Maritalis affectio

Die kanonisch dekretierten Rechten und Pflichten der Ehegatten bearbeiten (und aktualisieren) ein Paradox »... to love one's spouse was virtuous, noble, and praiseworthy; to make love to one's spouse was impure, shameful, and, in the eyes of many, sinful as well« (Brundage 1986, 1): Jeder Ehegatte muß sich nun fragen, ob er gibt und (physisch) geben kann, was der andere nicht verlangen darf; im negativen Falle fragt ihn der Ehegatte bei Gericht. Das Modell des ehelichen Konsenses artikuliert sich aber

integrales Element menschlichen Verhaltens: Während die Mediziner durchaus Gefahren in der sexuellen Aktivität sehen (und sich damit dem christlichen Diskurs anschlußfähiger halten), erachten die Astrologen Sexualität als eine neutrale, da von den Sternen kontrollierte, Lebensäußerung. Mit dieser Auffasung verletzen sie zutiefst die christliche Anschauung, derzufolge es die Aufgabe des Gläubigen sei, durch Gehorsam und Gnade die Begierde zu besiegen (vgl. dazu auch im Diskurs der Jungfrauen die Rede der Thekla; S. 145 f.). Die Tatsache der enormen Verbreitung dieser Literatur im christlichen Abendland – das *Centiloquium* wurde während des 12. Jahrhunderts allein sechsmal übersetzt, und bereits mehr als 150 Abschriften wurden bisher identifiziert – zeigt, daß es sich mit diesen Handbüchern gerade in sexuellen Fragen, die einen erheblichen Raum einnehmen, um eine ernsthafte Konkurrenz zum kanonistischen Diskurs handelt: Zumindest wird hier ein gelehrter Diskurs über Sexuelles auch dort geführt, wo bereits die Kanonisten schweigen.

nicht nur auf der Ebene der sexuellen Körper, sondern auch auf der Ebene der »maritalis affectio«[19]: Auch hier ist die Qualität des ehelichen Konsenses angesprochen, jedoch als »... consent not to intercourse or procreation but to the other as a spouse« (Noonan 1967, 481). Aus Gründen der möglichen Beweisbarkeit vor dem kirchlichen Gerichtshof beschränkten sich die weisen Autoren, so Noonan, auf die Auslegung, daß die Absicht genüge, den anderen zum Gatten zu nehmen. Gleichwohl »by the very use of the term ›affection‹ a loving state of the mind was required« (Noonan 1967, 509). Auch wenn Ausführungen über Liebe noch bei den Dekretisten nicht häufig sind, so hält doch auch Weigand bereits die Darstellung des Legisten Vacarius um 1160 für wegweisend, der die »Einheit zwischen Liebe und Konsens dadurch heraus<stellt>, daß er den Konsens durch das Wort ›affectio‹ interpretiert, welcher die Ehe bewirkt, und schließlich von der Zustimmung des Herzens und des Mundes spricht, wodurch sich die beiden Partner zur Ehe verbinden« (Weigand 1981, 42). So erzwingt der christliche Diskurs in dem Moment, in dem er das Sexuelle juridisch problematisiert, die Zuschreibung auf körperlich und emotional liebende Subjekte, markiert Indizien, schafft einklagbare Zustände: einklagbar beim Ehegatten, aber auch öffentlich vor der kirchlichen Gerichtsbarkeit.

Der juridische Diskurs erobert und operationalisiert so das Sexuelle als ein Gebiet von Rechten und Pflichten des Körpers wie des Gefühls. Indem er sich jedoch auf die Gatten beschränkt, erweist er sich zur Lebensführung für alle Christen als nicht ausreichend: Ist es mithin zunächst das christliche Paar, dessen Sünden das kanonische Recht nachspürt, so gelangt erst mit der Etablierung der geheimen Pflichtbeichte jedes einzelne gläubige Subjekt in den Bann kirchlicher Seelenführung.[20] Darüber hinaus wird die äu-

---

19 Dieser Begriff referiert noch im Römischen Recht allein auf diese Ebene der sexuellen Gleichstellung der Ehepartner (vgl. z. B. Brundage 1990, 71).
20 Brundage kann aufgrund eines statistischen Vergleichs zwischen den Anweisungen des *corpus iuris canonici* und dem *corpus iuris civilis* zeigen, daß das kanonische Recht zunächst noch sexuellen Vergehen größeren Raum gab als das weltliche Recht. Doch nicht nur nimmt die Behandlung sexueller Themen bis zum Ende der kanonischen Rechtsentwicklung im ausgehenden 14. Jahrhundert leicht ab; darüber hinaus widmet es sich nun mehr und mehr auch nicht-religiösen Fragen und

ßere Verwaltung der pflichtvergessenen Gatten nun durch die innere Regulierung des sündigenden Selbst ergänzt; mehr und mehr sogar ersetzt. Das christliche Paar wird, so macht es die nun folgende Analyse eines Beichtbuchs deutlich, zur impliziten Norm des christlichen Sexualitätsdiskurses – Gegenstand der Erörterungen werden nun alle mit allem, was dieser Norm nicht entspricht. Die Analyse der Keuschheit nimmt fortan jedes Beichtkind in die Regie eines konfessorischen Diskurses, der neben Worten und Taten, aber auch neben Gefühlen das Reich der Motive, Intentionen und Phantasien in eine subtile Hermeneutik des Begehrens einverwebt.

leitet so den Priester an, die gläubigen Laien in einer sich differenzierenden Welt anzuleiten (vgl. Brundage 1982, 89 – 101). Neben diesen Karten für die juridische Orientierung des Christen in der Welt kommen nun besondere Karten für die Seelenlandschaft (A. Hahn) auf: Sog. *summae confessorum* helfen, den Sünder und sein Begehren zu entdecken und treiben die Subjektivierung des Sexuellen voran.

Kapitel 9

Die Geständnisse im Beichtstuhl

Das IV. Laterankonzil im Jahre 1215 macht allen Getauften, Männern und Frauen, nach Erlangung des Vernunftgebrauchs die Beichte als zumindest einmalige österliche Übung zur Pflicht; der Beichtordo von Arezzo gibt bereits zu Anfang des 11. Jahrhunderts im Ritual die Regel an, daß der Priester unmittelbar nach Entgegennahme der Beichte und Erteilung der Bußauflage die Sündenvergebung gewährt (vgl. Frank 1980, 415): Dies sind die beiden zentralen Anzeichen für eine allmähliche Verschiebung der Sündenanalyse und -bewertung. Statt der drakonischen Buße ist es nun vor allem die Beichte, auf die sich das reinigende Interesse obligatorisch richtet; statt äußerer Handlungen stehen nun zunehmend die Motive und Intentionen für diese Handlungen zur Debatte. Das vom Priester angeleitete Geständnis fördert ein schier unendliches Feld möglicher Verfehlungen zutage: Neben den Bereich der Wort- und Werksünden tritt das Gebiet der Gedanken. Vor die drakonische Bestrafung des sündigen Fleisches schiebt sich die akribische Hermeneutik sündigen Begehrens. Die Kombination einer an den Subtilitäten monastischer Techniken geschulten Selbstanalyse mit einem Zwang zum Geständnis erreicht zum einen, daß sich nun alle gläubigen Laien der Kunst der Sündenhermeneutik zum Zwecke der Erlangung des Ewigen Seelenheils befleißigen müssen. Zum anderen aber forciert diese Praxis die weitere Individualisierung des Sünders, der nun Schuld und Verantwortung, auch hinsichtlich sexueller Verfehlungen, immer differenzierter zu beurteilen weiß.

Theoretisch-autoritative Stützung erlangt die Praxis der Beichte vor allem durch die frühscholastische Konzeption des Petrus Abälard. Er macht die Auffassung prominent, derzufolge die subjektiven Faktoren der Buße: Beichte, Genugtuung und *contritio*[1]

---

[1] Eine Fülle von Bußgeschichten und Legenden verbreiten diese Vorschrift unter den Gläubigen. In der Sammlung Ludwig Hertlings findet sich u.a. die folgende Geschichte in einer Hagiographie aus dem England des 12. Jahrhunderts: »Eine junge Frau hat ein unerlaubtes Verhält-

(reuige Zerknirschung über die sündhafte Absicht) diejenigen seien, die Schuld und Strafe aufhöben. Die Zusammenlegung von Beichte und Rekonziliation (Aussöhnung mit der Kirche) begünstigt die Auffassung, daß die Beichte selbst sündentilgendes Werk sei. Die Sünde trennt nunmehr allein von Gott, nicht von der Kirche. Das macht die öffentliche Rekonziliation durch den Priester unnötig, nicht aber die erschöpfende Beichte vor ihm. Der Vertreter Gottes läßt die Sünden zwar nicht nach (magisches Konzept), zeigt aber an, daß sie durch Gott vergeben sind (spirituelles Konzept). Das pseudo-augustinische Traktat *De vera et falsa poenitentia* bestätigt dies: »Qui erubescit pro Christo, fit dignus misericordia«[2] (Frank 1980, 416).

Das mit Schambekundung verbundene Bekenntnis ist der entscheidende Schritt zur Verinnerlichung des Bußwesens: Seine institutionelle Durchsetzung erstreckt sich allerdings über mehrere Jahrhunderte. Nach Frank dürfte die Vorschrift einer periodischen Pflichtbeichte seit dem 8. Jahrhundert durch Einzelanweisungen von Bischöfen und Synoden allmähliche Verbreitung gefunden haben. Gleichwohl scheint die Akzeptanz der Gläubigen der theoretischen Absicherung der Pflichtbeichte nicht entsprochen zu haben. »Wenn das Lateranum IV in Const. 21 die einmalige Beichte im Jahr vorschrieb (sich also den Lokalvorschriften gegenüber mit dreimaliger Beichte mit dem Minimum begnügte, so dürfte sich darin die praktische Schwierigkeit, die häufige Beichte zu erzwingen, spiegeln« (Frank 1982, 418).

Dennoch gelingt die allmähliche Umsetzung der neuen Lehre von Schuld und Verantwortung in eine gesellschaftliche Institution,

---

nis. Wenn sie in die Kirche gehen will, findet sie wunderbarer Weise keinen Eingang. Sie erschrickt, denkt aber an die Barmherzigkeit Gottes und beschließt, die Wunde der Sünde durch das Bekenntnis zu heilen. Sie sucht einen Priester auf und eröffnet ihm ihre Sünde. Dieser tröstet sie und zeigt ihr, daß ›in wahrer Zerknirschung des Herzens jede Sünde nachgelassen werde‹. Der Hagiograph knüpft daran die Bemerkung: Die Sünder sollen aus diesem Beispiel lernen, daß sie ihr Gewissen von den toten Werken reinigen müssen, und sollen nicht glauben, daß man mit Almosen Sünden tilgen kann, die man nicht aufgibt. Sie sollen lernen durch die Beicht Verzeihung zu erlangen, denn durch das Heilmittel der Beicht wird der Schmerz jeder Seelenwunde geheilt« (Hertling 1931, 121).

2 Wer um Christi will errötet, ist des Erbarmens würdig.

die als Disziplinierungs- und Sinnstiftungsmoment Einfluß zu nehmen beginnt. Das ist Alois Hahn zufolge verschiedenen Faktoren geschuldet (vgl. Hahn 1982, 410f.):
1. Die Etablierung der Beichte als eines Moments institutioneller Wirklichkeit gelingt der »Kirche als Anstalt mit dem Monopol der Gewährung von Zugangschancen zum Heil« (Hahn 1982, 410) durch verschiedene Mechanismen äußeren Drucks. So wird etwa derjenige, der nicht zur Osterbeichte erscheint, als ein *suspectu de haeresi* behandelt; das führt gelegentlich bis zur Einschaltung der Inquisition; Beichten, die nicht beim zuständigen Ortspfarrer abgehalten werden, bedürfen der Genehmigung, müssen mitunter sogar der weltlichen Obrigkeit vorgelegt werden.
2. Außerdem findet die Überzeugung von der göttlichen Stiftung und der Heilsnotwendigkeit des Bußsakraments zunehmende Verbreitung. Daß man alle Sünden, zumindest aber alle Todsünden vollständig zu beichten habe, will man ihnen nicht durch Verschweigen eine weitere Sünde hinzufügen, wird der Kern dieser Überzeugung.
3. Schließlich wird die Durchsetzung dieser Beichtpflicht durch eine neuerliche Modifikation der Theorie der Reue unterstützt. An der Stelle der *contritio* findet sich seit dem 13. Jahrundert die *attritio*, die unvollkommene Reue, die aus Angst vor den Höllenstrafen entsteht. Mit der Institutionalisierung der *attritio* wird »Angst als Steuerungsimpuls« eingesetzt (Hahn 1982, 411).[3]

Die Institutionalisierung der Pflichtbeichte vermag zwar die Konfession obligatorisch zu machen, doch »der Einzelne wäre bald am Ende mit seinem Blick ins Innere, wenn ihm keine Karte für seine Seelenlandschaft an die Hand gegeben würde« (Hahn 1982, 412). Solche ›Karten‹ gibt es etwa seit dem 13. Jahrhundert. Die sog. ›Raymundina‹ des katalanischen Kirchenrechtlers Raymundus von Penaforte leitet eine eigene kirchliche Literaturgattung ein, Beichtbücher oder Pönentialsummen. Wie die Bußbücher, mit denen sie noch etwa vier Jahrhunderte gemeinsam im Gebrauch sind, belehren sie den Beichtvater über Art und Anzahl der zu befragenden Sünden und geben Kriterien zur Beurteilung der

---

3 In diesem Zusammenhang spricht Jean Delumeau von einer »Seelsorge der Angst« (Delumeau 1985).

Schwere der Tat an. Im Unterschied zu den Bußbüchern aber unterweisen sie den Beichtvater – im Laufe der Zeit immer ausführlicher – in die Analyse von Tatumständen und Motivlagen, die zur Sünde führen oder selbst Sünde sind.

Die Sündenwelt der Beichtbücher ist ebenfalls kasuistisch organisiert, Gegenstand des Vermessens sind nun vor allem die Intentionen und Motive, die Grade der Freiheit und Verantwortung für die begangene Sünde. Doch die Beichtbücher erschöpfen sich nicht allein in der Systematisierung der heilsrelevanten Innenwelt des Sünders bis in die feinsten Motivverästelungen hinein; ihre Hauptfunktion besteht nach Hahn darin, ein Deutungsmuster für eine unübersichtlicher werdende Welt zu liefern: »... in einer Zeit komplexer werdender, differenzierter Handlungswelten <vermochten die Beichtbücher> durch ihrerseits komplexere Respezifikation allgemeiner moralischer Prinzipien dem Beichtvater und über ihn auch dem Beichtkind moralische Sicherheit in der Beurteilung der ethischen Qualität von Handlungen und Motiven <zu> bieten« (Hahn 1982, 412 f.). Die Kasuistik der Summen, Manuale und Beichtspiegel erlaubt dem Beichtvater eine differenzierte Beurteilung spezifischer Anfechtungen in allen sich entfaltenden Bereichen des Lebens: Ohne beispielsweise das von Antoninus von Florenz stammende *Confessionale-Defecerunt*, in dem sich der seinerzeit bedeutendste ökonomische Denker mit beichtrelevanten Fragen aus dem Bereich der Finanztransaktionen befaßt, wäre dem Beichtiger die kognitive wie ethische Durchdringung dieses Feldes (z. B. Wucher oder nicht?) unmöglich.[4]

Die Systematisierung der Sünden orientiert sich vor allem an den Zehn Geboten, aber auch an anderen Kategorisierungen. Die Verpflichtung, daß man immer alles sagen müsse, bringt immer neue Kategorisierungen hervor – nach Luthers Zählung sind schließlich 19 verschiedene Systematiken in Umlauf.

Begehen, Unterlassen, Sünden des Herzens, des Mundes, mit der That, der fünf Sinne, sechs Werke der Barmherzigkeit, sieben Sakramente, sie-

---

4 In etwas salopper Manier ließe sich hier anmerken, daß das nämliche Motiv der Unübersichtlichkeit, heute allerdings mit dem Zusatz »Neue« versehen, heute viele dazu motiviert, eine Therapie aufzusuchen (vgl. für den soziologischen Hintergrund Habermas 1985 und für die Anwendung auf Liebeskommunikation und Therapeutisierung Beck und Beck-Gernsheim 1990, insbes. 13 ff.).

ben Todsünden ..., acht Seligkeiten, neun fremde Sünden, zehn Gebote, zwölf Artikel des Glaubensbekenntnisses, zwölf Früchte des Heiligen Geistes, vier Kardinaltugenden und drei Mönchstugenden, stumme Sünden, rufende (gen Himmel schreiende) Sünden, und Sünden gegen den Heiligen Geist« (nach Fischer 1902, 49).

Das, was eine geordnete Redeweise über das Begehren begünstigen soll, droht nun selbst immer wieder in Unordnung zu geraten: »... Welch ein Meerstrom von Büchern hat das einzige Wörtlein ›omnium‹ gemacht« (nach Fischer 1902, 50) bemerkt Luther auf die nun einsetzende Flut von Beichtspiegeln, Summen und Manualen, mit denen man der Fülle der Kategorien Herr zu werden suchte. Pastor führt für den Zeitraum von 1470 – 1520 49 verschiedene Beichtbücher an (Pastor 1897, 58, Anm.).
Doch ebenso wie die religiösen Virtuosen bedurften auch Laien der Anleitung zur Gewissenserforschung. Merkverse, Beichtunterweisungen zur Fastenzeit, später auch volkssprachliche Auszüge aus den Pönitentialsummen, ›Beichtspiegel‹ genannt, dienten diesem Ziel.[5] Der sozialisatorische Prozeß, der nun vonnöten ist, den Beichtkindern unter solcher Anleitung eine nicht nur vollständige, sondern auch zutreffende Beichte abzuringen, wird an dem häufig geschilderten Vorkommnis deutlich, daß die Gläubigen teilweise die in den Beichtspiegeln beispielhaft angegebenen Bekenntnisse schlicht übernahmen. Es fehlt darum auch in den Summen für Beichtväter nicht an Ermahnungen, darauf acht zu geben. Fischer zitiert Gerson: Der Beichtvater soll »das Unterscheidungsvermögen der Sünder ausloten, ob er zu unterscheiden versteht, was er getan und was er nicht getan hat« (Gerson nach Fischer 1980, 53).
»Die Beicht muß vier Eigenschaften haben, sie muß nämlich mündlich, geheim, wahr und vollständig sein« (Liguori 1854, 185). Der Wahrheit und der Vollständigkeit der Beichte wird sich das ganze Geschick des Geistlichen widmen (s. S. 237 ff.); die Mündlichkeit befördert Scham und Reue; das Geheimnis wahrt der abgesonderte Ort der Beichte (s. S. 305 ff.) sowie das Beichtsiegel: »Das Sigell des Sakraments legt die Verpflichtung auf, über alle Sünden und über Alles, was in der Beicht zu Erlangung der Lossprechung gesagt worden ist, Stillschweigen zu beobachten, so daß der Beichtvater nicht einmal mit dem Pönitenten darüber

---

[5] Darauf komme ich im nächsten Kapitel zurück.

sprechen darf« (Liguori 1854, 322). Diese vier Eigenschaften machen die Beichte zu einem außerordentlich anspruchsvollen Kommunikationstyp; sie bedingen und markieren seine »Exterritorialität« (Hahn 1982).

Mit dem Ritual der Pflichtbeichte inauguriert das Christentum eine für alle Gläubigen verpflichtende und minutiös regulierte Weise, über die Sünde zu sprechen. Die Sünden gegen die Keuschheit nehmen auch hier einen privilegierten Platz ein: Damit hat das Christentum den Diskurs des Sexes an eine Institution gebunden, der es gelang, die Sünden gegen die Keuschheit und die Wahrheit des Subjektes aneinander zu koppeln.

> Die Beichte, die Gewissensführung, die ganze Versessenheit auf die Geheimnisse und die Bedeutung des Fleisches waren nicht bloß Mittel, um den Sex zu untersagen und so weit als möglich aus dem Bewußtsein zu verbannen, sie waren dazu da, die Sexualität in den Mittelpunkt der Existenz zu versetzen und das Heil an die Beherrschung ihrer dunklen Regungen zu binden. In den christlichen Gesellschaften war der Sex das, was man überprüfen, überwachen, gestehen und in Diskurs verwandeln mußte (Foucault 1978, 176 f.).

In der Genealogie therapeutisierter Sexualität figuriert die Praxis der Beichte als eine zentrale Technologie des Selbst, die die Rede über unkeusche Selbste durch autoritative Institutionen und minutiöse Praktiken durchsetzt. Wirklich geworden ist hier eine Technologie des Fleisches, die zunächst mit den Mechanismen der Buße, aber beginnend mit dem 13. Jahrhundert mit den Mechanismen des Geständnisses und der Gewissensprüfung ein ›Wissen über‹ Sexualität und Selbst hervorgebracht hat. Dieses Wissen konstituiert und organisiert sich allerdings in zwei Formen: Zum einen im Beichtstuhl als eine Praxis christlicher Hermeneutik des Begehrens. In dieser Praxis subjektivieren sich Individuen über das schamvolle Eingeständnis in ihre Unkeuschheit, der sie in Worten, Werken und/oder Gedanken frönen. Dieser Praxis widmet sich das kommende Kapitel. Zum anderen organisiert sich der Diskurs über Unkeuschheit in der Katechese als einer symbolischen Verfügung über den sexuellen Diskurs als Wissenskorpus. In dieser Praxis objektiviert sich ein ein für alle verbindlicher Gegenstand des (Glaubens-)Wissens. Diesem Aspekt wird sich das nächste Kapitel widmen.

Die Inszenierung eines schamvollen Geständnisses

Am Beispiel eines »Handbuchs für Beichtväter« von Gaume, erstmals veröffentlicht im Jahr 1837, soll nun exemplarisch gezeigt werden, *wie* über Sexualität kommuniziert werden soll, welches die Aufgaben des Beichtvaters und (implizit bleibend) die des Beichtenden sind. Die Kommunikation ist, das läßt sich vorgreifend sagen, um ein Diskursritual konzipiert, das auf der Seite des Beichtenden ein erschöpfendes Geständnis verlangt und auf der Seite des Beichtvaters die Kunst, ebendieses durch geschicktes Fragen und gutes Zuhören herauszulocken.

Was in diesem Beichthandbuch zum Ausdruck kommt, wird – dafür sorgt der doktrinäre und autoritative christliche Kirchendiskurs – im wesentlichen das sein, was in allen Beichthandbüchern zu finden ist – andernfalls hätte es sein *Imprimatur* gar nicht erhalten. Und wie alle anderen Handbücher versteht sich auch dieses Handbuch lediglich als Kommentar dessen, was die Hl. Schrift, die Kirchenväter und andere autorisierte Figuren dieses Diskurses bereits geäußert haben. Doch genau das, was nun diskursstabilisierend wirken soll (und wirkt), ist zugleich der Anknüpfungspunkt für Variation: Der Kommentar ermöglicht immer auch, »etwas anderes als der Text selbst zu sagen, aber nur unter der Voraussetzung, daß der Text selbst gesagt und in gewisser Weise vollendet werde« (Foucault 1974, 18). Bei dem vorliegenden Handbuch handelt es sich daher um ein (beliebiges) Element des bestehenden christlichen Diskurses, aber zugleich auch um eines, das in seinen charakteristischen Modifikationen schon zeigen kann, wo der zu diesem Zeitpunkt bereits angelaufene wissenschaftliche Diskurs des Sexuellen anknüpfen kann[6].

Vielleicht mit feinem Gespür für diese Problematik leitet Gaume sein Handbuch mit der folgenden Bemerkung ein: »Das Einzige, was wir als das unserige ansprechen, ist die Uebertragung und der Plan oder die Ordnung der Materien« (Gaume 1867, 10) – doch gerade durch seine Anordnung der Materien führt Gaume eine

---

6 So schält sich etwa aus dem Gebiet der Frauenheilkunde allmählich die Medizinisierung der weiblichen Sexualität heraus (vgl. etwa Busch 1839 ff.); 1846 eröffnet die *Psychopathia Sexualis* Heinrich Kaans den sich aus der Medizin ausdifferenzierenden Bereich einer Sexualpsychopathologie (vgl. dazu Teil IV, Kap. 11).

folgenreiche Variation ein: Er organisiert das Material nach den »Eigenschaften des Beichtvaters und seinen Pflichten vor, während und nach der Beichte« (Gaume 1867, 10). Diese Pflichten fanden sich zuvor noch nur in verstreuten Bemerkungen und waren deutlich von Ausführungen zum ›eigentlichen‹ Beichtvorgang unterschieden: Nun aber werden sie zu *dem* Systematisierungselement. Das Ritual der Beichte ist durch das kunstvoll-professionell organisierte Geständnis definiert.

Das erste Kapitel befaßt sich mit den Eigenschaften des Priesters, indem es dessen Aufgaben nach Professionen differenziert – neben der Aufgabe des Richteramtes stehen die des Lehrers und des Arztes, und allen Kategorien voran steht die des Vaters.
– »Seine Liebe als Vater« (Gaume 1867, 48),
– »seine Geschicklichkeit als Arzt« (Gaume 1867, 78),
– »seine Wissenschaft als Lehrer« (Gaume 1867, 100) und
– »seine Genauigkeit als Richter« (Gaume 1867, 131)
erweisen sich dabei als verschiedene Zugänge zu einem Ziel: eine erschöpfende und ehrliche Beichte zu erlangen. Gaume schlägt dem Beichtvater sogar mögliche geständnisanreizende Äußerungen vor, wie:

Sag alles ohne Anstand <Zögern> und schäme dich wegen nichts. Wenig liegt daran, daß du dich nicht recht erforscht hast, es genügt, daß du dem entsprichst, was ich von dir verlangen werde. ... Zweifle nicht daran, Gott wird dir verzeihen, wenn du gute Absichten hast. ... sprich mit Muth und Vertrauen (Gaume 1867, 67).

Die Kunst des Hörens verdankt sich nicht länger allein der natürlichen Geschicklichkeit des Geistlichen: »Der Hirte nützt seiner Herde wenig, welcher mit der Güte des Herzens nicht auch die Erleuchtung des Geistes verbindet« (Gaume 1867, 78). Dazu versteht sich die Summe des Gaume gleichsam als pädagogisches Programm, das die Ausbildung zum Beichtvater durch Differenzierung seiner Teilaufgaben, Literaturhinweise, Illustration mit vielen Beispielen und paragraphisch angeordneten Verhaltensanweisungen vornimmt.

Das zweite Kapitel weist den Beichtpriester mit ähnlich lautenden Ermahnungen darauf hin, sich seine Pflichten vor der Beichte zu vergegenwärtigen. Ausdrücklich warnt Gaume hier auch vor den Versuchungen während der Beichte – »es gibt viele Klippen« (Gaume 1867, 200). Der Beichtiger, der sich vor ihnen fürchtet, tut gut daran, ist diese Furcht doch eine Gabe des Hl. Geistes, um gegen mögliche Verfehlungen zu schützen. Zu dieser Ermahnung führt Gaume das Beispiel des Priesters an, dem die Versuchung in Gestalt einer jungen Frau erschien, die er nach alter Weise zu taufen hatte. Seine Furcht, ihr zu erliegen war so groß, daß er davonlief. Damit lief er auch vor dem christlichen Kampf davon, den der Gläubige aufzunehmen und zu bestehen hat, will er wirklich tugendhaft sein. »Hüte dich also wohl, aus einem solchen Beweggrunde den Muth zu verlieren. ... Vergiß indeß nicht, dich mit den Vorsichtsmaßregeln zu umgeben, von denen ich bald zu dir sprechen werde« (Gaume 1867, 201).

Im dritten Kapitel erscheinen diese »Vorsichtsmaßregeln, welche den Beichtvater bei der Ausübung seiner Funktionen begleiten müssen« (Gaume 1867, 206). Über diese Ermahnungen hinaus finden sich hier mehrere Artikel, die die Bewachung des Herzens und der Sinne betonen; sie warnen den Priester, die Beichte nicht als ein »feines und geheimes Mittel« einzusetzen, »um die Leidenschaften und die Sünde zu nähren« (Gaume 1867, 211). Besonders wenn es darum geht, über die »unreinen Dinge zu richten«, muß der Beichtiger doppelte Vorsicht walten lassen,

theils um die Ausdrücke zu wählen, deren du dich in der Behandlung solcher Materien zu bedienen hast, theils um dich auf eine rücksichtsvolle Untersuchung zu beschränken. Gehe daher nicht weiter, als die strikte Nothwendigkeit und das offenbare Bedürfnis oder der beträchtliche offenkundige Nutzen des Beichtenden von dir fordern; besonders in dem Fall, wo du, um die materielle Vollständigkeit der Beichte sicher zu stellen, wichtigere Güter in Gefahr bringen könntest. ... Du mußt ferner von Zeit zu Zeit Gott um seine Erleuchtung bitten, damit du nicht von den geheimen Kunstgriffen der Leidenschaft überrascht werdest. Sie läßt zu lange und überflüssige Reden als kurz, vorsichtig und nothwendig ansehen (Gaume 1867, 212).

Außerdem ermahnt Gaume den Beichtvater, streng zu sein; nicht einschüchternd, jedoch immer so, »daß es nie in Vertraulichkeit ausarte« (Gaume 1867, 212). Zum würdevollen Ernst des Sakraments gehört jedoch auch das Auftreten:

Du wirst also dabei im Rock und Chorhemd, die Stola um den Hals und das Baret auf dem Haupte, sein, an einem offenen Ort der Kirche sitzend mit einem liebreichen und ernsten Angesichte, das du durch keine Geberden und äußeren Zeichen verändern darfst, welche Langeweile oder Verdrüßlichkeit bezeugen könnten, damit du denen, die dich sehen, nicht

Gelegenheit gibst, zu vermuthen, daß der Beichtende dir etwas Aergerliches und Abscheuliches sage. Du wirst dafür sorgen, daß dein Beichtkind sein Gesicht von dem deinigen abwende, so daß er dich nicht sieht und dir nicht gerade in's Ohr spricht, sondern seitwärts (Gaume 1867, 224).

Ein Drittel das gesamten Manuals beschäftigt sich mithin mit dem Balanceakt, eine vollständige Beichte zu hören oder gar zu forcieren, ohne jedoch als Beichtiger selbst der Sünde zu verfallen. Der Kasuistik der Sünden geht gleichsam eine dezidierte *Kasuistik des Hörens* voran. Dazu gehören der rechte Ort der Beichte, das rechte Auftreten in Kleidung und Mimik ebenso wie die rechte Sprache; Vorsicht gilt gegenüber jedem Detail, da jedes Detail beidem dienen kann: entweder dem rechten Ziel, eine dem Ewigen Heil des Sünders zuträgliche Beichte hervorzulocken und zu hören oder aber dem unrechten Ziel, der Leidenschaft zu frönen. Denn immerhin handelt es sich hier um den einzigen legitimen Ort, über Sexuelles zu sprechen. Das Dilemma des Sprechens über die Sünde ist: daß es selbst zur Sünde werden kann.

Doch nicht nur das *wie* der Beichte hat dilemmatischen Charakter; die ganze Vorsicht, die ganze Eindringlichkeit der Belehrung in die Kunst des Hörens wird noch deutlicher mit Blick auf die Beichtfragen, die die Sexualität betreffen.

Gaume unterteilt diese Beichtfragen in vier Abteilungen. Es geht um Sünden, die in Gedanken, Worten, Werken und denen, die zwischen Eheleuten begangen worden sind. An erster Stelle stehen die *Gedankensünden*: haben die Beichtenden Begierde oder beharrliche Ergötzung (morositas) gezeigt? Worauf richten sich diese Gedanken? Mädchen, Witwen, verheiratete Frauen – und wie oft? Kann der Beichtpriester die genaue Anzahl nicht ermitteln, so soll er zumindest die Häufigkeit am Tag, in der Woche oder im Monat feststellen (vgl. Gaume 1867, 250). Begehrt der Sünder verschiedene oder stets eine bestimmte Frau; hat er es bereits unternommen, dieses sündhafte Begehren in die Tat umzusetzen?

Die inquisitorische Durchdringung des Begehrens ventiliert Fragen, die nicht mehr primär an bestimmte Beziehungen gebunden sind, sondern alle lustbezogenen Gedanken betreffen: sie gelten als Ursache jedweder sexuellen Sünde.

An zweiter Stelle behandelt Gaume die Befragung der *Wortsünden*. Vor wem, wie oft man unkeusche Reden geführt oder ihnen zugehört hat und von welchen (Scham-)Teilen die Rede war, will der Beichtiger wissen. Hat man sich daran erfreut oder gar dabei befleckt? Hat man diese Worte im Zorn oder im Scherz gesagt? – Geschah es im Zorn, ist der Anstoß größer; geschah es im Scherz, soll der Priester sich hüten, dem Sünder allzu leicht Glauben zu schenken und ihm ohne Beweise der Besserung die Absolution zu erteilen.

Die Liste der Fragen ist zwar endlich, doch aus dieser Auswahl geht bereits hervor, daß sie Detaillierungen je nach besonderer Konstellierung der Sünde geradezu herausfordert: Sie fragen ja nach den Besonderheiten.

An dritter Stelle behandelt Gaume die vollbrachten *sündhaften Werke*. Er unterscheidet jedoch nicht länger die Akte der Unzucht nach ihrer Bedeutung (Sodomie, Ehebruch, ...); ihn interessieren vielmehr die Gelegenheiten der Sünde, warum man ihnen nicht ausgewichen ist; die Gedanken, die man beim Beischlaf gehabt hat – gleichsam nebenbei richtet sich die Frage auf die Person und die Häufigkeit des Beischlafs.

Auch hier tritt der vollzogene Akt in den Hintergrund und die Umstände, Motive, Phantasien rücken in den Vordergrund – ein prinzipiell unendliches Gebiet sexueller Verfehlung.

An letzter Stelle behandelt Gaume die *Sünden der Ehegatten:* Sie haben, was Rangfolge und Ausführlichkeit betrifft, nurmehr einen untergeordneten Stellenwert. »In Hinsicht auf die eheliche Pflicht soll der Beichtiger normalerweise nicht nachforschen, außer daß er die Ehefrauen fragt – so taktvoll er kann –, ob sie ihren Männern in allem gefolgt seien. Bei allen anderen Dingen soll er schweigen, außer man fragt ihn« (Gaume 1867, 251).

Foucault bemerkt zu dieser Entwicklung: »Das Ehepaar mit seiner ordentlichen Sexualität besitzt einen Anspruch auf mehr Diskretion« (Foucault 1977, 52). Die eheliche Sexualität fungiert als verschwiegene Norm, alle Abweichungen konstituieren die Sünde wider das sechste Gebot: die Sexualität. Diese Abweichungen sind in der Ära der Beichtsummen – das zeigt auch dieses Exemplar – nicht primär Verstöße gegen eine legitime Verkehrsweise zwischen legitimen Partnern, sondern finden sich in den Subtilitäten der übrigen Begehrlichkeiten.

Damit hat der christliche Diskurs erneut eine paradoxe Anforderung konstruiert: das Postulat einer erschöpfenden Beichte über ein prinzipiell unerschöpfliches Gebiet. Für dieses Problem gibt es nur zwei Formen der Bewältigung: Die Beichte muß stets erneuert werden, und jede einzelne Beichte muß so *erschöpfend wie möglich* sein, ohne daß das Gestehen oder das Erfragen der sexuellen Verfehlungen dem individuellen Sündenregister eine weitere Sünde hinzufügt: lustvoll zu gestehen, lustvoll zuzuhören. Die Paradoxie dieses Diskurses erzwingt damit eine immer explizitere und umfänglichere Behandlung der Paradoxieeffekte.[7]

Der individuierende Effekt der Beichte läßt sich nicht nur anhand der Modifikationen der Sündenanalyse demonstrieren, wie sie in den Beichtbüchern zum Ausdruck kommt. Auch an zwei weiteren, zunächst unscheinbaren und vermeintlich bedeutungslosen Vorschriften wird diese Entwicklung deutlich: Sowohl die Formeln, die die Beichte begleiten müssen, als auch der Ort der Beichte wandeln sich auf charakteristische Weise.

Die Formeln der Beichte

Charlotte Zimmermann kann anhand einer umfangreichen Sammlung deutscher Beichtliteratur aus dem 9. – 16. Jahrhundert belegen, wie sich schon bald das Verhältnis des Sünders zu Reue, Beichte und Buße wandelt. Dieser Analyse, die sich vor allem auf Beichtformulare, d. h. die floskelhaften Äußerungen bezieht, die eine Beichte rituell begleiten müssen, ist auch als ein Nachweis dessen zu lesen, welchen Beitrag die katholische Beichte zur Individuierung des Sünders geleistet hat. (Ich werde mich allerdings im folgenden auf die Entwicklung seit dem Lateranum beschränken.)

Charakteristische Unterschiede in den Beichtformularen findet Zimmermann sowohl in bezug auf die Bewertung des beichtenden Sünders (1) als auch in den Aussagen über die eingestandene Schuld (2) im Übergang von mittelhochdeutschen (mhd.) zu frühneuhochdeutschen (frnhd.) Exemplaren der Beichtliteratur.

(1) Die Sündenaufzählung ist nach der lateinischen Vorlage stets mit einer sog. Pflichtformel verbunden, die jede erwähnte Sünde beispielsweise mit »non ... sicut deus praecipit« (Zimmermann 1934, 20) einleitet und damit ein Schuldbekenntnis ausspricht. In

---

[7] Ein Projekt, das seit dem Ende des 17. Jahrhunderts eine *scientia sexualis* aufnimmt, transformiert und extensiviert; damit wird sich der Teil IV dieser Arbeit befassen.

den mittelhochdeutschen Beichten sind diese Schuldfloskeln reich variiert, mehr noch, durch sie bezichtigt sich der Sünder nun hinsichtlich jedes einzelnen gebeichteten Vergehens eines vollkommenen Mangels an Gebotsgehorsam (vgl. Zimmerman 1934, 23).
Die Steigerung von bloßer Schuld zu unerbittlicher Selbstanklage tritt in den frnhd. Beichtspiegeln in auffälliger Weise zurück. Zugunsten ausführlicherer und zugleich spezifischerer Lasterkataloge verzichten neuere Beichtbücher auf Deklamationen allgemeiner Sündhaftigkeit. Vielmehr befleißigen sich die Autoren nun, in ihren Formulierungen stets den relativen Wert des Sünders hervorzuheben. Das gelingt ihnen durch eine »psychologische Fundierung des Sündenverzeichnisses« (Zimmermann 1934, 32), durch die sie Verfehlungen als Folge des sündigen Wesens des Menschen darstellen. Hauptsünden bekommen in dieser Konstruktion die Funktion von Charakterschwächen, die schwer durch Willensimpulse zu zügeln sind. Zimmermann (1934, 32) zitiert aus einem Beichtgedicht:

> Des leybes sunde syndt fra, meyneide vund diberey
> auch wollust und vnkeuscheyt dar bey;
> Der sele wannt neyde vund hasz ynne,
> hoffart, zornn, geyrukeyt mit grimme.

Insbesondere Habgier und Hoffart wirken entlastend auf die individuelle Schuld, »weil sie als Krebsschäden jener Jahrhunderte empfunden wurden. Das wird dadurch wahrscheinlich, daß gerade sie in den <kirchlichen> Berichten über das bürgerliche Leben des 14. und 15. Jahrhunderts am häufigsten getadelt werden« (Zimmermann 1932, 33). Eine ganze Motivkette, bestehend aus den Hauptsünden, den Zielen des Sünders sowie den äußeren ihn beeinflussenden Kräften ist, so Zimmermann, Ausdruck wachsender Selbstbewußtheit des Sünders: Die skrupulöse Selbstanklage macht einer distanzierteren und differenzierteren Sündenabwägung Platz.

(2) Diese Entwicklung läßt sich auch an den Aussagen über die eingestandene Schuld verfolgen. Das mhd. Bekenntnis zur vollkommenen Schlechtigkeit des Menschen ist als das Ergebnis eines Ringens mit der Sünde konzipiert. Das Ringen fällt allerdings – aufgrund der seit der Erbsünde tradierten Willensschwäche – in der Regel negativ aus. Der Ton mittelalterlicher Sündenklagen ist daher klagend-resignativ. Dies klingt nach Zimmermann beson-

ders aus Bekenntnissen heraus, wonach man vor des »fleisches überher« kapitulieren müsse (Zimmermann 1934, 35).

Aus den frnhd. Bekenntnissen spricht hingegen »das Vertrauen auf die sündenüberwindende Kraft menschlichen Strebens« heraus. Formeln wie »nach meinem vermügen« bringen eine voluntaristische Färbung dadurch zum Ausdruck, daß sie der Kritik am schlechten Willen des Sünders nun einen spezifischen ›bösen Willen‹ hinzugesellen. Insofern er Gedanken-, Wort- und Werksünden besonders belastet, wird er »zur Wurzel der betreffenden Verfehlungen und damit <zum> Ursprung und Träger aller Schuld« (Zimmermann 1934, 40). Auch hier zeigt sich ein Wandel vom erlösungsbedürftigen Büßer zum »Bewußtsein vom Erlösungswerte menschlicher Leistungen« (Zimmermann 1934, 79). Der Sünder nimmt eine zunehmend differenzierter werdende Analyse seiner Schuld vor: Die Konzeption ›Erbschuld und schwacher Wille‹ wird nun ersetzt durch eine Konzeption, in der der durch Erbschuld kontaminierte *schwache* Wille von einem – durch den Sünder prinzipiell kontrollierbaren – *bösen* Willen unterschieden wird.

Aus beiden Aspekten ergibt sich nun für Zimmermann ein charakteristischer Wandel im Verhältnis des Sünders zu Reue, Beichte und Buße. Während die mhd. Beichtformeln extensive Selbstanklagen vorgeben, den Sünder mit seinen Bußbitten in Gottes Hand stellen und zur Besserung geloben lassen, künftig »der Sünde auszuweichen« (Zimmermann 1934, 68), verlangen die frnhd. Beichtformeln deutlich gemilderte Schuldbekenntnisse: Alle Bußversprechen »gehen nicht über das hinaus, was sich der Sünder selbst zuzumuten können glaubt« (Zimmermann 1934, 69). Zur Besserung lassen die Formeln schließlich geloben, »das Verderbliche achtsam von sich zurückzuhalten« (Zimmermann 1934, 68).

Zum Zeitpunkt der Reformation hat sich gewissermaßen ein ›emanzipierter Sündertypus‹ herausgebildet; die sich in den frnhd. Beichttexten spiegelnde Entwicklung ist allerdings nicht nur, wie Zimmermann meint, ein Reflex dieser Entwicklung. Tatsächlich ist sie maßgebliches Konstitutionselement eines neuen, um den Bereich der Intentionalität erweiterten Handlungsverständnisses. Hahn bemerkt dazu richtig, »daß Subjektivität und Individualität in den Prozessen, die sie kontrollieren, eine eigentümliche Steigerung und Differenzierung erfahren« (Hahn 1982, 409).

Diese Prozesse nehmen auch ›Gestalt an‹. Auf die Steigerung von Subjektivität und Individualität durch das Beichtgeschehen reagiert die Kirche mit der weiteren Intimisierung des Beichtgeschehens und gibt ihm ein Möbel: den Beichtstuhl.

Der Ort der Beichte

Noch vor dem Tridentinum hatten Lebensgewohnheiten und kirchliche Vorschriften nicht mehr benötigt als ein allgemein gebräuchliches Sitzmöbel; das übrige Arrangement hat auch Gaume verlangt:

Der Typ des vortridentinischen Beichtstuhls bietet dem Priester einen knappen Sitz mit kleiner Rückenlehne; der Pönitent hat seitlich von ihm einen schmalen Knieplatz. Ein kleines Kästchen im Knieschemel nimmt den Beichtgroschen auf. – Der Beichtvater trägt das Almutium, einen weiten Überwurf mit Kapuze, der hin und wieder mit Pelz gefüttert ist. Dieser mag hin und wieder gegen Kälte geschützt haben; seine wesentliche Aufgabe war allerdings, dem Sündenbekenntnis jene menschliche Diskretion zu sichern, die später auf andere Art zu erreichen gesucht wurde (Schlombs 1965, 75 f.).

Das tridentinische Konzil führt die zentrale Änderung ein: Auf seiner 14. Sitzung (1551) befaßt es sich mit dem Sakrament der Buße und beauftragt Karl Borromäus mit der Ausarbeitung von Instruktionen, die die Einrichtung eines Beichtstuhls erlauben. Im 23. Kapitel seines Buches *Instructionem fabricae ecclesiasticae et superlectilis ecclesiasticae libri duo* befinden sich nicht nur Anweisungen zur Anzahl der Beichtstühle je nach Kirchentyp sowie den Orten zu ihrer Aufstellung, sondern darüber hinaus dezidierte Ausführungen zur Architektur dieses Möbels selbst:

Die Form, nach der der Beichtstuhl gebaut werden soll, ist die folgende, wobei, wenn sie eingehalten ist, nach Belieben Ornamente wie Gesimse an der Vorderseite oder auch ein anderer schicklicher Dekor angebracht werden kann. Das Ganze sei aus Brettern – von Nußbaum oder anderem Holz – gefügt und das Gehäuse an jeder Seite, hinten und oben geschlossen. Dennoch sollte, außer in vielbesuchten Kirchen, eine Tür aus einem Gatter oder hölzernen Stäben mit ungefähr vier Unzen Abstand angebracht sein, damit nicht in Abwesenheit des Beichtvaters unter Mißachtung des hier ausgeübten Amtes Laien, Vagabunden und verkommene Menschen hier sitzen und faul schlafen (Schlombs 1965, 134 f.).

Besonderheit des Ortes und Absonderung nichtzugelassener Personen sind die Kennzeichen einer zunehmenden Bedeutung des Beichtgeschehens: Seine Rituale rücken die Bußzeremonien in den Hintergrund und ranken sich mehr und mehr um das Bekenntnis. Beredtes Zeugnis dieser Verschiebung legt auch die Namensgebung ab. Die von Borromäus vorgeschlagene Bezeichnung *confessionale* wird seit der Diözesansynode in Mailand (1565) für den Beichtstuhl allgemein üblich. Institutionelle Sicherung erfährt diese Entwicklung durch verschiedene Synoden (so z. B. durch die Synode von Namur 1604), die die Ausstattung aller Kirchen mit einem Beichtstuhl obligatorisch machen.

Mit der Besonderheit des Ortes geht auch seine Intimisierung einher. Das *confessionale* sorgte »als mehr oder weniger geschlossenes Gehäuse für geziemende Absonderung und Diskretion des Sündenbekenntnisses« (Schlombs 1965, 76). Dabei geht es, wie Borromäus mehrfach bemerkt, zum einen um die Absonderung nach außen: Dem »Verlangen nach immer größerer Abgeschlossenheit der Beichte wird mit Vorhängen und später mit Türen entsprochen« (Schlombs 1965, 76). Zum anderen aber geht es auch um eine klare Trennung im Inneren des Beichtstuhls. Diesem auf Synoden und Konzilen oft geäußerten Wunsch sollen gestalterische Maßnahmen Rechnung tragen, die zwischen Beichtvater und Beichtkind etwa ein Brett, Holzstäbe oder siebartige Eisengitter anbringen.[8]

8 Wem diese Vorkehrungen pedantisch und übertrieben vorkommen, dem empfiehlt sich ein Blick in Beichtbücher, die in jüngeren Auflagen bereits Überarbeitungen zeigen, die sich wissenschaftlichen Beistands aus dem Bereich der Pastoralwissenschaft (vgl. Stöhr, Handbuch der Pastoralwissenschaft, in Müllendorf 1913, 119) und der Medizin versichern. Das Werk »Der Beichtvater«, von Johannes Reuter um 1760 verfaßt, gibt in seiner 7. Auflage, die 1913 nach Überarbeitung von Julius Müllendorff erscheint, auch Empfehlungen hinsichtlich der Hygiene des Beichtstuhls: »Ist der Beichtstuhl (den kirchlichen Vorschriften entgegen) in einer düsteren feuchten Ecke angebracht und läßt sich an einen passenderen Ort nicht verlegen, so sehe der Beichtvater zu, daß derselbe wenigstens von Zeit zu Zeit gründlich gesäubert, gehörig gelüftet und (unter besonderen Verhältnissen) nach den von der medizinischen Wissenschaft als wirksam erachteten Maßregeln desinfiziert werde« (Müllendorf 1913, 118). Doch nicht nur der Beichtstuhl, auch Beichtvater und Beichtkind selbst sollten sich einer gewissen Reinlichkeit befleißigen: Müllendorff empfiehlt vor allem das »in jeder Apotheke zu ha-

Unter dem doppelten Schutz (der Hermetik nach außen, der Trennung nach innen) kommt eine bequemere Innengestaltung des Beichtstuhls der häufigeren und länger dauernden Beichte entgegen – auch in der Lutherischen Kirche wurde in dieser Zeit die Mahnung laut, die Beichtväter mögen »sich auch genügend Zeit und Ziel« nehmen, »... die Beichte zu hören« (Kirsch 1902, 198).[9]
Es ist das *Rituale Romanum* von 1614, dessen Bestimmungen nicht nur die Innenausstattung des Beichtstuhls betrifft; es empfiehlt darüber hinaus mehr Orte innerhalb der Kirche zu seiner Aufstellung: im Altarraum, an den Chorschranken, in Vorhallen, auf Emporen ... »In der Vielzahl der Beichtgelegenheiten drückt sich die Bemühung um eine geordnete Seelsorge in volkreichen Gemeinden und die Sorge um eine häufigere Beichte und persönliche Vervollkommnung aus« (Schlombs 1965, 70). Gewissermaßen als Höhepunkt dieser Entwicklung kommt es im 18. Jahrhundert zum Bau eigener Beichtkapellen, die in vollendeter Form »die Neigung zu individualistischer Frömmigkeit und häufiger Beichte kundtut« (Schlombs 1965, 74).[10]
Das Intime erhält eine Topographie: Der Beichtstuhl als spezifisches, den Erfordernissen einer diskreten, häufigen und erschöpfenden Beichte angemessenes Möbel; die Vervielfältigung der

---

bende ›Anatharin-Mundwasser‹« (Müllendorff 1913, 119f.). – Zu einem Zeitpunkt, da wissenschaftlich informierte Therapeutik bereits die Konfession im Beichtstuhl zu ersetzen beginnt, gilt ihm doch noch jede nur erdenkliche Umsicht. Mehr noch: Diese Umsicht versichert sich selbst wissenschaftlicher Autorität.

9 Stöhr macht hier allerdings auch auf die Anstrengung des Verfahrens aufmerksam und rät dem Beichtiger, nicht länger als zwei Stunden ohne Unterbrechung sitzen zu bleiben, danach zumindest eine kleine Pause eintreten zu lassen und einen Gang ins Freie zu machen. Glieder, Kreislauf, Kopf und Nerven müßten sich immer wieder stärken (vgl. Stöhr in Müllendorff 1913, 119).

10 Einen weiteren Hinweis auf die zunehmende Bedeutung des Beichtvorganges, aber auch des ihm zugedachten Möbels, liefert Schlombs schließlich mit Blick auf eine sich wandelnde sakrale Symbolik. Er führt die Stuckierung der Stiftskirche zu Buchau an, deren Symbole, die ganz im Stile des französischen Klassizismus gehalten sind, die sieben Sakramente zeigen: Das Sakrament der Buße ist hier durch einen Beichtstuhl symbolisiert – damit hat der Beichtstuhl einen symbolischen Gehalt für die Beichte bekommen ebenso wie die Beichte für das Sakrament der Buße.

Beichtgelegenheiten sowie die Refunktionalisierung eines Kirchentyps (Kapelle) zum Zwecke der Beichte; schließlich sein metaphorischer Stellenwert für das gesamte Bußsakrament macht ihn zum kirchengeschichtlichen Zeugen für die zunehmende Bedeutung der christlichen Beichte seit dem tridentinischen Konzil.[11]

Die Praxis des (kunstvoll hervorgelockten) Geständnisses, die Formeln, die die Beichte begleiten und den Status des Sünders markieren, sowie die Intimisierung des Ortes, an dem sich dieses Ritual vollzieht, bilden gleichsam die Bühne, auf der sich das in Szene setzt, was Foucault als »Pastoral-Macht« bezeichnet (vgl. Foucault 1980, 213 ff.): Der Priester arbeitet als Funktionär der Kirche, also derjenigen Institution, die die Zugangschancen zum Ewigen Heil exclusiv verwaltet.[12] Zu diesem Zweck befaßt sich der Priester intensiv mit der Seele, dem Gewissen und den innigsten Geheimnissen des Sünders: So erlangt er Kenntnis von der sündigen Seele und zugleich die Fähigkeit, sie zu führen. Das Ritual der Beichte ist heilsorientiert, aufopfernd und individualisierend konzipiert – doch gerade auf diese Weise koextensiv mit dem Leben und der Produktion der Wahrheit über das Individuum. Es nimmt *notabene* beide, Beichtkind und Beichtvater, in Regie: eine machtvolle, systematische, wissenserzeugende und verhaltenssteuernde Institution. In diesem Ritual fällt

das sprechende Subjekt mit dem Objekt der Aussage <zusammen>, und zugleich ist es ein Ritual, das sich innerhalb eines Machtverhältnisses entfaltet, denn niemand leistet sein Geständnis ohne die wenigstens virtuelle

---

11 Im weltlichen Bereich differenziert sich etwa zur gleichen Zeit ein weiterer ›abgesonderter Ort‹ heraus: der des Schlafzimmers, der eine Trennung von öffentlicher und intimer/geheimer Sphäre des bürgerlichen Hauses bedeutet. Damit belegt Elias die allmähliche »Einklammerung der Triebäußerung« (Elias 1980, 263) – dieser Ort ist jedoch zugleich indikativ für die Intimisierung des Sexuellen, dem sie abgesonderte Stätten der Äußerung schafft.

12 Die Kirche verabsäumt nicht, diese Funktion durch eine legitimatorische Maßnahme selbst abzusichern: Der Priester steht als »institutionelle[r] Garant für die dauerhafte Realisierung und Wiederholung dieses symbolischen Ordnungsmusters ...: er sichert diese Ordnung ab und wird seinerseits abgesichert im Sakrament des ›ordo‹ der Priesterweihe, in einem die Institution selbst sakralisierenden *Garantiesakrament*« (Soeffner 1988, 117).

Gegenwart eines Partners, der nicht einfach Gesprächpartner, sondern Instanz ist, die das Geständnis fordert, erzwingt, abschätzt und die einschreitet, um zu richten, zu strafen, zu vergeben, zu trösten und zu versöhnen; ein Ritual, an dem sich die Wahrheit an den Hindernissen und Widerständen bewährt, die sie überwinden mußte, um zutagezutreten; ein Ritual schließlich, wo die bloße Äußerung schon ... bei dem, der sie macht, innere Veränderungen bewirkt: sie tilgt seine Schuld, kauft ihn frei, reinigt ihn, erlöst ihn von seinen Verfehlungen und verspricht ihm das Heil (Foucault 1977, 80).

Eine wissenserzeugende und verhaltenssteuernde Institution ist die Beichte auch dann, wenn sich im Laufe des 19. Jahrhunderts die Zonen des Schweigens weit über die eheliche Sexualität ausdehnen und insbesondere Kindern gegenüber der Beichtiger nun sehr vorsichtig sein soll. Alfons Liguori, Begünder der »praktischen Wissenschaft des Beichtvaters« (Müllendorff in Reuter 1913, VII), empfiehlt etwa:

Er (der Beichtvater) fange also mit allgemeinen Ausdrücken an ... und je nach den Antworten gehe man zu neuen Fragen über: sed caveat ab exquirendo a puellis vel a pueris, an adfuerit seminis effusio; denn es ist bei Solchen besser, es an der materiellen Integrität der Beicht fehlen zu lassen als daß man sie der Gefahr aussetze, zu lernen, was sie noch nicht wissen, oder daß man bei ihnen die Neugierde reize, es selbst kennen zu lernen« (Liguori 1854, 165).

Gleichwohl täusche man sich nicht über die Präsenz des sündigenden Begehrens: »Unter dem Deckmantel einer gründlich gesäuberten Sprache, die sich hütet, ihn beim Namen zu nennen, wird der Sex von einem Diskurs in Beschlag genommen, der ihm keinen Augenblick Ruhe oder Verborgenheit gönnt« (Foucault 1977, 31). Wenn auch der *konfessorische Imperativ* nachläßt (und zu einem erheblichen Teil auf weltliche Instanzen wie die Medizin, die Psychiatrie oder das Rechtswesen übergeht), so bleibt der *selbstanalytische Imperativ* ungebrochen. P. Segneri gibt ihm eine nachdrückliche Fassung:

Erforsche alle deine Geisteskräfte, Gedächtnis, Verstand und Willen; erforsche alle deine Sinne, und besonders die beiden ersten: dein Sehen und dein Hören, und noch viel mehr dein Berühren. Erforsche in dieser Hinsicht die Gedanken, die Worte und Werke. Erforsche sogar die Träume, ob du nicht vielleicht beim Erwachen daran irgendwie Gefallen gefunden hast ... Halte endlich in dieser Sache keinen Fehler für gering (Segneri 1852, 126).

Das um der sittlichen Reinheit willen Verschwiegene ist nurmehr und allenfalls ein *nicht Geäußertes*. Die Pflicht zum *Bekenntnis* mag nun Vagheiten erlauben und sogar Zonen des Schweigens zulassen: Die *Kenntnis* der Sünden gegen die Keuschheit und ihre Bedeutung für die Sünder ist längst durchgesetzt – die erschöpfende Erforschung des Selbst ist eine gesellschaftlich etablierte Praxis.

Sünde und Biographie: Sündenbiographie

Diese Praxis macht sich nicht länger nur in Institutionen geltend, die sie als punktuelles Erfordernis konfigurieren: Während noch die Beichte ein immer wieder vergängliches Archiv der Sünden erstellt und den Sünder in gewisser Weise immer wieder von seiner Vergangenheit entlastet (vgl. Hahn 1982, 418), entwickeln sich nun neue Bekenntnisformen, die den Sündern (auch gegen das 6. Gebot) eine Biographie geben. In einem Prozeß der ›innerweltlichen Transformation‹ bilden sich neue Institutionen heraus, die die gläubigen Laien auf das verpflichten, was Mönche und andere religiöse Virtuosen seit langem praktizieren: ein »durch konstante Reflexion geleitetes Leben« (Weber 1972, 115). Das puritanische Bekenntnistagebuch (1) und die Anleitung zur devoten Lebensführung (2) sind zwei Varianten einer biographisch orientierten Selbstthematisierung.

(1) Im Puritanismus verschwindet die Beichte des katholischen Typs durchaus nicht vollständig, doch tritt sie gegenüber Formen, die Selbsterforschung und Selbstkontrolle intensivieren, in den Hintergrund. Zum einen wird nun die Ehe selbst als Beichtgemeinschaft verstanden (vgl. Hahn 1982, 420) – mit der Implikation, daß die Ehegatten als einzig legitime Partner für ausgewählte Weisen des Geschlechtsverkehrs sich selbst begleitend genau daraufhin kontrollieren. Die Puritaner führen darüber hinaus das Bekenntnistagebuch ein, in dem man über seine Sünden gleichsam Buch führt: Hierin bringt der Puritaner jeden Abend die Darstellung seines sündigen und gnadenbedürftigen Selbst auf den letzten Stand, »und falls die Blätter seines Tagebuchs ›sich als sein Leichentuch erwiesen, so war es gut; denn dann konnte er sagen, daß seine Arbeit getan war und daß der Tod ihn nicht überraschen konnte«« (Shepard in Paden 1993, 86). Die Journale selbst sind ein

Exercitium der Devotion; allein Zweifel und Demut sind Türen zur Hoffnung angesichts der puritanischen Überzeugung, daß das einzige, das der Mensch zu seinem Heil beitrage, die Sünde sei, von der Gott ihn erlöse (vgl. Watkins in Paden 1993, 83). Die puritanische Lebensführung erfordert daher tägliche Selbsterforschung und lebenslangen asketischen Wandel: Gouge etwa hält in seiner Schrift »The Whole Armour of God« den Christen dazu an, sich täglich Fragen zu stellen wie: Was liegt unseren Handlungen zugrunde? Handeln wir um der Popularität willen? – Solche Fragen sind auch den katholischen Christen aus den Beichtspiegeln bekannt, doch Gegenstand vergänglicher Geständnisse. Umgehrt werden auch im puritanischen Journal einzelne Augenblicke (z. B. sexueller Verfehlung) nicht irrelevant, ebensowenig wie die Einsicht in den Zusammenhang von Motiv und Handlung und die persönliche Verantwortung – im Gegenteil: An alle diese Momente schließt der puritanische Diskurs (neben anderen) an und integriert sie in einen *lebensgeschichtlichen Zusammenhang*.

(2) Die erfolgreiche Durchsetzung asketisch-selbstanalytischer Lebensführung bei religiösen Laien in der bürgerlichen Gesellschaft zeigt sich auch an den Devotionstechniken, in denen sich das französische Bürgertum im Zuge der Gegenreformation übt: »So soll der fromme Weltmann sich nicht durch Fasten kasteien, sondern seine Selbstabtötung darin zeigen, daß er ißt, was auf den Tisch kommt, ohne zu mäkeln« (Hahn 1982, 424). Die Einübung in eine devote Lebensführung bedarf jedoch auch des Seelenlenkers, des *directeur de l'âme*. Nicht nur ist dessen Wahl nun frei[13]; es gilt bereits als eigene Kunst, sich den geeigneten Beichtvater zu wählen: zu ihm muß absolutes Vertrauen und volle Offenheit möglich sein (vgl. Hahn 1982, 424). Auch soll man tunlichst sei-

---

13 Dies ist für lange Zeit ein Privileg der etablierten Bürgerschaft, die sich dadurch zum einen von den Zwängen äußerer Kontrolle befreit und der nicht unbegründeten Angst vor dem Mißbrauch intimer Bekenntnisse durch den Pfarrer (vgl. Frank 1980, 429). Zum anderen behält sich eine nun hinreichend sensibilisierte ›Klientel‹ mit wachsendem seelentherapeutischen Bedarf die Wahl eines Beichtigers mit entsprechenden seelsorgerlichen Fähigkeiten *(clavis scientiae)* lieber vor. (Das Ringen um den Erlaß des Pfarrzwangs gestaltet sich auch aus ökonomischen Gründen so langwierig, da der ›Beichtgroschen‹ eine wichtige Einnahmequelle der Ortspfarrer bedeutet. Gänzlich hat sich dieses Prinzip für alle darum erst in der Neuzeit durchgesetzt.)

nen Beichtvater nicht wechseln; nur mit dem stets selben Gegenüber erfährt der Christ allmählich eine ›Karriere der Devotion‹. Vor *seinem* Beichtvater als Zeugen und Richter wird »der flüchtigste Gedanke, die entlegenste Tat etwas intersubjektiv Bekanntes, dadurch unzweifelbar Reales, untilgbar wirkliches Moment der eigenen Biographie« (Hahn 1982, 425) – in Abwandlung eines Titels von Berger und Luckmann ließe sich hier von einer konfessorischen Konstruktion biographischer Wirklichkeit sprechen.

Innerweltliche Askese und Seelenführung sind Techniken, mit denen sich der disziplinierende und disziplinierte Blick auf ein Leben *sub specie* der Sünden gegen die Enthaltsamkeit eröffnet. Foucault bemerkt dazu: »Man könnte eine direkte Linie von der Pastoral des 17. Jahrhunderts hinüber zu ihrer Projektion in der Literatur, zumal in der ›skandalösen‹ Literatur ziehen« (Foucault 1977, 32) – de Sade und der anonyme Autor von *My secret Life* werden nur gleichsam die Vorzeichen dieses minutiösen Diskurses ändern und bei intimen Berichten keine Auslassungen dulden, da nur Vollständigkeit die Erregung der Sinne und, wie es nun heißt, die ›Aufklärung über die menschliche Natur‹ befördert.

Der Beichtstuhl definiert gesellschaftlich abgesonderte und individuell je einmalige Situationen der Selbstthematisierung. Nun bilden sich Inszenierungen heraus, die auch im Rahmen des gesellschaftlichen Lebens (zumindest innerhalb der Ehe), permanent, und schließlich auch auf einer ›inneren Bühne‹ stattfinden können. Die Gegenreformation intensiviert nicht nur den Rhythmus der Seelenerkundung, sondern etabliert auch den Imperativ, diese mit Hilfe von Beichtjournalen und Devotionstechniken auch selbst durchzuführen. Das Ohr des Beichtvaters verrichtet nun zunehmend auch als virtuelles seinen Dienst.

Doch auch bei diesen Techniken mündet alle Bemühung um Selbsterforschung und reuiges Bekenntnis erneut in einem Paradox: Müht man sich auch allabendlich darum, so nährt man doch vor allem die Gewißheit, damit zu seiner Erlösung so gut wie nichts beizutragen; man setzt also das Bemühen in dem Bewußtsein fort, daß die Fortsetzung zwar notwendig, nicht aber hinreichend ist. Der selbstanalytisch-konfessorische Diskurs ist um weitere Varianten zu seinem Anreiz bereichert.

»Das bedeutsamste Mittel zur Objektivierung des eigenen Lebenslaufes ist die für die gegenreformerische Devotion sehr wichtige Generalbeichte« (Hahn 1982, 425). Anders als noch im

Mittelalter ist darunter nicht das regelmäßige, allgemeine Bekenntnis zu seiner Sündhaftigkeit zu verstehen (im Unterschied zur Spezialbeichte, der eigentlichen Ohrenbeichte), sondern »eine einmalige oder doch seltene Beichte, die das ganze bisherige Leben zum Gegenstand hat, eine Art Sündenbiographie« (Hahn 1982, 425). Anders als die tägliche Selbsterforschung, die erst allmählich über eine Sequenz der Geständnisse eine Biographie von Sünde und Reue erzeugt, fordert die Generalbeichte den punktuellen Blick auf die eigene Vita. Mehr noch als die tägliche Selbsterforschung ist hier die Kompetenz zum selektiven Erfassen relevanter Lebensausschnitte erforderlich.

In der Praxis der Generalbeichte vereinigen sich zwei Entwicklungen: Zum einen ist sie durch die katholische Pflichtbeichte und den gegenreformatorischen Blick auf den Sünder mit einer Biographie informiert; zum anderen, auch soweit sie die *vita sexualis* betrifft, durch eine Kenntnis des Sexuellen als eines selbständigen Gegenstands der Reflexion. Wissensproduktion auf dem Gebiet des Sexuellen findet allerdings nicht länger nur auf der Ebene von Selbst-Technologien statt, sondern zunehmend auch auf der Ebene religiöser Unterweisung: Insbesondere die Katechese trägt zur symbolischen Verfügbarkeit des sexuellen Diskurses als eines *Wissenskorpus* bei. Die komplexen Vorschriften und Gebote werden operationalisiert: Das Sexuelle ist nun auch ein Gegenstand von Lehre und Lernen. Damit bedient die Katechese in ihren unterschiedlichen Formen die gestiegenen Ansprüche an die selbstanalytisch-konfessorische Kompetenz der Gläubigen, wie sie die Generalbeichte verlangt.

Kapitel 10

Katechese –
die christliche Konstruktion der Sexualität
erobert den Diskurs der Laien

Sind theologisch-spekulative und kanonische Erörterungen des Sexuellen im wesentlichen einer eng umgrenzten Gruppe gebildeter Kleriker überlassen, so hat dieser elitäre Diskurs doch allmählich auch Eingang in den religiösen Wissensbestand und die Lebenspraxis der Christen gefunden. Die Herstellung, Verbreitung und Rezeption geistlichen Gebrauchsschrifttums forciert einen weiteren Schub der Diskursivierung des Sexuellen im ausgehenden Mittelalter: Die vertiefte Kenntnis der Heilswahrheiten (*doctrina*) gehört nun zum sittlich-religiösen Leben von Ordensschwestern und Laienbrüdern, zur Ausbildung von Leutpriestern und zum Wissensbestand des selbstbewußten Ritter- und Bürgertums. Auch der Bedarf an deutschsprachiger theologischer Literatur (Summen, Florilegien, Katechismen, etc.) für den Laien wächst. Neue Adressaten, neue Medien und Volkssprachigkeit beeinflussen die Problematisierung des Sexuellen, denn der gelehrte Diskurs muß sich, will er bei den neu erschlossenen Diskursteilnehmern Fuß fassen, ihren Mentalitäten, Praktiken und Problematisierungsweisen anverwandeln. Einige literatursoziologisch informierte Hinweise vertiefen nun im ersten Abschnitt dieses Kapitels die Genealogie sexueller Selbste um den Aspekt der Zugänglichkeit und Verbreitung erbauend-belehrender Literatur, bevor sich der zweite Abschnitt mit den Effekten befaßt, die ein katechetischer Diskurstyp auf die Problematisierung des Sexuellen hat: Beides, so die Überlegung, trägt zur Herausbildung eines abstrakt verfügbaren *Wissensbestandes* bei, über den unkeusche Selbste sich nun auch außerhalb des katholischen Rituals der Beichte dem Imperativ der reinigenden Selbstanalyse unterwerfen lernen.

Unter den ›neuen Medien‹ des (spät-)mittelalterlichen christlichen Diskurses sind insbesondere zwei Varianten hervorzuheben: zum einen solche, die sich an den Seelsorger, zum anderen solche, die sich an den gläubigen Laien richten. Die *Summae confessorum*, d. h. die bereits behandelten Poenitentialsummen (s. Kap. 9), werden unter kanonistischen Aspekten für die kirchliche Rechtspraxis, unter seelsorgerlichen Aspekten für die Praxis der Beichte zusammengestellt.[1] Pönitentialsummen richten sich in erster Linie an den Seelsorger, der – meist dem niederen Klerus angehörend und weniger gebildet – mit diesen Katalogen die Sündenwelt seiner Gemeinde allererst erschließt. Seine religiöse und sittliche Unterweisung der Gläubigen im Beichtstuhl ist selbst angeleitet durch diese seelsorgepraktischen Werke.

Es gibt jedoch auch Gattungen religiös-belehrender Literatur, die sich direkt an den gläubigen Laien wenden: Zunächst als Predigt, später bei Gebildeten auch als das geschriebene, dann auch gedruckte Buch, dient die Katechese der unmittelbaren Unterweisung der Gläubigen in christlicher Lebensführung.[2] Nachdem die Kindertaufe allgemein in Übung gekommen ist, fällt die elementare Unterweisung der Kinder zunächst den Eltern und Paten[3] zu; der intensivere Unterricht obliegt in der Zeit vor dem ersten

---

[1] Neben Kompendien, Konkordanzen und anderen Werken, die aus den Sentenzenkommentaren und Summen der scholastischen Meister zu Lehrzwecken erstellt wurden, sind aber auch kontroverstheologisch orientierte Florilegien Beispiele für Wege, auf denen der scholastische Diskurs zu einem größeren kirchlichen Kreis vordringt.

[2] »Die Frömmigkeit des Volkes fand ihren Ausdruck auch in dem weiten Bereich der religiösen Volksliteratur. Die Wurzeln dieser Literatur lagen in den religiösen Bewegungen des 13. Jahrhunderts, in den Bettelorden, in der religiösen Frauenbewegung, in den mancherlei ›ketzerischen‹ Bewegungen des Hochmittelalters, und diese Literatur erreichte dann einen Höhepunkt in der sogenannten deutschen Mystik des 14. Jahrhunderts. Es waren Predigten und Gebete, religiöse Betrachtungen und theologische Erörterungen, Aufzeichnungen religiöser Erlebnisse und Visionen in der Volkssprache« (Kawerau 1967, 208). Als das erste große Werk religiöser deutscher Prosaliteratur gilt »Das fließende Licht der Gottheit« der Begine Mechthild von Magdeburg (um 1210 – 1285), das in einer oberdeutschen Bearbeitung aus dem 14. Jahrhundert erhalten ist. Neben den Katechismen sind in der Folgezeit auch die deutschen Bibelübersetzungen und die Sterbebüchlein *(ars moriendi)* als weitere Gattungen dieser Literatur wichtig geworden.

[3] Diese sind zur Weitergabe des Glaubenswissens an ihr Patenkind verpflichtet, wie es auch ihre bis zur lutherischen Zeit geläufige Bezeichnung als *catechista* dokumentiert.

Kommunionempfang dem Pfarrer in Pfarr- und Klosterschulen (vgl. Weidenhiller 1965, 12): Neben den kirchlichen Funktionären werden Eltern und Paten, das gesamte religiös durchdrungene Gemeinschaftsleben zu einem ›katechetischen Netzwerk‹ verbunden. Zusammen mit katechetischer Bildkunst, den Weihnachts- und Osterspielen trägt dieses Ensemble direkter, aber auch indirekt-sinnenfälliger Unterweisungen zur Durchsetzung eines Grundbestands religiösen Wissens bei.

Die Provenienz der katechetischen Handschriften ist, soweit festzustellen, wohl überwiegend klösterlich, doch stammen einige Traktate auch aus Privatbesitz. Dabei gibt auch Weidenhiller zu bedenken, daß zum einen die Katechismen in Abteien und Stiften pfleglicher verwahrt wurden als in Privatbesitz und zum anderen es durchaus üblich war, daß Adlige und wohlhabende Bürger solche Schriften einem Kloster schenkten, testamentarisch vermachten oder beim Eintritt mitbrachten. Diese Überlegung ist insofern von Belang, als sie die Kenntnisnahme katechetischer Werke neu gewichtet: Obwohl ihre Lektüre für den weiteren kirchlichen Kreis (Laienbrüder, Nonnen, niederer Klerus) besser dokumentiert ist, veranschaulichen doch einige Beispiele, daß Handschriften theologischen Inhalts auch bei Laien keine Seltenheit waren.

1) Das gestiegene Interesse der Laien bekundet sich zum einen in dem aus den Texten zu schließenden Kreis der Adressaten. Dazu zählt Weidenhiller zunächst eine Reihe von Werken auf, die sich an den Adel richten: So habe etwa Martin von Amberg seinen ›Gewissensspiegel‹ Johann von Scharfeneck gewidmet, der von ihm als ›höchster Rat‹ des Königs Ludwig von Ungarn (1342-1382) tituliert wird (vgl. diese und weitere Angaben bei Weidenhiller 1956, 204). Zum anderen hebt Weidenhiller diejenigen katechetischen Texte hervor, die sich explizit an die ›einfältigen Laien‹ richten. Wenngleich auch die Traktatform vorkommt, so sei doch die Form der einfachen Katechismustafel hier verbreiteter gewesen: »Im wesentlichen kurz zusammengefaßt und leicht überschaubar, dienen diese Tafeln als Gewissensspiegel für die Beichte und bieten zugleich eine Zusammenstellung der wichtigsten christlichen Glaubens- und Sittenlehren. Hierzu gehören auch die katechetischen Reimstücke, Zehn-Gebote-Gedichte und Merkverse zur Beichte« (Weidenhiller 1965, 205). Ein Beispiel für einen solchen mittelalterlichen Reimkatechismus aus dem 15. Jahrhundert findet sich bei G. Schreiner:

> Mensch glaub an einen got
> Seins namen scholt nicht haben spot
> Dy hailigen tag dy feir gern
> Vater und müter hab in ern
> Todt an Recht (ohne Recht) chain menschen nicht
> Zw diebsprey (Dieberei) scholt nicht haben pflicht
> Unkeusch dreib nicht auß' der ee
> Falsche zeugnüß wider ste
> Deines nagsten (Nächsten) mahels (Gemahls) nicht peger
> Noch seines guetz (Guts) noch seiner er!
> (Schreiner 1916, 12; weitere Beispiele in Schmitz, K. 1907, 224 ff.).[4]

Der in den katechetischen Texten erkennbare Adressatenkreis wird nicht nur größer; die Adressierung wird überdies immer differenzierter: Im späten Mittelalter richten sich die neuen katechetischen »Literaturformen an ein bildungsgeschichtlich, sozial und ständisch differenziertes Publikum« (Harmening 1987, 92). Praxisorientierte katechetisch-pönitentiale Fragenkataloge gibt es im weltlichen Bereich nicht nur für den ›aynveltigen‹ oder den ›frumen und verstanden layen‹, sondern auch für weltliche Frauen und für Kinder, für Kranke und für Sterbende: Die ›Tafel der christlichen Weisheit‹ etwa richtet sich an die »jungen und die greysen, herrn, knecht, frauen auch meyden« (cgm 234).[5] Das Confessionale des Antoninus von Florenz fordert schließlich »spezielle Fragen für Verehelichte und Richter, für Advokaten, Prokuratoren und Notare, Magister und Doktoren, Schüler und Ärzte, Apotheker und Kaufleute, Pferdeverleiher und Schauspieler, Musiker und Handwerksgesellen, Bauern, Geistliche, Domherren, Nonnen u.a.« (Harmening 1987, 100).

2) Doch nicht nur als Adressaten, sondern auch als Verfasser katechetischer Werke treten gläubige Laien auf: Weidenhiller führt

---

4 Interessanterweise drängt sich – trotz aller Kürze – per Implikation in das sechste Gebot noch eine Lehrmeinung hinein: Neben der Vorschrift, daß man die Ehe nicht brechen dürfe, wird hier auch behauptet, daß Sexualität innerhalb der Ehe ebenfalls Unkeuschheit sei – dazu gibt es zu diesem Zeitpunkt bereits andere Lehrmeinungen (s. Kap. 8).

5 Ein weiteres Beispiel in Schreiner 1916, 13 zeigt einen Reimkatechismus für Kinder: Das sechste Gebot wird hier mit dem fünften zusammengedrängt »Dw solst nit stelen noch unkeusch pflegen«. Dies mag mit der Empfehlung zusammenhängen, Kinder nicht auf unkeusche Gedanken zu bringen. – Die erste Dekalog-Katechese überhaupt findet sich bei Augustinus (vgl. Rentschka 1905).

einige Handschriften an, die ihr Entstehen privater Initiative verdanken. In der Sammelhandschrift cgm 523 vermerkt ihr Verfasser etwa: »Anno LXX primo umb sand Gorigen tag unnd innerhalb zwayer iare hab ich Ulrich Jorgmair, alz ich ob achtunfüffczig iar gewesen pin, vier grozze pücher auß geschriben« (f.297vb nach Weidenhiller 1965, 203). Besonders dieses Werk beurteilt Weidenhiller als typisch für das literarisch-theologische Interesse eines Laien zu dieser Zeit: Auszüge aus der hl. Schrift, erbauliche Texte zur Gottesliebe und der hl. Messe, Sprüche, kleinere Geschichten, Texte zur Beichte und Buße, Offenbarungen und Weissagungen sowie Meditationshilfen versammeln sich hier. »Jorgmair ist wohl kein berufsmäßiger Schreiber, sondern es ist anzunehmen, daß er in die Hs nach eignem Belieben eingeschrieben hat, was ihm eben gefiel« (Weidenhiller 1965, 203; zu weiteren Privatwerken siehe dort).

3) Daß zunehmend katechetische Texte in der Volkssprache abgefaßt werden, kann als weiteres Indiz dafür gelten, daß der christliche Diskurs allmählich in den religiösen Wissensbestand der Laien Eingang gefunden hat. »Für diese Leserschaft wählte Ulrich von Pottenstein die ihnen verständliche Umgangssprache ›nach des lanndes gewonhait‹, nicht eine gelehrt-klerikale Fachsprache, das eng an das Lateinische gebundene ›aygen dewtsch‹, und für sie will er sein Werk ›in die weyt getailet‹ sehen. Damit sind als Publikum kaum mehr ›elitäre Hofkreise‹ oder gelehrte Zirkel angezielt, sondern breite ›layen‹-Kreise als neue, religiös motivierte Bildungsschichten seiner Zeit« (Harmening 1987, 101).

Katechismen *für* Laien, seien es die gebildeten oder die ›einfältigen‹, aber auch Katechismen *von* Laien, zunehmende Volkssprachigkeit[6]: Alle diese Phänomene lesen sich als Ausdruck einer

---

6 An diesem Prozeß der Verzahnung zunehmender Literalität und Volkssprachigkeit der Literatur sind vor allem, so Grundmann, die Frauen der mittelalterlichen Gesellschaft beteiligt, die sich nicht auf lateinische und geistliche Lektüre beschränken (vgl. Grundmann 1936, 133). Den (adligen) Männern kommt hingegen eher die Rolle der Gönner, Auftraggeber und Anreger zu (vgl. Grundmann 1936, 150). Entwicklungen wie diese dürfen hingegen nicht darüber hinwegtäuschen, »daß im allgemeinen der Laienadel wie das Laienvolk überhaupt schriftlos lebte« (Grundmann 1958, 9). Daher kommt der katachetischen Bildkunst (s.u.) sowie geistlichen Spielen und Marienklagen eine besondere Rolle zu (vgl. dazu auch R. Bergman 1986). Ernstpeter Ruhe macht außerdem

Bewegung, die mit *Eroberung* beschrieben werden kann – der gelehrte christliche Diskurs erobert den der gläubigen Laien. Seit Ende des 14. Jahrhunderts nehmen sie durchaus nicht ausschließlich rezeptiv, sondern auch verschiedentlich aktiv an der Herstellung dieses Diskurses teil. An den neuen Diskursteilnehmern und deren sich differenzierenden Lebenswelten entzündet sich der christliche Diskurs sittlicher Lebensführung und baut sich weiter aus.

Die theologisch-kirchliche Katechismus- und Normenliteratur ist noch bis zur Zeit Thomas von Aquins von einer nahezu durchgängigen Traditionalität bestimmt[7]: stemmatologisch weitverzweigte formelhafte Wendungen einzelner Verordnungs- und Verbotsartikel, aber auch umfangreichere Passagen, die auf der bloßen Vermittlung von Autoritäten beruhen, sind nur für den versierten Spezialisten zu durchschauen oder gar zu goutieren. Enzyklopädische Vollständigkeit und schwierige, scholastisch informierte Gedankengänge erschweren die Rezeption für den niederen Klerus oder die gläubigen Laien (z. B. Ulrich von Pottenstein). Die *bestseller* unter den Katecheten, »unter ihnen Johannes Gerson, Geiler von Kaysersberg und Johannes von Paltz vereinfachen dann, wenn sie für Nicht-Theologen schreiben, ihre Erörterung zu schlichter Anweisung« (Burger 1987, 113). Im Laufe des 13. Jahrhunderts zeichnet sich eine Öffnung gegenüber neuen Inhalten und Formen literarischer Katechese ab und kommt, so D. Harmening, literarisch und literartypisch in verschiedenen Hinsichten zum Ausdruck (vgl. dazu Harmening 1987, 92 ff.):

1) Hinsichtlich des Inhalts katechetisch-normativer Literatur finden *neue Stoffe* Eingang, »die außerhalb gelehrter Literaturtradition gefunden, empirischer Beobachtung entstammen und damit katechetisches Erfahrungswissen begründen« (Harmening 1987, 92): Auf diese Weise findet eine Erweiterung, zugleich aber auch eine Systematisierung des katechetischen Popularkanons statt.

    darauf aufmerksam, daß die Übertragung eines lateinischen Textes nicht mit dem Schritt zu Laienliteratur gleichzusetzen ist, sondern wohl in der Regel den Kleriker als vermittelnde Instanz voraussetzt (Ruhe 1988, 50).
7 vgl. dazu auch: D. Harmening, *Superstitio. Überlieferungs- und theoriegeschichtliche Untersuchungen zur kirchlich-theologischen Aberglaubensliteratur des Mittelalters*, Berlin 1979.

Zur Illustration dieser beiden Aspekte verweist Harmening auf das katechetische Werk Ulrich von Pottensteins (geb. um 1360), das sich durch »summenhafte Großform« und durch »enzyklopädische Vollständigkeit« auszeichne. Seine Dekalogerklärung umfasse allein zum 1. Gebot 148 zweispaltig und eng beschriebene Folioseiten, sein katechetisches Gesamtwerk 2400 Seiten Text. Dieser Ausweitung des Normenumfangs korrespondiere jedoch auch eine Systematisierung dieses Katechismus: »Im Moment ihrer praktischen Handhabung zerbrach sie in Einzelstücke, die der literarischen Katechismusform zu dieser Zeit entsprachen: Einzelerklärungen zum Vaterunser, Avemaria, Credo und Dekalog. Doch innerhalb dieser Großtexte sind eine Vielzahl neuer Themen eingeführt und behandelt, wie sie das katechetische Repertoire des späten Mittelalters umfaßt« (Harmening 1987, 93). Dazu gehöre eine ständig wachsende Zahl von Glaubens- und Sittenregeln mit mehr oder weniger umfangreichem Kommentar. Neben den o.g. Hauptstücken kommen

göttliche und menschliche Tugenden, Gaben des Hl. Geistes und der Seligen, geistliche und leibliche Barmherzigkeitswerke, Sinne, Seelenkräfte, Sakramente, Seligkeiten sowie eine Vielzahl differenzierender Sündenkategorien <hinzu und> finden sich in wechselndem Verbund und kodikologischem Zusammenhang mit verwandten und eher erbaulichen Texten: Meßerklärungen, Sterbebüchlein, Gebeten, geistlichen Liedern, Sprichwörtern, Ermahnungen, Legenden und Exempeln und alles in ständig neuer Formierung von lockeren Zusammenstellungen bis zu systematischen Abhandlungen (Harmening 1987, 94).

2) Der Doppeltendenz der Katechismen, einerseits ein immer umfassenderes Bild normgerechten Glaubens und Verhaltens zu entwerfen, dies andererseits in didaktisch-praktikablen Textstücken zu tun, begünstigt die Herausbildung einer Reihe unterschiedlicher katechetischer *Literaturformen*. »Formal sehr unterschiedliche, tendenziell und funktional dagegen gleichgerichtete Texte bezeugen einen Prozeß sozial und intellektuell differenzierender Vermittlung von Glaubens- und Normenwissen« (Harmening 1987, 95). Harmening unterscheidet nach Prinzipien einer katechetischen Didaktik sechs Texttypen[8]:
a) Als *Lehr- bzw. Studientexte* rechnen Katechismusstücke, die

---

8 Zu den hier angeführten und weiteren Beispielen sowie den bibliographischen Verweisen vgl. Harmening 1987, 96 ff.

sich als ›tractat‹, ›auslegung‹ oder ›betrachtung‹ verstehen. Gelegentlich sind umfangreichere Erklärungen durch Register aufgeschlossen: ›clayne‹, ›kürtze‹ und ›noch churczer‹ charakterisieren sich die einer Kurzbelehrung dienenden Auslegungstexte.

b) *Unterrichtstexte* treten als stichwortartige Katechismusartikel und -texte auf (›die merck eben‹) und fungieren – zum Teil kommentiert – als Hilfsmittel des Beichtunterrichts und der Beichtpraxis.

c) *Prüfungs- und Beichttexte*: Beichttraktate, -lehren, -anleitungen und -spiegel lassen sich in der Regel der Praxis des *Confessarius* oder der des Beichtenden zuweisen, besonders da sie oft zusammen mit anderen katechetischen Texten, Versen, Schematismen u.dgl. überliefert sind.

d) *Merktexte* (auch Lieder) gehören zwar auch unmittelbar in den Kontext der Beichte, zeichnen sich jedoch durch besondere Einprägsamkeit aus.

e) *Begriffs- und Artikelschemata*: Als interpretatorische Schemata verbinden sie sich in Einzelfällen mit allegorisierenden Parallelisierungen, etwa zur Siebenzahl. Sie gründen zumeist in den sieben Vaterunser-Bitten und parallelisieren beispielsweise ›Septum mortalia peccata‹ und ›sieben Teufel‹ (cgm 767).

f) *Bildtexte* schließlich sind als vielleicht wichtigste Hilfsmittel der Popularkatechese anzusetzen. So hebt etwa Thomas von Aquin die katechetische *(instructio)*, die vergegenwärtigende *(memoria)* und die zugleich andachtsfördernde *(ad excitandum devotionis affectum)* Funktion der Bilder heraus.

Die Geständnisse der Sünden (gegen das 6. Gebot) ordnen sich nun nicht mehr nur in eine poenitativ-konfessorische Praxis im Beichtstuhl und den unmittelbar auf sie bezogenen Literaturtypus ein; darüber hinaus sind sie in Praktiken der religiösen Unterweisung und Erbauung eingeordnet. Dem eben erwähnten ›katechetischen Netzwerk‹ unterweisender Akteure (s. S. 316) entspricht ein sich differenzierender und vernetzter Korpus katechetischen Wissens. In vielen dieser Literaturen werden auch die Sünden wider die Keuschheit, sei es erbaulich, sei es unterweisend thematisiert; mag auch die Ausführlichkeit solcher Problematisierungen überwiegend gering sein: Die Präsenz der Problematisierungen hat sich mit der Etablierung des katechetischen Wissensfeldes zweifellos erhöht.

Zu dieser Präsenz tragen auch – wenn nicht vor allem – die sog. Bildtexte bei. Ihnen werden sich die folgenden Abschnitte kurz widmen, um zu verdeutlichen, daß auch sie, denen man vorab eine eindeutige und unverdächtige Rolle in der religiösen Unterweisung, speziell der sittlichen, zuweisen würde, den gleichen paradoxen Effekt hinsichtlich der Sünden wider die Keuschheit erzeugen wie die alphabetischen Formen der Katechese:

Die katechetische Bildkunst beschränkt sich zunächst auf einzelne Wandplakate und -gemälde. Gegen Ende des Mittelalters werden »mehr oder weniger vollständige Serien von Bildern geschaffen, die bewußt den Inhalt der katechetischen Formeln veranschaulichen sollen ... Auch für die Zehn Gebote wurde nun ein fester Bilderkanon ausgebildet, der als Fresko und noch häufiger in Holzschnitten, wiederkehrt« (Jungmann 1955, 70). Johannes Geffcken hat verschiedene Bilderkatechismen zusammengestellt, die vermutlich seit dem Ende des 14. Jahrhunderts Verbreitung finden (z. B. Heidelberger Handschrift 438 oder *der Sele Trost*, Augsburg aus dem Jahre 1478; vgl. Geffken 1855) und zitiert dazu Sotzmann:

> Die Bilder waren eben so Bedürfniss für die Kirche als für das Haus, auch die Privatandacht konnte ihrer nicht entbehren ... Waren Gemälde und geschnitzte Crizifixe theuer, so konnte sich noch selbst der Aermste ein Papierbild kaufen, wie sie Dutzendweis, in rohen Umrissen und vermittelst der Patronen mit Farben überstrichen, verfertigt wurden (Sotzmann nach Geffcken 1855, 50 f.).

Diese Bilder werden in Bücher gelegt, aber auch an Wände und Türen geklebt und bilden eine ständige Ermahnung und Unterweisung – auch für die Lesekundigen. Die Gebote sind etwa als Kampf zwischen Teufel und Engel illustriert; in dem Volksbuch *der Sele Trost* ist indessen bei dem sechsten und neunten (aber auch beim fünften und achten Gebot) der Teufel allein dargestellt, und zwar mit Flegermausflügeln, die den Anreiz zur Übertretung insbesondere dieser Gebote zum Ausdruck bringen sollen. Diese interne Differenzierung zwischen der Darstellung des Gebots und dem Anreiz zu dessen Übertretung wird in den Katechismen Luthers explizit: durch Separierung.

Auch in den Predigten Luthers über die zehn Gebote, Basel, 1520, fehlte es an Holzschnitten nicht ... Die zehn Holzschnitte zu den Geboten sind nicht ganz 3 Zoll hoch und nicht ganz zwei Zoll breit. Noch kleiner sind die Bilder zum Betbüchlein Wittenberg, (Augsburg) 1523, 8, *und doch ist ausser der Darstellung des Gebots unten in einem Abschnitt auch noch die Plage der Übertetung gezeigt* (Geffcken 1855, 52; Hervorhebung von mir, S.M.).

Die Unterweisung in den Inhalt des Gebots und in die Versuchung, die von ihm ausgeht, fällt in der bildlichen Darstellung auseinander: Sie rechnet also – erstens – mit einem Gläubigen, der kognitive und motivationale Aspekte der Sünde bereits hinreichend unterscheiden kann und *in beides* unterwiesen werden muß. Außerdem scheint man so – zweitens – dem bekannten Problem begegnen wollen, daß die Gläubigen durch diese Bilder nicht nur ermahnt, sondern auch ermuntert werden. Dem Anreiz zur Übertretung, den das Bild vielleicht selbst auslöst, setzt man ein Bild hinzu, das diesen Anreiz selbst thematisiert.

Daß auch die Bilderkatechese – ebensowenig wie die alphabetischen Formen der religiösen Unterweisung – des paradoxen Effekts nicht entbehrt, ist den zeitgenössischen Theologen wohl bewußt: Will man sich einerseits der pädagogischen Funktion der Bilder versichern, so beunruhigt doch auch deren zuweilen erotische Wirkung. Dies bleibt nicht ohne Einfluß auf die Praxis der Beichte.

Nach einer Sichtung der Handbücher für Beichtväter und Beichtkinder, die in Italien zwischen dem Ende des 15. und dem Ende des 16. Jahrhunderts gedruckt wurden, findet Carlo Ginzburg eine charakteristische Verschiebung: Während die peinlich genauen Analysen der Unzucht zunächst um den Tast- und Gehörsinn kreisten, findet das Sehen kaum Erwähnung. »Die sozialen Ansätze, die das Übertreten des Gebots ›Du sollst nicht ehebrechen‹ begünstigten, waren vor allem die Tänze und die Lieder. ›Liedersingen oder Instrumentenspiel ..., schimpfliche und schändliche Unzüchtigkeiten, die aufreizen sollen, sind Todsünde‹, schrieb Bartolomeo Caimi in seinem Beichtspiegel« (Ginzburg 1988a, 254). Im Laufe des 16. Jahrhunderts kommt das Sehen langsam als privilegierter erotischer Sinn ins Blickfeld – unmittelbar nach dem Tasten. Diese größere Erotisierung des Sehens gegenüber dem Hören ist, so vermutet Ginzburg wohl zu Recht, eben an historisch spezifische Umstände wie die Verbreitung des Buchdrucks und den vermehrten Umlauf der Bilder geknüpft (vgl. Ginzburg 1988a, 254).

So wird auch die Frage der absichtlich oder unabsichtlich erotischen Bilder Gegenstand einer besorgten Aufmerksamkeit der katholischen Kirchenhierarchie. Als *idiotarum libri* ließen sich Bilder zwar dazu benutzen, die oftmals gelockerte oder gar abgebrochene Beziehung zu den Massen der überwiegend analphabetischen Gläubigen wiederherzustellen. Radikale Theologen wie Ambrosius Catharinus Politi interessiert jedoch vor allem die *dysfunktionale Wirkung* der Bilder: die erotische. Ambrosius trennt noch klar zwischen den erotischen Bildern, die die sexuelle Begierde erregen, und den heiligen Bildern, die das fromme Gefühl weckten. Doch schon Augustinus streute den allgemeinen Verdacht, daß sich diese klare Trennung nicht immer ziehen ließe. In seinem Traktat *De picturis et imaginibus sacris* warnt er: ›Vor Bildern sollte man sich in acht nehmen, wo immer die Wollust dadurch geweckt wird‹. Zumindest ist durch Vasari der Fall beschrieben, daß fromme Frauen durch ein Bild des nackten Heiligen Sebastian, den Fra Bartelomeo della Porta gemalt hatte, durcheinandergebracht wurden (vgl. Ginzburg 1988a, 237). Vor allem aber bezeugt die gegenreformatorische Polemik gegen das Nackte die Skepsis gegenüber der Vermischung zweier Genres (des erotischen bzw. des heiligen Bildes), wenn nicht gar der Überlagerung des sexuell erregenden Effekts gegenüber dem, die Frömmigkeit zu wecken. Seither verbieten sich auch bestimmte *sujets* der Heiligen Schrift eben wegen der mangelnden Eindeutigkeit in ihrer Wirkung, so etwa ›Susanna im Bade‹ (vgl. Ginzburg 1988a, 238).

Damit geraten selbst die Heiligen Bilder, als religiöse Unterweisung für die analphabetischen Gläubigen gedacht, in den Sog eines erotisierenden Diskurses. Daß sich die Kasuistik der Sünden nun mehr und mehr dem Sehen als dem entscheidenden der fünf Sinne zuwendet, ist ein Effekt aus dem Dilemma, nichtalphabetische, gleichwohl wirksame Unterweisungsmittel in die christliche (Sünden-)Lehre zu finden. Doch ein Dilemma wie dieses führt nicht etwa dazu, diesen Diskurs zu unterbinden. Im Gegenteil, es forciert die katechetischen Anstrengungen. Das Motiv: Die Vermittlung von Glaubenswissen als Kern seelsorgerlicher Tätigkeit wird nun selbst ein Topos christlicher Lebensführung:

Im späten Mittelalter greift die Frage nach der *Heilsgewißheit* des eigenen Lebens mehr und mehr Platz: Zunehmend werden Christen von dem Gedanken umgetrieben, daß sie vor dem Richterstuhle Christi werden Rechenschaft ablegen müssen.[9] Sie sind auch überzeugt, daß der Erlöser dann nicht länger Barmherzigkeit üben, sondern jedem Einzelnen ungemilderte Gerechtigkeit widerfahren lassen werde. Die Frage nach dem *wie* eines heilsgewissen Lebens tritt schärfer denn je ins Profil und spitzt sich in der Kontroverse um *vita activa* oder *vita contemplativa* zu. In diese Debatte spielt auch die Frage hinein, ob nicht das katechetische Wirken selbst Heilsgewißheit verschaffe.

Bernhard von Waging, Prior des Klosters Tegernsee, gießt diese Auseinandersetzung in seinem ›Spiegel für Hirten und Seelenleiter‹ (1462) in eine scholastisch formulierte Alternativfrage: »Die Frage ist, ob es nützlicher, fruchtbarer und heilbringender ist, wenn jemand in der Welt *(saeculum)* bleibt, durch Wort und Beispiel viele für Christus gewinnt und als Folge davon im künftigen Leben mit größerem Lohne belohnt wird, als wenn er sich frei hält für sich selbst und die Gottes Dinge und sich für Christus alles [andere] dadurch verweigert, daß er sich im Kloster verschließt« (Waging nach Burger 1987, 119). Für Bernhard ist ausgemacht, daß am Jüngsten Tage jeder nur für sich selbst, nicht aber für die Anvertrauten wird Rechenschaft abzulegen haben. Seelsorgerliche Arbeit sei nicht in sich selbst verdienstlich: »Das der Schau Gottes *(contemplatio)* gewidmete Leben hat höheren Wert als das der tätigen Fürsorge für andere, weil es den sichereren Weg *(via securior)* zu ewigem Heil der eigenen Seele darstellt« (vgl. Burger 1987, 120).[10]

Spätmittelalterliche Mönche oder Weltgeistliche hingegen wählen eher die Alternative: Mit der *vita activa* erwarten sie, gerade dadurch für ihr eigenes Seelenheil zu sorgen, daß sie anderen zum Heil verhelfen. Sofern sie gelehrte Kleriker sind, können sie weniger gebildeten Klerikern oder Laien in der Predigt, im Beichtstuhl oder im seelsorgerlichen Gespräch Glaubenswissen vermitteln. Ihre katechetischen Schriften, so sagen diese Theologen, dienten der Erbauung *(aedificatio)*, es seien die Früchte *(fructus)* ihres ei-

---

9 Zur Individualisierung der Jenseitsverstellungen s. auch Hahn 1976 und 1982.

10 So wie Bernhard ziehen auch etwa der Kartäuserorden und andere monastische Gemeinschaften die Konsequenz der ›vita contemplativa‹. Viele, so Burger, wechseln sogar mit diesem Argument aus seelsorgerlich orientierten Orden zu beschaulich orientierten (vgl. Burger 1987, 120).

genen Glaubens und manifestierten den Nutzen *(utilitas)*, den sie und andere bringen müßten. Chr. Burger referiert dazu die Ansichten Marquard von Lindaus (gest. 1392), Ulrich von Pottensteins (ca.1360-1416/17) sowie Johannes Gersons (1363-1429).
- Marquard stellt sich in seinem Lehrgedicht ›Die zehe Gebot‹ (Straßburg 1516 und 1520) mit dem Meister gleich, der es bisher versäumt habe, mit dem ihm ›anvertrauten Pfunde zu wuchern‹, nämlich dem Glaubenswissen, dank dessen Vermittlung er seine Zugangschancen zum Heil deutlich erhöhen kann.
- Ulrich von Pottenstein betont in der Vorrede zu seiner Summe außerdem den Aspekt der Buße: Glaubensvermittlung erhöhe nicht nur vorab Heilsgewißheit, sondern sei Buße für vorangegangene Übertretungen. Zum Beweis seiner aufrichtigen Bußfertigkeit genüge weder bloße Reue (ist er zu wahrer Reue, d. h. *contritio cordis* fähig?) noch Taten *(satisfactio operis)*: doch mit Lesen oder Reden (Unterweisung) ist er überzeugt, Gott und seinem Heil dienen zu können.
- Johannes Gerson hält hingegen die *vita contemplativa* für erstrebenswerter: Anders als seine Kollegen zählt er jedoch das Wirken durch geistliche Güter wie Predigt und Sakramentsverwaltung nicht zur *vita activa* (hierzu rechnet er etwa tätige Hilfe), sondern eben zur *vita contemplativa*. Katechese als Teil der höhergeschätzten *vita contemplativa* folgt jedoch dem gleichen Motiv: Der Pfarrer, der als Seelsorger anderen zum Seelenheil verhelfe, sei, so Gerson, vollkommener als der Mönch, der lediglich dem Erreichen der eigenen Seligkeit lebe (vgl. Burger 1987, 121).

Nicht-Vermittlung von Glaubenswissen als Unterlassungssünde (Marquard), Vermittlung von Glaubenswissen als Buße (Pottenstein), eingeordnet in das durchweg höher bewertete ›schauende Leben‹ (Gerson): Einzelne theologische Argumente verbinden sich zu dem Hauptmotiv katechetischer Arbeit – daß sowohl Katecheten als auch die gläubigen Laien das Ewige Heil erlangen mögen.

Dieser diskursanreizenden Motivstruktur auf der Seite der Katecheten korrespondiert ein wachsender, ebenfalls religiös motivierter *Bedarf* auf der Seite der Laien: »Selig der Mensch, der stets furchtsam *(pavidus)* ist! Wer aber harten Sinnes ist, wird ins Verderben laufen« (Sprüche Salomonis 28,14) oder »Ich empfand Scham um all meiner Taten willen – wußte ich doch, daß du den

Frevler nicht schonen würdest« (Hiob 9, 28): Bibelstellen wie diese nähren auch bei den gläubigen Laien eine stete Ungewißheit, ob man des Ewigen Heils teilhaftig werden würde. In welcher Hinsicht könnte man – unwissentlich – gefehlt haben? Dazu trägt ebenso ein im Spätmittelalter weit verbreitetes ›dictum Gregorii‹ (Papst 590-604) bei, das fälschlich unter seinem Namen in Umlauf war: »Rechte Einsicht beweisen die, die [selbst] dort ihre Schuld erkennen, wo keine ist« (Burger 1987, 117).

Der Erfolg der Katechismen besteht jedoch nicht nur in der Sensibilisierung eines immer größeren Publikums gläubiger Laien für sittlich-religiöses Wissen: Indem etwa Ulrich von Pottenstein für lesekundige Angehörige des Adels oder der bürgerlichen Oberschicht der Städte schreibt, tut er für sie ein Doppeltes – er lenkt seine Leser, die »frommen und verständigen Laien« zu solchen Stoffen *hin*, die ihnen Nutzen *(utilitas)* für ihren Kampf um ihr Seelenheil bringen können. Damit lenkt er sie gleichzeitig von Lesestoffen *ab* (z. B. Heldensagen), die diesem Ziel nicht dienen, es gar gefährden. In einem regelrechten Verdrängungswettbewerb der Wissensstoffe suchen die mittelalterlichen Katecheten das heilsnotwendige Wissen als das allein unentbehrliche zu erweisen. »Im Vergleich zu ihm bezeichnen sie andere literarische Stoffe als nicht allein an theologischen Universitäten als fehl am Platze, sondern sogar für Laien als Leser als eitel und nichtig. In Verbindung mit ihrem Argument, daß jedem Menschen nur eine begrenzte Lebenszeit gegeben ist, wird ihre Wertung zur Drohung« (Burger 1987, 122).

Das Kriterium der Heilrelevanz entscheidet zugleich über die Wahrheit des Glaubenswissens und über die Irrelevanz anderer Wissensarten. Was Foucault unter dem Titel ›Zwangswirkungen des wissenschaftlichen Diskurses‹ beschreibt, gilt hier *mutatis mutandis* auch für den christlichen Diskurs: Ihn kennzeichnen nicht nur »die Gegenstände, von denen er handelt, die Äußerungstypen, die er ins Spiel bringt, die Begriffe, die er handhabt«, sondern auch »die Strategien, die er benützt« (Foucault 1973, 259). Diese Strategien bestehen hauptsächlich in der Disqualifikation anderer Wissensarten, indem sie im Namen eines wahren Wissens gefiltert, hierarchisiert, kategorisiert werden (vgl. Foucault 1978, 62). Auf diese Weise entsteht in der Moderne eine ›Schwelle der Wissenschaftlichkeit‹ (Foucault); spätestens im ausgehenden Mittelalter ist so etwas wie eine *Schwelle der Heilsrele-*

vanz etabliert. Unterhalb dieser Schwelle gibt es nur eitles und nichtiges Wissen, allenfalls ›mindere Wissensarten‹ (Deleuze).

Wie unterschiedlich sich die einzelnen Katechismen auch ausnehmen, wird doch von allen Autoren die Trias von Glaube, Gebet und gewissen sittlichen Normen als heilsnotwendiger Wissensbestand aller Gläubigen betrachtet, ohne Rücksicht auf Stand und Bildung. Ja, wer nicht weiß die »ding, dye da gehörn zu dem gemaynen christenlichen standt«, der soll in der Beichte auch nicht losgesprochen werden: »Es soll auch kein peichtvatter kain solches ausrichten, das nicht waist und kan den pater noster, das Ave Maria, den glauben und die zehen gepott, es verhayß im denn solches wellen ze lernen, als pald es mag« (cgm 1004 f..47ᵛ nach Weidenhiller 1965, 17). Die Katechismen unterweisen mithin nicht nur in den Dingen des Glaubens, sondern stets auch in die *Verpflichtung* für jeden Christen, sie zu kennen und sich in seinem Leben an sie zu halten. »Waz der mensch auch ist, im sey wol oder we, er sey gesunt oder siech, junck oder alt, wer seyn sinne oder vernunft hat und sein iare hat, der muz die gepot halten oder er muz ewicklich verderben, ob er also stirbt on ein rechte ware rewe« (cgm 509 f.358ʳᵇ nach Weidenhiller 1965, 20).

Das Glaubenswissen vermittelt sich systematisch: Die Analyse der Unkeuschheiten findet innerhalb eines geordneten Wissensfeldes statt. Die zehn Gebote treten dabei im Verlauf des Mittelalters immer stärker in den Vordergrund. Sie seien »ein spigel, dar wir in unser gewissen schawn schullen oder versten, was wir guets oder poss gethan haben (›Himmelstraße‹, cgm 788 f.161ʳ). Einmal aufgekommen, wird der Dekalog sehr schnell das eigentliche Formular für die christliche Sittenlehre, das alle anderen Gebote in sich vereinigt. Es tritt zum Vaterunser und zum Glaubensbekenntnis und gewinnt ebenso verpflichtenden Charakter (vgl. Weidenhiller 1965, 19). In seinen Katechismen baut Luther auf dieser Systematik zugleich eine sittliche Pädagogik auf. Die reformierte Beichte wird nun nicht nur zum Prüfstand für genügendes Glaubenswissen erhoben, sondern auch für eine sittliche *Lebensführung* im engeren Sinne: Die Sünden (gegen die Keuschheit) bekommen eine Geschichte; der Sünder eine (intersubjektiv kontrollierbare) Biographie. Er wird dank katechetischer Unterweisung zur selbständigen Rekonstruktion seiner Sünden befähigt und zugleich darauf verpflichtet, die Einzelsünden so zu einer einheitlichen Sinnfigur zu verketten, daß die Frage: *erwählt oder verworfen?* zumindest tentativ beantwortbar wird.

Sittliche Aufklärung:
Dialektik und Didaktik

Die lutherischen Reformationsbestrebungen entzünden sich insbesondere am Beichtwesen und monieren dort vor allem den sakramentalen Charakter der Beichte sowie die gleichsam magische Kraft des Priesters, dem reuigen Sünder seine Schuld zu vergeben. Gleichwohl will Luther durchaus nicht auf die seelsorgerliche Funktion der Beichte verzichten: »Dann ich weys was trost und stercke sie mir gegeben hat ... ich were längst vom teuffel erwürgt, wenn mich nit die beichte erhalten hett!« (Luther nach Bezzel 1980, 421). Die protestantischen Änderungen zielen auf die ethische Funktion der Beichte, ihre äußere Form und theologische Bedeutung.

Luther gründet die Beichte auf den Glauben, der aus ihr eine ›Herzens-Sache‹ und damit eine freiwillige Prozedur der Gewissenserforschung macht: »Ich will mir die heimliche Beichte nicht nehmen lassen. Ich will auch niemand dazu zwingen oder gezwungen haben, sondern sie jedem frei anheimstellen« (Luther nach Aland 1957, 37). Hinsichtlich der beichtrelevanten Materien macht Luther kein Hehl daraus, daß er in Dingen, die die Keuschheit betreffen, eine umfassende Aufmerksamkeit für erforderlich hält. In seiner prägnanten Sprache macht er unmißverständlich klar:

Wenn nicht mehr Werke geboten wären als die Keuschheit allein, hätten wir alle genug daran zu schaffen, so ein gefährlich wütend Laster ist das. Denn es tobt in allen Gliedmaßen, im Herzen mit Gedanken, in den Augen mit dem Sehen, in den Ohren mit dem Hören, in dem Munde mit Worten, in den Händen, Füßen und im ganzen Leib mit den Werken (Luther nach Aland 1957, 189).

Doch sollen alle diese Sünden auch gebeichtet werden? Ja, aber nicht alle dem Priester: »Vor Gott soll man sich aller Sünden schuldig geben, auch die, die wir nicht erkennen, wie wir im Vaterunser tun; aber vor dem Beichtiger sollen wir allein die Sünden bekennen, die wir wissen und fühlen im Herzen« – mehr noch:

»Heimliche Dinge sollen in der Beichte auch heimlich bleiben und heimlich gehalten werden« (Luther nach Aland 1957, 37). Dies führt zu einer Zweiteilung innerhalb der Sünden der Keuschheit: Lediglich notorische Sünden, wie etwa die des Ehebruchs, verlangen eine Regelung auch außerhalb der Ohrenbeichte. Die sogenannten Superattendenten werden nicht nur zur Aufsicht über Lebenswandel und Lehre der Pfarrer eingesetzt; zu ihren Aufgaben gehört auch die Regelung von Eheangelegenheiten (vgl. Loewenich 1982, 292). In der Ohrenbeichte indessen soll man das bekennen, was das Gewissen anficht. »Solche Anfechtung geschieht durch die reale, personale Macht des Bösen. Weil Luther im Teufel eine wirkliche, personale Macht sieht, die den Menschen als Individuum ... angreift, darum legt er dem Gewissen eine so hohe Bedeutung zu« (Klein 1961, 209).

Die Zweiteilung des sittlichen régimes (innengeleitete Analyse und außengeleitete Regulierung) greift das monastische Prinzip der Differenzierung zwischen Schuldkapitel und Beichte auf und modifiziert beides in einem entscheidenden Punkt. Das Schuldkapitel, das die Augustiner-Eremiten mit besonderer Strenge vertreten, wird an jedem Freitag abgehalten und verpflichtet die Mönche, ihre Mitbrüder regelgeleitet zu beobachten, zu kontrollieren und ihre Verfehlungen anonym anzuklagen – sowie ihre eigenen Vergehen gegen die Ordensregel und die Satzung freiwillig zu bekennen. »Die klösterliche Gemeinschaft wird so zu einer (Selbst-)Beobachtungsgemeinschaft, das kontemplative oder ›tätige‹ Zusammenleben wird durch die Beobachtung gebrochen« (Soeffner 1988, 120). Die klösterliche Kopplung von externer Beobachtung und internalisierter Übernahme der Perspektive des anderen löst Luther für die seelsorgerliche Praxis zugunsten permanenter Selbstbeobachtung auf. »Das soziale Gegenüber verschwindet – das einzige Gegenüber ist Gott« (Soeffner 1988, 121). Der Gläubige vereinzelt sich als Individuum *vor* ›seinem‹ Gott.

Diese Vereinzelung bestimmt nun auch den Charakter der Beichte: Der Gläubige legt sein Bekenntnis zwar vor dem Priester ab. Dieser – oder aber auch ein Laie, ein Freund – ist lediglich *Zeuge*, nicht *Adressat* des Bekenntnisses. Der Adressat ist allein Gott. Die Entsakramentalisierung der Beichtpraxis entläßt die Kirche und deren Funktionäre aus ihrer vermittelnden Rolle. Damit löst sich zugleich ein kollektiv gültiges Orientierungs- und

Beratungssystem auf, die katholische Seelsorge. Der Einzelne muß sich nun selbst beobachten und Rat bei ›seinem‹ Gott suchen. »Das Subjekt ist nun so extensiv bei sich, daß es sich in sich selbst verlöre, – wenn es nicht in sich noch ein absolutes ›Außen‹ fände: Gott« (Soeffner 1988, 123). Der Gläubige vereinzelt sich als Individuum *mit* ›seinem‹ Gott.

In dieser gleichsam doppelten Vereinzelung des Gläubigen durch die lutherische Beichtpraxis ist mehr denn je Unterweisung in die Selbstanalyse gefordert: In beiden Bereichen, der individuellen Führung durch das Gewissen sowie der Führung durch den Pfarrer oder Laien in der Beichte, gibt Luther dazu durch katechetische Werke Anleitung: »Der Große Katechismus«, als Unterricht für Pfarrer, Lehrer, Eltern und Erwachsene bestimmt, und der »kleine Katechismus«, für den Unterricht und als Hausbuch gedacht (beide erscheinen im Jahr 1529, vgl. Loewenich 1982, 295 f.), sind vor allem an den Zehn Geboten orientiert. Sie sind Handlungs- und Beobachtungsanleitung zugleich: Während die Gebote für den Tagesablauf als Handlungsanleitung gelten, werden sie allabendlich zur resümierenden Beobachtungsanleitung. In dem nun entstehenden protestantischen Alltag werden allerdings nicht nur die Einzelnen einem gleichsam internalisierten Schuldkapitel unterworfen; diese Rituale vollziehen sich in sozialen Räumen, in denen das Schuldbekenntnis eine intersubjektiv kontrollierbare Komponente bekommt: Ehe und Familie gelten nun, wie der Mönchsorden, als Selbstbeobachtungs- und Geständnisgemeinschaft (Soeffner 1988, 124, Schücking 1929). Der Vereinzelung der Individuen wächst mithin ein neuer Typus von Sozialität zu: die Vereinzelung in der Gemeinschaft (Soeffner 1988, 124).

Die Gemeinschaft als Kontroll- und Disziplinierungsinstitution diszipliniert vor allem die komplexer werdende narrative Struktur des Geständnisses. Die zunehmende Bedeutung der Motive und Intentionen zur Beurteilung einer Tat und die Verpflichtung, sich unmittelbar vor Gott und täglich, möglichst vor Zeugen, dazu zu befragen, konfigurieren eine *biographische Sinnfigur*. Eine Kausalitätskette, die jedem Ereignis sein ›weil‹ und sein ›um zu‹ zuweist und so die vergänglichen Sünden der katholischen Gläubigen zu einer erzählbaren, je individuellen Heils- oder Versagensgeschichte verwebt. Der ›Lohn‹ für die Vereinzelung des Individuums ist, daß es eine Geschichte bekommt, an deren gewissenhafter Rekonstruktion sich die individuelle Heilsgewißheit ablesen läßt.[11] Der ›Preis‹ für den Erhalt einer Geschichte ist: Sie schreibt sich täglich fort und führt tendenziell dazu, daß der Gläubige seiner Sündenreflexion immer nur einen Schritt hinterhereilen kann. Und während die biographische Rekonstruktion noch bereits stattgefundene sündige Details zu einem einheitlichen und heilstiftenden Zusammenhang verbindet, kann schon ein neues Detail auch dem wachsamen Interpreten entgehen.

Diese Erfahrung macht Luther zunächst selbst. Staupitz wirft ihm vor, »Puppensünden« zu gestehen, drastischer noch, »aus jedem Furz eine Sünde zu machen« (Friedenthal 1983, 57f.). Luther verwirft schließlich selbst die katholische Praxis der Beichte als eine ›Kunst, den Sand zu zählen‹. Er kritisiert sie sogar als nicht nur unnütz, wenn nicht verderblich für die sündigen Seelen (vgl. Klein 1961) – verderblich aber nur, wenn sie ohne Einsicht in die eigene Verantwortlichkeit und die Einordnung in die übrige (Sünden-) Biographie gebeichtet werden und: ohne das Ziel, sich fortan der angeklagten Sünden zu enthalten. Die Beichte soll nicht nur von vergangenen Sünden entlasten, sondern auch zukünftige Sünden verhindern; die biographische Perspektive bindet Vergangenheit und Zukunft im Konzept der gesinnungsethisch motivierten individuellen Verantwortung zusammen. Über den ›Erfolg‹ der Beichte entscheidet gerade der (auch im Beichtverhör abgefragte – s.u.) Lebenswandel des Poenitenten: Die Reue aus Liebe zu Christus, die Luther predigt, (im Gegensatz zu der *attritio*, der Galgenreue, wie Luther sie nennt) impliziert schon den guten Vorsatz; sie richtet sich mehr auf die Zukunft als auf die sündige Vergangenheit – nicht das Bekenntnis selbst, sondern ein neues Leben stehen im Zentrum der reformatorischen Bestrebungen: »Optima poenitentia nova vita!« (Klein 1961, 25). Dieses Konzept trägt dazu bei, vergängliche Konfessionen in eine biographische Perspektive einzuordnen.

Der Blick auf die Zukunft macht eine Pädagogik möglich; die

---

11 Hier unterscheidet sich die Berufsethik Calvins von der Gesinnungsethik Luthers: Während Calvin die Übernahme von Verantwortung in der öffentlichen Welt verlangt, verlegt Luther die Verantwortung in die Innenwelt. Entsprechend unterschiedlich sind die aktiven Erlösungsleistungen, mit denen der Gläubige zu seinem Heil beitragen kann, in der ›Welt‹ oder im ›Selbst‹ verortet – vgl. dazu den Klassiker: Weber 1985, 329.

mangelnde Kenntnis der Gläubigen eine sensible Didaktik indessen nötig: Aus diesem Grund gibt Luther den protestantischen Gläubigen in seinen Predigten über die Zehn Gebote zum einen Lasterkataloge an die Hand. Zum anderen führt Luther in den Katechismen den Sinn der Gebote kurz aus und schreibt den Pfarrern im einzelnen vor, wie sie bei der Unterweisung vorgehen sollen (vgl. Luther, Kleiner Katechismus 1966, 139 ff.):

1. Bei dem jungen und einfachen Volk sollen sie eine einfache Weise der Unterweisung wählen und dabei immer bleiben, »Wort für Wort, auf daß sie es nachsagen können und auswendig lernen« (Luther 1966, 139). Diejenigen, die den Katechismus nicht beherrschen, sollen auch nicht zum Abendmahl zugelassen werden.
2. Nachdem die Gläubigen den Katechismus beherrschen, solle der Pfarrer sie, Gebot für Gebot, Stück für Stück, in den Sinn unterweisen.
3. Nach dem Kleinen Katechismus solle sich der Pfarrer den Großen Katechismus vornehmen und dort besondere Aufmerksamkeit walten lassen, wo es die Gläubigen am meisten fehlen lassen.

In aller Knappheit sorgt diese Luthersche Didaktik doch dafür, daß zumindest der Grundbestand des Glaubens und der christlichen Ethik allen Gläubigen bekannt ist: Predigt und Unterweisung sorgen mehrmals wöchentlich dafür, daß dieses Wissen regelmäßig vermittelt und erneuert wird. Darüber hinaus sieht Luther die Prüfung dieses Wissens vor:

4. Der Pfarrer solle empfehlen, daß die Gläubigen mindestens viermal im Jahr zum Abendmahl gehen.

Vor dem Gang zum Abendmahl müssen sich die Gläubigen der Beichte unterziehen, der sich seit 1523 allerdings eine Art Glaubensverhör hinzugesellt. Dieses Verhör soll einer Profanierung des Abendmahls wehren und bezieht sich sowohl auf katechetische Fragen als auch auf solche des Lebenswandels. Erst an dieses der Kirchenzucht dienende Verhör schließt sich die freiwillige Beichte an; doch durch die zeitliche und räumliche Verbindung beider Akte verschmelzen sie bald zu einer *katechetisch orientierten Pflichtbeichte*.

Die Zweiteilung des Bekenntnisses in eine »freiwillige Beichte als innerlichen religiösen Akt einerseits und geistliche Sittenüberwachung andererseits« hält auch Hahn für soziologisch bedeutsam.

»Denn die innere Selbststeuerung durch das Gewissen wird hier mit äußerer disziplinierender Fremdkontrolle wirksam kombiniert« (Hahn 1982, 418). Die Fremdkontrolle wird jedoch offenbar sehr selektiv wirksam: Fischer zufolge müssen sich »geistig und sittlich hochgestellte Personen« solchen Verhören höchstens einmal aussetzen: Hahn konstatiert daraufhin eine »Zweigleisigkeit der sozialen Kontrolle, einer mehr über das Gewissen laufenden bei den religiösen Virtuosen und den angesehenen Gemeindemitgliedern und einer, die stärker auf die äußere Überwachung baut« (Hahn 1982, 418). Eine institutionell verankerte, gleichsam mitlaufende (Selbst-)Kontrolle ist jedoch für alle das Resultat der reformierten Beichtpraxis.

Kurz: Die *ethische Funktion* der protestantischen Beichte zielt, sehr viel radikaler als das katholische Modell, auf die zukunftsgewandte Rekapitulation sündiger Lebensführung *sub specie* individueller Heilsgewißheit; die *äußere Gestalt* ist nun die der Beichtgemeinschaft, die mit dem Priester, aber auch dem Freund und – sozial verbindlicher noch – dem Ehepartner und der Familie besteht; ihre zentrale *theologische Bedeutung* besteht in der Auflösung der sakralen Schutzzone, die die katholische Kirche dem Gläubigen gegenüber Gott gewährt, und das heißt u.a.: in der Auflösung des Monopols auf die Verwaltung schamvoller Geständnisse.

Alles dies versieht die Luthersche Problematisierung der Keuschheit, wie sie aus den Katechismen deutlich wird, mit einem neuartigen Bezugsrahmen. Seine Problematisierung erfaßt zwar die bekannten Themen und Dimensionen des Unkeuschen: Alle diese Themen und Dimensionen werden aber als individuelle und immer mitlaufende Selbst-Vergewisserung des Gläubigen unmittelbar vor Gott problematisiert. Diese Selbst-Vergewisserung ist durch einen katechetisch vermittelten Bestand an Glaubenswissen informiert.

Vor allem die institutionalisierte Verkettung christlicher Pflichten (Zulassung zum Abendmahl erst nach einer katechetisch orientierten Pflichtbeichte) sowie die in weltliche Gemeinschaften eingepflanzte Verpflichtung zum wechselseitigen Bekenntnis sorgt für die Durchsetzung eines christlichen Wissensbestandes auch in Keuschheitsfragen. In dieser Praxis werden die Sünden wider das 6. Gebot nun von zwei Seiten her problematisiert: Als ein Korpus von abstraktem Wissen, über den man nicht (genügend) verfügt, und als eine sittliche Lebensführung, deren man sich nicht (genügend) befleißigt.

Die beiden die Keuschheit betreffenden Gebote faßt und kommentiert der Kleine Katechismus in drängender Kürze:
- *Du sollst nicht ehebrechen*: »Wir sollen Gott fürchten und lieben, daß wir keusch und züchtig leben in Worten und Werken und ein jeglicher sein Gemahl lieben und ehren« (Luther 1966, 143).
- *Du sollst nicht begehren Deines Nächsten Weib, Knecht, Magd, Vieh oder alles, was sein ist*: »Wir sollen Gott fürchten und lieben, daß wir unserm Nächsten nicht sein Weib, Gesinde oder Vieh abspannen, abdringen oder abwendig machen, sondern dieselben anhalten, daß sie bleiben und tun, was sie schuldig sind« (Luther 1966, 144).

Im Großen Katechismus verwendet Luther zum einen große Mühe auf die Erläuterung des Keuschheitsgebots, zum anderen darauf, den Ehestand als einen von Gott gesegneten zu erklären. »Denn es liegt ihm vor allem daran, daß man Leute aufziehe, die der Welt dienen und helfen zu Gottes Erkenntnis, seligem Leben und allen Tugenden, wider die Bosheit und den Teufel streiten« (Luther nach Aland 1961, 56). Von dieser christlichen Regel sind nur zwei Gruppen von Gläubigen ausgenommen: die, die »zum ehelichen Stand nicht tüchtig sind«, oder die, die durch »übernatürliche Gabe ... außerhalb des Ehestandes Keuschheit halten können« (Luther nach Aland 1961, 56). Um für den Stand der Ehe zu werben, bemüht er auch eine Anklage gegen all jene, die »den Ehestand vor großer Heiligkeit meiden und entweder öffentlich und schamlos in Hurerei liegen oder es heimlich noch ärger treiben« (Luther nach Aland 1961, 57). Schließlich greift er das Motiv der *maritalis affectio* auf, das das kanonische Eherecht als ein wichtiges Element legitimer Eheschließung kennt: Luther wendet die Liebe in eine Grundbedingung für eheliche Keuschheit. Denn wo Liebe ist, »auch Keuschheit wohl von selbst ohne alles Gebieten folgen wird« (Luther nach Aland 1961, 58).

Gleichwohl sind auch bei Luther Sexualität und Ehe – theologisch betrachtet – nicht ohne weiteres versöhnt: »Keine Ehepflicht geschieht ohne Sünde, aber Gott verschonet ihrer aus Gnaden« – »Es ist eine Sünde nach Psalm 50,7, in nichts sich unterscheidend von Ehebruch und der Hurerei, soweit die sinnliche Leidenschaft und die häßliche Lust in Betracht kommt; Gott rechnet sie aber den Eheleuten durchaus nicht an, aus keiner anderen Ursache denn wegen seiner Barmherzigkeit« (Luther 1522). Gnade obsiegt über Natur: In Luthers Konzeption geschieht dies, indem die Ehe als eine *schöpfungsgemäße*, zeitliche und innerweltliche Institutionalisierung des Geschlechtstriebs figuriert (vgl. Suppan 1971, 42). Die Ehe ist gottgewollt, jedoch kein Sakrament: »Der Vollzug der Schöpfungsordnung heiligt im Vollzug der Ehe« (Suppan 1971, 45 f.) – die Wahl und der Vollzug der Lebensform Ehe trägt so trotz ihrer sündhaften Elemente zur Heiligung der Ehepartner bei.

Hinsichtlich seiner Erläuterung der Unkeuschheit greift Luther alle bekannten Dimensionen fleischlicher und geistiger Begierden auf. Der inwendige Herzensstreit zwischen *castitas* und *luxuria* durchzieht die acht Problembereiche *fornicatio simplex, meretricium, stuprum, raptus, adulterium, incestus, sacrilegium, excessum* (Luther nach Peters 1990, 237), deren sich alle Gläubigen gegenwärtig sein müssen, und zwar innerhalb und außerhalb der Ehe. Das – wie man salopp sagen könnte – »große Einmaleins der Unkeuschheit« verlangt den Gläubigen ein nicht unbeträchtliches intellektuelles Vermögen ab. Denn *notabene*: Dieses »geistliche Ringen um die Keuschheit des Herzens und die Reinheit des Leibes ist allen Christen in allen Ständen auferlegt« (Peters 1990, 238); in wöchentlichen Lektionen am Montag und Dienstag werden sie daher wiederholt unterwiesen – unter anderem in die systematisierte, dennoch komplizierte Materie der Anfechtungen (vgl. Peters 1990, 16).

Im 16. Jahrhundert hat der christliche Diskurs der Unkeuschheit durch die Katechese, wie sie Luther angestrengt hat, auch die Form eines in unterschiedlichen Graden der Komplexität verfügbaren, für alle heilsnotwendigen, Glaubenswissens angenommen: Dieses Wissen verhilft jedem einzelnen Gläubigen zu einer möglichst vollständigen wiederholten Selbstanalyse vor seinem Gewissen sowie seiner sozialen Gemeinschaft (Ehe, Familie, Pfarre). Nicht nur häuft sich die *Frequenz* und vermehren sich die *Orte* des Geständnisses; darüber hinaus werden die Sünden zu einer *Biographie* verknüpft. Man entlastet sich durch Geständnis und Reue zwar von Schuld, nicht aber von Vergangenheit. Die Selbstanalyse hat nicht nur *evaluierende*, sondern auch explizit *handlungsanleitende* Funktion, die überdies intersubjektiv überprüfbar wird. Schließlich steht die Verkettung der Einzelanalysen zu einem je punktuellen biographischen Sinnzusammenhang bei jeder neuen Sünde immer wieder zur Disposition, d. h. immer wieder steht *das ganze bisherige Leben* vor der Frage, ob man des Heils teilhaftig werden wird. Dies sind die wesentlichen Innovationen, die mit einer katechetisch orientierten Pflichtbeichte im Hinblick auf die christliche Problematisierung der Keuschheit respektive Enthaltsamkeit einhergehen.

Die Praxis der Beichte und die abstraktere Unterweisung in die beichtrelevante Materie nehmen sich nun als zwei Seiten eines Prozesses individueller Disziplinierung und Sinnstiftung aus. Die Sünden gegen das 6. und 9. Gebot tragen durch Selbsterforschung und Konfession zur Subjektivierung der Gläubigen (als Sünder gegen die Keuschheit) bei; die Katechese konstituiert einen abstrakten Gegenstand von Lehre und Lernen und trägt so zur Objektivierung des Begehrens als eines Wissenskorpus bei. Katholische Beichte, protestantische Seelsorge, gegenreformatische Generalbeichte organisieren im ausgehenden Mittelalter einen beständigen Kampf um Art und Inhalt des Sündenbekenntnisses. Alle diese Kämpfe um die legitime Form und die Wahrheit der Sexualität bringen zwei Effekte hervor: Sie produzieren immer neue Diskurse und tasten niemals deren Selbstverständlichkeit an. In Frage steht, *wie* der Diskurs organisiert werden muß und worüber genau er handeln soll; *daß* der Diskurs stattfinden, ja immer wieder stattfinden muß, und daß er den Unkeuschheiten zum Zwecke des individuellen Seelenheils wehren soll, darüber sind sich alle christlichen Autoritäten einig. Die nun allmählich sich etablierenden Wissenschaften von der Sexualität werden sich der Selbstverständlichkeit eines solchen Diskurses anschließen; man wird ebenfalls Perfektionierung anstreben und selbstbearbeitende Mittel einsetzen, um dies zu erreichen; worüber allerdings der Diskurs handeln soll, und wozu, daran wird man einige wesentliche Transformationen vornehmen. Von nun an wird man sich um das irdische Wohlergehen kümmern; vor allem gilt die Aufmerksamkeit nun dem Gegenteil der Keuschheit: der Sexualität (Teil IV).

Dies trifft die mittelalterlichen Gläubigen nicht unvorbereitet: die sich durchsetzenden Technologien des Selbst entlassen es mehr und mehr aus engführenden, korporatistischen Formen des Selbst und in die Möglichkeit, aber auch den Zwang, sich selbst zu formen. Dies zeigt sich auch an dem bislang gültigen Modell christlicher Selbstschreibung: der ›hagiographische Code‹ wird allmählich in Richtung auf eine sich rechtfertigende und stilisierende Form modifiziert.

Ecriture de soi II

Confessio, consolatio und catharsis

In der griechischen Antike gilt die Aufmerksamkeit des Menschen seiner Ausbildung, d. h. der Vollendung des Allgemeinen – der Vernunft und des Geistes –, durch das sein Wesen bestimmt ist; das Leben tritt »unter den Gesichtspunkt der Paideia, der Erziehung im Sinne der Bildung..., unter den Gedanken der vom Eros getragenen Selbstvervollkommnung« (Bultmann 1956, 110). Erziehung und Bildung des Menschen zu einem sich meisternden Selbst sind der biblischen Welt hingegen fremd, mehr noch, das Ideal der griechischen Antike erhielte »aus der Sicht des Christentums schnell den Beigeschmack der superbia, des Hochmuts: <es> ist daher nicht nur verzichtbar, sondern im Prinzip sogar gefährlich« (Soeffner 1988, 115). Dennoch entwickelt auch der christliche Diskurs Techniken der Reflexion und Bearbeitung, die *nolens volens* ein, wenngleich sündiges, Selbst hervorbringen. Der Kampf der Autoritäten sorgt für die immer umfassendere Verbreitung des Wissens über die Dimensionen des Unkeuschen, deren die Gläubigen sich bekennend zu entsagen lernen und – das ist entscheidend – damit sich selbst – einem ›Selbst‹ – zuzuschreiben lernen. Um welches Selbst handelt es sich?

Bis in das hohe Mittelalter hinein sind, so Richard D. Logan, Mensch und Welt durch ein kirchlich-korporatives Weltbild kaum unterscheidbar miteinander verwoben: »... Man was conscious of himself only as a member of a race, people, party, family, or corporation – only through some general category« (Middlemore 1958, 143).[12] Metaphorisch beschreibt Barfield den dann einsetzenden Wandel von einer eher korporativen zu einer eher individualisierenden Sicht auf Welt und Selbst: »The world was more

---

12 Diese korporativ eingebettete Persönlichkeitsbildung bezeichnet Georg Misch als »morphologische Individuation«: Alle Äußerungen dieser Persönlichkeit orientieren sich an den in der feudalen Gesellschaft existierenden Anschauungen und Formen. Von diesem Typus unterscheidet er die »organische Individuation«, die er jedoch, später als die hier vorgestellten Autoren, in die Renaissance versetzt (vgl. Misch 1949, 21 ff. und 365).

like a garment men wore about them than a stage on which they moved« (Barfield 1957, 94). Im Laufe des 12. Jahrhunderts mehren sich dann allerdings die Anzeichen dafür, daß das Selbst die Welt als ein Kleidungsstück abzustreifen beginnt und sich im Sinne George H. Meads zaghaft ›me‹ und ›I‹ gegenüber der Welt differenzieren.[13] Im Kalender von Michelet, Burckhardt und anderen bildet sich dieser Typus von Individualität erst in der Epoche der Renaissance, d. h. im Laufe des 15. Jahrhunderts heraus. Die Analyse der Buß- und Beichtliteratur ergibt demgegenüber ein anderes Bild: mit Beginn ihres Auftretens übt sie nicht nur den Beichtiger in die differenzierte, bußorientierte Beobachtung des Sünders ein, sie übt auch die Sünder in selbstdarstellende Bekenntniskompetenz ein. Auch die einschlägige Sekundärliteratur aus anderen Disziplinen sekundiert dem Eindruck, daß bereits viel früher, in der sog. ›Renaissance des 12. Jahrhunderts‹, diese Transformationserscheinungen sichtbar werden. So verweist Logan in einem Überblick etwa auf das Erscheinen der Autobiographie als literarischer Gattung, in der Kunst auf Beispiele für Portraits individualisierter Persönlichkeiten oder für die höfische Literatur auf das wachsende Interesse an persönlichen (Liebes-) Beziehungen (vgl. Logan 1986, 257).

An allen diesen Indikatoren, so Logan, zeigt sich jedoch nicht das moderne einzigartige-Selbst-auf-der-Welt-als-Bühne konstituiert (das moderne ›I‹). Vielmehr kristallisiert sich ein hochgradig typisierter ›Blick der anderen auf sich‹ heraus; dieser Blick des anderen gilt nicht den idiosynkratischen Zügen einer Persönlichkeit, sondern einer Summe von Eigenschaften, die der Christ dem kirchlich-korporativen Weltbild zufolge besitzen sollte: Klugheit, Gleichmut, Stärke, Gerechtigkeit (vgl. Morris 1972). Hierzu stellt

---

13 Vor dem 11. Jahrhundert gibt es nur vereinzelte Beispiele für quasiautobiographische, noch stark nach hagiographischen Vorbildern stilisierter Literatur wie sie Beda (673-735), Gregor von Tour (ca. 540 – 974) oder Ratherius von Verona (ca. 887-974) verfaßt haben. Beginnend mit dem 11. Jahrhundert, d. h. mit zunehmender Schulenbildung, aber auch mit wachsender Reisetätigkeit von Schülern und Lehrern, gibt es vermehrtes Interesse an Reisebeschreibungen, Erinnerungen, Briefsammlungen und anderen, persönlich gefärbten Berichten. »Autobiography was therefore not an isolated phenomenon, but part of general tendency to examine, and publish, one's personal experiences« (Morris 1972, 79).

Evelyn Birge Vitz in ihrer Studie über mittelalterliche Hagiographien fest, daß in ihnen Persönlichkeiten in einer Weise zur Darstellung kommen, daß sie quantitativ als Summe ihrer erwünschten und ihrer unerwünschten Charakteristika bestimmt werden können. Die Beurteilung des Individuums läßt sich daher daran ablesen, ob es sich mit der Summe seiner Eigenschaften oberhalb (z. B. Heilige) oder unterhalb (z. B. Häretiker) eines mittleren Standards befindet (vgl. Vitz 1975, 426 ff.) – und damit entweder der Erlösung oder aber der Verdammnis näher ist.

Für eine solche modellhaft-kasuistische Fassung des Selbst sind mittelalterliche Hagiographien zugleich typisch und stilbildend: Hier beobachtet sich nicht ein Selbst aus diesem oder jenen Blickwinkel seines Bewußtseins; hier beobachtet sich ein Ich-in-der-Welt mit den unmittelbar übernommenen Kriterien seiner (christlichen) Umwelt. Diese Welt ist teleologisch unter Gott geordnet: »... the awareness of self was dependent upon being seen by the corporate others, and/or God« (Logan 1986, 263). Das klassische *erkenne dich selbst*, das im hohen Mittelalter an Popularität gewinnt, hat daher eine andere Bedeutung als die, die wir ihm heute zuschreiben. Logan charakterisiert diesen Unterschied pointiert durch einen Wechsel der Betonung: Im Mittelalter sei diese Maxime als »*know* yourself« zu verstehen; in der Neuzeit als »know your*self*« (vgl. Logan 1986, 267). Die mittelalterliche Emphase zielt auf das Erkennen seiner Einpassung in die gottgewollte Ordnung der Welt.

Doch dieses Konzept durchzieht eine Spannung: Das semantische Inventar forciert, wie es die Analyse des vorangegangenen Teils bereits gezeigt hat, nicht nur die permanente Analyse des Selbst in Worten, Werken und Gedanken, sondern entläßt es, wie die Entwicklung der Beichtformeln zeigte, zunehmend auch aus der Pflicht, seiner selbst vollkommen zu entsagen. Es wird nicht nur möglich, sondern auch nötig, sich zu seinem je individuellen ›vermúgen‹ zu bekennen: Im Rahmen der gottgewollten Ordnung ist Individualität (hier als je individuelles Vergehen gegen das Gebot der Keuschheit) zumindest mit Beginn des 14. Jahrhunderts entscheidend für echte Reue und Vergebung, d. h. heilsnotwendig.

Dieser Prozeß läßt sich auch an den großen Konfessionen skizzieren, für die hier vor allem Augustinus und Abälard als prototypische Autoren stehen. Augustinus' *confessiones* sind ganz im Geiste der Beichtschrift verfaßt: In direktem Dialog bekennt er in kritischen Analysen sein (sündiges) Selbst. Die Schrift ist Mittel zu dem Zweck, sich in Gott aufzulösen und seiner selbst vollkommen zu entsagen. Die ihm nachfolgenden mittelalterlichen Autoren, die ähnliche Werke verfassen, brechen aus diesem unerbittlichen Beichtmodell aus und beginnen allmählich, nach dem Modell der Hagiographie aus einer *bricolage* autoritativer Vorbilder ein Selbst zu stilisieren. Das gilt auch für Abälard, der vor allem durch seine Schrift *Historia calamitatum mearum* aus den Jahren 1132 bis 1136 als Exponent mittelalterlicher Individualität gilt. Doch auch er wählt für sein ›Bekenntnis‹ das zu seiner Zeit Naheliegende: die Hagiographie als Modell.

Da der »hagiographische Code« (Ferguson 1983, 207) forciert, daß alles Persönliche sich dem Typischen und dem Generellen fügen müsse (vgl. Weintraub 1978, 58), darf der Heilige lediglich durch Exzellenz gegenüber dem Typischen auffallen. Dies restringiert auch die Ausdrucksmöglichkeiten für Abälard: »While Abelard's experience and observation convinced him of the fact of individuality he could not adequately express this metaphysical concept...« Abelard makes »abundant use of traditions and conventions that do not aim at establishing individuality« (Hanning 1977, 19, 23). In der Lesart, die Logan mit Verweis auf Hanning (1977), Morris (1972), Weintraub (1978) und andere dazu vorträgt, *behindert* das hagiographische Modell die Entwicklung einer Perspektive, aus der Menschen sich und andere als einzigartige individuelle Selbste wahrnehmen können. Ferguson betrachtet demgegenüber die mittelalterlichen Autobiographien, insbesondere auch die des Peter Abälard, als *literarische Experimente* mit den vorhandenen Ausdrucksformen[14] und betont so die Modifikationen, die sie, mehr oder weniger offen, an dem Code

---

14 Ferguson findet für Gilbert und Abälard, die mit beiden Komponenten der Hagiographie (die Form, die den individuellen Ausdruck ermöglicht und zugleich behindert) ringen, die Kategorie der »conservative innovators«: »In each case these autobiographers selected a literary medium with a history extending into antiquity; in this sense they were conservative. In each case these autobiographers adapted their respective genre <die *confessio* bei Guibert, die *epistula consolatoria* bei Abälard, S.M.> to personal psychological needs; in this sense they were innovative« (Ferguson 1983, 206). Damit beschreibt Ferguson das, was Luhmann in seiner Theorie evoluierender Semantik abstrakt als Selektion und Variation semantischer Gehalte bezeichnet.

vornehmen. Über die spirituelle Konfession hinaus geht es auch bei Abälard, so Ferguson, der sich hier an Mary Martin McLaughlin anschließt, in einem krisenhaften Lebensabschnitt um das Überdenken der bisherigen Lebensführung und die Neuorientierung im Hinblick auf das noch Kommende. Dazu benutzt Abälard die Bekenntnisschrift als Vorlage *und* modifiziert sie zugleich:

Aaron J. Gurjewitsch identifiziert Abälards *Historia calamitatum mearum* zunächst als »Lebensbeichte«, entstanden »aus dem Bedürfnis des Philosophen, seine Seele auszubreiten und zu schildern, was ihr Schmerz bereitet hat« (Gurjewitsch 1994, 165). Abälard berichtet von seinen Kämpfen mit den führenden Theologen und Philosophen; gegen einflußreiche Kirchenfürsten; von Handgreiflichkeiten mit den Mönchen; von dem abrupten Ende seiner Karriere, nachdem er zur Strafe für seine ›außereheliche Lebensgemeinschaft‹ mit Héloise mit Kastration und Schande leben mußte; von den Konzilen, auf denen seine theologischen ›Verirrungen‹ verurteilt wurden; von seiner Verbannung ins Kloster. Dies alles beschreibt er nach dem Muster des monastischen Kampfes gegen die weltlichen Anfechtungen: Der Kampf ist das Medium, in dem sich Tugend und wahre Stärke Abälards bewährt.

Gleichwohl geht es Abälard, ganz anders als Augustinus, nicht um die Teilhabe Gottes und des Lesers an Selbstanalyse und Selbstversenkung oder »Seelenkunst« (Lehmann 1952, 42). Nicht der Geist echter Reue, Buße und Demut bilden das Motiv für dieses Werk: Sie bilden gleichsam nur die floskelhafte Hülle der Darlegungen. Es scheint sich viel eher um eine »Rechtfertigungs- oder Verteidigungsschrift« zu handeln (Gurjewitsch 1994, 179; Ferguson 1983, 203); »... mit dem Voranschreiten des Berichts über sein äußerlich und innerlich so stürmisches Leben tritt immer mehr sein Bestreben an die Oberfläche, sich in den Augen anderer zu rechtfertigen, vielleicht auch, um mit diesem Werk seine Rückkehr nach Paris zu aktiver Lehr- und Forschungstätigkeit vorzubereiten« (Gurjewitsch 1994, 166). Er bezichtigt sich zwar selbst immer wieder der größten Sünde, des Stolzes und des Hochmuts: »Ich arbeitete völlig besessen von ›superbia‹ (›Hochmut‹) und ›luxuria‹ (›Ausschweifung‹), und nur Gottes Barmherzigkeit hat mich ohne mein Zutun von diesen beiden Krankheiten geheilt« – die Ausschweifung durch Kastration und den Hochmut durch die »Verbrennung des Buches, auf das ich am meisten stolz war« (Abälard nach Gurjewitsch 1994, 171). Doch immer wieder kommt Abälard unverhohlen auf seine intellektuelle und männliche Attraktivität zurück: Zum einen erwähnt er seine Lehrer, die sein Denken beinflußt haben, nur, wenn er so seine dialektischen Fähigkeiten als überragend darstellen kann[15]; zum anderen erinnert er sich immer mit Befriedigung an die Freuden, die er mit der ihm verfallenen Héloise genossen hat. Überhaupt brauchte er »bei keiner einzigen Frau, die ich meiner Liebe gewürdigt hätte, Zurückweisung zu befürchten« (Abälard nach Gurjewitsch 1994, 171 f.).

Die traditionelle Form der Bußschrift, die das Moment des Trostes durch ein Exempel göttlichen Gnadenerweises enthält, ist dem Modus ›reuiger Zerknirschung‹ der vollständigen Beichte sündhafter Gedanken, Worten und Werken verschrieben: Dieses Modell greift Abälard zwar auf, mischt indessen neben das Moment des Trostes das Moment der Selbstrechtfertigung hinein: Damit wird die vermeintliche Beichte, hier aufgrund der literarischen Vorlage einer *epistula consolatoria* verfaßt, zu einer Apologie. »Abälard entsteht vor uns in einer besonderen eigentümlichen Projektion – in der Projektion auf die Welt, die ihm Leiden zufügt ... das autonome Individuum, das seine Innenwelt nach außen abschottet und einen Dauerkonflikt mit seiner Umgebung austrägt, einen Konflikt, der es immer wieder von neuem zwingt, sich selbst zu definieren« (Gurjewitsch 1994, 180 ff.; McLaughlin 1967, 488).[16]

---

15 »Vor uns steht die ›Autobiographie‹ eines großen Intellektuellen, keine intellektuelle Autobiographie« (Gurjewitsch 1994, 179): Mit dieser Bemerkung bringt Gurjewitsch pointiert zwei wesentliche Indizien moderner Autobiographie zum Ausdruck. Zum einen die moderne Fähigkeit, sein Leben unter ganz speziellen Gesichtspunkten und Fragestellungen Revue passieren zu lassen und so gleichsam verschiedene Lebensläufe entwerfen zu können: Liebes-, Krankheits- oder, wie hier, Berufsbiographien. Zum anderen zeigt diese Berufsbiographie, daß Individualisierung gegenüber der Welt hier durch Stilisierung eines monolithischen Selbst gegenüber einer feindlichen Welt forciert wird. (Auf diese holzschnittartige Stilisierung des Selbst wird die folgende Fußnote zurückkommen.)

16 An dieser Stelle macht Gurjewitsch zu Recht darauf aufmerksam, daß sich dieses Leben, das sich als beständiger Zusammenstoß mit ver-

Für diese Konflikte, die neben Abälard und Gilbert auch andere Gestalten erleben, werden zwei Gründe aus dem Bereich gesellschaftlicher Entwicklung genannt: Zum einen wird immer wieder hervorgehoben, daß diese Schriften in einer Phase der intellektuellen Erneuerung der westlichen Kultur (die ›Renaissance des 12. Jahrhunderts‹) verfaßt wurden. Indikativ sind dafür neben den bereits genannten Entwicklungen im künstlerischen Bereich auch solche Studien, die die Entwicklung vom Untertanen zum Citoyen (W. Ullmann), die Herausbildung der Autorenindividualität (P. Dronke, R.W. Hanning), die Bedeutung der Persönlichkeit für die Religiosität von Kirchenschriftstellern des 12. und 13. Jahrhunderts feststellen (s. auch: R. W. Southern). Zum anderen weist man auf die Zunahme sozialer Gruppen hin, innerhalb des religiösen Bereichs etwa auf die Zunahme und Rivalität zwischen alten und neuen Mönchsorden; durch diesen Prozeß[17] vervielfältigen

schiedenen Milieus (Kloster, Kolleg, Kirche) stilisiert, mit einem sozialen Prozeß verwebt, in dem die Herausbildung verschiedener sozialer Gruppen stattfindet; unter anderem entwickelt sich nun die soziale Rolle des Berufsgelehrten. Abälard erwähnt eigens, daß er um der Wissenschaft willen von seinem Adelsrecht der Erstgeburt keinen Gebrauch machte – auf der Ebene des persönlichen Konflikts artikuliert sich ein Prozeß sozialer Differenzierung: »Die Herausbildung des Selbstbewußtseins der Berufsintellektuellen mit ihrem spezifischen Wertesystem, mit ihrem Glauben an die Kraft der Vernunft und des individuellen Begreifens der Wirklichkeit, mit einem neuen Mentalitätstyp, eilte ihrer Etablierung als soziale Schicht voraus« (Gurjewitsch 1994, 183).

17 – einen Prozeß, den die zeitgenössischen Beobachter wahrnehmen und allmählich auch akzeptieren, wie Constable zeigt (vgl. Constable 1985, 46). Bereits das 12. Jahrhundert bezeichnet er als »age of pluralism«, das der Devise *diversi sed non adversi* als gleichzeitig religiösem und sozialem Ideal verpflichtet sei. Die zunehmende Pluralisierung der Lebensformen schließt jedoch interne Hierarchisierung und Konkurrenz nicht aus (vgl. Constable 1985, 47): Im Gegenteil schärft dieser Umstand das Bewußtsein der *Gewähltheit* von Lebensformen.

Morris stellt hierzu beispielsweise fest, daß um 1150 Menschen ihre eigenen Entscheidungen zu treffen beginnen (Morris 1972), dies allerdings vor allem im Sinne einfacher Ja/Nein-Alternativen (eines der Abälardschen Werke trägt bezeichnenderweise den Titel *Sic et Non*). Eine gesellschaftliche Manifestation dieses Prozesses, der sich individuell als Wahlmöglichkeit niederschlägt, zeigt sich für Logan in der Herausbildung immer neuer Häresien, die zwischen dem 12. und sich die sozialen Rollen und erhöht sich die Bedeutung der Wahl einer richtigen Lebensweise. Ebenso wie im Übergang von der Antike zum frühen Mittelalter ist auch das 12. Jahrhundert eine Übergangsphase; in beiden Phasen tauchen autobiographische Experimente auf: hier Augustinus' *confessiones*, dort die Schriften Abälards, Gilberts, Abts Suger, des Mönchs Otloh und anderer. »In earlier of these traditional periods, the combination of cultural flux and personal crisis created an environment conducive to autobiography« (Ferguson 1983, 209).

Gleichwohl fließen zu diesem Zeitpunkt, so auch Carol Walker Bynum, die Suche nach den ›inneren Beweggründen‹ und die ›Empfindung der Gruppenzugehörigkeit‹ ineinander, präziser: Gerade die Entdeckung der sozialen Gruppe forciert die Wahrnehmung eines äußeren und eines inneren Selbst (Walker Bynum 1980, 3). Im religiösen Bereich wird das *aedificium Dei* entdeckt: Gero von Reichenberg etwa katalogisiert alle Rollen in der menschlichen Gesellschaft und fragt nach der Weise, in der sie religiös sind. Auch die Kanonisten befassen sich nun mit der Wahl der richtigen religiösen Ordnung. Der Zwang zur Wahl des ›richtigen‹ Ordens etwa läuft auf die Befragung seiner selbst hinaus: »It is hard to avoid the conclusion that behind the question ›which is the better life?‹ lay the question: ›which life shall *I* choose? Have *I* chosen well?‹« (Walker Bynum 1980, 7). Darüber hinaus ist das Individuum zwar noch immer auf die Entdeckung seines Selbst als *Imago Dei* verpflichtet, jedoch nicht mit dem Ziel, sich in Gott aufzulösen, sondern um sich als Gottes Partner und Freund zu konstituieren.

Aus dieser Warte bekommt auch der ›hagiographische Code‹ einen neuen Aspekt: Die Gründer von religiösen Bewegungen, die Hagiographen und Autobiographen *wählen* ihre Prototypen (vgl. Constable 1985, 38): Mit dieser Wahl stilisieren sie sich selbst (vgl. Walker Bynum 1980, 13), wenngleich im Rahmen dessen, was das Modell zuläßt. Darüber hinaus machen sich Individuen mit dem Bezug auf ein Modell auch für andere beobachtbar: »›Teach by

---

14. Jahrhundert besonders verbreitet waren. »It is most interesting in this context that the term heresy means ›to hold an opinion contrary to the established orthodoxy‹ and that, perhaps still more interesting, the word comes originally from the greek *hairesis*, meaning ›choice‹« (Logan 1986, 260).

example as well as word‹ was one of the favourite twelfth-century exhortations to evangelism; and ›teaching by example‹ meant being oneself an observable pattern which was available to others for the re-shaping of their lives« (Walker Bynum 1980, 10). In diesem Gebrauch fixiert der hagiographische Code nicht nur, sondern eröffnet auch strukturierte Selbst- und Fremdwahrnehmung.

Neben dem Faktor des kulturellen Umbruchs oder der gesellschaftlichen Differenzierung wird außerdem der Faktor des persönlichen, psychisch lokalisierten Konflikts gesehen. Ferguson fällt insbesondere auf, daß die theologischen Elemente der *confessio* und der *consolatio* hier eine neue, genuin psychologische Funktion erhalten, nämlich die der Katharsis. »The autobiography of Guibert de Nogent and Peter Abelard were literary experiments shaped by the genres of confession and consolation, but precipitated by personal crises that motivated their authors to seek psychological refuge through the therapy of autobiography« (Ferguson 1983, 188). Die Namen für diese persönlichen Konflikte lauten beispielsweise »Entfremdung« (– im psychologischen Sinne – vgl. Ferguson 1983, 208); man hält die Autoren für »Neuropathen« und »Masochisten, die Verlockung im Trost und Heilung in der Krankheit suchen« (vgl. Leclercq 1973). Auch John F. Benton nähert sich der autobiographischen Schrift Gilberts in psychoanalysierender Weise (Benton 1982); ebenso Ferguson, der etwa »regressive adaptation« diagnostiziert (Ferguson, 1983, 199, Anm. 43). Nicht zuletzt die *confessiones* des Augustinus sind psychohistorischen Analysen unterzogen worden (z. B. Dodds 1928; Kligerman 1957; weitere Literatur bei Frederiksen 1978, 225).

Gegen diese ›psychoanalysierenden Attacken‹ auf historisches Material gibt es allerdings verschiedene Proteste. Gurjewitsch nennt zum einen die Armut der Quellen, die solche Analysen nicht zuließen, zum anderen argumentiert er disziplinär – als Historiker: Diese Autobiographien seien aus den moralisch-ideologischen Spannungen der historischen Situation, und nicht aus den internen Konflikten anomaler Psychen entstanden (Gurjewitsch 1994, 189).

Paula Frederiksen hingegen, die sich als Psychohistorikerin versteht, modifiziert diesen Punkt um den Aspekt interdisziplinärer Methodik: Aus ihrer Sicht sei zunächst den geschichtswissen-

schaftlichen Standards entsprechend das vollständige Werk sowie der sozio-historische Kontext eines Autors in Betracht zu ziehen. Zur Interpretation dieses Korpus könne man sich alsdann psychologisch/psychoanalytischer Konstrukte bedienen. Nur ein solches Verfahren, das die Standards beider Disziplinen berücksichtige, verdiene, als »psycho-historisch« bezeichnet zu werden.
Für wie überzeugend man ihre analytische Skizze, die sie für den ›Fall Augustinus‹ vorlegt, auch hält (vgl. Frederiksen 1978, 219 ff), diskursanalytisch ist hier vor allem eines interessant: Ein hermeneutisches System namens Psychoanalyse, dessen Genealogie auch auf Augustinus zurückgeht, schlägt nun nach 16 Jahrhunderten in einer eigentümlichen Volte auf ihn zurück. Seine Bekenntnisse werden nun selbst zum Gegenstand einer Disziplin, die ihre zentralen Einsichten den Geständnissen auf der Couch verdankt – Geständnisse, die in Form (Beichte) und Inhalt (u.a. Vergehen gegen die Keuschheit) christliche Vorlagen aufgreifen und modifizieren – z. B. die Konfession. Augustinus' Hadern mit Wollust und Keuschheit, die er vor Gott und den Lesern um seiner Entsagung willen entblößt, wird nun seiner ›narzißtischen Persönlichkeit‹ zugeschrieben – eine ›Persönlichkeit‹, die das spezifisch neuzeitliche Resultat der Psychoanalyse ist und die der augustinische Diskurs gar nicht kennt! Frederiksen macht sich in diesem Punkt trotz ihrer kenntnisreichen Analysen eines Präsentismus schuldig, den sie selbst an anderen Autoren verurteilt.
Daß man soziohistorisch spezifische Selbste unterscheiden muß, darauf scheint auch Gurjewitsch (hier am Beispiel von Abälard und Héloise) aufmerksam zu machen:

Schon die Zeitgenossen von Abälard und Héloise dachten häufig über sich und ihr Schaffen nach; dabei verfügten sie bereits über ein umfangreicheres Repertoire an Mitteln und Möglichkeiten zur Selbstreflexion und Selbsteinschätzung als ihre Vorläufer. Im Gegensatz dazu waren ihre Mittel zum Ausdruck des eigenen Ichs unterentwickelt. Der Kern der Persönlichkeit war von einem dichten Kokon aus festen Redewendungen, literarischen Klischees und aus der Tradition herüberreichenden Fäden umsponnen; aus der Tradition stammten auch die obligaten Gestalten, die den Bereich einengten, in dem das Individuum seine Individualität ausdrücken konnte. Die Einzigartigkeit der Persönlichkeit, ihre Unähnlichkeit mit anderen galt als anomal und sündhaft; dafür mußte der Autor äußerlich Buße tun, auch wenn er insgeheim Stolz empfand« (Gurjewitsch 1994, 194 f.).

Zwar zeigt Gurjewitsch hier, daß er soziohistorisch spezifische Formen des Ichs unterscheidet. Doch vor allem mit seinem letzten Satz: »Daher entzieht sich sein wirkliches, sein echtes Ich unseren Blicken« (Gurjewitsch 1994, 195) nährt allerdings auch Gurjewitsch den Verdacht, daß er vor dem Hintergrund eines modernen Konzepts des eigentlichen Selbst (eines idiosynkratischen ›I‹) dessen mittelalterliche Fassungen bestenfalls für Vorformen hält –, mit einer solchen Konzeptualisierung widerspricht er allerdings seinem eigenen historistischen Ansatz.

Die genealogische Perspektive verbietet eine solche Sicht und behauptet statt dessen: *Dieses* Ich, das wir *heute* als unser wahres Ich verstehen, und dem wir heute im Bedarfsfall mit therapeutisierenden Methoden hinterhereilen, beginnt eben erst, aus dem vorhandenen semantischen Inventar des frühen Mittelalters und antiker Vorlagen seine Begriffe zu schmieden. *Noch* (also im 12. Jahrhundert) ist Individualität im Sinne einer einzigartigen Persönlichkeit im Gegenteil ein Übel, ein sicheres Zeichen der Überheblichkeit, zumindest immer dann, wenn die Darstellung nicht schließlich dazu dient, dem irdischen Selbst zu entsagen. Sobald der Leser, der Andere, nicht mehr das Auge Gottes (und damit die kirchliche Konvention) repräsentiert, sondern alle diejenigen, gegenüber denen man anders, gar einzigartig ist, wird die hergebrachte Form der Buß- oder Beichtschrift und mit ihr eine ganze semantische Tradition ausgehöhlt, ein anderer Typus des Selbst konstituiert.

Die konfessorische Rede ist noch ganz dem Erkennen Gottes gewidmet: Die Erkenntnis des sündigen Selbst ist hier nur Mittel zu diesem Zweck. In diesem Sinne ist Augustinus' Selbstanklage zu verstehen: »Du standest vor mir; ich aber war auch von mir abgewichen und fand nicht einmal mich, um wieviel weniger Dich« (Augustinus 1987, 40). Die rechtfertigende Rede hingegen bringt ein ›me‹, ein den anderen dargestelltes Ich zum Ausdruck. Alle Anknüpfungen an die apostolische Tradition, alle Beweise der Katholizität, die Öffentlichkeit: Diese Momente der *confessio* (vgl. Magaß 1984, 40), die Abälard aufgreift – und dabei scheinbar Augustinus' *confessiones* nachahmend – refunktionalisiert er zu Mitteln seiner Rechtfertigung in den Augen seiner Umwelt (Berufskollegen, Schüler, Mitbrüder). Weder für Augustinus noch für Abälard ist es korrekt zu behaupten, ihr ›echtes Ich‹ *entziehe* sich unseren Blicken: Vor unseren Blicken *entsteht* gerade ein, wenn auch nicht unser heutiges, Selbst. Entwirft die augustinische Konfession ein Selbst, das bekennend, bereuend, büßend seiner selbst *entsagt* und sich bis in die Sprechakte hinein (Erzählung, Gespräch, Gesang, vgl. Magaß 1984, 44) des semantischen Inventars des frühen Christentums zur Herstellung *dieses* Selbst bedient, so entwirft Abälard ein Selbst, das sich dieser Mittel auf eine Weise bedient, die ihn vor Gott und dem Anderen *rechtfertigt*.

Auch der Humanist Petrarca (1304 – 1374) lehnt sich an die augustinische Vorlage an: In seinem Sendschreiben *Posteriotati* (›An die Nachwelt‹) spricht zwar auch er von Bekehrung; aber in der Stilisierung seiner Vita und hier insbesondere seiner Verdienste als Dichter dokumentiert er hohes Verfasserbewußtsein. Hier handelt es sich weder um eine Selbst-Anklage (Augustinus) noch um eine Selbst-Rechtfertigung (Abälard). Er bedient sich auch nicht länger berühmter Gestalten der christlichen Vergangenheit, die als Rollenmodell dienen; Augustinus etwa figuriert bei Petrarca statt dessen als imaginierter, ebenbürtiger Gesprächspartner in dessen Rolle als Autor einer berühmten Bekenntnisschrift – gleichsam als Kollege. Anders als die bisher benannten Autoren verpflichtet Petrarca sich nicht auf den katholischen, hagiographischen Code: »Er vergleicht sich nicht einfach mit diesem oder jenem Prototyp, er arbeitet konsequent an der Schaffung eines regelrechten Mythos für sein eigenes Leben« (Gurjewitsch 1994, 286). Ein Wille zur Konstruktion des Lebenslaufes, zur Homogenisierung des »Ich« – das bedeutet auch: ein Entstehungsherd des modernen, idiosynkratischen ›I‹.

Diese kurze Skizze will jedoch keinesfalls suggerieren, daß es sich bei der ›Entdeckung‹ der Individualität und der Entwicklung dieses Konzepts um einen gradlinigen Prozeß handelt. Mit Gurjewitsch (1994) und Schmitt (1989) ist dies eine Fiktion. Nein, die Genealogie einer therapeutisierenden Konstruktion sexueller Selbste erkennt in den durch antike und christliche Muster inspirierten Autobiographien christlicher Denker und deren durch gesellschaftliche Umbrüche motivierten Modifikationen ein weiteres Moment der Herausbildung selbstthematisierender Diskurse. Aus der gegenwärtigen Perspektive scheint sich in diesen Beispielen das Selbst, das wir heute kennen, zunächst noch in einem korporativen Weltbild zu verlieren und ›noch nicht wirklich‹ ein Selbst zu sein; diesen Mantel legt es mehr und mehr ab und enthüllt schließlich seinen einzigartigen Kern.

Gegen dieses Argument legt die Genealogie mit dem Historisten

Widerspruch ein: Statt eine Erbschaftsfolge des Individuums bis in ferne Vergangenheiten herzustellen, sind Persönlichkeit und Individualität in den sozialen und kulturellen Prozessen der Epoche zu untersuchen, die Gegenwart seiner Untersuchung sei (vgl. Gurjewitsch 1994, 21) – jede Epoche sei »unmittelbar zu Gott« (Ranke). Gleichwohl fahndet sie als »Genealogie des modernen Menschen« nach dessen verschiedenartigen Wurzeln. Das Ziel einer genealogischen Studie ist also nicht die ›mittelalterliche Persönlichkeit‹ selbst (z. B. Jacques Le Goff 1990), sondern das Entstehen des modernen Selbst. Für diesen Prozeß sucht die Genealogie einzelne Entstehungsherde subjekterzeugenden Wissens auf (hier vor allem die christlichen Orte des Buß-, Beicht- und Kirchenrechtswesens, die Technologien des Selbst entwerfen und in obligatorischen Ritualen verbindlich machen, aber auch Hagio- und Autobiographien, in denen Modelle des Selbst stilbildend werden). Die Genalogie beobachtet dann das »Spiel der Überwältigungen« (Foucault), d.h. die stets selektive und regelmäßig variierende Rezeption vorhandener Formen, die jede Epoche ›unmittelbar zu Gott‹ ausbildet, die sie aber nicht ›vererbt‹, sondern die (möglicherweise) in nachfolgenden Diskursen auf Resonanz stoßen und dort diskursspezifisch rezipiert werden.

Mit dem Suchbegriff der Selbsttechnologie erwartet die Genealogie, Selbste zu finden. Sie erwartet jedoch nicht, stets das moderne Selbst oder immerhin ›unentwickelte Vorformen‹ dieses Selbst zu finden. Statt dessen stößt sie auf unterschiedliche Thematisierungen des Selbst, die durch rekombinierende Rezeption semantischer Vorlagen entstehen: Das seiner entsagende Selbst, das sich vor den Augen Gottes und der anderen rechtfertigende Selbst, das sich nach autoritativen Vorlagen stilisierende Selbst sind unterschiedliche Resultate desjenigen semantischen Inventars, das das Christentum in Ritualen, Prozeduren, Schriften und Vorschriften bereithält und das sich mit dem stets modifizierenden Gebrauch selbst ändert. Die mittelalterlichen Techniken der Selbstherstellung, und hier insbesondere die Techniken der Selbstschreibung, kreisen um die Elemente *confessio, consolatio* und *catharsis*: Hier entsteht ein Selbst, dem eigentlich zu entsagen ist, gleichsam als nicht-intendierte und selbst wieder zu bearbeitende Nebenfolge.

Wenn die Wissenschaften das Projekt der therapeutisierenden Konstruktion sexueller Selbste aufgreifen, werden sie das sich endlich enthüllende Selbst, die endlich befreite Rede vom Sexuellen, das endlich wahre, da verwissenschaftlichte Geständnis feiern. Das wahre sexuelle Selbst ist nun eine intendierte Folge wissenschaftlicher Bemühungen, gleichwohl bedarf es auch hier einfallsreicher, minutiöser und professionell angeleiteter Techniken, um ebendiese Folge zu zeitigen. Auch die modernen Techniken des Selbst kreisen um die Elemente des Bekenntnisses, des Trostes und der Befreiung, doch die Wissenschaft versieht ihr Projekt gleichsam mit einem neuen Index. So, wie alle christliche Bemühung um *Selbstentsagung* die Erlangung der *Keuschheit* fokussiert, stellt die wissenschaftliche Bemühung um das authentische *Selbst* die befreite *Sexualität* in den Mittelpunkt. Die wissenschaftlichen Praktiken der Psychotherapie greifen dabei allerdings in erheblichem Umfang auf die christlichen Praktiken der Askese, der Buße und der Beichte zurück, refunktionalisieren diese hermeneutischen Techniken und stellen sie in den Dienst der therapeutischen Konstruktion sexueller Selbste. Davon berichtet der vierte Teil dieser Arbeit.

Teil IV
Therapeutik:
Verwissenschaftlichungen des Geständnisses

Das Begehren erlebt im Laufe des 17. und 18. Jahrhunderts eine neue diskursive Fassung: Wenn auch ungleichzeitig und mit vielen Brüchen, so ereignet sich doch schließlich die Umstellung von einem Dispositiv der Sünde auf ein *Dispositiv der Sexualität*. Die ›Sexualität‹ wird nun zum Einsatz des Bürgers im Kampf um politisch-soziale Emanzipation gegenüber Adel und Proletariat. Die bürgerliche Sorge um sich richtet das Begehren nach den Normen Gesundheit und Sittlichkeit aus; dazu unterrichtet sie sich bei Ärzten und Eheratgebern. Während der allgemeine politische Diskurs noch darüber streitet, ob in Hinsicht auf den Fortschritt der Zivilisation der Natur oder aber der Kultur der Primat zuerkannt werden müsse, nimmt der sexualratgebende Diskurs das Dual zur Gänze auf: Sowohl Verstöße gegen die Gesundheit (Natur) als auch gegen die Sittlichkeit (Kultur) verstoßen gegen eine Norm der Soziabilität.

Die Diskurse des Sexuellen finden im 19. Jahrhundert ihre Einheit in dem Leitmotiv: das Leben zu verwalten. Auch Medizin und Psychiatrie, die sich nun um die Wahrheit der Sexualität bemühen, knüpfen an das christliche Ritual des Geständnisses an, überführen es jedoch in Schemata mit wissenschaftlicher Regelmäßigkeit: aus den vergänglichen Bekenntnissen werden Archive des Begehrens – wie schon zuvor, identifiziert man abweichendes Begehren. Nun aber ist es nicht die Abweichung vom Ideal der Keuschheit, sondern die Abweichung vom *Ideal der Gesundheit und der ehelichen Reproduktivität*. Zunächst stehen die Frauen als Mütter und Ehegattinnen sowie das masturbierende Kind im Zentrum der Aufmerksamkeit. Mit der Psychopathia Heinrich Kaans differenziert sich eine Sexualmedizin heraus und schließt nun als Disziplin immer engere Kreise um das Begehren.

In der zweiten Hälfte des 19. Jahrhunderts gibt man die Beschränkung auf die Pathologien des Individuums auf; durch ihre Verschränkung mit den Entartungstheorien interagieren sie intim mit den Pathologien der Gattung. Medizinische Therapeutik und eugenische Sozialtechnologie konvergieren auf die *Perversion* als einen interventionsbedürftigen Gegenstand par excellence. Individuelle Verantwortung und öffentliches Wohl verlangen Kontrolle und bieten Therapie, die die unsittliche Moral, den schwachen Willen, die ungesunde Lebensweise, die perverse Körperempfindung zu heilen verspricht. Eine minutiöse und immer individuelle Kombination dieser Verfügungen produziert nun die Wahrheit des Sexes: Krafft-Ebing und Fuchs sind Beispiele dafür. Flankierend dazu wehrt eine medizinisch geleitete Sexualpädagogik der Geißel der Jahrhundertwende: der Nervosität, die den zugleich erotisierten und erschöpften Körper hervorbringt. Gegen 1900 ist durch beide Linien des Diskurses eine umfassende Pathologisierung des Sexuellen durchgesetzt.

Zum Ende des 19. Jahrhunderts geraten sowohl therapeutische Maßnahmen, die den Willen des Patienten ausschalten (Hypnose), als auch solche, die ihn einsetzen (Psychagogik), durch die Psychoanalyse in Kritik. Sie stellt fest: die widerstreitenden Anforderungen zwischen Sexualtrieb und Kultur führen zu einem *permanenten psychischen Konflikt* zwischen Es und Über-Ich, der sich insbesondere bei dem Bürger in einem Übermaß an sexueller Unterdückung manifestiert. Doch das gestörte Begehren, das zuvor noch das Gegenüber der Wahrheit war, wird nun zu ihrer Grundlage, und es ist die korrekt ausgeführte Therapie mit ihrer Aufmerksamkeit auch gegenüber scheinbar belanglosen Details, die etwas über das authentische Selbst lehrt. *Sexualität, Therapeutik und Selbst verweisen nun umfassend sinnstiftend aufeinander.* Der gordische Knoten ist geknüpft.

Im 18. Jahrhundert differenziert sich aus den augustinischen *confessiones* und dem pietistischen Tagebuch die *Autobiographie* heraus. In Distinktion zu repräsentativen Chroniken des Adels und indirekt informiert von den Fallgeschichten der Mediziner schält sich eine Literatur schonungsloser Entblößung seelischer Zustände heraus. Der kathartische Effekt des christlichen Bekenntnisses wird nun zunehmend durch die therapeutische Funktion der Autobiographie abgelöst. Das Selbst der Gegenwart verfügt über eine (sexuelle) Autobiographie – oder erarbeitet sie in der Therapie.

Kapitel 11

Aufklärungen über sittliches und gesundes Verhalten

Im Laufe des 17. und 18. Jahrhunderts ereignet sich eine bedeutende Umstellung: Säkulare Diskurse beginnen, sich dem Begehren zu widmen. Sie tun dies zunehmend mit einer neuen Referenz: Wenn sich nun medizinische Handbücher dem Thema Ehe und Nachkommenschaft zuwenden, so orientieren sie sich nicht länger an einem jenseitigen Ideal der Keuschheit und des Ewigen Heils, sondern an einer diesseitigen Verpflichtung zu Sittlichkeit und Gesundheit. Dies geschieht in dem Moment, in dem die medizinische Problematisierung des Begehrens in den Einzugsbereich einer weitreichenden politischen Entwicklung gerät, den der Emanzipation des Bürgertums. Der Körper des Bürgers, seine Langlebigkeit, seine Zeugungskraft und seine Nachkommenschaft werden zu Insignien einer neuen Verteilung der Diskurse, ihrer Wahrheits- und Machtwirkungen. Zum Stützpunkt bürgerlicher Hegemoniebestrebungen sowohl gegenüber dem Adel als auch gegenüber dem Proletariat wird – Sexualität. Diskursive Führung übernimmt nun ein sexualaufklärendes Genre, der Ehe- oder Sexualratgeber. Es zeigt indessen ein merkwürdiges Doppelgesicht, wenn es darum geht, die Wahrheit des Begehrens zu fixieren: für die einen zeigt die natürliche Sexualität die wahre Kultur des Begehrens; für die anderen führt nur die kulturell verfeinerte Sexualität zur eigentlichen Natur des Begehrens. Die Wahrheit der Sexualität oszilliert nun zwischen Natur und Kultur – Erbe der politischen Aufklärung, die die bürgerliche Selbstvergewisserung über eine Kaskade von weiteren Begriffen und Gegenbegriffen führt. Der Disput zwischen Rousseau und Voltaire veranschaulicht dies in exemplarischer Weise. Die identifizierten Abweichungen enthalten nun zwei Komponenten: zum einen verstoßen sie gegen die Natur und gefährden so Gesundheit und Nachkommenschaft; zum anderen verstoßen sie gegen die Kultur und verletzen so die Sittlichkeit. Mit beiden Komponenten laufen diese Abweichungen einer sich (auch durch sie) etablierenden Norm der Soziabilität zuwider.

Diese diskursive Transformation vollzieht sich, wenn auch ›mit

Macht‹, so doch nicht ohne Brüche oder Wiederaufnahmen scheinbar veralteter Wissensstücke. Das, was sich spätestens im 19. Jahrhundert als neue Ordnung des Begehrens herauskristallisieren wird, ist Resultat einer allmählichen, aber entschiedenen Rekonfiguration der Begehrensdiskurse: Während das Begehren innerhalb des christlichen Diskurses vor allem Gegenstand der Regulation war, wird es nun zunehmend selbst zum Regulativ. Es schält sich ein ›Dispositiv der Sexualität‹ heraus (Foucault; vgl. S. 123 ff. dieser Arbeit).

Inkrementale Transformationen oder Wasserscheide?

»In recent research, the eighteenth century has generally been cast as a kind of sexual watershed, an age which witnessed the emergence of recognizably ›modern‹ sexual outlooks« (Porter 1984, 232). Dieser Einschätzung ist, das soll der nun folgende Teil zeigen, mit Sicherheit zuzustimmen, wenn man die Herausbildung eines neuen Dispositivs bedenkt, vor dem sich die ›modernen‹ Diskurse des Sexuellen nun verstehen. Mag die Sorge dem begehrenden Selbst gegenüber in manchen Formulierungen, Ritualen und ihrer Intensität nach auch derjenigen ähneln, die bereits im ›Dispositiv der Sünde‹[1] artikuliert worden war, ist doch zumindest ein Unterschied unverkennbar: Gesundheit und sittliche Normalität regieren nun die Aufmerksamkeiten, und alle medizi-

---

1 Von einem ›Dispositiv der Sünde‹ läßt sich hier nur in einer Weise sprechen, die nicht ganz analog zum Dispositiv der Sexualität ist. Während letzteres, wie die folgenden drei Kapitel noch zeigen werden, zum Kristallisationspunkt von Praktiken wird, die das Leben (des Einzelnen, der Gesellschaft) regulieren, so hat zwar auch das Dispositiv der Sünde solche Effekte: im Prinzip werden alle Gläubigen einer enthaltsamen und selbstanalytischen Praxis unterstellt. Diese Praxis, die sich im Rahmen einer zumindest approximativen Selbstentsagung und eines transzendenten Ziels, des Ewigen Heils, versteht, erschöpft sich zwar in einem einzigen verbietenden Gesetz (vgl. Foucault 1977, 35). Die vorhergehenden Teile haben jedoch auch gezeigt, daß die Spannung zwischen dem Ideal der Keuschheit und dem Gut von Ehe und Nachkommenschaft doch eine differenzierte Kasuistik des Verbietbaren erzwang: In diesem Sinne, aber auch nur in diesem Sinne, hat sich ein Dispositiv der Sünde als ein Kristallisationspunkt auch produktiver Regulierungen herausgeschält.

nischen, philosophischen und ratgebenden Diskurse machen sich anheischig, genau diesem Ziel zu dienen. Sie klären etwa über die Sexualfunktionen des Körpers auf; empfehlen bestimmte sexuelle Verhaltensweisen und verbieten andere; sie fügen das Begehren in das Ideal der *companionate marriage* und der romantischen Liebe ein; sie umgeben ihre Analysen und Ratschläge mit moralischen Erläuterungen; kurz: das Begehren wird weiterhin reguliert, jedoch wird nun in gewisser Weise *mit* dem Begehren reguliert und nicht *gegen* es.

In anderer Hinsicht jedoch bedarf die Einschätzung der ›Wasserscheide‹ einer wichtigen Einschränkung. Sie ist eine überzogene Metapher, die in einem Aspekt gerade verdeckt, was die Genealogie zeigen will: die durch selektives Anschließen, Widerstände erzeugende und sich an diesen Widerständen reibende Mechanik gesellschaftlicher Diskurse, die meist allmähliche und den zeitgenössischen Teilnehmern kaum merkliche Modifikationen erzeugen, manchmal aber auch in ihrem Zusammenwirken beschleunigt diskursive Transformationen herbeiführen können. Einer Vorstellung hingegen, wonach sich zumindest diskursive Transformationen mit einer dramatischen Zäsur bemerkbar machen, ist jedoch eine Absage zu erteilen: Gerade im Zuge ihrer massiven gesellschaftlichen Durchsetzung stoßen auch Diskurse, die das begehrende Selbst thematisieren, nicht nur auf *mehr* Resonanz, sondern auch auf *sich vervielfältigende* Resonanzen. Sie stoßen auf Anklang und auf Ablehnung, und beides geschieht aus unterschiedlichen Gründen: Dies führt zu zerstreuten Problematisierungen, deren Einheit sich den Zeitgenossen tendenziell entzieht. Christliche Gebote, kirchliche Normen, aufklärerische Ideen, medizinische Auffassungen unterschiedlichsten Datums und bürgerliche Sittlichkeit gehen überdies manchmal erstaunliche Allianzen ein: Wo soll sich hier Ordnung, gar eine neue Ordnung konstellieren? Insbesondere für diskursive Beiträge während einer Übergangszeit ist daher eine bestimmte Erscheinungsform charakteristisch: sie artikulieren sich als *Amalgam*.[2]

2 Damit wird nicht unterstellt, daß die diskursiven Beiträge ›zwischen Übergangszeiten‹ ›Reinformen‹ darstellten – im Gegenteil, es handelt sich immer um variierende Rezeptionen bestehender diskursiver Vorlagen. Wichtiger aber ist: das Beobachten bestimmter Perioden als ›Übergangszeiten‹ und der qualitative Sprung von stets variierender Rezeption diskursiver Vorlagen zu der Präsentationsform ›Amalgam‹ ist eine

Der Zwischentitel dieses Abschnitts ist daher als rhetorische Frage zu verstehen. Gegen die Behauptung Rortys, daß sich der Wechsel von Sprachspielen revolutionär vollziehe und die Inkompatibilität der erzeugten Welten die Dramatik der Zäsur kenntlich mache (vgl. Rorty 1992), betont ein an genealogischer Diskursanalyse geschulter Ansatz, daß auch erhebliche Transformationen – denn nichts anderes ist die Umstellung von einem Dispositiv der Sünde auf ein Dispositiv der Sexualität – sich inkremental und ungleichzeitig vollziehen. Die Vervielfältigung der Diskurse (einschließlich ihrer Produzenten und Konsumenten) toleriert nicht nur Ungleichzeitigkeiten im Vollzug der Transformation: sie bewirkt sie.

Anhand des äußerst erfolgreichen Sexualratgeberbuchs *Tableau de L'Amour Conjugal* des Dr. Nicholas Venette aus dem Jahr 1696 und seinen folgenden Auflagen läßt sich exemplarisch zeigen, wie bei transformativen Vorgängen der sich ändernde Inhalt des Diskurses von den Bedingungen seiner Zirkulation (hier u.a.: vermutete ›Erwartungen‹ einer ›Leserschaft‹, ›kommerzielles Interesse‹ der ›Verleger‹) nicht zu trennen ist. Es zeigt außerdem, daß Wissen, auch im Bereich des Begehrens, nicht *en bloc* verbreitet wird, sondern als je besondere *bricolage*, die nicht nur Altes und Neues, sondern auch verschiedene Wissensformen auf manchmal eigentümliche Art miteinander verbindet. Es sind gerade solche diskursiven Monumente wie der Ratgeber des Dr. Venette sowie seine sukzessiven, meist anonym hergestellten Überarbeitungen im Verlauf des 18. Jahrhunderts, die einen Einblick in die zuweilen holprig-inkrementale Mechanik dessen geben, was wir *ex post* als gewaltige diskursive Transformation identifizieren.[3]

> Charakterisierung, die sich nur aus der Warte einer bestimmten Fragestellung (d. h. von einem bestimmten Beobachtungsstandpunkt aus) behaupten läßt. Hier geht es um die Suche nach Indizien für den Umschlag von einem Dispositiv auf ein anderes. Der amalgamisierende Duktus der Sexualratgeber dieser Periode ist eines davon.
>
> 3 Im folgenden rekurriere ich hauptsächlich auf den Beitrag Roy Porters »Spreading Carnal Knowledge or Selling Dirt Cheap? Nicholas Venette's *Tableau de l'Amour Conjugal* in Eighteenth Century England« (1984). – Ähnliche Studien ließen sich allerdings auch für weitere, populäre Werke dieser Zeit anstellen, *wie Aristotle's Masterpiece, Aristotle's Complete Midwife. Aristotle's Last Legacy* oder *Aristotle's Book of Problems* u.a (vgl. Porter 1994, 136f.).

Im Jahre 1703 erscheint die erste englische Übersetzung des Textes unter dem Titel *The Mysteries of Conjugal Love*. Mit weiteren Übersetzungen ins Deutsche, Niederländische und Spanische wird es das populärste medizinisch fundierte Sexualratgeberbuch des 18. und 19. Jahrhunderts. (Roy Porter hat sogar Ausgaben ausfindig gemacht, die noch aus den 50er Jahren dieses Jahrhunderts stammen.)

Mit erklärtem aufklärerischem Interesse sucht Venette eine medizinisch genährte Sorge um die Erhaltung der Spezies mit einer bürgerlichen Sorge um den Wert der Familie zu verbinden: Sexualität, die sich diätetisch reguliert, wird zum zentralen Therapeutikum. »There is no surer or safer means to preserve Health and avoid a sudden death, than now and then to take a Frisk with a woman« (Venette 1710, 204). Im biologisch-sozialen Primat der Gesundheit kreuzen sich nun scheinbar die bekannten regulierenden Techniken: Ehe und Nachkommenschaft. Doch ein zweiter Blick macht deutlich, daß ebender Primat der Gesundheit Ehe und Nachkommenschaft nun selbst zu gesellschaftlichen Gütern stilisiert, die es (mittels maßvollen Geschlechtsverkehrs) zu befördern gilt.

Eager and joyous sexual regulations were to be encouraged because they repopulated the world, and, incidentally, almost as a reward, conferred the bloom of health on the sexually active. ... Far from marriage being, as in the Pauline tradition, merely better than burning, ... for Venette it was the ideal device for gratifying, yet regularizing, sexual desire while serving the needs of posterity (Porter 1984, 238 f.).

Um diese Botschaft mit Autorität und Aussicht auf Akzeptanz zu verbreiten, bedient sich Venette der unterschiedlichsten Quellen: Hippokrates, Aristoteles und Galen, die Klassische Philosophie, die Zehn Gebote, die kirchliche Theologie, die Scholastik und die humanistischen Ärzte werden ebenso zu Rate gezogen wie Mythologie, Folklore und Legenden. Während die zeitgenössischen Mediziner dieses Werk schon bald ablehnen, erobert es das mittelständische Laienpublikum. Ausführungen zu Anatomie und Physiologie der Sexualorgane (Teil I), Natur und Diätetik des Sexualverkehrs (Teil II), Physiologie der Reproduktion (Teil III) sowie zu sozialen, rechtlichen und religiösen Aspekten von Liebe, Sexualität und Familie (Teil IV) sprechen ihre bürgerlichen Adressaten an; nicht zuletzt der bildungsbürgerliche Stil des Werks trägt zu dieser Akzeptanz bei – zunächst.

Die beiden folgenden Ausgaben *Conjugal Love Revealed* (1720) sowie *The Pleasures of Conjugal Love Explained* (1740) nehmen daran Änderungen vor: Beide kürzen das Werk um die letzten beiden Teile, damit auf etwa die Hälfte seines ursprünglichen Volumens von ca. 400 Seiten. Dieser Eingriff indiziert zum einen, daß man bestimmte Erörterungen nun für verzichtbar hält: Die veraltete Embryologie Venettes sowie seine ausführlichen Nachweise, daß etwa Hexerei auf die Potenz keinen Einfluß habe, erübrigen sich nun offenbar. Zum anderen indiziert dieser Eingriff die Heraufkunft eines neuen literarischen Typus: den des Sexualratgebers. Die Edition der verbleibenden Teile (I und II) zeigt nämlich die Absicht, einen sowohl einfacheren als auch direkteren Text zu gestalten: »The result is a book which much more resembles a practical and functional sex manual than Venette's own literary and scientific text with its quirky charm and personal voice« (Porter 1984, 240). Daß sich zur Mitte des 18. Jahrhunderts nun eine neue Reinform gebildet habe, die sich fortan unbeeinflußt ihren praktisch-unterweisenden Weg durch die fragenden Eheleute bahne, wäre allerdings eine naive Vorstellung.

Denn schon die nächste Ausgabe, *Conjugal Love, or the Pleasures of the Marriage Bed*, die um das Jahr 1780 entstanden ist, ist weniger eine ausschnittweise Übersetzung als vielmehr eine erhebliche Überarbeitung des Originals. Auch wenn es die diätetisch orientierte Botschaft gesunder Sexualpraxis aufrechterhält, so

- verzichtet diese Ausgabe auf die explizite Darstellung der Sexualorgane und ihrer Defekte sowie der operativen Möglichkeiten, diese Defekte zu kurieren;
- warnt diese Ausgabe nun deutlicher vor den Gefahren des sexuellen Exzesses insbesondere bei Frauen;
- untermalt diese Ausgabe ihre Ratschläge, etwa in bezug auf das Gut der Ehe, ausführlich mit biblischen und theologischen Argumenten, während Venette ausschließlich die Weisheit der Natur bemüht hatte;
- fügt diese Ausgabe ›esoterische‹ Wissensformen (etwa aus dem Bereich der Hexerei) hinzu, die Venette mit besonderer Schärfe als abergläubisch attackiert hatte.

Im Rahmen einer Genealogie therapeutisierter Sexualität geht es hier jedoch weniger um die Frage, ob auch diese Überarbeitung (noch) als Sexualratgeber zu identifizieren ist. Entscheidend sind

vielmehr die Beobachtungen, daß auch diese letzte Überarbeitung
- nun *Sexualität* thematisiert. Biblische und theologische Erörterungen, d. h. die Integration der Problematisierung ehelicher Sexualität in eine christliche Didaktik gelingt nur noch mit einem Bruch: Der anonyme Herausgeber vermag nur noch, vor dem sexuellen Exzeß zu warnen und im übrigen den «Wise Disposer of all Things» zu loben, und das *auch* im Hinblick auf die Freuden der Fortpflanzung (vgl. Porter 1984, 246). Das Ideal der Keuschheit und das Dispositiv der Sünde sind nun ausgediente Regulative.
- nun Sexualität *therapeutisierend* thematisiert. Zwar bemüht sie die unterschiedlichsten Wissensformen wie Volksweisheiten, Medizin und christlichen Glauben: Alle Formen aber werden nun gleichsam therapeutisch diszipliniert und erläuternd dem diätetischen Regime des Ehepaars unterstellt.

Während das die Überarbeitungen informierende Dispositiv der Sexualität außer Zweifel steht, erscheint Roy Porters Einwand gleichwohl berechtigt, wenn man ihn als Frage nach der Präsentation dieses Wissens versteht. Porter fragt, wie dieses »incongruous conglomerate of late eighteenth-century Protestant piety with seventeenth-century Catholic and Humanist medicine« (Porter 1984, 250) zustandekommen und neben dem *mainstream* einer eher psychologisch und sexualpessimistisch orientierten Ratgeberliteratur Bestand haben konnte. Diese merkwürdige Unzeitigkeit der Darbietungsform führt Porter vor allem darauf zurück, daß Wissen nicht gleichsam neutral diffundiert, sondern weit mehr im Spiel ist:

Hegemonic values are generally also being disseminated, in the context of complex struggles between upper and lower strata and attempts to police beliefs from above. In the eighteenth century, tension points between high and low culture frequently involved attempts to emasculate or suppress such expressions of popular culture ... (Porter 1984, 248)

... aber auch der gegenteilige Mechanismus kommt vor und er ist wohl im vorliegenden Fall einschlägig. Die offenkundige Vorliebe niederer und mittlerer Schichten für hergebrachte Wissensformen, auch in sexuellen Dingen, führt zu der verlegerischen Einschätzung, daß die Durchsetzung eines überwiegend medizinisch orientierten Textes mit Einsprengseln aus Volksweisheiten der

Akzeptanz und damit: dem Verkauf eines solchen Werks nur förderlich sein könne.

... it seems that, as Venette's text came to be dressed up for a lower class of readers, it was ... actually diluted and adapted specifically to what were anticipated to be their pre-existing opinions. Commercial considerations were perhaps leading publishers to tailor their wares to the inertia of popular belief (Porter 1984, 248).

Auch wenn man, wie Porter zu Recht anmahnt, aus einem solchen Einzelfall nicht allzu viel schließen sollte, so ist die Anpassung an die Sensibilitäten eines ›Marktes‹ nicht nur ein neuer Mechanismus, der die ›Re-Amalgamisierung‹ des Begehrensdiskurses forciert. Darüber hinaus ist ›Marktförmigkeit‹ sexuellen Wissens ein weiterer Indikator für das, was zu einer gegebenen Zeit ›im Wahren‹ liegt.[4] Nun ist es der Diskurs der Sexualität, der dieses Amalgam informiert; die an das Ideal der Enthaltsamkeit appellierenden Bestandteile solcher Ratgeber sind nunmehr ›Versatzstücke‹.[5]

4 Porter laboriert an diesem Punkt mit der Frage, wie *Conjugal Love* auch angesichts des Umstands bestehen konnte, daß zwischen dem *mainstream* sexueller Ratgeberliteratur (James Graham 1780, Ebenezer Sibly 1794 oder A.M.F. Willich 1799) noch nicht einmal eine Debatte, etwa zwischen eher liberalen und eher ängstlichen Ansichten hinsichtlich des Sexuellen, geführt wurde. Er spekuliert daraufhin über das Verhältnis von absoluter und relativer Zeit bestimmter Texte: Diskursanalytisch betrachtet fällt allerdings auf, daß Porter das sexualtherapeutische Dispositiv verkennt, vor dessen Hintergrund auch solche diskursiven Beiträge, die heute als krude und zu ihrer Zeit von Einigen für peripher gehalten werden, doch ihren Halt *in der Diskursformation* ihrer Zeit finden. *Alle* Beiträge folgen der Ansicht, daß das geschlechtliche Begehren im 18. Jahrhundert in therapeutisierender (hier: medizinisch-ratgebender) Weise zu problematisieren sei: Damit tragen sie zur Konstitution einer neuartigen Diskursformation bei, die ›im Gegenzug‹ allen diesen Diskursbeiträgen ihren Platz in der Ordnung der therapeutisierenden Formation sichert, und zwar gleich, ob sie christliche und/oder folkloristische Versatzstücke aufweisen oder nicht, und gleich, ob sie eher ängstlich oder liberal gestimmt sind, und gleich schließlich, ob sie in offene Auseinandersetzung mit konkurrierenden (therapeutisierenden) Auffassungen treten oder nicht. (Zur Charakterisierung der Diskursformation als eines Systems reziproken Funktionierens vgl. Foucault 1973, 57f.).
5 Die christliche Leserschaft muß sich einem Problem gegenübersehen:

Darüber hinaus ist das Wissen eben erst dabei, sich explizit mit der Kategorisierung und Hierarchisierung der verschiedenen Wissensarten zu befassen. Der Kampf gegen (Aber-)Glauben und für die Vernunft diskreditiert erst allmählich Floskeln, Legenden und Volksweisheiten, aber auch christlich-religiöses Wissen gegenüber solchen Formen, die sich wissenschaftlicher Objektivität verpflichten. Diese Formen erzeugen Wissen über Sexualität und artikulieren sich in einem intellektualisierten Diskurs, der sich an Laien richtet: »Above all, sex therapy burst on the scene« (Porter 1982, 7). Das Wissen, das innerhalb professioneller oder sich professionalisierender Arenen (vor allem Medizin, Psychiatrie, Pädagogik) entsteht, stellt sich nun in den Dienst der Aufklärung über Sexualität – und Selbst: Nicholas Venette ist dafür ein Beispiel.

The thirst for knowledge could ... be portrayed not as idle curiosity, some questionable *libido sciendi*, but as integral to the humane and humanists quests for self-knowledge. ›There is nothing human nature is more desirous of knowing‹, inserted Venette's English translator, ›than the origin of their being; which is explained in this little treatise, the admirable order of nature in the production of man, is exactly set forth for the satisfaction of every Reader‹« (Porter 1994, 139).

Sexuelle Aufklärung, ihr Impuls und ihre Innovation, versteht sich jedoch nicht nur im Rahmen ihrer Konkurrenz zum etablierten christlichen Diskurs, gegen den sie sich mit ›Wissen‹ und ›Wissenschaft‹ zu behaupten sucht. Sie versteht sich darüber hinaus im Rahmen einer umfassenderen politischen Strategie, die im Innern des Begehrensdiskurses für neue Unruhe sorgen wird: es geht um die Emanzipation des Bürgertums.

an die Sündhaftigkeit des Begehrens gewöhnt, soll sie nun lernen, daß ihre sexuelle Aufklärung notwendig, ja im öffentlichen Interesse und schließlich ihr gutes Recht sei (vgl. Porter 1994, 138). Im Unterschied zu repressionstheoretischen Behauptungen hat dieser Konflikt jedoch nicht zur Tabuisierung, sondern als Anreiz zur weiteren Diskursivierung des Sexuellen gedient: etwa in der Weise, daß man versucht oder vorgibt, christliche Moral und medizinische Ratschläge miteinander zu verbinden. Die Folge der Amalgamisierungen des Venetteschen Opus legt davon Zeugnis ab.

Sexuelle Aufklärung zur Zeit der Aufklärung

»Weil die Kinder durch den Beischlaff erzeuget werden, die Natur aber damit eine empfindliche Lust verknuepffet, wodurch sowohl Mann als Weib zum Beyschlaffe gereitzet werden« (Christian Wolff 1740) – in dem warnenden Unterton erkennen wir ein Motiv, das auch im christlichen Diskurs, der doch die Ehe um der Zeugung für Nachkommen willen guthieß, immer wieder für Unruhe sorgte. Nun aber ändert sich der diskursive Kontext, innerhalb dessen sich diese Warnung versteht: Alle Abweichungen gegen das heterosexuelle und reproduktive Modell des Begehrens verstoßen nicht mehr gegen eine Norm ehelicher Enthaltsamkeit, sondern gegen eine bürgerliche Ordnung von Ehe und Familie, die Erzeugung einer gesunden Nachkommenschaft.

Die Aufwertung des Köpers hängt sehr wohl mit der Steigerung und Etablierung der bürgerlichen Vorherrschaft zusammen: aber nicht aufgrund des Tauschwertes, die die Arbeitskraft gewonnen hat, sondern aufgrund des politischen, ökonomischen und auch historischen Repräsentationswertes, den die ›Kultur‹ des eigenen Körpers für die Gegenwart und die Zukunft des Bürgertums dargestellt hat. Zum Teil hing seine Herrschaft davon ab; sie war nicht nur eine Angelegenheit von Ökonomie oder Ideologie, sie war auch eine ›physische‹ Angelegenheit (Foucault 1977, 150).

Diese physische, politische und ökonomische Angelegenheit entfaltet sich als zentraler Stützpunkt für bürgerliche Hegemoniebestrebungen. Die Strategie richtet sich gegen zwei Seiten zugleich: Sie dient der Distinktion gegenüber Proletariat und Adel (so auch Mosse 1987, 19).

Gegenüber dem Proletariat verhält sich das Bürgertum zunächst abwartend, bis schließlich soziale Konflikte aufgrund ökonomischen Drucks (z. B. Entwicklung der Schwerindustrie mit Bedarf an sicherer und qualifizierter Arbeitskraft) und physischer Gefahren wie mangelnde Hygiene, Prostitution und Geschlechtskrankheiten den Körper, und speziell den sexuellen Körper des Proletariats, problematisch machen. Ein omnipräsenter administrativer und technischer Apparat spiegelt nun die umfassende Kontrolle, die das Bürgertum etwa in Gestalt von Ärzten, Richtern und Bürokraten auf das Proletariat ausübt: Kasernen, Fabriken, Wohnungspolitik, Fürsorge- und Versicherungsanstalten dienen diesem Zweck (vgl. Foucault 1977, 152).

Gegenüber dem Adel, der stets auf sein Geblüt und seine Deszendenz Wert gelegt hatte, stellt das Bürgertum nun die Gesundheit seines Körpers und seine Aszendenz gegenüber. »Aus der Sorge um den Stammbaum wurde die Besorgnis um die Vererbung« (Foucault 1977, 150). In zahlreichen Veröffentlichungen über die Kunst, das Leben zu verlängern, oder über Verfahren zur Verbesserung der Nachkommenschaft spiegelt sich der politische und ökonomische Repräsentationswert einer Kultur des eigenen Körpers: Institutionen wie Schule oder Militär dienen auch diesem Zweck.

Die nun vielfältig zum Einsatz kommenden Diskurse der Sexualität[6] erweisen sich hier als ein entscheidendes politisches Instrument, das vor allem das Bürgertum für sich zu nutzen versteht, indem es darin seine Differenz und seine Hegemonie zum Ausdruck bringt. Die (hier: klassenspezifisch) unterschiedliche Sexualisierung der Körper geschieht über ein komplexes Bündel von Regulierungen und Interventionen, in dem sich schließlich die verstreuten Diskurse zu einem Dispositiv, dem Sexualitätsdispositiv, verdichten.[7]

Der bürgerliche Diskurs der Sexualität versteht sich nun als Norm; diese Norm allerdings versteht sich auch für das Bürgertum nicht von selbst. Eine breite sexuelle Aufklärungsliteratur stellt sich in den Dienst der Unterweisung der Eheleute – Sexualität ist in diesen Werken ein abstrakt zu behandelndes Thema; motiviert durch die Gefahr der unterschiedlichsten Abweichungen, denen die Autoren, meist Ärzte, in ihrer Praxis begegnen, schält sich erneut ein warnender Diskurstyp heraus. Seine Erscheinungsweise ist nun weniger verbietend-strafend als vielmehr diätetisch-therapeutisch. Die Norm der bürgerlichen Sexualität

6 *Nota bene:* Der Name ›Sexualität‹ setzt sich erst im Verlauf des 19. Jahrhunderts zur Bezeichnung menschlicher Geschlechtlichkeit durch. Eingeführt wurde er vermutlich 1820 durch August Henschel, der damit das Fortpflanzungsverhalten der Pflanzen benennt. Sofern er von den nun vorgestellten Autoren nicht selbst benutzt wird, versteht sich die folgende Verwendung dieses Namens vor dem Hintergrund des sich nun etablierenden *Dispositivs der Sexualität*, das die Beiträge dieser Autoren informiert.

7 Daß dieses Dispositiv nicht überall zu denselben Effekten führt, kommentiert Foucault so: »Man muß sagen, daß es eine bürgerliche Sexualität gibt, daß es Klassensexualitäten gibt. Oder vielmehr, daß die Sexualität in ihrem historischen Ursprung bürgerlich ist und daß sie in ihren sukzessiven Verschiebungen und Übertragungen zu spezifischen Klasseneffekten führt« (Foucault 1977, 153; s. auch Porter 1982, 2).

hat zwar den Raum transzendenter Begründung verlassen, ist aber gleichwohl über-sozialen Begründungen unterstellt: Für die einen ist es *die Natur*, für die anderen *die Kultur*, die die Ausrichtung auf ein eheliches und reproduktives Modell der Sexualität verlangt. Natur und Kultur treten jedoch nicht wirklich alternativ auf. Wie das nächste Beispiel zeigt, werden innerhalb einer Position stets Natur und Kultur argumentativ gegeneinander ausgespielt. Natur/Kultur wird zu einem komplexen, in sich beweglichen legitimatorischen Konstrukt, über das sich das bürgerliche Dispositiv der Sexualität definiert.

Gottfried Wilhelm Beckers »Rathgeber vor, bei und nach dem Beischlafe« ist ein weiteres Exemplar des nun nicht mehr enden wollenden Stromes sexueller Aufklärungsliteratur. Auch hier indizieren die häufig aufeinanderfolgenden Auflagen, daß Lektüre dieser Art ihre Leserschaft fand, gerade dort, wo sie sich an die Adresse des interessierten Laien-Publikums wandte. Der Ratgeber Beckers erlebt zwischen 1805 und 1834 insgesamt dreizehn, mehrfach überarbeitete Auflagen; auch versäumt der Verfasser in späteren Auflagen nie den Hinweis, wie schnell die letzte wieder vergriffen gewesen sei (Becker 1816, 8).[8]

8 »The history of the sex manual is not a long one. Prior to the twentieth century, the topic of sex was, if not a taboo at least one to which few authors were audacious enough to devote a book« (Gordon 1971, 53; dito: Rusbridger 1986; zu Ausnahmen antiken Datums s. Kap. 5, Anm. 4). Diese Einschätzung bedarf einer gewissen Korrektur: Zum einen gibt es zumindest seit dem Ende des 17. Jahrhunderts aufklärende Werke, die sich in erzieherischer Weise an das verheiratete Paar wenden und es über verschiedenste Aspekte ihrer Geschlechtsbeziehung unterrichten. Das aber heißt auch: Seit Beginn einer säkularen Beschäftigung mit dem Begehren werden medizinische, später auch psychiatrische und sexualwissenschaftliche Diskurse des Sexuellen von einem Literaturtyp begleitet, der für seine Adressaten unterweisende und für den therapeutisierenden Diskurs des Sexuellen insgesamt stimulierende Effekte hat: Die allgemeine Durchsetzung der Vorstellung, daß die sexuelle Betätigung der Aufmerksamkeit bedarf, ja sogar zuweilen die Enthaltsamkeit für problematisch gehalten wird, ist sicher in erheblichem Umfang durch diese ›Ratgeberliteratur‹ befördert worden. – Im übrigen greift Michael Gordon selbst auf eine erstaunliche Auswahl einschlägiger Ratgeber aus dem Amerika des 19. Jahrhunderts zurück; um so unverständlicher ist seine repressionstheoretisch geleitete Einschätzung.

Der vielseitig interessierte Arzt und Literat beläßt es durchaus nicht bei dieser Schrift. Wie die meisten seiner sexual-aufklärerisch ambitionierten Kollegen hat auch er sich seines Anliegens verschiedene Male angenommen. Darunter findet sich eine Gruppe von Werken, die hauptsächlich für das weibliche Geschlecht gedacht ist: Ein »Wohlgemeinter Rath an ehefähige Mädchen, unverheiratete Gattinnen, Schwangere und Wöchnerinnen« (1803) sowie »Der weiße Fluß, und was hat das Mädchen und das Weib zu thun, um sich dagegen zu schützen« (1807), der »Medizinische Hausbedarf für Frauen und Mädchen, oder Belehrung über die vorzüglichen Krankheiten und Verhältnisse« (1809) und schließlich die »Geheimnisse des weiblichen Geschlechts, seine Krankheiten und die Mittel dagegen« (1810). Lediglich ein Werk beschäftigt sich ausschließlich mit einem Aspekt männlicher Sexualität: »Über Pollutionen und die vorzüglichen Mittel dagegen« (1807).

Neben dem oben schon erwähnten »Rathgeber« sind es noch zwei weitere Schriften, die sich mit der Sexualität beider Geschlechter befassen: »Die Kunst, das Zeugungsvermögen beider Geschlechter zu erhalten und das verlohrne zu ersetzen« (1802-3) sowie das »Geschenk für Neuverehelichte oder Enthüllungen des Geheimnisses der Ehe. Ein Lesebuch für junge und nicht-junge Eheleute« (1815).

Die Adressaten dieser aufklärerischen Bemühungen? Jungen und Mädchen, Männer und Frauen – sie alle werden zu potentiellen Lesern einer sie aufklärenden Literatur. In der Vorrede zur ersten Ausgabe des Ratgebers erklärt Becker seine Intentionen noch deutlicher: Durch dieses Buch wünsche er, über seinen Gegenstand »mehr Licht in den mittleren Ständen zu verbreiten, manches zur Sprache zu bringen, was Jeder wissen sollte, und nur wenige zu wissen pflegen« (Becker 1816, 7). Es ist das aufstrebende Bürgertum, dem er seine Ratgeber zur aufmerksamen Lektüre empfiehlt. Selbst aufgeklärt – soll es sodann gesunde Nachkommen erzeugen und diese im Geiste der Aufklärung (sexuell und politisch) erziehen.

Zum Gegenstand seines Rates macht Becker die »thierische Oekonomie« und den sie veredelnden moralischen Zweck (vgl. Bekker 1816, 9f.). Die Gelegenheit des Beischlafes wird nach Tageszeit, vorangegangener Nahrung, Tages- und Jahreszeit erörtert, jeweils getrennt für den männlichen und den weiblichen

Organismus; ebenso informiert Becker seine Leser über die für die Zeugung günstigste Beischlafposition und gibt Gründe für das Vermeiden anderer Stellungen im einzelnen an; schließlich läßt er es auch an Hinweisen nicht fehlen, wie sich die Frau den Respekt des Mannes und dessen Begehren erhält. Sittlichkeit und Gesundheit bilden hier die pädagogisch-therapeutischen Pole einer Problematisierung, die in den die Sexualität betreffenden Fragen eine *diätetisch orientierte Lebensweise* thematisiert.

Diesen Zielen und Methoden verschreibt sich bereits die einige Jahre früher erschienene »Makrobiotik« Christoph Wilhelm Hufelands, die – wie der Untertitel verspricht – in die »Kunst, das menschliche Leben zu verlängern« unterweisen will. Damit wird allerdings nur eines der beiden Ziele deutlich, die Hufeland verfolgt, will er doch »nicht nur die Menschen gesünder und länger lebend, sondern auch durch das Bestreben dazu besser und sittlicher ... machen« (Hufeland 1796, 14). Denn: Moralische und physische Gesundheit bedingen einander, da »ohne moralische Kultur der Mensch unaufhörlich mit seiner eigenen Natur im Widerspruch steht, so wie er hingegen durch sie auch physisch erst der vollkommenste Mensch wird« (Hufeland 1796, 14).

Daß die moralische Kultur es ist, die der »tierischen Natur« des Menschen (Hufeland) oder seiner »thierischen Oekonomie« (Becker) sittliche Veredelung verleiht, ist allerdings kein neues Motiv. In der Forderung nach ehelicher Sexualität als der moralisch höherstehenden Form sind sich die praktischen Ärzte mit den Theologen einig: das augustinische Modell der keuschen Ehe scheint auch hier stilbildend. Doch die Mediziner und auch die Makrobiotiker (die die Mediziner wiederum nur als eine Hilfswissenschaft betrachten) bestehen nun aber auf einer gewissen *Oekonomie* der thierischen Natur des Menschen. Skrupulöses Fernhalten von sexuellen Lebensäußerungen ist ihnen – mit leichten Modifikationen für das weibliche Geschlecht – völlig fremd. Denn: »Keine Kraft in uns darf ganz unentwickelt bleiben; jede muß angemessen ausgeübt werden« (Hufeland 1796, 171). Die diätetische Zauberformel bürgerlich-gesunder Sexualität lautet: »Coitus modicus excitat, minimus debilitat« (Hufeland 1796, 171).

Doch Kultur und Natur stehen nicht nur in einem einander bedingenden Verhältnis (die Kultur hilft, die Gesetze der Natur zu erkennen *und* zu wahren); sie stehen auch in einem feindlichen

Verhältnis zueinander (die Kultur reizt das frühzeitige Erwachen und vor allem die Heftigkeit des sexuellen Triebes): »Nahrung und Kleidung, Lektüre und üppige Bilder, selbst Beispiel und unbedachte Wortspiele, alles vereinigt sich, diesen Trieb früher zu wecken, ...« (Becker 1816, 14). Gegen Fehlentwicklungen wie diese empfiehlt Becker gesunde Nahrung, beispielgebende Lektüre, Arbeitsamkeit und Fleiß: Solche Maßnahmen hält er für geeignet, die Zeitpunkte physischer und moralischer Reife in Übereinstimmung zu bringen.

Man sieht: Die säkularen Wissenschaften, die sich allmählich in den sexuellen Diskurs einschalten, besetzen sogleich sowohl ›Natur‹ als auch ›Kultur‹, und dies in ambivalenter Weise. Sie wirken als Begriffspaar, in dem stets das eine Element positiv, das andere negativ bestimmt wird, wobei die Plätze wechseln können (s.o.). Ein exemplarischer Blick auf die Genealogie dieses Konzepts innerhalb des allgemeineren politischen Diskurses der Aufklärung zeigt, daß beide Begriffe von vornherein als nur scheinbare Alternativen zueinander in den Diskurs eingetreten sind.

Exkurs: Sexualität als Natur/Kultur

Mit dem Imperativ *sapere aude* bahnt sich die Vernunft ihren Weg in die gesellschaftlichen Diskurse des 18. und 19. Jahrhunderts.[9] Gegen den heiter-zynischen Lebenswandel des Adels im Zeitalter des Rokoko wendet sich ein betonter bürgerlicher Moralismus, der ein natürliches, d.h. physisch und moralisch »gesundes« Leben gegen den sittlichen Verfall des Adels ins Spiel bringt.[10] Über

9 Genauso motiviert sich auch die sexualaufklärende Literatur: Sie richtet sich an jeden, »dem die Vernunft eine Leuchte in allen seinen Handlungen seyn soll« (Becker 1816, 10). Ebenso interessant ist aber auch, wovon diese Literatur sich abgrenzt. Denjenigen nämlich, »die vielleicht in der Absicht seine Blätter in die Hand nehmen, ihre verdorbene Phantasie zu kitzeln«, erteilt Becker eine entschiedene Abfuhr (Becker 1816, 10). Die Intimität des ratgebenden Diskurses provoziert eine Nähe zur Pornographie, die immer wieder abgewehrt werden muß – auch dieses Problem ist aus der Intimität des Beichtstuhls bekannt. Was man dort sodomitisch nannte, wird jetzt – mit einer ebenso umfassenden Kategorie – als eine weitere ›unnatürliche Regung‹ bezeichnet.

10 Symptomatisch für diesen Diskurs ist der 1719 erschienene Roman

die Forderung nach einer (vernunftgemäßen) ›natürlichen‹ Religion (Deismus), einem ›natürlichen‹ Recht, einer ›natürlichen‹ Moral wird die Natur sogleich zum ständigen Begleiter der Vernunft. Es formiert sich eine ›bürgerliche Kultur‹[11] im Rahmen einer natürlichen Gesellschaftsordnung, die schließlich neben der höfischen immer stärker hervortritt.

Im sogenannten aufgeklärten Absolutismus finden diese Elemente als ›humanitäre Ideen‹ ihren politischen Niederschlag. Doch schon in der zweiten Hälfte des 18. Jahrhunderts, d. h. *vor* den großen bürgerlichen Revolutionen, ändert sich die Tonart des Diskurses. Es ist der skeptischere Geist der Spätaufklärung, der bei allem Fortschrittsoptimismus nun allmählich zivilisationskritische Töne vernehmen läßt. In der Enzyklopädie Diderots etwa fehlen zwar die Stichworte Kultur oder Zivilisation, doch

fehlt nicht auch die Vorstellung davon. Hier heißt es dann in der Bestimmung einer Tendenz des Fortschritts, daß Kultur und Natur einander entgegengesetzt bleiben, jeder Grad von Fortschritt bestimmt sich konsequenterweise zugleich als ein neuer Grad der Entfernung von der Natur (Wuthenow 1984, 30).

Das bis dahin gültige Programm, wonach die bürgerlich-vernünftige Natur die adelige, sittlich verfallene Kultur überwindet, verliert an Eindeutigkeit – die Konnotationen ändern sich: die sich

Robinson Crusoe des Engländers Daniel Defoe, der eine europäische Sensation war. Der Held richtet sich dank seiner Arbeitsfähigkeit und moralischen Selbstsicherheit nicht nur selbst ganz lebenstüchtig ein, sondern beglückt auch Freitag, den ›braven Wilden‹ mit zivilisatorischem Segen. Seine Erziehungsmethoden sind schon bald vorzügliches Thema der Aufklärung geworden (Rousseau, Humboldt, Pestalozzi). – Außerdem bildet nun auch der Roman den Bürger zur ständigen Selbsterforschung und -kontrolle heran: sei es durch die Präsentation als Tagebuch oder auch Lebensbeichte und briefliche Selbstenthüllung (vgl. Hahn 1990, 69).

11 Für die Situation in Deutschland bemerken Brackert und Wefelmeyer: »Kultur ist im Deutschland des 18. und 19. Jahrhunderts ein bürgerliches Phänomen unter feudalaristokratischer Herrschaft. Bürgerlich bleibt die Kultur auch dort, wo, wie bei Wieland, Goethe und Schiller, die gute Beziehung zum Adel eine etwas größere Handlungsfreiheit erlaubt. Unter den gegebenen politischen Bedingungen wird Kultur zur eigentlichen Emanzipationssphäre des Bürgertums. Sie tritt in den Gegensatz zu höfischer Galanterie und bloß äußerer Wohlgesittetheit« (Brackert, Wefelmeyer 1984, 17).

durchsetzende bürgerliche Kultur ist nun *die* Kultur, die der Kritik bedarf. Diese Kritik äußert sich in zwei Varianten, die sich paradigmatisch in dem kurzen, aber erbitterten Briefwechsel zwischen Voltaire und Rousseau entfalten. Aus ihm wird deutlich, daß sich Kultur als »ein verschieden verwendbarer, relativer Gegenbegriff zu Natur« (Wuthenow 1984, 34) konstelliert. Es geht daher nicht um die bloße Entgegensetzung beider Begriffe, sondern eher um die Privilegierung eines der beiden Elemente, das den normativen Primat beanspruchen kann. Der jeweilige Gegenpart bleibt in beiden Varianten konstitutiver Bestandteil des Konstrukts.

Voltaire: Der normative Primat der Kultur

Der Disput entzündet sich zunächst an Rousseaus zweitem »Discours über den Ursprung der Ungleichheit unter den Menschen«, der zwar gegenüber seiner ersten Schrift keine akademische Auszeichnung, dafür jedoch um so größere öffentliche Aufmerksamkeit erlangen kann. Diese über Frankreichs Grenzen hinweg heiß diskutierte Kampfschrift will die These belegen,

daß die Ungleichheit im Naturzustand so gut wie gar nicht vorhanden war, ihre Gewalt und Größe durch die Entwicklung unserer Fähigkeiten und den Fortschritt des menschlichen Geistes erlangte, bis sie schließlich durch die Schaffung des Eigentums sowie der Gesetze dauerhaft und legitim wurde (Rousseau nach Holmsten 1988, 72).

Mehr noch als diese Eigentumstheorie verübelt Voltaire Rousseau die Auffassung, geistige Betätigung, Kunst und Wissenschaften hätten den Menschen nur geschadet und die Ungleichheit zwischen ihnen vertieft. In seinem Brief an Rousseau, der seinen »Discours« dem bewunderten Kollegen zur Beurteilung übersendet, spart Voltaire nicht an beißend-ironischer Kritik.[12] Aus ihm

12 »Noch niemand hat soviel Geist verschwendet wie Sie, in dem Bestreben, uns wieder zu Bestien zu machen. Man bekommt richtig Lust, auf allen vieren zu gehen, wenn man Ihr Werk liest. Indessen habe ich diese Gewohnheit schon seit sechzig Jahren aufgegeben, und so ist es mir unmöglich, sie wieder aufzunehmen. Ich überlasse diese natürliche Gewohnheit denen, die ihrer mehr würdig sind als Sie und ich. Noch weniger ist es mir möglich, mich zu den Wilden Kanadas einzuschif-

spricht der Rationalist, der Bewunderer kultureller Errungenschaften und passionierte Großstädter, dem jede Schwärmerei für die angeblichen Vorzüge eines Lebens im Zustand der Natur als Mensch auf die Nerven fällt und als Intellektuellem zutiefst seiner Überzeugung zuwiderläuft: daß ein Fortschritt der Menschheit durch Bildung und Erziehung möglich und notwendig sei. Voltaires Position ist durchaus nicht ungebrochen fortschrittsoptimistisch, doch hält er Rousseaus Bildersturm für überzogen und steht wohl d'Alemberts Ansicht nahe, die er einige Jahre zuvor in der Einleitung zur Enzyklopädie festhielt:

Und endlich, wenn wir hier – was uns indes sehr fern liegt – den menschlichen Wissenschaften das Zugeständnis der Schädlichkeit (desavantage) machen wollten, so läge uns die Absicht noch ferner, daß ihre Vernichtung ein Gewinn für uns wäre. Die Laster blieben uns, und die Ignoranz hätten wir obendrein (d'Alembert nach Wuthenow 1984, 36).

Irrwege und schädliche Konsequenzen kultureller Entwicklungen begegnet Voltaire mit *der* Waffe der Aufklärung: der Kritik. Er setzt sie auch als Waffe *gegen* die Aufklärung ein. Doch was er in seinen literarischen Produkten auch immer der gnadenlosen Kritik und Lächerlichkeit überantwortet, gibt er damit doch nicht preis (vgl. Wuthenow 1984, 38), und was er im Schreiben an Rousseau auf die Literatur beschränkt, demonstriert seine Hoffnung für die Wohltaten von Kultur überhaupt: »Die Literatur gibt der Seele Nahrung, sie bessert und tröstet sie, ...« (Noack 1978, 67).
In der Optik Voltaires erscheint Natur als ein Substrat, das der Vervollkommnung bedarf: Erst durch *Addition mit Kultur* ist der Standard moralischer Reife und politischer Mündigkeit zu erlangen, der eine aufgeklärte Gesellschaft auszeichnet.

fen; erstens weil meine Krankheiten mich zwingen, dem größten Arzt Europas nahe zu bleiben; zweitens herrscht in diesem Land Krieg, und aufgrund des Vorbildes unserer Nationen sind die Wilden jetzt ebenso bösartig wie wir« (Voltaire nach Holmsten 1985, 124).

Rousseau: Der normative Primat der Natur

Von Voltaires ironischer Reaktion auf seinen »Discours« enttäuscht, antwortet Rousseau ebenso ironisch, daß eine Rückkehr Voltaires zur Natur »ein zugleich so großes und schädliches Wunder sei, daß es nur Gott zukäme, es zu vollbringen, und nur dem Teufel, es zu wollen. Versuchen Sie also nicht, wieder auf vier Füßen zu gehen; niemandem in der Welt würde dies weniger gelingen als Ihnen. Der Geschmack an Literatur und Kunst entsteht bei einem Volk aus einer innerlichen Krankheit, die er noch vermehrt« (Rousseau nach Holmsten 1985, 124 f.).

Diese »innerliche Krankheit« entspringt dem Hochmut der Menschen, sich mit zweifelhaften zivilisatorischen Errungenschaften über die Natur zu erheben. Rousseau breitet dieses Argument in einem Brief in der Form eines philosophischen Essays aus, der auf die Zusendung zweier Gedichte Voltaires antwortet. Insbesondere das »Poem über die Zerstörung Lissabons« erbost Rousseau und stellt den zweiten und letzten Disput der beiden Antipoden dar. Mit der These von der ursprünglichen Güte der Menschen, die sodann durch Bildung und Zivilisation verdorben worden seien, entgegnet er Voltaire:

Bleiben wir bei Ihrem Gegenstand Lissabon <und> Sie werden zugestehen, daß es nicht die Natur war, die dort 20 000 sechs bis sieben Stock hohe Häuser aufgestellt hat, und daß der Schaden viel geringer gewesen wäre, wenn die Einwohner der Stadt besser verteilt und in leichteren Häusern gewohnt hätten. Und wie viele Unglückliche sind umgekommen, weil der eine seine Kleider, der andere seine Papiere, wieder ein anderer sein Geld retten wollte! (Rousseau nach Holmsten 1988, 85)

Mit der sittlichen Verrohung und Veräußerlichung des Einzelnen geht die der menschlichen Gesellschaft einher: »Es gibt kein <zivilisiertes> Volk, das sich nicht über das Elend seiner Nachbarn freut. Es ist nun einmal so, daß wir beim Schaden unserer Nächsten unseren Vorteil finden; der Verlust des einen ist fast immer das Glück des anderen« (Rousseau nach Holsten 1988, 74). Statt dessen favorisiert Rousseau den einfachen, rechtschaffenen Menschen, den er nicht nur im Ideal des *bon sauvage*, sondern durchaus als existierenden Europäer, etwa als den Bergbewohner im Oberwallis, kennt (vgl. Rousseau nach Holmsten 1985, 85 f.).

In der Optik Rousseaus erscheint die Natur ebenfalls als Substrat, das der Vervollkommnung bedarf: doch hier ist erst durch *Subtraktion von Kultur* der Standard moralischer Reife und politischer Mündigkeit zu erlangen, der eine aufgeklärte Gesellschaft auszeichnet.

Gemeinsam ist Beiden die Überzeugung, daß Begierde und Hochmut die rechte Gesinnung des Einzelnen und das moralische Niveau der Gesellschaft beeinträchtigen. Doch uneins sind sie sich darüber, wovon dies ein Effekt sein soll. Für Voltaire sind Hochmut und Begierde *Effekte der Natur:* »Die großen Verbrechen sind immer nur von berühmten Ungebildeten verübt worden« (Voltaire nach Noack 1978, 67). Für Rousseau hingegen sind sie *Effekte der Kultur:* »Es sind die Fortschritte des Geistes und des Wissens, welche unseren Hochmut vergrößern und unsere Verwirrung vermehren« (Rousseau nach Noack 1978, 70 f.).

Effekt dieses Disputs ist schließlich die Herausbildung zweier Begriffe zu einem Konstrukt, in dem jedes der beiden Elemente unter Zurückweisung des anderen seine Bevorrechtigung erklärt. Im Innern dieses Disputs werden ›Kultur‹ und ›Natur‹ allerdings nicht als sich wechselseitig provozierende Effekte eines politisch und moralisch emanzipativen Diskurses durchschaut. Dieser Diskurs treibt erst Kultur und Zivilisation als Hebel menschlichen Fortschritts, d. h. zur Emanzipation des Bürgertums gegenüber dem Adel hervor, um dann Natur und naturrechtliche Ordnung als Hebel gegen die zerstörerischen Kräfte des Fortschritts einzusetzen. Aus der historischen Situation, sich gegenüber dem Adel und der Kirche politisch zu behaupten, bringt die bürgerliche Aufklärung kulturelle Errungenschaften über Bildung ins Spiel. Je mehr sie sich durchsetzen kann, desto mehr verlagert sich der Dualismus von einander unversöhnlich gegenüberstehenden gesellschaftlichen Gruppen (Adel und Kirche versus Bürgertum) in einen Dualismus im Innern des bürgerlichen Diskurses: die Stelle des politischen Gegners nimmt nun die Kultur ein, gegen die der bürgerliche Zivilisationskritiker die Natur aufbietet.

Im Innern des Diskurses herrscht mithin das gleiche Regime: *die Kritik.* Dies läßt den Diskurs des Begehrens nicht unberührt. Sexualität wird zu dem Moment, in dem Natur und Kultur sich unfehlbar kreuzen.

Voltaire: »Sexualität als Kultur«

Weil den Menschen die Gabe verliehen ward, alles vollkommener zu gestalten, was die Natur ihnen gewährt, so haben sie die Liebe vollkommen gemacht. Sauberkeit und Sorgfalt, die wir an uns üben, machen die Haut zarter, mehren die Lust der Berührung, und Fleiß um unsere Gesundheit macht die Werke der Wollust nur empfindsamer (Voltaire 1970, 672f.).

Im gleichen Artikel seines »Philosophischen Wörterbuchs« versäumt Voltaire es nicht, eine Spitze gegen die Vertreter der Natur-Fraktion einzuflechten. Den Tieren, so beklagt er, habe der Mensch nicht nur die verfeinerte Lust, sondern auch die schreckliche Last der Syphilis voraus.

Indessen verhält es sich mit dieser Pest nicht so, daß sie gleich unzähligen anderen Krankheiten die Folge unserer Ausschweifungen wäre. Nicht Zügellosigkeit brachte sie in unsere Welt ... sie entsprang auf einigen Inseln, wo die Menschen in Unschuld lebten; von dorther hat sie sich auf die Alte Welt ergossen. Könnte man jemals die Natur anklagen, daß sie ihr Werk mißachte, ihrem Plan widerspreche, ihrer Absicht zuwiderhandle, so muß es hier sein! (Voltaire 1970, 673)

Nicht nur um des gesteigerten Genusses willen ist die Sexualität der kulturellen Verfeinerung bedürftig, sondern vor allem der krankhaften Folgen wegen, die gerade der natürliche, unzivilisierte Zustand ihr beschert hat: *ars erotica* und Hygiene sind die Pole, zwischen denen Voltaire die Sexualität arrangiert.

Rousseau: »Sexualität als Natur«

Für Rousseau ist das Aufwachsen eines Kindes der ›natürliche Testfall‹ für die Ausformung der Sexualität im Zustand der Natur: vorausgesetzt, es gelingt möglichst lange, es vor kulturellen Interventionen zu schützen.

Die Natur in ihren Weisungen ist zögernd und langsam, der Unterricht der Menschen fast stets übereilt. Im ersten Fall wecken die Sinne unsere Einbildungskraft; im zweiten die Einbildungskraft unsere Sinne, sie verleiht ihnen eine vorzeitige Tätigkeit, die eine entnervende und schwächende Wirkung haben muß, zuerst auf die Individuen, dann schließlich auf das ganze Geschlecht ... Wollet ihr Ordnung und Regel in die keimenden Leidenschaften bringen, so verlängert den Zeitraum, während dessen sie sich entwickeln. Dann ist nicht der Mensch der Ordner, sondern die Natur selbst. Euer Amt ist nur, die Natur ihr Geschäft ausführen zu lassen (Rousseau 1956, 171).

Erzieher und Zögling, Erziehungsmethode und Erziehungsziel sollen sich durch die Natur selbst leiten lassen. Vor verrohenden ›Verfeinerungen‹ der Kultur geschützt, konstituiert sich Sexualität als das, was übrig bleibt: sie ist Natur.
Kultur ist das, was Natur *formt* (Voltaire), und das, was sie *verformt* (Rousseau). Kultur ist entweder Verfeinerung oder Vergewaltigung von Natur. *Mutatis mutandis* gilt dies für Sexualität. Aus der politischen Funktion dieses Dualismus von Kultur und Natur, eine gesellschaftliche Gruppe zu differenzieren und zugleich zu emanzipieren, hat sich nun im Innern des bürgerlichen Diskurses die Funktion herausgeschält, ebenjene Begriffe zu differenzieren und gleichsam selbst zu emanzipieren: ihr Auseinandertreten und ihr diskursives Schattenboxen sind eine Figur des Machtwissens. Dieses Wissen tritt als Macht zur Negation der Position auf, die sie setzt *und* absetzt – es ist der Mechanismus, den Koselleck auch für die Dualismen des politischen Diskurses des Bürgertums identifiziert.[13]

Während sich jedoch Voltaire und Rousseau als prominente Vertreter dieses Disputs noch auf jeweils eine Seite des (sexuellen) Diskurses stellen, nehmen Becker und Hufeland hingegen den Dualismus zur Gänze in ihre Argumentation auf. Die diskursiv konstruierte Not, daß Sexualität sich stets nur als Nicht-Natur oder Nicht-Kultur bestimmt, wenden sie zur Tugend, indem sie eine *oszillierende Synthese* betreiben: Natur und Kultur werden voneinander abhängige diskursive Variablen und – zuweilen innerhalb eines Satzes – miteinander argumentativ verflochten: So

13 Der Prozeß der bürgerlichen Selbstvergewisserung artikuliert sich in einer Serie von Begriffen und Gegenbegriffen, die gleichermaßen die Literatur der Aufklärer und die ihrer Gegner prägt. Der Katalog von »Vernunft und Offenbarung, Freiheit und Despotie, Natur und Zivilisation, Handel und Krieg, Moral und Politik, Dekadenz und Fortschritt, Licht und Finsternis läßt sich beliebig verlängern, ohne daß die gesetzten Begriffe jemals den Charakter verlieren, ihre Gegenbegriffe zugleich mitzusetzen und auszuschließen« (Koselleck 1973, 83). Alle diese Dualismen stehen, so Koselleck, in Beziehung zu dem Unternehmen, dem das 18. Jahrhundert seinen Namen gegeben hat: Es ist das Jahrhundert der Kritik.

bedarf Becker zufolge die »thierische Oekonomie« der sie veredelnden moralischen Gesinnung, um in einer zivilisierten Lebensweise zu münden; die kulturell bedingte Herausforderung der tierischen Natur des Menschen muß sich ihrerseits an einer natur-orientierten Lebensart disziplinieren. Weder ›Natur‹ noch ›Kultur‹ sind diskursive Konstanten: Eher konstituieren sie sich als voneinander abhängige Variablen zu einem Begründungskonzept, das *sowohl* der Natur *als auch* der Kultur zu ihrem legitimierenden Recht verhilft. Im ständigen Oszillieren der Argumente wiederholt und subtilisiert sich das »dualistische Erbe« (Koselleck 1973).

Diese Abhängigkeit zeigt sich auch auf der Ebene der praktischen Handlungsorientierung: Hufeland zufolge ist der moralische Standard einer Kultur der einzige Parameter der Einflußnahme auf die Sittlichkeit; dieser Standard muß von jedem Individuum getragen werden. Doch schon im nächsten Schritt des Arguments wird deutlich: Die individuelle ethische Reife domestiziert eine *Natur, die selbst auf Moralität angelegt ist* (vgl. Hufeland 1796, 14): Natur als die eigentliche Kultur des Menschen; Kultur als die eigentliche Natur des Menschen – das ist der Geist, in dem die sexuell-aufklärerischen Schriften seit dem Ende des 18. Jahrhunderts verfaßt werden.

Der paradoxale Zusammenhang von Natur und Kultur wird durch aufwendige Techniken ›invisibilisiert‹ (Luhmann): Eine ganze makrobiotische Kultur unterstellt vor allem die bürgerliche Sexualität einem minutiös geregelten diätetischen Regime. Der Adel hingegen sucht nicht in erster Linie Gesundheit, sondern Etikette als das Mittel der Versöhnung innerhalb eines Komplexes, den er um Plaisir und Peinlichkeit arrangiert. »For sexuality to be enjoyable, it had to be refined, decent, polite. The Enlightenment legitimated sexuality at the cost of making it decorous« (Porter 1982, 18). Die durch Etikette verfeinerte Sexualität ist dem Ziel der Gesundheit allerdings nicht abträglich, sondern wird nun vielmer selbst durch dieses Ziel motiviert. Nun empfiehlt Lord Chesterfield seinem Sohn die Pariser Dame statt der Prostituierten, um sexuelle Erfahrungen zu sammeln. Denn: »A young fellow must .. be a very awkward one to be reduced to, or of a very singular taste to prefer, drabs and danger to a commerce (in the course of the world not disgraceful) with the woman of health, education and rank« (Chesterfield in Porter 1982, 20). Auch im adligen Diskurs steht nun Gesundheit neben, wenn nicht gar buchstäblich *vor* Bildung und Stand.[14]

Das Regulativ der Dezenz ergreift sogar den sexualtherapeutisierenden Diskurs selbst: Zwar dient die Unterweisung auch dazu »to familiarize the sexes to an unreserved discussion of those topics which are generally avoided in conversation from a principle of false delicacy« (vgl. Wollstonecraft in Taylor 1958, 7). Doch wie es der Begriff der *false delicacy* bereits andeutet: Es gibt eine *delicacy*, deren man sich weiterhin befleißigen muß, dies gilt auch für den professionellen Therapeuten selbst. James Graham versichert daher den Zuhörerinnen seiner *Lectures*:

Ladies of rank and character are assured, that nothing will be said or seen, which can give even the smallest offence to the chastest and most delicate female eye or ear, and that every thing will be conducted with the most perfect decency and decorum (Graham in Porter 1982, 19).

Die proletarische Sexualität hingegen, die sich selbst nicht schriftlich äußerte, kommt eher als Gegenstand der Besorgnis in Aufklärungsschriften zum Ausdruck. Zum einen gilt es, die niederen Schichten von aufreizenden Schriften fernzuhalten. Der Titel des folgenden Magazins läßt über den gewünschten Kreis der Adressaten keinerlei Zweifel aufkommen: *The Covent Garden Magazine, or Amorous Repository, Calculated Solely for the Entertainment of the Polite World* (1774). Zum anderen gilt es, ungewollte Folgen zu vermeiden. Die aufgeklärte Antwort: kontrazeptive Techniken zu legitimieren. »What needed to be suppressed was fertility and poverty, not sexuality« (Porter 1982, 16).

Doch wo immer der Akzent sexualaufklärender Beiträge auch liegt, ob eher bei dem ›Recht der Natur‹ oder eher bei der ›zivilisierenden Kraft der Kultur‹: In beiden Fällen diagnostiziert man eine nicht endenwollende Flut von Abweichungen, sei es gegen die Gesundheit oder Zeugungsfähigkeit, oder sei es gegen die Sittlichkeit. Diese Abweichungen grenzt man nun jedoch nicht länger aus; im Gegenteil: Man empfiehlt therapeutische Behandlungen, die Beobachtung, Kontrollen und Eingriffe erfordern.

Es gibt jedoch gewisse Vorbehalte gegenüber diesen Aktivitäten;

14 Mehr noch: »Sex with sensibility seemed to solve the constant problem of the English Enlightenment: how individuals could indulge their own selfish passions without danger to the social order« (Porter 1982, 20)

insbesondere im Rahmen der Onanie-Debatte fürchtet man, die Jugendlichen könnten durch Aufklärung allererst von dem Laster masturbativer Praktiken erfahren: statt diese Praktiken zu *unterbinden*, *unterwiesen* sie ihre Leser darin. Man fragt sich: Sichert nicht eigentlich das Unwissen die Unschuld? Dies bringt nicht nur Rousseau in seinem Disput mit Voltaire zum Ausdruck; diesen Vorwurf hatte man auch immer wieder gegenüber der Beichtpraxis erhoben.

Der sexualaufklärende Diskurs baut verschiedene Verteidigungen gegen dieses Argument auf. Besonders im Hinblick auf die Sexualität Heranwachsender verweist man erstens auf die Dezenz der Wortwahl (s.o.), etwa das Kaschieren kritischer Stellen durch lateinische Formulierung, aber auch zweitens, mit Hinweis auf die Autorität christlicher Autoren, auf die Notwendigkeit, hier alles zu sagen[15]. Die Norm des Sagen-müssens steht außer Fage; in Frage steht allenfalls, *wie* man es *wem* sagen solle. Die Kombination der folgenden beiden Verteidigungslinien jedoch ist es, die die legitimatorische Schwäche eines auf einem Dual von Kultur und Natur aufgebauten sexualtherapeutischen Diskurses offenbart. Im Hinblick auf die eheliche Sexualität beruft man sich nämlich zunächst drittens darauf, lediglich zu unterstützen, was »everyone would wish to perform, indeed by nature's promptings and civic responsibility, *ought* to perform« (Porter 1994, 142). Wieso aber Unterstützung dessen, was die Sittlichkeit ohnedies verlangt, und wie? Hier lautet die Antwort, man gebe lediglich weiter, »what ›Nature has taught‹« (Ostervald in Porter 1994, 144). Diese Argumentationsfigur und vierte Verteidigung gegen die Befürchtung, daß sexuelle Aufklärung ihr sittliches Maß überschreiten könne, kommentiert Porter pointiert: »... if it <sexuality> was natural, why the need to teach it in the first place? If carnal knowledge had no power to corrupt, how could it have the power to purify or fortify?« (Porter 1994, 144). Ist es vielleicht die sittliche Empfindung, die hier wieder regulierend eingreift?

15 Dazu etwa Tissot: »I have not neglected any precaution that was necessary to give this work all decency, in point of terms, that it was susceptible of ... Should such important subjects be passed over in silence? No, certainly. The sacred writers, the fathers of the church, who almost all wrote in living languages, the ecclesiastical writers, did not think it proper to be silent on crimes of obscenity, because they could not be described without words« (Tissot 1761, 4).

Zwar wird sich der sexualaufklärende und der aufkommende sexualwissenschaftliche Diskurs auch weiterhin bei Identifizierung und Therapie aller Abweichungen von gesunder und sittlicher Sexualität auch auf das Vokabular Natur und/oder Kultur stützen. Jedoch wird fortan dieses Dual unter einer anders gelagerten Norm subsumiert. Alle Abweichungen verletzen nun eine *Norm der Soziabilität*: »Darunter fallen in gleicher Weise Masturbation, Homosexualität, Inzest, Geschlechtsverkehr mit oder von einer Schwangeren ... Sie alle werden als unmoralisch oder asozial diffamiert« (Beutelspacher 1986, 98). Eben*diese* Norm rechtfertigt nun alle Interventionen.

Was bislang einem Konglomerat ratgebender, politisch-ideologischer und philosophisch-literarischer Federn des 18. Jahrhunderts entnommen wurde, formiert sich im 19. Jahrhundert zu einem konturierten Dispositiv, das das Leben des Einzelnen und das der Bevölkerung in Regie nimmt. Auch in den Wissenschaften von der Sexualität findet der Disput *Kultur oder Natur?* nun seine Einheit in dem Leitmotiv: das Leben zu verwalten.

Kapitel 12

Sexualität und Leben

»Eines der charakteristischsten Privilegien der souveränen Macht war lange Zeit das Recht über Leben und Tod« (Foucault 1977, 161). Diese Rechtsform entspricht einem Machttyp, der wesentlich als Abschöpfungsinstanz nicht nur von Gütern und Diensten, sondern auch von Leben fungiert und dies in öffentlichen Martern exzessiv demonstriert. Im 17. Jahrhundert beginnt man, diesen Machttypus für verschwenderisch zu halten; seither nehmen andere Machttechnologien »das Leben in ihre Hand, um es zu steigern und zu vervielfältigen, um es im einzelnen zu kontrollieren und im gesamten zu regulieren« (Foucault 1977, 163). – Kontrolle und Regulierung sind mit Blick auf die Praktiken, die die Pastoralmacht für die einzelnen Gläubigen und Gemeinden verbindlich zu machen wußte, nicht neu: die nun aufkommenden Bio-Mächte indessen erheben sie zu Prinzipien umfassender Verwaltung westlicher Gesellschaften. Sie dringen in den Körper ein und produzieren dort Wissen von dem sexuellen Individualkörper ebenso wie vom ›sexuellen Gesellschaftskörper‹ (vgl. Foucault 1976, 108 f.). Soweit es um das sexuelle Selbst des Einzelnen geht, greifen die Wissenschaften vom Leben auf eine bewährte Technologie zurück: die des Bekenntnisses. Mit einigen Modifikationen, die vor allem die diagnostische und therapeutische Kraft des Geständnisses betreffen, wird es *die* Instanz zur diskursiven Produktion ›geschlechtlicher Verirrungen‹. Von den vier Komplexen, die seit Beginn des 19. Jahrhunderts besondere Aufmerksamkeit erheischen (Hysterie, Onanie, Fortpflanzung, Perversion), ist es zunächst neben der kindlichen vor allem die weibliche Sexualität, die der Intervention für bedürftig gehalten wird: wenn auch noch zurückhaltend, fahndet der Arzt doch besorgt nach jedem Zeichen für ein Zuviel oder ein Zuwenig des weiblichen Geschlechtstriebs. Denn beide Abweichungen verhindern, daß die Frau ihrem Fortpflanzungszweck nachkommt, und bedrohen so die Fundamente der neuen Familienmoral, Gesundheit und Normalität. Mit der *Psychopathia sexualis* Heinrich Kaans differenziert sich schließlich eine veritable Sexualmedizin unter Einschluß physiologischer und psychischer Behandlungsmethoden heraus: Körper und Wille des Patienten werden zum Objekt medizinischer Verfügung.

Foucault unterscheidet zwei große Technologien, um die sich die einzelnen Techniken der Kontrolle und Regulierung gruppieren: Zunächst installieren sich die Disziplinen, die sich seit Beginn des 17. Jahrhunderts um die Erzeugung gelehriger und nützlicher Körper bemühen. Sie isolieren individuelle ›Körpermaschinen‹ und integrieren sie in wirksame Kontrollsysteme. Fabriken, Kasernen, Internate oder Heime werden zu privilegierten institutionellen Basen zur gezielten Herstellung neuen Wissens. Die Bio-Diskurse entfalten sich hier beispielsweise in Reflexionen über das Lehrverhältnis oder über militärische Taktiken.

Etwa um die Mitte des 18. Jahrhunderts etabliert sich die Bevölkerungspolitik, die das Leben des Gattungskörpers mit globalen Interventionen in ihre Regie nimmt. Mit merkantilistischer und kameralistischer Reflexion entsteht eine ›Bevölkerung‹ samt ihrer Bedeutung für den Wohlstand eines Territoriums. Es gilt (Arbeits-)Kräfte zu erschließen; genaue Kenntnisse über Geburten- und Sterblichkeitsrate, Krankheit und Langlebigkeit sind nun vonnöten: Die Bio-Diskurse entfalten sich hier als Demographie oder Tabellierung der Reichtümer und ihrer Zirkulation.

Die Verknüpfung beider Machttechnologien vollzieht sich Foucault zufolge in der Form konkreter Dispositionen, die die große Technologie der Macht im 19. Jahrhundert ausmachen werden. »Eines von ihnen und eines der wichtigsten wird das Sexualitätsdispositiv sein« (Foucault 1977, 167 f.).

Eine bedeutende Folge dieser Bio-Macht ist der mit ihr einhergehende Vorrang der Norm gegenüber dem Gesetz der souveränen Macht. Die Waffe des Souveräns ist der Tod. Eine Macht allerdings, die das Leben zu sichern hat, bedarf kontinuierlicher, regulierender Mechanismen. »Eine solche Macht muß eher qualifizieren, messen, abschätzen, abstufen, als sich in einem Ausbruch manifestieren. Statt die Grenzlinie zu ziehen, die die Untertanen von den Feinden des Souveräns scheidet, richtet sie die Subjekte an der Norm aus« (Foucault 1977, 172). Damit tritt das Gesetz allerdings nicht außer Kraft, sondern funktioniert selbst immer mehr als Norm, und ihre zentrale Institution, die Justiz, reiht sich in ein Kontinuum vornehmlich regulierend wirkender Apparate

(Gesundheit, Verwaltung) ein. »Eine Normalisierungsgesellschaft ist der historische Effekt einer auf das Leben gerichteten Machttechnologie« (Foucault 1977, 172).

Die »tricky combination« (Foucault) individuierend-kontrollierender und global-regulierender Machttechniken innerhalb der politischen Strukturen des Staates reorganisiert das Regime der Pastoralmacht: Die Bio-Mächte verkürzen das Leben der Individuen auf ihre irdische Phase, setzen weltliche Ziele ein (Gesundheit, Unfallschutz, …), vervielfältigen die Funktionäre der Macht (Polizei, Philanthropen, Sexologen, …); schließlich organisiert sich ihr Wissen über Bevölkerung und Individuum in einer Vielzahl von Institutionen (Medizin, Psychiatrie, Selbsthilfegruppen …) und durchsetzt so die Gesellschaft mit einem Netz von Macht-Wissensbeziehungen.

Diese Entwicklung blieb nicht unwidersprochen, sondern hat statt dessen ein Netz von Widerstandspunkten erzeugt und auch vorgefunden. Seit dem 18. Jahrhundert klagen Kämpfe, Revolten, Befreiungsbewegungen, kurz: sich als emanzipatorisch verstehende Diskurse ihrerseits das Leben als politisches Thema ein. Das, was eine Vielzahl von kontrollierenden und regulierenden Techniken allererst erzeugt haben, nämlich den Menschen als lebendes, arbeitendes und sprechendes Wesen, »dessen Natur es <ist>, die Natur und infolgedessen sich selbst als natürliches Wesen zu erkennen« (Foucault 1974, 375) klagt nun ein ›Recht auf‹ ein, und zwar ein »Recht auf das Leben, auf den Körper, auf die Befriedigung der Bedürfnisse, das ›Recht‹ auf die Wiedergewinnung alles dessen, was man ist oder sein kann« (Foucault 1977, 173).[1]

Regulierungen und Widerstände, Bewegungen und Gegenbewegungen produzieren so am Schnittpunkt beider Machttechnologien, der Disziplinen und der Bevölkerungspolitik, die (politische) Signifikanz der Sexualität. Erzeugt in endlosen medizinischen oder psychiatrisch-psychologischen Prüfungen, statistischen Schätzungen und umfassenden Eingriffen in ganze Gesellschaftsgruppen, bildet sie gleichsam das Scharnier zwischen dem ›Körper‹ und der ›Bevölkerung‹. »Zwischen den beiden Polen dieser Technologie staffelt sich eine ganze Serie verschiedener Taktiken, die in wechselnder Proportion das Ziel der Körperdis-

---

1 In dieser Tradition versteht sich nicht zuletzt die sozialwissenschaftliche Kritik am therapeutischen Diskurs (vgl. Kap. 1).

ziplin mit dem der Bevölkerung kombinieren« (Foucault 1977, 174).[2]

Die Sexualität wird auf diese Weise zur zentralen Zielscheibe für Bio-Mächte, die auf die Verwaltung des Lebens ausgerichtet sind. Seit dem 18. Jahrhundert, so Foucault, formieren sich vier große strategische Komplexe, die um die Sexualität spezifische Macht- und Wissensformen entfalten: diese gründen vorwiegend auf der Identifikation von Pathologien, die regulierende und kontrollierende, das Individuum heilende und so die Gesellschaft schützende Interventionen zugleich dringend empfehlen und legitimieren.

1. Die *Hysterisierung des weiblichen Körpers* pathologisiert eine von Leidenschaften und geschlechtlichen Verirrungen durchdrungene ›nervöse Frau‹ und produziert so deren Gegenteil, die sittsame Ehefrau und ›Mutter‹, in deren Figur sich Fruchtbarkeit, Familie und Erziehung zur ›Gesellschaft‹ verknüpfen.
2. Die *Pädagogisierung des kindlichens Sexes* pathologisiert masturbative Praktiken und behauptet dabei nicht nur individuell-physische und psychische Gefahren, sondern darüber hinaus auch moralische. Beide Typen von Gefahren nötigen im Kampf gegen die Onanie einen ganzen Apparat von Institutionen, Professionen und Programmen auf.
3. Die *Sozialisierung des Fortpflanzungsverhaltens* medizinisiert die Praktiken der Geburtenkontrolle für Individuum und Art; in der Form ökonomischer Regulierung steuert sie die Fruchtbarkeit; politisch artikuliert sie sich in Appellen an das Paar, das seiner Verantwortung für die gewünschte Größe der Bevölkerung bewußt zu sein habe.
4. Die *Psychiatrisierung der perversen Lust* schließlich pathologisiert den als autonomen psychischen und biologischen Instinkt isolierten Sexualtrieb; »man hat ihm eine normalisierende und pathologisierende Rolle für das gesamte Verhalten zugeschrie-

---

2 So kann Edward Shorter beispielsweise anhand von Akten der bayerischen Regierung aus der ersten Hälfte des 19. Jahrhunderts zeigen, daß sich die offizielle Handhabung der »Heimat-, Gewerbe- und Ansässigkeitspolitik« auch als »ein fortlaufender Kommentar zu ... Familienleben, Sexualpraktiken und ähnlichem lesen läßt« (Shorter 1972, 531). Besonders die bürokratischen Aufzeichnungen zu Einzelfallentscheidungen in der Frage, ob ein Mann heiraten oder aber mit einer Frau ›in Sünde‹ leben dürfe, bestätigen im Detail den von Foucault behaupteten intimen Konnex zwischen *la vie intime* und dem öffentlichen Interesse.

ben; schließlich hat man nach einer Korrekturtechnik für diese Anomalien gesucht« (Foucault 1977, 127).
Alle diese politischen Strategien verbinden auf spezifische Weise die individualisierenden Disziplinen mit den totalisierenden Bevölkerungspolitiken. Während sich die Hysterisierung des weiblichen Körpers und die Pädagogisierung des kindlichen Sexes auf die Erfordernisse globaler Regulierung stützen (Arterhaltung, Nachkommenschaft, kollektive Gesundheit), um Wirkungen auf dem Niveau der Disziplin zu erzielen, ist das Verhältnis bei der Geburtenkontrolle und bei der Psychiatrisierung der Perversen umgekehrt: Hier sind die Eingriffe regulierender Natur, müssen sich aber auf die Notwendigkeit der individuellen Disziplin und Dressur stützen (vgl. Foucault 1977, 175).
Diese Strategien bilden mehr oder weniger koordinierte Bündel von Machtbeziehungen, die in ihrem pathologisierendem Zugriff eine Vielfalt von Sexualitäten erzeugen: Sexualitäten verschiedener Altersstufen, unterschiedlicher Praktiken; Sexualitäten, die Beziehungen gefährden (Eltern – Kinder; Therapeut – Klient) oder in bestimmten Räumen entstehen können (Internate, Heime, Beichtstuhl) – sie alle bedürfen der Regulierung und Kontrolle. »Diese Kontrollen suchen zu schützen, zu trennen und vorzubeugen, sie signalisieren Gefahren, rufen zur Wachsamkeit, fordern Diagnosen, häufen Berichte auf und organisieren Therapien; sie machen den Sex zum Ausstrahlungspunkt von Diskursen« (Foucault 1977, 44). Die diskursive Mechanik verleiht all diesen Sexualitäten analytische, sichtbare und stetige Realität (vgl. Foucault 1977, 59): So erzeugen die Machtwissenstechnologien die sexuellen Selbste, die sie kontrollierend und regulierend in ihre Hand nehmen – erzeugen sie mehr, als sie regulieren können?
Eine Genealogie, die sich der christlichen Herkünfte therapeutisierter Sexualitäten versichert hat, überrascht die bejahende Antwort auf diese Frage nicht; im Gegenteil, sie weiß um die zentrale Technologie, die diesen ›Mehrwert‹ systematisch erzeugt: das Geständnis, das methodisch hervorzulocken, hermeneutisch zu bearbeiten, Grundlage für Diagnosen und Therapien, aber auch selber heilsam ist. Daß sich ein gesellschaftliches Regulativ namens Sexualität formieren kann, verdankt sich den Myriaden freiwilliger und unfreiwilller Geständnisse, die individuelle Eingriffe und globale Disziplinierungen im einzelnen informieren und legitimieren.

Die klinische Kodifizierung des Bekenntnisses

»Im Abendland ist der Mensch ein Geständnistier geworden« (Foucault 1977, 87). Wer gesteht, bringt die (oder besser: ›seine‹) Wahrheit ans Licht, wer mit Kunst und Kenntnis zum Geständnis anreizt, wird einen wahren Diskurs über das Subjekt produzieren. Die Verpflichtung zum Geständnis ist in der Moderne zu einer Selbstverständlichkeit geworden:

In der Justiz, in der Medizin, in der Pädagogik, in den Familien- wie in den Liebesbeziehungen, im Alltagsleben wie in den feierlichen Riten gesteht man seine Verbrechen, gesteht man seine Sünden, gesteht man seine Gedanken und Begehren, gesteht man seine Vergangenheit und seine Träume, gesteht man seine Kindheit, gesteht man seine Krankheiten und Leiden; mit größter Genauigkeit bemüht man sich zu sagen, was am schwersten ist; man gesteht in der Öffentlichkeit und im Privaten, seinen Eltern, seinen Erziehern, seinem Arzt und denen, die man liebt, man macht sich selbst mit Lust und Schmerz Geständnisse, die vor niemand anders möglich wären, und daraus macht man dann Bücher. Man gesteht oder man wird zum Geständnis gezwungen (Foucault 1977, 76).

Während das Archiv der Lüste in der Beichtpraxis noch durch Beichtsiegel und Absolution der Vergänglichkeit preisgegeben ist, bekommt es im Laufe des 19. Jahrhunderts eine permanente und systematische Form: Medizin, Psychiatrie und Pädagogik transformieren den christlichen Diskurs der Sünde gegen die Keuschheit in den wissenschaftlichen Diskurs der Abweichungen des Geschlechtstriebes. Das Geständnis erzwingt nun eine wahrhaftige Äußerung der sexuellen Besonderheit. Auch die wissenschaftlichen Experten gehen wie die Priester von der Annahme aus, daß sie, indem sie das Begehren gezielt zur Äußerung bringen, die Wahrheit über den Gestehenden herausfinden können; anders als die Priester gehen sie nicht länger davon aus, daß das Geständnis allein die (vollständige) Wahrheit des abweichenden Begehrens enthüllt. Deshalb entwickeln sie systematische Formen zur Dechiffrierung des Gestandenen. Foucault verweist auf fünf Operationen, die die christlichen Rituale des Geständnisses in Schemata mit wissenschaftlicher Regelmäßigkeit überführen (vgl. Foucault 1977, 84 ff.):

1. *Die klinische Kodifizierung des Bekenntnisses*. Befragung, Tests und Symptomatologie integrieren die Geständnisprozedur in ein Feld wissenschaftlich akzeptabler Beobachtung.

2. *Das Postulat einer allgemeinen und diffusen Kausalität des Sexes.* Daß schließlich kaum noch eine Krankheit oder Devianz ohne (zumindest teilweise) sexuelle Ätiologie existiert, erzwingt die Fortsetzung des Geständnisses als erschöpfende Institution.
3. *Die Latenz der Sexualität.* Es bedarf einer komplizierten Geständnisarbeit, um die teils verborgene Wahrheit des Sexes zu entdecken; dieser Zwang erfordert den Anschluß an eine wissenschaftliche Praktik.
4. *Die Methode der Interpretation.* Die Macht zu vergeben, zu trösten und zu leiten wird nun ersetzt oder ergänzt durch den Umstand, daß die Wahrheit des Sexes dem Subjekt teilweise selbst nicht zugänglich ist, vielmehr des Interpreten bedarf (hermeneutischer Imperativ).
5. *Die Medizinisierung der Wirkungen des Geständnisses.* Das Geständnis findet nun seinen Sinn und seine Notwendigkeit unter den medizinischen Eingriffen: «... vom Arzt gefordert, notwendig für die Diagnose und durch sich selber wirksam in der Therapie: Das Wahre, rechtzeitig dem Richtigen gesagt, und zwar von dem, der es innehat und zugleich verantwortet, dieses Wahre heilt» (Foucault 1977, 87).

Mit diesen Operationen ist im Laufe des 19. Jahrhunderts ein Dispositiv entstanden, das den alten Geständniszwang mit den Methoden des klinischen Abhorchens verbindet. An ihrem Kreuzungspunkt bestimmt sich das Begehren wiederum als Abweichung: jedoch nicht länger als Abweichung von Keuschheit, sondern als Abweichung von ehelicher, reproduktiver und sittlicher Sexualität. Nun entdeckt man ein in immer neuen Hinsichten pathologisches, therapiebedürftiges Gebiet. Eine Vielzahl von Disziplinen und Therapien vernetzen sich zu einer veritablen *scientia sexualis*. Diese erzeugt seither nachhaltig den Eindruck, als ob die Wahrheit der Sexualität »keinen anderen Anspruch hegt als den, an den Tag zu treten« (Foucault 1977, 77). Seither weiß man aber auch, daß das Geständnis allein nicht reicht, um die Verfehlung zu erkennen: Es ist erst eigentlich der wissenschaftliche Experte, der die Wahrheit des Geständnisses herausarbeitet. Diese Geständnis-Arbeit verleiht diesem selbstthematisierenden Diskurstyp allererst seine wissenschaftliche Akzeptabilität. Mit Beginn des 19. Jahrhunderts kristallisieren sich in diesen Geständnisarbeiten verirrte Geschlechtstriebe heraus, um die sich jedoch nicht allein die Ärzte kümmern.

Es wäre in der Tat übereilt zu behaupten, die Figur des Arztes löse nun die des Priesters als Verwalter des Begehrens ab. Noch stellt er sich lediglich neben sie. Den Grund lokalisieren Foucault und Donzelot in der Übermacht des Allianzdispositivs. Darunter versteht Foucault einen Mechanismus gesellschaftlicher Integration, der über ein System des Heiratens, der Festlegung und Entwicklung der Verwandtschaften und schließlich der Übermittlung von Namen und Gütern (vgl. Foucault 1977, 128) operiert. Zwar messen auch die Ärzte der Ehe und der Familie eine bedeutende Rolle bei der Regulierung des Begehrens zu; doch es ist der Priester, der noch etwa bis in die Mitte des 19. Jahrhunderts hinein das Regime der Familienmoral führt.[3] Jacques Donzelot notiert dazu: »Der Priester verwaltete die Sexualität unter dem Aspekt der Familienmoral. Zwischen den Heiratsverbindungen, dem Schlüssel der alten Familienordnung, und dem Apparat der Kirche bestand eine alte, auf gegenseitigen Leistungen beruhende Komplizenschaft« (Donzelot 1979, 181). Im Austausch gegen Sakramente und Dispens bei Heiraten zwischen nahen Verwandten erhält die Kirche Geld, Güter und zu missionierende Bevölkerungen. Die Beichte ist, so sieht es auch Donzelot, ein wichtiges Element in dieser Komplizenschaft: »In der Einrichtung der Beichte besitzt die Familie ein Mittel, um die unvermeidliche Kluft zwischen den Strategien der Heiratsverbindungen und den sexuellen Neigungen zu bewältigen. Umgekehrt verschafft es der Kirche einen direkten Zugriff auf die Individuen, die Möglichkeit der Seelenführung« (Donzelot 1979, 181).[4]

---

3 In der Religionsgeschichte gilt das gesamte 19. Jahrhundert als das ›Goldene Zeitalter‹ der Beichte. In einem kursorischen Überblick legt Corbin für die Entwicklung in Frankreich eindrucksvoll dar, daß sich der in Teil III beschriebene Prozeß fortsetzt und intensiviert: regelrechte Beichtverhöre sind in der zweiten Hälfte des 19. Jahrhunderts keine Seltenheit. Zur gleichen Zeit hat es der Arzt trotz der medizinischen Kodifizierung des Geständnisses sehr schwer, von seinen Patienten das Eingeständnis masturbativer Praktiken oder der Ansteckung mit einer Geschlechtskrankheit zu erhalten; gleichwohl ist er neben dem Priester oft noch der einzige Vertraute, dem man sich in der Abgeschiedenheit seines Sprechzimmers offenbart (vgl. Corbin, 1987, 515 ff.).

4 Dafür, daß diese Zugriffsmöglichkeit – zumindest über die Einrichtung der Beichte – nicht nur abnimmt, sondern daß dies geschlechtsspezifisch geschieht, spricht einiges. Edith Saurer referiert beispielsweise die Be-

Die Medizin hingegen hält zunächst einen vorsichtigen Abstand zu diesem sozialen Register sexuellen Austauschs und isoliert demgegenüber die körperlichen gegenüber den sozialen Momenten als den entscheidenden für ihre Verwaltung des Sexuellen. Doch auch hier handelt es sich um ein Kriterium, das der Familienordnung zuzuordnen ist. Die medizinischen Praktiken artikulieren es *ex negativo*: Es sei alles zu vermeiden oder aber medizinisch zu behandeln, was die Fortpflanzungsfunktion verletzte, sei es durch Krankheit (Nymphomanie, Frigidität), unsittliches Verhalten (Prostitution) oder absichtlichen Betrug (z. B. Abschnürung der Muttermilch bei der Frau, Verschüttung von Sperma durch Onanie beim – jungen – Mann). Daß diese Themen eine Beschränkung auf Fragen der Hygiene tendenziell verunmöglichen, zeigt sich im Fortgang der Genealogie: in den Praktiken, die die Medizinisierung der weiblichen Sexualität, der Prostitution und der Onanie betreffen, sitzt die Sorge um die gesunde Nachkommenschaft der Familie als diskursiver Stachel. Gesundheit und Normalität sind die Standeszeichen der neuen Familienordnung und bedürfen ständiger Aufmerksamkeit.[5]

Die Medizinisierung der weiblichen Sexualität, wie sie die Lehr-

merkung Aegidius Jais, der zu Beginn des 19. Jahrhunderts nur einen einzigen Ort kennengelernt habe, in dessen Beichtstühlen ebenso viele Männer wie Frauen anzutreffen gewesen seien. In den Städten zeige sich eine deutliche Distanz bei Handwerkern und bürgerlichen Männern. Insgesamt verlagere sich die Seelsorge nun auf die ›Frauen- und Kinderwelt‹ (vgl. Saurer 1990, 146 f.). – Frauen und Kinder sind außerdem die ersten, die einer umfassenden Therapeutisierung ausgesetzt werden (Fortpflanzung, Hysterie, Onanie).

[5] Es ist die Medizin, die nun beobachtet, daß und wie die Ordnung von Ehe und Familie und die auf Reproduktion orientierte Ordnung der Sexualität miteinander konfligieren können: E. Shorter berichtet etwa von einer Madame Dubost, die im Juli des Jahres 1812 im Hotel Dieu du Lyon mit fortgeschrittenem Gebärmutterhalskrebs und schwanger erscheint. Trotz ihrer Krankheit hatte ihr Mann auf Einhaltung der ehelichen Pflicht bestanden: im September erleidet sie eine Fehlgeburt und stirbt bald darauf (vgl. Shorter 1985, 26). Neben dem Skandal, daß Frauen nicht das Recht hatten, sich dem Geschlechtsakt zu verweigern (im Gegenteil: sie das deutsche Recht mit der Beschlagnahmung ihrer Mitgift bestrafte), bezeugt die Protokollierung dieses Vorkommnisses, daß unter dem Primat der Gesundheit das Bestehen auf der ehelichen Pflicht nun selbst zum Skandal wird.

bücher zu Beginn des 19. Jahrhunderts demonstrieren, zeigt beides: die Konstitution einer medizinischer Intervention dringend bedürftigen Sexualität und bereits merklich weniger Zurückhaltung in Fragen der (familiären) Moral.[6]

Die Medizinisierung der weiblichen Sexualität

Ein anschauliches Beispiel bietet das fünfbändige Lehrbuch von Dietrich Wilhelm Heinrich Busch mit dem Titel »Das Geschlechtsleben des Weibes in physiologischer, pathologischer und therapeutischer Hinsicht«. Es ist wie das Beichtmanual Gaumes im Jahr 1839 erschienen und die einzige Arbeit Buschs, die sich nicht ausschließlich mit Fragen der Geburtsheilkunde befaßt. Hier gilt er als Kapazität; seit 1829 hat er eine Professur für Geburtshilfe an der Entbindungsanstalt zu Berlin inne, deren Direktor er zugleich ist. Seine Erfahrungen auf diesem Gebiet haben ihn die enge Verbindung von Fortpflanzung und allgemeiner Geschlechtlichkeit gelehrt, ja, »die Geschlechtlichkeit durchdringt gleichsam den gesamten Organismus des Weibes, so dass dasselbe fast nur für den Zweck der Fortpflanzung geschaffen scheint« (Busch 1839, XI). Darum gilt es, »den Gesamtorganismus des Weibes sich zum Gegenstande <zu> machen und <zu> untersuchen, wie derselbe in seiner Bildung und seinen Funktionen dem Geschlechtscharakter entspricht« (Busch 1839, XI).

Die Deskription physischer und psychischer Merkmale liest sich entsprechend: »Alle Systeme und Organe zeigen eine große Zartheit und Schmiegsamkeit, sie vermögen daher leicht die verschie-

---

6 Was im vorangegangenen Abschnitt für den Vollzug von diskursiven Transformationen demonstriert wurde, gilt daher auch für die ›Ablösung‹ der für zuständig erachteten Experten: Noch für einige Zeit gelten sowohl der Priester als auch der Arzt für zuständig. Auch hier geschieht der Wechsel inkremental, ungleichzeitig und ist für (sich selbst wandelnde) Grenzbereiche der Zuständigkeiten überhaupt unabschließbar. – Ob etwa ein Problem in der ehelichen Sexualität dem Arzt oder dem Priester oder heute: dem Sexualherapeuten vorgetragen wird, hängt mutmaßlich zunächst von der laienhaften Einschätzung ab, ob es sich um ein eher somatisch oder eher psychisch verursachtes Problem handelt. Im letzten Fall entscheidet wohl die Erziehung über die Wahl zwischen Priester und Therapeut.

densten Zustände <hier: Schwangerschaft und Geburt> zu gestalten« (Busch 1839, 66). Diese Körperbeschaffenheit steht zugleich »mit seiner psychischen Thätigkeit in ... inniger Beziehung ... wovon die Stellung des Weibes ... wesentlich abhängt« (Busch 1839, 68). Damit geht die Darstellung allmählich in eine expliziter moralisch-normative Form über: denn nun geht es um die Stärke und den Einsatz des weiblichen Geschlechtstriebs. Wie die organische Beschaffenheit der Frau zeigt, soll ihr Geschlechtstrieb »kein activer Trieb sein, er soll vielmehr passiv im Innern selbst wirken« (Busch 1839, 69). Handelt die Frau nicht danach, sinkt sie erstens ›moralisch tiefer als der Mann‹, büßt zweitens ›im höheren Grad seine Zeugungsfähigkeit ein‹ und liefert sich drittens der Gefahr ›mannigfacher, hartnäckiger und langdauernder allgemeiner Krankheiten‹ aus (vgl. Busch 1839, 69 f.).

Entscheidender als die beinahe bruchlose Kontinuität einer christlich-patriarchalischen Moral ist die Konstruktion einer allseits bedrohten weiblichen Sexualität, die medizinischer Intervention aus (noch) moralischer, aber vor allem aus gesundheitlicher Sicht dringend bedürftig ist: »Die Lehre von den Geschlechtskrankheiten des Weibes ist ein so wichtiger und bedeutender Theil des gesamten Geschlechtslebens des Weibes, dass man dieselbe nicht genügend betrachten kann, wenn man nicht eine genaue Erörterung des letzteren zugrunde legt« (Busch 1839, XI).

Solch eine Erörterung gibt Busch auf den ersten vierhundert Seiten seines Werkes in der eben geschilderten Weise; im weiteren befaßt er sich ausschließlich mit der Pathologie der Geschlechtskrankheiten, wobei die der Geburtsheilkunde zuzurechnenden Gebiete besondere Berücksichtigung finden. Im vierten Band behandelt er im dritten Kapitel die mit dem Sexualakt zusammenhängenden Geschlechtskrankheiten; der zweite Abschnitt dieses Kapitels fokussiert die Krankheiten des Geschlechtstriebes. Der fünfte Band ist schließlich zur Gänze operativen Eingriffen bei Krankheiten der Geburtsorgane gewidmet.

Auch die Pathologie der Geschlechtskrankheiten ist entlang des weiblichen Geschlechtscharakters organisiert: Bereits die flüchtige Gesamtschau der Inhaltsverzeichnisse demonstriert eine auf ihre reproduktive Funktion konzentrierte Sexualität der Frau; benachbart von Anomalien der Menstruation und Ausführungen zur Unfruchtbarkeit des Weibes wagt sich auf knapp dreißig Seiten ein von Fortpflanzungsaspekten scheinbar isolierter Geschlechtstrieb hervor: Tatsächlich ist Busch wohl mit dieser Anordnung und Gewichtung des Materials bester Zeitzeuge für die allmähliche Wachsamkeit gegenüber einer weiblichen Sexualität, die – nicht nur selbst durchdrungen von allen möglichen Pathologien – überdies in gleichsam organischer Beziehung zum Gesellschaftskörper steht. Individuelle Verirrung des Geschlechtstriebs ist aus dieser Sicht vor allem ein Indiz für einen Mangel an Reproduktionsfähigkeit. Genau deshalb ist sie aber auch ein erwähnenswerter und gesondert zu behandelnder Topos, vermag sie doch die Frau von ihrer eigentlichen Bestimmung abzulenken.

Gleichwohl: Als Folge einer auf Reproduktion und Gesundheit bedachten Konzeption des Sexuellen kristallisiert sich ein weiblicher Geschlechtstrieb heraus – mit einer negativen Kausalität behaftet, in die es medizinisch zu intervenieren gilt. Sieht man sich den Katalog der postulierten Abweichungen genauer an, so umfaßt er zwei Phänomene: die *Nymphomanie* und den *Mangel des Geschlechtstriebs*. Diese Anomalien befragen also den individuellen Abstand von einer als normal unterstellten Appetenz in Begriffen von ›zuviel‹ oder ›zuwenig‹, und auch damit erweisen sich diese Anomalien als den übrigen in einem weiteren Sinne zugehörig: Denn die Frau mit dem mangelnden Geschlechtstrieb droht, sich ihrem Fortpflanzungszweck zu verweigern – davor steht der Arzt machtlos da (vgl. Busch 1843, 694); die nymphomanische Frau hingegen wird sich mit ihrer sexuellen Raserei selbst physisch und psychisch zerstören und auch aufgrund ihres moralisch verwerflichen Handelns ihrem Fortpflanzungszweck nicht auf eine gesunde und geregelte Weise nachkommen können.[7]

---

7 Es ist interessant zu sehen, wie dem eindringlichen Diskurs der Medizin angesichts des mangelnden Geschlechtstriebes die Worte ausgehen, so als fehle es an regulierungsfähigem Material. Auch die von Busch vorgeschlagenen Therapien (s.o.) sind eher geeignet, ein Zuviel an Begehren einzudämmen. Der Mangel an Begehren hat zwar den Nachteil, sich der Zeugung von Nachkommenschaft zu verwehren, jedoch immerhin den Vorteil, sich in Überstimmung mit der favorisierten enthaltsamen Ehemoral zu befinden. Das gesteigerte Begehren hingegen bedroht beides: Reproduktion und Moral. Vielleicht gilt deshalb die Sorge des Arztes vor allem dem gesteigerten Begehren – und vielleicht trügt deshalb auch nicht der Eindruck, daß Busch den mangelnden Geschlechtstrieb gleichsam nur der Vollständigkeit halber aufführt.

Die Therapie dieser Abweichungen von fortpflanzungsorientierter Sexualität verweist auf sie als allseits affizierbares Gebilde: Für beide Typen von Abweichung gilt, daß sie Frauen jeden Alters, jeden Temperaments und jeder Konstitution treffen kann; speziell für die Nymphomanin aber gilt, daß Frauen diese Erscheinungen auch aktiv herbeiführen können. Bei ›sehr sinnlichen Frauen‹, ›öffentlichen Mädchen‹, solchen, ›die den coitus schon öfters ausgeführt haben‹ sowie schließlich jenen, »die wenig arbeiten, sich stets durch Phantasien und Anregung der Einbildungskraft reizen« (Busch 1843, 678 f.), kommt diese Krankheit nicht selten vor.

Die Crux beider Abweichungen ist, daß die Nymphomanie im Anfangsstadium und die mangelnde Appetenz überhaupt für den Arzt kaum diagnostizierbar ist; die Frauen werden andererseits den Fragen des Arztes möglichst auszuweichen versuchen. Darum ist Busch zufolge nicht nur eine ›umsichtige‹ Befragung der ›Kranken‹ vonnöten, sondern überdies die Information ihrer Umgebung, deren strenger Aufsicht er sie anheimstellt.

Insbesondere mit Blick auf die Nymphomanie stellt Busch unentschiedene Ätiologien vor. Noch auf Seite 671 seines Werks behauptet er: »Die geschlechtliche Aufregung geht entweder mehr von der Phantasie aus und die Geburtsorgane werden sekundär ergriffen, oder sie wird durch eine Reizung der Geburtsorgane primär bedingt, und von hier aus wird dann der Geist angeregt« (Busch 1838, 671). Sechs Seiten später steht allerdings für ihn fest, daß psychische Verursachungen – wie etwa die Beschäftigung mit wollüstigen Phantasien oder übergroße Kinderliebe – bei der Entstehung der Nymphomanie ausschlaggebend seien, mehr noch: daß physische Phänomene, wie etwa eine Entzündung der Ovarien, keinerlei verursachende Wirkung hätten.

Immer ist es ... die eigenthümliche Abweichung des Geschlechtstriebes, der auf anomale Weise gesteigert erscheint, als das Wesen der Krankheit anzusehen, und anderweitige körperliche Krankheitszustände oder von aussen einwirkende Ursachen sind nur als Gelegenheitsursachen anzusehen (Busch 1839, 105).

Zwar muß man hier eine gewisse Unentschiedenheit zur Kenntnis nehmen, doch der sexualmedizinische Diskurs, das gilt generell, differenziert einerseits eine ganze Reihe möglicher *Ursachen* für den abweichenden Sexualtrieb und malt andererseits eine Reihe seiner moralischen und gesellschaftlichen *Folgen* aus (s.o.). Die Therapie der geschlechtlichen Verirrung bei der Frau, das gilt ebenfalls generell, wird für ebenso zwingend notwendig erachtet wie für individuell unterschiedlich, vielfältig und langwierig. Denn wie auch immer es nach Ansicht verschiedener Autoren um die eher physische oder eher psychische Verursachung des abweichenden Sexualtriebes steht[8], konfigurieren organische und psychische Faktoren in der Regel ein ganzes Syndrom, das sich im Einzelfall immer wieder verschieden ausnimmt. Diagnose und Therapie verlangen in jedem Fall den Experten.

Busch führt verschiedene Methoden an, die der Arzt je nach individueller Diagnose wirksam miteinander kombinieren muß: Sie reichen von Information und moralischer Belehrung über Zerstreuung und Diät bis zu physischen Maßnahmen wie kalten Duschen, Medikamenten und Operationen. In Abhängigkeit vom Fortschritt der Krankheit und von der Konstitution der Patientin rät Busch zu Kuren, die geeignet sind, das organismische Gleichgewicht der Patientinnen wiederherzustellen. Insbesondere alle Maßnahmen zur Heilung der Nymphomanie stellen darum einen Balanceakt zwischen Beruhigung und Zerstreuung dar. Sie folgen dem Imperativ »Alles beseitigen, was die geschlechtliche Aufregung steigern könnte« (Busch 1843, 682):

›Vegetabilische Nahrung und kühlende Getränke‹ sollen beruhigend wirken, jedoch nicht soweit, daß die Frauen sich lüsternen Gedanken hingäben. Dem gilt es, mit angemessenen Beschäfti-

---

8 Im Jahre 1888 artikuliert Alexander J.C. Skene im abschließenden Kapitel *Gynecology as Related to Insanity in Women* seines Standard-Lehrbuchs der Gynäkologie schließlich die maximal-mögliche Verursachungslogik: »I take it for granted that all will agree that insanity is often caused by diseases of the procreative organs, and on the other hand, that mental derangement frequently disturbs the functions of other organs of the body, and modifies diseased action in them. Either may be primary and causative, or secondary and resultant« (Skene 1889, 929f.). Diskursanalytisch ist dieser Mangel an Priorisierung nicht im Hinblick auf die *Fortschrittlichkeit* der professionellen Diagnostik weiblicher Sexualität und ihrer Störungen zu beurteilen: Entscheidend ist vielmehr, daß der Diskurs im Hinblick auf die weibliche Sexualität eine vollkommene Interdependenz psychischer und physischer Kausalfaktoren ausgebildet hat. Ihre Fragilität und ihre Therapeutisierung wachsen parallel.

gungen entgegenzuwirken; diese dürfen wiederum nicht im entferntesten dazu geeignet sein, an Erotisches zu erinnern: Aus diesem Grunde sollte der Anblick von Statuen, der Umgang mit Männern, gar das Reiten vermieden oder zumindest weitestgehend eingeschränkt werden. Auch sollte man sie an die Sündhaftigkeit ihres Tuns mahnen, jedoch in einer Weise, die ihrer Neigung zu übermäßiger Verzweiflung und daraus entspringenden Selbstmordgedanken keine unnötige Nahrung gibt. Eine ähnliche Ambivalenz in ihrer Wirkung zeigen auch die meisten medikamentösen Empfehlungen, die Busch referiert: was Antiaphrodisiaka angeht, scheint Kampfer zwar bei Männern vorzüglich geeignet, bei Frauen hingegen ist es unsicher; beim Opium kann Busch zufolge gar eine aphrodisierende Wirkung der Fall sein. Gegenüber dem Entfernen der Klitoris ist Busch sehr skeptisch, wenngleich er angeblich erfolgreiche Operationen dieser Art bei von Graefe, Richerand und Dubois zitiert – insofern, als daß die Nymphomanie ›meist‹ auch eine psychische Ursache, ›fast immer‹ jedoch psychische Folgen hat, hält er diese Maßnahme für wenig geeignet (vgl. Busch, 682 ff.). Insgesamt, so konzediert Busch, ist »die Heilung der Nymphomanie eine sehr schwierige, die nur unter Berücksichtigung aller einzelnen Umstände geleistet werden kann« (Busch 1943, 682).

Notabene sind weder gesteigertes noch mangelndes Begehren Fremdkörper im Gesamtwerk Buschs, denn auch diese Themen ruhen auf der durchgängig unterstellten Kausalität körperlicher Anomalien und allgemeiner psychischer Fragilität der Frau. Was sie von anderen Krankheiten, die etwa die Geburtsorgane der Frau betreffen, unterscheidet, ist indessen mehr als ihre libidinöse Tönung: Die genannten Faktoren gruppieren sich hier zu Krankheitsbildern, die der weiblichen Sexualität wenn nicht in physischer, so doch in psychischer und moralischer Hinsicht Verantwortung und Schuldhaftigkeit für nicht-reproduktionsorientiertes Verhalten zuschreiben.[9] Der Name ›Verirrung des Geschlechts-

---

9 Das hat, wenn auch erneut in negativer Weise, identitätsstiftende Folgen für das weibliche Ich, das auf die gesellschaftliche Rolle als Frau und Mutter eingeschworen wird: »Das abendländische Selbstbewußtsein jedenfalls ist massenhaft vor allem über die Einschärfung von Schuldbewußtsein entfaltet worden. Die Steigerung der Sensibilität für das Ich verdankt sich einem universalhistorisch einmaligen Prozeß der ›Kulpabilisierung‹« (Hahn 1990, 59) – neben den christlich-mittelalterlichen

triebes‹ bezeichnet nun eine neue Reihe von Abweichungen: Es handelt sich um das Gegenteil reproduktionsorientierter, moralisch einwandfreier Geschlechtlichkeit. Doch das Ensemble der medizinischen Interventionen in die Sexualität offenbart, daß auch das medizinisch therapeutisierte Konstrukt ein paradox verfaßtes Gebilde ist: *Sittlichkeit* und *Sinnlichkeit* markieren die Pole, zwischen denen eine stets fragile Balance zu finden ist.

Die kurze Übersicht über die empfohlenen therapeutischen Maßnahmen zeigt bereits, daß selbst unter Berücksichtigung aller denkbaren Faktoren die einzelnen sexualmedizinischen Interventionen stets Gefahr laufen, die prekäre Grenze von ausreichendem Geschlechtstrieb und moralischer Anständigkeit, einem Willen zur Fortpflanzung und sozialer Einbindung als Frau und Mutter zu gewährleisten; jedes Mittel ist bei nicht angezeigter Verabreichung oder falscher Dosierung geeignet, die Gedanken oder den Körper zu reizen – kurz: die Sexualmedizin steht vor der unendlichen Aufgabe, Normalität anhand therapeutischer Strategien zu indizieren, die selber Produkt anomaler Sexualität sind und sie tendenziell selbst immer wieder erzeugen.

Auch die Pathologisierung der Sexualität macht Gebrauch von christlichen Techniken zur Behandlung der Sexualität: der geistlichen Seelenführung entspricht die Kur unter ärztlicher Leitung; in Gestalt der moralischen Ermahnung, »dass ihr Zustand sündhaft sei« (Busch 1843, 684) wird noch für lange Zeit die Konstruktion des Sexuellen als ein sowohl für Sünde als auch für Pathologien offenes Gebiet parallel, wenn nicht gar: Hand in Hand, verlaufen. Die Enthaltsamkeit, nach der vor allem die Frau streben soll, ordnet sich jedoch nicht länger in das transzendentale Projekt von Entsagung und Ewigem Heil ein: Erfüllung ihrer Aufgabe als Frau und Mutter, Gesundheit für sie selbst und ihre Familie stehen nun auf der Agenda.[10]

Formen (vgl. z. B. Kap. 9) werden wir hier Zeugen eines wissenschaftlich informierten Typs der Kulpabilisierung.

10 Das wissen offenbar auch die Frauen selbst, wie es Gerichtsprotokolle (Zeugnisse einer weiteren Produktionsstätte selbstthematisierender Diskurse; vgl. auch Kap. 8, Anm. 16) aus der Mitte des 19. Jahrhunderts bestätigen. Aus ihnen geht hervor, daß insbesondere die Frauen der unteren Schichten die bürgerlichen Vorstellungen von Ehrbarkeit und Liederlichkeit teilen und die Erscheinungsweisen beider Formen *en detail* kennen (vgl. Lipp 1986, 70 ff. sowie Kienitz 1995).

Doch auch im medizinischen Diskurs des 19. Jahrhunderts gerät das Begehren zum widerständigen Vehikel autoritativer Steuerung. Dies zeigt sich nicht zuletzt daran, daß diese Steuerung gelegentlich auch den umgekehrten Weg gegangen ist: Bis zur Mitte des 19. Jahrhunderts finden sich immer wieder auch Ärzte, die die »Krankheit der Enthaltsamkeit« anprangern (vgl. Berna-Simons 1984, 108). Dabei handelt es sich in der Regel um Mediziner, die die dominierende Leitdifferenz Sittlichkeit-Sinnlichkeit zugunsten ausschließlich professioneller Beurteilungskritierien des Sexualverhaltens (gesundheitsförderlich oder nicht?) aufgeben. In bewußter Abkehr von der Moral und »blos von der medizinischen Seite« betrachtet, malt beispielsweise der Arzt Laffecteur die Schrecken der sogenannten Stauungskrankheiten aus:

... die Thätigkeit der Organe <gerät> ins Stocken, die Gefäße, worinnen vorher alle Säfte ruhig und leicht flossen, werden hauptsächlich in den äusseren Theilen zusammengezogen, und die Trägheit der Gebärmutter theilt sich allen Eingeweiden mit, die sie umgeben. Daher entsteht Herzklopfen, eine ausserordentliche Empfindlichkeit der Nerven, Schärfe der Säfte, gewaltsame Bewegungen der Eingeweide, des Magens und des Schlundes (Laffecteur nach Berna-Simons 1984, 108 f.).

Wenn schließlich noch der »unwiderstehlichen Sehnsucht der Kranken durch moralische Ursachen, z. B. durch geringe Glücksumstände, den Despotismus der Eltern, oder durch unbesonnene Gelübde entgegengearbeitet wird«, kann es zur Zerrüttung der gesamten »thierischen Ökonomie« kommen, »das Blut löst sich auf, die Auszehrung stellt sich ein und die convulsivischen Anfälle führen zu Wahnsinn oder zur Epilepsie« (Laffecteur nach Berna-Simons 1984, 109). Eine Ehe, die die natürlichen Begierden auch über die Zeugung von Nachkommen hinaus befriedige, sei – so Laffecteur – das beste Therapeuticum.

Besonders vehement äußert sich auch Richard Carlile (1790 – 1843) in diesem Sinne. Seine von den Zeitgenossen als revolutionär empfundene Sexualideologie votiert leidenschaftlich für die Ausübung der Leidenschaft, und zwar für eine nur durch die Ehe gezügelte Leidenschaft. Dabei geht es ihm nicht um ungehemmte Reproduktion, bietet er doch praktische Anleitung zur Geburtenkontrolle. Nein, es geht ihm um die Kanalisierung des *Notwendigen*: des Begehrens. Denn auch seiner Beobachtung nach führt der Mangel an sexueller Betätigung nicht nur zu Krankheiten wie

etwa Tuberkulose; Carlile geht noch weiter: Dieser Mangel ziehe auch die Neigung zu sexuellen Lastern nach sich. »Ja, der ›natürliche und gesunde Verkehr zwischen den Geschlechtern‹, für den er die Technologie anbietet, wird von ihm ausdrücklich mit der Beseitigung von Prostitution, Masturbation, Päderastie und anderen unnatürlichen Praktiken verknüpft« (Laqueur 1992, 259).
In diesem ›Kanalisierungsmodell‹ des Begehrens sorgt die Ausübung der Leidenschaft in der Ehe für die prophylaktische Vermeidung, wenn nicht gar therapeutische Beseitigung unnatürlicher Verirrungen. Innerhalb des Sexuellen wird nun nach dem Kriterium der Soziabilität entschieden. Eheliche, und abgesehen von diesen beiden Beispielen in der Regel auch: der Reproduktion dienende Sexualität, ist nicht nur die implizite Norm, gegenüber der alle übrigen Praktiken als ›unnatürlich‹ gebrandmarkt werden. Mehr noch: Sie ist selbst ein Therapeutikum zur Vermeidung oder Beseitigung unnatürlicher Praktiken. In der Institution der Ehe kreuzen sich nun ein moralisches Modell legitimen Begehrens und ein politisches Modell einer auf Nachkommenschaft bedachten und familiär geordneten Bevölkerung.
Zwar werden sexualrevolutionäre Überzeugungen dieser Art eher selten vorgetragen, doch geht es hier nicht darum, eine signifikante Gegenbewegung zur herrschenden Meinung der Ärzte aufzuspüren. Aus diskursanalytischer Sicht ist es vielmehr von Interesse, daß auch diejenigen Ärzte, die eine Gegenposition vertreten[11], ebenfalls anhand von individuellen Abweichungen einen Geschlechtstrieb isolieren, diese Abweichungen ebenfalls mit verschiedenen Ursachen verknüpfen (hier vor allem: gesellschaftlich erzwungene Unterdrückung eines natürlichen Triebes) sowie mit verschiedenen individuellen und sozialen Folgen versehen: Die Unterbindung der Reproduktionsfähigkeit, wenngleich aufgrund eines falsch verstandenen Ideals der Enthaltsamkeit, ist auch hier das größte Unglück. Im Für und Wider eines auch über die Zeugung von Nachkommen hinaus gelebten Geschlechtstriebes, ausgetragen über unterschiedliche Formen seiner Therapeutisierung, formiert sich Sexualität als ein von physischen, psychischen und moralischen Pathologien aller Art getrübter Zeugungswille.
Bereits an der Medizinisierung der weiblichen Sexualität wird deutlich, wie sich das seit dem 17. Jahrhundert entwickelnde Se-

---

11 Für weitere Beispiele s. Berna-Simons 1984, 109 ff.

xualitätsdispositiv gleichsam auf den Stützpfeilern des Allianzdispositivs entwickelt und es nie ersetzt. Tatsächlich kommt es zu einer Verschränkung in der zentralen Institution der Familie: »Sie führt das Gesetz und die Dimension des Juridischen in das Sexualitätsdispositiv ein und transportiert umgekehrt die Ökonomie der Lust und die Intensität der Empfindungen in das Allianzregime ein« (Foucault 1977, 131). Das ständige Insistieren auf Natur und Gesetz der Sexualität und damit auf einem für das Allianzdispositiv charakteristischen Recht erlaubt einerseits die Entfaltung der Sexualität, allerdings immer mit einem klaren Bezugspunkt: Die Familie wird zum aktivsten Brennpunkt der Sexualität. Dabei könnte die Allianz auf Abwege geraten: schon die rege Diskussion um das Inzesttabu legt von dieser Sorge Zeugnis ab (vgl. Foucault 1977, 131 f.).

Die Therapeutisierung der solchermaßen bedrohten rechtmäßigen Sexualität kann stabilisierend wirken: der von ihr hervorgelockten Sexualität gibt sie das Recht der Allianz zurück. Der Kampf »zwischen Naturtrieb und Sitte, zwischen Sinnlichkeit und Sittlichkeit« (Krafft-Ebing 1912, 5) wird zu ihren Gunsten entschieden. »Seit der Mitte des 19. Jahrhunderts zumindest lauert die Familie den geringsten Spuren von Sexualität auf, entreißt sie sich die peinlichsten Geständnisse, fordert sie das Gehör derer, die Wissen davon haben könnten, und gibt sich für immer der intimsten Prüfung hin« (Foucault 1977, 134). Das Gegenüber dieser Geständnisse ist nun in der Regel der Arzt.

H. Kaan und die Anfänge der *Psychopathia sexualis*

Für Busch ist die Geburtsheilkunde noch ganz in die Allgemeinmedizin integriert; die Pathologie des weiblichen Geschlechtslebens ist eines ihrer essentiellen Themen. Die Ausdifferenzierung einer Sexualmedizin datiert Foucault auf das Erscheinen der *Psychopathia Sexualis* Heinrich Kaans im Jahr 1846: mit ihr gerät der Diskurs des Sexuellen in den Einzugsbereich medizinisch-psychologischer Problematisierung. Von nun an identifiziert, diskutiert, diagnostiziert und behandelt man *Perversionen*. Die Sexualmedizin widmet sich nunmehr mit geringerem Interesse den Reproduktionsproblemen der Frau. Statt dessen wendet sie sich gezielt den sexuellen Verirrungen zu, und zwar den Verirrungen beider Geschlechter. Dazu isoliert sie einen sexuellen Trieb, ein Substrat, das auch ohne phänotypische Zeichen konstitutive Anomalien, erworbene Schäden, kurz: Pathologien aufweisen kann. Alle diese Pathologien des Triebes schließen sich direkt und negativ an das sexuelle Begehren an: Es geht um die Intervention in eine psychophysische Abweichung und um die Heilung eines psychophysisch Abweichenden.

Nach A. Wettley konzipiert jedoch bereits die Abhandlung J. Häusslers *Über die Beziehung des Sexualsystems zur Psyche überhaupt und zum Kretinismus im Besonderen* (1826) Sexualität als psychosexuelles System. Für diese Konzeption führt er drei Gründe an:

1. Das Sexualsystem kann Ursache von psychischen Kranheiten werden. Die Onanie ist das Exempel par excellence: Häussler bezeichnet sie auch als ›Rückendarre‹, wodurch er die enge Beziehung zwischen den Geschlechtsteilen und dem Rückenmark zum Ausdruck bringen will. Die Schädigung des letzteren hat unwiderruflich Verrücktheit zur Folge.
2. Erregungen im Sexualsystem können auch psychische Störungen heilen. Schwangerschaft gilt beispielsweise als Therapeutikum in solchen Fällen, in denen Geisteskrankheiten auf der wahnhaften Vorstellung beruhen, unfruchtbar oder auch schwanger zu sein.
3. Geisteskranke weisen einen gesteigerten Geschlechtstrieb auf. Dem Kranken fehle nämlich ›ein geregeltes Motiv‹ zur Befriedigung des Geschlechtstriebes, wie es ansonsten die Liebe darstelle.

Häussler geht es als Psychiater um eine wissenschaftliche Analyse der Ursache von Geisteskrankheiten; als eine der häufigsten Ursachen identifiziert er psychosexuelle Triebstörungen: »Der Geschlechtstrieb erhält innerhalb der Triebstruktur des Menschen ... eine Eigenständigkeit« (Wettley 1959, 5). Die ›Verwicklung des Geistes in die Sinnlichkeit‹ (vgl. S. 168 f.), gegen die die antiken Mönche im Rahmen der Emanzipation des Willens arbeiteten, konfiguriert sich nun als das gestörte Begehren, das eine Geisteskrankheit anzeigen kann. Zwar spielt auch in dieser Problematisierung der ›freie Wille‹ ein Rolle; er trägt allerdings nur zur internen Hierarchisierung der Krankhaftigkeit bei. Häussler unterscheidet nämlich sorgfältig zwischen ›Krankheit‹ und ›Unwohlsein‹. Es gäbe so manche kleine Abweichung vom normalen Zustand, die wir nicht mit dem Namen einer bekannten Krankheitsform belegen können. Sie sind bloß ein Übelbefinden oder Unwohlsein ... Kann man gleich dem Wollüstling keine ausgebildete Krankheitsform beilegen, so ist er doch auch nicht psychisch ganz gesund zu nennen. Denn ihm fehlt die Willensfreiheit, und der blinde Trieb hat ihn umgarnt (Häussler nach Wettley 1959, 6).

In diesem Zitat finden sich zwar zum einen die wissenschaftlichen Transformationen eines großen christlichen Themas wieder: die Emanzipation des Denkens und des Willens von den sexuellen Anfechtungen. Diesmal aber geht es nicht darum, ihnen völlig zu entsagen, sondern nur solchen Anfechtungen, denen ein geregeltes Motiv namens Liebe und/oder Nachwuchs fehlt. Zum anderen unterscheidet Häussler Pathologien und Unwohlsein nicht nur; aus diskursanalytischer Perspektive gesellt er den Pathologien die Übelbefindlichkeiten *hinzu*. Damit dehnt sich der Bereich des medizinisch Therapiebedürftigen weiter aus – sexuelle Normalität, deren Grat immer schmaler wird, steigt dementsprechend im Kurs. An Häussler und an die Frage der Onanie, die insbesondere durch das populärwissenschaftliche Werk Tissots *L'Onanisme ou dissertation physique sur les maladies produites par la masturbation* (1761) Prominenz erlangt hat, schließt sich Kaan im wesentlichen an. Nach einer anatomisch-physiologischen Darstellung der Geschlechtsorgane untersucht er den Sexualtrieb im Hinblick auf seine quantitativen und qualitativen Aspekte. In quantitativer Hinsicht spannt Kaan ein Feld mäßiger Sexualbetätigung auf, jedes Mehr oder Weniger wirke sich – hier stimmt er mit Busch überein – negativ auf die Zeugungsfähigkeit aus. In qualitativer Hinsicht unterscheidet Kaan sechs *aberrationes*, also Abweichungen des Geschlechtstriebes:
1. Onanie sive Masturbatio
2. Paederastia
3. Amor lesbicus
4. Violatio cadaverum
5. Coitus cum animalibus
6. Statuenschändung

Damit handelt es sich um den vergleichsweise bescheidenen Anfang einer umfassenden Heuristik sexueller Perversionen, die mit der letzten Ausgabe der *Psychopathia Sexualis* von Richard von Krafft-Ebing im Jahr 1912 schließlich 238 Arten und Unterarten erreichen wird.

Aus eigener medizinischer Erfahrung kennt Kaan nur die Onanie; die anderen *aberrationes* setzt er aus antiken Schriften und ethnologischen Berichten zusammen. Seine hauptsächliche Beschäftigung gilt darum auch der Onanie. Dabei handelt es sich um eine Krankheit, die charakteristischerweise drei Stadien durchläuft: »Im ersten Stadium ist das Sexualleben gestört, der Intellekt wird sexualisiert; im zweiten ist das gesamte physiologische Leben verändert, es kommt zu Magenstörungen, Spasmen aller Art, unvollständigen Lähmungen, beginnender Tabes; im dritten Stadium zeigt sich die ausgebildete Tabes dorsalis« (Wettley 1959, 13). Damit besteht Kaan zwar noch auf der Onanie als einer Krankheit, die zunächst die Physis betrifft und dann den Willen fesselt; durch die Hinzunahme der sogenannten *phantasie morbosa*; die allererst erregend wirke, überführt er diese Krankheit jedoch ansatzweise in das Gebiet der Psychologie. Seine Auffassung ist gleichwohl, daß die gesamte *Psychopathia sexualis*, insbesondere die Onanie, in die allgemeine Pathologie gehöre und nicht etwa in die Psychiatrie.

Die Isolierung eines Geschlechtstriebs, die Ausdifferenzierung verschiedener Abweichungen nach dem Grad der quantitativen Veränderungen dieses Geschlechtstriebes und seiner unterschiedlichen Erscheinungsformen sowie schließlich die Stilisierung dieser Abweichungen als krankhafte: Die Medizin schließt immer engere Kreise um das Sexuelle. Abweichendes Sexualverhalten, seine physiologischen und die psychischen Folgen sowie eine morbide Phantasie werden zu Signalen für sexualmedizinischen Interventionsbedarf.

Kaan unterscheidet psychische und physische Heilmethoden. Die physischen Heilmethoden enthalten hauptsächlich Empfehlungen zu Bädern und medikamentöser Einwirkung. Kaans psychische Behandlungsmethoden verfolgen »triplici ratione: religiose, morali et physiologica« (Kaan 1844, 68). Damit knüpft Kaan an den religiösen Diskurs an[12] und macht ihn im gleichen Augenblick

12 Dies gilt zunächst für die gewählte Kommunikationsform: Die Anweisungen sind, wie das gesamte Werk, auf Latein abgefaßt. Latein ist die tradierte christliche Fachsprache; deren Geltungsbereich wird allerdings zunehmend auf das Gebiet der Zuwiderhandlungen gegen die Keuschheit eingeschränkt. Die Wissenschaften schließen sich für die Thematisierung sexueller Abweichungen diesem Prinzip noch für einige Zeit an. In der Herausschälung einer privilegierten Sprache, der

zum Teil eines umfassenderen Diskurses, der moralische Belehrung über die gesellschaftlichen und natürlichen Gesetze sittlichen Lebenswandels umfaßt. Denn indem er physiologische Verfahren in den sexualtherapeutischen Diskurs einführt, betritt er gegenüber dem religiösen und dem moralischen Diskurs erst eigentlich neues Terrain: Es geht nicht länger um ein spirituelles Phänomen; sondern um ein physiologisches, durch das nun der ganze Körper – und *über ihn* die eingeschränkte Willenskraft – zum Objekt möglicher Verfügung wird. Was sich hier beobachten läßt, ist die Totalisierung des Beichtdiskurses, deren erster Schritt in einer Einkörperung sexueller Anomalien besteht – und damit zugleich und in jedem einzelnen Fall die Norm der Soziabilität durchsetzt.

Dies geschieht zum Teil mit erheblichem dramatischem Aufwand. Die Literatur, die sich im 18. und 19. Jahrhundert mit den Abweichungen des Begehrens befaßt, zeigt insbesondere zwei Obsessionen, die Masturbation und die Prostitution. Die literarische Figur ist nicht selten die der ›Heimsuchung‹. Man beschreibt desaströse Verirrungen,

die in gleicher Weise den Leib mit Zerstörung heimsuchten, wie in vergangenen Zeiten Blasphemie oder Monster Geilheit produzierten. Der irre, bleiche und zitternde Onanist und die gemeine, unfruchtbare Hure waren die Bösewichter der Moderne, hervorgebracht von einer moralischen Krankheit, nicht anders als ihre mißgestalteten Vorläufer (Laqueur 1992, 257).

nun auch der Diskurs der Sexualität anvertraut wird, vollendet sich der Prozeß, in dem ihre paradoxe Intimität hervortritt: Die gleichen Ausführungen, die in der Fachsprache wissenschaftlicher Natur sind, verfielen – übersetzt in die Gemeinsprache – dem Pornographie-Verdacht. Das solchermaßen für den Laiendiskurs chiffrierte Vokabular breitet einen differenzierten Diskurs über die Therapeutisierung sexueller Subjekte aus. An dieses Distinktionskriterium schließt Mario Erdheim ein zweites an: »Szientistischer Sexualwissenschaft und Pornographie gemeinsam ist die Zuordnung der Sexualität zur ›Natur‹; bei der Sexualwissenschaft durch Reduktion aufs Physiologische, bei der Pornographie aufs Animalische«. Der Grat zwischen der wahren Natur der Sexualität und der Unnatur bloßer Lust ist schmal. Es sei allein »die vornehme und sittlich empfindende Natur des Forschers«, die hier zu unterscheiden vermöge und so zum Garanten für die Wissenschaftlichkeit des Projektes werde (Erdheim 1986, 27 ff.).

Jedoch stellt man nun Zusammenhänge zwischen individueller Verirrung und der Gesellschaft her. Beide, das *einsame Laster* ebenso wie die Prostitution gelten als sexuelle Perversionen, die in zwei Beziehungen zur Gesellschaft stehen: Nicht nur haben sie körperlich und sozial destruktive *Auswirkungen*, darüber hinaus sind sie selbst *Ausdruck* gesellschaftlicher Umbruchprozesse. Dieser Umbruchprozeß, der Vereinzelung und Marktförmigkeit mit sich bringt, spiegelt sich gleichsam in zwei prototypischen sexuellen Abweichungen: es allein oder es mit vielen zu tun. Beides hält man für sozial pathologisch, weil beides zutiefst »das Wesen der menschlichen Solidarität« verletzt (Carlile 1828). Damit wird beides »in scharfen Gegensatz ... zur häuslichen Sexualwirtschaft ‹gebracht›, die ihrem innersten Wesen nach sozial und produktiv ist« (Laqueur 1992, 263).[13]

Eine Psychopathia sexualis wird nun jedoch beides zu tendenziell pathologischem Terrain erklären: Normalität und Gesundheit des Einzelnen und die der Gesellschaft werden durch das Doppelkonstrukt Perversion/Entartung im therapeutisierenden Diskurs aufeinander verwiesen und verschärfen dessen Tonart.

---

13 Im Hinblick auf die Onanie steht es allerdings noch schlimmer, zeigt sie doch gar eine staatsfeindliche Gesinnung an: Die Vorliebe für die heimliche Ausübung des Lasters «machten Männer und Frauen nicht nur zu Außenseitern der Gesellschaft, sie stellten auch eine Gefahr für die Sicherheit des Staates dar. Zu einer Zeit, wo Verschwörungstheorien zur Deutung von Geschichte weit verbreitet waren, stellte der Onanist den typischen Verschwörer gegen den Staat dar» (Mosse 1987, 21) – Der Onanist ist die erste, aber nicht die einzige Figur, in der sich bürgerliche Moral und Nationalismus verschränken (vgl. Kap. 13).

Kapitel 13

Perversion und Entartung

Kaan beschränkt sich noch weitestgehend auf die sexuelle Pathologie des Individuums. Eine charakteristische Wende erfährt dieser Diskurs durch seine Verschränkung mit den Entartungstheorien: Den sexuellen Pathologien des Individuums treten mit der Analyse der Vererbung die sexuellen Pathologien der Gattung an die Seite. Sexualität wird damit zum Kapital sowohl für die Gesundheit des Individuums wie der der Gattung; ihre medizinische und politische Regulierung wird zum staatlichen Muß. »Die Medizin der Perversionen und die Programme der Eugenik bilden innerhalb der Technologie des Sexes die beiden großen Neuerungen der zweiten Hälfte des 19. Jahrhunderts« (Foucault 1977, 142).[1] Mehr noch: beide Konzepte werden füreinander kausal. Daß etwa Homosexualität und mindere Qualität der Rasse einander bedingen, ist im Lichte eines Diskurses, der auf dem konzeptuellen Dual von Perversion/Entartung aufruht, evident. Von daher versteht sich das eugenische Eifern; von daher aber auch versteht sich (bei den ›humanistisch‹ Gesinnten) der erstarkende therapeutisierende Impuls, in dessen Dienst sich etwa Krafft-

---

1 In seinem Buch *Science in the Bedroom. A History of Sex Research* (1994) schreibt Vernon A. Bullough der Eugenik den Effekt zu, dazu beigetragen zu haben, die Diskussion des Sexuellen aus der professionellen Sphäre in die Öffentlichkeit hineinzutragen: »Eugenicists in fact served as a political pressure group, and many of the British and the Americans who wrote about sex at the turn of the century had some connection with the eugenicist movement« (Bullough 1994, 50). In der Tat hat gerade auch in Deutschland die Publizität des eugenischen Diskurses dem sexuellen (und besonders dem sexualtherapeutisierenden!) Diskurs eine verhängnisvolle Dynamik zugefügt. Peter Weingart et al. (1988, insbes. Kap. 2 und 3), George L. Mosse (1987), Klaus Theweleit (1980) und andere haben dazu eingehende Arbeiten vorgelegt. – Diesen politisch und diskursanalytisch wichtigen Bestandteil einer Genealogie sexualtherapeutisierter Selbste wird diese Arbeit jedoch nur in einem Aspekt berühren: im Hinblick auf den Effekt, den eine rassenbiologisch motivierte Trennung von Sexualität und Reproduktion auf die Therapeutisierung des Sexuellen hat.

Ebing stellt. Das suggestionstherapeutische Verfahren, dem er die größten Heilungschancen zubilligt, konstituiert eine zwar unklare Nosologie der behandelten Erkrankungen: Das aber ist weiterer Therapeutisierung nur zuträglich. Parallel zu eugenischen Programmen differenziert sich so das Arsenal therapeutischer Zugriffe auf das Begehren, das stets aus der Balance zwischen Sinnlichkeit und Sittlichkeit zu geraten droht. Im Zweifelsfall plädiert der Therapeut für den Verzicht auf Sinnlichkeit und tut dies zur Jahrhundertwende mit Bezug auf die ›Geißel Nervosität‹. Zwar in der Regel ohne rassistische Konnotationen vorgetragen, behauptet auch dieses Etikett einen Zusammenhang zwischen Schäden der Zivilisation und der individuellen Konstitution. Im Verein mit eugenisch motivierten Sozialtechnologien setzt der Kampf gegen die ›unnatürliche Sexualität‹ und gegen die Geschlechtskrankheiten um 1900 eine umfassende Pathologisierung des Sexuellen durch.

Die Einkörperung von Perversionen

Wie schon vor ihr die christlichen Praktiken der Buße, Beichte und Seelsorge, so produziert auch die Sexualmedizin eine schier unübersehbare Familie abweichender Formen des Begehrens, jedoch tut sie dies – wie ihre diskursiven Vorgänger – regelhaft, nämlich durch systematisch regulierende Intervention. Die Kanonistik der Unkeuschheiten trägt sich nun in das Register der Perversion ein: In enger Nachbarschaft von Delinquenz und Wahnsinn drängt die Sexualmedizin eine Vielzahl von Sexualitäten aus dem (kirchlichen) Gerichtshof vor den Arzt und bestimmt dort die einzelnen Praktiken, die damit verbundenen Lüste, deren Störung und Entwicklung – und übernimmt ihre Verwaltung.
Im entschiedenen Gegensatz zur christlichen Praxis führt das Aufspüren peripherer Sexualitäten allerdings nicht zu deren Ausschluß, vielmehr zu einer neuen Dimension in der gesellschaftlichen Realität der Subjekte: Während das kanonische und das zivile Recht beispielsweise den Sodomiten nur als Rechtssubjekt kannten – er hatte das Gesetz der legitimen Beziehungen gebrochen – kommt es mit Herausbildung der ›Homosexualität‹ zu einer neuen Spezifizierung des Individuums. Homosexualität »ist ihm konsubstantiell, weniger als Gewohnheitssünde, denn als

Sondernatur« (Foucault 1977, 58). Damit erhalten diese Sexualitäten als zunächst medizinisch, dann psychiatrisch, schließlich psychologisch und soziologisch gefaßte Phänomene den Status von Lebensformen: Die bestimmte Qualität des sexuellen Empfindens verquickt sich mit der Biographie des Individuums. Die Konstruktion von Sexualitäten wird wirkliches Wissen, indem sie sich den Individuen einverleibt. Die Mechanik dieser Macht läßt die disparaten Sexualitäten »in Verhaltensweisen gleiten, macht sie zu einem Klassifizierungs- und Erkennungsprinzip und konstitutiert sie als Daseinsberechtigung und natürliche Ordnung der Unordnung« (Foucault 1977, 59). Ihre Medizinisierung liest die Ordnung oder die ›Natur‹ dieser Sexualitäten gleichsam als das negative Korrelat ihrer Läsionen, Dysfunktionen oder Verhaltensauffälligkeiten.[2]

»Die bürgerliche Gesellschaft des 19. Jahrhunderts – zweifellos noch die unsere – ist eine Gesellschaft der blühendsten Perversion« (Foucault 1977, 63). Damit betitelt Foucault zunächst wörtlich das Wuchern der Perversionen in der Ära der aufkommenden Sexualwissenschaft, als »das wirkliche Produkt des Einwirkens eines Machttyps auf die Körper und ihre Lüste«. Durch ihn sind sie »ans Licht gezerrt, isoliert, intensiviert und einverleibt worden« (Foucault 1977, 64). Als Analyse der gegenwärtigen Situation bleibt diese Behauptung indessen schillernd: Angesichts der einleitend vorgestellten Domina-Therapeutik mag man die ›heilend‹ produzierte Fixierung perverser Neigungen beklagen; mit Sicherheit ist der Begriff der Perversion *hier* jedoch auch metaphorisch zu verstehen als die therapeutische Konstruktion unterschiedlicher Sexualitäten, seien sie ›abweichend‹, seien sie ›funk-

---

2 Diese Perspektive *ex negativo* trifft, wie die umfassende Studie Rüdiger Lautmanns zeigt, auch heute noch zu (vgl. Lautmann 1984). Eine charakteristische Gegenwehr der Homosexuellen besteht darin, aus all diesen negativen Korrelaten ihrer Existenz eine Lebensform zu konstruieren, ein Recht auf einen schwulen Liebes- und Lebensstil einzuklagen. Dieses ›Recht‹ auf Homosexualität zeichnet sich indessen in der Regel – das ist die Ironie – minutiös als Gegenbild zum pathogenen Konstrukt Perversion, und zwar entlang all der Dimensionen, die der psychiatrisch-juridische Diskurs ihm angedient hat. Ähnlich ergeht es uns ›Aufgeklärten‹, die wir Schwulen und Lesben gegenüber keine Vorurteile hegen, wissen wir doch, daß sie *nicht* krank, *nicht* wahnsinnig, *nicht* kriminell sind ... (weitere Überlegungen dazu, s. Kap. 15)

tionell gestört‹ oder auch nur ›nicht befriedigend‹. Jede Diagnose, jede Therapie identifiziert und produziert neue Approximationen an eine sexuelle Normalität und zugleich – *nolens volens* – neue Abstände von ihr. Damit fabriziert die *scientia sexualis* ein eigentümliches Pendant zur *ars erotica*: Wenn sie auch womöglich keine neuen Lüste erfunden hat, so ist ihr doch eine neue Analytik der Lüste gutzuschreiben – sie tragen zum facettenreichen Bild der Perversionen bei.

Der Psychiatrie, die sich in der zweiten Hälfte des 19. Jahrhunderts mit den Perversionen befaßt, ist der Begriff der *dégénérescence* vor allem durch Benedict A. Morel und Valentin Magnan geläufig: Neben Befürwortern (z. B. Richard von Krafft-Ebing) gibt es zwar auch Gegner (z. B. Emil Kraepelin) des sog. Morelschen Gesetzes, wonach sich die Degeneration progressiv von der Schädigung des Einzelnen über die Vererbung bis zum Auslöschen der Familie, der Sippe, der Rasse, ja, der ganzen modernen Gesellschaft entwickle. Der Befund namens ›Entartung‹ aber sowie ihre Erblichkeit steht allerdings für alle außer Zweifel (vgl. dazu auch Weingart 1988, 47f.): Interne Ursachen, wie etwa Keimschädigungen durch Geschlechtskrankheiten, und externe Ursachen, wie die sich verschlechternden Lebensumstände in den zivilisierten Industriegesellschaften, interagieren miteinander und dynamisieren so den Prozeß der Entartung. Das hat Folgen für den Diskurs der Sexualität:

Das medizinische Konstrukt ›Perversion‹ und das biologische Konstrukt ›Vererbung‹ werden durch eine Theorie der ›Entartung‹ so miteinander verknüpft, daß beide füreinander kausal werden: so wie sich im Stammbaum eines Perversen regelmäßig ein gelähmter Onkel oder eine schwindsüchtige Cousine finden läßt, so werden in seiner Nachkommenschaft rachitische Kinder oder Bluter vorkommen.[3] Der Komplex-Perversion-Vererbung-Entartung schlägt sich in einer Fülle von Praktiken nieder, allen

---

[3] Ein einschlägiges Beispiel verarbeitet die Literatur: Der zwanzigbändige Romanzyklus Emile Zolas *Les Rougon-Macquarts*, der die Natur- und Sozialgeschichte einer verfallenden Familie im zweiten Kaiserreich behandelt, schließt in seinem letzten Band *Le Docteur Pascal* (1893) mit der Erstellung eines solchen Stammbaums. Dieses Vorhaben scheitert durch die Sabotage der Stammbaumältesten, da er für sie nicht die gewünschte, ja, gesellschaftlich geforderte Reinheit dokumentiert.

voran in den Interventionen der Mediziner, aber auch der Jurisprudenz, der Gerichtsmedizin, den Instanzen der sozialen Kontrolle. An die alten Ängste vor der Geschlechtskrankheit schließt sich die Asepsie und die öffentliche Gesundheitsfürsorge an:

> Sie gab vor, die physische Kraft und die moralische Sauberkeit des gesellschaftlichen Körpers zu erhalten, ... die Degenerierten und die entarteten Bevölkerungsteile auszumerzen. Im Namen einer dringenden biologischen und historischen Notwendigkeit rechtfertigte sie die drohend bevorstehenden Staatsrassismen. Sie begründete sie in ›Wahrheit‹ (Foucault 1977, 70f.).

Die politische Verbindung, die Rassismus und Sexualität nun eingehen, ist unmittelbar und direkt: Neben den Geisteskranken und den Gewohnheitsverbrechern werden die sogenannten Perversen – bevorzugt Homosexuelle – als Außenseiter gebrandmarkt und umstandslos als Angehörige minderwertiger Rassen (Schwarze, Juden) identifiziert. Nicht nur das Traktat Dukmeyers versichert uns, daß die Moral des Juden im unteren Teil seines Körpers verankert sei (Dukmeyer 1892, 11). Die Stereotypisierung durch äußere Zeichen, die den Juden und/oder Homosexuellen entlarven, ist permanent und eindringlich: sein vom sexuellen Exzeß erschöpfter Körper verrät ihn. »Der Außenseiter mußte klar erkennbar sein, damit er bestraft oder von der Gesellschaft ausgeschlossen werden konnte« (Mosse 1987, 173), und »wer freiwillig die Gesellschaft verließ <weil er etwa, wie Karl Heinrich Ulrichs, gegen die Verfolgung Homosexueller aufruft>, zog den Verdacht der Geisteskrankheit auf sich; und wenn man aufgrund von Geburt oder sexueller Neigungen ausgeschlossen war, war man eben seelisch unstabil« (Mosse 1987, 174). Die Perversion befindet sich am Kreuzungspunkt von Wahnsinn und Rassismus: Staatspolitisch betrachtet, ist sie das Zerrbild bürgerlicher Respektabilität und nationaler Integrität.

Der Diskurs der Wissenschaft nimmt nun – staatspolitisch legitimiert – die Sexualitäten in ein umfassendes und massiv-interventionistisches Regime; eugenische Technologien und re-normalisierende Therapien umstellen das Begehren von zwei Seiten. Eugenische Technologien trennen Sexualität und Zeugung: ihre überwiegend juridisch-medizinisch orientierten Interventionen (z. B. die Versagung der staatlichen Ehebewilligung, Verhütung der Fortpflanzung durch Zwangsasylierung oder -sterilisierung) interessieren sich für die ›Fortpflanzungshygiene‹ (vgl. Weingart et al. 1988, Kap. 3). Re-normalisierende Therapien fokussieren demgegenüber die Sexualität: ihre überwiegend psychophysiologischen und moralischen Interventionen sind weiterhin an der Balance von Sinnlichkeit und Sittlichkeit interessiert. Dabei durchdringen sie die Körper und die Psychen – so produzieren und fixieren sie ebendie sexuelle Disparität, die es alsbald zu behandeln: zu normalisieren gilt.

Dieses merkwürdige Doppelgesicht von Intervention und Produktion normalisierender Therapeutisierung ist paradigmatisch für das Foucaultsche Konzept des Macht-Wissens:

Die Einpflanzung von Perversionen ist ein Instrument-Effekt: durch die Isolierung und Verfestigung der peripheren Sexualitäten vermehren sich die Beziehungen der Macht zum Sex und zur Lust, durchmessen den Körper und das Verhalten. Und mit dem Vordringen der Mächte fixieren sich die verstreuten Sexualitäten und heften sich an ein Alter, einen Ort, einen Geschmack, einen Typ von Praktiken (Foucault 1977, 64 f.).

Bei eugenischen und re-normalisierenden Therapien handelt es sich indessen nicht um zwei gut unterschiedene Gruppen von Interventionen, sondern vielmehr um zwei Pole, innerhalb deren sich ein immenses Inventar unterschiedlicher Technologien und der Begründungen für sie findet. Die *Psychopathia sexualis* Krafft-Ebings verknüpft verschiedene der vorgenannten Entwicklungen zu einem einheitlichen und populären Diskurs und ist selbst ein Beispiel für eine einflußreiche Konstruktion der Perversion, die sowohl durch das Konzept der Entartung als auch durch einen mäßigen Optimismus hinsichtlich der Therapierbarkeit sexueller Pathologien gekennzeichnet ist.

Die *Psychopathia sexualis* Krafft-Ebings

Krafft-Ebing, nach Wettley einer der bedeutendsten Entartungstheoretiker im deutschsprachigen Raum, behandelt die Perversionen im Rahmen der Psychiatrie. Er vertritt jedoch nicht wie seine Vorgänger B.A. Morel oder v. Magnan einen religiös oder spekulativ gefärbten Entartungsbegriff, sondern faßt ihn dogmatisch als »die doppelte Vererbung des körperlichen und moralischen

Übels« einschließlich seiner »Progression bis zum Aussterben der Sippe« (Wettley 1959, 55).[4]

Als Ursache sexueller Abweichung nimmt er ein psychosexuales Zentrum in der Hirnrinde an, das einen Sammel- und Kreuzungspunkt verschiedener Sinnesempfindungen mit denen der Geschlechtsempfindungen darstellt. Mit dieser Annahme werden sexuelle Anomalien zu krankhaften Störungen dieses psychosexuellen Zentrums: Die Entartungstheorie kann nun »mit ihrem Begriff der ererbten und erworbenen Degeneration diese seelischen Störungen nosologisch einordnen« (Wettley 1959, 59).

Krafft-Ebing stellt in seinem mit jeder Ausgabe wachsenden Werk die erste systematische Nosologie und Klassifikation des zeitgenössischen Wissens über sexuelle Perversionen vor: Er gilt als Begründer der modernen Sexualpathologie. Über alle Auflagen hinweg behandelt er in seiner Psychopathia sexualis zunächst die allgemeine und die spezielle Pathologie der Sexualität; dabei umfaßt die allgemeine Pathologie periphere, spinale und cerebrale Neurosen, die spezielle Pathologie hingegen solche Erscheinungen, die als Symptom für andere Erkrankungen gelten müssen. Die Mehrzahl der sexuellen Abweichungen entfällt auf das Gebiet der sog. cerebralen Neurosen. Dort unterscheidet Krafft-Ebing gemäß der klassischen psychiatrischen Ordnung

---

4 Morel betrachtet die Degeneration als eine (späte) Konsequenz des Sündenfalls, durch die der ›type primitif‹ (Adam) mit Umweltfaktoren in Kontakt und gelegentlich auch in Konflikt geraten ist; Magnan säkularisiert diese Theorie unter dem Einfluß Darwins und behauptet, daß die gesunde Menschheit progressiv evoluiert, jedoch einzelne Individuen durch den Mechanismus der Vererbung auf degenerativen Kurs geraten können. Dies gilt für physische ebenso wie für psychische Krankheiten. Das wissenschaftliche Konzept der Vererbung und das eher nebulöse Konzept der Degeneration findet in der Generation Krafft-Ebings großen Anklang; beide werden jedoch nicht immer sorgfältig voneinander unterschieden: So nimmt man beispielsweise an, daß »degeneration could be brought on by a variety of traumata such as, to name but a few, alcohol, phthisis, epilepsy – and masturbation« (Hoenig 1977, 7) – durch Kombination der degenerativen Gefahr mit der Praxis der Masturbation und dem Verbreitungsmechanismus der Vererbung sichert sich der psychiatrische Diskurs des Sexuellen enorme Aufmerksamkeit und Signifikanz. Wer wird es verantworten können, sich der Therapeutisierung, die dieser Diskurs mit dramatischer Geste (davon später) empfiehlt, zu widersetzen?

- die Paradoxie, »d. h. sexuale Erregung außerhalb der Zeit anatomisch physiologischer Vorgänge im Bereich der Genitalorgane« (Krafft-Ebing 1912, 47);
- die Anästhesie, d. h. den fehlenden Geschlechtstrieb;
- die Hyperästesie, d. h. den vermehrten Geschlechtstrieb: und die
- Parästhesie, d. h. die Perversion des Geschlechtstriebs.

Der letzte Typ sexueller Abweichung nimmt den größten Teil der Psychopathia sexualis ein und behandelt Sadismus, Masochismus, Fetischismus und schließlich die konträre Sexualempfindung einschließlich sämtlicher Unterarten, die Krafft-Ebing aus seiner langjährigen Erfahrung und aus der verfügbaren einschlägigen Literatur bekannt waren.

Alle Parästhesien zeichnen sich dadurch aus, daß Vorstellungen, die üblicherweise physio-psychologisch mit Unlustempfindungen verbunden sind, Lustgefühle erzeugen und in perversen Handlungen münden können. Dabei unterscheidet Krafft-Ebing zwischen Perversion und Perversität. Während Perversität allenfalls ein Laster darstellt, gilt Perversion als Krankheit. Da Krafft-Ebing die Entstehung einer Perversion entartungstheoretisch konzipiert, ist für die differentielle Diagnose die Gesamtpersönlichkeit des Patienten entscheidend; Wettley zeichnet Krafft-Ebings Argumentation in diesem Punkt nach: Die bisexuelle Veranlagung nimmt Krafft-Ebing auch für das cerebrale Sexualzentrum an. Hier stützt er sich vornehmlich auf hermaphroditische Erscheinungen, die als Residuum bei beiden Geschlechtern auf die ursprüngliche onto- und phylogenetische Bisexualität verweisen. Diese morphologisch-evolutionistische Theorie, die die Vorherrschaft eines cerebralen Zentrums über die Geschlechtsdrüsen betont, wird bei gestörter Entwicklung an die Entartungstheorie gekoppelt.

Da in fast allen Fällen der Träger der perversen Sexualempfindung eine neuropathische Belastung nach mehrfacher Hinsicht aufweist und da diese mit erblich degenerativen Bedingungen sich in Beziehung setzen läßt, darf jene Anomalie der psychosexuellen Empfindungsweise als funktionelles Degenerationszeichen klinisch angesprochen werden (Krafft-Ebing 1912, 225).

Das hat Folgen für die Unterscheidung zwischen angeborener und erworbener Homosexualität: Krafft-Ebing hält die Ansicht Binets, nach der Perversion auf ›Gelegenheitsursachen‹ beruhten, – wenn auch nur als eine weitere Möglichkeit – für ausgeschlossen. Demgegenüber erachtet er es für wahrscheinlich, »dass auch hier die vorhandene und als unerläßliche Voraussetzung zu betrachtende Veranlagung in einer latenten Homo- oder zumindest Bisexualität besteht, die zu ihrem Manifestwerden der Einwirkung von veranlassenden gelegentlichen Ursachen bedurfte, um aus ihrem Schlummer geweckt zu werden« (Krafft-Ebing 1912, 226). Er spricht darum in diesem Falle von einer ›tardiven‹ Homosexualität.

Die unterstellte Latenz der Perversion sowie ihre Zeichenfunktion für individuelle und kollektive Degeneration rufen verstärkter noch als je die Wachsamkeit der Individuen, vor allem aber die Expertise der professionellen Entlarver entarteter Sexualität auf den Plan. Krafft-Ebing erkennt die Perversen gar an ihrem Augenausdruck: »Das exquisit neuropathische Auge verrät die nervöse Konstitution« (Krafft-Ebing 1912, 341).

Das Individuum ist jedoch nicht nur eingesperrt in die körperlichen Zeichen seiner Anomalie, auch in die seiner Familie: In der 14. Auflage enthält sein Lehrbuch 238 Fälle[5], die in Form von Krankengeschichten nicht nur die individuelle Biographie, sondern auch die der vorangegangenen Generationen und die lebender Verwandten bis in die entfernteren Grade berücksichtigt. Der Koppelung von Sex und Entartung genügen nicht länger pathologische Biographien – Pathographien ganzer Familien setzen sich an deren Stelle.

Entsprechende Informationen liegen auch den Krankengeschichten zugrunde, aus denen Krafft-Ebing seine Diagnose ableitet und das Urteil ›therapierbar‹ oder ›nicht therapierbar‹ fällt. Einigen Erfolg verspricht eine Therapie seiner Meinung nach lediglich in Fällen tardiver Homosexualität, da hier lediglich die Sexualempfindungen eines ansonsten gesunden Organismus zu behandeln

---

[5] Dieser überwältigenden Heuristik schließt sich Alberto Caraco in literarischer Form an: Sein Buch *Im Reich der Sinne* versteht sich als Supplement der Psychopathia Sexualis Krafft-Ebings und zeichnet in knappen, nach monotonem Schema aufgebauten Bildern das Kaleidoskop der Perversionen und Perversitäten nach. Auch wenn man meint, dieser Kommentar habe weniger diskursstabilisierende als ironisierende Funktion – erstaunlich ist doch, wie sehr wir in diesem Kaleidoskop ›zu Hause‹ sind. Die Ironie findet im Inneren des Kaleidoskops statt und führt uns nicht weiter als bis an seinen Rand (- wo die Diskursanalyse ›zu Hause‹ ist!).

seien. Im Falle einer angeborenen Anomalie hingegen sei demgegenüber nicht weniger als »eine krankhafte psychosexuale Existenz zu vernichten und eine neue gesunde zu schaffen« (Krafft-Ebing 1912, 340). Über diesen Unterschied informiert ihn die Krankengeschichte des Patienten.

Die möglichen therapeutischen Maßnahmen und einige Fallbeispiele dazu expliziert Krafft-Ebing für den Fall der konträren Sexualempfindung. Die Aufgaben und Teilziele einer solchen Behandlung betreffen ein ganzes Syndrom von Faktoren, die der Homosexualität entgegenwirken, und solche, die die Heterosexualität begünstigen:

1. Bekämpfung von Onanie und anderen die Vita sexualis schädigenden Momenten.
2. Beseitigung der aus antihygienischen Verhältnissen der Vita sexualis entstandenen Neurose ...
3. Psychische Behandlung im Sinne einer Bekämpfung homosexualer und der Förderung heterosexualer Gefühle und Impulse (Krafft-Ebing 1912, 336).

Mit den Mechanismen der Untersagung und der Beeinflussung trachten diese Interventionen danach, auf Verhaltensweisen und mehr noch: auf Einstellungen hinzuwirken. In Fällen angeborener Homosexualität ist auf diese Weise allerdings allenfalls »wohltätige sexuelle Neutralisierung« (Krafft-Ebing 1912, 336) zu erreichen. Während Krafft-Ebing in leichteren Fällen vorzugsweise die ›moralische Therapie‹ empfiehlt, die – unterstützt durch Halbbäder und Bromkalium – in der Regel ausreicht, ist für alle schwerwiegenderen Fälle Fremdsuggestion durch Hypnose vonnöten. Alle zwei bis drei Tage erteilt er solchen Patienten Suggestionen nach einem Verfahren, das er beispielsweise in der Beobachtung Nr. 177 seiner Psychopathia sexualis beschreibt:

1. Ich verabscheue die Onanie, denn sie macht siech und elend;
2. Ich habe keine Neigung mehr zum Manne, denn die Liebe zum Manne ist gegen die Religion, gegen die Natur und gegen das Gesetz;
3. Ich empfinde Neigung zum Weibe, denn das Weib ist lieb und begehrenswert und für den Mann geschaffen (Krafft-Ebing 1912, 341).

In all diesen Maßnahmen kristallisiert sich eine ›suggestionstherapeutische Natur‹ des Sexuellen zur Jahrhundertwende heraus: Das gewaltig ausufernde Dispositiv der Sexualität weist in immer neuen Wendungen und mit immer neuen Interventionen auf die

Frau als die legitime Beziehung und die Ehe als die rechtmäßige Institutionalisierung dieser legitimen Beziehung hin. Von den Myriaden peripherer Sexualitäten zieht die aufkommende Sexualwissenschaft beharrlich Verbindungslinien zu dem, was Normalität und Gesundheit im Konzept des verehelichten Sexualpartners vereint. Zu diesem Zweck sind auch die therapeutischen Maßnahmen (wie vordem die Praktiken der Buße und der Beichte) lediglich mit negativen Vorzeichen zu lesen – auch die Sexualpathologie und die ihr entstammenden Interventionsformen begreifen die Sexualität und das gesunde, moralische Subjekt stets *ex negativo*, nun allerdings im Modus wissenschaftlicher Theorien und therapeutischer Aktionen.

Krafft-Ebing beginnt sein Buch mit dem Kapitel »Fragment einer Psychologie des Sexuallebens«, worin er sich vor allem mit der gesellschaftlichen Bedeutung der Sexualität beschäftigt:

Jedenfalls bildet das Geschlechtsleben einen gewaltigen Faktor im individuellen und sozialen Dasein, den mächtigen Impuls zur Betätigung der Kräfte, zur Erwerbung von Besitz, zur Gründung eines häuslichen Herdes, zur Erweckung altruistischer Gefühle, zunächst gegen eine Person des anderen Geschlechts, dann gegen die Kinder und im weiteren Sinne gegenüber der gesamten menschlichen Gesellschaft (Krafft-Ebing 1912, 1 f.).

Damit skizziert Krafft-Ebing einen Mechanismus gesellschaftlicher Integration, der bei Foucault unter der Bezeichnung »Allianzdispositiv« auftritt (vgl. Foucault 1977, 128 sowie Kap. 12). Der Kampf »zwischen Naturtrieb und Sitte, zwischen Sinnlichkeit und Sittlichkeit« (Krafft-Ebing 1912, 5) wird eben nicht nur individuell ausgefochten, sondern bedroht darüber hinaus die gesellschaftlich zentrale Institution der Familie. Das Programm der Therapeutik stellt daher darauf ab, die Ökonomie der Lust, die Intensität der Empfindungen und die Ordnung der Allianz wieder zu versöhnen. Die Therapeutisierung des Sexuellen stützt und wirbt für die Familie. Nicht umsonst bemißt sich bei Krafft-Ebing der Erfolg seiner Therapie auch daran, inwieweit sein/e Patient/in geneigt ist, sich zu verheiraten und eine Familie zu gründen. Der bereits erwähnte Fall des Homosexuellen in der Beobachtung Nr. 177 stimmt zuversichtlich: Er gestand Krafft-Ebing anläßlich eines späteren zufälligen Zusammentreffens, »dass er zwar noch einzelne Männer sympathisch finde, aber nie mehr Anwandlungen im Sinne mannmännlicher Liebe verspüre. Er koitiere gelegentlich mit vollem Genusse mit Frauenzimmern und denke ernstlich an Heirat« (Krafft-Ebing 1912, 342).

Das Bewußtsein hoher gesellschaftlicher Verantwortung spricht auch aus den Vorworten, die Krafft-Ebing den verschiedenen Auflagen seiner *Psychopathia sexualis* voranstellt: Während er sich im Vorwort zur ersten Auflage seines Werks noch dafür entschuldigt, daß es das traurige Privileg der Medizin und der Psychiatrie sei, auch die Schattenseiten des Lebens, die menschliche Schwäche und Armut zu sehen, kommt das Vorwort der Ausgabe aus dem Jahre 1902 mit beträchtlichem Selbstbewußtsein daher: Krafft-Ebing verweist auf die unzähligen Briefe Unglücklicher, die Erklärung für die rätselhaften Aspekte ihres Sexuallebens suchten – und auch fänden![6] »Das Lesen dieser Briefe, deren Autoren in der Mehrzahl geistig und sozial hochstehend und sehr empfindsam seien, erheischt die tiefste Sympathie« (Krafft-Ebing nach Hoenig 1977, 8).

Die Therapie der anomalen *Vita sexualis*

Eines der ersten Werke, dessen Titel explizit die nun gültige Problematisierungsweise abweichender Sexualität: die *Therapie*, annonciert, ist das eines Schülers Krafft-Ebings, Alfred Fuchs. Er veröffentlicht 1899 die *Therapie der anomalen Vita sexualis bei Männern, mit specieller Berücksichtigung der Suggestivbehand-*

---

6 Das führt natürlich in vermutlich nicht wenigen Fällen auch zu dem, was heute als *Coming out* bezeichnet wird und dem Allianzprinzip diametral zuwiderläuft. So bekennt eine Konträrsexuelle: »Man sollte bedeutet mehr einschlägige Schriften lesen. Ich hatte das Glück, dass mir während meines medizinischen Studiums verschiedene Sachen von Krafft-Ebing in die Hand fielen. O, wie schaute ich auf! Wie leicht, wie zielbewusst fühlte ich mich nach der Lektüre! Jetzt war mir klar, dass ich nie einen Mann heirathen dürfe« (Krause 1983, 208). – Diskursanalytisch interessant sind auch ihre einleitenden Worte: »Selbstbiographie – Selbstberäucherung! Man sollte die Hände davon lassen. Und doch thue ich es nicht. Warum nicht? Weil ich wiederholt aufgefordert wurde, mit der Wahrheit der guten Sache zu dienen« (Krause 1983, 200). Kaum hat der bürgerliche Diskurs des Begehrens die ›Perversion‹ ausdifferenziert, so meldet diese sich – nun um *ihrer* Sache willen – bekennend zu Wort und sagt *ihre* Wahrheit über sich.

lung. In einem Geleitwort stellt Krafft-Ebing diesem Manual sein therapeutisches Credo voran: »Ich glaube an die Macht suggestiver Gewöhnung, nicht aber an die Heilbarkeit angeborener Anomalien« (Fuchs 1899, 4). Diese Überzeugung teilt Fuchs und führt in einem längeren, pathetisch formulierten Vorwort die unschätzbare Bedeutung der therapeutischen Bemühung aus. Er gibt eine lebhafte Beschreibung der ›armen Conträren‹, die, »oft mit den besten Anlagen des Charakters und des Gemüthes versehen« (Fuchs 1899, 9), jahrelang ein schreckliches Geheimnis mit sich herumtragen. Ihrer Anomalie meist bewußt, gehen sie nicht nur ihrer sozialen Karriere, sondern auch ihrer allgemeinen Gesundheit verlustig. Auf Abscheu stoßen sie nicht nur – und nahezu ausnahmslos – bei ihren Angehörigen; auch bei den meisten Ärzten stoßen sie auf Unverständnis; die gesellschaftliche Reaktion mit Gefängnisstrafen gehe ebenso fehl: »Die einzig richtige, humaner und wissenschaftlicher Auffassung entsprechende Strafe wäre die zwangsweise Internierung in entsprechenden, ärztlicher Fürsorge unterstehenden Heilanstalten« (Fuchs 1899, 11). Wie Krafft-Ebing hat Fuchs sich intensiv für die Reform der Strafgesetzgebung in diesem Sinne eingesetzt und der Veröffentlichung des intimen Diskurses damit weitere Bahn gebrochen.

Auch der ›Brennpunkt Familie‹ wird thematisiert: Fuchs stimmt in die Mahnungen der Ärzte ein, die Eltern mögen der sexuellen Entwicklung ihrer Kinder gegenüber wachsam sein. Gegenüber einer Therapie sexueller Fehlentwicklung hätten alle anderen Güter zurückzustehen, wie Bildung, Erziehung und gesellschaftlicher Stand. Ein leidenschaftliches Plädoyer für den Primat des Therapeutischen vor Rang und Reichtum bildet den Abschluß seines Vorwortes:

Hier muß um jeden Preis die Masturbation unterdrückt und auf ein Vergessen aller geschlechtlichen Beziehungen hingearbeitet weren, wenn auch Jahre darüber vergehen sollten und eventuell die künftige Mitgift oder der Studienfonds des Vaters dabei erschöpft wird. Es ist vorzuziehen, ein sexuell indifferenter Tagewerker, als ein conträr sexueller Millionär zu sein!« (Fuchs 1899, 16)

An Fuchs' *Therapie der anomalen Vita sexualis* ... läßt sich exemplarisch zeigen, auf welche Weise die Sexualpathologie die bürgerliche Sorge um ihre sexuelle Gesundheit mit verschiedenen therapeutischen Interventionen aufgreift und so die Produktion der Sexualität reorganisiert. Fuchs unterscheidet drei therapeutische Strategien: psychische, wie das *Traitement moral*, die Wachsuggestion und die eigentlich hypnotisch-suggestive Behandlung; zu den somatischen Therapien rechnet er medikamentöse und diätetische Mittel; schließlich führt er die physikalische Behandlung wie Duschen, Bäder, Packungen oder Wadenbinden an. Die Erfolgsursache all dieser Interventionen schreibt Krafft-Ebing in seinem Geleitwort dem Umstand zu, daß sie in den dreißig von Fuchs vorgestellten Fällen in einem Sanatorium vorgenommen wurden, »wo alle Hilfsmittel für die Behandlung so schwerer Fälle vereinigt sind und die Persönlichkeit des Arztes in beständiger Fühlung mit dem Patienten steht, sein ganzes Thun und Lassen überwacht« (Fuchs 1899, 3 f.).

Das Sanatorium als therapeutischer Ort stellt eine weitere Etappe in der Produktion der Wahrheit der Sexualität dar: Der Beichtstuhl war noch der kanonische Ort, an dem die Funktion ›die Wahrheit ans Licht bringen‹ vorherrschte. Beichtspiegel geben dem Beichtiger wie dem Pönitenten immer detailliertere Anleitung dazu – der Beichtstuhl ist der Ort der Enthüllung. Demgegenüber ist das Sanatorium der klinische Ort gezielter und nie erlahmender Konfrontation. Die Duschen, die Gespräche zur Förderung der Sittlichkeit, die strenge Disziplin bei Tag und bei Nacht; all das treibt die Funktion ›Produktion der Wahrheit‹ hervor. Das Sanatorium ist der Ort der Rehabilitation. Der Psychiater wird zum Herrn der Sexualität: Er »kennt die Krankheiten und die Kranken, er verfügt über ein wissenschaftliches Wissen, das dem Wissenstyp der Chemiker und Biologen entspricht. So sind sein Eingriff und seine Entscheidung berechtigt« (Kremer-Marietti 1976, 225).

Seit der christlichen Bußpraxis ist die Sexualität mit einer ihr zugrunde liegenden Wahrheit verknüpft worden. Auch in den Beichtpraktiken, die ihrer Enthüllung dienten, weiß das Subjekt die Wahrheit nicht und bedarf des *directeurs de conscience*, um sie zu ermitteln. Die Prozeduren allerdings, die sich auf psychisch-physisch-physiologischem Wege der Wahrheit nähern, umstellen das ganze Subjekt; jeder einzelnen Technik wird dabei eine nur regionale Wirksamkeit auf Körper und Seele zugeschrieben.

– Die psychischen Maßnahmen, d. h. moralische Belehrung und Suggestion, appellieren beide an die *Willenskräfte* des Patienten. Während sich das ›Traitement moral‹ auf die Reste des sittlichen

Empfindens stützt, sollen suggestive Behandlungstechniken den geschwächten Willen unterstützen. So können «die halb in Vergessenheit gerathenen Eigenschaften des Charakters und des Gemüthes wieder gefestigt werden, so weit, dass ... die Gefahr eines Conflictes weniger imminent wird» (Fuchs 1899, 55).

– Die physischen Maßnahmen, zu denen vornehmlich Medikamentierungen und Diäten gehören, appellieren an die *Stimmung* des Patienten. Für ›Contenance‹ und ruhige Abgeklärtheit, bürgerliche Haupttugenden, sorgen Medikamente, aber vor allem die Natur: denn Ruhe, Spaziergänge, leichte Kost und Einsamkeit stellen gleichsam die sichtbare Form der Wahrheit dar, indem sie gegen die Künstlichkeit und Eitelkeit des städtischen Treibens ihr Gleichmaß, ihre Mäßigkeit setzt. Aus dieser Wahrheit der Natur soll der Patient die Natur der Sexualität erkennen, oder besser: empfinden lernen.[7]

– Die physikalischen Maßnahmen schließlich, d. h. Duschen, Wadenwickel u.dgl., arbeiten am *Körper* des Patienten. Den sexuellen Sinnesreizen setzen sie ungewohnte Kälte- und Wärmereize entgegen, die in der Lage sind, sexuelles Empfinden zu übertönen, wenn nicht gar abzutöten und vor allem nicht: selbst auszulösen. Die differenzierte Reizung des Körpers macht ihn, der in der christlichen Vorstellung noch die Wurzel allen Übels war, nun auch selbst zum Instrument im Kampf gegen die sexuellen Laster.

Das Ensemble therapeutischer Maßnahmen, die immer offen bleiben, fokussiert nun die bürgerliche Figur der Sexualität: Aus der kompakten Aufgabe, das Heil der Seele für die nächste Welt zu sichern, wird nun eine Folge partieller Destruktionen – der unsittlichen Moral, des schwachen Willens, der ungesunden Lebensweise, der perversen Körperempfindung (vgl. Foucault 1969, 327 ff.). Durch die sachkundige Kombination dieser Techniken produziert der Arzt die Wahrheit des Sexes. Seine Wahrheit ist die

---

[7] Mosse kommentiert: «Die Normalität forderte, mit den unwandelbaren und unverfälschten Kräften der Natur in Berührung zu bleiben. Das Streben nach Verwurzeltheit, welches das Bürgertum prägte, brachte es zugleich in Gegensatz zu seiner Herkunft ... Eine derartige Dienstbarmachung der Natur war dem 19. Jahrhundert vertraut gewesen, und sie fand mit zunehmendem Tempo von Industrialisierung und Verstädterung immer breiteren Zuspruch – ... um Haltung bewahren zu können» (Mosse 1987, 175).

Summe dieser psychischen, physischen und physiologischen Verfügungen über ihn.

Ein Moment des gesamten therapeutischen Verfahrens bleibt bei Fuchs *als* therapeutische Technik unerwähnt: der Selbstbericht des Patienten über seine bisherige *vita sexualis*. Fuchs präsentiert sein Material in der Form von Krankengeschichten, aufgezählt als Beobachtung 1 bis 30. Im Titel erscheinen stets Diagnose, Therapie, Heilerfolg und Angaben zum Personenstand. Daran schließen sich Bemerkungen zum Äußeren des Patienten (etwa: ›kräftig‹), zum Gesundheitszustand der engeren Familie, zur Schul- und Berufsbildung an und enden stets mit dem Entschluß des Patienten, sich einer systematischen Behandlung zu unterziehen. Den größten Teil der Darstellung aber nimmt ein Selbstbericht des Patienten über sein bisheriges Sexualleben ein – gleichsam eine sexuelle Lebensbeichte.

Die Kompetenz der Patienten zu einer autobiographischen Zusammenschau ihres bisherigen Lebens unter einem ausgewählten Aspekt, dem der Sexualität, erscheint nach der bisherigen Genealogie in einer eigentümlichen Wendung: seit der Beichte ist die Wahrheit des Sexes an das Bekennen gebunden; mindestens seit dem 16. Jahrhundert sind die Pönitenten gehalten, zum Zwecke der Gewissenserforschung ein Tagebuch zu führen (für die puritanische Praxis ist Benjamin Franklins Tagebuch durch Weber bekannt geworden). Die Pönitenten führen dort, meist dem Dekalog der Beichtspiegel folgend, über ihre Verfehlungen Buch. Genau diese Technik wird nun eines der privilegierten Verfahren, das dem Arzt eine angemessene diagnostische Grundlage bietet. Das religiös wie das therapeutisch motivierte Lebensbekenntnis haben zu einer disziplinierten Betrachtung der eigenen Persönlichkeit geführt. In der therapeutischen Variante allerdings kommt der Klient dem Arzt bereits mit einer spezialisierten Vita entgegen, die selbst ein fortgeschritteneres Produkt der Diskursivierung der Sexualität darstellt – die sexuelle Lebensbeichte impliziert zugleich den disziplinierten Blick auf das eigene Leben *und* das Eingeständnis, des professionellen Beistands zu bedürfen. Die sexuelle Lebensbeichte ist auch ein Bekenntnis zu sich als sexuell-pathogenem Subjekt.

Es geht also um mehr als um die medizinische Dokumentation eines Falles sexueller Pathologie: als diagnostische Notwendigkeit erscheint der Selbstbericht eher als vorgängige Selbstauslegung, die jedoch nicht mehr als tentativ sein darf und lediglich das Aufsuchen des Arztes bewirken sollte. Das *curriculum vitae sexualis* ist das Resultat einer christlich-medizinischen Formation der Sexualität: es geht um das Bekenntnis zu seiner sexualtherapeutischen Bedürftigkeit; es bekommt legitimatorische Funktion für den medizinischen Eingriff. Vor diesem Hintergrund läßt sich plausibilisieren, warum Fuchs davon absieht, der sexuellen Lebensbeichte therapeutische Funktionen zuzusprechen (in der christlichen Beichte galt sie noch als kathartisch) – es scheint, als gälte es alles zu vermeiden, was die medizinische Intervention weniger notwendig erscheinen lassen könnte. Das Subjekt mag die Anomalie seiner Sexualität kennen und ihm mögen auch die geringsten Anzeichen für sie nicht entgehen – so teilt ein Patient Fuchs' ihm mit: »Mittlerweile war ich sehr neurasthenisch geworden« (Fuchs 1899, 74). Doch dieses Subjekt wird zugleich wissen, daß nur der Psychiater mit dem Arsenal seiner Methoden die Natur der Anomalie entschlüsseln und ihn heilen kann. Derselbe Patient versichert: »Ich consultierte wiederholt Ärzte« (Fuchs 1899, 74).

In diesem Zusammenhang macht Christina Schröder auf zwei weitere Aspekte aufmerksam, die die Bedeutung der ausführlichen ›Krankengeschichten‹ nun im Hinblick auf die sie erstellenden Mediziner und Psychiater erläutern: Einzelfallbeschreibungen ebenso wie sorgfältige Statistiken dokumentierten zum einen das Bemühen um empirische Absicherung. Sie schafften »den Kommunikationsrahmen des ausprobierenden und konkretisierenden Suggestivtherapeuten, der allen Kollegen offenstand« (Schröder 1995, 35). Zum anderen bedeute »diese Vorliebe für Krankengeschichten ... natürlich auch eine Flucht in das konkrete Detail und ein Verbergen der eigenen Unsicherheit, Wesen und Prognose nervöser Krankheitsbilder erfassen zu müssen (Schröder 1995, 33). Was hier mit »der Flucht ins Detail« vermutlich zutreffend beschrieben wird, beschert andererseits ebendie enorme Detaillierung des Sexuellen durch den hypnose- und suggestionstherapeutischen Diskurs.

Nahezu zeitgleich mit den eugenischen Technologien und den psychiatrischen Diskursen wird eine Diskussion populär, die zwar Anklänge an die Konzepte Perversion und Entartung hat, mit ihr aber nicht verwechselt werden sollte: Sie befaßt sich mit der ›Geißel Nervosität‹. Ebenfalls von skeptischen Einschätzungen am *fin de siècle* getragen, herrscht hier jedoch ein anderer Ton: Man ist der Überzeugung, daß es sich um eine zwar auch das Begehren in Ursache und Wirkung betreffende Unannehmlichkeit handelt, die jedoch – allem berechtigten Ernst zum Trotz – vollständig therapierbar sei.

Die ›Geißel Nervosität‹

Bereits kurz nach der Veröffentlichung des Amerikaners G. Beard *Die Nervenschwäche (Neurasthenia)* im Jahr 1881 gilt Nervosität als ein Phänomen, das eine krisenhafte Situation im ausgehenden Jahrhundert anzeigt: Es beschreibt die fortschreitende Fehlanpassung des zivilisierten Menschen, der der Reizüberflutung und dem Tempo der modernen Industriegesellschaft nicht mehr gewachsen scheint. Nervöse Symptome zeigen physische Erschöpfung, moralische Unstetigkeit und Willensschwäche an, die ihrerseits das Abgleiten in sexuelle Ausschweifung und Perversion mit möglicherweise irreversiblen Folgen befürchten lassen. Hier sind Medizin und Psychiatrie aufgerufen, den Einstieg in die Abnormität zu verhindern. Auf geradezu paradoxe Weise unterstützt wird die Dringlichkeit therapeutischer Intervention durch den Umstand, daß die Diagnose ›nervös‹ zumindest auch bei gebildeteren Schichten in dem Ruf stand, eine besondere Sensibilität zu attestieren. Daher bedürfe sie zwar nicht unbedingt der Behandlung, jedoch aufmerksamer, möglichst auch professioneller, Beobachtung. Nervosität als Modebegriff findet einen zeitgenössischen Kommentar: »Man kann nervös und dabei doch ziemlich gesund und von tadelloser Wohlanständigkeit sein. Ein gewisser Grad von Nervosität macht sogar ... interessant«, so der Nervenarzt Leo Loewenfeld. Er setzt hinzu: »Dabei noch der Vorteil, daß sich das Schwerste wie das Leichteste im Bereiche der Nervenpathologie mit der Bezeichnung ›nervös‹ abmachen läßt« (Loewenfeld 1895, 3) – mit diesem Seitenhieb gegen seine nosologisch großzügigen Kollegen fixiert Loewenfeld zugleich auch einen weiteren diskursiven Mechanimus zur Verbreitung des Phänomens Nervosität.

Der medizinisch-psychiatrische Diskurs reagiert darauf mit einer Flut hochspezialisierter Schriften, entwickelt immer neue Begriffsbestimmungen und stellt zunehmend einen Zusammenhang zwischen soziokultureller Situation und der ›Geißel Nervosität‹ her – ein Zusammenhang, der den Einzelnen und die ganze Gesellschaft pathogenisiert, wenn hier auch Qualität und Ausmaß der Pathologie beträchtlich schwanken kann. 1908 spricht C. Müller schließlich einen Gemeinplatz aus, wenn er sagt:

Nervöse Massenerkrankungen werden sich aber mit Vorliebe an Zeiten binden, in denen aufreibende wirtschaftliche und geistige Kämpfe sowie soziale, politische und religiöse Umwälzungen und Wirren unter schneller Änderung der äußeren Lebensbedingungen die nervöse Widerstandsfähigkeit eines Volkes zu erschöpfen drohen (Müller 1908, 215).

Der Befund ›Nervosität‹ formiert unterschiedliche Interventionsbereitschaften: Der professionelle Diskurs, der nun die vor allem *psychische* Anfälligkeit des Einzelnen vor dem Hintergrund der soziokulturellen Wandlungssituation im ausgehenden 19. Jahrhundert als geradezu unausweichlich skizziert, wird von einer exzessiven Beratungs- und Lebenshilfeliteratur begleitet. Diese Gattung verlegt sich mit Titeln wie »Wie bewahren wir unsere Kinder vor Nervenleiden?« oder »Über die wachsende Nervosität unserer Zeit« vor allem darauf, ihre Leser über die Anzeichen dieses Übels zu unterrichten und sie für den Moment zu sensibilisieren, zu dem das Aufsuchen eines Arztes angeraten sei.

Als Gegenmaßnahmen empfehlen die Ärzte alles, was das therapeutische Inventar bereithält: sie geben Erziehungs- und Lebensberatung, verordnen physikalische und diätetische Therapien, experimentieren mit medikamentöser Beeinflussung durch Brom- und Morphiumpräparate, und – wenn es ratsam erscheint – auch eugenische Prophylaxe. Prominente Zielscheibe all dieser therapeutischen Maßnahmen ist erneut die Sexualität, deren verschwenderischer (lies: nicht-reproduktiver) Gebrauch ebenso zu den Hauptursachen wie zu den Hauptwirkungen der Nervosität rechnet. Dies wissen die amerikanischen und europäischen Leser spätestens seit Beards Schrift. Krafft-Ebing warnt ebenfalls eindringlich:

Von höchster Wichtigkeit ist es, ein wachsames Auge auf die Entwicklung der Sexualorgane zu haben. Bei der Mehrzahl dieser Nervösen äußert sich die vita sexualis abnorm früh und oft mit besonderer Stärke. Dann stehen sie in der Gefahr, der Masturbation anheimzufallen, und diese wird oft verhängnisvoll. Wie soll man dieser Gefahr begegnen? Vor allem vermeide man alles, was die Sinnlichkeit wecken könnte. Üppige Ernährung, Genußmittel, Stubensitzen, Stadtleben, Romanlesen, Tanzstunden, frühe Einführung in das Leben der Großen sind schädlich (Krafft-Ebing 1895, 25).

– Der Arzt empfiehlt: »Mäßige Lebensweise, reichliche Körperbewegung, Landleben mit seinen Spielen und Vergnügungen, fleißig Baden und Kaltwaschen befördern körperliche Gesundheit und Keuschheit« (Krafft-Ebing 1895, 25).

Während die medizinischen Empfehlungen, was man tun solle, um Gesundheit und Enthaltsamkeit zu befördern, nicht neu sind, zeigen vor allem die Empfehlungen, was man vermeiden solle, um Gesundheit und Keuschheit nicht zu schaden, einen neuen Akzent, der die Empfehlungen als Ganzes charakterisiert: die Zivilisationskritik, die vorzugsweise in der Kritik am modernen städtischen Leben auftritt. Gegen Ende des Jahrhunderts wird die Stadt zur Metapher für alles Unnatürliche; Balzac lamentiert, daß die Pariser wie lebende Leichname aussähen; Vergleichbares stellt der Arzt John H. Girdner in seinem Buch *New Yorkitiis* fest (1901; s. dazu auch Mosse 1987, 174). In Deutschland nimmt Berlin ab 1900 unter diesem neuen Blick die faszinierende Gestalt der biblischen *Großen Hure Babylon* an. Iwan Bloch beispielsweise ergeht sich über lange Passagen in ausführlichen Beschreibungen darüber, daß in Berlin die »ganze Gestaltung des Genußlebens auf die Reizung erotischer Regungen sich zugespitzt« habe (Bloch 1908, 42). Das überreizte Nervensystem des Großstädters und die ausgiebige Reizung der Sinne durch die Großstadt stehen für ihn in einem eindeutigen Steigerungsverhältnis. Die medizinischen Interventionen kreisen insbesondere um zwei Phänomene: um die ›unnatürliche Sexualität‹ (1) und um die Geschlechtskrankheiten (2).

(1) Professionelle Manuale und populär gehaltene Ratgeber ziehen nun gegen ›unnatürliche Sexualität‹ zu Felde. Der Begriff der ›Masturbation‹ wird geradezu zum »codeword for all sorts of unnatural sexual activity, from the use of contraceptives to homosexuality. ... Some commentators attempted to define masturbation as including coitus interruptus, oral-genital contact, pederasty, bestiality, mutual masturbation, coitus interfemora, and selfpollution. Others simply used the word without defining it« (Bullough 1994, 23f.).

Mehr noch, es verschiebt sich die interne Hierarchie des Verabscheuungswürdigen: »Unnatural sex was regarded as ten times worse than simple illicit intercourse between an unmarried man and woman, because at least children might result from heterosexual fornication« (Bullough 1994, 23). – Das Gut der Nachkommenschaft, das Augustinus als eben noch hinreichenden Grund für die Verletzung des Ideals der Keuschheit im Rahmen der Ehe duldet, steigt in der bürgerlichen Wertschätzung so weit im Kurs, daß man nun eher die Verletzung der legitimen Sexualbeziehung duldet. Doch auch wenn viele Ärzte ihren Patienten den Rat geben, daß Gott den Geschlechtsverkehr für die Produktion von Nachkommenschaft gedacht habe, so befinden sich die Mediziner dabei nicht länger vom augustinischen, sondern vom eugenischen Diskurs informiert. Die Paare werden deswegen vor allein der Lust dienendem Geschlechtsverkehr gewarnt, weil es immer wieder Beispiele gebe, »where children begotten in the moment of intoxication remained stupid and idiots during their whole life« (Alcott in Bullough 1994, 24).

(2) Die gleiche Motivation nährt eine andere Sorge; sie gilt dem Zusammenhang von Prostitution und Geschlechtskrankheiten.

Die Auflösungsängste des neurasthenischen Ichs in der Großstadt, die Furcht vor der Entfestigung der Körpergrenzen finden um 1900 ihre beeindruckendsten Metaphern in den schleichenden Krankheiten; neben der Tuberkulose sind dies vor allem die drei Geschlechtskrankheiten Tripper oder Gonorrhöe, Syphilis und weicher Schanker. Die venerischen Krankheiten, insbesondere die Syphilis, symbolisieren das Erschrecken vor der durch den Industrialisierungsprozeß ausgelösten Veränderung der gesellschaftlichen Verhältnisse, vor der Auflösung traditioneller Sozialnormen und vor der durch den Urbanisierungsprozeß verursachten neuen Mobilität der Körper« (Linse 1987, 169).

Nicht nur wird die Promiskuität neurasthenischer Körper im allgemeinen angeprangert, sondern vor allem die Prostitution: Obwohl sich eine einfache Korrelation zwischen Urbanisierungs-/Industrialisierungsprozeß und der Zunahme venerischer Krankheiten nicht nachweisen läßt, wird dies zu einem wesentlichen Element der Großstadtkritik um 1900.

»It not only was described as criminal and pernicious but also eventually came to be described consistently as disease, and sometimes even a contagious one« (Bullough 1994, 23): Dort, wo sich das abweichende Begehren in das Register der kriminellen Vergehen einträgt, wie dies etwa in der Kanonistik geschieht, steht eine pönitative Behandlung bereit, dieses Vergehen mit einer Bußstrafe in einem Akt zugleich zu konstatieren, zu klassifizieren und gleichsam zu konfiszieren. Dort jedoch, wo sich das abweichende Begehren in das Register von Krankheit einträgt, wie dies durch einen medizinisch-epidemiologischen Diskurs geschieht, ist eine anhaltende und aufmerksame Intervention vonnöten, um bleibenden Schaden vom Einzelnen, von seiner Familie und der Gesellschaft abzuwenden.

Unnatürliche Sexualität und (damit zusammenhängend) Geschlechtskrankheiten sind die Kampfbegriffe, die – nun über das Stichwort ›Nervosität‹ eingeführt – das Begehren zur öffentlichen Angelegenheit machen, indem sie die ›Erotisierung‹ und die ›Erschöpfung‹ des individuellen und sozialen Körpers heraufbeschwören. Erneut steht die ›Bevölkerung‹ vor einem Problem, wenngleich mit ›umgekehrtem Vorzeichen‹: Hatte im 18. und 19. Jahrhundert die Malthussche Lehre von der Überbevölkerung den öffentlichen Diskurs beherrscht, hält nun vor dem Hintergrund des beobachteten Geburtenrückgangs in den Oberschichten das Thema Geschlechtskrankheiten Einzug. Berechnungen führen zu der Annahme, daß Deutschland allein durch die Gonorrhöe einen jährlichen Ausfall von 200.000 Kindern zu verzeichnen habe. Ähnlich in Frankreich: Jacques Bertillons fordert zu energischen Maßnahmen gegen »La Depopulation de la France« (1911; in Linse 1987, 170) auf.

Die Auflösungsängste des Ich verbanden sich so um 1900 mit den Niedergangsängsten der Nation. Aus den Segnungen der Zivilisation erwuchs der Fluch der ›Syphilisation‹, und diese wiederum hatte ihre Wurzel in der sexuellen Vermischung neurasthenisch-erotisierter Körper. Die eigentliche Aufgabe der Medizin, der Pädagogik und schließlich der Sozialpolitik lag in der Stabilisierung der nervös-geschwächten Körper (Linse 1987, 171).

Die Maßnahmen kreisen vor allem um eine Praxis der ›sexuellen Diätetik‹ wie sie auch Krafft-Ebing beschreibt (s.o.). Speziell für die Jugendlichen sieht das Inventar verschiedene erzieherische Maßnahmen vor: Dazu zählt zuvörderst eine Enthaltsamkeitspädagogik, die allerdings in ihrer rigiden Version allenfalls in der Jugendbewegung Akzeptanz findet. Für die übrigen Jugendlichen wird hauptsächlich die Benutzung von Kondomen und Desinfektionssalben propagiert – und die Nichtbenutzung bei Prostituierten zum Teil unter Strafe gestellt. Außerdem sorgt eine schulische Sexualaufklärung für die Verbreitung eines nüchtern-naturwissenschaftlichen Blicks auf die eigene Sexualität. Mehr noch: »Die große ›Leistung‹ um 1900 war die umfassende Durchsetzung dieser ärztlichen Pathologisierung der Sexualität in der gesamten Bevölkerung« (Linse 1987, 173). Ein Merkblatt warnt:

Habt Ihr doch einmal Geschlechtsumgang gehabt, erwägt bei jeder Abschürfung, jedem Knötchen oder Geschwür an den Geschlechtsteilen, bei allen Halsentzündungen und Hautausschlägen die Möglichkeit einer ansteckung mit Syphilis, bei jedem Brennen, Jucken, Ausfluß an den Geschlechtsteilen die einer Erkrankung an Tripper (Blaschko 1907, 411).

Dabei genügt es nicht, gelegentlich zu prüfen, man muß immer wieder prüfen: die Tücke der Geschlechtskrankheit ist, daß sie nicht nur binären Charakter hat, sie kann auch latent anwesend sein. Das macht jeden Körper zum potentiell kranken Körper, der beständiger Aufmerksamkeit und bei geringsten Anzeichen der ärztlichen Therapie bedarf. Nur äußerste Enthaltsamkeit, auch mit dem Ehepartner, könnte diese Sorge gegenstandslos machen. Doch man übersieht gern die nicht unerhebliche Verbreitung von Geschlechtskrankheiten unter Eheleuten, um die unnatürliche Sexualität (hier: vor- und außereheliche) geißeln zu können. Das aber erhöht nur noch die Signifikanz der medizinischen Warnungen und die Sorge um den neurasthenisch zugleich erotisierten und erschöpften Körper.

Kapitel 14

Die Zäsuren der Psychoanalyse

Gegen Ende des 19. Jahrhunderts hat sich die Perversion mit ihrer zunehmenden Therapeutisierung in unzählige Pathologien und Abweichungen zersplittert. Das, was nun normale: gesunde und sittlich einwandfreie Sexualität sein soll, zeigt sich nurmehr im prismatisch gebrochenen Spiegel sexueller Häresien. Was sich bei Krafft-Ebing beinahe zu einer Kasuistik geschlechtlicher Verirrung ordnet, offenbart sich doch angesichts der immer neuen oder neu kombinierten therapeutischen Maßnahmen als ein zugleich komplexes und unklares Feld. Besonders die suggestionstherapeutischen Verfahren unter ihnen geraten nun in die Kritik: Vertreter psychagogischer Ansätze werfen ihnen vor allem vor, den Willen des Patienten, des selbstbestimmten Bürgers, zu umgehen. Doch gleich, ob man den Willen des Patienten ausschaltet oder aber ihn zur Therapie einsetzt, wie die Psychagogik es versucht, die Psychoanalyse wird schon bald feststellen, daß zum einen der Wille zur Gesundheit und Normalität, auf den die Psychagogik setzt, selbst durch psychische Konflikte getrübt ist. Zum anderen wird sie feststellen, daß Hypnose zwar die Rede über Tabuisiertes erleichtern hilft, die endlich befreite Rede wirkt aber nur, wenn der Patient einen ›psychischen Normalzustand‹ hat. Die Psychoanalyse, die das Sexuelle aus dem Konzept der Entartung herauslöst, verknüpft es nun mit einer psychischen Dynamik, die die widerstreitenden Anforderungen von Sexualtrieb und Gesellschaft in ihm erzeugen – eine Dynamik, die gerade für das Begehren des Bürgers soviel Unterdrückung und Triebverzicht bedeutet, daß es besonderer Techniken bedarf, um die Konflikte allererst an sein Bewußtsein zu heben. Die Konzeption des Unbewußten als Ort verdrängter Sexualität macht das professionelle, dechiffrierende Gegenüber nun gänzlich unverzichtbar. Erst in der therapeutischen Interaktion schält sich die einzigartige Wahrheit der Sexualität des Patienten heraus. Dabei nutzt der Analytiker aus, was man der Geständnissituation immer vorgeworfen hat: im Konzept von Übertragung(sliebe) und Gegenübertragung wird die sexuelle Spannung zwischen Analytiker und

Patient zum Konstituens der therapeutischen Situation. In der psychoanalytischen Konzeption therapeutisch konstruierter sexueller Selbste entfaltet diese Genealogie ihren entschiedensten Ausdruck: Selbst, Sexualität und Therapie verweisen nun unmittelbar konstitutiv aufeinander.

Den Willen ausschalten oder einsetzen?

Das Charakteristikum der suggestionstherapeutischen Herangehensweise ist, daß sie die Abweichungen vom Sexuellen in ein Reich der unspezifischen Leiden verbannt. Es mutet paradox an: einerseits stehen sie im Zentrum individueller und gesellschaftlicher Aufmerksamkeit, andererseits figurieren sie als pathologische Restkategorie? Doch im Gegenteil: Es ist gerade diese Kombination erhöhter Signifikanz und mangelnder Spezifität, die den suggestionstherapeutischen Diskurs eine Zeitlang antreibt. Als ein Indiz kann die Bibliographie des modernen Hypnotismus gelten, die der Berliner Philosoph und Psychologe Max Dessoir 1888 verfaßt. Zu diesem Zeitpunkt verzeichnet sie 812 suggestions- und hypnosetherapeutische Titel und bedarf bereits zwei Jahre später der Ergänzung: Damit kann einerseits die Ausdifferenzierung von Hypnose und Suggestion als medizinische Spezialdisziplin vermeldet werden; auch tritt seit diesem Zeitpunkt der Nervenarzt als ›Hypnosearzt‹ auf. Er verfügt andererseits nicht über eine klar definierte Klientel. Er behandelt vielmehr »jene zahlreichen Patienten..., deren Leiden weder in die organische Neurologie noch in die Anstaltspsychiatrie gehörten« (Ellenberger 1973, 834 f.). Die Verirrungen im Sexualleben werden auf den Indikationslisten nicht immer direkt aufgeführt; doch gehen sexuelle Anomalien, sieht man sich die sorgfältig aufgezeichneten Krankengeschichten näher an, mit den »neurasthenischen Beschwerden« oder »hysterischen Störungen«, der »Appetitlosigkeit« sowie den »schlechten Gewohnheiten aller Art« in aller Regel einher (vgl. Forel 1889, 64). Disziplinierung und Professionalisierung hier, Diffusion des nosologischen Feldes dort, erweisen sich als zwei Seiten des gleichen Prozesses.

Die Einordnung des Sexuellen in eine kontrovers gehandelte Therapieform und seine Zuordnung zu einem unklaren nosologischen Feld sind mithin der Therapeutisierung des Sexuellen durch Suggestion und Hypnose zunächst günstig – als belächeltem Außenseiterdiskurs der Medizin ist der Hypnosebewegung daran gelegen, sich in offener Auseinandersetzung zu bewähren, ›bekennende‹ Vertreter ihrer Methoden zu gewinnen (z. B. Freud; vgl. auch Stern 1988, 64) und das Stigma des Unseriösen durch Professionalisierung abzulegen. Dabei handelt es sich jedoch um einen Prozeß mit prekärer Balance. Kritik aus dem Inneren des suggestionstherapeutischen Feldes (1) und vor allem Konkurrenz außerhalb des suggestionstherapeutischen Feldes (2) stören diese Balance schließlich empfindlich.

1) Im Innern des Feldes diskutiert man die Heilungsaussichten suggestionstherapeutischer Methoden. Folgt man beispielsweise einer selbsterstellten Statistik des Dr. Max Hirsch, müssen diese allerdings als äußerst gering eingeschätzt werden. Zumindest in den 4 Fällen sexueller Perversion (männliche Patienten, von denen 2 bis zu 5, die beiden anderen Patienten bis zu 25 Hypnosen erhielten), werden 3 als ›ungeheilt‹ und nur einer als vollständig ›geheilt‹ vermerkt. Die Fälle von Impotenz und Masturbation zeigen eine leicht günstigere Erfolgsquote im Anschluß an hypnotische Behandlungen (vgl. Hirschlaff 1905, 197). Überall dort hingegen, wo der Arzt eine sexuelle Anomalie auf ›Entartungen‹ des gesamten Nervensystems zurückführt, sei von Hypnose überhaupt abzuraten. Krafft-Ebing bildet hier, wie oben gesehen, eine Ausnahme; gerade bei schwerwiegenderen Fällen greift er zu dieser Methode, erlangt mit ihr jedoch ebenfalls keine dauerhaften Erfolge. Zu Beginn des 20. Jahrhunderts schließlich wird sie zur *ultima ratio* herabgestuft: »Die Hypnose ... ist stets ein Experiment mit der menschlichen Seele, und daher nur dort anzuwenden, wo alles andere versagt hat« (Pelman 1906, 188).

2) Parallel zu dieser Kritik aus dem Inneren des suggestionstherapeutischen Feldes bemühen sich – ebenfalls zum Ende des 19. Jahrhunderts – vor allem Internisten um Alternativen zur traditionellen Behandlung unklarer Symptome; sie interessiert nun der *psychogene Anteil* funktioneller Störungen. 1890 stellt der Internist und Hochschullehrer O. Rosenbach den somatischen Faktoren einen sog. ›psychischen Faktor‹ gegenüber und verknüpft ihn mit Pathogenese und Therapie innerer Erkrankungen. In erklärter Opposition zu suggestionstherapeutischen Ansätzen stilisieren er und andere Internisten den Willen des Patienten zum entscheidenden Angelpunkt ihrer ›rationalen Therapien‹: Sie ap-

pellieren an dessen positive Qualitäten. Dazu rechnen sie Selbstüberwindung, Selbstzucht, Selbstbeherrschung, Selbstverantwortung, Selbstbesinnung, Selbstdisziplin (vgl. Schröder 1995, 71): Das bürgerliche Ideal der willensstarken, selbstbestimmten Persönlichkeit informiert die ärztlichen Überlegungen zu dem, was sie nun ›Diätetik der Seele‹ nennen. Derjenenige, der es an einem solchen Willen mangeln läßt, bedarf des Arztes, der ihn stärkt. Wie aber geht der Arzt vor? Hier beruft man sich auf das Diktum Feuchterslebens: »Man ist erst von dem Augenblick an der psychische Arzt eines Menschen, als man dessen Willen beherrscht« (Feuchtersleben 1845, 363). Damit ist allerdings nicht Unterordnung des Patienten unter den Willen des Arztes gemeint, sondern die Forderung an den Arzt, den Willen des Patienten zu bilden und so ›rationaler Urteilsbildung‹ zu befähigen. Der Arzt manipuliert dazu die Vorstellungswelt des Patienten: »Ist eine Krankheitserscheinung von einer Vorstellung abhängig, so läßt sich dieselbe dadurch beseitigen, daß wir eine Gegenvorstellung bei dem Kranken hervorrufen, welche die pathogene Vorstellung verdrängt, hiermit schwindet auch deren Wirkung« (Loewenfeld 1897, 44). Vor allem mit persuasiven Techniken macht sich nun auch eine Psychagogik anheischig, sexuelle Anomalien zu therapieren.

Neben der Isolierung der Patienten von ihrem Lebensmilieu, ihrer Ruhigstellung und körperlichen Kräftigung achtet beispielsweise P. Dubois besonders auf ein psychologisch durchdachtes, hochgradig individualisiertes Gespräch. Dieses Gespräch beginnt stets mit der Identifizierung der Symptomgenese und endet mit der Aufstellung eines neuen Lebensplans. Das Spannungsverhältnis zwischen gewähltem Ziel und dem dafür benötigtem Willensaufwand zu überwinden, ist vor allem eine intellektuelle Leistung des Patienten: Die Einsicht in die Richtigkeit des gewählten Ziels gibt ihm diejenige Willensenergie zurück, deren er durch pathogene Vorstellungen verlustig ging.

Das Prinzip der Dominanz des Willens über die Affekte ist aus dem frühchristlichen Diskurs des Begehrens bekannt: Der schwache Wille schafft es nicht, die Affekte und Vorstellungen zu zügeln; der starke Wille bemüht sich mit Hilfe rigoroser Analyse, sich aus der Verwicklung mit ihnen zu befreien. Im bürgerlichen Diskurs gibt es allerdings eine entscheidende Differenz: den unerschütterlichen Glauben an die Kraft des eigenen Willens, der, vermittels Wissen und Einsicht, das anomale (Sexual-)Verhalten zu heilen vermag. Demgegenüber unterstellt sogar die elitäre Auffassung des frühchristlichen Mönchstums die Kraft des Willens selbst noch der Kraft des Glaubens und der göttlichen Gnade. Das Heil kann der Asket mit seinen eigenen Willenskräften nicht erreichen – psychagogische Heilung findet der Patient anscheinend durchaus, insbesondere dann, wenn die therapeutisch wiedergewonnene Willensstärke weiterer Selbsterziehung zugeführt wird. Wille und Selbstkontrolle therapieren sogar ›konstitutionelle Dauerursachen‹ und moralische Defekte; dies gilt bei notorischen Grüblern und Lügnern nicht minder als bei »Onanisten, Sadisten, Masochisten, Homosexuellen und Fanatikern« (Dubois 1913). Neben dem Verfahren der rationalen Urteilsbildung sekundieren auch Übungen zur psychischen Gymnastik (›systematische Desensibilisierung‹) dem Heilungsprozeß (vgl. Schröder 1995, 76).

Der Wille, als Ursache und therapeutisches Agens auch sexueller Anomalien, gibt dem Patienten das zurück, was hypnotische Verfahren ihm nehmen: Die willentliche Beeinflussung seiner Vorstellungen, d. h. das *Wissen über den Weg* zum wahren sexuellen Selbst. Zwar bestehen auch psychagogische Verfahren auf dem Arzt, der die Diagnose stellt und die Interventionen im einzelnen bestimmt, doch seine Therapie bezieht sich auf Willen und Vorstellung des Patienten – auf den Willen, den er stärkt, und die Vorstellung, die er korrigiert. Der Arzt greift regulierend ein; er überrumpelt nicht, er überzeugt; er schafft kein neues, sondern das ›eigentliche‹ Selbst, das den bürgerlichen Werten (wieder) verpflichtet ist und (wieder) über die Willenskraft verfügt, ihnen zu entsprechen. Auch hinsichtlich der sexuellen Vorstellungen geht es darum, den Patienten aktiv die Verbindung zur Normalität knüpfen zu lassen. Diese Einsicht in den Wert der Normalität erhebt Albert Moll mit seiner insbesondere an ›sexuell Perversen‹ erprobten sog. Assoziationstherapie zum psychagogischen Prinzip.

Es ist eine pädagogische Behandlung, bei der ich häufig Erfolg gesehen habe. Sie ist theoretisch rationell und praktisch oft erfolgreich. Sie besteht in der richtigen Leitung des Vorstellungslebens, in der methodischen Ausbildung der normalen und in der methodischen Unterdrückung der abnormen Assoziationen (Moll 1936, 59).

Der Therapeut wirkt bei dieser Methode als feinfühliger Diagnostiker, der nicht nur nach den spezifischen Umständen der homosexuellen Fehlentwicklung fragt, sondern mit besonderer Emphase nach all denjenigen Einnerungen, bei denen diese Patienten gegenüber den sexuellen Signalen des anderen Geschlechts zumindest neutral gestimmt gewesen waren – wenn sie sich nicht sogar geneigt gezeigt hatten. Vorstellungen wie diese bilden für den sexuell Abnormen eine ›Brücke zum Normalen‹. Die Patienten werden sodann gehalten, weitere Vorstellungsbilder dieser Art zu knüpfen, zunächst in der Phantasie, dann auch durch sinnliche Anregungen (Literatur, Theater). Alle diese Assoziationen zur sexuellen Normalität sollen sie regelmäßig vor dem Einschlafen auf sich einwirken lassen. Gegenläufigen Assoziationen sollen die Patienten hingegen ausweichen oder aber, wenn dies nicht möglich ist, sie unterdrücken. Sexuelle Normalität wird so an einen Willen zur Gesundheit geknüpft; sexuelle Normalisierung an einen Willen zur Gesundung.

Ebendieser Wille aber setzt eine psychische Normalität voraus, die den Menschen ungetrübt das wollen läßt, was Gesundheit und gesellschaftliche Konventionen von ihm fordern. Daß dies in der Regel der Fall sei, bezweifelt Freud entschieden. Die Ursachen für seine skeptische Diagnose verortet er zum einen in der Stärke des Sexualtriebes, der bei den meisten Menschen nach mehr Befriedigung verlange, als es – zum anderen – gesellschaftlich zugelassen sei. Der Widerstreit zwischen sexueller Triebforderung und gesellschaftlicher Konvention drücke sich in der Moderne im Gegenteil in einer Vielzahl neurasthenischer Erscheinungsformen aus: Auf dem Höhepunkt der Diskussion wertet Freud (1908) die allgemein verbreitete Nervosität als ein Symptom für eine zu strenge Triebverzichtsforderung durch die herrschende Sexualmoral, die die Gesellschaft mit neurotischen Verhaltensweisen ihrer Mitglieder zu bezahlen habe.

»Man darf sagen, die Aufgabe der Bewältigung einer so mächtigen Regung wie des Sexualtriebes, anders als auf dem Wege der Befriedigung, ist eine, die alle Kräfte eines Menschen in Anspruch nehmen kann. Die Bewältigung durch Sublimierung gelingt einer Minderzahl ... die meisten anderen werden neurotisch oder kommen sonst zu Schaden ... Wer in die Bedingtheit nervöser Erkrankung einzudringen versteht, verschafft sich bald die Überzeugung, daß die Zunahme der nervösen Erkrankungen in unserer Gesellschaft von der Steigerung der sexuellen Einschränkung herrührt« (Freud 1908a, 157).[1]

[1] Damit setzt sich Freud entschieden von den Nervositätstheoretikern ab, die im vorigen Kapitel zu Worte kamen. Während diese ein unbestimm-

Die Befriedigung des Sexualtriebes ›auf anderem Wege‹ spricht dabei das Konzept der Sublimierung an: Freud ist der Auffasung, daß kulturelle Leistungen aller Art auf der Energie des (umgelenkten) Sexualtriebes beruhten und somit nicht unbeträchtliche Ressourcen absorbierten. Doch die moderne Kultur mit ihrem urbanisierten, industrialisierten Treiben verlange ihren Mitgliedern unterdessen überhöhte Sublimierungsleistungen ab (für Beispiele vgl. Freud 1908a, 150). Die kulturell erforderliche Umlenkung des Sexualtriebes gerät mehr und mehr zu seiner Unterdrückung.

Die Repression des Sexualtriebes geschieht mithin auf zwei Weisen: *direkt*, durch eine die sexuelle Betätigung unterdrückende Moral; *indirekt*, durch die allgemeinen Belastungen des Menschen als Gesellschaftswesen, das – dieser Annahme folgend – für diese Funktion zuviel seiner sexuellen Triebenergie abstellen muß. Zivilisiertheit der Gesellschaft und Unterdrückung der Sexualität sind aus psychoanalytischer Perspektive nicht nur zwei stets miteinander widerstreitende Seiten der gleichen Medaille; sie stehen darüber hinaus, wie die zunehmende Neurotisierung der Menschen zeigt, in einem Verhältnis wechselseitiger Steigerung. Von diesem Zusammenhang sieht sich das Bürgertum in besonderem Maße betroffen; die zeitgenössische Einschätzung formuliert Foucault in einer fiktiven Rede des Bürgertums so:

Unsere Sexualität ist im Unterschied zu derjenigen der anderen einem so strengen Unterdrückungssystem unterworfen, daß darin die eigentliche

tes Bündel von Symptomen (vor allem: Erotisierung und Erschöpfung) an ein unbestimmtes Bündel zivilisatorischer Degenerationserscheinungen knüpfte, wendet sich Freud zunächst von allen »unbestimmten Arten, ›nervös‹ zu sein, ab und faßt <nur> die *eigentlichen* Formen des nervösen Krankseins ins Auge«. Aus dieser Perspektive »reduziert sich der schädigende Einfluß der Kultur im wesentlichen auf die schädliche Unterdrückung des Sexuallebens der Kulturvölker (oder Schichten) durch die bei ihnen herrschende ›kulturelle‹ Sexualmoral« (Freud 1908a, 144; Hervorhebung von mir, S.M.). In dieser Form kommt dem Sexuellen eine neue Rolle in der Ätiologie der Nervosität zu: Die Vereindeutigung der Nosologie verdankt sich einem *Kausalfaktor* Sexualität, oder genauer: ihrer Unterdrückung. Darüber hinaus verdankt sie sich nur *einem* Kausalfaktor: Es ist die sexuelle Einschränkung, die eigentliche von uneigentlichen Krankheitsbildern (hier: Nervosität) zu unterscheiden verhilft.

Gefahr liegt. Zwar haben die Seelenführer und Moralisten, die Pädagogen und Ärzte den vergangenen Generationen unablässig eingeschärft, daß der Sex ein unheimliches Geheimnis ist, dessen Wahrheit aufgescheucht werden muß – seine ungeheure Gefährlichkeit rührt aber vor allem daher, daß wir ihn allzu lange – sei es aus Skrupeln, übertriebenem Sündenbewußtsein oder Heuchelei – zum Schweigen verurteilt haben (Foucault 1977, 154f.).

Es ist also nicht eine Frage der *falschen Vorstellung* oder aber des *schwachen Willens*, daß die bürgerliche Sexualität der Therapie bedarf; die stets in Wort und Tat unterdrückte Sexualität hat verlernt, sich zu artikulieren – alle Geständnisse im Beichtstuhl und all die allabendlichen Gewissenserforschungen, die Pietismus oder Protestantismus noch dem gläubigen Zeitgenossen zur Jahrhundertwende abverlangen, scheinen vergessen. Nein, *das Begehren muß (endlich!) zur Sprache kommen.*

Geschieht nun nicht das, worauf uns die modernen Kritiker unterdrückter Sexualität (vgl. Kap. 2) immer wieder hinweisen: Erfindet nicht Freud die endlich befreiende Rede der unterdrückten Sexualität? – Nach der beinahe hinter uns liegenden Genealogie der Konstruktion sexueller Selbste müssen wir allerdings feststellen: Die Psychoanalyse hat nicht das Sprechen über Sexualität erfunden; sie hat indessen den unhintergehbaren Anlaß erfunden, sie (immer wieder) zu problematisieren. Ihre Behauptung: die unterdrückte Sexualität unterdrücke zugleich die Wahrheit des Selbst. Ihr Versprechen: das professionell angeleitete Sprechen befreie nicht nur von sexueller Unterdrückung, sondern ebendies gewähre dem Selbst Einsicht in sich selbst. Nachdem man das unkeusche Begehren und den ›verirrten Geschlechtstrieb‹ in so vielen Weisen zum Sprechen gebracht hat; nach all den Dimensionen, in denen man es vermessen, kontrolliert, mit Bußen belegt und therapiert hat, führt das Konstrukt der ›unterdrückten Sexualität‹ nun eine neue Norm ein: Das (bürgerliche) Selbst kann und muß um seiner Gesundheit und Heilung willen (immer wieder) Aufklärung über sein Begehren verlangen und das heißt: immer wieder über es sprechen.

Was sich hier vollzieht, ist nichts weniger als eine epistemologische Wende *innerhalb* des Dispositivs der Sexualität: Das Begehren und die Wahrheit richten ein neues Verhältnis zueinander ein. Die verirrten Geschlechtstriebe des 18. Jahrhunderts sind ebenso wie die Perversionen des 19. Jahrhunderts noch das *Gegenüber* der Wahrheit. Weder die geschlechtliche Verirrung noch die Perversion lehren etwas über das normale Begehren; in ihrer ganzen Vielfältigkeit sind sie das vielfältige Gegenteil der Norm.

In dieser Struktur folgt das Dispositiv der Sexualität zunächst der Epistemologie der Sünde: die Sünde ist in vielfältig dimensionierter Weise das Gegenüber wahrer Keuschheit. Ebenso ist sie Anzeichen für ein (sündiges) Selbst, das nur durch Widerstehen gegenüber der Versuchung seiner entsagen kann. Dieser Epistemologie gibt das Dispositiv der Sexualität zunächst gleichsam nur ein neues Vorzeichen: Die Perversion ist das Gegenüber normalen Begehrens normaler Selbste.

Die sexuell fundierte Psychoneurose der letzten Jahrhundertwende hingegen wird nun die *Grundlage* der Wahrheit, auf die sich das bürgerliche Selbst, wenn es sich voll entfalten will, stützen muß. Alle Vorschriften, Verbote und Grenzziehungen zwischen legitimem und illegitimem Begehren, die die minutiösen Diskurse der Theologen und Mediziner zuvor verbreitet haben, sind jedoch nicht etwa hinfällig geworden. Sie spielen eine neue Rolle: sie sind nun ebensoviele Anreize, ihre verborgene Bedeutung für das Selbst zu erkunden und ebensoviele Dimensionen, entlang deren es zu tun ist. Doch anders als zuvor, spricht aus jeder Dimension eine verborgene Wahrheit über Sexualität und Selbst: der verirrte Geschlechtstrieb und die Perversion werden zu ihren *Indizien*. – Doch nicht nur sie.

In seinem Aufsatz *Clues: Morelli, Freud, and Sherlock Holmes* (1988b) macht Ginzburg auf zwei miteinander zusammenhängende Punkte aufmerksam, die als eine Implikation dieser epistemologischen Wende gelesen werden können. Erstens: Indem nun die unterdrückte Sexualität zum Hort der Wahrheit avanciert, erlangt *prinzipiell jedes Detail* den Rang eines Zeichens oder eines Symptoms, so unauffällig es auf den ersten Blick und so wenig einschlägig es dem Laien auch erscheinen mag. Mehr noch: Ebenso wie die Kunstkritik des Morelli und die Detektivkunst des Sherlock Holmes ist auch die Psychoanalyse daran »gewöhnt, aus gering geschätzten oder nicht beachteten Zügen ... Geheimes und Verborgenes zu *erraten*« (Freud nach Ginzburg 1988b, 85; Hervorhebung von mir, S.M.). Dies ist der zweite Punkt: Eben weil unauffällig und scheinbar unzusammenhängend, bedarf es *gelehrter Intuition*, um das entscheidende Detail mit verborgener Zeichenfunktion allererst zu entdecken. Die medizinische Semiotik oder Symptomatologie, die gegen Ende des 19. Jahrhunderts die Humanwissenschaften erfaßt, versteht sich gerade als »the discipline which permits diagnosis, though the disease cannot directly be observed, on the basis of superficial symptoms or signs, often irrelevant to the eye of the layman« (Ginzburg 1988b, 87).

Diese Kunst, deren Genealogie Ginzburg in seinem Aufsatz nachzeichnet, ergreift den Diskurs der Sexualität nun mit aller Wucht. Über alle diejenigen Dimensionen hinaus, hinsichtlich deren religiös oder medizinisch orientierte Bekenntnisse die Problematisierung des Begehrens bereits operationalisiert haben, tritt nun noch eine prinzipiell unendliche Menge von Äußerungen, Tics, Versprechern, Angewohnheiten ... hinzu, die dem geschulten Ohr des Analytikers, aber auch seinem geschulten Auge Hinweise auf die Wahrheit des Begehrens und das authentische Selbst geben, wenn nicht gar enthüllen können. Die psychoanalytische Symptomatologie überzieht den Patienten mit einem umfassenden Verdacht – ihre Diagnostik folgt dem »elastic rigor« (Ginzburg 1988b, 110), der dem zugrundeliegenden konjekturalen Paradigma eigen ist: ein nicht weiter zu bestimmendes implizites Wissen führt den Analytiker auf die Fährte des entscheidenden Zeichens.

Die Therapeutisierung des Sexuellen als eine Biomacht geht in eine nächste Phase. Die Perversion des 19. Jahrhunderts mußte noch ›abgelegt‹ werden. Körperlich drastische, ablenkende, überzeugend-belehrende und suggestiv-hypnotische Maßnahmen unterstützen ein therapeutisches Modell, das die *Entfernung* des anomalen und ungesunden Begehrens betreibt. Auch die psychoanalytischen Maßnahmen der Jahrhundertwende wollen schließlich perverse oder neurotische Störungen beseitigen; sie tun es jedoch *mit Hilfe* der Störung.

Während das Begehren innerhalb des christlichen Diskurses vor allem *Gegenstand der Regulation* war, wird es mit der epistemologischen Wende, die das Dispositv der Sexualität eingeleitet hat, zunehmend selbst zum *Regulativ*. Hier ereignet sich nun eine neuerliche Verschiebung des regulativen Gehalts. Seit etwa dem Beginn des 18. Jahrhunderts wird *mit dem Begehren* reguliert. Zunächst beschränkt sich die Regulierung noch auf die Integration des abweichenden Begehrens in die (Zwangs-)Technologien individueller und gesellschaftlicher Kontrolle; in einem zweiten Schritt, gegen Ende des 19. Jahrhunderts, werden diese Maßnahmen nicht nur elastischer, sondern bestehen vor allem darin, die Regulierung mit dem *gestörten* Begehren zu betreiben.

Donzelot beobachtet diese Verschiebung innerhalb des Dispositivs der Sexualität unter dem Aspekt der familiären und gesellschaftlichen Integration der Klienten – ein Effekt, der allen Bio-Macht-Technologien eignet, den jedoch die Psychoanalyse gegenüber anderen Bewältigungssystemen, so Donzelot, weitaus effizienter realisiert:

Während das Recht, die Medizin, die Psychiatrie und die Religion Zwangstechniken zur Bewältigung von Konfliktbeziehungen zwischen Individuen, Familien und Institutionen lieferten; während die Formeln, die man gegenüber den Nicht-Integrierten und Ausgeschlossenen anwandte, harte und zudem kostspielige Formeln waren, weil ihre direkte Zwangsausübung Widerstand hervorrief, bot die Psychoanalyse Regulierung an Stelle von Zwang, und zwar mittels der Rolle der Elternbilder in der Sozialisation. Damit vermochte sie die Frage nach der Verantwortlichkeit im Bereich des Imaginären abzuhandeln und gleichzeitig in ihrer Praxis und in Form praktischer Ratschläge die Möglichkeit nicht-erniedrigenden und konfliktlösenden Handelns zu eröffnen (Donzelot 1979, 14).[2]

Die epistemologische Wende innerhalb des Dispositivs der Sexualität ist jedoch nicht nur von einer effizenteren Weise sozialer Integration, sondern auch von einer politisch-strategischen Reorientierung des Bürgertums nicht zu trennen: Die Rede von der unterdrückten Sexualität und die Permanenz des Geständnisanreizes funktioniert nun als ein Hebel, dessen sich das Bürgertum in einer bestimmten sozio-historischen Konstellation bedient; sie hängt mit seinen erneuten Distinktionsbedürfnissen zusammen.

Das Bürgertum hatte Sexualitätsdispositiv schon einmal zu seiner sozialen Distinktion Gebrauch gemacht: gegen Ende des 18. Jahrhunderts wirft es die Qualität seines sexuellen Körpers gegen das

---

2 Diese Entwicklung berührt das Allianzsystem Familie ambivalent: Das Sexualitätsdispositiv hatte die affektive und physische Nähe zwischen Eltern und Kindern intensiviert, indem aber die psychoanalytische Technik das inzestuöse Begehren an den Tag bringt, werden Vater und Mutter zugleich zum Gegenstand obligatorischer Liebe und durch das Gesetz legitimer sexueller Beziehungen abgesetzt – in den unteren Klassen werden Inzestpraktiken strafrechtlich verfolgt (vgl. Foucault 1977, 156). – Doch auch auf diese Weise trägt die Psychoanalyse als reservierte therapeutische Praxis in einem mittlerweile verallgemeinerten Sexualitätsdispositiv zur gesellschaftlichen Differenzierung bei (s.u.).

Geblüt des Adels in die Waagschale (vgl. Kap. 11). Am Ende des 19. Jahrhunderts hat sich die Konstellation verschoben. Nun sind Männer, Frauen und Kinder aller gesellschaftlichen Gruppen mit einer ständigen Sorge ihrem Körper, ihrem Willen, ihrer Sittlichkeit, ihren Familien, ihren Nachkommen, der Gesellschaft gegenüber ausgestattet.[3] Ein reichhaltiges Repertoire medizinisch-therapeutischer Interventionen hat alle diese Individuen mit Sexualitäten bedacht, die alle ihre (vermutete oder vermeintliche) Abweichung vor den medizinischen-psychiatrischen Experten tragen. Der gesellschaftliche Distinktionsgewinn kann sich nun nicht mehr daraus ergeben, daß die bürgerliche Sexualität spricht – ebendas tun alle (gezwungenermaßen oder auch freiwillig). Nein, die bürgerliche Sexualität differenziert sich nun über die Intensität ihrer Unterdrückung. In Foucaultscher Formulierung setzt nun das Bürgertum seine erneute gesellschaftliche Differenzierung mit einer Doppelstrategie durch: Es trägt zwar die Bürde der besonders unterdrückten Sexualität, besitzt jedoch zugleich die Methode zur Aufhebung dieses Zustands. Das historische Auftreten der Psychoanalyse ist daher von einer strategischen Wende im bürgerlichen Gebrauch des Sexualitätsdispositivs nicht zu trennen.

Entschieden zu trennen ist die Psychoanalyse allerdings von allen Sozialdarwinismen: Von der Medizinisierung der Sexualität nimmt sie die Vorstellung eines sexuellen Instinkts oder eines Triebs auf, entflechtet ihn allerdings von allen Rassismen und Eugeniken: Freud steht »auf dem Standpunkt, daß die Neurose ihren Träger keineswegs zum ›dégénéré‹ stempelt« (Freud, 1905a, 21).

Was einerseits die politische Ehre der Psychoanalyse ausmacht, bedeutet andererseits jedoch nicht, daß die Konstruktion der Sexualität als Einschreibung in Körper und Psyche sich lockerte. Der degenerative Schaden und die moralische Schwäche *kommen hinzu*. Die Perversionen, wie Freud sie bei Krafft-Ebing ›ausgezeichnet‹ beschrieben findet, lesen sich nun allerdings als ›Ent-

---

3 In diesem Zusammenhang nimmt sich der vor allem von den Zeitgenossen entsetzt vermerkte ›Pansexualismus‹ Freuds besonders grotesk aus: Eine jahrhundertelange Bemühung um das Sprechen über und das Zuschreiben von Begehren in Hinsicht auf Beziehungen, Orte, Zeiten, Häufigkeiten … scheint ›vergessen‹; ebenso die Isolierung noch der subtilsten Anzeichen für die Anwesenheit sündhaften oder illegitimen Begehrens und eines Triebes.

wicklungshemmungen‹: die allmähliche Sublimierung des Sexualtriebes, d. h. seine Zurichtung auf den heterosexuellen, genitalen Verkehr und seine energetische Kanalisation auf gesellschaftlich höherwertige Ziele, gelingt nicht vollständig und retardiert auf einer früheren Stufe der psychosexuellen Entwicklung. »Die Psychoneurotiker sind sämtlich Personen mit verdrängt und unbewußt gewordenen Neigungen. Ihre unbewußten Phantasien weisen daher den nämlichen Inhalt auf wie die aktenmäßig festgestellten Handlungen der Perversen <bei Krafft-Ebing et al.>« (Freud 1905b, 210).[4]

Nicht länger Perversion-Entartung, sondern Perversion-Psychoneurose verweisen nun aufeinander: hier wie zuvor ist die Dürftigkeit der sexuellen Entwicklung der Grundstein für die Bedürftigkeit therapeutischer Intervention. Zur Konzeption der Psychoneurose tritt ein weiterer Faktor hinzu, der der ›Verdrängung‹. Freud sieht die Ursache der psychosexuellen Entwicklungshemmung in einem konflikthaften Ereignis in der frühen Kindheit, das dort nicht verarbeitet werden konnte: Die Perversion (Modellfall: Fetischismus) ist zugleich ein historisches Verhaftetsein und eine biologische Unangemessenheit, die jedoch psychische Spuren hinterläßt. Sie sind dem Subjekt nicht bewußt – in der Kunst, diese Spuren zu lesen, dient sich ihm die Psychoanalyse hilfreich an.

Die Genealogie therapeutisierter Sexualität kann mithin auch als ein Beitrag zu einer Archäologie der Psychoanalyse gelten, wie ihn Foucault in *Sexualität und Wissen* annonciert hat (Foucault 1977, 156). Die Psychoanalyse spielt auch im Dispositv der *therapeutisierten* Sexualität

gleichzeitig mehrere Rollen: Sie bindet die Sexualität an das Allianzsystem; sie bildet eine Gegenposition zur Theorie der Entartung; sie funktioniert als Differenzierungselement in der allgemeinen Technologie des

---

[4] Wenn sich nun das Begehren als ein psychosexuelles Phänomen entfaltet, wird damit zugleich, wenn nicht eine Ablösung, so doch zumindest eine Abzweigung disziplinärer Zuständigkeiten eröffnet: »While Krafft-Ebing has brought the sexual disorders into the orbit of medical science, Freud sexualized the medical sciences themselves, by ascribing first the neuroses, then the psychoses and lastly, in psychosomatic medicine, the entirety of pathology to disorders of the libido and its development« (Hoenig 1977, 14).

Sexes. In ihr nimmt der seit langem etablierte Geständnisdruck einen neuen Sinn an: Druck zur Aufhebung der Verdrängung (Foucault 1977, 156f.).

Die Technologie zur Aufhebung der Verdrängung

Der Ort des analytischen Interesses und der therapeutischen Intervention ist nun: die Psyche. »Freud wollte die Geheimnisse der menschlichen Seele, die zu entziffern bis dahin den Dichtern und den Theologen vorbehalten war, der wissenschaftlichen Vernunft zugänglich machen« (Hutton 1993, 145). Die Psyche ist für Freud eine eigenständige Realität, deren Funktionsweise objektiv verstanden werden kann (vgl. z. B. Freud 1933, 146 – 169). Die Verwissenschaftlichung der Seele geschieht im wesentlichen auf zwei Wegen: der eine Weg führt über Anleihen, die Freud bei der Biologie macht (so etwa entwickelt er ein psychobiologisches Entwicklungsmodell menschlicher Sexualität; vgl. Sulloway 1979); der andere führt über die Rationalisierung des Ortes, an dem die Psychoanalyse das unterdrückte Begehren aufsucht: des Unbewußten. Diese Rationalisierung nimmt den Weg der ›Demaskierung‹, eine Neigung, die, wie auch Ellenberger feststellt, in Europa nicht neu ist: ihre Anfänge sieht er bei den französischen Moralisten des 17. Jahrhunderts, ihre Fortführung bei Schopenhauer, Marx, Ibsen und Nietzsche (vgl. Ellenberger 1973; vgl. aber auch Whyte 1960) – mit Blick auf die vorangegangene Genealogie würde man sicher noch weitere Herkünfte identifizieren wollen. Diese ›Neigung‹ wird nun Gegenstand einer Analyse nach neuem System, das für sich Objektivität und Wissenschaftlichkeit reklamiert;[5] und ebendieser *Anspruch auf Wissenschaftlichkeit* ist

---

[5] Nicht zuletzt Foucault hat der Psychoanalyse gegenüber unterschiedliche Standpunkte eingenommen: Während er ihr in der *Ordnung der Dinge* (Foucault 1971, 447-456) noch den Status einer Gegenwissenschaft eingeräumt hat, die das von den Humanwissenschaften systematisch ausgeblendete ›Andere der Vernunft‹ wieder einzuholen geeignet schien, ist er seit *Sexualität und Wahrheit* (Foucault 1977) der Ansicht, daß auch die Psychoanalyse nur eine weitere Vernünftigkeit konstituiert – allerdings hat auch er ihr eine folgenreiche Vernünftigkeit zugestanden und befindet sich damit in der Gesellschaft vieler, die angesichts der gesellschaftlichen Durchdringung mit Freudianischen Konzepten

hier von Bedeutung: um die Jahrhundertwende hätte die Psychoanalyse ohne diesen Anspruch – zumal angesichts ihrer Themen, die das Tabu systematisch verletzen – keine Aussicht auf Akzeptanz. Die gewollte Wissenschaftlichkeit wird jedoch nicht nur zum Garanten für Seriosität und Professionalität, wie Erdheim dies noch für die einschlägigen Diskurse des 19. Jahrhunderts konstatiert (vgl. Kap. 12, Anm. 12); die Psychoanalyse verteidigt darüber hinaus die Sexualität als den Hort der Wahrheit, die die neurotische oder perverse Symptomatik ebenso systematisch verhüllt wie sie mit wissenschaftlich (psychoanalytisch) informierter Therapeutik enthüllt werden muß. Die Psychoanalyse tritt für diese Überzeugung mit Theorie (Strukturmodell der Psyche) und Therapie ein[6]:

(1) *Die Theorie:* Freud entwirft das Modell einer dreigliedrigen Psyche, in der das Selbst (Ich) einerseits mit dem Verlangen unbewußter Triebe (Es) nach freiem Ausdruck kämpft und andererseits mit den Ansprüchen des Gewissens (Über-Ich), in dem sich die gesellschaftlichen Konventionen geltend machen, die auf der Unterdrückung ungehemmten Triebausdrucks bestehen. Das Ich vermag in dem Maße seine Identität zu bewahren, in dem es die konfligierenden Ansprüche zu balancieren versteht: teils den Ansprüchen des Es nachgibt, teils den Forderungen des Über-Ich nachkommt. Diese Fähigkeit zum Balancieren wird jedoch nicht nur durch die gesellschaftlichen Bedingungen der Moderne auf eine Probe gestellt (s.o.); grundsätzlich ist die Entwicklung eines Jeden in erheblichem Umfang durch Konflikterfahrungen aus früher Kindheit bestimmt, die dort nicht verarbeitet werden können und deshalb ›verdrängt‹ werden, doch weiterhin das Selbst beeinflussen. Diese Einflüsse machen sich in der Regel negativ als Einschränkungen in der Handlungsfreiheit bemerkbar: Sexuelle Störungen sind ein Ausdruck solcher Einschränkungen.

und therapeutischem Allgemeinwissens gar vom 20. Jahrhundert als einem »post-Freudian age« (Gillian Behr 1983) sprechen. Auch die vorliegende Genealogie ist als ein Beitrag zu dem Projekt zu verstehen, das Foucault als ›Archäologie der Psychoanalyse‹ bezeichnet hat: ihre Analyse des Begehrens im Inneren psychischer Funktionen reiht sich hier in die lange Kette abendländischer Techniken der Selbstbearbeitungen ein.

6 »It was not just a theory *about* human nature, it offered an ostensibly ›modern‹ and ›scientific‹ procedure for self-exploration« (Richards 1996).

»Wenn wir die Macht des Sexualtriebs erkennen, alles menschliche Verhalten zu motivieren, das nicht bewußt als sexuelles wahrgenommen wird, dann erfahren wir eine befreiende Wahrheit über uns selbst, die zuvor verborgen war« (Hutton 1993, 159). Es ist mithin nicht nur von individueller, sondern auch von gesellschaftlicher Relevanz, diese sexuelle Energie zu befreien und (auch) den therapeutisierenden Weg zu gehen, um die Wahrheit des Selbst zu enthüllen. Das Konzept legt es indessen bereits nahe: Man mag und soll versuchen, den prägenden Erfahrungen der Vergangenheit durch (professionell angeleitetes und therapeutisch genutztes) Erinnern auf die Spur zu kommen und so die Handlungsspielräume zu vergrößern; gleichwohl werden die Anforderungen von Es und Über-Ich immer konfligieren. Das Freudsche Modell des Selbst ist daher komparativ angelegt: Es kann niemals gut, aber doch besser als vor der Therapie mit den konfligierenden Ansprüchen zurechtkommen.

Das Problem besteht darin, daß es der Psyche niemals möglich ist, den Konflikt zwischen den Triebanforderungen des Es und den Verboten des Überich vollkommen zu lösen. Deshalb darf der Mensch nicht hoffen, dauerhaftes Glück zu finden. Unglück läßt sich allenfalls lindern, denn die menschliche Natur ist durch Brüche geprägt, die nicht zu tilgen sind (Hutton 1993, 146).

Im gleichen Zuge entlarvt die Psychoanalyse das Walten sexueller Triebe im Inneren der menschlichen Natur und gibt auch sogleich die nur begrenzte Lösbarkeit ihrer Konflikte mit den Forderungen der Kultur an: das psychotherapeutisierte Selbst weiß, daß sein Begehren bei allen ständiger Aufmerksamkeit bedarf. Mit Freud konstatiert man, »daß wir *alle* krank sind ...« (Freud 1933, 350) – die Neurose, d. h. der symbolische, oft durch Schmerz und Funktionsstörungen begleitete, Ausdruck der verdrängten Triebe gehört zur Natur des Bewußtseins. Nicht immer sind Schmerz und Störung von der Art, daß klinische Behandlung nötig wird, doch die Generalisierung der Aufmerksamkeit ist psychoanalytisch festgeschrieben. Diese Aufmerksamkeit drückt sich zum einen, wie auch die Psychagogik propagiert, in einer sexuellen Diätetik aus, die die Forderungen des Begehrens und der Kultur gleichermaßen zu berücksichtigen versteht. Zum anderen aber drückt sie sich in einer beobachtenden Haltung dem eigenen Begehren gegenüber aus und versucht, auch die minderen Zeichen abweichenden Verlangens zu erkennen und gegebenenfalls durch den Experten lesen zu lassen.

(2) *Die Therapie*: Es geht darum, die die Lebensgeschichte prägenden Erfahrungen wieder bewußt zu machen und zuweilen schmerzvolle Erfahrungen einem Ort zu entreißen, den man alleine nicht zu betreten vermag: dem Unbewußten. Oder, wie es Trilling unter dem Aspekt der (mangelnden) ›Authentizität‹ rekapituliert:

> Die Psychoanalyse spricht vom Schmerz oder der neurotischen Störung als einer ›Ersatzbefriedigung‹ – was könnte unwahrhaftiger sein als eine Triebregung, die dadurch Zugang zum Bewußtsein erhält, daß sie sich als ihr Gegenteil maskiert? Die Neurose ist eine Tartufferie, die ein Teil der Seele gegenüber dem anderen vollführt. Sie muß durch eine minutiöse Untersuchung ihrer Täuschungsmanöver behandelt werden, bis man ihr endlich die Maske herunterreißen kann (Trilling 1982, 135).

Die Psychoanalyse gibt dazu Techniken an die Hand, die den Patienten mit der Hilfe seines Analytikers in die Lage versetzen, alle unerfüllten Wünsche oder verdrängten Krisen dem Unbewußten zu entreißen, die das Handeln steuern: die freie Assoziation von Gedanken, das Erzählen von Träumen, die Analyse von Witzen und sprachlichen Fehlleistungen – all dies dient der Kunst des Erinnerns. Dabei werden Erinnerungen des Patienten jedoch nicht nur hervorgeholt, sondern *gelesen*. Die Verdrängung ungelöster Konflikte bedeutet nämlich nicht nur die *Verlagerung* an den unbekannten, geheimen Ort: das Unbewußte. Es bedeutet auch eine *Chiffrierung*: was sich daher – oft zögernd – dem Bewußtsein enthüllt, sind in der Regel zunächst selbst noch zu deutende Erlebnisse oder Bilder. Nur der Analytiker, der Andere und Herr des Deutungsprozesses, kann wahre von Scheinerinnerungen unterscheiden, den Patienten mit Deckerinnerungen konfrontieren, eigentliches und uneigentliches Selbst auseinanderhalten.[7]

---

7 Patrick Hutton bezeichnet daher die Psychoanalyse auch als »reverse mnemonics«: »Screen memories are defenses employed by the unconscious mind to ward off recollection of intense, painful, or traumatic experiences, especially those of childhood ... the unconscious mind is the guardian of memory. ... As an art of memory, therefore, Freud's psychoanalysis is a technique for deciphering the psychic intent encoded in screen memories« (Hutton 1987, 388). Deckerinnerungen sind

Im Rahmen einer Genealogie sexueller Selbste sind vor allem drei Modifikationen wichtig, die die Psychoanalyse zum therapeutisierenden Diskurs beigesteuert hat. *Erstens* setzt sie gegen das Problem der wirksam verdrängten Erinnerungen die korrekt ausgeführte Therapie; deren Konstruktionen erzeugen ein möglicherweise fiktives, doch authentisches Selbst (a). *Zweitens* hat sie die Therapie zum Königsweg zur Heilung sexuell fundierter Psychoneurosen erklärt und damit Therapie zum privilegierten Ort erkoren, an dem die Wahrheit des begehrenden Selbst zutage tritt (b). *Drittens* wird umgekehrt das Sexuelle zum privilegierten Gegenstand und Movens der Therapie: die Libido als bevorzugtes Objekt der Verdrängung ins Unbewußte verlangt besondere Techniken, die dem Selbst seine Sexualität allererst wieder zugänglich machen (c).

(a) Die von Freud theoretisch beschriebene Arbeit der Verdrängung verrichtet zuweilen ihre Arbeit so gut, daß auch mit aller therapeutischen Raffinesse bestimmte Kindheitsszenen sich nicht mehr reproduzieren lassen. Freud konzediert bereits 1899 in seinen Schriften zur Neurosenlehre (1899), daß »die ältesten Kindheitserlebnisse nicht mehr als solche zu haben sind« (Freud 1900, 190 und 1918, 80) und man statt dessen auf Konstruktionen des Patienten zurückgreifen muß, die der Analytiker entweder ›aus einer Summe von Andeutungen errät‹ oder durch Träume des Patienten ersetzt bzw. ergänzt. Der Fall des ›Wolfsmanns‹, zeigt modellhaft die ›Nachträglichkeit‹ der Erinnerungsarbeit, die nicht nur das *relevante Ereignis*, sondern auch dessen *pathogene Wirkung* betrifft. Es geht um die sexuelle Übermächtigung der Mutter durch den Vater:

Das Kind empfängt mit eineinhalb Jahren einen Eindruck, auf den es nicht genügend reagieren kann, versteht ihn erst, wird von ihm ergriffen bei der Wiederbelebung des Eindrucks mit vier Jahren, und kann erst zwei Dezennien später in der Analyse mit bewußter Denktätigkeit erfassen, was damals in ihm vorgegangen. Der Analysierte setzt sich dann mit Recht

für die Psychoanalyse eine Fährte zum Unbewußten; der in ihnen zum Ausdruck kommende Chiffriercode gibt einen Hinweis auf die analytische Entschlüsselung des unbewußten Inhalts. Freud ist überzeugt, daß das Unbewußte nichts vergißt: was dem Bewußtsein nicht zugänglich ist, ist verdrängt und nicht vergessen. »The analyst's task is to recall these memories from the limbo of repression where they await recollection« (Hutton 1987, 387).

über drei Zeitphasen hinweg und setzt sein gegenwärtiges Ich in die längst vergangene Situation ein (Freud 1918, 72).

Die ständigen Umschriften, die die Trieborganisation durch immer neue Erfahrungen des Patienten erhält, haben eine entscheidende Konsequenz: »... der unbewußte Text ist nur eine Spur auf dem Weg zum *fiktiven Original*« (Pohlen, Bautz-Holzherr 1995, 246; Hervorhebung von mir, S.M.).[8] Was Pohlen und Bautz-Holzherr nun als Grashalm identifizieren, an den Freud sich angesichts einer sich prinzipiell entziehenden ›wirklichen‹ Vergangenheit klammert, erhebt Freud selbst jedoch zum Garanten dafür, daß dennoch ›Wahrheit‹ ans Licht kommt: die korrekte Ausführung der Therapeutik. Freud geht analogisierend von der Erscheinung des Wahnsinns aus: auch dieser habe nicht nur Methode, sondern enthalte immer auch ein Stück historischer Wahrheit. Die therapeutische Arbeit bestehe darin, »das Stück historischer Wahrheit von seinen Entstellungen und Anlehnungen an die reale Gegenwart zu befreien und es zurechtzurücken an die Stelle der Vergangenheit, der es zugehört« (Freud, 1933, 55). Zwar gelinge es oft genug nicht, den Patienten zur Erinnerung des Verdrängten zu bringen. »Anstatt dessen erreicht man bei ihm durch korrekte Ausführung der Analyse eine sichere Überzeugung von der Wahrheit der Konstruktion, die therapeutisch dasselbe leistet wie eine wiedergewonnene Erinnerung« (Freud, GW XVI, 53). Das als authentisch empfundene Selbst ist ein Resultat korrekter Therapeutisierung.

8 Statt dessen aber solle es doch, so Pohlen und Bautz-Holzherr, bei der nachträglichen Erzeugung von Vergangenheit für das Subjekt darum gehen, »im Strom des faktischen Geschehens einen historischen Sinn für sich zu erzeugen« (Pohlen, Bautz-Holzherr 1995, 249). Eine Therapie, die nicht das *empirisch vergangene*, sondern nur ein *fiktional vergangenes Selbst* erzeugt, halten sie für einen Reflex der Omnipotenzideologie der Psychoanalyse, die in oberflächlicher und nicht zu legitimierender Weise der Selbstkultivierung und Selbstbeschaffung dient. »Was bei Freud und der ersten Generation von Analytikern noch als kreativer Fiktionalismus gelten kann, läuft heute in Klischees stereotyper Fallgeschichten aus und dient der Selbstdarstellung der Psychoanalyse wie der Selbstrepräsentation der Patienten (Pohlen, Bautz-Holzherr 1995, 258). – Auf das Phänomen des therapeutischen Fiktionalismus, den Pohlen und Bautz-Holzherr hier entlang der Pole kreativ und stereotyp problematisieren, komme ich in Kap. 15 zurück.

Die Genealogie therapeutisierter Sexualität entfaltet hier ihren entschiedensten Ausdruck hinsichtlich des Verhältnisses von Therapeutik und Selbst: Therapeutik konstituiert das authentische Selbst.

(b) Die psychoanalytische Praxis zeigt charakteristischerweise eine allmähliche Abkehr von der Hypnose. Freud, der sich zunächst gegen die offizielle Wiener Medizin zur Hypnose bekennt, rückt doch schließlich aus theoretischen und therapietechnischen Gründen von dieser Technik ab.[9] Vor allem will Freud – gegen die Auffassung der Suggestionstheorie – Symptome (z. B. sexuelle Anomalien) nicht als »falsche Vorstellung« hinnehmen, sondern die persönliche Motivation zu dieser pathogenen Vorstellung dechiffrieren. Aufgabe der psychoanalytischen Technik sei es gerade, »Herkunft, Kraft und Bedeutung der Krankheitssymptome« (Freud 1905a, 15) herauszufinden. Er räumt allerdings ein, daß für ein so motiviertes Ausfragen der Patienten, insbesondere in Angelegenheiten schamvoller Geständnisse, Hypnose und Wachsuggestion durchaus Initialwirkung haben können:

Noch wirksamer ist es, wenn man nach einer Methode, die Joseph Breuer in Wien zuerst geübt hat, den Kranken in der Hypnose auf die psychische Vorgeschichte des Leidens zurückführt, ihn zum Bekennen nötigt, bei welchem psychischen Anlaß die entsprechende Störung entstanden ist (Freud 1908b, 92).

Darüber hinaus aber stellt er die Wirkung hypnotisch-suggestiver Verfahren radikal in Frage. Insbesondere bezweifelt er, daß sich eine ›nur‹ suggerierte Vorstellung mit der psychischen Instanz ihrer Ausführung (dem ›Willen‹ in der Sprache der Suggestionstheorie) dauerhaft verbinden ließe. Im ›Entwurf einer Psychologie‹ ergänzt er diesen Gedanken durch die Hypothese, daß »wirkliche Affektbindungen nur in Form von energetisch ungehemmten, sogenannten Primärvorgängen möglich sind« (Schröder 1995, 105).

Die von der Psychoanalyse installierte Sphäre des Unbewußten als des konstitutiven Elements der Sexualität erfordert mithin eine andere Form der Enthüllung. Die psychoanalytische Technik benutzt keine Verfahren mehr, die das Bewußtsein und den Willen

---

9 Über die Stationen dieser Abkehr gibt die »Zeitschrift für Hypnotismus« Auskunft, deren Mitherausgeber er von 1892/93 bis 1895 ist (vgl. Schröder 1995, 103).

des Subjekts ausschalten. Das Erlebnis der befreienden Rede sichern vielmehr nur solche Verfahren, die dem Bewußtsein der Subjekte die bislang entzogene Wahrheit ihres Begehrens wiedergeben. Dies ist »nur dann möglich, wenn der Kranke einen psychischen Normalzustand hat, von dem aus sich das pathologische Material bewältigen läßt« (Freud 1905a, 33). Freud ist überzeugt, daß in diesem Falle die Therapie nicht nur kathartische Wirkung, sondern auch analytische Funktion erziele, ja, daß »nur sie <die Therapie> allein etwas über Entstehung und den Zusammenhang der Krankheitserscheinung lehrt« (Freud 1905b, 112). In der *scientia sexualis* des 19. Jahrhunderts hatte ›Therapie‹ eher den Status eines heilungsbezogenen Anhangs zum Vademecum der Perversionen eingenommen: nicht die Therapie, sondern die Gesetze der Moral und die klinische Abweichung davon lehrten etwas über die anomale Vita sexualis. Mit der Psychoanalyse wird die Therapie (im psychischen Normalzustand) selbst zum Königsweg für Analyse und Heilung der sexuell fundierten Psychoneurosen.

Die Genealogie therapeutisierter Sexualität entfaltet hier ihren entschiedensten Ausdruck hinsichtlich des Verhältnisses von Therapeutik und begehrendem Selbst: Therapie konstituiert Sexualität.

(c) Nicht zuletzt schreckt Freud vor einem Umstand zurück, den sein Gegner in einer polemischen Debatte um Wert und Unwert der Hypnose, der Psychiater und Hirnforscher Th. Meynert, immer wieder hervorgehoben hatte: Diese Technik sei den selbsterstellten Statistiken zufolge nicht nur wenig erfolgreich in Fällen anomaler Sexualität; sie forciere darüber hinaus eine erotische Beziehung zwischen denjenigen Partnern, die zur Heilung dieser Anomalie zusammenkämen. Auch ist die Wirkung der Hypnose, ja, das Eintreten des hypnotischen Zustands selbst, umstritten. Neben Vorwürfen der Scharlatanerie wird von vielen Ärzten die schiere Existenz eines suggestiblen Zustands bezweifelt. Ellenberger führt in diesem Zusammenhang beispielsweise den französischen Arzt Bonjour und den österreichischen Mediziner Moritz Benedikt an, die den Patienten unterstellen, einen hypnotischen Zustand nur vorzutäuschen, um über ansonsten tabuisierte Themen sprechen zu können (vgl. Ellenberger 1966, 36).[10]

---

10 Dieser Einwand unterstützt allerdings das Argument eines zusätzlichen Redeanreizes durch Hypnose. In diesem Falle nämlich machen

Freud indessen beschreibt nicht den Weg, therapeutische Techniken zu entwickeln, die eine solche Sexualisierung von Situationen intimer Geständnisse vermeidet; im Gegenteil: Er theoretisiert den Umstand in einer Weise, daß diese Sexualisierung unvermeidlicher Bestandteil jeder therapeutischen (Bekenntnis-)Situation sei und baut sie im Konzept der Übertragung(sliebe) und der Gegenübertragung[11] in sein therapeutisches Instrumentarium ein. Bedingung sei allerdings, daß sich der Klient an den Psychoanalytiker als Vermittler und die Psychoanalyse als Technik halte – auch auf die Gefahr hin, sich von beiden nicht lösen zu können.
Die Genealogie therapeutisierter Sexualität entfaltet hier ihren entschiedensten Ausdruck hinsichtlich des Verhältnisses von Sexualität und Therapie: Sexualität konstituiert Therapie.

Die umfassende Rationalisierung des Libidinösen

Sexualität, Therapeutik und Selbst verweisen im psychoanalytischen Konzept unmittelbar konstitutiv aufeinander; alle Verweisungen sind unmittelbar sinnproduzierend. In dem psychoanalytischen Projekt der umfassenden Rationalisierung alles Psychischen kommt der Traumdeutung, also derjenigen Technik, der im 20. Jahrhundert alle wissenschaftliche Bedeutung abhanden gekommen zu sein schien, eine prototypische Stellung zu.
Theodor Gomperz hatte Freud auf das Traumbuch des Artimedor hingewiesen, das ihn mit einer vollkommenen Theorie über den Traum konfrontiert: Die Lesbarkeit des Traumes beruht bei Arti-

---

sich die Patienten gleichsam eine doppelte Geheimnisschranke zunutze: die des abgeschiedenen Ortes und die des von Konventionen entlasteten Wortes.

11 Den Begriff der Gegenübertragung führt Freud ein, nachdem er von Jungs intimer Beziehung zu seiner Patientin Sabine Spielrein gehört hatte. Er ist für Johannes Cremerius ein weiteres Indiz für die Freudsche Genialität, technische Schwierigkeiten der therapeutischen Situation in Instrumente der therapeutischen Technik zu verwandeln. Gleichwohl muß Freud die Komplexität des Konzepts, vor allem aber dessen Ungeschütztheit vor Mißbrauch von seiten der Therapeuten gefürchtet haben. Nach dreimaliger Nennung der ›Gegenübertragung‹ taucht der Begriff nach 1915 in seinen Schriften nicht mehr auf (vgl. Cremerius 1988, 172).

medor auf der »Zuordnung fester Inhalte zu einem atomistischen Katalog von ›Zeichen‹. Der Deuter schlägt nach, wie in einem Wörterbuch einer fremden Sprache, unter dem Stichwort, das ihm vom Traum geliefert wird, und findet die von altersher gültige und bewährte, nur einzusetzende Bedeutung des zumeist zukünftigen Ereignisses« (Blumenberg 1986, 353).[12]

Freud teilt die Bedeutungsimplikation, trennt indessen Inhalt und Funktion des Traumes: in gänzlich ›unlibidinösen‹ Bildern mag sich beispielsweise dennoch libidinöser Inhalt artikulieren, und zwar in der Funktion einer imaginären ›Wunscherfüllung‹. (Präziser: Erst die theoretisch geleitete Vermutung, daß Träume der Wunscherfüllung dienen, ermöglicht auch dort, wo die Bilder anderes zeigen, Libidinöses zu deuten.) Außerdem fragt Freud traumdeutend nicht nach der Zukunft, sondern nach der Vergangenheit des Träumers. Schließlich nimmt er die Erzählstruktur des Traumes ernst und verlangt seine ›immanente Interpretation‹: Die psychoanalytische Traumdeutung »bewegt sich linear auf der Ebene der Trauminhalte ... die Metaphorik der Lesbarkeit ist in dieser Verfahrensdifferenz des linearen Nachvollzugs begründet« (Blumenberg 1986, 353). – Alle Ver-schiebungen und Ent-stellungen, scheinen sie auch noch so lächerlich, werden zu Hinweisen, die die Traumarbeit in der Sequenz ihres Erscheinens aufgreifen und deuten muß. Das hermeneutische Programm: die manifeste Erzählung in die latente zu überführen.

Blumenberg ist dennoch überzeugt, daß das therapeutische Interesse allein die psychoanalytische Rehabilitierung der Traumdeutung zu Beginn des 20. Jahrhunderts nicht trage. Sie sei vielmehr im ›Rechtsanspruch der Vernunft auf reine Theorie‹ begründet:

Das Ärgernis der Sinnlosigkeit, die am manifesten Trauminhalt auftritt, ist unerträglich genug, um jede Anstrengung der Sinnfindung zu rechtfertigen. Zum Vergleich erinnere ich daran, daß genau gleichzeitig die Phänomenologie Husserls entstanden ist, um gegen den Psychologismus das Ärgernis der Assoziation als einer mechanischen Kopplung von Vorstel-

---

12 Das gilt auch für die Deutung von Träumen mit sexuellem Inhalt: dort, wo Artimedor solche Träume auslegt, wird nicht der Akt selbst zum Problem (falls er dem Modell der Penetration und der Hierarchisierung der Partner folgt), sondern er spiegelt Bild für Bild das soziale Leben und die Machtrelationen wider, in denen der Träumende sich zukünftig behaupten muß (vgl. Foucault 1986c, 10ff.).

lungen[13] aus der Welt zu schaffen und durch einsichtige Sinnbildungen zu ersetzen. Insofern ist die ›Traumdeutung‹ zuerst und vor allem im Rechtsanspruch der Vernunft auf reine Theorie begründet. Nicht erst der Patient hat Anspruch darauf zu erfahren, was in seiner Geschichte sein Leiden geschaffen hat, sondern jeder darf von der Theorie eines so elementaren und allgemeinen Phänomens der Psyche erwarten, daß sie ihm verständlich macht, was ihm sonst in peinigender Befremdlichkeit widerfährt (Blumenberg 1986, 358).

Als Bestandteil psychoanalytischer Techniken wird nun auch dasjenige, das sich allem Sinn, ja, aller wissenschaftlichen Analyse zu entziehen scheint, in die systematische Produktion von Sinn einbezogen. Der hermeneutische Imperativ: nichts ist sinnlos.

Therapeutisierung und Tristesse

Das diskursive Arrangement, das das Begehren nun im ›Unbewußten‹ verankert, macht explizit, was alle übrigen Diskurse zuvor implizit ließen: das Prinzip der Approximation wird Programm. Von der Sünde konnte man beichtend und büßend Entlastung finden; die Perversion galt es therapeutisch zu umstellen, aber schließlich auch zu stellen. Die Psychoanalyse hingegen konstatiert nun eine niemals endgültig zu bändigende Gefahr psychoneurotischer Störung. Die zumindest approximative Heilung des sündigen oder abweichenden Begehrens wird radikal in Frage gestellt. Die asketische Sorge, die noch die kleinste Falte des Herzens bewacht, mag der Intensität nach vergleichbar sein, doch in einem transzendenten Szenario kann der Mönch noch den Glauben auf Gnade und jenseitige Erfüllung haben. Die gleiche Hoffnung ist dem mittelalterlichen Sünder beschieden; Reformation und Gegenreformation und nahezu alle religiösen Bewegungen der Neuzeit rücken allerdings bereits zunehmend von dieser Hoffnung ab: Rhythmus und Intensität der Selbsterforschung nehmen seither (zumindest der Forderung nach) rapide zu. Die Psychoanalyse spitzt diese Entwicklung weiter zu: Der Klient der Psychoanalyse ist nun vollends auf ein diesseitiges Drama verwiesen, das seine Triebe und die gesellschaftlichen Forderungen an seine Triebe mit ihm aufführen. Dieses Drama mag therapeutisch

---

13 Vgl. im vorliegenden Zusammenhang auch die Assoziationstherapie Albert Molls (Kap. 14, S. 434 f.).

der bewußten Einsicht zugänglich gemacht werden. Die Einsicht des Klienten bezieht sich jedoch auf einen strukturellen Konflikt und das heißt auf die Einsicht in seine Therapeutisierung: psychoanalytische Langzeittherapie oder zumindest eine permanente psychoanalysierende Haltung sich selbst gegenüber sind Antworten auf die gleichzeitige Verdiesseitigung und Verstetigung des Konflikts.

Die Düsternis der Freudschen Lehre beschäftigt auch Trilling. Er identifiziert sie als einen Effekt, der sich gewissermaßen aus der Transzendentalisierung des Diesseitigen ergibt:

Indem Freud darauf besteht, daß das menschliche Leben aufgrund seiner Bestimmtheit durch die Natur des Bewußtseins keine wesentliche Linderung zuläßt, will er die Authentizität des menschlichen Daseins, die früher von Gott verbürgt wurde, bewahren. Es geht ihm darum, alle Dinge davor zu bewahren, daß sie ihr ›Schwergewicht‹ verlieren (Trilling 1982, 145).

Gerade diese Tragik soll bewahren, was Trilling den »authentisierenden Imperativ« nennt (Trilling 1982, 146): Dem Schicksal stellt sich nur der, der ihm in allen Einzelheiten Bedeutung, und zwar Bedeutung für sich, zuweist.
Die Genealogie therapeutisierter Sexualität entfaltet hier ihren entschiedensten Ausdruck hinsichtlich des Verhältnisses von therapeutisierter Sexualität und Selbst: therapeutisierte Sexualität konstituiert das authentische Selbst.

Die Psychoanalyse, die aus einer Genealogie therapeutisierter Sexualität hervortritt, ist nicht die endlich gefundene Methode, die Wahrheit des Begehrens zu finden und so das Selbst zu befreien: Dies ist gleichsam nur die Cover-Story der Psychoanalyse selbst. Die Genealogie entdeckt demgegenüber eine Praxis, die »die von den vergangenen Gesellschaften der westlichen Zivilisation abgelegten Verfahren der Selbsterkundung zu einer einheitlichen Theorie im Sinne eines medizinischen Diskurses zusammen<faßt>« (Hutton 1993, 157). Ebenso wie die vorangegangenen Praktiken läßt auch diese sich als eine helfendheilende beschreiben, die sich – anders als die vorangegangenen Praktiken – *erstens* in ein neues Vokabular hüllt (medizinisch/psychotherapeutisch statt ethisch oder religiös) und *zweitens* nicht als ›Sorge um sich‹ versteht, sondern als eine Technik, die Wahrheit über das Selbst zu ergründen. Sexualität, Selbst und

Therapeutik sind nun zu dem gordischen Knoten verknüpft, den die Sexualwissenschaft des 20. Jahrhunderts und die durch sie informierten verhaltens- und kommunikationstherapeutischen Therapien, aber auch ihre humanistisch und esoterisch inspirierten Varianten weiter schlingen. Die Norm therapeutischer Intervention mag erneut wechseln – Titel wie »From Reproduction to Recreation« (Gordon 1979) sind hier einschlägig – doch der Imperativ, mit Hilfe therapeutisierender Techniken seine Sexualität zu befreien und so sein wahres Selbst zu enthüllen, bleibt. Am vorläufigen Ende einer Genealogie der Therapeutisierung sexueller Selbste ist kein Ende der Therapeutisierung sexueller Selbste in Sicht.

Ecriture de soi III

Autobiographie –
Die Therapeutisierung des Alles-Sagens

Reine Autobiographien werden geschrieben: entweder von Nervenkranken, die immer an ihr Ich gebannt sind, wohin Rousseau mitgehört; oder von einer derben künstlerischen oder abenteuerlichen Eigenliebe, wie die des Benvenuto Cellini; oder von gebornen Geschichtsschreibern, die sich selbst nur Stoff historischer Kunst sind; oder von Frauen, die auch mit der Nachwelt kokettieren; oder von sorglichen Gemütern, die vor ihrem Tode noch das kleinste Stäubchen in Ordnung bringen möchten, und sich selbst nicht ohne Erläuterungen aus der Welt gehen lassen können. Eine große Klasse unter den Autobiographen machen die Autopseusten aus (Schlegel 1798).

Die Autobiographie hat sich zu Beginn des 19. Jahrhunderts nicht nur als literarische Gattung durchgesetzt; mehr noch: Sie ruft unter den Zeitgenossen bereits Kritik hervor. Man bemäkelt vor allem das teils kleinkrämerische, teils prätentiöse Interesse des Bürgers für sein Innenleben.[14]

In der Tat: Die Autobiographie ist bürgerlichen Ursprungs. Durch punktuell vergewissernde Reflexion und den Rückblick als Lebensbericht und Rechenschaft schließt das Individuum die Entwicklung und gegenwärtige Erscheinungsform seiner selbst auf. »Das Individuum des bürgerlichen Zeitalters, das sich zugleich an der äußeren Umwelt und an seinem Inneren orientiert, entfaltet,

14 Das Lexikon der Literaturkritik vermerkt: »Der Begriff Autobiographie stammt aus der Moderne. Er taucht in Deutschland und in England um 1800 auf und wurde in Frankreich um 1830 ins Vokabular der Literaturkritik aufgenommen« (Larousse de la Littérature nach Erdmann 1990, 263). Autobiographie als eine Form der Selbstschreibung, die sich im Übergang zur Moderne herausbildet: dies ist Gegenstand dieser dritten und letzten *écriture de soi*.
Auch der ›Siegeszug der Autobiographie‹ zeigt keinen geradlinigen Verlauf – und dies ist gerade ihrem Spezifikum geschuldet, dem selbstanalytischen Blick. Günter Oesterle verweist dazu auf Herder, der zunächst die Autobiographie emphatisch verteidigt, dann aber, »erschreckt von den Folgen seiner exzessiv geforderten autobiographischen Selbstanalyse, diese immanent durch den distanzierenden biographischen Blick zu korrigieren beginnt« (Oesterle 1982, 49).

in der Reflexion auf sich und seine Lage, sein Wollen, sein Handeln das, was seine Subjektivität genannt werden kann« (Wuthenow 1984, 42). Was aber rechtfertigt die Ausbreitung je individueller Innerlichkeiten vor der Öffentlichkeit?

... in der Selbstdarstellung ... zeichnet es sich so, wie es sich erblickt, wie es zu sein meint, wie es zu wirken wähnte oder wünschte; seinem Selbstverständnis nach repräsentiert es keinen Stand, keinen Beruf, nicht die Besonderheit historischer Größe, die sich als etwas Einmaliges der Nachwelt anbieten will und selbst schon den Nachruhm verwaltet, sondern allein sich selbst als etwas, das es so nicht noch einmal gibt, in dieser Besonderheit aber, da sie für jeden gilt, die Menschheit. *So wird das individuelle Leben zum Exempel* (Wuthenow 1984, 42, Hervorhebung von mir, S.M.).

Wie andere Formen der Selbstschreibung vor ihr, sucht auch die bürgerliche Autobiographie das je Individuelle und das Allgemeine zu versöhnen; doch das, was nun als das mitteilbar Subjektive gilt, wandelt sich entschieden. Zum einen hebt sich die bürgerliche Autobiographie von den Memoiren des Adels ab, die ganz im Bewußtsein der repräsentativen Rolle verfaßt sind, die die Autoren und Autorinnen[15] gegenüber der Gesellschaft einnehmen. Alle Ereignisse sind vollständig durch Rang, Einfluß und Machtposition der Verfasser beschrieben; die Phase ihrer Erziehung ist als stereotype Rollendressur markiert. Die Memoiren beschreiben ein ›me‹, das gleichwohl nicht als Subjekt mißzuverstehen ist: ›Subjekt‹ ist ist nicht der adlige Verfasser der Memoiren, sondern sein Untertan.

Zum anderen distinguiert sich die bürgerliche Autobiographie gegenüber einer mächtigen Literatur religiöser Selbstdarstellungen: Sieht man sich etwa die *Eigene Lebens-Beschreibung* des Theologen Adam Bernd aus dem Jahr 1738 an, so wird noch etwas von der Strecke deutlich, die bis zu den Arbeiten Rousseaus, Lichtenbergs und Moritz' zurückzulegen ist. Ein halbes Jahrhundert später bewegen diese sich beredsam, genau, voller Einfälle und Einsichten im Metier des Autobiographen (vgl. Wuthenow 1984,

[15] Der Begriff ›Autor‹, der hier anachronistisch anmutet, entsteht in der Tat gegen Ende des 18. Jahrhunderts, oder präziser: Zu diesem Zeitraum, zu dem auch die Eigentumsrechte am Text aufkommen (z.B. Nachdrucksrechte und -verbote), entsteht die Autor*funktion*. Das *Wer spricht?* wird Bestandteil der Ordnung von (selbstthematisierenden) Diskursen.

43). Adam Bernd indessen, Prediger und Orientalist, staunt zwar über die »Subtilheit des menschlichen Gemüts, die ... Beschaffenheit unserer menschlichen Gemüts-Neigungen, und ihrer Wirkungen« (Bernd 1973, 204), doch sein Lebensbericht, den er bezeichnenderweise ›Traktat‹ nennt, hat keinen Faden, keine Entwicklung, sondern Zustände und Stationen, die er in 104 Paragraphen gliedert und aufzählt. Die Sündenklage ist zwar sein Motiv; die Selbsterforschung folgt jedoch auch anderen Schemata: Adam Bernd figuriert gleichsam als Chronist seines *sündigen und krankhaften* Selbst.

Melancholisch gefärbte Chronik, Sündenbekenntnis und peinliches Register körperlicher und seelischer Pathologien verbinden sich allerdings nicht ohne Bruch. So geschieht die erinnernde Vergegenwärtigung seiner Sünden und krankhaften Zustände gleichsam ohne ›Filter‹; was ihm zur Zeit des Geschehens unfaßlich ist, ist es auch bei der Niederschrift: die christliche Botschaft glättet sie *nicht mehr,* eine medizinisch-psychologische *noch nicht.* Die *catharsis*, die Augustinus durch Bekenntnis seiner Sündhaftigkeit im Inneren des Lobes Gottes zuteil wird, ist für Bernd nicht erfahrbar. Die peinliche Veröffentlichung zugleich sündhafter und beschämender Ereignisse führt hier im Gegenteil zu forcierter Detaillierung und grundsätzlicher Unabschließbarkeit des zu Berichtenden nach dem Doppelschema Sünde/Krankheit. Die erinnernde Vergegenwärtigung geschieht daher nicht nur ohne Filter, sondern auch ohne Stopregel: Jähzorn, Widerwille gegen das Körperliche, perverse Vorstellungen, Selbstmordgedanken ... alles flammt wieder und wieder auf. Geradezu wollüstig entdeckt und referiert er ›krankhafte‹ Symptome seelischer Anfechtungen und körperlicher Störung. (Man wird sie wenig später der ›Hypochondrie‹[16] zurechnen.) Diese *Lebens-Beschreibung* kann nicht mehr ausschließlich als religiöse Übung gelten, die dem Sündenbekenntnis folgt (denn wäre ein notorisches Klagen ohne das Ziel der Entsagung nicht selbst schon Sünde?); die Verpflichtung zum Alles-Sagen orientiert sich zumindest partiell schon an einem anderen Typus der Selbstdarstellung. Wuthenow kommentiert:

---

16 Der von Hypochondrie selbst nicht freie Lichtenberg bemerkt dazu ein halbes Jahrhundert später spitz: »Jedes Gefühl unter dem Mikroskop <der Hypochondrie> betrachtet läßt durch ein Buch sich vergrößern« (Lichtenberg nach Müller 1986, 200).

Indem Adam Bernd als Krankheit erkennt, was früher teuflische Anfechtung war, wird die Selbstdarstellung im modernen Sinn psychologisch. Seine Selbsterkenntnisse gehen nicht auf Selbststilisierungen religiöser Art, wie sie ihm bei seiner Einbildungskraft und Beredsamkeit sehr wohl wären möglich gewesen, sondern auf eine psychische Realität. Man mag das Säkularisierung nennen, jedenfalls aber ist es ein Schritt zur Befreiung. Aus dem, was Versuchung war, ist weitgehend Pathologie geworden, die Pathologie des neuentdeckten Seelenlebens (Wuthenow 1984, 47).

... Ob es sich hierbei aber um einen Schritt zur ›Befreiung‹ handelt, mag allerdings ernstlich bezweifelt werden. Die – um es anachronistisch zu benennnen – zwanghafte Selbstentblößung findet ihren Halt allenfalls in einer Pädagogik; Bernds erklärtes Ziel ist es, seinen Lesern ›Krankheiten und Zustände mit Worten zu entdecken‹: mag er auch in dieser Aufgabe Erfüllung finden, so hält das Vokabular selbst, das auf die zermürbende Registrierung von Sünden/Pathologien verwiesen ist, (noch) keinerlei therapeutische Wirkungen bereit. Die *Lebens-Beschreibung* Bernds kann eher als ein Zwitter zweier Literaturen gelten: des um die Sündenklage zentrierten Bekenntnisses und der um die Entäußerung körperlicher und seelischer Zustände kreisenden Autobiographie. In diesem Zwischenstadium erfährt Bernd gewissermaßen bereits den doppelten Schmerz (der Sünde und der Krankheit), doch nur noch den halben Trost (da ›Gnade‹ und ›Wissen‹ interferieren). Ähnlich ist auch der Kommentar Sabine Groppes zu verstehen:

Zwar ist die erschriebene Gewißheit, daß die Ängste von pathologischer Konstitution sind, am Ende des Schreibens gefestigt, aber im traditionell ausgerichteten Abschluß der Autobiographie, dem inbrünstigen Gebet, wird diese Erkenntnis camoufliert: unrevidierbar aber bleibt diese selbst. Bernds Zurückbeben vor den Konsequenzen der Einsichten ist ein letztes Aufbäumen gegen den Stachel emanzipierter Erkenntnis, gegen den Schmerz der Aufklärung (Groppe 1990, 40).

Bei Bernd hat das ›*Erkenne* dich selbst‹ nun den Aspekt des mitlaufenden Registrierenmüssens von Krankheiten und Zuständen erhalten. Auch Jean-Jacques Rousseau nimmt sich in seinen Bekenntnissen vor, sich selbst ›in der ganzen Naturwahrheit‹ zu zeigen und sein ›Innerstes zu entblößen‹. Dazu ›erfindet‹ er die Bedeutung des inneren Erlebens: an denkwürdigen äußeren Ereignissen, so Rousseau, möge es bei ihm mangeln; das innere Erleben rechtfertige indessen allemal die Veröffentlichung einer Vita:

Ich weiß nicht, aus welchem Grunde mich Rey <Rousseaus Verleger> so sehr drängte, die Denkwürdigkeiten meines Lebens zu schreiben. ... Obwohl es bis dahin nicht sehr interessant durch seine Ereignisse war, fühlte ich doch, daß es dies werden könnte, indem ich Freimütigkeit hineinbrachte. Ich beschloß, daraus ein in seiner beispiellosen Aufrichtigkeit einzigartiges Werk zu machen, damit man wenigstens einmal einen Menschen so sehen könne, wie er wirklich ist. Ich fühle, daß es kein menschliches Innere gibt, das – so rein es auch sein möge – nicht irgendein widerwärtiges Laster birgt (Rousseau nach Holmsten 1972, 145).

Zwar macht auch Rousseau von dem selbstthematisierenden Muster des Bekenntnisses Gebrauch; allerdings geht es ihm nicht wie Augustinus um das Lob Gottes und das Geständnis eigener Sünden. Trotz des gleichen Titels versucht er nur selten, die Schwächen seines Charakters oder eine Tat wie die Aussetzung seiner Kinder zu rechtfertigen. Einen breiten Raum nimmt auch sein Sexualverhalten ein, genauer, sein sexuelles Fehlverhalten. Er gesteht sein Gefallen an exhibitionistischen Praktiken, schämt sich der schlechten Gewohnheit der Masturbation und verhehlt auch nicht, daß er zur Aufnahme möglicher und gewünschter Sexualkontakte unfähig ist. Rousseau schreibt auch darüber »nicht aus Freude an der Darstellung delikater und für den Leser unterhaltsamer Gegenstände, sondern mit der Qual des Bekenners, der Reue empfindet und *sich durch die Beichte Entlastung erhofft*« (Kunze 1984, 664; Hervorhebung von mir, S.M:). Kurz, es handelt sich nicht länger um das Bekenntnis der Sünden wider die Keuschheit gegenüber Gott, sondern um das Eingeständnis sexuellen Fehlverhaltens gegenüber dem Leser. Bei Rousseau ist die Bedeutungsbreite von ›confiteri‹ auf das Moment der Entblößung beschränkt: Er bekennt sein inneres Wesens nicht, um Buße zu tun und die Absolution zu erhalten. Nein, die rückhaltlose Selbstentblößung soll bewirken, daß ihm die *Öffentlichkeit vergebe*, daß ihm der Leser, um dessen Inneres es *nicht besser* bestellt sein kann, Verständnis und Zuneigung erweise.[17] Nun kommt es zur

---

17 Bezeichnend dafür ist der berühmte Beginn des Rousseauschen Unternehmens: »Ewiges Wesen, versammle um mich die unzählbare Schar meiner Mitmenschen; sie sollen meine Bekenntnisse hören, über meine Nichtswürdigkeit seufzen und über meine Nöte erröten. Jeder von ihnen enthülle seinerseits sein Herz mit der gleichen Aufrichtigkeit zu den Füßen Deines Throns, und dann möge auch nur einer dir sagen,

cartharsis qua Komplizenschaft. »Saint Augustine's faults, even in the act of confessing them, are transformed by their avowal and become a witnessing of the power of God to save him. Rousseau reveals not only his own faults but also the pathetic fallacies of his belief that he is acquitted from faults by sharing them with other human hearts« (Spender 1980, 122).

Es fällt allerdings auf, daß Rousseau den Leser, der nun den Platz des Beichtigers innehat, nur als unpersönliches ›man‹ auftreten läßt, und Gott ruft er nur ein einziges Mal zu Beginn seiner Ausführungen explizit als Gegenüber an. Wer nun aber ist ständiger Zeuge seiner Bekenntnisse, wer vor allem bürgt für ihre *Wahrhaftigkeit* (für die in den augustinischen Confessiones noch Gott einstand)? Jean Starobinsky legt überzeugend dar, daß nun die inneren Gefühle und das Gewissen die Funktion übernehmen, die vordem Gott innehatte: »As a consequence, the veracity of the narrative must be demonstrated with reference to intimate feeling, to strict contemporaneity of emotion communicated in the writing. Pathos replaces the traditional address to a transcendent being as the sign of reliable expression« (Starobinsky 1980, 81). Dies betrifft auch den gewählten Sprachstil, der durch ›advokatorische Beredsamkeit‹ (Wuthenow) und Pathos gekennzeichnet ist: » ... style, as Rousseau himself says, takes on an importance that is not limited to the introduction of language alone, to the technical search for effects alone: it becomes ›self-referential‹, it undertakes to refer back to the ›internal‹ truth within the author« (Starobinsky 1980, 81).

Gegenstand und primäres Gegenüber des Bekenntnisses ändern sich sowie die Grundlage seiner Wahrhaftigkeit. Was für ein Selbst konstituiert sich hier nun? (1) Und Foucault würde ergänzen: *Wer* konstituiert es? (2)

(1) Auch wenn an der Wahrhaftigkeit der Bekenntnisse immer wieder gezweifelt wurde: Es ist der ›authentisierende Imperativ‹ (Trilling), dem Rousseau sich exzessiv verpflichtet und der sein Werk, aber nicht nur seines, informiert. Die Identifizierung und die Signifikanz des Innersten, seine vollständige und wahrhaftige Äußerung gegenüber dem gleichgestellten Leser konstituiert nun die Figur des Autors, das Subjekt der (autobiographischen) Rede

---

wenn er es wagt: Ich war besser als dieser Mensch da!« (Rousseau 1984, 9).

und das sich auf eine biographische Narration verpflichtende Selbst.[18]

(2) Für Foucault ist gleichwohl deutlich: Es handelt sich um »Antibekenntnisse« (Foucault 1988, 32). Denn ähnlich Adam Bernd gibt Rousseau »rückhaltlos und *ohne Auslegung* nicht das wieder, was geschieht, sondern den, dem dies geschieht ... so daß es nicht Geheimnis, nicht Schutz, nicht eigentlich Innerlichkeit gibt, sondern nur einfach sich entäußernde Empfindung« (Foucault 1988, 36, Hervorhebung von mir, S.M.). Indem Rousseau sich, und das heißt: seine seelischen Zustände – in aller Verschiedenheit von denen der anderen – zeichnet, kann nur eigentlich der Leser diese ohne Auslegung entäußerte Natur in Wahrheit verwandeln: ihr Individualität und Allgemeinheit geben. »Es steht bei ihm, diese Teile zu sammeln und das Wesen zu bestimmen, das aus ihnen besteht; das Ergebnis soll ein Werk sein; und wenn er sich irrt, so ist der Fehler seine Sache« (Rousseau nach Foucault 1988, 37).

In gewisser Weise handelt es sich um eine *écriture,* in der dem Autor die Aufgabe zufällt, einen vollständigen und wahrhaftigen Bericht seiner seelischen Zustände zu geben, und dem Leser, aus diesem Material das *soi* zu bestimmen. Diese Figur einer gleichsam arbeitsteilig hergestellten *écriture de soi* erinnert an die Geschichten, aus denen etwa zur gleichen Zeit Mediziner und

---

18 Daß diese *Confessions* zwar dem Schriftsteller, nicht aber dem Menschen Rousseau die erhoffte Sympathie seiner Leser eingetragen hat, versucht Kunze durch eine psychoanalytisch informierte Interpretation zu konterkarieren: Rousseaus Verhalten, auch seine Abweichungen in sexuellen Dingen, seien ein Resultat seiner symbolischen Kastration. Die Mutter starb bei seiner Geburt; der Vater sah in dem Jungen immer auch die verstorbene Frau: »Die normale Entwicklung, die ihn dem Vater zum Rivalen gemacht hätte, durfte nicht stattfinden. Die Gegebenheiten verlangten nicht weniger von ihm als das Opfer der eigenen Männlichkeit« (Kunze 1986, 666f.). Fehlverhalten, Selbstanklage, gesellschaftliche Absonderung und Mitteilungszwang stehen hier erklärend und sympathieheischend für Rousseau ein. Doch nicht nur muß man sich auch in diesem Fall, ebenso wie im Falle der psychohistorischen Interpretation der augustinischen *Confessiones* fragen, ob die psychoanalytische Konzeption des Subjekts das Selbst des 18. Jahrhunderts analytisch zu fassen vermag. Um welches Selbst handelt es sich hier? Arbeitet nicht Rousseau soeben am Aufbau der Figur eines einzigartigen Selbst, ohne Vorbild und Nachahmer, einer Figur, die erst später die Psychoanalyse zur prekären Norm erheben wird?

Psychiater beginnen, ›Fälle‹ zu rekonstruieren. Der Patient gesteht, der Arzt diagnostiziert.

Dem authentisierenden Imperativ verpflichtet sich auch Moritz Benedikt mit geradezu bürokratischer Verve in seinem *Magazin für Erfahrungsseelenkunde*:

... die fortgesetzte, wiewohl erinnernde Introspektive wird hier zum Verfahren einer Beschreibung der Genese des Selbstbewußtseins, seiner Läuterung, Erniedrigung und Festigung. Aus dem pietistischen Tagebuch der Selbsterforschung, der Lebensbeichte, wird die romanesk vermittelte Autobiographie. Pietistische Verhaltenskontrolle wird konsequent zur ›Erfahrungsseelenkunde‹ säkularisiert. Mag der Inhalt zuweilen noch, wie auch die Form, ja, das Vokabular, nur unwesentlich vom Vorbild abweichen, so ist doch die Intention eine andere. Erbaulichkeit und Rechtfertigung weichen der psychologischen Darstellung und dem pädagogisch orientierten Interesse an der Erkenntnis des Menschenwesens (Wuthenow 1984, 51 f.).

In der Tat hält es Moritz als (Mit-)Herausgeber des *Magazins für Erfahrungsseelenkunde* (1783 – 1793) für ausgemacht, daß nur eine schonungs- und vorurteilslose Beobachtung aller Lebensäußerungen, Gedanken und Gefühle – auch der häßlichen und unmoralischen – zugleich die wahre und einzigartige Natur *des Individuums* und *des Menschen* überhaupt entziffern ließe.[19] Ist erst das *System* der Seelenkräfte identifiziert, vermag dies auch von therapeutischem Wert sein, nämlich helfen, die individuellen Abweichungen zu identifizieren, zu lindern, wenn nicht gar zu verhindern (vgl. auch Osinski 1990, 48). Verlangt noch der hagiographische Code, den Protagonisten als *Exempel* im Sinne eines Vorbilds zu zeigen, so zeigt sich der Protagonist der modernen Autobiographie als ein *Exemplar*, das sich auch noch in seiner Abweichung als Individuum und als Teil der Menschheit zeigt. Dies gilt auch dort, wo sich der Autor schließlich ganz auf sich

19 Die Hypochondrie etwa, der Bernd noch hilflos gegenübersteht, ist nun nicht nur eine erkannte Pathologie; sie wird vor dem Hintergrund eines Imperativs schonungsloser Selbstbetrachtung aller seelischen und körperlichen Vorgänge geradezu paradigmatisch. Lichtenberg definiert die Hypochondrie gelegentlich als ein Instrument zur Vergrößerung und Entdeckung der kleinen Krankheiten. Die Metapher, die auch er dazu bemüht, ist die des Mikroskops: der Geist der Beobachtungskunst im 18. Jahrhundert inauguriert nun eine ›Mikroskopie der Seele‹, die Disziplinen, Krankenhäuser, Bücher füllt (vgl. Müller 1986).

selbst bezieht; 1920 schreibt Musil: »Die eigentliche Triebkraft ist, mich zu rechtfertigen und *mir selbst* zu erklären« (Musil in Hocke 1986, 139; Hervorhebung von mir, S.M.).

Dieses Motiv kann um die letzte Jahrhundertwende bereits als völlig unauffällig gelten; doch in seiner Unauffälligkeit indiziert es einen dramatischen Bruch gegenüber den noch gelegentlich trotzig wirkenden Selbstdarstellungen im Rousseauschen Stil, deren implizite Botschaft lautete: Nehmt mich trotz meiner Laster an! Ihr müßt es sogar, weil ihr auch nicht besser seid! Mit der Romantik begegnet man Diarien, deren Autoren ihre Introspektion immer autonomer ausbreiten; dies gilt auch für sexuelle Abweichungen. Sie werden nicht um der Rechtfertigung gegenüber anderen willen verfaßt, sondern als ein integraler Bestandteil des Selbst. Das Tagebuch wird zentrales Ingrediens der schreibenden Herstellung eines Selbst, das sich selbst in seiner (sexuellen) Besonderheit erkennt und erklärt – auf diese Weise zwischen sich und sich selbst ein zugleich stilisierendes und therapeutisierendes Verhältnis einleitet (vgl. Foucault 1986a, 12 sowie S. 110 dieser Arbeit). Die umfassend differenzierten Subjekte entdecken-schreiben-veröffentlichen beispielsweise ihre homoerotischen Neigungen ohne Scham, sondern als genuines Thema *ihrer Wahrheit* (so etwa André Gide).

In jüngster Zeit, im Jahre 1991, kann Giddens nach Durchsicht der einschlägigen Literatur festhalten:

... self-identity, as a coherent phenomenon, presumes a narrative: the narrative of the self is made explicit. Keeping a journal, and working through an autobiography, are central recommendations for sustaining an integrated sense of self ... Like other formalised narrative, it is something that has to be worked at, and calls for creative input as a matter of course (Giddens 1991, 76).

Mehr noch: das ›autobiographische Denken‹ wird ein zentrales Element von Selbst-Therapie (vgl. Giddens 1991, 72) und Therapie: Therapeut und Klient erarbeiten zusammen eine kohärente *story of life*. »Human life is, ideally, a connected and coherent story, with all the details in explanatory place, and with everything (or as close to everything as is practically possible) accounted for, in its proper causal or other sequence« (Marcus 1974, 12). Denn: »... illness amounts at least in part to suffering from an incoherent story or inadequate account of oneself« (Marcus 1974,

107). Autobiographie und Therapie verweisen nun unmittelbar aufeinander: Die Therapeutisierung des ›Alles-Sagens‹ (Hocke 1986) ist obligatorisch geworden.[20]
Die Explosion autobiographischer Veröffentlichungen in den siebziger und achtziger Jahren hat – wenig erstaunlich – eine entsprechende Kritik von seiten der professionellen Literaturwissenschaft gefunden: Dort vermißt man nicht nur eine Intellektualität des Schreibens und konstatiert einen Mangel an Imagination. Man distanziert sich vor allem von einem mittlerweile selbstverständlichen Ritus der veröffentlichten Selbstentblößung, so, »als hätte sich unsere literarische Öffentlichkeit verwandelt in eine Selbsterfahrungsgruppe« (Baumgart in Erdmann 1990, 264). Was die Einen als therapeutisierende Selbstaufklärung feiern, ächten die Anderen als praktizierte Kunstfeindlichkeit. Beide Seiten indessen zweifeln nicht an dem Projekt, das sich hier, sei es literarisch anspruchsvoll oder laienhaft, vollzieht: Botho Strauß beschreibt es als die »unermeßliche Bürokratie eines weltweiten Subjekt-Betriebs, in dem Heerscharen von Beamten des Ichs täglich ihre Pflicht tun« (Strauß 1987, 194).[21]

20 Diese Entwicklung spitzt sich mit der autobiographischen Beschreibung von fehlgeschlagenen Therapieverläufen zu. Insbesondere in Fällen von Verführungen auf der Couch wird die autobiographische Rekonstruktion gleichsam zur Therapie von der Therapie in Anspruch genommen (vgl. Anonyma, o.J. oder Augerolles 1991).
21 Diese Expansion verdankt sich nicht zuletzt auch der Expansion der Medien und Ausdrucksarchive für Innerlichkeiten. Sie indizieren für den postmodernen Interpreten autobiographischer Projekte, daß sich das Ich nur noch als preisgegebenes artikulieren kann, mehr noch: sie machen deutlich, daß auch bereits die klassische Schreibweise der Konfession nur ein Phantasma war. Vordem von Mächtigen generiert und dirigiert, sind es heute technische Medien, die Selbste simulieren, »großartige Selbsttäuschungen, institutionell eingeforderte Unterwerfungen unter die Suggestion, daß die Subjekte Herren oder gar Autoren ihres Schicksals wären« (Schneider 1986, 129). Das autobiographische Ich der Postmoderne äußere sich als erstarrte Dokumentation: »An die Stelle der Simulationen der Wahrheit tritt das Testat der Sekundarität: Eine Leidenschaft ohne Psychologie gräbt Spuren des Verschwindens in das anthropologische Archiv« (Schneider 1986, 253). Dieser an Baudrillard orientierten Diagnose schließen sich die analytischen Skizzen zur *écriture de soi* durchaus an; nicht aber der Wehklage. Sie tun dies, indem sie auch den zeitgenössischen sekundären

Mit dieser Formulierung macht Strauß deutlich, daß auch die Autobiographie eine disziplinierte und disziplinierende Schreibung des Selbst ist und einen weiteren Entstehungsort nicht verleugnen kann, die den Disziplinarprozeduren angehörende Fallgeschichte:

> Lange Zeit hindurch war die beliebige, die gemeine Individualität unterhalb der Wahrnehmungs- und Beschreibungsschwelle geblieben. Betrachtet werden, beobachtet werden, erzählt werden und Tag für Tag erzählt werden, waren Privilegien. Die Chronik eines Menschen, die Erzählung seines Lebens, die Geschichtsschreibung seiner Existenz gehörten zu den Ritualen seiner Macht. Die Disziplinarprozeduren nun kehren dieses Verhältnis um, sie setzen die Schwelle der beschreibbaren Individualität herab und machen aus der Beschreibung ein Mittel der Kontrolle und eine Methode der Beherrschung. Es geht nicht mehr um ein Monument für ein künftiges Gedächtnis, sondern um ein Dokument für eine fallweise Auswertung (Foucault 1976, 247).

Hypomnemata, Hagiographie, Chronik und Fallgeschichte sind einige der Entstehungsherde moderner Selbstschreibungen. In je unterschiedlichem Ausmaß geben alle diese Formen die disziplinierte Selbstanalyse und die schöpferische Selbststilisierung auf und produzieren dabei je unterschiedliche Selbste. Der autobiographische Diskurs der Gegenwart ist durch alle diese Entstehungsherde informiert und ist daher nicht – ebensowenig wie die übrigen Formen – das *Gegenüber* disziplinierender Diskurse, der exterritoriale literarische Bezirk, an dem die Wahrheit zutage treten darf. ›Selbstpraxis‹ und ›Zwangspraxis‹ stellen nicht zwei historisch entkoppelte Formen der Selbstbezüglichkeit dar; beide Modi sind Bestandteile jedweder Selbstschreibung. Doch auch wenn die persönliche Ordnung der Selbstherstellung nicht aus disziplinarischen Apparaturen auszutreten vermag, so kann sie dennoch eine individuelle Differenz beitragen – eine Differenz, die freilich selbst noch diszipliniert ist (vgl. dazu auch Bourdieu 1982). Deleuze identifiziert diesen Trick als eine Verdoppelung der Unterwerfungspraktiken: »Die eine besteht darin, uns den Anforderungen der Macht gemäß zu individualisieren, die andere besteht darin, jedes Individuum an eine erkannte und bekannte, ein für allemal festgelegte Identität zu knüpfen. Der Kampf um

Produktionen von *écritures* zugestehen, Selbste zu erzeugen, und seien es solche, die sich über sich täuschen ... (Autopseusten wider Willen!).

die Subjektivität zeigt sich also als Recht auf die Differenz, Recht auf die Variation, auf die Metamorphose« (Deleuze 1986, 113). Mit Foucault liest sich dies als Aufforderung, die Verpflichtung zur Therapeutik, die die Autobiographie mitkonstituiert und gegenwärtig unumgänglich ist, doch an ihre Grenzen zu treiben, zu ironisieren: ein frühes Beispiel dafür ist der autobiographische Roman Vischers mit dem bezeichnenden Titel *Auch Einer* – Komik konterkariert die erhabene Biographie, Anonymität konterkariert das emphatisch hergestellte Selbst (vgl. Oesterle 1982, 49 f.).
In der Anthologie *Europäische Tagebücher aus vier Jahrhunderten* hält Gustav René Hocke fest: »Das ›verborgene Leben der Liebe‹..., die Spannungen zwischen Erotik und Sexualität, gehören schon früh, seit der Bekenntnisliteratur vor Augustin, zu den stets wiederkehrenden Urmotiven europäischer Diarien« (Hocke 1986, 110). Diese Bemerkung, ganz im Stile des sitten- und literaturgeschichtlichen Genres, läßt vermissen, was die Genealogin wissen möchte: Ist es immer das gleiche Spannungsfeld, das sich in den Diarien thematisiert? Ist es stets die gleiche Literatur, die die Literaturwissenschaft zur Gattung der ›Diarien‹ bündelt? Und das Subjekt der Spannungen, ist es immer dasselbe?
Alle diese Fragen sind, das weiß man jetzt, von dem Verdacht getragen, daß dies nicht der Fall ist. Teil I und Teil II der *écriture de soi* haben bereits gezeigt, daß die selbstschreibenden Literaturen und ihre Subjekte stets eine neue Gestalt annehmen. Die *hypomnemata* benutzen die antiken Philosophen als Medium der aufschließenden Vernunft; sie integrieren sich mit ihrem Sein auf je individuelle Weise in den Logos und gehen – approximativ – in ihm auf. Die Mönche der Spätantike transformieren diese spirituellen Notizhefte: Auch hinsichtlich der Auseinandersetzung mit ihren unkeuschen Begierden nutzen sie sie als Medium der Selbstreinigung und – zumindest approximativ – der Selbstentsagung. Im Mittelalter schreibt die Hagiographie mit einem strikten Code eine ideale Karriere der Selbstentsagung vor; diese aber wird mehr und mehr zugunsten einer narrativen Struktur durchbrochen, die das Selbst nicht mehr ausschließlich in der Figur des seiner selbst Entsagenden, sondern auch in der des sich Rechtfertigenden oder schließlich auch in der des sich Stilisierenden zeigt.
Selbstentsagung versteht sich im Rahmen eines Diskurses der Keuschheit, der das Begehren einem einzigen verbietenden Gesetz

und das Selbst der Buße und dem Gehorsam unterwirft. Wahrer Gehorsam gegenüber Gott erweist sich in vollständigem Entsagen seines sündigen Selbst. Das Selbst ist Sünde. Das Begehren ist Anfang und Ende aller Sündhaftigkeit, dem das Selbst Stück für Stück und immer wieder begegnen muß und so das seiner entsagende Selbst in allen diesen Dimensionen konstituiert.

Die Autoren der Moderne greifen die semantischen Vorlagen der Selbstschreibung auf und nutzen sie anfangs vor allem zur Rechtfertigung gegenüber dem Anderen. Dieses Motiv wird mit der rückhaltlosen Entäußerung des Seelenlebens bedient, die auch informiert ist von den Fallgeschichten der Mediziner und Ärzte. Während bei den Fallgeschichten der Experte den Sinn des Entäußerten und die Wahrheit des Entäußernden stiftet, ist es hinsichtlich der Autobiographie der Leser, dem diese Aufgabe übertragen wird. Mehr und mehr aber autonomiert sich auch diese Funktion: Mit der Autobiographie erklärt der Autor sich selbst. Stellt er fest, daß er es nicht kann, ist Therapie angezeigt: dort wird er mit Hilfe des Therapeuten die Narration seiner selbst – zumindest approximativ – vervollständigen.

Das Ergebnis dieser Selbstschreibungen sind Selbste, die zwei unterschiedlichen Diskursformationen angehören. Obwohl beide ihre Perfektionierung anstreben, ist dieses Ziel doch anders beschrieben und anders operationalisiert: Das christliche Selbst, das seiner hinsichtlich aller Vergehen (gegen die Keuschheit) zu entsagen hat, arbeitet in bekennenden Schriften *nolens volens* an der Herstellung ebendieses Selbst. Das therapeutisierte Selbst strebt umgekehrt die Vervollständigung seiner selbst an; im Zuge seiner autobiographischen Therapeutisierung (sexueller Vergehen oder Unzulänglichkeiten) wird es allerdings stets erneut auf Unvollständigkeiten treffen. Alle diese beschriebenen *écritures* erzeugen das *soi* stets nur approximativ; der durch sie erkannte Mangel fordert sogleich weitere Bemühung ein. Die Genealogie der Selbstschreibungen liest sich so als Genealogie der schreibenden Bemühung um die kontinuierliche Herstellung des Selbst. Im vierten Spaziergang seines Alterswerks *Träumereien eines einsamen Spaziergängers* zeigt auch Rousseau – hörbar seufzend – deutliche Skepsis: »Das ›Erkenne dich selbst‹ des Delphinischen Tempels ist kein so leicht zu befolgender Grundsatz, wie ich in meinen Bekenntnissen geglaubt hatte« (Rousseau nach Kunze 1984, 662).

Teil v
Genealogie der Unmoral

Kapitel 15

Mit Freud sind die Elemente Therapeutik, Sexualität und Selbst auf intime Weise zu einer triadischen Ordnung miteinander verkoppelt: die verborgene Wahrheit des Selbst bedarf des Experten, der sie dechiffrierend in das Bewußtsein des Klienten hebt. Erst die Einsicht in die Wahrheit seines Begehrens gibt ihm die vollständige Geschichte zurück. Die Therapie ist zum einen *via regia* zum Erwerb systematischen Wissens über psychische Krankheiten, die immer auch das Begehren betreffen. Noch scheinbar abwegige Details werden in den Prozeß psychoanalytischer Sinnstiftung miteinbezogen. Zum anderen wird die sexuelle Spannung, die die therapeutische Interaktion durchzieht, für den Prozeß analytischer Aufklärung fruchtbar gemacht. Die psychoanalytisch hergestellte Vervollständigung des Selbst löst zwar nicht, lindert aber die zugrunde liegenden Konflikte zwischen Triebforderungen und Kultur, die mit unterschiedlicher Stärke jeden Menschen bestimmen. Damit ist die Reflexion des Einzelnen auf sich eine notwendige, jedoch niemals hinreichende Weise, dem unlösbaren Konflikt zu begegnen: Sie erfordert – von jedem – eine beständige Aufmerksamkeit auf sich. Die Therapeutik erlangt so den Rang einer Technik der Selbstbearbeitung, die individuell und gesellschaftlich unabweisbar erscheint. Um die letzte Jahrhundertwende ist damit in äußerster Konsequenz die Therapeutisierung des sexuellen Selbst als eine ›Übung‹ *malgré tout* herausgearbeitet.

Die enge Verzahnung von Therapie, Sexualität und Selbst erfährt im 20. Jahrhundert zwar weitere Variation sowie Kritik durch sexualwissenschaftlich orientierte Verfahren (vgl. Kap. 1); *sie wird jedoch nie grundsätzlich in Frage gestellt.* »Mit ihr erreicht man in der Geschichte der Prozeduren, die das Geschlecht <die Sexualität; S.M.> mit der Wahrheit in Beziehung setzen, einen Kulminationspunkt. Heutzutage gibt es keinen einzigen Diskurs über die Sexualität, der nicht in der einen oder anderen Weise dem der Psychoanalyse verschrieben ist« (Foucault 1978, 159).

Die Genealogie dieser Praktiken, an deren vorläufigem Ende Erscheinungen wie die Domina-Therapeutik oder die Fernsehberatung durch Erika Berger stehen, läßt sich auch als Genealogie der

›gesellschaftlichen Disziplinierung des Begehrens‹ fassen und fügt sich damit als ein weiteres Beispiel in die Analysen gesellschaftlicher Rationalisierungprozesse ein. Zum anderen steht sie am vorläufigen Ende eines Projekts, das sich als ›gesellschaftliche Chancen der Subjektivierung‹ bezeichnen ließe, und trägt sich damit in die Debatten um die Rolle des Subjekts im Foucaultschen Spätwerk ein.

Wissenssoziologie eines Falls gesellschaftlicher Disziplinierung

Die vorangegangene Genealogie hat gleichsam von der Domina-Therapeutik ausgehend das Lot gefällt und dabei verschiedene Entstehungsherde sexualtherapeutisierender Praktiken erkundet. Im Blick zurück streifte sie psychoanalytische, medizinische und psychiatrische Problematisierungen des Begehrens, führte durch die katechetisch orientierte Pflichtbeichte, kanonistische Erörterungen ehelichen Begehrens sowie mittelalterliche Beichtpraktiken; sie stieß auf rigorose Systeme von Bußtarifen und die augustinische Problematisierung enthaltsamen Begehrens; die monastische Hermeneutik unkeuscher Anfechtungen lag ebenso auf ihrem Weg wie die Dimensionierung des Unkeuschen durch den Diskurs der Jungfrauen.

In allen diesen Diskursen findet die *gesellschaftliche Disziplinierung* abweichenden Begehrens statt – das zu Disziplinierende ist allerdings ein Konstrukt, dessen ›eigentliche Natur‹ diese Diskurse im Zuge ihrer Problematisierungen allererst herstellen. Das Begehren ist stets das *Gegenüber der disziplinierenden Zugriffe* auf es. So konstelliert es sich in asketischen Praktiken als Gegenüber fleischlicher und geistiger Anfechtungen oder in psychiatrischen Problematisierungen als Gegenüber unsittlicher und ungesunder Verhaltensweisen. Doch gleichviel, ob Hermeneutik der Anfechtung oder Psychagogik der sexuell Perversen: die disziplinierte Bemühung wird pünktlich dort, wo sie ansetzt, neue Zonen des zu Bearbeitenden finden. Sich immer wieder, immer intensiver zu bemühen: das ist die disziplinierende Wirkung disziplinierter Selbstthematisierung.

Diese Disziplinierung betrifft zunächst vor allem elitäre Gruppen, zumindest insoweit es die rigorose Fassung der Problematisierungen anbelangt; zunehmend aber ergreifen sie ›die Gesellschaft‹ (die Gemeinschaften der Gläubigen, die Kranken, die Klienten, Männer, Frauen, Kinder, ...). Die Problematisierungen enthalten stets weitere kontextsteuernde Maßnahmen: Sie sehen beispielsweise Sanktionen im Fall der Nichtbeachtung der geforderten Praktiken vor, schüren Angst, Schuld, behaupten Gefahren. Auf verschiedene Weise werden die Gläubigen dazu angehalten, ihr unkeusches Verhalten zu beichten; geschlechtlich Verirrte, sich medizinisch-psychiatrischer Maßnahmen zu unterziehen und Klienten moderner Sexualtherapien, im Falle sexuellen Unwohlseins psychologisch-therapeutische Hilfe aufzusuchen. Kurz: Im Mitvollzug realisieren alle individuellen Techniken der Selbstthematisierung immer zugleich und immer effizienter die soziale Ordnung begehrender Selbste.

Die Beobachtung von Phänomenen sozialer Disziplinierung ist ein klassisches Thema der Soziologie, das seit Max Weber als ein Typus gesellschaftlicher Rationalisierung diskutiert wird. Eine Genealogie Foucaultscher Prägung limitiert allerdings das Projekt: »I think that we must limit the use of the word ›rationalisation‹ to an instrumental and relative use ... to see how forms of rationalisations become embodied in practices, or systems of practices« (Foucault in Dreyfus/Rabinow 1982, 133). Die therapeutische Konstruktion sexueller Selbste versteht sich als ein Beispiel, wie *eine* bestimmte Form von Rationalität operiert. Die spezifische Richtung, auf die sich diese Rationalität zubewegt, ist bei Elias als ›Psychologisierung‹ bezeichnet. Da sich die Genealogie sexualtherapeutisierter Selbste einerseits in das Eliassche Unternehmen einordnen läßt, andererseits auch in erwähnenswerter Weise davon abweicht, soll es hier zunächst etwas ausführlicher dargestellt werden.

Im Rahmen seiner Untersuchungen zum *Prozeß der Zivilisation* ist Elias unter der Leitdifferenz Spontaneität/Schicklichkeit auch an der Zivilisierung des Sexuellen interessiert. Dazu zeichnet er die allmähliche Modifizierung der Regeln für soziales Verhalten nach – neben Tischmanieren, der Einstellung gegenüber Körperfunktionen, dem Gebrauch der Sprache untersucht er auch Fragen der sexuellen Etikette. Diese Gegenstände sind seiner Überzeugung nach beileibe nicht nur Nebenschauplätze des Zivilisationsprozesses und allenfalls von anekdotischen Wert. Nein, er versteht sich auf das auch der Mentalitätshistorie zugrundeliegende Homologie-Postulat: Der Mensch schafft Formen, mit denen er sowohl seinen Gefühlen als auch seinen sozialen Beziehungen Struktur gibt. In diesen Strukturen spiegeln sich psychologische und soziale Prozesse wechselseitig. Dies erweitert zum einen das Ensemble möglicher Untersuchungsgegenstände, zum anderen erhöht es deren Aussagekraft: psychologische und soziale Prozesse sind wechselseitig füreinander aufschlußreich. Das Studium von Mikrophänomenen ist demnach ein respektabler Indikator für soziohistorische Makrophänomene: »By studying the indicators of the transformation of human sensibility, the historian gains insight into the transformation of the civilization as a whole« (Hutton 1981, 247) – dies gilt nicht minder für den Soziologen. In den Worten Norbert Elias' verlangt eine umfassende Analyse des Zivilisationsprozesses sowohl *psychogenetische* Untersuchungen, die die bewußten, aber auch unbewußten Strukturen der individuellen Selbststeuerung aufweisen, als auch *soziogenetische* Untersuchungen, d. h. »eine Erforschung der Gesamtstruktur eines bestimmten sozialen Feldes und der geschichtlichen Ordnung, in der es sich wandelt« (Elias 1980, 392).

Das gilt auch für Fragen der Lustökonomie, die sicherlich, wie die Möglichkeit, Angst zu empfinden, »eine unwandelbare Mitgift der Menschennatur« ist, aber »letzten Endes immer durch die Geschichte und den aktuellen Aufbau seiner Beziehungen zu anderen Menschen bestimmt« wird (Elias 1980, 446). Ja, »keine Gesellschaft kann bestehen ohne eine Kanalisierung der individuellen Triebe und Affekte« (Elias 1980, 447); sozial erzeugte, individuelle Ängste, Schamschwellen und Tabus sind konstitutiv für den Prozeß der Zivilisierung. Der zunehmenden gesellschaftlichen Differenzierung und gleichzeitig sich verstärkenden Verflechtung zwischen den gesellschaftlichen Gruppen korrespondiert, so beobachtet es Elias, eine Tendenz zur »Psychologisierung« oder »Rationalisierung des Bewußtseins« (vgl. Elias 1980, 369 ff.): Damit referiert er zugleich auf eine stärkere Durchdringung der Verhaltensvorschriften mit affektneutraler Beobachtung und Erfahrung (vgl. Elias 1980, 275) wie auf eine zunehmende Internalisierung gesellschaftlicher Regulierungen. Der gesellschaftliche Aufbau und Einbau von Ängsten bildet Elias zufolge einen der wichtigsten Verbindungswege, über die sich die Struktur der Gesellschaft auf die individuellen psychischen Funktionen überträgt (vgl. Elias 1980, 446).

Stärke, Art und Struktur der Ängste wandeln sich mit der Gesellschaftsstruktur. Dieser Wandel geht weder »intentional« (vgl. Elias 1980, 313) noch »gradlinig« (vgl. Elias 1992, 256) vor sich, gleichwohl zeigt die Entwicklung des menschlichen Affekthaushaltes eine bestimmte Richtung: »Das Schamempfinden, das die sexuellen Beziehungen der Menschen umgibt, hat sich im Prozeß der Zivilisation beträchtlich verstärkt und verändert« (Elias 1992, 23). Dies ist das Ergebnis einer Analyse, die sich auf unterschiedlichste Quellen bezieht. So zieht er zum Vergleich mit der heutigen Situation die »Colloquien« des Erasmus von Rotterdam aus dem Jahre 1522 heran, das ein Standardwerk zur sittlichen Unterweisung von Jungen wurde; aber auch Hochzeitsriten, Schlafgemächer und Nachtbekleidungen sowie die Einstellungen zur monogamen Ehe seit dem 16. Jahrhundert macht er zum Gegenstand sozio- und psychogenetischer Untersuchungen. Elias resümiert:

Die Zivilisationskurve des Geschlechtstriebs verläuft ... parallel zu den Kurven anderer Triebäußerungen ... Auch hier wird, zunächst einmal gemessen an den Männern der jeweiligen Oberschicht, die Regelung immer strikter. Auch diese Triebform wird langsam aus dem öffentlichen Leben der Gesellschaft immer stärker zurückgedrängt. Auch die Zurückhaltung, die man ihr gegenüber im Sprechen zu üben hat, wächst. Und diese, wie jede andere Zurückhaltung, wird immer weniger durch unmittelbare äußere körperliche Gewalt erzwungen; sie wird durch den Aufbau des gesellschaftlichen Lebens, durch den Druck der gesellschaftlichen Institutionen im allgemeinen und im besonderen durch bestimmte gesellschaftliche Exekutivorgane, vor allem durch die Familie, dem Einzelnen als Selbstzwang, als automatisch wirkende Gewohnheit von klein auf angezüchtet; die gesellschaftlichen Gebote und Verbote werden damit immer nachdrücklicher zu einem Teil seines Selbst, zu einem streng geregelten Über-Ich, gemacht (Elias 1992, 258).

Die Ausübung der Sexualität beschränkt sich immer ausschließlicher auf die Enklave der monogamen Ehe; die Einübung in die rechte sittliche Einstellung kommt immer ausschließlicher der Kleinfamilie zu. Die Intimisierung des Sexuellen vollzieht sich als Internalisierung eines schambelasteten und angstregulierten Verhaltenscodes, wird »konstitutives Element des individuellen Selbst« (vgl. Elias 1992, 262).
Elias beschreibt die Geschichte der Formen, die Menschen ihrer Sexualität geben, als die Geschichte einer Domestizierung: die

Disziplinierung der Sexualität via »Regulierung, Umformung und Peinlichkeitsbelastung« dieses Triebes beim Einzelnen (Elias 1992, 248) bedeutet eine Konditionierung, durch die eine »Affektmauer« zwischen Körper und Körper errichtet wird (vgl. Elias 1992, 230), die das Verhältnis der Individuen zueinander und damit ›Gesellschaft‹ strukturiert.

Die theoretische Besonderheit der Analysen Elias' und Foucaults (und die Verbindung beider Autoren) liegt in der Verknüpfung von Prozessen der psychischen Internalisierung und der sozialen Strukturierung – ein Kernstück jeder Theorie sozialen Wandels. Darüber hinaus sind für Elias, aber auch für Ariès, Febvre und Bloch historische Wandlungen verhaltensnormierender Diskurse deshalb von so überragendem Interesse, weil sie über die Richtung des Zivilisationsprozesses Aufschluß geben: »In plotting how the meanings assigned to a discourse succeed one another, the historian of mentalities is able to trace the direction in which civilization is tending« (Hutton 1981, 252). Damit artikulieren diese Autoren jedoch zugleich eine wichtige analytische Differenz zu Foucault: Sie unterstellen nämlich einen *stabilen* Zusammenhang zwischen einem diskursiven Substrat und seiner *Bedeutung*. Wie Elias porträtiert zwar auch Foucault den Menschen als ein Wesen, das Formen/Diskurse schafft, in denen es sich herstellt. Im Unterschied zu Elias interessiert Foucault allerdings »das Funktionieren des Diskurses, nicht seine Bedeutung« (Foucault 1974, 13). Es geht ihm mithin nicht um die Interpretation der Bedeutung einer sexuellen Vorschrift, einer therapeutischen Maßnahme oder einer Beichtanweisung, sondern um die Beschreibung des *vielfältigen Gebrauchs*, der von diesen diskursiven Elementen gemacht wird, und wie sie sich in einer gegebenen Kultur im Raum verteilen. Bedeutungen kommen hier konsequenterweise nur als *Effekte* diskursiver und nicht-diskursiver Prozesse zur Geltung.

Auch bei der Genealogie handelt es sich um ›Historikerarbeit‹, jedoch geht es um »Historie des Denkens: das heißt nicht einfach Historie der Ideen oder der Vorstellungen, sondern auch der Versuch, auf diese Fragen zu antworten: Wie kann sich ein Wissen konstituieren? Wie kann das Denken, sofern es mit der Wahrheit zu tun hat, auch eine Geschichte haben?« (Foucault 1989, 16). Es geht nicht um eine Geschichte der Sitten, der Verhaltensweisen, sondern um eine Geschichte der Art und Weise, in der das Begehren in Form von Wahrheitsdiskursen Gegenstand für das Denken geworden ist, sei es als moralische Reflexion, wissenschaftliche Erkenntnis, politische Analyse (vgl. Foucault 1989, 17f.). Die Genealogie weicht daher mit ihren wissenssoziologischen Implikationen von den Analysen Elias' ab. Sie zeigt, wie Wissen innerhalb verbindlicher Praktiken, die jedem Einzelnen aufgegeben sind, erzeugt wird, sich durchsetzt und Machtwirkungen ausübt. Diese Machtwirkungen analysiert sie – umgekehrt – als Resultate diskursiver Inszenierungen, die die Beteiligten des Diskurses definieren und in Regie nehmen: das Gesamt dieser Regularien, das übergeordnete Dispositiv, bestimmt jeden Diskurs detailliert und damit auch, welche ›Bedeutungen‹ möglich sind. So ist es beispielsweise innerhalb eines Dispositivs der ›Keuschheit‹ unmöglich, ein Konzept der ›Sexualität‹ auszuarbeiten. Dieses Verständnis eines individuell und global zu regulierenden Begehrens gehört einem Dispositiv der Sexualität an, das sich seinerseits limitierend auf ›Bedeutungen‹ auswirkt. Spiel und Wandel von Bedeutungen sind ohne Rekurs auf zugelassene Diskurse (Vokabulare und Sprecher) und ohne Rekurs auf die Dispositive, zu denen sie sich als Ordnung bündeln, nicht systematisch zu erfassen, ›bloße‹ Erzählung.[1]

Disziplinierung ist jedoch nur ein Moment im Prozeß der Rationalisierung; ein anderes ist das der Verwissenschaftlichung. Weber charakterisiert diesen Prozeß als die Heraufkunft des Wissens davon, »daß man, wenn man nur *wollte*, es jederzeit erfahren

---

[1] Die Narration, auf der die Analyse Elias' aufruht, ist im übrigen der Psychoanalyse entnommen: Sie beschreibt die Entwicklung eines gesellschaftlichen Über-Ichs, und zwar auf eine Weise, die Freud selbst in seiner Schrift *Das Unbehagen in der Kultur* nahegelegt hat. Auch hier besteht ein markanter Unterschied zu Foucault. Er macht die narrative Struktur der Psychoanalyse zu seinem *Gegenstand*.
Gleichwohl ist auch die Narration Foucaultscher Spielart nicht ohne ›Einflüsse‹. Dabei geht es mir weniger um deren intellektuelle Inspiration durch Nietzsche und Heidegger, auf die Foucault selbst und seine Kommentatoren verschiedentlich hinweisen (vgl. dazu auch Anm. 5 dieses Kapitels), sondern eher um die Geburt seines Denkens aus dem Gegenstand seines Denkens: Es zeugt von einer Haltung, deren Genealogie er beschreibt: der ›modernen‹ Haltung. Diese ihrerseits kann eine Herkunft auch aus den christlichen Praktiken, die die Genealogie beschreibt, nicht leugnen. Doch diese Überlegungen zur reflexiven Struktur von Foucaultschem Denken und seinem Gegenstand können hier nur angedeutet werden.

könnte, daß es prinzipiell keine geheimnisvollen Mächte gebe, die da hineinspielen, daß man alle Dinge – im Prinzip – durch *Berechnen beherrschen* könne« (Weber 1922, 353 ff.). Die verwissenschaftlichte Gesellschaft tritt hier einerseits in der Figur des überlegenen Sozialsystems auf: den Kontrast bilden Gesellschaften, die, durch traditionale Verhaltensorientierungen gesteuert, noch ganz im Banne der ›geheimnisvollen, unberechenbaren Mächte‹ stehen. Andererseits wird ein Bedauern über den Verlust der idyllisierten Lebenswelt zum Ausdruck gebracht: Webers berühmte Metapher vom ›eisernen Käfig‹ zeichnet die Zwangswirkungen der verwissenschaftlichten Welt plastisch. ›Tradition und Mächte‹ hier, ›Aufklärung und Wissenschaft‹ dort, sind jedoch zwei Seiten, die erst die Aufklärung einander gegenübergestellt hat. Die Genealogie möchte demgegenüber am Beispiel der ›Verwissenschaftlichung der Sünde‹ auf zwei Dinge hinweisen: *erstens*, die Erzeugung systematischen, reflektierten Wissens ist keine Erfindung der Wissenschaft; *zweitens*, sowohl die *vor*wissenschaftlichen als auch die *ver*wissenschaftlichten Praktiken der systematischen Reflexion beruhen – in unterschiedlichem Ausmaß – auf Zwang *und* der Chance, autonomere Verhaltensformen zu finden. Nach einigen Hinweisen auf den genealogischen Beitrag zu der These der Verwissenschaftlichung folgt deshalb eine kurze Diskussion zu den Chancen (sexueller) Subjektivierung innerhalb kulturell vorfindlicher Praktiken des Selbst.

Verwissenschaftlichung, das gilt auch für den Begehrensdiskurs, ist ein Prozeß, der nicht eine *terra incognita* der Rationalität zuführt. Die Genealogie kann demgegenüber zeigen, daß die Wissenschaften von der Sexualität auf bereits fest verankerte und elaborierte Praktiken der Selbstthematisierung zurückgreifen können. Die sich verwissenschaftlichende Praxis greift daher nicht nur den Gegenstand und die zentrale Technologie christlicher Problematisierungen auf, sondern sie kann darüber hinaus – fast wichtiger noch – an ein breit verankertes Wissen anschließen, *daß* das Begehren selbstverständlich Gegenstand der Regulierung ist.

Die wissenserzeugende Mechanik beruht vor allem auf zwei Komponenten, die die Wissenschaften von der Sexualität ebenfalls aufgreifen: zum einen beruht sie darauf, daß sie die Problematisierung des Begehrens im Prinzip jedem einzelnen Mitglied westlicher Gesellschaften nahelegt. Die daraus resultierende und sie begünstigende Dynamik von Wissensproduktion und -nachfrage

auf diesem Terrain ist Gegenstand eingehender soziologischer Beobachtung (vgl. für das vorliegende Beispiel: Kapitel 1).
Zum anderen beruht sie auf der Konkurrenz verschiedener Wissensformen und der durch sie gesetzten unterschiedlichen Problematisierungen. Vereinfachend ließe sich beispielsweise anführen, daß die Konkurrenz stoisch-physiologischer Modelle des Begehrens und deren gesellschaftliche Verbreitung Augustinus nicht unbeeindruckt läßt. Die rigorose Problematisierung der Keuschheit erfährt daher in dem Moment, da sie allen Gläubigen zur Pflicht gemacht werden soll, eine entscheidende Modifikation durch das Konzept der enthaltsamen Ehe (vgl. Kap. 6). Generell ist überall dort, wo es zu regelrechten Debatten, Schulenstreit oder dgl. kommt, zumindest die (erneute) Aufmerksamkeit auf das Thema gewiß, die Modifizierung des Wissens wahrscheinlich. Darüber hinaus ließ sich am Beispiel der aufklärerischen Sexualratgeber zeigen, daß Wissen sich vor dem Hintergrund der Konkurrenz verschiedener Wissensformen und ihrer unterschiedlichen Verankerung in der Gesellschaft nicht ›en bloc‹, sondern abhängig von den sich diversifizierenden Resonanzen (Experten, Gläubige, ›Aufgeklärte‹, ...) als Amalgam verbreitet und auch dies zu Modifizierungen Anlaß gibt.
Die einzelnen Transformationen:
- von der Problematisierung der Keuschheit zu der der Sexualität;
- von einem sich asketisch-bekennend entsagenden zu einem sich therapeutisch stilisierenden Selbst;
- von einem zentralen kasuistisch differenzierten Verbot zu einem System von Regulierungen,

zeigen *Verwissenschaftlichung als einen Prozeß, in dem sich ein wissenschaftliches Rationalitätsfeld vor ein christliches schiebt: war das Begehren zuvor in ein Rationalitätsfeld der Keuschheit integriert, so findet es sich nun in einem Rationalitätsfeld namens ›Sexualität‹*. Gleichwohl: der Typus der Wissensproduktion ändert sich im Hinblick auf seine ›Berechenbarkeit‹; die ›Orgasmologie‹ von Masters und Johnson zeigt in extremer Form, daß auch das Begehren von dieser Entwicklung nicht ausgenommen ist (vgl. Kapitel 1).
Angesichts dieser Entwicklungen, die mit Disziplinierung und Verwissenschaftlichung umschrieben worden sind, erhebt sich die Frage, ob sich vor diesem Hintergrund die Verhaltensnormierung

des Einzelnen verschärft, wie es die Vertreter der sozialwissenschaftlichen Kritik an der Therapeutisierung diagnostizierten (vgl. Kapitel 1). Dies konvergiert mit einer exegetischen Debatte um das Spätwerk Foucaults: Dort diskutiert man – überwiegend skeptisch – die Frage nach den Autonomiechancen moderner Subjekte. Die Antworten Foucaults gehen hier – für manche unerwartet – über das eher pessimistische Denken der Frankfurter Schule hinaus.

Subjektivierung im Komparativ

Die Genealogie der therapeutischen Konstruktion sexueller Subjekte hat einige soziohistorisch spezifische Korrelationen von Wissensbereichen, Normativitätstypen und Subjektivitätsformen erkundet, in denen Individuen sich als Subjekte einer Sexualität erfahren lern(t)en. Diese Korrelationen können, das hat Foucault auch in früheren Arbeiten gezeigt, in unterschiedlichem Ausmaß auf Zwang oder größerer Freiheit beruhen: So hat er Formen untersucht, in denen Individuen sich über Zwangssysteme wie Psychiatrie und Gefängnis als Wahnsinnige oder Delinquente subjektivieren; des weiteren Formen wissenschaftlicher oder theoretischer Spiele, die Individuen als arbeitende, sprechende, lebende Menschen subjektivieren; und schließlich Formen, die er als Praktiken des Selbst bezeichnet hat, in denen Individuen sich als moralisch Handelnde reflektieren und führen lernen. Das Disziplinarindividuum, der ›Mensch‹ der Humanwissenschaften, das sich in asketischen Praktiken selbst bildende Subjekt: In aufsteigender Reihe verfügen diese Subjektivierungstypen über größere Freiheitsgrade der Selbstkonstitution. Dennoch: Noch das eher passive Disziplinarsubjekt ist nicht völlig unfrei, was sich für Foucault beispielsweise daran erweist, daß »die großen Phänomene der Hysterie gerade dann beobachtet worden sind, als es ein Höchstmaß an Zwang gab, um die Individuen dazu zu bringen, sich als Wahnsinnige zu konstituieren« (Foucault 1984c, 18 f.). Auf der anderen Seite muß auch das eher aktive asketische Subjekt auf Schemata der Selbstreflexion und -stilisierung zurückgreifen, die es nicht selbst *er*findet, sondern in seiner Kultur *vor*findet. Diese Schemata kombinieren Wissensbereiche und Machtpraktiken zu Formen der Selbstthematisierung, die dem Einzelnen entweder vorgeschlagen oder nahegelegt oder gar aufgezwungen werden, und so in unterschiedlichem Maße erlauben, mit ihnen zur Selbstbildung kreativ umzugehen.

Die unterschiedlichen Subjektivitätsformen analysiert Foucault daher nicht entlang des dualen Schemas totale Unterwerfung versus völlige Souveränität: Die Vielzahl der Subjektivierungsformen, -fähigkeiten und -möglichkeiten siedelt er eher zwischen diesen Polen an und konzipiert sie *komparativ*: Er ist überzeugt,

> daß es kein souveränes und konstitutives Subjekt gibt, keine universelle Form des Subjekts, die man überall wiederfinden könnte. Einer solchen Konzeption vom Subjekt stehe ich sehr skeptisch, ja feindlich gegenüber. Ich denke hingegen, daß das Subjekt sich über Praktiken der Unterwerfung konstituiert bzw. – auf *autonomere* Art und Weise – über Praktiken der Befreiung und der Freiheit. So geschah es in der Antike, und zwar ausgehend, wohlgemerkt, von einer gewissen Anzahl von Regeln, Stilen und Konventionen, die sich im kulturellen Bereich wiederfinden (Foucault 1984b, 137f., Hervorhebung von mir, S.M.).[2]

Die Genealogie sexualtherapeutisierender Subjektivierung, die dieser Überzeugung folgt, hat die aufeinanderfolgenden Gestalten therapeutischer Selbstkonstitutionen nicht als die nicht oder doch gelungenen Befreiungen zum wahrhaftigen sexuellen Ich rekonstruiert, sondern die verschiedenen Formen diskutiert, in denen sich die Problematisierung der sexuellen Aktivität vollzieht, und die Subjektivitätstypen, die sie nahelegen. Mit der Dimension der ethischen Problematisierungen fokussiert sie die (mehr oder weniger) autonome Weise, in der sich das Subjekt *im Diesseits* der Wissens- und Machtbeziehungen, die es in seiner Kultur vorfindet und die es selbst immer schon durchziehen, konstituieren kann. Die Kreativität und reflexive Distanz kann sich auf verschiedene Weise artikulieren: Als individuelle Route zum Ewigen Heil, als List, die den bestehenden Diskurs sabotiert, oder auch als Wider-

---

2 Dieses Zitat muß diejenigen enttäuschen, die es offenbar hatten anders lesen wollen. Kögler beispielsweise verzichtet an der gleichen Stelle auf die Nennung des Komparativs (›auf autonom*ere* Art und Weise‹). Er zitiert: «Ich denke hingegen, daß das Subjekt sich über Praktiken der Unterwerfung konstituiert bzw. – auf *autonome* Art und Weise – über Praktiken der Befreiung und der Freiheit» (vgl. Kögler 1994, 166) und suggeriert damit eine Konzeption, die auf die unproduktive Alternative ›Automie vs. Unterwerfung‹ hinausläuft und damit m.E. den Clou des Foucaultschen Konzepts exakt verfehlt.

stand, der Kräfteverhältnisse verkehrt. »Die grundlegende Idee Foucaults ist die Dimension der Subjektivität, die sich von der Macht und vom Wissen herleitet, aber nicht von dort abhängig ist« (Deleuze 1987, 142) und daher durchaus nicht nur die gegebenen Verhältnisse kopiert. Die *écritures de soi* zeigen exemplarisch, wie unscheinbare Modifikationen an autoritativen, festgefügten literarischen Codes doch allmählich dazu führen, einer zunächst nicht vorgesehenen Form des Selbst Ausdruck zu geben.

Als ein wirkungsvolles Prinzip des Unterlaufens einer Regulierung (und ihrer Variation) erweist sich, was Deleuze als »Faltung eines gegebenen gesellschaftlichen Kräfteverhältnisses« bezeichnet. »Es geht darum, das Kräfteverhältnis zu ›verdoppeln‹, zu ›doubeln‹, es geht um eine Beziehung zu sich selbst, durch die wir widerstehen, uns entziehen können« (Deleuze 1993, 142). Ein Beispiel: Im Laufe des 19. Jahrhunderts wird das Individuum, das noch die zivilen oder kanonischen Rechte als Sodomit kannten, und das lediglich als Rechtssubjekt verbotener Handlungen in Betracht kam, zum ›Homosexuellen‹. Er verfügt nun über »... eine Vergangenheit, eine Kindheit ..., einen Charakter, eine Lebensform, ... eine Morphologie mit indiskreter Anatomie und möglicherweise rätselhafter Physiologie« (Foucault 1977, 58). Dieser Verpflichtung auf eine umfassend sexualisierte Subjektivität sind Homosexuelle in der Folge unterschiedlich begegnet: Neben Nichtanerkennung der eigenen Homosexualität oder ihrer Verheimlichung gibt es jedoch auch die Reaktion, ein Recht auf ebendiese homosexuelle Persönlichkeit mit einer Biographie, einem Habitus, einer Gegenkultur einzuklagen – all dies sind ›Faltungen‹, von denen Foucault und Deleuze im Anschluß an Heidegger sprechen (vgl. auch Kap. 13, Anm. 6). Die vom autoritativen Diskurs spezifizierten Elemente des Sexuellen werden ihrer stigmatisierenden Wirkung beraubt und zu Erkennungszeichen einer authentischen homosexuellen Persönlichkeit umfunktioniert. Diese Taktiken, die im Nebeneinander und in Konfrontation mit der sexualwissenschaftlichen Spezifikation ›des Homosexuellen‹ existieren, sind ein Beispiel für Widerstandspunkte, die aus den Friktionen des Diskurses mit seinen lokal spezifischen Aneignungen selbst hervorgehen. Auf diese Weise sind Individuen nicht nur Subjekte herrschender Diskurse, sie eignen sie sich auch schöpferisch an. In der bildhaften Sprache de

Certeaus: Es geht um den listenreichen und wildernden Umgang mit oder den parasitären Konsum von herrschenden Diskursen. In solchen »sekundären Produktionen« entwerfen Individuen Abweichungen, Re-Orientierungen, Neu-Definitionen dieser Diskurse.[3]

In dieser Konzeption setzt Foucault voraus, daß in allen menschlichen Beziehungen (z. B. Kommunikations-, Liebes- oder Vertragsbeziehungen) Machtverhältnisse stets präsent sind, d. h. es handelt sich stets um Beziehungen, in der einer das Verhalten des anderen zu lenken versucht. Doch diese Beziehungen sind »beweglich, umkehrbar und instabil« (Foucault 1984c, 18), solange sie nicht in Herrschaftszuständen erstarren. Auch Machtbeziehungen beruhen auf der Freiheit der Subjekte – und sei es im schlechtesten Falle auch nur auf der Freiheit, durch Gewalt, Flucht, List oder andere lokale Taktiken, die die Lage umkehren, Widerstand auszuüben. Foucaults ›Analytik der Macht‹ erlaubt, dies so zu sehen: »Die Macht ist ein Name, den man einer komplexen strategischen Situation in einer Gesellschaft gibt« (Foucault 1977a, 114). Sein Kontrapunkt zu den machttheoretischen Ambitionen der Soziologie ist ein streng empirischer, entsubstanzialisierter und relationaler Machtbegriff, der Intentionalität nicht ausschließt, aber unvorhersehbare Kombinationseffekte prognostiziert. So lassen sich individuelles Kalkül oder lokale Taktiken identifizieren, die jedoch, indem sie »sich miteinander verketten, einander gegenseitig hervorrufen und ausbreiten, anderswo ihre Stütze und Bedingung finden und schließlich zu Gesamtdispositiven führen«, jene »großen anonymen Strategien <bilden>, die nahezu stumm, geschwätzige Taktiken koordinieren« (Foucault 1977, 116). Der strikt relationale Charakter der Machtbeziehungen schließt ein, daß sie nur »kraft einer Vielzahl von Widerstandspunkten existieren <können>, die die Rolle von Gegnern, Zielscheiben, Stützpunkten und Einfallstoren spielen« (Foucault 1977, 117).

3 »Diese Praktiken und Listen bilden letztlich das Netz einer Antidisziplin« (de Certeau 1980, 16): Ein solches Projekt skizziert de Certeau in seinem Buch »Die Kunst des Handelns« (1980). Gleichwohl bergen solche Faltungen die Gefahr, lediglich ebenso essentialistische Umkehrungen (hier: eine emphatisch verstandene ›homosexuelle Identität‹) zu postulieren und so die stereotype Verbindung von Sexualität und Wahrheit und Selbst erneut zu bestätigen (vgl. auch Sawicki 1991, 11 sowie 33 ff., die Ähnliches für den Diskurs des radikalen Feminismus zeigt).

Diese entsubjektivierten und in eine Vielzahl heterogener Taktiken zergliederten Machtbeziehungen sind dem Feld immanent, das sie besetzen, und produktiv für es. Dieser Immanenz von Wissensbereichen und Machtstrategien ging die Genealogie therapeutisierender Problematisierungen der Sexualität zunächst an »lokalen Herden des Machtwissens«, z.B. denen zwischen Beichtvätern und Beichtkindern, Therapeuten und Klienten nach und zeigte, wie verschiedene Diskursformen (Selbstprüfung, Geständnis) Erkenntnisschemata und verbindliche Diskurspraktiken produzieren.

In allen Dimensionen (des Wissens, der Macht, aber auch der ethischen Subjektivierung) können Fragen nach den Grenzen der vorhandenen diskursiven und nicht-diskursiven Formen sexueller Problematisierungen und den Möglichkeiten ihrer Überschreitung gestellt werden (vgl. Foucault 1984, 137). Damit gelingt Foucault, so Cook, ein entscheidender Schritt über die Kritische Theorie Horkheimers und Adornos hinaus:

> For Adorno and Horkheimer, the prospect of emancipation is uncertain because it is linked to a subject which is at best marginalised or, at worst, completely dominated by instrumental reason ... How is it possible, then, for a consciousness which has entirely internalised structures of domination to criticise instrumental reason? ... Adorno failed to find the grounds for extending this potential to all individuals. In contrast, Foucault, with his Nietzschean idea of *Selbst-Überwindung*, can grant to the subject a relative autonomy *vis-à-vis* the different, and often conflicting configurations of power and reason in the modern age (Cook 1993, 141).

Dieser Einschätzung ist dann zuzustimmen, wenn man die »relative Autonomie des Subjekts« als einen Effekt übersetzt: Es ist das Resultat seiner Position in einem konflikthaften Macht-/Wissensgefüge, das Sollbruch- und Leerstellen läßt, Interpretations-, wenn nicht gar: Widerstandsmöglichkeiten erlaubt.[4]

---

4 An dieser Stelle wird Foucault von einigen Autoren »Kryptonormativität« (Habermas 1985, 331 ff.) vorgeworfen. Habermas etwa moniert, daß Foucault einerseits vorgebe, keine ›richtige‹ Seite zu kennen, andererseits doch mit dem Kampfmittel der Genealogie zum »Aufstand der einzelnen Wissensarten« (Foucault 1978, 63), zum Widerstand der unterdrückten Subjekte, mobilisiere. Fraser faßt es so: »Only with the introduction of normative notions could he begin to tell us what is wrong with the modern power/knowledge regime and why we ought to suppose it« (Fraser 1981, 283). Doch nicht Kryptonormativität, son-

Die Frage, die Foucault sich stellt, ist mithin nicht *alternativ*: Subjektivierung – ja oder nein?, sondern *komparativ*: Es gibt bessere und schlechtere Formen des Selbstbezugs. Das Gütekriterium für bessere Modelle der Subjektivierung ist das Ausmaß, in dem sie Unterwerfung anderer ausschließen und die Verpflichtung auf eine Identität minimieren: »Das Problem ist ..., ... sich die Rechtsregeln, die Führungstechniken und auch die Moral zu geben, das Ethos, die Praxis des Selbst, die es gestatten, innerhalb der Machtspiele mit dem geringsten Aufwand an Herrschaft zu spielen« (Foucault 1985, 25). Am Horizont einer Genealogie therapeutisierter Subjekte steht daher auch die Konzeption eines auf Freiheit und Selbstbestimmung basierenden *Agonismus* verschiedener Interessen sowie Wissens-, Lebens- und Liebesformen: Anders als ein die sozialen Kräfte stillstellender *Anta*gonismus, gilt Foucault gesellschaftlicher *A*gonismus als zugleich unüberbrückbar und produktiv (Foucault 1984a). Mit dieser Perspektive ging diese Studie der Genealogie des gordischen Knotens nach, zu dem sich die Therapeutisierung sexueller Subjekte verwickelt hat. In Anerkennung eines weitreichenden Netzes von Praktiken, die eine therapeutisierende Produktion sexueller Selbste wenn nicht erzwingen, so doch nahelegen, stellt sich doch eine Frage: Gibt es *innerhalb dessen* gegenwärtig auch Chancen, eine autonomere Praxis seines sexuellen Selbst zu etablieren?[5] Die theoretischen

dern Forschungspragmatik ist hier am Werk, wenn Foucault sich zunächst auf die ›richtige Seite‹ (der Delinquenten, Frauen, Kranken, Homosexuellen, ...) stellt, um anschließend die »falsche Einheit, die illusorische ›Natur‹ jener anderen Seite, deren Partei man ergriffen hat, aufzulösen« (Foucault 1978, 192). Dann erscheint die Fragilität und vor allem: die Beweglichkeit von Beziehungen in vollem Licht; diese Chancen zur Bewegung zu ergreifen oder es nicht zu tun, ist allerdings Sache des Akteurs, nicht des Analytikers. Foucault versteht sich, wie bekannt, als »spezifischer Intellektueller«, der Karten vorfindlicher und möglicher Aktionen zeichnet, nicht aber Handlungsvorschriften macht (vgl. Einleitung, Anm. 1). Opponieren gegen den status quo ist keine (krypto)normative Anweisung, sondern ein kreativer Akt des Selbstbezugs, notabene: einer neben vielen anderen Möglichkeiten des Selbstbezugs.
5 Was das agonistische Verhältnis zu sich selbst angeht, so befindet sich Foucault, folgt man Heinrich Fink-Eitel, in einer eigentümlichen philosophischen Zwitterstellung. Während Foucaults Kritik an der Subjektphilosophie sich in einigen Arbeiten überwiegend an der nietzscheanischen Genealogie der Macht orientiert, neigt er, vor allem in seinen

Ausführungen zur Konstitution und Transformation von Macht-Wissenskomplexen erlauben die Vorhersage: Ja. Eine originelle Überlegung stellt dazu Odo Marquard an:
Marquard spricht sich leidenschaftlich für die Freiheiten aus, die gerade aus dem ›Gedrängel‹ von Wissens-, Lebens- und Liebesformen entstehen. Dem (gegenwärtig ohnehin unhintergehbaren) Psychologismus mißt er dabei eine besondere Rolle zu, allerdings nur jener Spielart, die sich als ›verspätete Moralistik‹ begreift. Ich greife zwei Charakteristika heraus:

1. Die Moralistik pflegt in skeptischer Manier den Endlichkeitssinn und schärft den Blick für die Freiheiten, die dem Menschen durch Überdeterminierung bzw. «Determinantengedrängel» zufallen. Dafür braucht sie das Psychologisieren: «... um nach Determinanten des Menschenlebens Ausschau zu halten, nach möglichst vielen und möglichst bunten, die einander – wegen ihrer Vielfalt – wechselseitig so in Schranken halten, daß den Menschen ihr Zufall Freiheit zufällt» (Marquard 1985, 15).
2. Die Moralistik schärft den Blick für das Übliche und das Unvermeidliche. Dafür braucht sie «das Psychologisieren: als Merken des Menschlichen durch Sympathie für die Usancen und nicht durch die große Entlarvung» (Marquard 1985, 14).

Marquards emphatisches Plädoyer für ein ›Psychologisieren in moralistischer Tradition‹ gibt einen Hinweis darauf, wie der kreative Umgang mit einer therapeutischen Haltung seinem Begehren gegenüber heute möglich ist. Im Gedrängel der Formen und An-

späten Arbeiten, eher einem von Heidegger inspirierten Existenzverständnis zu: In ›Sein und Zeit‹ stellt Heidegger Subjektivität nicht als ausschließlich inneres Verhältnis ›von sich selbst zu sich selbst‹ vor – an diesen Gedanken schließt Foucault mit seiner Kritik an dem christlichen und psychologischen Typus der Selbstbeziehung an – sondern als ein ›Dasein‹, das sich zur eigenen zeitlichen Existenz verhält und sich dabei immer schon in einer vorkonstituierten Welt befindet – an diesen Gedanken schließt Foucault mit seiner Genealogie an, die archäologisch identifizierte Diskursformen auf soziokulturelle Praktiken zurückführt. Daher revidiert Fink-Eitel seinen Eindruck, daß Foucault *zwischen* Nietzsche und Heidegger stehe, und stellt die Vermutung an: »Vielleicht war das, was letztlich den Sieg davontrug, der Nietzsche *in* Heidegger« (Fink-Eitel 1990, 377). Die Selbst-Mächtigkeit der Einzelnen integriert das Nietzeanische Motiv des ›Willens zur Macht‹ in das Heideggersche ›Dasein‹. Der dritte Band bringt diese Integration in seinem Titel zum Ausdruck: Es geht um ›die Sorge um sich‹.

gebote, das aus der Rezeption psychologisch-therapeutischer Diskurse durch völlig heterogene Diskurswelten entsteht, entwickeln und finden sich auch Angebote und Formen, die Entdeckungen möglich machen. Gast A zum Beispiel hat gegen Ende seiner Therapiesitzung bei der Domina ›*ein Licht* ‹ *gesehen – Welches Licht? – Gott.* (s. S. 20) – Wofür auch immer diese Bezeichnungen stehen; er hat doch unbezweifelbar ein außer-ordentliches Erlebnis gehabt – und das im Rahmen einer Praktik, die uns (noch) absurd erscheint. Es mag aber gerade der merkwürdige Riß sein, der Domina-Studio und Therapie durchzieht, auf den Erfahrungen wie diese zurückgehen. Ein Gast, der sich auch in der Therapiesitzung bei der Domina nicht auf ein Sprachspiel festschreiben läßt und virtuos die Vokabulare des sexuellen Exzesses, der Therapeutik und des religiösen Mysteriums verwendet, zeugt ebenfalls von einer ›ungezwungenen‹ Haltung der sexualtherapeutischen Praxis gegenüber. In der Tat: das Gedrängel der Deutungsschemata ist für ihn keine Not, sondern eine Tugend. (Der Domina-Therapeutik als Institution erhält dieses Gedrängel ihren besonderen Ort im schillernden Zwischenreich von Ekstase, Gesundheit und Spiritualität.)

Gleiches gilt *mutatis mutandis* für die autobiographische Selbstschreibung: ihre schöpferische Funktion kann auch diese Selbstthematisierung nur innerhalb der heute gültigen diskursiven Grenzen ausüben, oder besser: an deren Grenzen. Die Grenzen verlangen heute, daß man (therapeutisierend) die Wahrheit über sich sage. Dabei übernimmt die autobiographische Selbstschreibung *auch* eine therapeutisierende Funktion; *sie geht aber nicht in ihr auf*. Eine Ästhetik der Existenz will »nicht jemandes schöpferische Tätigkeit auf die Art seines Selbstverständnisses zurückführen, *sondern die <hier: therapeutisch orientierte> Art seines Selbstverhältnisses als eine schöpferische Tätigkeit ansehen*« (Foucault 1987, 278; Hervorhebung von mir, S.M.). Therapeutisierung schließt innerhalb des disziplinierenden Rahmens ›ethopoetische Arbeit‹ sexueller Selbste nicht aus; *notabene*: Arbeit an sich und seinem Begehren bleibt Programm.

›Faltungen‹: Im Diesseits der Therapeutisierung sexueller Probleme

Das Schlußwort sollen eine weitere therapeutische Variante und ein weiteres Beispiel des virtuosen Alltagsdiskurses haben: Welche Antworten finden sie im diszipliniert-abweichenden Umgang mit der disziplinierenden Therapeutisierung sexueller Selbste?

Eine Antwort des therapeutischen Diskurses

Unterdessen wird der Konstruktivismus, der das methodologische Grundgerüst der vorliegenden Diskursanalyse bildete, für die therapeutische Praxis selbst, auch im Bereich des Sexuellen, entdeckt: In einer weiteren Drehung der diskursiven Schraube gibt es nicht länger einen Befund namens ›sexuelles Problem‹, der sich durch *Einsicht* (in die Traumata der Kindheit, sexuelle Fehlhandlungen oder Kommunikationsstörungen) therapieren ließe. Die konstruktivistisch orientierte Diagnose betrachtet die sexuelle Störung als Resultat eines umfassenderen Konstrukts, in dem Individuen Sexualität und Selbst als Problem allererst konfigurieren, schärfer noch: nur innerhalb dieses Konstrukts gibt es dieses Phänomen. Die Therapie lautet: Bilde eine andere Konstruktion aus! Ein Beispiel:

Frigidität wird von der Betreffenden meist als eine persönliche Hemmung, als ein Unvermögen erlebt, und in dieser Ansicht wird sie dann durch einen reichhaltigen Katalog verschiedenartiger und zum Teil ganz widersprüchlicher ›wissenschaftlicher‹ Erklärungen bestärkt; zum Beispiel Unreife, ungenügende Realisierung ihrer Weiblichkeit, Penisneid, latente Homosexualität, unbewußte Aggression gegen das Männliche. Besonders letztere ›Erklärung‹ fügt zur Unterstellung einer Pathologie auch noch jene einer bösen Absicht. Wirksamere Als-ob-Fiktionen zur praktischen Verhinderung einer völlig normalen, natürlichen Reaktion kann man sich kaum vorstellen. Eine wesentlich zweckmäßigere Fiktion bestünde zum Beispiel darin, dem Problem eine ganz andere Deutung und Bedeutung zu geben, indem man es als einen übertriebenen Schutz des Partners hinstellt. Glaubt sie vielleicht, daß er der Leidenschaft ihrer ungehemmten Sinnlichkeit nicht gewachsen wäre? Hat sie vielleicht Grund zu der Befürchtung, daß er schockiert wäre, wenn sie ihrer Sexualität in der Beziehung zu ihm freien Lauf ließe? Würde er dann vielleicht impotent, und erspart sie ihm daher nicht die Angst, ihren natürlichen Ansprüchen nicht gewachsen zu sein? Wäre es daher nicht vielleicht besser, die Situation vorläufig unverändert zu lassen? – Ist die Umdeutung erfolgreich, so blockiert sie die oft verzweifelte Grundeinstellung: ›Ich soll reagieren, aber ich kann nicht.‹ Einmal mehr sei darauf verwiesen, daß weder diese noch die traditionellen Deutungen mehr als Fiktionen sind und keinerlei Anspruch auf Wahrheit und Richtigkeit stellen können; sondern daß es nur auf die praktischen Resultate ankommt, die eine bestimmte Als-ob-Fiktion erzeugt. Und ist das gewünschte praktische Ergebnis erreicht, so fällt ... die Fiktion heraus (Watzlawick 1985, 75).

Dieses Konzept versteht sich explizit als *Technik problemlösender und wirklichkeitsschaffender Fiktionen* (vgl. Watzlawick 1985, 76). Diese Technik der Selbstthematisierung bricht in keiner Weise mit den Konzepten, die Psychoanalyse, Verhaltens- oder Kommunikations- und andere Therapien entworfen haben, um den durch sie hergestellten problematischen Zusammenhang von Sexualität und Selbst zu erhellen und Besserung anzubieten. Im Gegenteil: Auch die zweite Serie von Fragen im vorangegangenen Beispiel macht ihrerseits von solchen Konstrukten Gebrauch. Im Innern eines differenzierten und nicht für nicht hintergehbar gehaltenen Diskurses therapeutisierter Sexualität nimmt sie allerdings eine bedeutsame Verschiebung vor. Das sexuelle Problem, das die frigide Frau in die therapeutische Praxis führt, sowie alle Konzepte, auf die sie sich zur Erklärung dieses Phänomens beruft, nimmt die konstruktivistisch orientierte Sexualtherapie als Indikatoren oder Bausteine für Fiktionen wahr, die problemerzeugend sind: Ob diese Fiktionen wahr oder falsch sind, interessiert hier nicht; entscheidend ist, daß diese Fiktionen den diskursiven Nährboden für das sexuelle Problem abgeben, indem sie zum Beispiel rationalisierende oder legitimierende Funktion haben. Diese problemerzeugenden Fiktionen unterscheidet die konstruktivistisch orientierte Sexualtherapie nun von solchen Fiktionen, die dem Problem seinen diskurspraktischen Existenzgrund entziehen: Umdeutungen, wie sie die zweite Serie von Fragen vorschlagen, aber auch Verhaltensverschreibungen, die die Klientin in eine neue Praxis ihrer selbst ›katapultieren‹, sind die Grundpfeiler einer Therapieform, die den Zusammenhang von Sexualität und Wahrheit zugunsten eines Zusammenhangs von *Sexualität und Als-ob Fiktionen* suspendiert.[6]

6 Dieses vielleicht gewagte Etikett bedarf einer Erläuterung: Watzlawick verweist in seinen Ausführungen auf *Die Philosophie des Als Ob,* die

Wohlgemerkt: Auch die konstruktivistisch inspirierte Variante ist Bestandteil des gordischen Knotens, zu dem sich Sexualität, Subjekt und Therapeutik miteinander verwickelt haben. Die Problematisierung der Sexualität im Modus therapeutisierender Rede und ihre Bedeutung für die Konstruktion des Selbst stellt auch sie nicht in Frage: insofern entwirrt sie den Knoten nicht. Statt sich aber in dogmatischen Debatten über die Wahrheit dieser Konzeption zu ergehen, lädt sie zu einem systemischen Umgang mit sexuellen-Problemen-in-diskurspraktischen-Kontexten ein: insofern fügt sie dem gordischen Knoten eine eigene Schleife hinzu. In diesem Rahmen einer konstruktivistisch orientierten Therapeutisierung sexueller Selbste bekommt die Metapher der Selbsttechnologie ihren positivsten Sinn. Parasitäre, eklektizistische, auf Problemlösung ausgerichtete Verwendung von Diskursen und Praktiken steht im Vordergrund: parasitär, weil es nicht auf die orthodoxe Verwendung ankommt, und eklektizistisch, weil es nicht auf den Anschluß an eine Schule, sondern – pragmatisch – nur darauf ankommt, ob es ›funktioniert‹, sich durch diskurspraktische Dekontextualisierung seines sexuellen Problems zu entledigen.

Hans Vaihinger 1911 vorgelegt hat und in der er auf die in vielen Beispielen nachzuweisende Beziehung zwischen fiktiven, völlig unbeweisbaren Wirklichkeitsannahmen oder Sinnzuschreibungen und ihren konkreten Resultaten hingewiesen hat. Diese pragmatische Auffassung von wirklichkeitserzeugenden Konstruktionen, seien es wissenschaftliche oder solche des *common sense*, macht sich die konstruktivistische (Sexual-)Therapie zunutze: Sie geht davon aus, daß die leidvollen Auswirkungen einer bestimmten gegenwärtigen Als-ob-Fiktion (die ihren Ursprung natürlich irgendwo in der Vergangenheit hatte) durch jene einer anderen Als-ob-Fiktion ersetzt werden müssen, die eine erträgliche Wirklichkeit erschaffen. An die Stelle von Wirklichkeitsanpassung im Sinne einer besseren Anpassung an die vermeintlich ›wirkliche‹ Wirklichkeit tritt also die bessere Anpassung der jeweiligen Wirklichkeitsfiktion an die zu erreichenden, konkreten Ziele (Watzlawick 1985, 77).

(Noch) eine Antwort des therapeutisierten Alltagsdiskurses

Volkshochschule München, Kurs ES 105, Thema »Weibliche Sexualität«, Männliche Teilnehmer nicht zugelassen, 10 Sitzungen, jeweils am Dienstag vormittag, 9.00 Uhr – 11.00 Uhr, DM 96,–

Passagen aus einem Kursbericht:
Als Hausaufgabe sollen alle einen Brief von ihrer Scheide oder Klitoris an sich selber schreiben: »Liebe Anna, ... Deine Scheide«. »Was die dir halt zu sagen hat«, umreißt Chris grob, »das Positive wie das Negative«. Malen sollen wir unsere Genitalien auch. Als Anregung hat Chris das Buch einer amerikanischen Künstlerin mitgebracht. Da sind lauter weibliche Genitalien drin. Manche sehen aus wie Blumen. Wir reichen das Buch reihum, mehr oder weniger interessiert (Schütz-Doinet 1989, 23).

...

Heut ist der Tag der sexuellen Phantasien. ... Zehn Frauen liegen da, schließen die Augen und hoffen auf eine sexuelle Phantasie. Die meisten sind ziemlich abgespannt hierher gekommen, haben vorher ihre Familien versorgt, die Kinder in den Kindergarten oder in die Schule gebracht und unterwegs noch schnell das Nötigste eingekauft. Die S-Bahn hatte Verspätung, es war eine einzige Hetze. Und jetzt sollen sie von einem Augenblick zum anderen sexuelle Phantasien haben? Vormittags kurz nach neun. Wie macht man das? (Schütz-Doinet 1989, 30)

...

An unserem letzten Dienstag gehen wir in einen Sexshop. Das war von vorneherein klar, das stand auf der Liste. Natürlich gehen wir da hin, haben wir alle zu Anfang des Kurses gesagt, warum denn nicht. Bis dahin sind wir ohnehin schon Profis. ... Einige haben bereits einen Blick ins Schaufenster geworfen. Ach herrje. Hoffentlich sieht einen keiner, den man kennt, wenn man da so vor einem Sexshop rumsteht (Schütz-Doinet 1989, 46).

Einerseits handelt es sich nur um ein weiteres Beispiel der therapeutisch orientierten Thematisierung der eigenen Sexualität: Weit weniger spektakulär als die Domina-Therapeutik präsentiert Hannelore Schütz-Doinet die VHS-Therapeutik als eine Praktik, der sie lächelnden Respekt zollt. Damit zeigt sie die andere Seite genau der Distanz, die offenkundig die Frauen auch selbst schon in diesen Kurs mitbringen: Zwar scheint ihnen allen die methodische

Erkundung der eigenen Sexualität unter Anleitung einer ausgebildeten Psychologin und Therapeutin der geeignete Weg zu sein, um die verklemmte Erziehung, die vermutete Frigidität, die eher verhaltene Lust zu bewältigen. Doch sie bezweifeln ein bißchen, wie weit sie auf diesem Weg kommen.

Andererseits steht dieses Beispiel für therapeutische Varianten, die sich weit in den Alltag der Nachfragenden integrieren oder aber die Zonen ihres Alltags erweitern. Anders als die Domina-Therapeutik, die einen im strengen Wortsinn exterritorialen Bezirk der Selbstthematisierung (Hahn) besetzt, werden hier therapeutische Übungen in den Alltag (der Beziehung, der Familie) hinein verlängert, und mehr noch, neue Zonen alltäglichen Lebens therapeutisch erobert: Der Besuch in der gemischten Sauna oder im Pornoladen sind Beispiele für die systematische therapeutische Dienstbarmachung dieser Settings. Darüber hinaus läßt der Alltag die VHS-Therapeutik nicht in Ruhe: Der Gedanke an das vorzubereitende Mittagessen interferiert mit der Auseinandersetzung um den richtigen Gebrauch des Vibrators; das kalte Badezimmer macht die sexualtherapeutischen Hausaufgaben zur Qual.

Außerdem steht die VHS-Therapeutik exemplarisch für besonders diskursbewußte Formen der Selbstklientelisierung. Wer heute eine sexualtherapeutische Beratung möchte, kann unter den verschiedensten Formen auswählen: Die Frauen, die sich für den VHS-Kurs entschieden, haben vor dem Hintergrund eines breit gefächerten Marktes und eines Diskurses, der ihnen bekannt genug ist, um zu wissen, daß und welche therapeutischen Angebote existieren, eine Wahl getroffen. Sie fiel auf einen Kurs mit einer Gruppe von Geschlechtsgenossinnen, unter Leitung einer Therapeutin; er berücksichtigt die Terminsituation der Frauen, ist nicht zu teuer und wird von einer angesehenen Institution angeboten.

Kurz, dieses Beispiel zeigt eine erstaunliche Virtuosität derjenigen, die Therapien nachfragen: Im Dschungel therapeutischer Angebote wird souverän die Frage nach der richtigen Therapie, der richtigen Therapeutin, der richtigen Gruppe gestellt, die helfen, Ursachen und Folgen sexueller Frustrationen zu erkennen, in den biographischen und familiären Zusammenhang einzubetten und systematisch zu bearbeiten. Und man erlaubt sich, eine im therapeutischen Diskurs unpopuläre Entscheidung zu treffen: Versuche dieser Art müssen ein Ende haben. Ganz resolut formuliert es Annemarie in ihrem Bericht über die Zeit nach dem Kurs:

»Ich habe mir vorgenommen, das Thema Sexualität bis zu meinem vierzigsten Geburtstag in den Griff zu bekommen. Ich tu' soviel wie möglich dafür. Wenn was dabei herauskommt, ist es gut. Wenn nicht, geb' ich's auf. Ich bin jetzt 39.«
– Der trotzige Tonfall läßt Raum für Skepsis, ob die therapeutisierende Anstrengung ihrer Sexualität gegenüber je ein Ende haben könne. Die Genealogin teilt diese Skepsis – mit Lachen und mit Staunen.

Literatur

Aland, Kurt (Hg.) (1961), *Luther Deutsch. Die Werke Martin Luthers in neuer Auswahl für die Gegenwart, Bd. 3: Martin Luther. Der neue Glaube*, Stuttgart: Ehrenfried Klotz, Göttingen: Vandenhoeck & Ruprecht

Aland, Kurt (Hg.) (1957), *Lutherlexikon*, Stuttgart: Ehrenfried Klotz

Anonyma (o.J.), *Verführung auf der Couch. Eine Niederschrift*, Freiburg: Kore

Arentewicz, G., R. Bulla, K. Schoof, E. Schorsch (1976), Verhaltenstherapie sexueller Funktionsstörungen: Erfahrungen mit 23 Paaren, in: K. Schorsch, G. Schmidt (Hg.) (1985), *Ergebnisse zur Sexualforschung*, Frankfurt/Main, Berlin, Wien: Ullstein

Ariès, Philippe (1986), Die unauflösliche Ehe, in: Philippe Ariès, André Béjin, Michel Foucault (Hg.), *Die Masken des Begehrens und die Metamorphosen der Sinnlichkeit. Zur Geschichte der Sexualität im Abendland*, Frankfurt/Main: Fischer

Ash, Mitchell G. (1990), Ein Kommentar zum Aufsatz Kenneth Gergens aus historischer und wissenschaftstheoretischer Sicht, *Psychologische Rundschau*, 41, 199-203

Augerolle, Joëlle (1991), *Mein Analytiker und ich. Tagebuch einer verhängnisvollen Beziehung*, Frankfurt/Main: Fischer

Aurel, Marc (1973), *Selbstbetrachtungen*, Stuttgart: Alfred Kröner

Aurelius Augustinus (1987), *Bekenntnisse. Confessiones*, Frankfurt/Main: Insel

Aurelius Augustinus (1977), Ehe und Begierlichkeit, in: Sebastian Kopp OSA., Dionysius Morick OSA., Adolar Zumkeller OSA. (Hg.), *Sankt Augustinus – Der Lehrer der Gnade. Gesamtausgabe seiner antipelagianischen Schriften*, Bd. III, 75-166

Aurelius Augustinus (1952), *Der Gottesstaat*, Salzburg: O. Müller

Aurelius Augustinus (1949a), *Die Enthaltsamkeit*, Würzburg: Augustinus-Verlag

Aurelius Augustinus (1949b), *Das Gut der Ehe*, Würzburg: Augustinus-Verlag

Bach, George R., Haja Molter (1979), *Psychoboom. Wege und Abwege moderner Therapie*, Reinbek bei Hamburg: Rowohlt

Bachorski, Hans-Jürgen (1991), Diskursfeld Ehe. Schreibweisen und thematische Setzungen, in: H.-J. Bachorski (Hg.), *Ordnung und Lust. Bilder von Liebe, Ehe und Sexualität in Spätmittelalter und Neuzeit*, Trier: Wissenschaftlicher Verlag, 511-539

Barfield, Owen (1957), *Saving the appearances*, London

Baudrillard, Jean (1992), *Transparenz des Bösen: ein Essay über extreme Phänomene*, Berlin: Merve-Verlag

Baudrillard, Jean (1985), *Die fatalen Strategien*, München: Matthes & Seitz
Baudrillard, Jean (1983), *Oublier Foucault*, München: Raben
Baumeister, Roy F. (1987), How the self became a problem: A psychological review of historical research, *Journal of Personality and Social Psychology*, 52, 1, 163-176
Beard, G. M. (1881), *Die Nervenschwäche (Neurasthenie) und ihre Symptome, Natur, Folgezustände und Behandlung*, Leipzig: F.W. Vogel
Beck, Ulrich, Elisabeth Beck-Gernsheim (1990), *Das ganz normale Chaos der Liebe*, Frankfurt/Main: Suhrkamp
Becker, Wilhelm Heinrich (1816), *Der Rathgeber vor, bei und nach dem Beischlafe oder faßliche Anweisung, den Beischlaf so auszuüben, daß der Gesundheit kein Nachtheil zugefügt und die Vermehrung des Geschlechts durch schöne gesunde und starke Kinder befördert wird*, Wiesbaden: Panorama-Verlag
Behr, John (1993), Shifting Sands: Foucault, Brown and the framework of Christian asceticism, *Heythrop Journal* XXXI, 1-21
Béjin, André (1986a), Niedergang der Psychoanalytiker; Aufstieg der Sexologen, in: Philippe Ariès, André Béjin, Michel Foucault (Hg.), *Die Masken des Begehrens und die Metamorphosen der Sinnlichkeit. Zur Geschichte der Sexualität im Abendland*, Frankfurt/Main: Fischer, 226-253
Béjin, André (1986b), Die Macht der Sexologen und die sexuelle Demokratie, in: Philippe Ariès, André Béjin, Michel Foucault (Hg.), *Die Masken des Begehrens und die Metamorphosen der Sinnlichkeit. Zur Geschichte der Sexualität im Abendland*, Frankfurt/Main: Fischer, 253-272
Bell, Daniel (1973), *The coming of post-industrial society. A venture in social forecasting*, New York: Basic Books
Benton, John E. (1982), Consciousness of Self and Perceptions of Individuality, in: R. Benson and G. Constable (eds.), *Renaissance and renewal in the twelfth century*, Cambridge MA: Harvard University Press
Benton, John F. (1985), Trotula, womens's problems, and the professionalization of medicine in the Middle Ages, *Bulletin of the History of Medicine* 59, 30-53
Bergmann, Rolf (1986), *Katalog der deutschsprachigen Geistlichen Spiele und Marienklagen des Mittelalters*, München
Berna-Simons, Lilian (1984), *Weibliche Identität und Sexualität: Das Bild der Weiblichkeit im 19. Jahrhundert und in Sigmund Freud*, Frankfurt: Materialis-Verlag
Bernd, Adam (1973), *Eigene Lebens-Beschreibung*, Volker Hoffmann (Hg.), München: Winckler
Beutelspacher, Martin (1986), *Kultivierung bei lebendigem Leib: alltägliche Körpererfahrungen in der Aufklärung*, Weingarten: Krummlin-Verlag

Beutin, Wolfgang (1990), *Sexualität und Obszönität. Eine literaturpsychologische Studie über epische Dichtungen des Mittelalters und der Renaissance*, Würzburg: Königshausen & Neumann

Blaschko, A. (1907), Das Merkblatt für sittlich gefährdete Frauen und Mädchen des Berliner Polizeipräsidiums und das Rettungswerk der Prostituierten, *Zeitschrift zur Bekämpfung der Geschlechtskrankheiten* 6

Bloch, Iwan (1908), *Das Sexualleben in unserer Zeit in seinen Beziehungen zur modernen Kultur*, Berlin: Marcus

Blumenberg, Hans (1986), *Die Lesbarkeit der Welt*, Frankfurt/Main: Suhrkamp

Bommer, J. (1962), *Von der Beichte und vom Beichten. Die Beichte in Glaubenslehre und Praxis*, Luzern, München: Rex-Verlag

Bonner, G.I. (1962), Libido and Concupiscence in St. Augustine, in: F.L. Cross, *Studia Patristica*, vol, VI, part 4. Papers Presented to the Third International Conference on Patristic Studies Held at Christ Church, Oxford 1959, Berlin: Akademie-Verlag

Bopp, Jörg (1985), Psycho- Kult – kleine Fluchten in die großen Worte, *Kursbuch* 82, 61-74

Borkman, Thomasina (1976), Experimental knowledge: A new concept for the analysis of selp-help-groups, *Social Services Review* 50, 9, 445-456

Boudinhon, A. (1897), Sur l'histoire de la pénitence à propos d'un livre récent, *RHLR* 2, 306-344, 496-524

Bourdieu, Pierre (1984), *Die feinen Unterschiede. Kritik der gesellschaftlichen Urteilskraft*, Frankfurt/Main: Suhrkamp

Brackert, Helmut, Fritz Wefelmayer (1984), *Naturplan und Verfallskritik. Zu Begriff und Geschichte der Natur*, Frankfurt/Main: Suhrkamp

Bredow, Wilfried von, Thomas Noetzel (1990), *Befreite Sexualität? Streifzüge durch die Sittengeschichte seit der Aufklärung*, Hamburg: Junius

Brommer, Peter (1985), ›Capitula Episcorum‹. *Die bischöflichen Kapitularien des 9. und 10. Jahrhunderts*, Turnhout: Brepols

Brommer, Peter (1975), Die Rezeption der bischöflichen Kapitularien Theodulfs von Orléans, *Zeitschrift der Savigny-Stiftung für Rechtsgeschichte*, Bd. 61, 113-160

Brown, Peter (1990), Bodies and Minds: Sexuality and Renunciation in Early Christianity, in: David M. Halperin, John F. Winkler, Froma J. Zeitlin (eds.), *Before Sexuality. The Construction of Erotic Experience in the Ancient Greek World*, Ainceton, New Jersey

Brown, Peter (1988), *The Body and Society. Men, Women and Social Renunciation in Early Christianity*, London and Boston: Faber and Faber

Brown, Peter (1987), The Saint as Exemplar in Late Antiquity, in: John Stratton Hawley (ed.), *Saints and Virtues*, Berkeley, Los Angeles, and London: University of California Press

Brown, Peter (1983a), Augustine and Sexuality. Protocol of the 46th Colloquy at Berkeley. Center for Hermeneutical Studies in Hellenistic and Modern Culture, May 22, 1983

Brown, Peter (1983b), Sexuality and Society in the Fifth Century A.D.: Augustinus and Julian of Ecclanum, in: Emilia Gabba (ed.), *Tria Corda. Scritti in onore di Arnoldo Momigliano*, Como: Edizioni New Press

Bruce-Briggs, J. (1979), *The new class?* New Brunswick, NJ: Transactia Books

Bruder, Klaus-Jürgen (1993), *Subjektivität und Postmoderne. Der Diskurs der Psychologie*, Frankfurt/Main: Suhrkamp

Brundage, James A. (1990), Sexual equality and the Medieval Canon Law, in: Joel T. Rosenthal (ed.), *Medieval women and the sources of medieval history*, Athens and London: The University of Georgia Press, 66-79

Brundage, James A. (1986), ›Alas! That evere love was synne‹: Sex and the Medieval Canon Law, *The Catholic Historical Review* 71, 1, 1-13

Brundage, James A. (1984), Let me count the ways: Canonists and theologians contemplate coital positions, *Journal of Medieval History* 10, 81-93

Brundage, James A. (1982a), Sex and Canon Law: A statistical analysis of samples of Canon and Civil Law, in: Vern Bullough and James A. Brundage (eds.), *Sexual Practices and the Medieval Church*, Buffalo NY: Prometheus Books, 89-101

Brundage, James A. (1982b), Concubinage and marriage in Medieval Canon Law, in: Vern Bullough and James A. Brundage (eds.), *Sexual Practices and the Medieval Church*, Buffalo NY: Prometheus Books, 118-128

Brundage, James A. (1982c), The Problem of Impotence, in: Vern Bullough and James A. Brundage (eds.), *Sexual Practices and the Medieval Church*, Buffalo NY: Prometheus Books, 135-140

Brundage, James A. (1980), Carnal delight: Canonistic theories of sexuality, in: Stephan Kuttner und Kenneth Pennington (eds.), *Proceedings of the Fifth International Congress of Medieval Canon Law*, Città del Vaticano: Biblioteca Apostolica Vaticana, 361-385

Bugge, John (1975), *Virginitas. An essay in the history of a medieval ideal*, The Hague: Nijhoff

Bullough, Vernon A. (1994), *Science in the bedroom: A histoy of sex research*, New York: Basic Books

Bultmann, R. (1956), Adam, wo bist du?, in: R. Bultmann, *Gesammelte Aufsätze*, Bd. II, Tübingen: Mohr

Burger, Christoph (1987), Die Erwartung des richtenden Christus als Motiv für katechetisches Wirken, in: Norbert Richard Wolf (Hg.), *Wissensorganisierende und wissensvermittelnde Literatur im Mittelalter: Perspektiven ihrer Erforschung*, Wiesbaden: Reichert

Busch, Dietrich W.H. (1839-1844), *Das Geschlechtsleben des Weibes in physiologischer, pathologischer und therapeutischer Hinsicht*, 5 Bde., Berlin

Caraco, Alberto (1985), *Im Reich der Sinne. Supplement zur Psychopathia sexualis*, München

Carlile, Richard (1828), *Every woman's book or what is love containing most important instructions for the prudent regulation of love and the number of a family*, London

Caruso, Paolo (1969), Gespräch mit Michel Foucault, in: Foucault, Michel (1974b), *Von der Subversion des Wissens,* München: Carl Hanser, 7-31

Castel, Francoise, Robert Castel, Anne Lovell (1982), *Psychiatrisierung des Alltags. Produktion und Vermarktung von Psychowaren in den USA*, Frankfurt/Main: Suhrkamp

Castel, Robert (1988), Die flüchtigen Therapien, in: Hanns-Georg Brose, Bruno Hildenbrand (Hg.), *Vom Ende des Individuums zur Individualität ohne Ende*, Opladen: Westdeutscher Verlag, 153-160

Castel, Robert (1987), Die Institutionalisierung des Uneingestehbaren und die Aufwertung des Intimen, in: Alois Hahn, Volker Kapp (Hg.), *Selbstthematisierung und Selbstzeugnis: Bekenntnis und Geständnis*, Frankfurt/Main: Suhrkamp, 170-180

Chadwick, Owen (²1968), *John Cassian*, Cambridge: Cambridge University Press

Clark, Elizabeth A. (1986), ›Adam's Only Companion‹: Augustine and the Early Christian Debate on Marriage, *Recherches Augustiennes* XXI, 139-162

Constable, Gilles (1985), The diversity of religious life and acceptance of social pluralism in the twelfth century, in: David Beales, Geoffrey Best (eds.), *History, society, and the churches*, Cambridge: Cambridge University Press, 29-47

Cook, Deborah (1993), *The subject finds a voice. Foucault's turn toward subjectivity*, New York: Peter Lang Publishing, Inc.

Corbin, Alain (1987), Kulissen, in: Philippe Ariès, George Duby (Hg.), *Die Geschichte des privaten Lebens, Bd. 4: Von der Revolution zum Großen Krieg*, Frankfurt/Main: Fischer, 419-634

Couzens Hoy, David (1988), Foucault: Modern or Postmodern?, in: *After Foucault. Humanistic Knowledge, Postmodern Challenges*, New Brunswick, London: Rutgers University Press

Cremerius, Johannes (1988), Abstinenz – Maxime und Realität, in: Anonyma, Verführung auf der Couch, eine Niederschrift, Freiburg: Kore

Dahlbohm, Bo (1986), The Role of Metaphors in Science, in: M. Furberg (ed.), *Logic and Abstraction*, Göteborg: Acta Universitatis, 95-118

de Certeau, Michel (1991), Das Lachen Michel Foucaults, in: Wilhelm Schmid (Hg.), Denken und Existenz bei Michel Foucault, Frankfurt/Main: Suhrkamp, 227-240

de Certeau, Michel (1980), *Die Kunst des Handelns*, Berlin: Merve

Deleuze, Gilles (1993), *Unterhandlungen*, Frankfurt/Main: Suhrkamp

Deleuze, Gilles (1987), *Foucault*, Frankfurt/Main: Suhrkamp
Delumeau, Jean (1985), *Angst im Abendland. Die Geschichte kollektiver Ängste im Europa des 14. bis 18. Jahrhunderts*, Hamburg: Rowohlt
Derrida, Jacques (1976), *Randgänge der Philosophie*, Frankfurt/Main, Berlin, Wien
Devereux, George (1974), *Normal und anormal. Aufsätze zur allgemeinen Ethnopsychiatrie*, Frankfurt: Suhrkamp
Dinzelbacher, Peter (1994), Mittelalterliche Sexualität – die Quellen, in: P. Dinzelbacher (Hg.), *Die Privatisierung der Triebe. Sexualität in der Frühen Neuzeit*, Frankfurt/Main: Peter Lang/Europäischer Verlag der Wissenschaften
Dodds, E.R. (1928), Augustine's *Confessions*: a study of spiritual maladjustment, *Hibbert Journal* 26, 459-473
Dörries, Herrmann (1963), *Die Vita Antonii als Geschichtsquelle*, Göttingen
Donzelot, Jacques (1979), *Die Ordnung der Familie*, Frankfurt/Main: Suhrkamp
Dreyfus, Hubert L., Rabinow, Paul (1990), Was ist Mündigkeit? Habermas und Foucault über »Was ist Aufklärung?«, in: Eva Erdmann, Rainer Forst, Axel Honneth (Hg.), *Ethos der Moderne. Foucaults Kritik der Aufklärung*, Frankfurt/Main und New York: Campus
Drijvers, Jan Willem (1987), Virginity and Ascetism in Late Roman Western Elites, in: Josine Blok, Peter Mason (eds.), *Sexual Asymmetry. Studies in Ancient Society*, Amsterdam: Gieben
Dubois, P. (1913), Rationelle Psychotherapie, *Jahreskurse für ärztliche Fortbildung* 4, 5, 25-32
Dukmeyer, Friedrich (1892), *Kritik der reinen und praktischen Unvernunft in der allgemeinen Verjudung*, Berlin

Elias, Norbert ([15]1992), *Über den Prozeß der Zivilisation. Soziogenetische und psychogenetische Untersuchung*, Bd. I, Wandlungen des Verhaltens in den weltlichen Oberschichten des Abendlandes, Frankfurt/ Main: Suhrkamp
Elias, Norbert ([7]1980), *Über den Prozeß der Zivilisation. Soziogenetische und psychogenetische Untersuchung*, Bd. II, Frankfurt/ Main: Suhrkamp
Ellenberger, Henri F. (1973), *Die Entdeckung des Unbewußten*, Bd. I, Bern, Wien: Hans Huber
Erdheim, Mario (1986), Über die vielseitige Verwendung des Sexuellen in der Wissenschaft, Frankfurt/Main: Syndikat, 23-38
Erdmann, Eva (1990), Die Literatur und das Schreiben. ›L'écriture de soi‹ bei Michel Foucault, in: Eva Erdmann, Rainer Forst, Axel Honneth (Hg.), *Ethos der Moderne. Foucaults Kritik der Aufklärung*, Frankfurt/Main und New York: Campus Verlag, 260-279
Esser, Stefan (1990), *Die Lüge mit der Lust. Vom klammheimlichen Ende unserer Lust*, München: Wilhelm Goldmann

Ewald, Francois (1978), *Foucault – ein vagabundierendes Denken*, Berlin: Merve, 7-20

Faubion, James D. (ed.) (1995), *Rethinking the subject. An anthology of contemporary European social thought*, Boulder, San Francisco, Oxford: Westview Press

Featherstone, Mike (ed.) (1990), *Global culture: Nationalism, globalization and modernity*, London et al.: Sage Publications

Ferguson, Chris D. (1983), Autobiography as therapy: Guibert de Nogent, Peter Abelard, and the making of medieval autobiography, *Journal of Medieval and Renaissance Studies* 13, 2, 187-212

Ferry, Luc, Renaut, Alain (1985), *Antihumanistisches Denken. Gegen die französischen Meisterphilosophen*, München, Wien: Carl Hanser

Feuchtersleben, Ernst von (1845), *Lehrbuch der ärztlichen Seelenkunde (Als Skizze zu Vorträgen)*, Wien: Gerhold

Fink-Eitel, Heinrich (1990), Zwischen Nietzsche und Heidegger. Michel Foucaults ›Sexualität und Wahrheit‹ im Spiegel neuerer Sekundärliteratur, *Philosophisches Jahrbuch*, 97, 367-389

Fischer, E. (1902), *Zur Geschichte der evangelischen Beichte, Bd. I: Die katholische Beichtpraxis bei Beginn der Reformation und Luthers Stellung dazu in den Anfängen seiner Wirksamkeit*, Leipzig

Flandrin, Jean-Louis (1986), Das Geschlechtsleben der Eheleute in der alten Gesellschaft: Von der kirchlichen Lehre zum realen Verhalten, in: Philippe Ariès, André Béjin, Michel Foucault (Hg.), *Die Masken des Begehrens und die Metamorphosen der Sinnlichkeit. Zur Geschichte der Sexualität im Abendland*, Frankfurt/Main: Fischer, 147-164

Flandrin, Jean-Louis (1978), *Familie: Soziologie Ökonomie, Sexualität*, Frankfurt/Main: Ullstein

Follingstadt, Diane R., Haynes, Stephen N. (1981), Naturalistic Observation in Assessment of Behavioral Marital Therapy, *Psychological Reports* 49, 471-479

Forel, Auguste (1899), *Der Hypnotismus. Seine Bedeutung und seine Handhabung in kurzgefaßter Darstellung*, Stuttgart: Enke

Foucault, Michel et al. (1996), *Der Mensch ist ein Erfahrungstier. Gespräch mit Ducio Trombadori*, Frankfurt/Main: Suhrkamp

Foucault, Michel et al. (1993a), *Technologien des Selbst*, Frankfurt/Main: Fischer

Foucault, Michel (1990), Was ist Aufklärung?, in: Eva Erdmann, Rainer Forst, Axel Honneth (Hg.), *Ethos der Moderne. Foucaults Kritik der Aufklärung*, Frankfurt/Main und New York: Campus, 35-69

Foucault, Michel (1989), Michel Foucault oder die Sorge um die Wahrheit, in: François Ewald (Hg.) *Pariser Gespräche*, Berlin: Merve, 7-30

Foucault, Michel (1988), Vorwort zu den *Dialogues* von Rousseau, in: Michel Foucault (Hg.), *Schriften zur Literatur*, Frankfurt: Fischer, 32-52

Foucault, Michel (1988/1963), Zum Begriff der Übertretung, in: *Schriften zur Literatur*, Frankfurt/Main: Fischer, 69-89

Foucault, Michel (1986a), *Sexualität und Wahrheit, Band 2: Der Gebrauch der Lüste*, Frankfurt/Main: Suhrkamp

Foucault, Michel (1986b), *Sexualität und Wahrheit, Band 3: Die Sorge um sich*, Frankfurt/Main: Suhrkamp

Foucault, Michel (1986c), Der Kampf um die Keuschheit, in: Philippe Ariès, André Béjin, Michel Foucault (Hg.), *Die Masken des Begehrens und die Metamorphosen der Sinnlichkeit. Zur Geschichte der Sexualität im Abendland*, Frankfurt/Main: Fischer, 25-39

Foucault, Michel, Richard Sennet (1980), Sexualität und Einsamkeit, in: Michel Foucault (1985), *Von der Freundschaft. Michel Foucault im Gespräch*, Berlin: Merve, 25-53

Foucault, Michel (1984a), Sex als Moral. Gespräch mit Hubert Dreyfus und Paul Rabinow, in: Michel Foucault (1985), *Von der Freundschaft. Michel Foucault im Gespräch*, Berlin: Merve, 69-83

Foucault, Michel (1984b), Eine Ästhetik der Existenz. Gespräch mit Alessandro Fontana, in: Michel Foucault (1985), *Von der Freundschaft. Michel Foucault im Gespräch*, Berlin: Merve, 133-141

Foucault, Michel (1983), L'écriture de soi, *Corps écrit* 5, 3-23

Foucault, Michel (1978), Nein zum König Sex. Gespräch mit Bernard-Henry Lévy, in: Michel Foucault, *Dispositive der Macht. Michel Foucault über Sexualität, Wissen und Wahrheit*, Berlin: Merve, 176-198

Foucault, Michel (1977), *Sexualität und Wahrheit, Band 1: Der Wille zum Wissen*, Frankfurt/Main: Suhrkamp

Foucault, Michel (1976), Die Machtverhältnisse durchziehen das Körperinnere. Ein Gespräch mit Lucette Finas, in: Michel Foucault (1978), *Dispositive der Macht. Michel Foucault über Sexualität, Wissen und Wahrheit*, Berlin: Merve, 104-117

Foucault, Michel (1974a), *Die Ordnung des Diskurses*. Inauguralvorlesung am Collège de France – 2. Dezember 1970, Frankfurt/Main, Berlin, Wien: Ullstein

Foucault, Michel (1974b), Nietzsche, die Geneaolgie, die Historie, in: Michel Foucault, *Von der Subversion des Wissens*, Frankfurt/Main, Berlin, Wien: Ullstein

Foucault, Michel (1973), *Archäologie des Wissens*, Frankfurt/Main: Suhrkamp

Frank, I.W. (1979), Die Beichte. Mittelalter, in: G. Krause, G. Müller (Hg.) (1979/1980), *Theologische Realenzyklopädie*, Bd. v

Frank, Jerome D. (1981), *Die Heiler. Wirkungsweisen psychotherapeutischer Beeinflussung. Vom Schamanismus bis zu den modernen Therapien*, Stuttgart: Klett

Frank, Jerome D. (1972), The bewildering world of psychotherapy, *The Journal of Social Issues* 28, 4, 27-43

Frank, Manfred (1989), *Das Sagbare und das Unsagbare. Studien zur deutsch-französischen Hermeneutik und Texttheorie*, Frankfurt/Main: Suhrkamp

Frantzen, A. J. (1983), *The Literature of Penance in Anglo-Saxon England*, New Brunswick, NJ: Rutgers University Press

Frederiksen, Paula (1978), Augustine and his analysts: The possibility of a psychohistory, *Soundings* 61, 206-227

Freud, Sigmund (1933), Neue Folge der Vorlesungen zur Einführung in die Psychoanalyse, GW XV, Frankfurt/Main: Fischer

Freud, Sigmund (1918), Aus der Geschichte einer infantilen Neurose, GW Bd. XII, Frankfurt/Main: Fischer, 27-257

Freud, Sigmund (1908a), *Die kulturelle Sexualmoral und die moderne Nervosität*, GW Bd. V, Frankfurt/Main: Fischer, 143-167

Freud, Sigmund (1908b), *Die endliche und die unendliche Analyse*, GW Bd. VII, 57-99

Freud, Sigmund (1905a), *Über Psychotherapie*, GW Bd. V, Frankfurt/Main: Fischer, 11-26

Freud, Sigmund (1905b), *Bruchstück einer Hysterie-Analyse*, GW Bd. V, Frankfurt/Main: Fischer

Freud, Sigmund (1901), *Die Traumdeutung. (Mit den Zusätzen bis 1935)*, GW Bd. II/III, Frankfurt/Main: Fischer, 1-642

Friedenthal, Richard (1983), *Luther, sein Leben und seine Zeit*, München: Piper

Fuchs, Alfred (1899), *Therapie der anomalen Vita sexualis bei Männern. Mit specieller Berücksichtigung der Suggestivbehandlung*, Stuttgart

Fuchs, Eduard (1909/1984), *Illustrierte Sittengeschichte*, Reinbek bei Hamburg: Rowohlt

Fuchs, Peter (1989), Die Weltflucht der Mönche. Anmerkungen zur Funktion des monastisch-asketischen Schweigens, in: Niklas Luhmann, Peter Fuchs, *Reden und Schweigen*, Frankfurt/Main: Suhrkamp

Gaume, J. (^{8}1867), *Handbuch für Beichtväter*, Regensburg: Georg Josef Manz

Geffcken, Johannes (1855), *Der Bildercatechismus des 15. Jahrhunderts und die catechetischen Hauptstücke in dieser Zeit bis auf Luther. 1. Die Zehn Gebote*, Leipzig: Weigel

Gendolla, Peter (1991), *Phantasien der Askese. Über die Entstehung innerer Bilder am Beispiel der Versuchung des heiligen Antonius*, Heidelberg: Carl Winter Universitätsverlag

Gergen, Kenneth J. (1990), Die Konstruktion des Selbst im Zeitalter der Postmoderne, *Psychologische Rundschau*, 41, 191-199

Gergen, Kenneth J. (1990), Eine Antwort auf meine Kommentatoren, *Psychologische Rundschau*, 41, 208-210

Giddens, Anthony (1992), *The transformation of intimacy. Sexuality, love and eroticism in modern societies*, Cambridge: Polity Press

Giddens, Anthony (1991), *Modernity and self-identity. Self and society in the Late modern age*, Oxford: Polity Press

Ginzburg, Carlo (1988a), Tizian, Ovid und die erotischen Bilder im Cinquecento, in: Carlo Ginzburg, *Spurensicherungen. Die verborgene Geschichte und soziales Gedächtnis*, München: DTV

Ginzburg, Carlo (1988b), *Clues: Morelli, Freud, and Sherlock Holmes*, in: Umberto Eco, Thomas A. Sebeok (eds.), *The sign of the three: Dupin, Holmes, Peirce*, Bloomington and Indianapolis: Indiana University Press, 81-118

Goerke, H. (1984), *Arzt und Heilkunde. Vom Asklepiospriester zum Klinikarzt. 3000 Jahre Medizin*, München: Callwey

Goody, Jack (1989), *Die Entwicklung von Ehe und Familie in Europa*, Frankfurt/Main: Suhrkamp

Gordon, Michael (1971), From an unfortunate necessity to a cult of mutual orgasm: Sex in American Marital Education Literature 1830-1940, in : James M. Henslin (ed.), *Sex in America*, New York: Random House, 53-77

Graham, James (1780), *Lecture on generation*, London: Longman, Hurst, Rees, Orne

Gregor von Nyssa (1927), *Des Heiligen Bischofs Gregor von Nyssa ausgewählte Schriften*, in: O. Bardenhewer, K. Weymann, J. Zellinger (Hg.), Bibliothek der Kirchenväter, München: Verlag Joseph Kösel und Friedrich Pustet

Gregor von Nyssa (1977), *Über die Jungfräulichkeit*, Wilhelm Blum (Hg.), Stuttgart: Hirsemann

Groppe, Sabine (1990), *Das Ich am Ende des Schreibens. Autobiographisches Erzählen im 18. und frühen 19. Jahrhundert*, Würzburg: Königshausen & Neumann

Gross, Martin (1978), *The psychological society: A critical analysis of psychiatry, psychotherapy, psychoanalysis and the psychological revolution*, New York: Random House

Grundmann, Herbert (1958), Litteratus-Illitteratus. Der Wandel einer Bildungsnorm vom Altertum zum Mittelalter, *Archiv für Kulturgeschichte* 40/1, 1-65

Grundmann, Herbert (1936), Die Frauen und die Literatur im Mittelalter, *Archiv für Kulturgeschichte* 26, 129-161

Guha, Anton-Andreas (1990), *Die ungeliebte Lust: Streitschrift für eine Kultur der Sexualität*, Frankfurt/Main, New York: Campus Verlag

Gurjewitsch, Aaron J. (1994), *Das Individuum im europäischen Mittelalter*, München: Verlag C.H. Beck

Habermas, Jürgen (³1986), *Der philosophische Diskurs der Moderne. Zwölf Vorlesungen*, Frankfurt/Main: Suhrkamp

Habermas, Jürgen (1985), *Die Neue Unübersichtlichkeit*, Frankfurt/Main: Suhrkamp

Hadot, Pierre (1991a), Ein unvollendetes Gespräch mit Michel Foucault, in: Pierre Hadot, *Philosophie als Lebensform. Geistige Übungen in der Antike*, Berlin: Mathias Gatza, 177-181

Hadot, Pierre (1991b), Überlegungen zum Begriff der ›Selbstkultur‹, in: Francois Ewald, Bernhard Waldenfels (Hg.), *Spiele der Wahrheit. Michel Foucaults Denken*, Frankfurt/Main: Suhrkamp Verlag

Hadot, Pierre (1981), *Exercises spirituels et Philosophie antique*, Paris: Etudes Augustinienne

Hadot, Ilsetraud (1969), *Seneca und die griechisch-römische Tradition der Seelenleitung*, Berlin: Walter de Gruyter & Co.

Häussler, J. (1826), *Über die Beziehung des Sexualsystems zur Psyche überhaupt und zum Kretinismus im Besonderen*, Wirceburgum: Becker

Hahn, Alois (1990), Beichte und Biographie, in: Michael Sonntag (Hg.), *Von der Machbarkeit des Psychischen*, Pfaffenweiler: Centaurus-Verlagsgesellschaft

Hahn, Alois (1987), Identität und Selbstthematisierung, in: Alois Hahn, Volker Kapp (Hg.), *Selbstthematisierung und Selbstzeugnis: Bekenntnis und Geständnis*, Frankfurt/Main: Suhrkamp

Hahn, Alois (1982), Zur Soziologie der Beichte und anderer Formen institutionalisierter Bekenntnisse: Selbstthematisierung und Zivilisationsprozeß, *Kölner Zeitschrift für Soziologie und Sozialpsychologie* 34, 408-434

Hahn, Alois (1976), *Soziologie der Paradiesvorstellungen*, Trier: NCO

Hanisch, Lothar, Peter M. Hermanns (1990), *Kampf um die Seele. Von Profis und Scharlatanen. Ein Handbuch zu Diagnose und Therapie*, Reinbek bei Hamburg: Rowohlt

Hanning, Robert W. (1977), *The individual in twelfth-century romance*, New Haven, London: Yale University Press

Harmening, Dieter (1987), Katechismusliteratur. Grundlagen religiöser Laienbildung im Spätmittelalter, in: Norbert Richard Wolf (Hg.), *Wissensorganisierende und wissensvermittelnde Literatur im Mittelalter: Perspektiven ihrer Erforschung*, Wiesbaden: Reichert, 91-102

Harmening, Dieter (1979), *Superstitio. Überlieferungs- und theoriegeschichtliche Untersuchungen zur kirchlich-theologischen Aberglaubensliteratur des Mittelalters*, Berlin: Erich Schmidt Verlag

Hellerich, Gerd (1985), *Homo Therapeuticus. Der Mensch im Netz der Helfer*, Bonn: Psychiatrie-Verlag

Hemminger, H., V. Becker (1985), *Wenn Therapien schaden*, Reinbek bei Hamburg: Rowohlt Verlag

Hertling, Ludwig (1931), Hagiographische Texte zur Bußgeschichte des frühesten Mittelalters, *Zeitschrift für katholische Theologie* 55, 109-122 und 274-287

Hesse, Mary (1988), Theorie, family resemblances, and analogy, in: D. Helman (ed.), *Analogical reasoning*, Dordrecht: Kluwer, 317-340

Hesse, Mary (1972), The explanatory function of metaphor, in: Yehuda Bar-Hillel (ed.), *Logic, methodology, and philosophy of science*, Amsterdam: North-Holland

Hirschlaff, Ludwig (1921), *Hypnotismus und Suggestion*, Leipzig: Barth

Hocke, Gustv René (1986), *Europäische Tagebücher aus vier Jahrhunderten. Motive und Anthologie*, Wiesbaden, München: Limes

Hoenig, J. (1977), The development of sexology during the second half of the 19th century, in: I. Money, H. Musaph (eds.), *Handbook of sexology*, Vol. 1., History and ideology, New York: Elsevier, 5-20

Hoffmann, Manfred (1966), *Der Dialog bei den christlichen Schriftstellern der ersten 4 Jahrhunderte*, Berlin: Akademie Verlag

Holden, Constance (1974), Sex Therapy: Making it as a science and an industry, *Science*, 330-334

Holmsten, Georg (1988), *Jean-Jacques Rousseau*, Reinbek bei Hamburg: Rowohlt Verlag

Horkheimer, Max, Theodor W. Adorno (1969), *Dialektik der Aufklärung*, Frankfurt/Main: Fischer

Horn, Klaus F. (1966), *Geschlechtsmotive in der Gnosis*, Diss. München

Hufeland, Christoph Wilhelm (1796/1984), *Makrobiotik oder die Kunst, das Leben zu verlängern*, Frankfurt/Main: Insel

Hutton, Patrick H. (1993), Foucault, Freud und die Technologie des Selbst, in: Foucault, Michel et al. (1993), *Technologien des Selbst*, Frankfurt/Main: Fischer Verlag

Hutton, Patrick H. (1987), The art of memory reconceived: From rhetoric to psychoanalysis, *Journal of the History of Ideas* 48, 3, 371-392

Illich, Ivan (1979), Entmündigende Expertenherrschaft, in: Illich et al., *Entmündigung durch Experten. Zur Kritik der Dienstleistungsberufe*, Reinbek bei Hamburg: Rowohlt Verlag

Jacquart, Danielle, Claude Thomasset (1988), *Sexuality and medicine in the Middle Ages*, Princeton NY: Princeton University Press

Jertson, James M. (1975), Self-help groups, *Social Work* 20, 2, 144-145

Johannes Cassianus (1879a), *Opera*, New York: Johnson (1966)

Johannes Cassianus (1879b), *Collationes*, New York: Johnson (1966)

Johnson, Frank (1985), The Western concept of self, in: Anthony J. Marsalla, George deVos, Francis L.K. Hsu (eds.), *Culture and self. Asian and Western perspectives*, New York, London: Tavistock Publications

Jungmann, Josef Andreas (1955), *Katechetik. Aufgabe und Methode der religiösen Unterweisung*, Freiburg, Basel, Wien: Herder

Kaan, Heinrich (1846), *Psychopathia Sexualis*, Leipzig

Kaplan, Helen Singer (1979), *Disorders of Sexual Desire and Other New Concepts and Techniques in Sex Therapy*, New York: Simon & Schuster

Kardorff, Ernst von (1979), Katharsis. Auf dem Weg zur Therapeutisierung der Gesellschaft, in: Mona Winter, Angela Vogel, Nana Ochmann, Ernst von Kardorff, Heidi Knetsch (Hg.), *Venusfliegenfalle. Sozialarbeit – Geometrisierung der Nächstenliebe*, Frankfurt/Main: Syndikat

Karpenstein-Eßbach, Christa (1995), Zum Unterschied von Diskursanalysen und Dekonstruktionen, in: Sigrid Weigel (Hg.), *Flaschenpost und Postkarte. Korrespondenzen zwischen Kritischer Theorie und Poststrukturalismus*, Köln: Böhlau Verlag

Karpenstein-Eßbach, Christa (1985), Die Autorfunktion, in: Gesa Dane, Wolfgang Eßbach, Christa Karpenstein-Eßbach, Michael Makropulos (Hg.), *Anschlüsse. Versuche nach Michel Foucault*, Tübingen: edition diskord, 169-178

Kastner, Maria, Sabine Maasen (1995), So bekommen Sie Ihr Problem in den Griff. Genealogie der kommunikativen Praxis ›Sexratgebersendung‹, in: Reinhard Fiehler, Dieter Metzing (Hg.), *Untersuchungen zur Kommunikationsstruktur*, Bielefeld: Aisthesis Verlag, 21-84

Keupp, Heiner (1994), Grundzüge einer reflexiven Sozialpsychologie. Postmoderne Perspektiven, in: Heiner Keupp (Hg.), *Zugänge zum Subjekt. Perspektiven einer reflexiven Sozialpsychologie*, Frankfurt/Main: Suhrkamp, 226-274

Keupp, Heiner (1982), Soziale Kontrolle. Psychiatrisierung, Psychologisierung, Medikalisierung, Therapeutisierung, in: Dieter Keupp, D. Rerrich (Hg.), *Psychosoziale Praxis – Gemeinde – Soziologische Perspektive. Ein Handbuch in Schlüsselbegriffen*, München: Urban und Schwarzenberg, 189-198

Kienitz, Sabine (1994), *Sexualität, Macht und Moral: Prostitution und Geschlechterbeziehung Anfang des 19. Jahrhunderts in Württemberg; ein Beitrag zur Mentalitätsgeschichte*, Berlin: Akademie-Verlag

Kinsey, Alfred (1954/55), *Das sexuelle Verhalten der Frau*, Frankfurt/Main: Fischer

Klein, Laurentius (1961), *Evangelisch-Lutherische Beichte. Lehre und Praxis*, Paderborn: Verlag Bonifacius

Kligerman, C. (1957), A psychoanalytic study of the *Confessions* of St. Augustine, *Journal of the American Psychoanalytic Association* V, 469-484

Kirsch, P.A. (1902), *Zur Geschichte der katholischen Beichte*, Würzburg

Kögler, Hans-Herbert (1994), *Michel Foucault*, Stuttgart: Verlag J.B. Metzler

Kögler, Hans-Herbert (1990), Fröhliche Subjektivität. Historische Ethik und dreifache Ontologie beim späten Foucault, in: Eva Erdmann, Rainer Forst, Axel Honneth (Hg.), *Ethos der Moderne. Foucaults Kritik der Aufklärung*, Frankfurt/Main und New York: Campus Verlag, 202-226

Koselleck, Reinhard (1973), *Kritik und Krise*, Frankfurt/Main: Suhrkamp

Kottje, Raimund (1987), Bußpraxis und Bußritus, Estratto da: *Settimane di Studio del Centro italiano studi sull'alto medio evo* XXXIII, Spoleto, 11-17 Aprile 1985

Kottje, Raimund (1986), Eine wenig beachtete Quelle zur Sozialgeschichte: Die frühmittelalterlichen Bußbücher – Probleme ihrer Erforschung, *Vierteljahrshefte für Sozial- und Wirtschaftsgeschichte*, Bd. 73, 1, 63-72

Kottje, Raimund (1982), Überlieferung und Rezeption der irischen Bußbücher auf dem Kontinent, in: H. Loewe (Hg.), *Die Iren und Europa im frühen Mittelalter*, Stuttgart: Klett-Cotta

Kottje, Raimund (1981), Ehe und Eheverständnis in den vorgratianischen Bußbüchern, in: W. van Hoecke, A. Welkenhuysen (eds.), *Love and marriage in the twelfth century*. Leuven: Leuven University Press, 18-39

Kovel, Joel (1977), *Kritischer Leitfaden der Psychotherapie*, Frankfurt/Main: Campus Verlag

Krafft-Ebing, Richard von (^{14}1912), *Psychopathia sexualis. Mit besonderer Berücksichtigung der konträren Sexualempfindung. Eine medizinisch-gerichtliche Studie für Ärzte und Juristen*, Wiederabdruck 1984, München: Matthes & Seitz Verlag

Krafft-Ebing, Richard von (1895), *Nervosität und neurasthenische Zustände*, Wien: Hölder

Krause, E. (1901), Die Wahrheit über mich. Selbstbiographie einer Konträrsexuellen, in: Wissenschaftliche-humanitäres Comitée von Magnus Hirschfeld (Hg.), *Jahrbuch für sexuelle Zwischenstufen*, Frankfurt/Main, Paris: Qumran

Krefting, A. (1981), Therapieinflation, in: G. Rexilius und S. Grubitzsch (Hg.), *Handbuch psychologischer Grundbegriffe. Mensch und Gesellschaft in der Psychologie*, Reinbek: Rowohlt Verlag

Kremer-Marietti, Angèle (1976), *Michel Foucault – Der Archäologe des Wissens. Mit Texten von Michel Foucault*, Frankfurt/Main, Berlin: Ullstein

Kursbuch (1985), *Die Therapiegesellschaft*, Berlin: Rotbuch Verlag

Laing, Donald, (1978), *Liebst du mich? Geschichten in Gesprächen und Gedichten*, Köln: Kiepenheuer & Witsch

Lakatos, Imre (1971), History of science and its rational reconstruction, in: R.C. Buck, R.S. Cohen (eds.), *Boston Studies in the Philosophy of Science*, Vol. VIII, Dordrecht: Kluwer

Langs, Robert (1991), *Der beste Therapeut für mich. Ein Ratgeber für die psychoanalytische Therapie*, Reinbek bei Hamburg: Rowohlt Verlag

Laqueur, Thomas (1992), *Auf den Leib geschrieben ... Die Inszenierung der Geschlechter von der Antike bis Freud*, Frankfurt/New York: Campus

Latiner, Paul (1977), A case of homosexuality treated by in vivo desensitization and assertive training, *Canadian Psychiatric Association Journal* 22, 4, 185-195

Lautmann, Rüdiger (1984), *Der Zwang zur Tugend. Die gesellschaftliche Kontrolle der Sexualitäten*, Frankfurt/Main: Suhrkamp

Leclercq, Jean (1973), Modern Psychology and the Interpretation of Modern Texts, *Speculum. A Journal of Medieval Studies* 48, 3, 476-490

Le Goff, Jacques (Hg.) (1990), *Der Mensch des Mittelalters*, Frankfurt, New York, Paris

Lehmann, Paul (1952), Autobiographies in the Middle Ages, *Transactions of the Royal Historical Society* 3, 41-52

Lemay, Helen Rodnite (1982), Human sexuality in twelfth-through fifteenth-century scientific writings, in: Vern Bullough and James A. Brundage (eds.), *Sexual Practices and the Medieval Church*, Buffalo NY: Prometheus Books, 187-205

Lemert, Charles C., Garth Gillian (1982), *Michel Foucault. Social Theory and Transgression*, New York: Columbia University Press

Liguori, Alphons M. von (1854), *Praktische Unterweisungen für Beichtväter oder: Homo Apostolicus in deutscher Übersetzung*, hg. von der Versammlung des allerheiligsten Erlösers, Band I und II, Regensburg: Verlag Georg Joseph Manz

Linse, Ulrich (1987), Über den Prozeß der Syphilisation – Körper und Sexualität um 1900 aus ärztlicher Sicht, in: Alexander Schuller, N. Heim (Hg.), *Vermessene Sexualität*, Berlin, Heidelberg: Springer Verlag

Lipp, Carola (1986), Fleißige ›Weibsleut‹ und ›liederliche Dirnen‹. Arbeits- und Lebensperspektiven von Unterschichtsfrauen um die Mitte des 19. Jahrhunderts, in: Utz Jeggle (Hg.), *Tübinger Beiträge zur Volkskultur in der Moderne. Zum 60. Geburtstag von Hermann Bausinger*, Tübingen: Ill

Lockot, R. (1985), *Erinnern und Durcharbeiten. Zur Geschichte der Psychoanalyse und der Psychotherapie im Nationalsozialismus*, Frankfurt: Fischer

Loewenfeld, L. (1897), *Lehrbuch der gesamten Psychotherapie mit einer einleitenden Darstellung der Haupttatsachen der medizinischen Psychologie*, Wiesbaden: Bergmann

Loewenfeld, L. (^{7}1895), *Die moderne Behandlung der Nervenschwäche (Neurasthenie), der Hysterie und verwandter Leiden*, Wiesbaden: Bergmann

Loewenich, Walter von (1982), *Martin Luther. Der Mann und das Werk*, München: List-Verlag

Logan, Richard D. (1986), A conception of the self in the later Middle Ages, *Journal of Medieval History* 12, 253-268

Luckmann, Thomas (1990), Eine verfrühte Beerdigung des Selbst, *Psychologische Rundschau*, 41, 203-205

Lüdeking, Karlheinz (1990), Die Wörter und die Bilder und die Dinge.

Foucault und Magritte, in: Eva Erdmann, Rainer Forst, Axel Honneth (Hg.), *Ethos der Moderne. Foucaults Kritik der Aufklärung*, Frankfurt/Main und New York: Campus Verlag, 280-307

Luhmann, Niklas (1990), *Wissenschaft und Gesellschaft*, Frankfurt/Main: Suhrkamp Verlag

Luhmann, Niklas (1988), *Erkenntnis als Konstruktion*, Bern: Benteli Verlag

Luhmann, Niklas (1987a), Darum Liebe. Interview: Dirk Becker, in: Niklas Luhman (1987), *Archimedes und wir*, Berlin: Merve Verlag, 61-73

Luhmann, Niklas (1987b), Intervista siciliana, Interview: Delia Parinello, in: Niklas Luhman (1987), *Archimedes und wir*, Berlin: Merve Verlag, 58-60

Luhmann, Niklas (1983), *Liebe als Passion. Zur Codierung von Intimität*, Frankfurt/Main: Suhrkamp Verlag

Luhmann, Niklas (1980), Gesellschaftliche Struktur und semantische Tradition, in: Niklas Luhman, *Gesellschaftsstruktur und Semantik. Studien zur Wissenssoziologie der modernen Gesellschaft*, Band 1, Frankfurt/Main: Suhrkamp Verlag

Luther, Martin (^{3}1961), *Martin Luther. Der neue Glaube*, hrsg. von Kurt Aland, Suttgart: Ehrenfried Klotz Verlag; Göttingen: Vandenhoeck & Ruprecht

Lyotard, Jean-Francois (1986), *Das postmoderne Wissen. Ein Bericht*, Graz, Wien: Böhlau

Maasen, Sabine (1995), Who is afraid of metaphors?, in: Sabine Maasen, Everett Mendelsohn, Peter Weingart (eds.), *Biology as society, society as biology: Metaphors*, Dordrecht: Kluwer, 11-35

Maasen, Sabine, Weingart, Peter (1995), Metaphors – Messengers of meaning. A contribution to an evolutionary sociology of science, *Science Communication* 17, 9-31

MacMullen, Ramsay (1984), *Christianizing the Roman Empire AD 100-400*, New Haven u.a.: Yale University Press

Magaß, Walter (1984), Die konfessorische Rede in den ›Confessiones‹ Augustins, *Linguistica Biblica* 55, 35-46

Makowski, Elizabeth M. (1977), The conjugal debt and the medieval law, *Journal of Medieval History* 3, 98-114

Marcus, S. (1974), Freud and Dora: Story, history, and case history, *Partisan Review 41*, 12-23, 89-108

Marquard, Odo (1985), Wirklichkeitshunger und Alibibedarf. Psychologisierung zwischen Psychologie und Psychologismus, in: Heinz Gumin und Armin Mohler (Hg.), *Psychologie, Psychologisierung, Psychologismus*, München: Oldenbourg

Marrou, Henri Irénée (1956), Augustinus in Selbstzeugnissen und Bilddokumenten, Reinbek bei Hamburg: Rowohlt

Marti, Urs (1988), *Michel Foucault*, München: Beck

Masters, Willian, Virgina Johnson (1979), *Homosexuality in perspective*, Boston: Little Brown

Masters, Willian, Virgina Johnson (1966), *Human sexual response*, Boston: Little Brown

Mayo, Elton (1925), Should Marriage be monotonous? *Harper's Magazine* 151, 420-427

McKnight (1979), Professionelle Dienstleistung und entmündigende Hilfe, in: Ivan Illich et al. (Hg.), *Entmündigung durch Experten. Zur Kritik der Dienstleistungsberufe*, Reinbek bei Hamburg: Rowohlt, 37-56

McLaughlin, Mary M. (1967), Abelard as autobiographer: The motives and meaning of his ›story of calamities‹, in: *Speculum. A Journal of Medieval Studies*, XLII, 3, 463-488

McMullen, S., R.C. Rosen (1979), Self-administered masturbation training in the treatment of primary orgasmic dysfunction, *Journal of Consulting and Clinical Psychology*, 47, 5, 912-918

Methodius von Olympus (1911), ›Gastmahl‹ oder ›die Jungfräulichkeit‹, in: O. Bardenhewer, Th. Schermann, K. Weymann (Hg.), *Bibliothek der Kirchenväter. Eine Auswahl patristischer Werke in deutscher Übersetzung*, Kempten und München: Verlag der Joseph Köselschen Buchhandlung

Middlemore, S,G.C. (1958), *Civilization of the Renaissance*, 2 Bde., New York

Michel, Karl Markus (1985), Im Bauch des Wals. Abgesang auf die gesunde Persönlichkeit, *Kursbuch* 82, 115-139

Misch, Georg (1949-1952), *Geschichte der Autobiographie*, Bd. 1-4, Frankfurt/Main: G. Schulte-Buhncke

Möller, Michael Lukas (1983), Immer mehr Lebenshilfe – Immer weniger gelebtes Leben, in: J. Weiss, G. Höft (Hg.), *Lebenshilfe im Fernsehen*, Gütersloh: Bertelsmann

Moll, Albert (1936), *Ein Leben als Arzt der Seele*, Dresden: Reissner

Morris, Colin (1972), *The Discovery of the Individual 1050-1200*, Toronto et al.: University of Toronto Press

Mosse, George L. (1987), *Nationalismus und Sexualität*, Reinbek bei Hamburg: Rowohlt Verlag

Müller, E. (1908), Die Behandlung der Neurasthenie, *Deutsche Medizinische Wochenschrift* 34, 50, 2153-2159

Müller, Lothar G. (1986), Mikroskopie der Seele – Zur Entstehung der Psychologie aus dem Geist der Beobachtungskunst im 18. Jahrhundert, in: Gerd Jüttemann (Hg.), *Die Geschichtlichkeit des Seelischen. Der historische Zugang zum Gegenstand der Psychologie*, Weinheim: Beltz, 185-208

Musurillo, H. (1958), *The symposion. A treatise on chastity*. ACW 27, Westminster (Maryl.), London

Nagel, H., M. Seiffert (1979), *Inflation der Therapieformen. Gruppen- und Einzeltherapie in der sozialpädagogischen und klinischen Praxis*, Reinbek: Rowohlt Verlag

Nelson, Benjamin (1965), Self-Images and Systems of spiritual direction in the history of European civilization, in: S.Z. Klausner (Hg.), *The Quest for self-control*, New York: 49-103

Niebergall, Alfred (1985), *Ehe und Eheschließung in der Bibel und in der Geschichte der alten Kirche*, Marburg: N.G. Elwert Verlag

Noack, Rudolf (1978), *Voltaire. Korrespondenz aus den Jahren 1749-1760*, Frankfurt/Main: Rödeberg Verlag

Nörr, Knut Wolfgang (1973), Die Kanonistische Literatur, in: Helmut Coing (Hg.), *Handbuch der Quellen und Literatur der neueren europäischen Privatrechtsgeschichte*, Bd. 1, München: Beck, 365-382

Noonan, John T. (1973), Power to choose, *Viator* 4, 419-434

Noonan, John T. (1967), Marital affection in the canonists, in: *Studia Gratiana Collectanea Stephan Kuttner* II 12, 479-509

Noonan, John T. (1965), *Contraception. A history of its treatment by the Catholic theologians and canonists*, Cambridge MA: Belknop Press

Oakley, Thomas P. (1940), The Penitentials as sources for medieval history, *Speculum* 15, 210-223

Oakley, Thomas P. (1932), The cooperation of medieval penance and secular law, *Speculum. A Journal of Medieval Studies* 7, 515-524

Oe, Kenzaburo (1981), *Eine persönliche Erfahrung. Ein autobiographischer Roman*, Frankfurt/Main: Fischer Verlag

Oesterle, Günther (1982), Die Grablegung des Selbst im anderen und die Rettung des Selbst im Anonymen. Zum Wechselverhältnis von Biographie und Autobiographie in der zweiten Hälfte des 19. Jahrhunderts am Beispiel von Friedrich Theodor Vischers *Auch Einer*, in: Reinhold Grimm, Jost Hermand (Hg.), *Vom Anderen und vom Selbst. Beiträge zu Fragen der Biographie und Autobiographie*, Frankfurt/Main: Athenäum

Osinski, Jutta (1990), Geisteskrankheit als Abweichung von der Harmonie der Wirklichkeit, in: Johan Glatzel, Steffen Haas, Heinz Schott (Hg.), *Vom Umgang mit Irren. Beiträge zur Geschichte psychiatrischer Therapeutik*, Regensburg: S. Roderer

Paden, William E. (1993), Schauplätze der Demut und des Mißtrauens: Wüstenheilige und New-England-Puritaner, in: Michel Foucault et al. (Hg.), *Technologien des Selbst*, Frankfurt/Main: S.Fischer Verlag

Pagels, Elaine (1991), *Adam, Eva und die Schlange. Die Theologie der Sünde*, Reinbek bei Hamburg: Rowohlt Verlag

Pater Bonifatius (1963), *Sprüche der Väter*, Graz u.a.: Verlag Styria

Payer, Pierre J. (1984a), *Sex and the pentitentials. The development of a*

Payer, Pierre J. (1984a), *Sex and the penitentials. The development of a sexual code, 550-1150*, Toronto, Buffalo, London: University of Toronto Press

Payer, Pierre J. (1984b), The humanism of the Penitentials and the continuity of the Pentitential tradition, *Medieval Studies* 46, 340-354

Payer, Pierre J. (1980), Early medieval regulations concerning marital sexual relations, *Journal of Medieval History* 6, 353-376)

Pelman, C. (1906), Über die Behandlung der Geisteskranken, in: E. v. Leyden, F. Klemperer (Hg.), *Die deutsche Klinik am Eingang des 20. Jahrhunderts*, Bd. VI, Berlin, Wien: Urban & Schwarzenberg, 179-196

Peters, Albrecht (1990), *Kommentar zu Luthers Katechismen, Teil I: Die Zehn Gebote; Luthers Vorreden*, Göttingen: Vandenhoeck & Ruprecht

Pohlen, Manfred, Bautz-Holzherr, Margarethe (1995), *Psychoanalyse – Das Ende einer Deutungsmacht*, Reinbek bei Hamburg: Rowohlt

Pongratz, L. (1973), *Psychotherapie in Selbstdarstellungen*, Bern, Stuttgart, Wien: Huber

Porter, Roy (1984), Spreading Carnal Knowledge or Selling Dirt Cheap? Nicholas Venette's *Tableau de l'amour Conjugal* in Eighteenth Century England, *Journal of European Studies* 14, 233-253

Porter, Roy (1982), Mixed feelings: The Enlightenment and sexuality in eighteenth-century Britain, in: Paul-Gabrie Boucé (ed.), *Sexuality in eighteenth-century Britain*, Totowa NJ: Manchester University Press, 1-27

Price, Richard M. (1990), The Distinctiveness of Christian Sexual Ethics, *Heythrop Journal* XXXI, 257-276

Privitera, Walter (1990), *Stilprobleme: zur Epistemologie Michel Foucaults*, Frankfurt/Main: Hain

Psychologie Heute (Hg.) ([2]1989), *Welche Therapie? Thema: Psychotherapie Heute*, Weinheim und Basel: Beltz

Rahden, Wolfert von (1986), Von der Ästhetik der Existenz. Foucaults Genealogie des Subjekts, in: *Freibeuter*, 29, 150-155

Ranke-Heinemann, Uta (1988), *Eunuchen für das Himmelreich. Katholische Kirche und Sexualität*, Hamburg: Hoffmann und Campe

Ranke-Heinemann, Uta (1964), *Das frühe Mönchstum. Seine Motive nach Selbstzeugnissen*, Essen: Hans Driewer Verlag

Raschke, Joachim (1987), *Soziale Bewegungen. Ein historisch-systematischer Grundriß*, Frankfurt/Main: Campus

Reese-Schäfer, Walter (1992), *Luhmann zur Einführung*, Hamburg: Junius Verlag

Rentschka, Paul (1905), *Die Dekalog-Katechese des hl. Augustinus*, Kempten

Reuter, Johannes ([7]1913), *Der Beichtvater in der Verwaltung seines Amtes praktisch unterrichtet*, überarbeitet und herausgegeben von Julius Müllendorf, Regensburg: Verlag Georg Josef Manz

Richards, Graham (1996), *Putting psychology in its place. An Introduction from a critical historical perspective*, London and New York: Routledge
Rorty, Richard (1992), *Kontingenz, Ironie und Solidarität*, Frankfurt/Main: Suhrkamp Verlag
Rousseau, Jean-Jacques (²1984), *Die Bekenntnisse*, München: DTV
Rousseau, Jean-Jacques (1956), *Die Krisis der Kultur*, Stuttgart: Kröner
Rousselle, Aline (1989), *Der Ursprung der Keuschheit*, Stuttgart: Kreuz Verlag
Rüsen, Jörn (1987), Narrativität und Modernität in der Geschichtswissenschaft, in: Pietro Rossi (Hg.), *Theorien der modernen Geschichtsschreibung*, Frankfurt/Main: Suhrkamp, 230-237
Ruhe, Ernstpeter (1987), Pour faire la lumière as lais? Mittelalterliche Handbücher des Glaubenswissens und ihr Publikum, in: Norbert Richard Wolf (Hg.), *Wissensorganisierende und wissensvermittelnde Literatur im Mittelalter: Perspektiven ihrer Erforschung*, Wiesbaden: Reichert, 46-56

Salisbury, Joyce E. (1986), The Latin doctors of the Church on sexuality, *Journal of Medieval History* 12, 279-289
Saurer, Edith (1990), Frauen und Priester. Beichtgespräche im frühen 19. Jahrhundert, in: Richard van Dülmen (Hg.), *Arbeit, Frömmigkeit und Eigensinn. Studien zur historischen Kulturforschung*, Frankfurt/Main: Fischer, 141-170
Sawicki, Iana (1991), *Disciplining Foucault. Feminism, power, and the body*, New York, London: Routledge
Schaeffer, Doris (1990), *Psychotherapie zwischen Mythologisierung und Entzauberung. Therapeutisches Handeln im Anfangsstadium der Professionalisierung*, Opladen: Westdeutscher Verlag
Schlombs, Werner (1965), *Die Entwicklung des Beichtstuhls in der katholischen Kirche. Grundlagen und Besonderheiten im alten Erzbistum Köln*, Leipzig und Berlin
Schmidbauer, Wolfgang (1975), *Psychotherapie. Ihr Weg von der Magie zur Wissenschaft*, München: Nymphenburger Verlag
Schmitt, Jean-Claude (1989), La découverte de l'individu, une fiction historiographique? La fabrique, la figure et la feinte, in: P. Mengal, F. Parot, *Fictions et Statut des Fictions en Psychologie*, Paris
Schmitz, K. (1907), Die Zehn Gebote in der Katechese des Mittelalters, *Theologisch-Praktische Monatsschrift* 17, 224-232
Schreiner. G. (1916), Ein mittelalterlicher Reimkatechismus, *Katechetische Blätter* 42, 9-13
Schröder, Christina (1995), *Der Fachstreit um das Seelenheil. Psychotherapiegeschichte zwischen 1880 und 1932*, Frankfurt/Main: Peter Lang
Schücking, L. (1929), *Die Familie im Puritanismus. Studien über die Familie. Literatur in England im 16., 17. und 18. Jahrhundert*, Leipzig und Berlin: Teubner Verlag

Schütz-Doinet, Hannelore (1989), *Lieben kann man lernen: Mit kleinen Schritten zum großen Glück in Partnerschaft und Sexualität. Ein psychologischer Ratgeber*, München: Ehrenwirt

Schwaibold, Matthias (1988), Mittelalterliche Bußbücher und sexuelle Normalität, in: Dieter Simon (Hg.), *Ius Commune* xv, Zeitschrift für Europäische Rechtsgeschichte (Sonderdruck), Frankfurt/Main: Vittorio Klostermann, 107-133

Sennet, Richard (1980), Sexualität und Einsamkeit, in: Michel Foucault (1985), *Von der Freundschaft. Michel Foucault im Gespräch*, Berlin: Merve Verlag

Sheehan, M.M. (1971), The formation and stability of marriage in fourteenth-century England: Evidence of an Ely register, *Medieval Studies* 33, 228-263

Shorter, Edward (1984), *Der weibliche Körper als Schicksal. Zur Sozialgeschichte der Frau*, München, Zürich: Piper

Sibly, Ebenezer (1794), *The Medical Mirror*, London

Skene, Alexander J.C. (1889), *Treatises on the Diseases of Women*, New York: Appleton

Smith, Adam T. (1991), Fictions of emergence. Foucault / Genealogy / Nietzsche, *Philosophy of the Social Sciences*, 24, 1, 41-54

Söffner, Hans-Georg (1988), Luther – Der Weg von der Kollektivität des Glaubens zu einem lutherischen-protestantischen Kollektivitätstypus, in: Hanns-Georg Brose, Bruno Hildenbrand (Hg.), *Vom Ende des Individuums zur Individualität ohne Ende*, Opladen: Westdeutscher Verlag, 107-149

Sonntag, Michael (1988), *Die Seele als Politikum. Psychologie und die Produktion des Individuums*, Berlin: Dietrich Reimer Verlag

Starobinsky, Jean (1980), The style of autobiography, in: James Olney (ed.), *Autobiography: Essays theoretical and critical*, Princeton NJ: Princeton University Press, 73-83

Stenger, Horst (1989), Der ›okkulte‹ Alltag. Beschreibungen und wissenssoziologische Deutungen des ›New Age‹, *Zeitschrift für Soziologie*, 18, 12, 119-135

Stern, Harold (1988), *Die Couch. Ihre Bedeutung für die Psychotherapie*, Frankfurt/Main: Fischer

Strauß, Botho (1987), *Niemand anderes*, München, Wien

Sulloway, Frank J. (1982), *Freud, biologist of the mind: Beyond the psychoanalytic legend*, New York: Basic Books

Taylor, Gordon Rattray (1954), *Sex in History*, New York: Vanguard

Tannahill, Reay (1980), *Sex in History*, New York: Stein and Day

Teichtweiler, Georg (1958), *Die Sündenlehre des Origines*, Regensburg: Friedrich Pustet

Theweleit, Klaus (1980), *Männerphantasien. Frauen, Fluten, Körper, Geschichte*, Reinbek bei Hamburg: Rowohlt

Tissot, S.A.D. (1761), *Onania oder Abhandlung von denen Krankheiten, welche aus der Selbstbefleckung entstehen* (aus d. lat. übers./ 1774), Petersburg

Trilling, Lionel (²1982), *Das Ende der Aufrichtigkeit*, München, Wien: Carl Hanser

Trusen, J.P. (1973), *Die Sitten, Gebräuche und Krankheiten der alten Hebräer* (Neudruck), Walluf bei Wiesbaden: Sändig

van Eijk, Ton H.C. (1972), Marriage and Virginity, Death and Immortality, in: Jacques Fontaine, Charles Kannengiesser (eds.), *Epektasis. Mélanges Patristiques offerts au Cardenal Jean Daniélou*, Paris: Beauchesne

Van Gennep, Arnold (1964), Die Übergangsriten, in: Carl August Schmitz (Hg.), *Religions-Ethnologie*, Frankfurt/Main: 374-389

Veyne, Paul (1992), *Foucault: Die Revolutionierung der Geschichte*, Frankfurt/Main: Suhrkamp Verlag

Veyne, Paul (1990), Die Sanftheit des Verschwindens – Michel Foucault und seine Moral, *Lettre International* 9, 81-83

Visker, Rudi (1991), Foucaults Anführungszeichen. Eine Gegenwissenschaft?, in: François Ewald, Bernhard Waldenfels (Hg.), *Spiele der Wahrheit. Michel Foucaults Denken*, Frankfurt/Main: Suhrkamp, 298-319

Visker, Rudi (1990), *Michel Foucault. Genealogie als Kritik*, München: Wilhelm Fink Verlag

Vitz, Evelyn Birge (1975), Type et l'individu dans L'*Autobiographie* médoiévale: Etude d'*Historia calamitatum*, *Poétique* 24, 426-445

Voltaire, François-Marie Arouet (1970), *Die Jungfrau. Eine erotische Persiflage*, München: Goldmann

Vorgrimmler, Herbert (1978), Die sakramentale Buße im Mittelalter bis zur Frühscholastik, *Handbuch der Dogmengeschichte*, Bd. IV, 3, Freiburg, Basel, Wien: Herder, 93-113

Walker Bynum, Caroline (1980), Did the twelfth century discover the individual?, *The Journal of Ecclesiastical History* 31, 1-17

Wassner, Rainer (1984), *Magie und Psychotherapie. Ein gesellschaftswissenschaftlicher Vergleich von* Institutionen *der Krisenbewältigung*, Berlin: Dietrich Reimer

Wasserschleben, F.W.Hermann (1851), *Die Bußordnungen der abendländischen Kirche*, Halle: Graeger

Watkins, Oscar Daniel (1961), *A History of Penance, Being a Study of the Authorities*, London: Longmans, Green & Co.

Weber, Max (1985), *Wirtschaft und Gesellschaft*, Tübingen

Weber, Max (1922), *Wissenschaft als Beruf. Gesammelte Aufsätze zur Wissenschaftslehre*, Tübingen

Weidenhiller, Egino (1965), *Untersuchungen zur deutschsprachigen katechetischen Literatur des späten Mittelalters*, München: Beck

Weigand, Rudolf (1981), *Liebe und Ehe bei den Dekretisten des 12. Jahrhunderts*, in: W. van Hoecke, A. Welkenhuysen (eds.), *Love and Marriage in the twelfth century*, Leuven: Leuven University Press, 41-58

Weigand, Rudolf (1967), Die Lehre der Kanonisten des 12. und 13. Jahrhunderts von den Ehezwecken, in: *Studia Gratiana Collectanea Stephan Kuttner* 11 12, 445-478

Weingart, Peter, Jürgen Kroll, Kurt Bayertz (1988), *Rasse, Blut und Gene. Geschichte der Eugenik und Rassenhygiene in Deutschland*, Frankfurt/Main: Suhrkamp

Weintraub, K. (1978), *The value of the individual*, Chicago: University of Chicago Press

Welsch, Wolfgang (1991), Überlegungen zur Transformation des Subjekts, *Deutsche Zeitschrift für Philosophie*, 39, 4, 347-365

Welsch, Wolfgang (1990), *Ästhetisches Denken*, Stuttgart: Reclam

Welsch, Wolfgang (1987), *Unsere postmoderne Moderne*, Weinheim: VHC

Wettley, A., W. Leibbrand (1959), *Von der Psychopathia sexualis zur Sexualwissenschaft*, Stuttgart

White, Hayden (1990), Foucaults Diskurs: die Historiographie des Antihumanismus, in: Hayden White, *Die Bedeutung der Form. Erzählstrukturen in der Geschichtswissenschaft*, Frankfurt/Main: Fischer, 132-174

Whyte, Lancelot Law (1960), *The unconscious before Freud*, London: Basic Books

Wiedemann, Peter M. (1993), Tabu, Sünde, Risiko: Veränderung der gesellschaftlichen Wahrnehmung von Gefährdungen, in: Bayerische Rück (Hg.), *Risiko ist ein Konstrukt. Wahrnehmungen zur Risikowahrnehmung*, München: Knesebeck

Will, Herbert (1985), Selige Gesundheit. Systeme der Therapiegesellschaft, *Kursbuch 82*, 9-33

Willich, A.M. F. (1799), *Lectures on Diet and Regimen*, London

Wolff, Christian (1739), *Auszug der Gedanken vor den Würckungen der Natur*, Halle: Renger

Wurm, Wolfgang (1977), *Psychotherapie als soziale Kontrolle*, Bd. I und II, Reinbek bei Hamburg: Rowohlt

Wuthenow, Ralph-Rainer (1984a), Kulturgeschichte in der französischen Aufklärung, in: Helmut Brackert, Fritz Wefelmayer (1984), *Naturplan und Verfallskritik. Zu Begriff und Geschichte der Natur*, Frankfurt/Main: Suhrkamp, 29-45

Wuthenow, Ralph-Rainer (1984b), *Das Bild und der Spiegel. Europäische Literatur im 18. Jahrhundert*, München, Wien: Hander

Young, Wayland (1964), *Eros denied. Sex in Western history*, New York: Grove

Ziegler, J. G. (1956), Die Ehelehre der Poenitentialsummen von 1200-1350, in: M. Müller (Hg.), *Studien zur Geschichte der katholischen Moraltheologie*, Regensburg

Zimmermann, Charlotte (1934), *Die deutsche Beichte vom 9. Jahrhundert bis zur Reformation*, Diss., Leipzig

Zola, Emile (1893), *Le Docteur Pascal*, Paris